Pang-Ning Tan
Michael Steinbach
Vipin Kumar

DATAMINING
Mineração de Dados

Do original:
Introduction to DATAMINING
Original edition copyright© 2006 by Person Education, Inc.

Portuguese language edition copyright© 2009 by Editora Ciência Moderna Ltda. All rights reserved.

Nenhuma parte deste livro poderá ser reproduzida, transmitida e gravada, por qualquer meio eletrônico, mecânico, por fotocópia e outros, sem a prévia autorização, por escrito, da Editora.

Editor: Paulo André P. Marques
Supervisão Editorial: Camila Cabete Machado
Diagramação: Abreu's System
Tradução: Acauan P. Fernandes
Copydesk: Janaína Araújo
Capa: Cristina Satchko Hodge
Assistente Editorial: Aline Vieira Marques

Várias Marcas Registradas aparecem no decorrer deste livro. Mais do que simplesmente listar esses nomes e informar quem possui seus direitos de exploração, ou ainda imprimir os logotipos das mesmas, o editor declara estar utilizando tais nomes apenas para fins editoriais, em benefício exclusivo do dono da Marca Registrada, sem intenção de infringir as regras de sua utilização. Qualquer semelhança em nomes próprios e acontecimentos será mera coincidência.

FICHA CATALOGRÁFICA

TAN, Pang–Ning; STEINBACH, Michael; KUMAR, Vipin
Introdução ao DATAMINING Mineração de Dados
Rio de Janeiro: Editora Ciência Moderna Ltda., 2009.

1. Mineração de dados
I — Título

ISBN: 978-85-7393-761-9   CDD 001.642

Editora Ciência Moderna Ltda.
R. Alice Figueiredo, 46 – Riachuelo
Rio de Janeiro, RJ – Brasil   CEP: 20.950-150
Tel: (21) 2201-6662/ Fax: (21) 2201-6896
lcm@lcm.com.br
www.lcm.com.br

01/09

Para nossas famílias....

Prefácio

Avanços na geração e coleta de dados estão produzindo conjuntos de dados de tamanhos massivos no comércio e em uma diversidade de disciplinas científicas. *Data warehouses* armazenam detalhes das vendas e operações de negócio, satélites orbitando na Terra enviam imagens de alta resolução e dados de sensores para a Terra, e experimentos com genomas geram dados funcionais, estruturais e seqüenciais para um número cada vez maior de organismos. A facilidade com a qual os dados agora podem ser coletados e armazenados criou uma nova atitude em relação à análise de dados: Juntar quaisquer dados que você puder sempre que for possível. Se tornou um artigo de fé que os dados coletados terão valor, para o que motivou inicialmente sua coleta ou para propósitos ainda não previstos.

O campo da mineração de dados saiu dos limites das técnicas atuais de análises de dados para lidar com os desafios postos por estes novos tipos de conjuntos de dados. A mineração de dados não substitui outras áreas da análise de dados, mas as usa como base para muito do seu trabalho. Embora algumas áreas da mineração de dados, como a análise de associação, sejam únicas deste campo, outras áreas, como o agrupamento, classificação e detecção de anomalias, constróem sobre um longo histórico de trabalho nestes tópicos em outras áreas. De fato, o desejo dos pesquisadores de mineração de dados de trazer tais técnicas existentes tem contribuído para o poder e a amplitude do campo, assim como seu rápido crescimento.

Outro ponto forte da área tem sido sua ênfase na colaboração com pesquisadores de outras áreas. Os desafios de analisar novos tipos de dados não pode ser executado simplesmente se aplicando técnicas de análise de dados isoladamente daqueles que entendem os dados e o domínio no qual eles residem. Muitas vezes, a habilidade na construção de equipes multidisciplinares tem sido responsável pelo sucesso de projetos de mineração de dado como a criação de algoritmos novos e inovadores. Da mesma forma que, historicamente, muitos desenvolvimentos em estatística foram dirigidos pelas necessidades da agricultura, indústria e negócios, muitos dos desenvolvimentos na mineração de dado estão sendo guiados pelas necessidades desses mesmos campos.

Este livro começou como um conjunto de notas e slides de palestras para um curso de mineração de dados que foi oferecido na Universidade de Minnesota desde a primavera de 1998 para alunos do final da graduação da pós-graduação. Slides de apresentações e notas aí desenvolvidas cresceram com o tempo e serviram como base para o livro. Uma pesquisa de técnicas de agrupamento em mineração de dados, escrita originalmente na preparação de pesquisa na área, serviu como ponto de partida para um dos capítulos do livro. Com o decorrer do tempo, ao capítulo sobre agrupamento se juntaram capítulos sobre dados, classificação, análise de associação e detecção de anomalias. O livro na sua forma atual tem sido testado em aulas em algumas instituições dos autores – a Universidade de Minnesota e a Universidade do Estado do Michigan – assim como diversas outras universidades.

Uma quantidade de livros sobre mineração de dados apareceram neste período, mas não eram completamente satisfatório para nossos alunos – primariamente alunos de graduação e pós-graduação em ciência da computação, mas incluindo alunos da indústria e de uma ampla diversidade de outras disciplinas. Seu conhecimento matemático e computacional variava consideravelmente, mas compartilhavam um objetivo comum: aprender sobre mineração de dados tão diretamente quanto possível para aplicá-la rapidamente a problemas nos seus próprios domínios. Assim, textos com extensos pré-requisitos matemáticos ou estatísticos não eram muito atrativos para muitos deles, já que eram textos que requeriam um substancial conhecimento de bancos de dados. O livro que se desenvolveu em resposta às necessidades desses alunos enfoca tão diretamente quanto possível conceitos chaves de mineração de dados ilustrando-os com exemplos, descrições simples de algoritmos chaves e exercícios.

Visão Geral Especificamente, este livro fornece uma introdução abrangente à mineração de dados e é projetado para ser acessível e útil a alunos, instrutores, pesquisadores e profissionais. As áreas cobertas incluem o pré-processamento de dados, visualização, modelagem preditiva, análise de associação, agrupamento e detecção de anomalias. O objetivo é apresentar conceitos e algoritmos fundamentais para cada tópico, fornecendo assim ao leitor os fundamentos necessários para a aplicação da mineração de dados em problemas reais. Além disso, este livro também fornece um ponto inicial para aqueles leitores que estiverem interessados em seguir pesquisando em mineração de dados ou em campos relacionados.

O livro cobre cinco tópicos principais: dados, classificação, análise de associação, agrupamento e detecção de anomalias. Exceto pela detecção de anomalias, cada uma destas áreas é coberta em um par de capítulos. Para classificação, análise de associação e agrupamento, o capítulo introdutório cobre conceitos básicos, algoritmos representativos e técnicas de avaliação, enquanto que o capítulo mais avançado discute conceitos e algoritmos avançados. O objetivo é fornecer ao leitor uma compreensão dos fundamentos da mineração de dados, embora ainda assim cobrindo muitos tópicos avançados importantes. Devido a esta abordagem, o livro é útil tanto como ferramenta de aprendizagem quanto como referência.

Para auxiliar os leitores a compreender melhor os conceitos que foram apresentados, fornecemos um conjunto abrangente de exemplos, figuras e exercícios. Notas bibliográficas são incluídas no final de cada capítulo para os leitores que estiverem interessados em tópicos mais avançados, artigos importantes historicamente e tendências recentes. O livro também contém um abrangente índice de autores e de assuntos.

Para o Instrutor Como um livro texto, este livro é apropriado para uma ampla variedade de alunos em níveis avançados na graduação ou na pós-graduação. Já que os alunos vêm de diversos níveis de conhecimento que podem não incluir conhecimento extensivo em estatística ou bancos de dados, nosso livro requer pré-requisitos mínimos – nenhum conhecimento de banco de dados é necessário e supomos apenas um modesto conhecimento de estatística e matemática. Para este fim, o livro foi projetado para ser tão auto-contido quanto possível. Material necessário de estatística, álgebra linear e aprendizagem de máquina está integrado no corpo do texto ou, para alguns tópicos avançados, coberto nos apêndices.

Já que os capítulos cobrindo tópicos importantes de mineração de dados são auto-contidos, a ordem na qual os tópicos podem ser cobertos é bastante flexível. O material central é coberto nos Capítulos 2, 4, 6, 8 e 10. Embora o capítulo introdutório sobre dados (2) deva ser coberto primeiro, os capítulos básicos sobre classificação, análise de associação e agrupamento (4, 6 e 8, respectivamente) podem ser cobertos em qualquer ordem. Devido ao relacionamento da detecção de anomalias (10) com a classificação (4) e o agrupamento (8), estes capítulos devem preceder o Capítulo 10. Diversos tópicos podem ser selecionados dos capítulos avançados de classificação, análise de associação e agrupamento (5, 7 e 9 respectivamente) para se ajustar aos cronogramas e interesses do instrutor e dos alunos. Também recomendamos que as aulas sejam acrescidas por projetos ou exercícios práticos em mineração de dados. Embora elas consumam tempo, tais atribuições práticas aumentam grandemente o valor do curso.

Materiais de Apoio Os suplementos para o livro estão disponíveis no Website da Addison-Wesley www.aw.com/cssupport. Materiais de apoio disponíveis a todos os leitores deste livro incluem
- Slides de palestras em PowerPoint
- Sugestões para projetos de alunos
- Fontes de mineração de dados como algoritmos de mineração de dados e conjuntos de dados
- Tutoriais online que dão exemplos passo a passo para técnicas selecionadas de mineração de dados descritas no livro usando conjuntos de dados reais e software de análise de dados

Materiais de apoio adicionais incluindo soluções dos exercícios, estão disponíveis apenas para instrutores adotando este livro para uso em sala de aula. Por favor contate o representante Addison-Wesley da sua escola para obter informações e acesso a este material. Comentários e sugestões, assim como relatos de erros, podem ser enviados para os autores através de dmbook@cs.unm.edu.

Agradecimentos Muitas pessoas contribuíram para este livro. Começamos agradecendo nossas famílias para quem este livro é dedicado. Sem sua paciência e apoio, este projeto teria sido impossível.

Gostaríamos de agradecer os alunos atuais e ex-alunos dos nossos grupos de mineração de dados na Universidade de Minnesota e na de Michigan State pelas suas contribuições. Eui-Hong (Sam) e Mahesh Joshi ajudaram com as aulas iniciais de mineração de dados. Alguns dos exercícios e slides de apresentação que eles criaram podem ser encontrados no livro e nos seus slides de acompanhamento. Alunos dos nossos grupos de mineração de dados que forneceram comentários em esboços do livro ou que contribuíram de outras formas incluem Shyam Boriah, Haibin Cheng, Varun Chandola, Eric Eilertson, Levent Ertöz, Jing Gao, Rohit Gupta, Sridhar Iyer, Jung-Eun Lee, Benjamin Mayer, Aysel Ozgur, Uygar Oztekin, Gaurav Pandey, Kashif Riaz, Jerry Scripps, Gyorgy Simon, Hui Xiong, Jieping Ye e Pusheng Zhang. Também gostaríamos de agradecer os alunos das nossas aulas de mineração de dados na Universidade de Minnesota e em Michigan State que trabalharam com esboços iniciais do livro e forneceram inestimável retorno. Notamos especificamente as sugestões úteis de Bernardo Craemer, Arifin Ruslim, Jamshid Vayghan e Yu Wei.

Joydeep Ghosh (Universidade do Texas) e Sanjay Ranka (Universidade da Flórida) testaram em classe versões iniciais deste livro. Também recebemos muitas sugestões úteis diretamente dos seguintes alunos da UT: Pankaj Adhikari, Rajiv Bhatia, Frederic Bosche, Arindam Chakraborty, Meghana Deodhar, Chris Everson, David Gardner, Saad Godil, Todd Hay, Clint Jones, Ajay Joshi, Joonsoo Lee, Yue Luo, Anuj Nanavati, Tyler Olsen, Sunyoung Park, Aashish Phansalkar, Geoff Prewett, Michael Ryoo, Daryl Shannon e Mei Yang.

Ronald Kostoff(ONR) leu uma versão inicial do capítulo de agrupamentos e ofereceu numerosas sugestões. George Karypis forneceu inestimável assistência LATEX na criação de um índice de autor. Irene Moulitsas também forneceu assistência com LATEX e revisou alguns dos Apêndices. Musetta Steinbach foi muito útil encontrando erros nas figuras.

Gostaríamos de agradecer nossos colegas na Universidade de Minnesota e na Michigan State que nos auxiliaram a criar um ambiente positivo para a pesquisa em mineração de dados. Eles incluem Dan Boley, Joyce Chai, Anil Jain, Ravi Janardan, Rong Jin, George Karypis, Haesun Park, William F. Punch, Shashi Shekhar e Jaideep Srivastava. Os colaboradores nos nossos muitos projetos de mineração de dados, que também têm nossa gratidão, incluem Ramesh Agrawal, Steve Cannon, Piet C. de Groen, Fran Hill, Yongdae Kim, Steve Klooster, Kerry Long, Nihar Mahapatra, Chris Potter, Jonathan Shapiro, Kevin Silverstein, Nevin Young e Zhi-Li Zhang.

Os departamentos de Ciência da Computação e Engenharia da Universidade de Minnesota e Michigan State forneceram recursos computacionais e um ambiente de apoio para este projeto. ARDA, ARL, ARO, DOE, NASA e NSF forneceram suporte de pesquisa para Pang-Ning Tan, Michael Steinbach e VipinKumar. Em especial, Kamal Abdali, Dick Brackney, Jagdish Chandra, Joe Coughlan, Michael Coyle, Stephen Davis, Frederica Darema, Richard Hirsch, Chandrika Kamath, Raju Namburu, N. Radhakrishnan, James Sidoran, Bhavani Thuraisingham, Walt Tiernin, Maria Zemankova e Xiaodong Zhang foram apoiadores da nossa pesquisa em mineração de dados e em computação de alto desempenho.

Foi um prazer trabalhar com a útil equipe da Pearson Education. Em especial, gostaríamos de agradecer Michelle Brown, Matt Goldstein, Katherine Harutunian, Marilyn Lloyd, Kathy Smith e Joyce Wells. Também gostaríamos de agradecer George Nichols, que nos ajudou com o trabalho de arte, e Paul Anagnostopoulos, que forneceu suporte LaTeX. Somos gratos aos seguintes revisores da Pearson: Chien-Chung Chan (Universidade de Akron), Zhengxin Chen (Universidade de Nebraska em Omaha), Chris Clifton (Universidade Purdue), Joydeep Ghosh(Universidade do Texas, Austin), Nazli Goharian(Illinois Institute of Technology), J. Michael Hardin (Universidade do Alabama), James Hearne (Western Washington University), Hillol Kargupta (Universidade de Maryland, Baltimore County e Agnik, LLC), Eamonn Keogh (Universidade da Califórnia-Riverside),Bing Liu (Universidade de Illinois em Chicago), Mariofanna Milanova (Universidade de Arkansas em Little Rock), Srinivasan Parthasarathy (Ohio State University), Zbigniew W. Ras (Universidade da Carolina do Norte em Charlotte), Xintao Wu (Universidade da Carolina do Norte em Charlotte)e Mohammed J. Zaki (Rensselaer Polytechnic Institute).

Sumário

1 Introdução 1
    1.1   O Que é Mineração de Dados? 3
    1.2   Desafios Motivadores 5
    1.3   As Origens da Mineração de Dados 7
    1.4   Tarefas de Mineração de Dados 8
    1.5.   Escopo e Organização do Livro 13
    1.6.   Notas Bibliográficas 15
    1.7.   Exercícios 21

2 Dados 23
    2.1   Tipos de Dados 26
        2.1.1. Atributos e Medidas 27
        2.1.2. Tipos de Conjuntos de Dados 34
    2.2   Qualidade dos Dados 43
        2.2.1   Questões de Medição e Coleta de Dados 44
        2.2.2   Questões Relacionadas a Aplicações 52
    2.3   Pré-Processamento de Dados 53
        2.3.1   Agregação 54
        2.3.2   Amostragem 56

		2.3.3	Redução da Dimensionalidade 60
		2.3.4	Seleção de Subconjunto de Característica 62
		2.3.5	Criação de Recursos (Características) 66
		2.3.6	Discretização e Binarização 69
		2.3.7	Transformação de Variáveis 75
	2.4	Medidas de Semelhança e Diferença 78
		2.4.1	Fundamentos 78
		2.4.2	Semelhança e Diferença entre Atributos Simples 81
		2.4.3	Diferenças Entre Objetos de Dados 82
		2.4.4	Semelhanças Entre Objetos de Dados 86
		2.4.5	Exemplos de Medidas de Proximidade 87
		2.4.6	Questões Relacionadas ao Cálculo de Proximidade 95
		2.4.7	Selecionando a Medida de Proximidade Correta 98
	2.5	Notas Bibliográficas 100
	2.6	Exercícios 105

3 Explorando os Dados 115

	3.1	O Conjunto de Dados Íris 116
	3.2	Estatísticas de Resumo 117
		3.2.1	Freqüências e o Modo 118
		3.2.2	Porcentagens 119
		3.2.3	Medidas de Localização: Média e Mediana 120
		3.2.4	Medidas de Dispersão: Faixa e Variância 121
		3.2.5	Estatísticas de Resumo com Múltiplas Variáveis 123
		3.2.6	Outras Formas de Resumir os Dados 124
	3.3	Visualização 125
		3.3.1	Motivações para a Visualização 125
		3.3.2	Conceitos Gerais 126
		3.3.3	Técnicas 131
		3.3.4	Visualizando Dados de Dimensões Maiores 147
		3.3.5	O Que Deve e o Que Não Deve Ser Feito 154
	3.4	OLAP e Análise de Dados Multidimensionais 155
		3.4.1	Representando Dados da Íris como uma Matriz Multidimensional 156

		3.4.2	Dados Multidimensionais: O Caso Geral............................ 158
		3.4.3	Analisando Dados Multidimensionais 161
		3.4.4	Comentários Finais Sobre a Análise de Dados Multidimensionais.. 165
	3.5	Notas Bibliográficas 165
	3.6	Exercícios 168

4 Classificação: Conceitos Básicos, Árvores de Decisão e Avaliação de Modelos 171

	4.1	Preliminares 172
	4.2	Abordagem Geral para a Resolução de um Problema de Classificação 174
	4.3	Indução da Árvore de Decisão 176
		4.3.1 Como uma Árvore de Decisão Funciona 176
		4.3.2 Como Construir uma Árvore de Decisão 179
		4.3.3 Métodos para Expressar Condições de Teste de Atributos ... 183
		4.3.4 Métricas para Selecionar a Melhor Divisão 186
		4.3.5 Algoritmo para Indução de Árvore de Decisão 195
		4.3.6 Um Exemplo: Detecção de Robô Web 197
		4.3.7 Características de Indução de Árvore de Decisão 200
	4.4	Overfitting de Modelo 204
		4.4.1 Overfitting Devido aà Presença de Ruído 207
		4.4.2 *Overfitting* Devido a Falta de Amostras Representativas 209
		4.4.3 *Overfitting* e o Procedimento de Comparação Múltipla 211
		4.4.4 Estimativa de Erros de Generalização 212
		4.4.5 Lidando com *Overfitting* na Indução de Árvores de Decisão 218
	4.5	Avaliando o Desempenho de um Classificador 220
		4.5.1 Método *Holdout* 221
		4.5.2 Sub-Amostragem Aleatória 222
		4.5.3 Validação Cruzada 222
		4.5.4 *Bootstrap* 223
	4.6	Métodos para Comparar Classificadores 224
		4.6.1 Avaliando um Intervalo de Confiança Quanto a Precisão ... 224

		4.6.2	Comparando o Desempenho de Dois Modelos 226

   4.6.2 Comparando o Desempenho de Dois Modelos 226
   4.6.3 Comparando o Desempenho de Dois Classificadores 228
4.7 Notas Bibliográficas 229
4.8 Exercícios 235

5 Classificação: Técnicas Alternativas 245

5.1 Classificador Baseado em Regras 245
   5.1.1 Como um Classificador Baseado em Regras Funciona 248
   5.1.2 Esquemas de Ordenação de Regras 250
   5.1.3 Como Construir um Classificador Baseado em Regras 252
   5.1.4 Métodos Diretos de Extração de Regras 252
   5.1.5 Métodos Indiretos de Extração de Regras 261
   5.1.6 Características de Classificadores Baseados em Regras 264
5.2 Classificadores de Vizinho Mais Próximo 264
   5.2.1 Algoritmo 266
   5.2.2 Características de Classificadores de Vizinho
           mais Próximo 268
5.3 Classificadores Bayesianos 269
   5.3.1 O Teorema de Bayes 270
   5.3.2 Usando o Teorema de Bayes para Classificação 271
   5.3.3 O Classificador de Bayes Simples 273
   5.3.5 Redes de Crenças Bayesianas 284
5.4 Rede Neural Artificial (ANN) 291
   5.4.1 Perceptron 291
   5.4.2 Rede Neural Artificial Multicamadas 296
   5.4.3 Características da ANN 302
5.5 Support Vector Machine (SVM) 303
   5.5.1 Hiperplanos de Margem Máxima 303
   5.5.2 SVM Linear: Caso Separável 306
   5.5.3 SVM Linear: Caso não Separável 314
   5.5.4 SVM Não Linear 319
   5.5.5 Características de SVM 326
5.6 Métodos de Grupos 327
   5.6.1 Raciocínio do Método de Grupo 327

		5.6.2 Métodos para Criar um Classificador de Grupo 329
		5.6.3 Decomposição de Variância na Tendência 332
		5.6.4 Bagging 335
		5.6.5 *Boosting* 338
		5.6.6 Florestas Aleatórias 344
		5.6.7 Comparação Empírica entre Métodos de Conjunto 349
	5.7	O Problema do Desequilíbrio de Classes 350
		5.7.1 Métricas Alternativas 351
		5.7.2 A Curva Característica de Operação de um Receptor 354
		5.7.3 Aprendizagem Sensível ao Custo 358
		5.7.4 Abordagens Baseadas em Amostragens 362
	5.8	O Problema de Múltiplas Classes 363
	5.9	Notas Bibliográficas 367
	5.10	Exercícios 375

6 Análise Associativa: Algoritmos e Conceitos Básicos 389
	6.1.	Definição do Problema 391
	6.2	Geração de Conjuntos de Itens Freqüentes 395
		6.2.1 O Princípio Apriori 397
		6.2.2 Geração de Conjuntos de Itens Freqüentes no Algoritmo Apriori 399
		6.2.3. Geração de Candidatos e Poda 402
		6.2.4 Contagem de Suporte 407
		6.2.5 Complexidade Computacional 411
	6.3	Geração de Regras 416
		6.3.1 Poda Baseada em Confiança 416
		6.3.2 Geração de Regras no Algoritmo Apriori 417
		6.3.3 Um Exemplo: Registros de Votos em Congresso 419
	6.4	Representação Compacta de Conjuntos de Itens Freqüentes 421
		6.4.1 Conjuntos Máximos de Itens Freqüentes 422
		6.4.2 Conjuntos Fechados de Itens Freqüentes 423
	6.5	Métodos Alternativos para Geração de Conjuntos de Itens Freqüentes 428
	6.6	Algoritmo FP-Grow 433

      6.6.1 Representação Árvore FP..434
      6.6.2 Geração de Conjuntos de Itens Freqüentes no Algoritmo
            FP-Growth...437
  6.7 Avaliação dos Padrões de Associação..442
      6.7.1 Medidas Objetivas de Interesse...443
      6.7.2 Medidas Além de Pares de Variáveis Binárias....................456
      6.7.3 Paradoxo de Simpson..458
  6.8 Efeito da Distribuição Irregular do Suporte 460
  6.9 Notas Bibliográficas 465
  6.10 Exercícios..481

7 Análise de Associação: Conceitos Avançados............................495
  7.1 Lidando com Atributos Categorizados...495
      7.2.1 Métodos Baseados em Discretização....................................499
      7.2.2 Métodos Baseados em Estatísticas..504
      7.2.3 Métodos sem Discretização..506
  7.3 Lidando com uma Hierarquia de Conceitos......................................509
  7.4 Padrões Seqüenciais..512
      7.4.1 Formulação de Problemas..512
      7.4.1 Descoberta de Padrões Seqüenciais......................................515
      7.4.3 Restrições de Tempo 520
      7.4.4 Esquemas Alternativos de Contagem...................................524
  7.5 Padrões de Subgrafos..527
      7.5.1 Grafos e Subgrafos...528
      7.5.2 Mineração de Subgrafos Freqüentes 530
      7.5.3 Método do tipo Apriori...533
      7.5.4 Geração de Candidatas 534
      7.5.5 Poda de Candidatos...541
      7.5.6 Contagem de Suporte 544
  7.6 Padrões Infreqüentes...545
      7.6.1 Padrões Negativos...546
      7.6.2 Padrões Correlacionados Negativamente............................546
      7.6.3 Comparações Entre Padrões Infreqüentes, Padrões Negativis
            e Padrões Correlacionados Negativamente.........................548

		7.6.4	Técnicas para Minerar Padrões Infreqüentes Interessantes... 550
		7.6.5	Técnicas Baseadas em Mineração de Padrões Negativos... 552
		7.6.6	Técnicas Baseadas em Expectativa de Suporte 554
	7.7	Notas Bibliográficas 559
	7.8	Exercícios 564

8 Análise de Grupos: Conceitos Básicos e Algoritmos 581

- 8.1 Visão Geral 584
  - 8.1.1 O Que é Análise de Grupos? 585
  - 8.1.2 Diferentes Tipos de Grupos 586
  - 8.1.3 Diferentes Tipos de Agrupamentos 589
- 8.2 K-means 593
  - 8.2.1 O Algoritmo K-means Básico 593
  - 8.2.2 K-means: Questões Adicionais 603
  - 8.2.3 Dividindo K-means 606
  - 8.2.4 K-means e Diferentes Tipos de Grupos 608
  - 8.2.5 Pontos Fortes e Fracos 609
  - 8.2.6 K-means como um Problema de Otimização 611
- 8.3 Agrupamento Hierárquico Aglomerativo 614
  - 8.3.1 Algoritmo de Agrupamento Hierárquico Aglomerativo Básico 615
  - 8.3.2 Técnicas Específicas 618
  - 8.3.3 A Fórmula Lance-Williams para Proximidade de Grupos 623
  - 8.3.4 Questões Chave no Agrupamento Hierárquico 624
  - 8.3.5 Pontos Fortes e Fracos 626
- 8.4 DBSCAN 626
  - 8.4.1 Densidade Tradicional: Abordagem Baseada em Centro 627
  - 8.4.2 O Algoritmo DBSCAN 628
  - 8.4.3 Pontos Fortes e Fracos 632
- 8.5 Avaliação de Grupos 634
  - 8.5.1 Visão Geral 635
  - 8.5.2 Avaliação de Grupos não Supervisionados Usando Coesão e Separação 637

		8.5.3	Avaliação de Grupos não Supervisionada Usando a Matriz de Proximidade 645
		8.5.4	Avaliação Não Supervisionada de Agrupamentos Hierárquicos 648
		8.5.6	Tendência de Agrupamento 651
		8.5.7	Medidas Supervisionadas de Validade de Grupos 652
		8.5.8	Avaliando a Significância de Medidas de Validade de Grupos 658
	8.6	Notas Bibliográficas 660	
	8.7	Exercícios 665	
9	**ANÁLISE DE GRUPOS: QUESTÕES ADICIONAIS E ALGORITMOS** 677		
	9.1	Características de Dados, Grupos e Algoritmos de Agrupamento 678	
		9.1.1	Exemplo: Comparando K-means com DBSCAN 678
		9.1.2	Características de Dados 680
		9.1.3	Características de Grupos 682
		9.1.4	Características Gerais de Algoritmos de Agrupamento 684
	9.2	Agrupamentos Baseados em Protótipos 686	
		9.2.1	Agrupamento Difuso 688
		9.2.2	Agrupamentos Usando Modelos de Mistura 694
		9.2.3	Mapas Auto-Organizados (SOM) 707
	9.3	Agrupamentos Baseados em Densidade 714	
		9.3.1	Agrupamentos Baseados em Grades 715
		9.3.2	Agrupamento de Subespaços 719
		9.3.3	DENCLUE: Um Esquema Baseada no Núcleo para Agrupamentos Baseados em Densidade 724
	9.4	Agrupamento Baseado em Grafos 729	
		9.4.1	Dispersão 730
		9.4.2	Agrupamento de Árvore de Dispersão Mínima (MST) 732
		9.4.3	OPOSSUM: Particionamento Ótimo de Semelhanças Usando METIS 733
		9.4.4	Chameleon: Agrupamento Hierárquico com Modelagem Dinâmica 734
		9.4.5	Semelhança de Vizinhos Compartilhados Mais Próximos ... 742

	9.4.6 O Algoritmo de Agrupamento de Jarvis-Patrick	746
	9.4.7 Densidade SNN	748
	9.4.8 Agrupamento Baseado em Densidade SNN	749
9.5	Algoritmos de Agrupamento Escalável	752
	9.5.1 Escalabilidade: Abordagens e Questões Gerais	752
	9.5.2 BIRCH	756
	9.5.3 CURE	758
9.6	Qual Algoritmo de Agrupamento?	763
9.7	Notas Bibliográficas	767
9.8	Exercícios	773

10 Detecção de Anomalias ... 777

10.1	Preliminares	779
	10.1.1 Causas de Anomalias	779
	10.1.2 Abordagens para a Detecção de Anomalias	781
	10.1.3 O Uso de Rótulos de Classes	782
	10.1.4 Questões	783
10.2	Abordagens Estatísticas	786
	10.2.1 Detectar Elementos Estranhos em uma Distribuição Normal Univariada	787
	10.2.2 Elementos Estranhos em uma Distribuição Normal Multivariável	789
	10.2.3 Uma Abordagem de Mistura de Modelos para Detecção de Anomalias	791
	10.2.4 Pontos Fortes e Fracos	794
10.3	Detecção de Elementos Estranhos Baseada em Proximidade	794
	10.3.1 Pontos Fortes e Fracos	795
10.4	Detecção de Elementos Estranhos Baseada em Densidade	797
	10.4.1 Detecção de Elementos Estranhos Usando Densidade Relativa	798
	10.4.2 Pontos Fortes e Fracos	800
10.5	Técnicas Baseadas em Agrupamento	801
	10.5.1 Avaliando a Extensão na Qual um Objeto Pertence a um Grupo	802

        10.5.2 Impacto dos Elementos Estranhos sobre
                 o Agrupamento Inicial 804
        10.5.3 O Número de Grupos a Usar 805
        10.5.4 Pontos Fortes e Fracos 805
  10.6 Notas Bibliográficas 806
  10.7 Exercícios 813

A   Álgebra Linear 819
  A.1 Vetores 819
        A.1.1 Definição 819
        A.1.2 Adição de Vetores e Multiplicação por um Escalar 820
        A.1.3 Espaços de Vetores 821
        A.1.4 O Produto de Ponto, Ortogonalidade e
                Projeções Ortogonais 822
        A.1.5 Vetores e Análise de Dados 824
  A.2 Matrizes 826
        A.2.1 Matrizes: Definições 826
        A.2.2 Matrizes: Adição e Multiplicação por um Escalar 827
        A.2.3 Matrizes: Multiplicação 829
        A.2.4 Transformações Lineares e Matrizes Inversas 830
        A.2.5 Eigenvalue e Decomposição de Valor Singular 833
        A.2.6 Matrizes e Análises de Dados 835
  A.3 Notas Bibliográficas 837

B   Redução da Dimensionalidade 839
  B.1 PCA e SVD 839
        B.1.1 Análise dos Componentes Principais (PCA) 840
        B.1.2 SVD 845
  B.2 Outras Técnicas de Redução de Dimensionalidade 848
        B.2.1 Análise de Fatores 848
        B.2.2 Locally Linear Embedding (LLE) 850
        B.2.3 Escala Multidimensional, FastMap e ISOMAP 852
        B.2.4 Questões Comuns 856
  B.3 Notas Bibliográficas 857

C Probabilidade e Estatística 861
C.1 Probabilidade 861
    C.1.1 Valores Esperados 864
C.2 Estatística 866
    C.2.1 Avaliação de Ponto 866
    C.2.2 Teorema do Limite Central 867
    C.2.3 Avaliação de Intervalo 868
C.3 Teste de Hipóteses 869

D Regressão 873
D.1 Preâmbulo 873
D.2 Regressão Linear Simples 874
    D.2.1 Método de Menos Quadrados 875
    D.2.2 Analisando Erros de Regressão 878
    D.2.3 Analisando a Qualidade do Ajuste 880
D.3 Regressão Liner Multivariável 881
D.4 Métodos de Regressão Alternativos ao de Menos Quadrados 882

E Otimização 885
E.1 Otimização sem Restrições 885
    E.1.1 Métodos Numéricos 889
E.2 Otimização com Restrições 892
    E.2.1 Restrições de Igualdade 893
    E.2.2 Restrições de Desigualdade 894

Índice Remissivo 897

capítulo 1

Introdução

AVANÇOS RÁPIDOS NA TECNOLOGIA DE coleta e armazenamento de dados permitiram que as organizações acumulassem vasta quantidade de dados. A extração de informação útil, entretanto, tem provado ser extremamente desafiadora. Muitas vezes, ferramentas e técnicas tradicionais de análise de dados não podem ser usadas devido ao tamanho do conjunto dos dados ser muito grande. Às vezes a natureza não trivial dos dados significa que abordagens tradicionais não podem ser aplicadas, mesmo se o conjunto de dados for relativamente pequeno. Em outras situações, questões que precisam ser respondidas não podem ser abordadas usando-se as técnicas existentes para análise de dados e, assim, novos métodos precisam ser desenvolvidos.

A mineração de dados é uma tecnologia que combina métodos tradicionais de análise de dados com algoritmos sofisticados para processar grandes volumes de dados. Ela também abriu oportunidades interessantes para se explorar e analisar novos tipos de dados e para se analisar tipos antigos de novas maneiras. Neste capítulo introdutório, apresentamos uma visão geral da mineração de dados e destacamos os tópicos chaves a serem cobertos neste livro. Começamos com uma descrição de algumas aplicações bem conhecidas que requerem novas técnicas para análise de dados.

Negócios A coleta de dados nos pontos de venda (scanners de código de barras, identificação por freqüência de rádio -RFID- e tecnologia de cartões inteligentes) permitiram aos varejistas coletar dados atualizados até o último minuto a respeito das compras dos seus clientes nos caixas de suas lojas. Os varejistas podem utilizar esta informação, junto com outros dados cruciais, para o negócio como registros Web de sites de comércio eletrônico e registros de atendimentos provenientes de centros de atendimento ao cliente, para lhes auxiliar a compreender melhor as necessidades de seus clientes e a tomar decisões de negócio com mais informações.

As técnicas de mineração de dados podem ser usadas para apoiar uma ampla gama de aplicações de inteligência de negócios como a criação de perfis de clientes, vendas direcionadas, administração do fluxo de trabalho, formato de organização da loja e detecção de fraudes. Elas também auxiliam os varejistas a responder importantes questões de negócios como "Quais são os clientes mais lucrativos?" e "Qual a perspectiva de lucro da empresa no próximo ano?" Algumas destas questões motivaram a criação de análises de associação (Capítulos 6 e 7), uma nova técnica de análise de dados.

Medicina, Ciências e Engenharia Pesquisadores em medicina, ciências e engenharia estão acumulando rapidamente dados que são indispensáveis para novas descobertas importantes. Por exemplo, como um passo importante na direção da melhoria da nossa compreensão sobre o sistema climático da Terra, a NASA estabeleceu uma série de satélites na órbita do planeta que executam continuamente observações globais sobre a superfície do solo, oceanos e atmosfera. Entretanto, devido ao tamanho e a natureza espaço-temporal, métodos tradicionais muitas vezes não são apropriados para analisar estes conjuntos de dados. Técnicas desenvolvidas na mineração de dados podem auxiliar os cientistas a responder perguntas como "Qual é o relacionamento entre a freqüência e a intensidade dos distúrbios no ecossistema assim como as secas e furacões com o aquecimento global?" "Como as precipitações na superfície do solo e a temperatura são afetadas pela temperatura da superfície dos mares?" e "Quão bem podemos prever o início e o final de um período de crescimento de uma região?"

Como outro exemplo, os pesquisadores em biologia molecular esperam usar grandes quantidades de dados do genoma que estão sendo colhidos atualmente para compreender melhor a estrutura e a função dos genes. No passado, métodos tradicionais em biologia molecular permitiam aos cientistas estudar apenas alguns genes de cada vez em um determinado experimento. Avanços recentes na tecnologia de micromatrizes permitiram aos cientistas comparar o comportamento de milhares de genes sob diversas situações. Tais comparações podem auxiliar a determinar a função de cada gen e talvez isolar os genes responsáveis por certas doenças. Todavia, a natureza turbulenta e de muitas dimensões dos dados requer novos tipos de análises. Além de analisar dados de matrizes de genes, a mineração de dados também pode ser usada para abordar outros importantes desafios biológicos, como a previsão da estrutura de proteínas, o alinhamento de sequência múltipla, a modelagem de caminhos bioquímicos e a filogenética.

1.1 O Que é Mineração de Dados?

A mineração de dados é o processo de descoberta automática de informações úteis em grandes depósitos de dados. As técnicas de mineração de dados são organizadas para agir sobre grandes bancos de dados com o intuito de descobrir padrões úteis e recentes que poderiam, de outra forma, permanecer ignorados. Elas também fornecem capacidade de previsão do resultado de uma observação futura, como a previsão de se um cliente recém-chegado gastará mais de 100 dólares em uma loja de departamentos.

Nem todas as tarefas de descoberta de informação são consideradas mineração de dados. Por exemplo, a procura de registros individuais usando um sistema gerenciador de bancos de dados ou a busca de determinadas páginas da Web através de uma consulta em um mecanismo de busca na Internet são tarefas relacionadas à área da **recuperação de dados**. Embora sejam importantes e possam envolver o uso de algoritmos e estruturas de dados sofisticadas, essas tarefas se baseiam em técnicas tradicionais da ciência da computação e em recursos óbvios dos dados para criar estruturas de índice para organizar e recuperar de forma eficiente as informações. Contudo, a mineração de dados tem sido usada para melhorar sistemas de recuperação de informações.

Mineração de Dados e Descoberta de Conhecimento

A mineração de dados é uma parte integral da **descoberta de conhecimento em bancos de dados (KDD – Knowledge Discovery in Databases)**, que é o processo geral de conversão de dados brutos em informações úteis, conforme mostrado na Figura 1.1. Este processo consiste de uma série de passos de transformação, do pré-processamento dos dados até o pós-processamento dos resultados da mineração de dados.

Figura 1.1. *O processo de descoberta de conhecimento em bancos de dados (KDD).*

Os dados de entrada podem ser armazenados em uma diversidade de formatos (arquivos simples, planilhas ou tabelas relacionais) e podem ficar em um repositório central de dados ou serem distribuídos em múltiplos locais. O propósito do **pré-processamento** é transformar os dados de entrada brutos em um formato apropriado para análises subsequentes. Os passos envolvidos no pré-processamento de dados incluem a fusão de dados de múltiplas fontes, a limpeza dos dados para remoção de ruídos, observações duplicadas, a seleção de registros e características que sejam relevantes à tarefa de mineração de dados. Por causa das muitas formas através das quais os dados podem ser coletados e armazenados, o pré-processamento de dados talvez seja o passo mais trabalhoso e demorado no processo geral de descoberta de conhecimento.

"Fechar o laço" é a expressão freqüentemente usada para se referir ao processo de integrar os resultados da mineração de dados com os sistemas de apoio a decisões. Por exemplo, em aplicações de negócio, a compreensão permitida pelos resultados da mineração de dados pode ser integrada com ferramentas de administração de campanha de forma que promoções eficazes de vendas possam ser realizadas e testadas. Tal integração requer um passo de **pós-processamento** que assegure que apenas resultados válidos e úteis sejam incorporados ao sistema de apoio a decisões. Um exemplo de pós-processamento é a visualização (veja o Capítulo 3), a qual permite que os analistas explorem os dados e os resultados da mineração dos mesmos a partir de uma diversidade de pontos de vista. Medições estatísticas ou métodos de teste de hipóteses também podem ser aplicados durante o pós-processamento para eliminar resultados não legítimos da mineração de dados.

1.2 Desafios Motivadores

Conforme mencionado anteriormente, as técnicas tradicionais de análise de dados freqüentemente encontravam dificuldades práticas para vencer os desafios encontrados pelos novos conjuntos de dados. A seguir estão alguns dos desafios específicos que motivaram o desenvolvimento da mineração de dados.

Escalabilidade Devido aos avanços na geração e coleta, conjuntos de dados com tamanhos em gigabytes, terabytes e até mesmo em petabytes estão se tornando comuns. Se algoritmos de mineração de dados tiverem que lidar com estes conjuntos volumosos de dados, então devem ser escaláveis. Muitos algoritmos de mineração de dados empregam estratégias especiais de busca para lidar com problemas de buscas exponenciais. A escalabilidade também requer a implementação de novas estruturas de dados para acessar registros individuais de uma forma eficiente. Por exemplo, algoritmos fora do núcleo podem ser necessários ao se processar conjuntos de dados que não caibam na memória principal. A escalabilidade também pode ser melhorada através do uso de amostras ou do desenvolvimento de algoritmos paralelos e distribuídos.

Alta Dimensionalidade Agora é comum se encontrar conjuntos de dados com centenas ou milhares de atributos ao invés do punhado comum de algumas décadas atrás. Na bioinformática, o progresso da tecnologia de micromatrizes produziu dados de expressão de genes envolvendo milhares de características. Conjuntos de dados com componentes temporais ou espaciais também tendem a ter alta dimensionalidade. Por exemplo, considere um conjunto de dados que contenha medidas de temperatura em diversos locais. Se as medidas de temperatura forem feitas repetidamente por um período extenso, o número de dimensões (características) aumenta na proporção do número de medidas realizadas. Técnicas tradicionais de análise de dados que foram desenvolvidas para dados de baixa dimensionalidade muitas vezes não funcionam bem para tais dados de alta dimensionalidade. Além disso, para alguns algoritmos de análise de dados, a complexidade computacional aumenta rapidamente à medida em que a dimensionalidade (o número de características) aumenta.

Dados Complexos e Heterogêneos Os métodos tradicionais de análise de dados muitas vezes lidam com conjuntos de dados que contêm atributos do mesmo tipo, contínuos ou categorizados. À medida em que o papel da mineração de dados nos negócios, na ciência, na medicina e em outra áreas tem aumentado, também o tem a necessidade de técnicas que possam lidar com atributos heterogêneos. Os últimos anos também têm visto o aparecimento de objetos de dados mais complexos. Exemplos de tais tipos não tradicionais de dados incluem conjuntos de páginas Web contendo texto semi-estruturado e hiperligações, dados de DNA com estrutura sequencial e tridimensional e dados sobre o clima que consistem em séries de medidas temporais (temperatura, pressão, etc) em diversos locais da superfície da Terra. As técnicas desenvolvidas para minerar tais objetos complexos devem levar em consideração os relacionamentos nos dados, como auto-correlação temporal e espacial, conectividade gráfica e relacionamentos pais-filhos entre os elementos no texto semi-estruturado e documentos XML.

Propriedade e Distribuição de Dados Às vezes, os dados necessários para uma análise não estão armazenados em um local ou não são de propriedade de uma organização. Em vez disso, eles estão distribuídos geograficamente entre fontes pertencentes a múltiplas entidades. Isto requer o desenvolvimento de técnicas distribuídas de mineração de dados. Entre os desafios encontrados pelos algoritmos distribuídos de mineração de dados, se incluem (1) como reduzir a quantidade de comunicação necessária para realizar a computação distribuída, (2) como consolidar eficazmente os resultados da mineração de dados a partir de múltiplas fontes e (3) como abordar questões de segurança de dados.

Análises Não Tradicionais A abordagem estatística tradicional é baseada em um paradigma hipótese-e-teste. Em outras palavras, uma hipótese é proposta, um experimento é projetado para juntar os dados e então esses dados são analisados com relação à hipótese. Infelizmente, este processo é extremamente trabalhoso. Tarefas atuais de análise de dados muitas vezes requerem a geração e a avaliação de milhares de hipóteses e, conseqüentemente, o desenvolvimento de algumas técnicas de mineração de dados tem sido motivado pelo desejo de se automatizar o processo de geração e avaliação de hipóteses. Além disso, os conjuntos de dados analisados na mineração de dados são geralmente não o resultado de um experimento projetado com cuidado e muitas vezes amostras oportunistas dos dados, em vez de amostras aleatórias. Além disso, os conjuntos de dados freqüentemente envolvem tipos de dados não tradicionais e a distribuição dos mesmos.

1.3 As Origens da Mineração de Dados

Unidos pelo objetivo de vencer os desafios das seções anteriores, pesquisadores de diferentes disciplinas começaram a enfocar o desenvolvimento de ferramentas mais eficientes e escaláveis que pudessem lidar com diversos tipos de dados. Este trabalho, que culminou na área de mineração de dados, construiu-se sobre a metodologia e algoritmos que os pesquisadores haviam usado anteriormente. Em especial, a mineração de dados atrai idéias, como a (1) amostragem, estimativa e teste de hipóteses a partir de estatísticas e (2) algoritmos de busca, técnicas de modelagem e teorias de aprendizagem da inteligência artificial, reconhecimento de padrões e aprendizagem de máquina. A mineração de dados também foi rápida em adotar idéias de outras áreas, incluindo otimização, computação evolutiva, teoria de informação, processamento de sinais, visualização e recuperação de informações.

Uma quantidade de outras áreas também desempenha papéis chave. Em especial, os sistemas de bancos de dados são necessários para fornecer eficiente suporte ao armazenamento, indexação e processamento de consultas. Técnicas da computação de alto desempenho (paralela) são muitas vezes importantes para abordar o tamanho volumoso de alguns conjuntos de dados. Técnicas distribuídas também podem auxiliar a abordar a questão do tamanho e são essenciais quando os dados não podem ser juntados em um único local.

A Figura 1.2 mostra o relacionamento da mineração de dados com outras áreas.

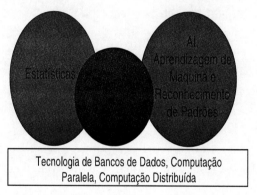

Figura 1.2. *Mineração de Dados como uma confluência de muitas disciplinas.*

1.4 Tarefas de Mineração de Dados

As tarefas de mineração de dados são geralmente divididas em duas categorias principais:

Tarefas de Previsão   O objetivo destas tarefas é prever o valor de um determinado atributo baseado nos valores de outros atributos. O atributo a ser previsto é comumente conhecido como a **variável dependente** ou **alvo**, enquanto que os atributos usados para fazer a previsão são conhecidos como as **variáveis independentes** ou **explicativas**.

Tarefas Descritivas   Aqui, o objetivo é derivar padrões (correlações, tendências, grupos, trajetórias e anomalias) que resumam os relacionamentos subjacentes nos dados. As tarefas descritivas da mineração de dados são muitas vezes exploratórias em sua natureza e freqüentemente requerem técnicas de pós-processamento para validar e explicar os resultados.

A Figura 1.3 ilustra quatro das tarefas centrais da mineração de dados que são descritas no restante deste livro.

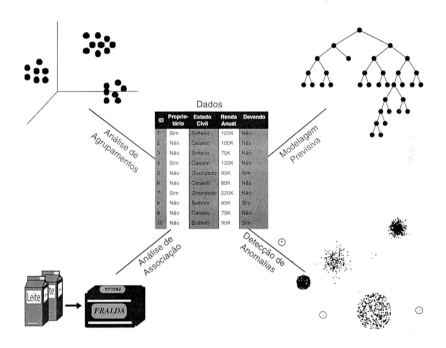

Figura 1.3. *Quatro das tarefas centrais da mineração de dados*

A **modelagem de previsão** se refere à tarefa de construir um modelo para a variável alvo como uma função das variáveis explicativas. Há dois tipos de tarefas de modelagem de previsão: **classificação**, a qual é usada para variáveis alvo discretas, e **regressão**, que é usada para variáveis alvo contínuas. Por exemplo, prever se um usuário Web fará uma compra em uma livraria online é uma tarefa de classificação, porque a variável alvo é de valor binário. Por outro lado, prever o preço futuro de uma ação é uma tarefa de regressão, porque o preço é um atributo de valor contínuo. O objetivo de ambas as tarefas é aprender um modelo que minimize o erro entre os valores previsto e real da variável alvo. A modelagem de previsão pode ser usada para identificar clientes que responderão a uma campanha de vendas, prever perturbações no ecossistema da Terra ou julgar se um paciente possui uma determinada doença baseado nos resultados de exames médicos.

Exemplo 1.1 (Prevendo o Tipo de uma Flor) Considere a tarefa de prever uma espécie de flor baseada nas características da mesma. Em especial, considere classificar uma flor Íris como pertencente a uma das seguintes três espécies de Íris: Setosa, Versicolour ou Virginica. Para executar esta tarefa, precisamos de um conjunto de dados contendo as características de diversas flores destas três espécies. Um conjunto de dados com este tipo de informações é o bem conhecido conjunto de dados Íris do UCI Machine Learning Repository em http://www.ics.uci.edu/~mlearn. Além das espécies de uma flor, este conjunto de dados contém outros quatro atributos: largura da sépala, comprimento da sépala, largura da pétala e comprimento da pétala. (Este conjunto de dados da Íris e seus atributos é descrito em maior profundidade na Seção 3.1). A Figura 1.4 mostra um desenho de largura *versus* comprimento de pétala para as 150 flores do conjunto de dados da Íris. A largura da pétala é dividida nas categorias *pequena, média* e *grande*, as quais correspondem aos intervalos [0, 0,75], [0,75 , 1,75], [1,75 , ∞], respectivamente. Além disso, o comprimento da pétala é dividido nas categorias *pequeno, médio* e *grande*, as quais correspondem aos intervalos [0, 2,5], [2,5 ,5], [5, ∞], respectivamente. Baseadas nestas categorias de largura e comprimento de pétalas, as seguintes regras podem ser derivadas:

Largura e comprimento pequenos de pétala significam Setosa.
Largura e comprimento médios de pétala significam Versicolour.
Largura e comprimento grandes de pétala significam Virginica.

Embora estas regras não classifiquem todas as flores, elas fazem um bom (mas não perfeito) trabalho de classificação da maioria das flores. Observe que as flores da espécie Setosa são bem separadas das espécies Versicolour e Virginica no que diz respeito à largura e comprimento das pétalas; estas últimas duas espécies possuem alguma intersecção no que diz respeito a estes atributos.

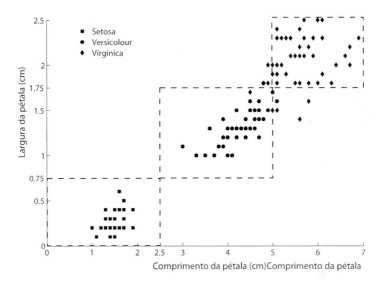

Figura 1.4. *Comprimento versus largura da pétala para 150 flores Íris.*

A **análise de associação** é usada para descobrir padrões que descrevam características altamente associadas dentro dos dados. Os padrões descobertos são normalmente representados na forma de regras de implicação ou subconjuntos de características. Devido ao tamanho exponencial do seu espaço de busca, o objetivo da análise de associação é extrair os padrões mais interessantes de uma forma eficiente. Aplicações úteis de análise de associação incluem a descoberta de genes que possuam funcionalidade associada, a identificação de páginas Web que sejam acessadas juntas ou a compreensão dos relacionamentos entre diferentes elementos do sistema climático da Terra.

Exemplo 1.2 (Análise de Cesta de Compras) As transações mostradas na Tabela 1.1 ilustram dados de ponto de venda coletados no balcão de um armazém. A análise de associação pode ser aplicada para encontrar itens que sejam freqüentemente comprados juntos pelos clientes. Por exemplo, podemos descobrir a regra {Fraldas} → {Leite}, que sugere que os clientes que compram fraldas tendem a comprar leite. Este tipo de regra pode ser usada para identificar potenciais oportunidades de venda cruzada entre itens relacionados.

A **análise de grupo** procura encontrar grupos de observações intimamente relacionadas de modo que observações que pertençam ao mesmo grupo sejam mais semelhantes entre si do que com as que pertençam a outros grupos. O agrupamento tem sido usado para juntar conjuntos de clientes relacionados, descobrir áreas do oceano que possuam um impacto significativo sobre o clima da Terra e compactar dados.

Tabela 1.1. Dados da cesta de compras.

ID da Transação	Itens
1	{Pão, Manteiga, Fraldas, Leite}
2	{Café, Açúcar, Biscoitos, Salmão}
3	{Pão, Manteiga, Café, Fraldas, Leite, Ovos}
4	{Pão, Manteiga, Salmão, Galinha}
5	{Ovos, Pão, Manteiga}
6	{Salmão, Fraldas, Leite}
7	{Pão, Chá, Açúcar, Ovos}
8	{Café, Açúcar, Galinha, Ovos}
9	{Pão, Fraldas, Leite, Sal}
10	{Chá, Ovos, Biscoitos, Fraldas, Leite}

Exemplo 1.3 (Agrupamento de Documentos) O conjunto novos artigos mostrado na Tabela 1.2 pode ser agrupado baseado nos seus respectivos tópicos. Cada artigo é representado na forma de um conjunto de pares palavra-freqüência (p, f), onde p é uma palavra e f o número de vezes que ela aparece no artigo. Há dois grupos naturais no conjunto de dados. O primeiro grupo consiste dos quatro primeiros artigos, que correspondem a notícias sobre a economia, enquanto que o segundo grupo contém os últimos quatro artigos, que correspondem a notícias sobre o serviço de saúde. Um bom algoritmo agrupamento deve ser capaz de identificar estes dois grupos baseado na semelhança entre palavras que aparecem nos artigos.

Tabela 1.2. Conjuntos de novos artigos

Artigo	Palavras
1	Dólar: 1, indústria: 4, país: 2, empréstimo: 3, negócio: 2, governo: 2
2	Maquinário: 2, trabalho: 3, mercado: 4, indústria: 2, emprego: 3, país: 1
3	Emprego: 5, inflação: 3, aumento: 2, desempregado: 2, mercado: 3, país: 2, índice: 3
4	Doméstico: 3, previsão: 2, ganho: 1, mercado: 2, venda: 3, preço: 2
5	Paciente: 4, sintoma: 2, remédio: 3, saúde: 2, clínica: 2, doutor: 2
6	Farmacêutico: 2, empresa: 3, remédio: 2, vacina: 1, gripe: 3
7	Morte: 2, câncer: 4, remédio: 3, pública: 4, saúde: 3, diretor: 2
8	Médico: 2, custo: 3, aumento: 2, paciente: 2, saúde: 3, cuidado: 1

A **detecção de anomalias** é a tarefa de identificar observações cujas características sejam significativamente diferentes do resto dos dados. Tais observações são conhecidas como **anomalias** ou **fatores estranhos**. O objetivo de um algoritmo de detecção de anomalias é descobrir as anomalias verdadeiras e evitar rotular erroneamente objetos normais como anômalos. Em outras palavras, um bom detector de anomalias deve ter uma alta taxa de detecção e uma baixa taxa de alarme falso. As aplicações da detecção de anomalias incluem a detecção de fraudes, intromissões na rede, padrões incomuns de doenças e perturbações no meio ambiente.

Exemplo 1.4 (Detecção de Fraudes em Cartões de Crédito) Uma empresa de cartão de crédito registra as transações efetuadas por cada um dos donos de cartões de crédito junto com informações pessoais como, o limite do crédito, idade, renda anual e endereço. Já que o número de casos fraudulentos é relativamente pequeno comparado com o número de transações legítimas, técnicas de detecção de anomalias podem ser aplicadas para criar um perfil de transações legítimas para os usuários. Quando uma nova transação chega, ela é comparada com o perfil do usuário. Se as características da transação forem muito diferentes do perfil criado anteriormente, então a transação é marcada como potencialmente fraudulenta.

1.5. Escopo e Organização do Livro

Este livro introduz os principais princípios e técnicas usados na mineração de dados a partir de uma perspectiva algorítmica. Um estudo destes princípios e técnicas é essencial para desenvolver uma melhor compreensão de como a tecnologia de mineração de dados pode ser aplicada em diversos tipos de dados. Este livro também serve como ponto de partida para leitores que estejam interessados em realizar pesquisas nesta área.

Começamos a discussão técnica deste livro com um capítulo sobre dados (Capítulo 2), o qual discute os tipos básicos de dados, qualidade dos dados, técnicas de pré-processamento e medidas de semelhança e diferença. Embora este material possa ser coberto rapidamente, ele fornece uma base essencial para a análise de dados. O Capítulo 3, sobre exploração de dados, discute estatísticas de resumos, técnicas de visualização e OLAP (On-Line Analytical Processing). Estas técnicas fornecem os meios para se obter rapidamente um conhecimento maior sobre um conjunto de dados.

Os Capítulos 4 e 5 cobrem a classificação. O Capítulo 4 fornece a base para a discussão sobre classificadores de árvores de decisão e diversas questões que são importantes para toda a classificação: *overfitting*, avaliação de desempenho e a comparação de diferentes modelos de classificação. Usando esta base, o Capítulo 5 descreve uma diversidade de outras importantes técnicas de classificação: sistemas baseados em regras, classificadores de vizinho mais próximo, classificadores Bayesianos, redes neurais artificiais, máquinas de vetores suporte e classificadores *ensemble*, que são coleções de classificadores. Os problemas de classes desequilibradas e multi-classes também são discutidos. Estes tópicos podem ser cobertos independentemente.

A análise de associação é explorada nos Capítulos 6 e 7. O Capítulo 6 descreve os fundamentos da análise de associação: conjuntos de itens, regras de associação e alguns dos algoritmos usados para gerá-las. Tipos específicos de conjuntos de itens freqüentes – máximo, fechado e hiper exclusivo – que são importantes para a mineração de dados também são discutidos e o capítulo termina com uma discussão sobre medidas de avaliação para a análise de associação. O Capítulo 7 contempla uma diversidade de tópicos mais avançados, incluindo como a análise de associação pode ser aplicada a dados contínuos e categóricos ou a dados que possuam uma hierarquia de conceitos(uma hierarquia de conceitos é uma categorização hierárquica de objetos, e.g., itens de lojas, roupas, calçados, tênis.) Este capítulo também descreve como a análise de associação pode ser estendida para encontrar padrões seqüenciais (padrões que envolvem ordem), padrões em gráficos e relacionamentos negativos (se um item estiver presente, então o outro não está).

A análise de agrupamentos é discutida nos Capítulos 8 e 9. O Capítulo 8 primeiro descreve os diferentes tipos de agrupamentos e, a seguir, apresenta técnicas específicas de agrupamento: algoritmos K-means, agrupamento hierárquico aglomerativo e DBSCAN. Segue uma discussão sobre técnicas de validação dos resultados de um algoritmo de agrupamento. Conceitos e técnicas adicionais de agrupamento são explorados no Capítulo 9, incluindo agrupamentos fuzzy e agrupamentos probabilísticos. Mapas auto-organizáveis (SOM - Self-Organizing Maps), agrupamento baseado em gráficos e baseados em densidade. Também há uma discussão sobre questões e fatores relacionados a escalabilidade que devem ser considerados na seleção de um algoritmo de agrupamento.

O último capítulo, o Capítulo 10, é sobre detecção de anomalias. Após algumas definições básicas, diversos tipos diferentes de detecção de anomalias são considerados: estatísticas, baseadas em distância, baseadas em densidade e baseadas em agrupamentos. Os Apêndices de A a E fazem uma breve revisão de tópicos importantes que são usados em partes do livro: álgebra linear, estatísticas, regressão, otimização e redução de dimensionalidade.

A mineração de dados, embora relativamente nova comparada com o aprendizado de máquina ou estatísticas, já é grande demais para ser coberta em um único livro. Referências selecionadas a tópicos que estejam apenas brevemente cobertos, como a qualidade dos dados, são fornecidos nas notas bibliográficas do capítulo apropriado. Referências a tópicos não cobertos neste livro, como mineração de dados para fluxos e mineração de dados preservando a privacidade, são fornecidas nas notas bibliográficas deste capítulo.

1.6. Notas Bibliográficas

O tópico de mineração de dados tem originado muitos livros. Os livros-texto introdutórios incluem os de Dunham [10], Han e Kamber [21], Hand e al. [23] e Roiger e Geatz [36]. Livros sobre mineração de dados com ênfase maior sobre aplicações de negócios incluem os trabalhos de Berry e Linoff [2], Pyle [34] e Parr Rud [33]. Livros com ênfase sobre aprendizado estatístico incluem os de Cherkassky e Mulier [6] e Hastie et al. [24]. Alguns livros com ênfase sobre o aprendizado de máquina ou reconhecimento de padrões são os de Duda et al. [9], Kantardzic [25], Mitchell [31], Web [41] e Witten e Frank [42]. Também existem livros mais especializados: Chakrabarti [4] (mineração na web), Fayyad et al. [13] (coleção de artigos antigos sobre mineração de dados), Fayyad et al. [11] (visualização), Grossman et al. [18] (ciência e engenharia), Kargupta e Chan [26] (mineração de dados distribuída), Wang et al. [40] (bioinformática) e Zaki e Ho [44] (mineração de dados paralela).

Há diversas conferências relacionadas a mineração de dados. Algumas das principais conferências dedicadas a esta área incluem a ACM SIG-KDD International Conference on Knowledge Discovery and Data Mining (KDD), a IEEE International Conference on Data Mining (ICDM), a SIAM International Conference on Data Mining (SDM), a European Conference on Principles and Practice of Knowledge Discovery on Databases (PKDD) e a Pacific-Asia Conference on Knowledge Discovery and Data Mining (PAKDD). Artigos sobre mineração de dados também podem ser encontrados em outras conferências importantes como a ACM SIGMOD/PODS, a International Conference on Very Large Data Bases (VLDB), a Conference on Information and Knowledge Management (CIKM), a International Conference on Data Engineering (ICDE), a International Conference on Machine Learning (ICML) e a National Conference on Artifitial Intelligence (AAAI).

As publicações em periódicos sobre mineração de dados incluem *IEE Transactions on Knowledge and Data Engineering, Data Mining and Knowledge Discovery, Knowledge Information Systems, Intelligent Data Analysis, Information Systems* e o *Journal of the Intelligent Information Systems*.

Uma diversidade de artigos gerais sobre mineração de dados têm sido escritos definindo esta área ou seu relacionamento com outras áreas, especialmente com a estatística. Fayyad et al. [12] descrevem a mineração de dados e como ela se encaixa no processo completo de descoberta de conhecimento. Chen et al. [5] dá uma perspectiva de banco de dados sobre a mineração de dados. Ramakrishman e Gamma [35] fornecem uma discussão geral sobre mineração de dados e apresentam diversos pontos de vista. Hand [22] descreve como a mineração de dados difere da estatística, assim como Friedman [14]. Lambert [29] explora o uso da estatística para grandes conjuntos de dados e fornece alguns comentários sobre os respectivos papéis da mineração de dados e da estatística.

Glymour et al. [16] consideram as lições que a estatística pode ter para a mineração de dados. Smyth et al. [38] descrevem como a evolução da mineração de dados está sendo conduzida por novos tipos de dados e aplicações, como as que envolvem fluxos, gráficos e texto. Aplicações emergentes em mineração de dados são consideradas por Han et al. [20] e Smyth [37] descreve alguns desafios da pesquisa sobre mineração de dados. Uma discussão sobre como os desenvolvimentos na pesquisa sobre mineração de dados podem ser transformada em ferramentas práticas é feita por Wu et al. [43]. Os padrões da mineração de dados são o assunto de um artigo de Grossman et al. [17]. Bradley [3] discute como os algoritmos de mineração de dados podem ser escalados para conjuntos grande de dados.

Com o surgimento de novas aplicações de mineração de dados apareceram também novos desafios que precisam ser enfrentados. Por exemplo, as preocupações sobre violações de privacidade como conseqüência da mineração de dados têm aumentado nos últimos anos, especialmente nos domínios de aplicações como o comércio eletrônico e saúde. Como conseqüência, há um interesse crescente no desenvolvimento de algoritmos de mineração de dados que resguardem a privacidade do usuário. Técnicas de desenvolvimento para minerar dados criptografados ou aleatórios são conhecidas como **mineração de dados que preserva a privacidade**. Algumas referências gerais nesta área incluem artigos de Agrawal e Srikant [1], Clifton et al. [7] e Kargupta et al. [27]. Vassilios et al. [39] fornecem uma pesquisa.

Os últimos anos testemunharam um número crescente de aplicações que geram rapidamente fluxos contínuos de dados. Exemplos de fluxos de dados incluem o tráfego em rede, fluxos multimídia e preços de ações. Diversas questões devem ser consideradas durante a mineração de fluxos de dados, como a quantidade limitada de memória disponível, a necessidade de análise online e a mudança nos dados no decorrer do tempo. A mineração de dados em fluxos de dados se tornou uma área importante da mineração de dados. Algumas publicações selecionadas são Domingos e Hulten [8] (classificação), Gianella et al. [15] (análise de associação), Guha et al. [19] (agrupamento), Kifer et al. [28] (detecção de mudanças), Papadimitriou et al. [32] (séries de tempo) e Law et al. [30] (redução de dimensionalidade).

Bibliografia

[1] R. Agrawal e Srikant. Privacy-preserving data mining. In *Proc. Of 2000 ACM-SIGMOD Intl. Conf. on Management of Data*, pg. 439-450, Dallas, Texas, 2000. ACM Press.

[2] M.J.A. Berry e G. Linoff. *Data Mining Techniques: For Marketing, Sales and Customer Relationship Management*. Wiley Computer Publishing, 2a. Edição, 2004.

[3] P. S. Bradley, J. Gehrke, R. Ramakrishnan, and R. Srikant. Scaling mining algorithms to large databases. Communications of the ACM, 45(8):38–43, 2002.

[4] S. Chakrabarti. Mining the Web: Discovering Knowledge from Hypertext Data. Morgan Kaufmann, São Francisco, CA, 2003.

[5] M.-S. Chen, J. Han, e P. S. Yu. Data Mining: An Overview from a Database Perspective. IEEE Transactions on Knowledge abd Data Engineering, 8(6):866–883, 1996.

[6] V. Cherkassky e F. Mulier. Learning from Data: Concepts, Theory, and Methods. Wiley Interscience, 1998.

[7] C. Clifton, M. Kantarcioglu, e J. Vaidya. Defining privacy for data mining. In National Science Foundation Workshop on Next Generation Data Mining, pgs. 126–133, Baltimore, MD, Novembro 2002.

[8] P. Domingos e G. Hulten. Mining high-speed data streams. In Proc. of the 6th Intl. Conf. on Knowledge Discovery and Data Mining, pags. 71-80, Boston, Massachusetts, 2000. ACMPress.

[9] R. O. Duda, P. E. Hart, e D. G. Stork. PatternClassification. John Wiley & Sons, Inc., Nova Iorque, 2a. Edição, 2001.

[10] M. H. Dunham. Data Mining: Introductory and Advanced Topics. Prentice Hall, 2002.

[11] U. M. Fayyad, G. G. Grinstein, e A. Wierse, editores. Information Visualization in Data Mining and Knowledge Discovery. Morgan Kaufmann Publishers, São Francisco, CA, Setembro 2001.

[12] U. M. Fayyad, G. Piatetsky-Shapiro, and P. Smyth. From Data Mining to Knowledge Discovery: An Overview. In Advances in Knowledge Discovery and Data Mining, pgs. 1–34. AAAI Press, 1996.
[13] U. M. Fayyad, G. Piatetsky-Shapiro, P. Smyth, e R. Uthurusamy, editores. Advances in Knowledge Discovery and Data Mining. AAAI/MIT Press, 1996.
[14] J. H. Friedman. Data Mining and Statistics: What's the Connection? Unpublished. www-stat.stanford.edu/sjhf/ftp/dm-stat.ps, 1997.
[15] C. Giannella, J. Han, J. Pei, X. Yan, and P. S. Yu. Mining Frequent Patterns in Data Streams at Multiple Time Granularities. In H. Kargupta, A. Joshi, K. Sivakumar, e Y. Yesha, editores, Next Generation Data Mining, pgs. 191–212. AAAI/MIT, 2003.
[16] C. Glymour, D. Madigan, D. Pregibon, e P. Smyth. Statistical Themes and Lessons for Data Mining. Data Mining and Knowledge Discovery, 1(1):11–28, 1997.
[17] R. L. Grossman, M. F. Hornick, e G. Meyer. Data mining standards initiatives. Communications of the ACM, 45(8):59–61, 2002.
[18] R.L.Grossman,C.Kamath,P.Kegelmeyer,V.Kumar, andR.Namburu, editores. Data Mining for Scientific and Engineering Applications. Kluwer Academic Publishers, 2001.
[19] S. Guha, A. Meyerson, N. Mishra, R. Motwani, e L. O'Callaghan. Clustering Data Streams: Theory and Practice. IEEE Transactionson Knowledge and Data Engineering, 15(3):515–528, Maio/Junho 2003.
[20] J. Han, R. B. Altman, V. Kumar, H. Mannila, e D. Pregibon. Emerging scientific applications in data mining. Communications of the ACM, 45(8):54–58, 2002.
[21] J. Han e M. Kamber. Data Mining: Concepts and Techniques. Morgan Kaufmann Publishers, São Francisco, 2001.
[22] D. J. Hand. Data Mining: Statistics and More? The American Statistician, 52(2): 112–118, 1998.
[23] D. J. Hand, H. Mannila, e P. Smyth. Principles of Data Mining. MIT Press, 2001.
[24] T. Hastie, R. Tibshirani, e J. H. Friedman. The Elements of Statistical Learning: DataMining, Inference, Prediction. Primavera, Nova Iorque, 2001.
[25] M.Kantardzic. Data Mining: Concepts, Models, Methods, and Algorithms. Wiley-IEEE Press, Piscataway, NJ, 2003.
[26] H. Kargupta e P. K. Chan, editors. Advances in Distributed and Parallel Knowledge Discovery. AAAI Press, Setembro 2002.
[27] H.Kargupta, S.Datta, Q.Wang, e K.Sivakumar. On the Privacy Preserving Properties of Random Data Perturbation Techniques. In Proc. of the 2003 IEEE Intl. Conf. On DataMining, pgs. 99–106, Melbourne, Flórida, Dezembro 2003. IEEE Computer Society.

[28] D. Kifer, S. Ben-David, e J. Gehrke. Detecting Change in Data Streams. In Proc. of the 30 th VLDB Conf., pags. 180–191, Toronto, Canada, 2004. Morgan Kaufmann.

[29] D. Lambert. What Use is Statistics for Massive Data? In ACM SIGMOD Workshop on Research Issues in Data Mining and Knowledge Discovery, pags. 54–62, 2000.

[30] M. H. C. Law, N. Zhang, e A. K. Jain. Nonlinear Manifold Learning for Data Streams. In Proc. of the SIAM Intl. Conf. on Data Mining, Lake Buena Vista ,Flórida, Abril 2004. SIAM.

[31] T. Mitchell. MachineLearning. McGraw-Hill, Boston, MA, 1997.

[32] S. Papadimitriou, A. Brockwell, e C. Faloutsos. Adaptive, unsupervised stream mining. VLDB Journal, 13(3):222–239, 2004.

[33] O.ParrRud. Data Mining Cookbook: Modeling Data for Marketing, Risk and Customer Relationship Management. John Wiley & Sons, Nova Iorque, NY, 2001.

[34] D. Pyle. Business Modeling and Data Mining. Morgan Kaufmann, São Francisco, CA, 2003.

[35] N. Ramakrishnan and A. Grama. Data Mining: From Serendipity to Science— Guest Editors' Introduction. IEEEComputer, 32(8):34–37, 1999.

[36] R. Roiger e M. Geatz. Data Mining: A Tutorial Based Primer. Addison-Wesley, 2002.

[37] P. Smyth. Breaking out of the Black-Box: Research Challenges in Data Mining. In Proc. of the 2001 ACM SIGMOD Workshop on Research Issues in Data Mining and Knowledge Discovery, 2001.

[38] P. Smyth, D. Pregibon e C. Faloutsos. Data-driven evolution of data mining algorithms. Communications of the ACM, 45(8):33–37, 2002.

[39] V. S. Verykios, E. Bertino, I. N. Fovino, L. P. Provenza, Y. Saygin, e Y. Theodoridis. State-of-the-art in privacy preserving datamining. SIGMODRecord, 33(1):50–57, 2004.

[40] J. T. L. Wang, M. J. Zaki, H. Toivonen, e D. E. Shasha, editors. Data Mining in Bioinformatics. Primavera, Setembro 2004.

[41] A. R. Webb. Statistical Pattern Recognition. John Wiley & Sons, 2a. Edição, 2002.

[42] I. H. Witten e E. Frank. Data Mining: Practical Machine Learning Tools and Techniques with Java Implementations. Morgan Kaufmann, 1999.

[43] X.Wu,P.S.Yu, e G.Piatetsky-Shapiro. DataMining:HowResearch Meets Practical Development? Knowledge and Information Systems, 5(2):248–261, 2003.

[44] M.J.ZakiandC.-T.Ho, editores. Large-Scale Parallel Data Mining. Primavera, Setembro 2002.

1.7. Exercícios

1. Discuta se cada uma das atividades a seguir é uma tarefa de mineração de dados.
   (a) Dividir os clientes de uma empresa de acordo com seu sexo.
   (b) Dividir os clientes de uma empresa de acordo com sua lucratividade.
   (c) Cálculo do total de vendas de uma empresa.
   (d) Ordenar um banco de dados de alunos baseado nos números de identificação dos alunos.
   (e) Prever o resultado de uma jogada de um par de dados
   (f) Prever o futuro preço das ações de uma empresa usando registros históricos.
   (g) Monitorar a taxa de batimentos cardíacos de um paciente procurando por anormalidades.
   (h) Monitorar ondas sísmicas de atividades de terremotos.
   (i) Extrair as freqüências de uma onda de som.
2. Suponha que você seja empregado como consultor de mineração de dados para uma empresa de mecanismo de buscas na Internet. Descreva como a mineração de dados pode ajudar a empresa dando exemplos específicos de como as técnicas, como a clusterização, classificação, mineração de regras de associação e detecção de anormalidades podem ser aplicadas.
3. Para cada um dos seguintes conjuntos de dados, explique se a privacidade dos dados é uma questão importante.
   (a) Dados de censos coletados de 1900 a 1950.
   (b) Endereços IP e tempos de visitas de usuários Web que visitam seu Website.
   (c) Imagens de satélites em órbita ao redor da Terra.
   (d) Nomes e endereços de pessoas da lista telefônica.
   (e) Nomes e endereços de e-mail coletados a partir da Web.

capítulo 2

Dados

ESTE CAPÍTULO DISCUTE DIVERSAS QUESTÕES relacionadas a dados que são importantes para a mineração de dados bem sucedida:

O Tipo de Dados Os conjuntos de dados diferem de diversas formas. Por exemplo, os atributos usados para descrever objetos de dados podem ser de diferentes tipos – quantitativos ou qualitativos – e conjuntos de dados podem ter características especiais; e.g., alguns conjuntos de dados contêm séries de tempos ou objetos com relacionamentos explícitos entre si.

Não é surpreendente que o tipo de dado determine quais ferramentas e técnicas podem ser usadas para analisar os dados. Além disso, novas pesquisas em mineração de dados são muitas vezes guiadas pela necessidade de acomodar novas áreas de aplicações e seus novos tipos de dados.

A Qualidade dos Dados Os dados muitas vezes estão longe da perfeição. Embora a maior parte das técnicas de mineração de dados pode tolerar algum nível de imperfeição nos dados, um foco na compreensão e melhora da qualidade dos dados geralmente melhora a qualidade das análises resultantes. Questões de qualidade de dados que muitas vezes precisam ser abordadas incluem a presença de ruídos nos dados e dados sem pertinência; a perda, inconsistência ou duplicação de dados, além de dados com alguma tendência ou, de alguma outra forma, que não sejam representativos do fenômeno ou da população que os dados devem descrever.

Etapas de Pré-Processamento para Tornar os Dados Mais Apropriados para a Mineração de Dados Muitas vezes, os dados brutos devem ser processados para que sejam mais apropriados à análise. Embora um objetivo possa ser melhorar a qualidade dos dados, outros propósitos enfocam a modificação dos dados de modo que se adaptem melhor a uma ferramenta ou técnica específica de mineração de dados. Por exemplo, um atributo contínuo, e.g., comprimento, pode precisar ser transformado em um com categorias discretas, e.g., curto, médio ou longo, para que se possa aplicar uma determinada técnica. Como outro exemplo, o número de atributos em um conjunto de dados é muitas vezes reduzido porque muitas técnicas são mais efetivas quando os dados possuem um número relativamente pequeno de atributos.

Analisando os Dados em Termos dos Seus Relacionamentos Uma abordagem à análise de dados é encontrar relacionamentos entre os objetos de dados e então executar a análise restante usando estes relacionamentos ao invés dos próprios objetos de dados. Por exemplo, podemos calcular a semelhança ou diferenças entre pares de objetos e então executar a análise – agrupamento, classificação ou detecção de anomalias – baseada nestas semelhanças ou diferenças. Há muitas medidas destas semelhanças ou diferenças e a escolha apropriada depende do tipo de dados e a aplicação específica.

Exemplo 2.1 (Uma Ilustração de Questões Relacionadas a Dados) Para ilustrar mais a importância destas questões, analise a seguinte situação hipotética. Você pode receber um email de um pesquisador médico com respeito a um projeto no qual que você deseje trabalhar.

> Olá,
> Anexei o arquivo de dados que mencionei no meu email anterior. Cada linha contém as informações de um único paciente e consiste de cinco campos. Queremos prever o último campo usando os outros. Não tenho tempo para fornecer mais informações sobre os dados, já

que ficarei fora da cidade por alguns dias, mas espero que isto não lhe atrase muito. Se você não se importar, poderíamos nos encontrar quando eu voltar para discutir seus resultados preliminares? Eu poderia convidar alguns outros membros da minha equipe.
Obrigado e nos vemos daqui a alguns dias.

Apesar de alguma apreensão, você segue em frente e analisa os dados. As primeiras linhas do arquivo são as seguintes:

012 232 33.5 0 10.7
020 121 16.9 2 210.1
027 165 24.0 0 427.6
⋮

Um breve exame nos dados não revela alguma coisa estranha. Você coloca suas dúvidas de lado e começa a análise. Há apenas 1.000 linhas, um arquivo de dados menor do que você havia esperado mas, dois dias depois, você sente que fez algum progresso. Você chega para a reunião e, enquanto espera pelos outros chegarem, começa uma conversa com uma estatística que está trabalhando no projeto. Quando ela percebe que você também esteve analisando os dados do projeto, pergunta se você se importaria de dar a ela uma breve visão geral dos seus resultados.

Estatística: Então, você tem os dados de todos os pacientes?
Minerador de Dados: Sim. Não tive muito tempo para análises, mas tenho alguns resultados muito interessantes.
Estatística: Incrível. Havia tantos problemas com os dados deste conjunto de pacientes que não consegui fazer muita coisa.
Minerador de Dados: É? Eu não soube de problemas possíveis.
Estatística: Bem, primeiro há o campo 5, a variável que queremos prever. É conhecimento comum entre as pessoas que analisam este tipo de dados que os resultados são melhores se você trabalhar com o registro dos valores, mas não descobri isto até mais tarde. Isto foi mencionado para você?
Minerador de Dados: Não.

Estatística: Mas com certeza você soube o que aconteceu com o campo 4. Ele deveria ser medido em uma escala de 1 a 10, com 0 indicando um valor em falta mas, devido a um erro de entrada de dados, todos os 10s foram alterados para 0s. Infelizmente, já que alguns dos pacientes não possuem valores neste campo, é impossível dizer se um 0 neste campo é um 0 real ou um 10. Alguns dos outros registros têm este problema.

Minerador de Dados: Interessante. Houve outros problemas?

Estatística: Sim, os campos 2 e 3 são basicamente o mesmo, mas suponho que você provavelmente percebeu isso.

Minerador de Dados: Sim, mas estes campos só eram fracos para prognosticar o campo 5.

Estatística: De qualquer forma, dados todos esses problemas, estou surpresa por você ter conseguido obter alguma coisa.

Minerador de Dados: Verdade, mas os meus resultados são realmente muito bons. O campo 1 é muito forte para prognosticar o campo 5. Estou surpreso que isto não tenha sido percebido antes.

Estatística: O quê? O campo 1 é apenas um número identificador.

Minerador de Dados: Apesar disso, meus resultados falam por si mesmos.

Estatística: Ah não! Acabei de lembrar. Atribuímos números de ID após termos ordenados os registros baseados no campo 5. Há uma forte conexão, mas não tem significado. Sinto muito.

Embora este cenário represente uma situação extrema, enfatiza a importância de "conhecer seus dados". Para este fim, este capítulo abordará cada uma das quatro questões mencionadas acima, destacando alguns dos desafios básicos e abordagens padrão.

2.1 Tipos de Dados

Um **conjunto de dados** muitas vezes pode ser visto como uma coleção de **objetos de dados**. Outros nomes para um objeto de dados são *registros, ponteiros, vetores, padrões, eventos, casos, exemplos, observações* ou *entidades*. Por sua vez, objetos de dados são descritos por um número de atributos que capturam as características básicas de um objeto, como a massa de um objeto físico ou o tempo no qual um evento tenha ocorrido. Outros nomes para um atributo são *variável, característica, campo, recurso* ou *dimensão*.

Exemplo 2.2 (Informações Sobre Aluno). Muitas vezes, um conjunto de dados é um arquivo, no qual os objetos são registros (ou linhas) no arquivo e cada campo (ou coluna) corresponde a um atributo. Por exemplo, a Tabela 2.1 mostra um conjunto de dados que consiste de informações sobre alunos. Cada linha corresponde a um aluno e cada coluna é um atributo que descreve algum aspecto de um aluno, como a média (GPA) ou número de identificação (ID).

Tabela 2.1 Dados de exemplo contendo informações sobre alunos.

ID Aluno	Ano	Média GPA	⋮
	⋮		
1034262	Terceiro	3,24	⋮
1052663	Segundo	3,51	⋮
1082246	Primeiro	3,62	⋮
	⋮		

Embora conjuntos de dados baseados em registros sejam comuns, seja em arquivos horizontais ou em sistemas de bancos de dados relacionais, há outros tipos importantes de conjuntos de dados e sistemas para armazenamento de dados. Na Seção 2.1.2, discutiremos alguns dos tipos de conjuntos de dados que são comumente encontrados na mineração de dados. Entretanto, primeiro analisaremos os atributos.

2.1.1. Atributos e Medidas

Nesta seção abordamos a questão da descrição de dados analisando quais tipos de atributos são usados para descrever objetos de dados. Primeiro definimos um atributo, depois consideramos o que queremos dizer usando o tipo de um atributo e finalmente descrevemos os tipos de atributos que são comumente encontrados.

O Que é um Atributo?

Começamos com uma definição mais detalhada de um atributo.

Definição 2.1. Um **atributo** é uma propriedade ou característica de um objeto que pode variar, seja de um objeto para outro ou de tempo para outro.

Por exemplo, a cor dos olhos varia de pessoa para pessoa, enquanto que a temperatura de um objeto varia com o tempo. Observe que a cor dos olhos é um atributo simbólico com um pequeno número de valores possíveis {*marrom, preto, azul, verde, castanho, etc.*}, enquanto que a temperatura é um atributo numérico com um número potencialmente ilimitado de valores.

No nível mais básico, os atributos não se relacionam com números ou símbolos. Entretanto, para discutir e analisar com maior precisão as características de objetos, atribuímos números ou símbolos a eles. Para fazer isso de uma forma bem definida, precisamos de uma escala de medição.

Definição 2.2. Uma **escala** de **medição** é uma regra (função) que associa um valor numérico ou simbólico a um atributo de um objeto.

Formalmente, o processo de **medição** é a aplicação de uma escala de medida associada a um determinado atributo de um objeto específico.

Embora isto possa parecer um pouco abstrato, nos dedicamos ao processo de medição todo o tempo. Por exemplo, subimos em uma balança de banheiro para determinar nosso peso, classificamos alguém como sendo do sexo masculino ou feminino ou contamos o número de cadeiras em uma sala para ver se haverá assentos para todas as pessoas que vierem à uma reunião. Em todos esses casos, o "valor físico" de um atributo de um objeto é mapeado para um valor numérico ou simbólico.

Com esta fundamentação, podemos agora discutir o tipo de um atributo, um conceito que é importante na determinação de se uma técnica de análise de dados específica é consistente com um determinado tipo de atributo.

O Tipo de um Atributo

Fica evidente na discussão anterior que as propriedades de um atributo não precisam ser as mesmas dos valores usados para medi-lo. Em outras palavras, os valores usados para representar um atributo podem ter propriedades que não sejam propriedades do próprio atributo e vice-versa. Isto é ilustrado com dois exemplos.

Exemplo 2.3 (Idade e Número de ID do Funcionário). Dois atributos que poderiam ser associados a um funcionário são sua ID e idade (em anos). Ambos os atributos podem ser representados como números inteiros. Entretanto, embora seja razoável falar em média de idade de um funcionário, não faz sentido falar em média de ID do funcionário. De fato, o único aspecto dos funcionários que queremos capturar com o atributo ID é que eles são distintos. Conseqüentemente, a única operação válida para IDs de funcionários é testar se são iguais. Não há indícios desta limitação, entretanto, quando números inteiros são usados para representar o atributo ID dos funcionários. Para o atributo idade, as propriedades dos números inteiros usadas para representar a idade são bem as propriedades do atributo. Mesmo assim, a correspondência não é completa, já que, por exemplo, idades têm um máximo, enquanto que números inteiros não.

Exemplo 2.4 (Comprimento de Segmentos de Linhas). Analise a Figura 2.1, que mostra alguns objetos – segmentos de linhas – e como o atributo comprimento destes objetos podem ser mapeados para números de duas formas diferentes. Cada segmento de linha sucessivo, indo de cima para baixo, é formado pela junção do segmento de linhas mais acima com ele próprio. Assim, o segundo segmento de linha a partir de cima é formado pela junção do segmento de linha mais acima com ele próprio duas vezes, o terceiro segmento de linha a partir de cima é formado pela junção do segmento de linha mais acima com ele próprio três vezes, e assim por diante. Em um sentido muito real (físico), todos os segmentos de linha são múltiplos do primeiro. Este fato é capturado pelas medições à direita da figura, mas não por aquelas à esquerda. Mais especificamente, a escala de medida à esquerda só captura a ordenação do atributo comprimento, enquanto que a escala à direita captura tanto a propriedade de ordenação quanto a de adição. Assim, um atributo pode ser medido de uma forma que não capture todas as propriedades do mesmo.

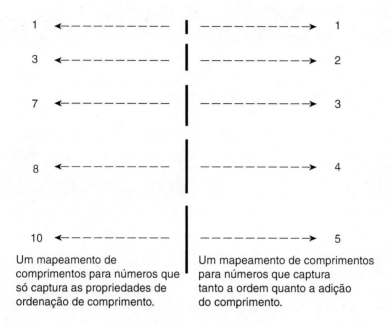

Figura 2.1. *A medida do comprimento de segmentos de linhas em duas escalas rentes de medição.*

O tipo de atributo nos informa quais propriedades do mesmo são refletidas nos valores usados para medi-lo. Conhecer o tipo de um atributo é importante porque nos informa quais propriedades dos valores medidos são consistentes com as propriedades correspondentes do atributo e, portanto, evita que executemos ações tolas, como calcular a média das IDs dos funcionários. Observe que é comum se referir ao tipo de um atributo como o **tipo de uma escala de medição**.

Os Diferentes Tipos de Atributos

Uma forma útil (e simples) de se especificar o tipo de um atributo é identificar as propriedades de números que correspondam às propriedades relacionadas do atributo. Por exemplo, um atributo como o comprimento possui muitas das propriedades dos números. Faz sentido comparar e ordenar objetos pelo comprimento, assim como falar nas diferenças e proporções

de comprimento. As propriedades (operações) a seguir de números são geralmente usadas para descrever atributos.
1. **Distinção** = e ≠
2. **Ordenação** <, ≤ , > e ≥
3. **Adição** + e -
4. **Multiplicação** * e /

Dadas estas propriedades, podemos definir quatro tipos de atributos: nominal, ordinal, intervalo e proporção. A Tabela 2.2 dá as definições destes tipos, junto com informações sobre as operações estatísticas que são válidas para cada tipo. Cada tipo de atributo possui todas as propriedades e operações dos tipos de atributos acima dele. Conseqüentemente, qualquer operação de propriedade que seja válida para atributos nominais, ordinais e intervalares também é válida para atributos de proporção. Em outras palavras, a definição dos tipos de atributos é cumulativa. Entretanto, isto não significa que as operações estatísticas apropriadas para um tipo de atributo sejam apropriadas para os tipos de atributos acima dele.

Tabela 2.2 Diferentes tipos de atributos.

	Tipo do Atributo	Descrição	Exemplos	Operações
Categorizados (Qualitativos)	Nominal	Os valores de um atributo nominal são apenas nomes diferentes; i.e., valores nominais fornecem apenas informação suficiente para distinguir um objeto de outro. (=, ≠)	Códigos postais, números de ID de funcionário, cor dos olhos, sexo	Modo, entropia, correlação de contingência, teste x^2
	Ordinal	Os valores de um atributo ordinal fornecem informação suficiente para ordenar objetos. (>, <)	Dureza de minerais {boa, melhor, melhor de todas}, notas, números de ruas	Medianas, porcentagens, testes de execução, testes de assinatura
Numéricos (Quantitativo)	Intervalar	Para atributos intervalares, as diferenças entre os valores são significativas, i.e., existe uma unidade de medida. (+, −)	Datas de calendário, temperatura em Celsius ou Fahrenheit	Média, desvio padrão, correlação de Pearson, testes T e F
	Proporcional	Para variáveis proporcionais, tanto as diferenças quanto as proporções são significativas. (*, /)	Temperatura em Kelvin, quantidades monetárias, contadores, idades, mas, comprimento, corrente elétrica	Média geométrica, média harmônica, variação percentual

Atributos nominais e ordinais são chamados coletivamente de atributos **categorizados** ou **qualitativos**. Como o nome sugere, atributos qualitativos, como IDs de funcionários, não possuem a maioria das propriedades dos números. Mesmo se forem representados como números, i.e., números inteiros, devem ser tratados mais como símbolos.

Os dois tipos restantes de atributos, intervalar e proporcional, são chamados coletivamente de atributos **quantitativos** ou **numéricos**. Atributos quantitativos são representados por números e possuem a maioria das propriedades dos mesmos. Observe que atributos quantitativos podem ser valores de números inteiros ou contínuos.

Os tipos de atributos também podem ser descritos em termos de transformações que não alteram o significado de um atributo. De fato, S. Smith Stevens, o psicólogo que definiu originalmente os tipos de atributos mostrados na Tabela 2.2, os definiu em termos destas transformações admissíveis. Por exemplo, o significado de um atributo comprimento não é alterado se for medido em metros ao invés de em pés.

Tabela 2.3. Transformações que definem níveis de atributos.

Tipo do Atributo		Transformação	Comentário
Categorizados (Qualitativos)	Nominal	Qualquer mapeamento um-para-um, e.g., uma permutação de valores	Se todos os números de ID de funcionários forem reatribuídos, não fará diferença.
	Ordinal	Uma alteração de valores que preserve a ordenação, i.e, $novo\_valor = f(valor\_antigo)$, onde f é uma função monotônica.	Um atributo englobando a noção de bom, melhor e melhor de todos pode ser representado igualmente bem pelos valores {1,2,3} ou por {0,5 , 1 , 10}.
Numéricos (Quantitativos)	Intervalar	$novo\_valor = a * valor\_antigo + b$, a e b constantes.	As escalas de temperatura Celsius e Fahrenheit diferem na localização do seu valor zero e no tamanho de um grau (unidade).
	Proporcional	$novo\_valor = a * valor\_antigo$	Comprimento pode ser medido em metros ou pés.

As operações estatísticas que fizerem sentido para um determinado tipo de atributo são aquelas que irão produzir o mesmo resultado quando o atributo for modificado usando uma transformação que preserve o significado desse atributo. Para ilustrar, o comprimento médio de um conjunto de objetos é diferente quando medido em metros de quando medido em pés, mas ambas as médias representam o mesmo comprimento. A Tabela 2.3 mostra as transformações admissíveis (preservam o significado) para os quatro tipos de atributos da Tabela 2.2.

Exemplo 2.5 (Escalas de Temperaturas). A temperatura fornece uma boa ilustração de alguns dos conceitos que foram descritos. Em primeiro lugar, a temperatura pode ser um atributo intervalar ou proporcional, dependendo da sua escala de medida. Quando medida na escala Kelvin, uma temperatura de 2º é, de uma forma fisicamente significativa, duas vezes uma temperatura de 1º. Isto não é verdade quando a temperatura é medida em Celsius ou Fahrenheit porque, fisicamente, 1º Fahrenheit (Celsius) não é muito diferente de uma temperatura de 2º. O problema é que zero pontos na escala Fahrenheit e Celsius são, de um modo físico, arbitrários e, portanto, a proporção de duas temperaturas Celsius ou Fahrenheit não é significativa fisicamente.

Descrevendo Atributos pelo Número de Valores

Uma forma independente de distinguir entre atributos é pelo número de valores que eles podem receber.

Discretos Um atributo discreto possui um conjunto de valores finito ou contavelmente infinito. Tais atributos podem ser categorizados, como códigos postais ou números de ID, ou numéricos, como contadores. Atributos discretos são muitas vezes representados usando variáveis de números inteiros. Atributos binários são um caso especial de atributos discretos e assumem apenas dois valores, e.g., verdadeiro/falso, sim/não ou 0/1. Atributos binários são muitas vezes representados como variáveis boleanas ou como variáveis inteiras que só recebam os valores 0 ou 1.

Contínuos Um atributo contínuo é um cujos valores são números do tipo real. Exemplos incluem atributos como temperatura, altura ou peso. Atributos contínuos geralmente são representados como variáveis de ponto-flutuante. De forma prática, valores do tipo real só podem ser medidos e representados com precisão limitada.

Em teoria, qualquer um dos tipos de escala de medida – nominal, ordinal, intervalar e proporcional – poderia ser combinado com qualquer um dos tipos baseados no número de valores de atributos – binário, discreto e contínuo. Entretanto, algumas combinações ocorrem apenas raramente ou não fazem muito sentido. Por exemplo, é difícil pensar em um conjunto de dados realista que contenha um atributo binário contínuo. Geralmente, atributos nominais e ordinais são binários ou discretos, enquanto que atributos intervalares e proporcionais são contínuos. Entretanto, **atributos contadores**, que são discretos, também são atributos proporcionais.

Atributos Assimétricos

Para atributos assimétricos, apenas a presença – um valor de atributo diferente de zero – é considerado importante. Considere um conjunto de dados onde cada objeto seja um aluno e cada atributo registre se um aluno fez ou não um determinado curso em uma universidade. Para um aluno específico, um atributo possui um valor de 1 se ele fez o curso associado a esse atributo e um valor 0 caso contrário. Devido ao fato de alunos só cursarem uma pequena fração de todos os cursos disponíveis, a maioria dos valores de tal conjunto de dados seria 0. Portanto, é mais significativo e mais eficiente focar os valores que não sejam zero. Para ilustrar, se os alunos fossem comparados com base dos cursos que não fizeram, então a maioria deles seria muito semelhante, pelo menos se o número de cursos for grande. Atributos binários onde apenas valores diferentes de zero são importantes são chamados de **atributos binários assimétricos**. Este tipo de atributo é especialmente importante para análises de associações, que são discutidas no Capítulo 6. Também é possível se ter características assimétricas contínuas ou discretas. Por exemplo, se o número de créditos associados a cada curso for registrado, então o conjunto de dados resultante consistirá de **atributos assimétricos contínuos** ou **discretos**.

2.1.2. Tipos de Conjuntos de Dados

Há muitos tipos de conjuntos de dados e, à medida em que o campo da mineração de dados se desenvolve e amadurece, uma variedade maior de conjunto de dados se torna disponível para análise. Nesta seção, descrevemos alguns dos tipos mais comuns. Por conveniência, agrupamos os tipos de conjuntos de dados em três grupos: dados de registros, dados baseados em grafos e dados ordenados. Estas categorias não cobrem todas as possibilidades e outros agrupamentos são certamente possíveis.

Características Gerais de Conjuntos de Dados

Antes de fornecer detalhes sobre tipos específicos de conjuntos de dados, discutiremos três características que se aplicam a muitos conjuntos de dados e possuem um impacto significativo sobre as técnicas de mineração de dados que são usadas: dimensão, dispersão e resolução.

Dimensão   A dimensão de um conjunto de dados é o número de atributos que os objetos desse conjunto de dados possuem. Dados com um pequeno número de dimensões tendem a ser qualitativamente diferentes de dados moderados ou de alta dimensionalidade. De fato, as dificuldades associadas à análise de dados com dimensionalidades altas são às vezes chamadas de **maldição da dimensionalidade**. Devido a isto, uma importante motivação no pré-processamento dos dados é a **redução de dimensionalidade**. Estas questões são discutidas em maior profundidade mais adiante neste capítulo e no Apêndice B.

Dispersão   Para alguns conjuntos de dados, como aqueles com características assimétricas, a maior parte dos atributos de um objeto possui valores iguais a 0; em muitos casos, menos de 1% das entradas são diferentes de zero. Em termos práticos, a dispersão é uma vantagem porque geralmente apenas os valores diferentes de zero precisam ser armazenados e manipulados. Isto resulta em significativas economias em tempo de computação e armazenamento. Além disso, alguns algoritmos de mineração de dados funcionam bem apenas com dados dispersos.

Resolução   Freqüentemente é possível obter dados em diferentes níveis de resolução e, muitas vezes, as propriedades dos dados são diferentes em resoluções diferentes. Por exemplo, a superfície da Terra parece muito irregular em uma resolução de alguns metros, mas é relativamente plana em uma resolução de dezenas de quilômetros. Os padrões nos dados também dependem do nível de resolução. Se ele for muito pequeno, um padrão pode não ser visível ou pode ficar encoberto no ruído; se a resolução for muito grande, o padrão pode desaparecer. Por exemplo, variações na pressão atmosférica em uma escala de horas refletem o movimento de tempestades e outros sistemas climáticos. Em uma escala de meses, tais fenômenos não são detectáveis.

Dados em Registros

Grande parte do trabalho de mineração de dados supõe que o conjunto de dados seja uma coleção de registros (objetos de dados), cada um dos quais consistindo de um conjunto fixo de campos de dados (atributos). Veja a Figura 2.2 (a). Para a forma mais básica de um dado em registro, não há relacionamento explícito entre registros ou campos de dados e cada registro (objeto) possui o mesmo conjunto de atributos. Dados em registros geralmente são armazenados em arquivos **horizontais** ou em bancos de dados relacionais. Bancos de dados relacionais são certamente mais do que uma coleção de registros, porém a mineração de dados muitas vezes não usa algumas das informações adicionais disponíveis em um banco de dados relacional. Ao invés disso, o banco de dados serve como um lugar conveniente para encontrar registros. Diferentes tipos de dados em registros são descritos a seguir e estão ilustrados na Figura 2.2.

Transação ou Dados de Cesta de Mercado. Dados de transação são um tipo especial de dados em registros, onde cada registro (transação) envolve um conjunto de itens. Considere uma mercearia. O conjunto de produtos comprados por um cliente durante uma ida à mercearia constitui uma transação, enquanto que os produtos individuais que foram comprados são os itens. Este tipo de dado é chamado de **dado de cesta de mercado** porque os itens em cada registro são os produtos em uma "cesta de mercado" de uma pessoa. Dados de transação são uma coleção de conjuntos de itens, mas podem ser vistos como um conjunto de registros cujos campos são atributos assimétricos. Com maior freqüência, os atributos são binários, indicando se um item foi comprado ou não porém, mais comumente, os atributos podem ser discretos ou contínuos, como o número de itens comprados ou a quantia gasta nesses itens. A Figura 2.2 (b) mostra um exemplo de conjunto de dados de uma transação. Cada linha representa as compras de um determinado cliente em uma determinada ocasião.

A Matriz de Dados Se os objetos de dados em uma coleção de dados tiverem todos o mesmo conjunto fixo de atributos numéricos, então objetos de dados podem ser pensados como pontos (vetores) em um espaço multidimensional, onde cada dimensão representa um atributo distinto descrevendo o objeto. Um conjunto de tais objetos de dados pode ser interpretado como uma matriz m por n, onde há m linhas, uma para cada objeto, e n colunas, uma para cada atributo. (Uma representação que possua objetos de dados como colunas e atributos como linhas também é boa.) Esta matriz é chamada de **matriz de dados** ou **matriz de padrões**. Uma matriz de dados é uma variação dos dados em registros mas, por consistir de atributos numéricos, operações de matrizes padrão podem ser aplicadas para transformar e manipular os dados. Portanto, a matriz de dados é o formato de dados padrão para a maioria dos dados estatísticos. A Figura 2.2 (c) mostra uma matriz de dados.

Tid	Reembolso	Estado Civil	Renda Tributável	Tomador de empréstimo em dívida
1	Sim	Solteiro	125K	Não
2	Não	Casado	100K	Não
3	Não	Solteiro	70K	Não
4	Sim	Casado	120K	Não
5	Não	Divorciado	95K	Sim
6	Não	Casado	60K	Não
7	Sim	Divorciado	220K	Não
8	Não	Solteiro	85K	Sim
9	Não	Casado	75K	Não
10	Não	Solteiro	90K	Sim

TID	ITEMS
1	Pão, Refrigerante, Leite
2	Cerveja, Pão
3	Cerveja, Refrigerante, Fralda, Leite
4	Cerveja, Pão, Fralda, Leite
5	Refrigerante, Fralda, Leite

(a) Dados em registros (b) Dados de transação

Projeção de Carga X	Projeção de Carga Y	Distância	Carga	Espessura
10.23	5.27	15.22	27	1.2
12.65	6.25	16.22	22	1.1
13.54	7.23	17.34	23	1.2
14.27	8.43	18.45	25	0.9

	equipe	treinador	jogo	bola	placar	partida	vitória	derrota	interrupção	temporada
Documento 1	3	0	5	0	2	6	0	2	0	2
Documento 2	0	7	0	2	1	0	0	3	0	0
Documento 3	0	1	0	0	1	2	2	0	3	0

(c) Matriz de dados (d) Matriz em termos de documento

Figura 2.2. *Diferentes variações de dados em registros.*

A Matriz de Dados Dispersos. Uma matriz de dados dispersos é um caso especial de matriz de dados no qual os atributos são do mesmo tipo e são assimétricos; i.e., apenas valores diferentes de zero são importantes. Dados transacionais são um exemplo de uma matriz de dados dispersos que possui apenas entradas 0-1. Outro exemplo comum são dados documentais. Em especial, se a ordem dos termos (palavras) em um documento são ignorados, então um documento pode ser representado como um vetor de termos, onde cada termo é um componente (atributo) do vetor e o valor de cada componente é o número de vezes que o termo correspondente ocorre no documento. Esta representação de uma coleção de documentos é muitas vezes chamada de uma **matriz de termos de documentos**. A Figura 2.2 (d) mostra uma matriz de termos de documentos. Os documentos são as linhas desta matriz, enquanto que os termos são as colunas. Na prática, apenas as entradas diferentes de zero de matrizes de dados dispersos são armazenados.

Dados Baseados em Grafos

Um grafo pode às vezes ser uma representação poderosa e conveniente para os dados. Consideramos dois casos específicos: (1) o grafo captura o relacionamento entre objetos de dados e (2) os próprios objetos de dados são representados como grafos.

Dados com Relacionamentos entre Objetos Os relacionamentos entre objetos freqüentemente expressam importantes informações. Nesses casos, os dados são muitas vezes representados como um grafo. Em especial, os objetos de dados são mapeados para nodos do grafo, enquanto que os relacionamentos entre objetos são capturados pelas conexões entre os objetos e as propriedades das conexões, como direção e peso. Considere as páginas Web da World Wide Web, que contêm tanto texto quanto conexões para outras páginas. Para processar consultas, mecanismos de pesquisa da Web juntam e processam páginas Web para extrair seu conteúdo. É bem sabido, entretanto, que as conexões para, e de cada página fornecem grande quantidade de informação sobre a relevância de uma página Web para uma consulta e, assim, também devem ser levadas em consideração. A Figura 2.3(a) mostra um conjunto de páginas Web conectadas.

Dados 39

Objetos de Dados que São Grafos Se objetos possuírem estrutura, ou seja, se contiverem sub-objetos que tenham relacionamentos, então tais objetos são freqüentemente representados como grafos. Por exemplo, a estrutura de compostos químicos pode ser representada como um grafo, onde os nodos são átomos e as conexões entre eles são ligações químicas. A Figura 2.3 (b) mostra um diagrama do componente químico benzeno, que contém átomos de carbono (preto) e hidrogênio (cinza). Uma representação como grafo possibilita determinar quais sub-estruturas ocorrem freqüentemente em um conjunto de compostos e averiguar se a presença de alguma dessas estruturas está associada com a presença ou ausência de determinadas propriedades químicas, como o ponto de fusão ou calor de formação. A mineração de sub-estruturas, que é um ramo da mineração de dados que analisa tais dados, é analisada na seção 7.5.

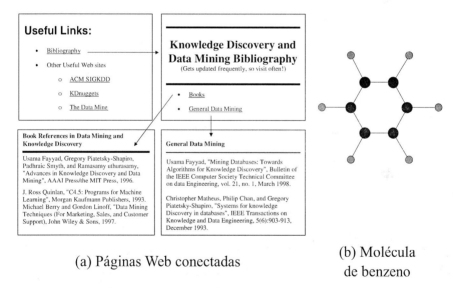

(a) Páginas Web conectadas   (b) Molécula de benzeno

Figura 2.3. *Diferentes variações de dados em grafos.*

Dados Ordenados

Para alguns tipos de dados, os atributos têm relacionamentos que envolvem ordenação no tempo e no espaço. Diferentes tipos de dados ordenados são descritos a seguir e são mostrados na Figura 2.4.

Ocasião	Cliente	Itens Comprados
t1	C 1	A ,B
t2	C 3	A ,C
t2	C 1	C , D
t3	C 2	A ,D
t4	C 2	E
t5	C 1	A ,E

Cliente	Ocasião e Itens Comprados
C 1	(t1 :A B) (2 :CD) (t :AE)
C 2	(t3 : A , D)(tE)
C 3	(t2 : A , C)

(a) Dados de Transações Seqüenciais.

```
GGTTCCGCCTTCAGCCCCGCGCC
CGCAGGGCCCGCCCCGCGCCGTC
GAGAAGGGCCCGCCTGGCGGGCG
GGGGGAGGCGGGGCCGCCCGAGC
CCAACCGAGTCCGACCAGGTGCC
CCCTCTGCTCGGCCTAGACCTGA
GCTCATTAGGCGGCAGCGGACAG
GCCAAGTAGAACACGCGAAGCGC
TGGGCTGCCTGCTGCGACCAGGG
```

(b) Dados de seqüência de genoma.

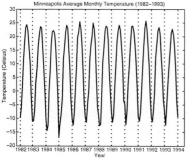

(c) Séries de tempos de temperaturas.

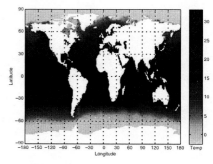

(d) Dados espaciais de temperatura

Figura 2.4. *Diferentes variações de dados ordenados.*

Dados Seqüenciais Dados seqüenciais, também chamados de dados temporais, podem ser pensados como uma extensão de dados de registros, onde cada registro possui um tempo associado a ele. Analise um conjunto de dados de transação no varejo que também armazene o tempo no qual a transação ocorreu. Esta informação de tempo torna possível encontrar um padrão como "o pico da venda de doces ocorre antes do Halloween." Um tempo também pode ser associado a cada atributo. Por exemplo, cada registro poderia ser o histórico de compras de um cliente, com uma listagem de itens comprados em diferentes ocasiões. Usando esta informação, é possível descobrir padrões como "pessoas que compram aparelhos de DVD tendem a comprar DVDs no período imediatamente após a compra".

A Figura 2.4 (a) mostra um exemplo de dados de transação seqüenciais. Há cinco tempos diferentes – *t1, t2, t3, t4* e *t5*; três clientes diferentes – C1, C2 e C3; e cinco itens diferentes – A, B, C, D e E. Na tabela de cima, cada linha corresponde aos itens comprados em uma determinada ocasião por cada cliente. Por exemplo, em *t3*, o cliente C2 comprou os itens A e D. Na tabela de baixo são exibidas as mesmas informações, mas cada linha corresponde a um determinado cliente. Cada linha contém informações sobre cada transação envolvendo o cliente, onde uma transação é considerada como sendo um conjunto de itens e a ocasião na qual esses itens foram comprados. Por exemplo, cliente C3 comprou os itens A e C em *t2*.

Dados de Seqüência Dados de seqüência consistem de um conjunto de dados que são uma seqüência de entidades individuais, como a seqüência de palavras ou letras. Eles são bastante semelhantes aos dados seqüenciais, exceto que não têm marcações de tempo; ao invés disso, há posições em uma seqüência ordenada. Por exemplo, as informações genéticas de plantas e animais podem ser representadas na forma de seqüências de nucleotídeos que são conhecidos como genes. Muitos dos problema associados a dados de seqüência genética envolvem a previsão de semelhanças na estrutura e função de genes a partir das semelhanças nas seqüências de nucleotídeos. A Figura 2.4 (b) mostra uma seção do código genético humano expressa usando os quatro nucleotídeos a partir dos quais todo o DNA é construído: A, T, G e C.

Dados de Séries de Tempos Dados de séries de tempos são um tipo especial de dados seqüenciais no qual cada registro é uma série de tempos, i.e., uma série de medições feitas no decorrer do tempo. Por exemplo, um conjunto de dados financeiros poderia conter objetos que fossem séries de tempos dos preços diários de diversas ações. Como outro exemplo, analise a Figura 2.4 (c), que mostra uma série de tempos da média mensal de temperaturas em Mineápolis durante os anos de 1982 a 1994. Ao trabalhar com dados temporais, é importante considerar uma auto-correlação temporal; i.e., se duas medições estiverem próximas no tempo, então os valores dessas medições são muitas vezes muito semelhantes.

Dados Espaciais Alguns objetos têm atributos espaciais, como posições ou áreas, assim como outros tipos de atributos. Um exemplo de dados espaciais são dados climáticos (precipitação, temperatura, pressão) que são coletados para uma diversidade de localizações geográficas. Um aspecto importante dos dados espaciais é a auto-correlação espacial; i.e., objetos que estão fisicamente próximos tendem a ser semelhantes de outras formas também. Assim, dois pontos na Terra próximos entre si geralmente têm valores semelhantes para temperatura e chuva.

Exemplos importantes de dados espaciais são conjuntos de dados científicos e de engenharia que são o resultado de medições ou modelo feitas em pontos distribuídos regular ou irregularmente em uma grade ou malha bi ou tridimensional. Por exemplo, conjuntos de dados científicos sobre a Terra registram a temperatura ou pressão medida em pontos (células de grades) em grades esféricas com latitude-longitude de diversas resoluções, e.g., 1^0 por 1^0. (Veja a Figura 2.4 (d).) Como outro exemplo, na simulação do fluxo de um gás, a velocidade e direção do fluxo podem ser registradas para cada ponto da grade na simulação.

Lidando com Dados que Não Estejam na Forma de Registros

A maioria dos algoritmos de mineração é projetada para dados de registros ou suas variações, como dados de transações e matrizes de dados. Técnicas orientadas a registros podem ser aplicadas a dados que não sejam registros através da extração de características dos objetos de dados e do uso destas características para criar um registro correspondente a cada objeto. Analise os dados da estrutura química que foi descrita anteriormente. Dado um conjunto de sub-estruturas comuns, cada componente pode ser representado como um registro com atributos binários que indicam se um componente contém uma determinada sub-estrutura. Tal representação é na verdade um conjunto de transações, onde as transações são os componentes e os itens são as sub-estruturas.

Em alguns casos, é fácil representar os dados em um formato de registro, mas este tipo de representação não captura todas as informações nos dados. Considere dados espaço-temporais consistindo de uma série de tempos de cada ponto em uma grade espacial. Estes dados são muitas vezes armazenados em uma matriz de dados, onde cada linha representa uma localização e cada coluna um determinado ponto no tempo. Entretanto, tal representação não captura explicitamente os relacionamentos de tempo que estão presentes entre atributos e os relacionamentos espaciais que existem entre objetos. Isto não significa que tal representação seja inapropriada, mas sim que estes relacionamentos é que devem ser levados em consideração durante a análise. Por exemplo, não seria uma boa idéia usar uma técnica de mineração de dados que suponha que os atributos sejam estatisticamente independentes entre si.

2.2 Qualidade dos Dados

Aplicações de mineração de dados são muitas vezes aplicadas a dados que foram coletados para outro propósito, ou para aplicações futuras porém não especificadas. Por este motivo, a mineração de dados geralmente não pode aproveitar os significativos benefícios de "abordar questões de qualidade na fonte". Em comparação, grande parte das estatísticas lida com o projeto de experimentos ou pesquisas que obtêm um nível pré-especificado de qualidade de dados. Devido ao fator de se evitar problemas de qualidade de dados geralmente não ser uma opção, a mineração de dados enfoca a (1) detecção e correção de problemas de qualidade de dados e (2) o uso de algoritmos que possam tolerar baixa qualidade de dados. O primeiro passo, a detecção e correção, é muitas vezes chamado de **limpeza dos dados**.

A próxima seção discute aspectos específicos de qualidade de dados. O foco são questões de medição e coleta de dados, embora alguns problemas relacionados a aplicações também sejam discutidos.

2.2.1 Questões de Medição e Coleta de Dados

Não é realista esperar que os dados sejam perfeitos. Pode haver problemas devido a erro humano, limitações nos dispositivos de medição ou falhas no processo de coleta de dados. Podem estar faltando valores ou até mesmo todos os objetos de dados. Em outros casos, pode haver objetos ilegítimos ou duplicados; i.e., múltiplos objetos de dados que correspondam a um único objeto "real". Por exemplo, poderia haver dois registros diferentes para uma pessoa que tenha morado recentemente em dois endereços diferentes. Mesmo se todos os dados estiverem presentes e "parecerem bons", pode haver inconsistências – uma pessoa possui uma altura de 2 metros, mas pesa apenas 2 quilos.

Nas próximas seções, enfocamos aspectos de qualidade de dados que estejam relacionados com a medição e coleta de dados. Começamos com uma definição de erros de medição e coleta de dados e então analisamos uma diversidade de problemas que envolvem erros de medição: ruídos, artefatos, focos, precisão e exatidão. Concluímos discutindo questões de qualidade de dados que possam envolver tanto problemas de medição quanto de coleta de dados: valores faltando, inconsistentes e não relacionados à questão, além de dados duplicados.

Erros de Medição e Coleta de Dados

O termo erro de medição se refere a qualquer problema resultante do processo de medição. Um problema comum é que o valor registrado difere do valor real em alguma extensão. Para atributos contínuos, a diferença numérica do valor medido e do real é chamada de **erro**. O termo **coleção de dados** se refere a erros como a omissão de objetos de dados ou valores de atributos, ou a inclusão inapropriada de um objeto de dados. Por exemplo, um estudo sobre animais de uma determinada espécie poderia incluir animais de espécies relacionadas que fossem semelhantes na aparência em relação à espécie de interesse. Tanto erros de medição quanto de coleta de dados podem ser sistemáticos ou aleatórios.

Analisaremos apenas tipos genéricos de erros. Dentro de determinados domínios, há certos tipos de erros de dados que são lugar comum e muitas vezes existem técnicas bem desenvolvidas para detectar e/ou corrigir esses erros. Por exemplo, erros de teclado são comuns quando os dados são digitados manualmente e, como conseqüência, muitos programas de entrada de dados têm técnicas para detectar e, com intervenção humana, corrigir tais erros.

Ruídos e Artefatos

Ruído é o componente aleatório de um erro de medição. Ele pode envolver a distorção de um valor ou a adição de objetos ilegítimos. A Figura 2.5 mostra uma série de tempos antes e depois de ter sido atrapalhada por ruído aleatório. Se um pouco mais de ruído fosse adicionado às séries de tempos, sua forma seria perdida. A Figura 2.6 mostra um conjunto de pontos de dados antes e depois de alguns pontos de ruídos terem sido adicionados (indicados por '+'s). Observe que alguns desses pontos de ruídos são misturados com os pontos sem ruídos.

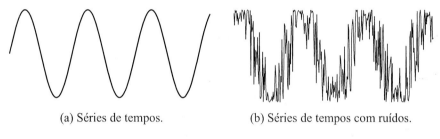

(a) Séries de tempos.   (b) Séries de tempos com ruídos.

Figura 2.5. *Ruídos em um contexto de séries de tempos.*

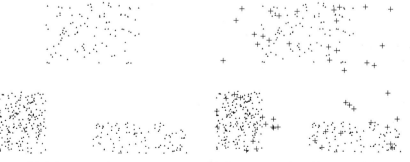

(a) Três grupos de pontos.   (b) Com pontos de ruídos (+) adicionados.

Figura 2.6. *Ruído em um contexto espacial.*

O termo ruído é muitas vezes usado em conexão com dados que possuam componente temporal ou espacial. Em tais casos, técnicas de processamento de imagens ou sinais freqüentemente podem ser usadas para reduzir o ruído e, desta forma, ajudar a descobrir padrões (sinais) que possam estar "perdidos no ruído". Apesar disso, a eliminação de ruídos é muitas vezes difícil, e muito trabalho em mineração de dados enfoca o projeto de **algoritmos robustos** que produzam resultados aceitáveis quando ruídos estiverem presentes.

Erros de dados podem ser o resultado de um fenômeno mais determinístico, como um risco no mesmo lugar em um conjunto de fotografias. Tais distorções determinísticas dos dados são muitas vezes camadas de **artefatos**.

Precisão, Foco e Exatidão

Na ciência experimental e estatística, a qualidade do processo de medição e os dados resultantes são medidos pela precisão e o foco. Fornecemos as definições padrão, seguidas por uma breve discussão. Para as definições a seguir, supomos que fizemos uma medição repetida da mesma quantidade correspondente e usamos este conjunto de valores para calcular um valor médio que sirva como nossa estimativa do valor real.

Definição 2.3 (Precisão). A proximidade de medições repetidas (da mesma quantidade) entre si.

Definição 2.4 (Foco). Uma variação sistemática de medições em relação à quantidade sendo medida.

Precisão muitas vezes é medida pelo desvio padrão de um conjunto de valores, enquanto que foco é medido pegando-se a diferença a média do conjunto de valores e o valor conhecido da quantidade sendo medida. O foco só pode ser determinado para objetos cuja quantidade medida é conhecida através de meios externos à situação corrente. Suponha que tenhamos um peso padrão de laboratório com uma massa de 1 g. e que queiramos avaliar a precisão e o foco da nossa nova balança de laboratório. Pesamos a massa cinco vezes e obtemos os cinco seguintes valores: {1,015 , 0,990 , 1,013 , 1,001 , 0,986}. A média destes valores é 1,001 e, assim, o foco é 0,001. A precisão, conforme medida pelo desvio padrão, é 0,013. É comum usar o termo mais geral, exatidão, para se referir ao grau de erro de medição nos dados.

Definição 2.5 (Exatidão). A proximidade das medições em relação ao valor real da quantidade sendo medida.

A exatidão depende da precisão e do foco mas, já que é um conceito geral, não há fórmula específica para exatidão em termos destas duas quantidades.

Um aspecto importante da exatidão é o uso de **dígitos significativos**. O objetivo é usar apenas tantos dígitos para representar o resultado de uma medição ou cálculo quanto for justificado pela precisão dos dados. Por exemplo, se o comprimento de um objeto medido com um medidor cuja menor marca sejam os milímetros, então deveríamos registrar o comprimento dos dados apenas até o milímetro mais próximo, A precisão de tal medição seria ± 0,5mm. Não revisamos os detalhes de trabalhar com dígitos significativos, já que a maior parte dos leitores os terá encontrado em cursos anteriores e eles são cobertos em considerável profundidade em livros texto de ciências, engenharia e estatística.

Questões como dígitos significativos, precisão, foco e exatidão são às vezes negligenciadas, mas são importantes para a mineração de dados, assim como estatística e ciência. Muitas vezes, conjuntos de dados não vêm com informações sobre a precisão dos mesmos e, além disso, os programas usados para análise retornam resultados sem tais informações. Apesar disso, sem alguma compreensão sobre a exatidão dos dados e dos resultados, o analista corre o risco de cometer graves erros de análises de dados.

Externos

Externos são (1) objetos de dados que, de alguma forma, têm características que sejam diferentes da maioria dos outros objetos de dados no conjunto de dados ou (2) valores de um atributo que sejam incomuns com relação aos valores típicos para esse atributo. De forma alternativa, podemos falar de objetos ou valores anômalos. Há uma considerável tolerância na definição de um externo, e muitas definições diferentes têm sido propostas pelas comunidades de estatística e de mineração de dados. Além disso, é importante distinguir entre as noções de ruídos e externos. Externos podem ser objetos de dados ou valores legítimos. Assim, diferentemente dos ruídos, os externos podem às vezes ser de nosso interesse. Na detecção de intromissão na rede e fraude, por exemplo, o objetivo é encontrar objeto ou eventos incomuns em um número grande de normais. O Capítulo 10 discute a detecção de anomalias em maior detalhe.

Valores Faltando

Não é incomum que um objeto não tenha um ou mais valores de atributos. Em alguns casos, as informações não foram coletadas; e.g., algumas pessoas declinam de informar sua idade ou peso. Em outros casos, alguns atributos não são aplicáveis a todos os objetos; e.g., muitas vezes, formulários têm partes condicionais que são preenchidas apenas quando uma pessoa responde a uma pergunta anterior de uma determinada forma mas, por simplicidade, todos os campos são armazenados. Independentemente, valores em falta devem ser levados em conta durante a análise de dados.

Há diversas estratégias (e variações dessas estratégias) para lidar com dados faltando, cada uma das quais pode ser apropriada em determinadas circunstâncias. Estas estratégias são listadas a seguir, junto com uma indicação de suas vantagens e desvantagens.

Eliminar Objetos ou Atributos de Dados Uma estratégia simples e eficaz é eliminar objetos com valores faltando. Entretanto, mesmo um objeto de dados parcialmente especificado contém alguma informação e, se muitos objetos tiverem valores faltando, então uma análise confiável pode ficar difícil ou impossível. Apesar disso, se um conjunto de dados tiver apenas alguns objetos com valores faltando, então pode ser conveniente omiti-los. Uma estratégia relacionada é eliminar atributos que tenham valores faltando. Isto deve ser feito com cautela, entretanto, já que os atributos eliminados podem ser os críticos para a análise.

Eliminar Valores Faltando Às vezes, dados faltando podem ser estimados confiavelmente. Por exemplo, analise uma série de tempos que mude de uma forma razoavelmente homogênea, mas que tenha alguns valores faltando bastante dispersos. Em tais casos, os valores faltando podem ser estimados (interpolados) pelo uso dos valores restantes. Como outro exemplo, considere um conjunto de dados que tenha muitos pontos de dados semelhantes. Nesta situação, os valores dos atributos dos pontos mais próximos do ponto com o valor faltando são muitas vezes usados para estimar o valor faltando. Se o atributo for contínuo, então o valor médio do atributo dos vizinhos mais próximos são usados; se o atributo for categorizado, então o valor de atributo ocorrendo mais comumente pode ser usado. Para uma ilustração concreta, analise as medições de precipitações que são registradas por estações terrestres. Para áreas que não contêm uma estação terrestre, a precipitação pode ser estimada usando valores observados em estações terrestres próximas.

Ignorar Valores Faltando Durante a Análise Muitas abordagens de mineração de dados podem ser modificadas para ignorar valores faltando. Por exemplo, suponha que objetos estejam sendo agrupados e a semelhança entre pares de objetos de dados precise ser calculada. Se um ou ambos os objetos de um par tiverem valores faltando, então a semelhança pode ser calculada pelo uso apenas dos atributos que não tiverem valores faltando. É verdade que a semelhança será apenas aproximada mas, a menos que o número total de atributos seja pequeno ou o número de valores faltando seja alto, este grau de inexatidão pode não importar muito. Da mesma forma, muitos esquemas de classificação podem ser modificados para trabalhar com valores faltando.

Valores Inconsistentes

Dados podem conter valores inconsistentes. Considere um campo de endereço, onde tanto um código postal quanto a cidade sejam listados, mas a área do código postal especificado não é contida naquela cidade. Pode ser que a entrada individual desta informação transpôs dois dígitos ou talvez um dígito tenha sido mal lido quando a informação foi escaneada da forma escrita à mão. Independentemente da causa dos valores inconsistentes, é importante detectar e, se possível, corrigir tais problemas.

Alguns tipos de inconsistências são fáceis de se detectar. Por exemplo, a altura de uma pessoa não deve ser negativa. Em outros casos, pode ser necessário consultar uma fonte externa de informação. Por exemplo, quando uma empresa de seguros processa reclamações de reembolso, ela verifica os nomes e endereços nos formulário de reembolso com um banco de dados dos seus clientes.

Uma vez que uma inconsistência tenha sido detectada, às vezes é possível corrigir os dados. Um código de produto pode ter dígitos de "verificação" ou pode ser possível verificar duas vezes um código de produto com uma lista de códigos conhecidos e então corrigir o código se estiver incorreto, mas próximo de um código conhecido. A correção de uma inconsistência requer informações adicionais ou redundantes.

Exemplo 2.6. (Temperatura da Superfície do Mar Inconsistente). Este exemplo ilustra uma inconsistência nos dados de séries reais de tempo que medem a temperatura da superfície do mar (SST) em diversos pontos do oceano. Dados SST eram coletados originalmente usando medições baseadas no oceano, de navios ou bóias mas, mais recentemente, satélites têm sido usados para coletar os dados. Para criar um conjunto de dados de longo prazo, ambas as fontes de dados devem ser usadas. Entretanto, devido aos dados virem de diferentes fontes, as duas partes dos dados são sutilmente diferentes. Esta discrepância é exibida visualmente na Figura 2.7, que mostra a correlação de valores SST entre pares de anos. Se um par de anos tiver uma correlação positiva, então o local correspondente ao par de anos é pintado de branco; caso contrário, é colorido de preto. (Variações sazonais foram removidas dos dados já que, de outra forma, todos os anos onde os dados seriam altamente correlacionados.) Há uma mudança distinta no comportamento onde os dados foram juntados em 1983. Anos dentro de cada um dos grupos, 1958-1982 e 1983-1999, tendem a ter uma correlação positiva entre si, mas uma correlação negativa com anos no outro grupo. Isto não significa que estes dados não devam ser usados, apenas que o analista deve considerar o potencial impacto de tais discrepâncias sobre a análise de mineração de dados.

Dados Duplicados

Um conjunto de dados pode incluir objetos de dados que sejam duplicata, ou quase duplicata, uns dos outros. Muitas pessoas recebem correspondências duplicadas porque aparecem em um banco de dados múltiplas vezes sob nome ligeiramente diferentes. Para detectar e eliminar tais duplicatas, duas questões principais devem ser abordadas. Primeiro, se houver dois objetos que realmente representem um único, então os valores dos atributos correspondentes podem diferir e estes valores inconsistentes devem ser resolvidos. Em segundo lugar, deve ser tomado cuidado para evitar combinar acidentalmente objetos de dados que sejam semelhantes, mas não duplicados, como duas pessoas distintas com nomes idênticos. O termo **desduplicação** é muitas vezes usado para se referir ao processo de lidar com estas questões.

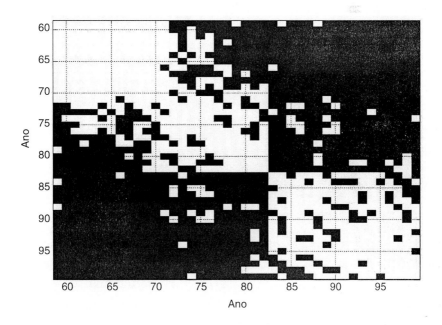

Figura 2.7. *Correlação de dados SST entre pares de anos. As áreas em branco indicam correlação positiva. Áreas em preto indicam correlação negativa.*

Em alguns casos, dois ou mais objetos são idênticos quanto aos atributos medidos pelo banco de dados, mas ainda representam objetos diferentes. Aqui, as duplicatas são legítimas, mas ainda causam problemas para alguns algoritmos se a possibilidade de objetos idênticos não for considerada especificamente no seu projeto. Um exemplo disto é dado no Exercício 13 na página 91.

2.2.2 Questões Relacionadas a Aplicações

Questões de qualidade de dados também podem ser consideradas a partir do ponto de vista de uma aplicação, conforme expresso pela declaração "os dados são de alta qualidade se forem apropriados para seu uso pretendido". Esta abordagem à qualidade de dados se provou bastante útil, especialmente no comércio e na indústria. Um ponto de vista semelhante também está presente em ciências experimentais e estatísticas, com sua ênfase no projeto cuidadoso de experimentos para coletar dados relevantes a uma determinada hipótese. Assim como questões de qualidade em nível de coleta e medição de dados, há muitas questões que são específicas a aplicações e campos específicos. Novamente, consideramos apenas algumas das questões gerais.

Cronogramas Alguns dados começam a envelhecer assim que foram coletados. Em especial, se os dados fornecerem um instantâneo de algum fenômeno ou processo em andamento, como o comportamento de compra de clientes ou padrões de navegação na Web, então este instantâneo representa a realidade de apenas um tempo limitado. Se os dados estiverem desatualizados, então os modelos e padrões que são baseados neles também estão.

Relevância Os dados disponíveis devem conter as informações necessárias para a aplicação. Considere a tarefa de construir um modelo que preveja a taxa de acidentes de motoristas. Se informações sobre a idade e sexo do motorista forem omitidas, então é provável que o modelo tenha precisão limitada a menos que essas informações estejam disponíveis indiretamente através de outros atributos.

Assegurar que os objetos em um conjunto de dados sejam relevantes também é um desafio. Um problema comum é **o foco da amostra**, o que ocorre quando uma amostra não contém tipos diferentes de objetos na proporção da sua ocorrência natural na população. Por exemplo, dados de pesquisa descrevem apenas aqueles que responderem à ela. (Outros aspectos de amostragem são mais discutidos na Seção 2.3.2.). Devido aos resultados de uma análise de dados poderem refletir apenas os dados que estiverem presentes, a amostragem com foco geralmente resultará em uma análise errônea.

Conhecimento dos Dados De forma ideal, conjuntos de dados são acompanhados pela documentação que descreve diferentes aspectos dos dados; a qualidade desta documentação pode ajudar ou obstruir a análise subseqüente. Por exemplo, se a documentação identificar diversos atributos como sendo altamente relacionados, estes atributos provavelmente fornecerão informações altamente redundantes e podemos decidir manter apenas um. (Considere a taxa de vendas e o preço de compra.) Se a documentação for pobre, entretanto, e falhar em nos informar, por exemplo, que os valores faltando de um determinado campo são indicados com um -9.999, então nossa análise dos dados pode ser falha. Outras características importantes são a precisão dos dados, os tipos dos atributos (nominal, ordinal, intervalar, proporcional), a escala da medição (e.g., metros ou pés para o comprimento) e a origem dos dados.

2.3 Pré-Processamento de Dados

Nesta seção, abordamos a questão de quais passos de pré-processamento devem ser aplicados para tornar os dados mais apropriados para a mineração de dados. O pré-processamento de dados é uma área abrangente e consiste de um número de diferentes estratégias e técnicas que são interrelacionadas de formas complexas. Apresentaremos algumas das idéias e abordagens mais importantes e tentaremos destacar os interrelacionamentos entre elas. Especificamente, discutiremos os seguintes tópicos:
- Agregação
- Amostragem
- Redução de dimensionalidade
- Seleção de subconjuntos de recursos
- Criação de recursos
- Discretização e binarização
- Transformação de variáveis

De modo geral, estes itens se dividem em duas categorias: selecionar objetos de dados e atributos para a análise ou criar/alterar os atributos. Em ambos os casos o objetivo é melhorar a análise de mineração de dados quanto ao tempo, custo e qualidade. Detalhes são fornecidos nas seções a seguir.

Uma nota rápida sobre terminologia: A seguir, às vezes usamos sinônimos para atributo, como recurso ou variável, para seguir o uso comum.

2.3.1 Agregação

Às vezes "menos é mais" e este é o caso com a agregação, a combinação de dois ou mais objetos em um único. Considere um conjunto de dados consistindo de transações (objetos de dados) registrando as vendas diárias de produtos em diversos locais da loja (Mineápolis, Chicago, Paris, ...) para diferentes dias durante um ano. Veja a Tabela 2.4. Uma forma de agregar transações para este conjunto de dados é substituir todas as transações de uma única loja com uma transação de todas as lojas. Isto reduz as centenas ou milhares de transações que ocorrem diariamente em uma determinada loja a uma única transação diária e o número de objetos de dados é reduzido ao número de lojas.

Uma questão óbvia é como uma transação agregada é criada; i.e., como os valores de cada atributo são combinados por todos os registros correspondentes a uma determinada localização para criar a transação agregada que representa as vendas de uma única loja ou data. Atributos quantitativos, como preço, são geralmente agregados pegando-se uma soma ou média. Um atributo qualitativo, como um item, pode ser omitido ou resumido como o conjunto de todos os itens que foram vendidos naquele local.

Os dados na Tabela 2.4 também podem ser visualizados como uma matriz multidimensional, onde cada atributo é uma dimensão. Deste ponto de vista, a agregação é o processo de eliminar atributos, como o tipo do item, ou reduzir o número de valores de um determinado atributo; e.g., reduzindo os valores possíveis para a data de 365 dias para 12 meses. Este tipo de agregação é comumente usado em OLAP (Online Analytical Processing), que é mais discutida neste capítulo.

Dados 55

Tabela 2.4. Conjunto de dados contendo informações sobre compras de clientes.

ID da Transação	Item	Local da Loja	Data	Preço	...
⋮	⋮	⋮	⋮	⋮	
101123	Relógio	Chicago	09/06/04	$25.99	...
101123	Pilha	Chicago	09/06/04	$ 5.99	...
101124	Sapatos	Minneapolis	09/06/04	$75.00	...
⋮	⋮	⋮	⋮	⋮	

Há diversas motivações para a agregação. Primeiro, os conjuntos de dados menores resultantes da redução dos dados requerem menos memória e tempo de processamento e, assim, a agregação pode permitir o uso de algoritmos de mineração de dados mais custosos. Em segundo lugar, a agregação pode atuar como uma mudança de escopo ou escala, fornecendo uma visão de alto nível dos dados ao invés de uma de baixo nível. No exemplo anterior, agregar pelos locais das lojas e meses nos dá uma visão mensal e por loja dos dados, ao invés de uma visão diária e por item. Finalmente, o comportamento de grupos de objetos ou atributos é muitas vezes mais estável do que o de atributos ou objetos individuais. Esta declaração reflete o fato estatístico de que quantidades agregadas, como médias ou totais, têm menos variabilidade do que os objetos individuais sendo agregados. Para totais, a quantidade real de variação é menos do que a de objetos individuais (em média). Uma desvantagem da agregação é a potencial perda de detalhes interessantes. No exemplo de agregação das lojas por meses perde-se informações sobre qual dia da semana possui as maiores vendas.

Exemplo 2.7 (Precipitação na Austrália). Este exemplo é baseado na precipitação na Austrália no período de 1982 a 1993. A Figura 2.8 (a) mostra um histograma para o desvio padrão da precipitação mensal média para células de grade 3,030 0.5. por 0.5. na Austrália, enquanto que a Figura 2.8 (b) mostra um histograma para o desvio padrão da precipitação média anual para os mesmos locais. A precipitação anual média possui menos variabilidade do que a precipitação mensal média. Todas as medições de precipitação (e seus desvios padrão) estão em centímetros.

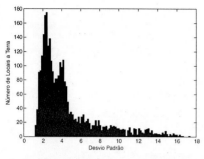
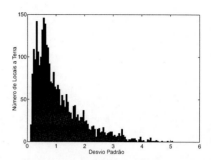

(a) Histograma do desvio padrão da precipitação média mensal

(b) Histograma do desvio padrão da precipitação média anual

Figura 2.8. *Histogramas de desvio padrão para precipitações mensais e anuais na Austrália para o período de 1982 a 1993.*

2.3.2 Amostragem

Amostragem é uma abordagem comumente usada para selecionar um subconjunto dos objetos de dados a serem analisados. Em estatística, tem sido utilizada tanto para a investigação preliminar dos dados quanto para a análise final dos mesmos. A amostragem também pode ser útil na mineração de dados. Entretanto, as motivações para amostragem em estatística e mineração de dados são muitas vezes diferentes. Estatísticos usam a amostragem porque a obtenção do conjunto inteiro de dados de interesse é custoso demais ou consome tempo demais, enquanto que os mineradores de dados usam amostragem porque é custoso demais ou consome tempo demais processar todos os dados. Em alguns casos, usar um algoritmo de amostragem pode reduzir o tamanho dos dados ao ponto onde um algoritmo melhor, porém mais custoso, possa ser usado.

O princípio chave para amostragens eficazes é o seguinte: Usar uma amostra funcionará quase tão bem quanto usar o conjunto inteiro de dados se a amostra for representativa. Por sua vez, **uma amostra é representativa** se tiver aproximadamente a mesma propriedade (de interesse) do conjunto original de dados. Se a média dos objetos de dados for a propriedade de interesse, então uma amostra é representativa se tiver uma média que seja próxima àquela dos dados originais. Devido ao fato da amostragem ser um processo estatístico, a representatividade de qualquer determinada amostra variará e o melhor que podemos fazer é escolher um esquema de amostragem que garanta uma alta probabilidade de se obter uma amostra representativa. Conforme discutido a seguir, isto envolve a escolha do tamanho e técnicas de amostragem apropriados.

Abordagens de Amostragem

Há muitas técnicas de amostragem, mas apenas algumas das mais básicas e suas variações serão cobertas aqui. O tipo mais simples de amostragem é a **amostragem aleatória simples**. Para este tipo de amostragem, há uma probabilidade igual de se selecionar qualquer item. Há duas variações da amostragem aleatória (e outras técnicas de amostragem também): (1) **amostragem sem substituição** – quando cada item é selecionado, é removido do conjunto de todos os objetos que juntos constituem a **população**, e (2) **amostragem com substituição** – os objetos não são removidos da população quando são selecionados para a amostra. Na amostragem com substituição, o mesmo objeto pode ser pego mais de uma vez. As amostras produzidas pelos dois métodos não são muito diferentes quando as amostras são relativamente pequenas comparadas com o tamanho do conjunto de dados, mas a amostragem com substituição é mais simples de analisar, já que a probabilidade de se selecionar algum objeto permanece constante durante o processo de amostragem.

Quando a população consiste de tipos de dados diferentes, com números de objetos muito diferentes, a amostragem aleatória simples pode falhar em representar adequadamente aqueles tipos de objetos que sejam menos freqüentes. Isto pode causar problemas quando a análise requer representação apropriada de todos os tipos de objetos. Por exemplo, ao se construir modelos de classificação para classes raras, é crítico que as classes raras sejam adequadamente representadas na amostra. Assim, é necessário um esquema de amostragem que possa acomodar freqüências diferentes para os itens de interesse. A **amostragem estratificada**, que começa com grupos de objetos pré-especificados, é uma abordagem assim. Na sua versão mais simples, números iguais de objetos são trazidos de cada grupo, embora os grupos tenham tamanhos diferentes. Em outra variação, o número de objetos trazidos de cada grupo é proporcional ao tamanho desse grupo.

Exemplos 2.8 (Amostragem e Perda de Informações). Assim que uma técnica de amostragem tenha sido selecionada, ainda é necessário escolher o tamanho da amostra. Tamanhos maiores de amostras aumentam a probabilidade de que uma amostra seja representativa, mas também eliminam muito da vantagem da amostra. De forma oposta, com tamanhos menores de amostras, padrões podem ser perdidos ou padrões errôneos podem ser detectados. A Figura 2.9 (a) mostra um conjunto de dados que contém 8.000 pontos bidimensionais, enquanto que as Figuras 2.9 (b) e 2.9 (c) mostram amostras deste conjunto de dados de tamanhos 2.000 e 500, respectivamente. Embora a maior parte da estrutura deste conjunto de dados esteja presente na amostra de 2.000 pontos, muito da estrutura está faltando na amostra de 500 pontos.

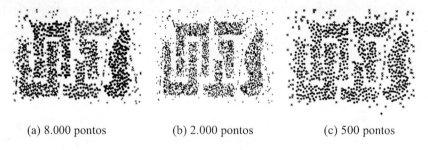

(a) 8.000 pontos   (b) 2.000 pontos   (c) 500 pontos

Figura 2.9. *Exemplo da perda de estrutura com amostragens.*

Exemplo 2.9 (Determinação do Tamanho Apropriado da Amostra). Para ilustrar que a determinação do tamanho apropriado da amostra requer uma abordagem metódica, analise a seguinte tarefa:

Dado um conjunto de dados que consiste de um pequeno número de grupos de tamanhos quase iguais, encontre pelo menos um ponto representativo para cada um dos grupos. Suponha que os objetos em cada grupo sejam altamente semelhantes entre si, mas não muito semelhantes com objetos em grupos diferentes. Suponha também que exista um número relativamente pequeno de grupos, e.g., 10. A Figura 2.10 (a) mostra um conjunto de grupos (clusters) idealizado a partir do qual estes pontos podem ser trazidos.

Este problema pode ser resolvido eficientemente usando a amostragem. Uma abordagem é pegar uma pequena amostra de pontos de dados, calcular as similaridades dos pares entre os pontos e então formar grupos de pontos que sejam altamente similares. O conjunto desejado de pontos representativos é então obtido pegando-se um ponto de cada um desses grupos. Para seguir esta abordagem, entretanto, precisamos determinar um tamanho de amostra que garantiria, com uma alta probabilidade, o resultado desejado, ou seja, que pelo menos um ponto seja obtido de cada grupo. A Figura 2.10 (b) mostra a probabilidade de se obter um objeto de cada um dos 10 grupos à medida em que o tamanho vai de 10 a 60. De forma interessante, com um tamanho de amostra igual a 20, há pouca chance (20%) de se obter uma amostra que inclua todos os 10 grupos. Mesmo com um tamanho de amostra igual a 30, ainda há uma chance moderada (quase 40%) de se obter uma amostra que não contenha objetos de todos os 10 grupos. Esta questão é mais explorada no contexto de agrupamento pelo Exercício 4 da página 559.

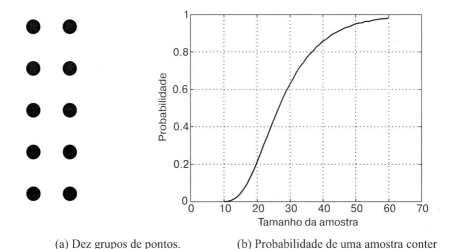

(a) Dez grupos de pontos.   (b) Probabilidade de uma amostra conter pontos de cada um dos 10 grupos.

Figura 2.10. *Encontrando pontos representativos de 10 grupos.*

Amostragem Progressiva

O tamanho apropriado da amostra pode ser difícil de determinar, de modo que esquemas de amostragem adaptativa ou progressiva são usados às vezes. Estas abordagens começam com uma amostra pequena e então aumentam o tamanho da mesma até que uma amostra de tamanho suficiente seja obtida. Embora esta técnica elimine a necessidade de se determinar inicialmente o tamanho correto da amostra, ela requer que exista uma forma de se avaliar a amostra para se determinar se é suficientemente grande.

Suponha, por exemplo, que a amostragem progressiva seja usada para se descobrir um modelo de previsão. Embora a exatidão de modelos de previsão aumenta quando o tamanho da amostra aumenta, em algum momento a exatidão pára de aumentar. Queremos parar de aumentar o tamanho da amostra neste momento. Registrando a mudança na exatidão do modelo à medida em que pegamos amostras cada vez maiores, e pegando outras amostras próximas do tamanho da corrente, podemos obter uma estimativa do quão próximos estamos deste momento em que ocorre o término do aumento de exatidão e, assim, paramos de amostrar.

2.3.3 Redução da Dimensionalidade

Conjuntos de dados podem ter um grande número de características. Analise um conjunto de documentos, onde cada documento seja representado por um vetor cujos componentes sejam as freqüências com as quais cada palavra ocorra no documento. Em tais casos, geralmente há milhares ou dezenas de milhares de atributos (componentes), um para cada palavra do vocabulário. Como outro exemplo, analise um conjunto de séries de tempo consistindo do preço de fechamento diário de diversas ações por um período de 30 anos. Neste caso, os atributos, que são os preços em dias específicos, novamente ocorrem aos milhares.

Há uma diversidade de benefícios na redução de dimensionalidade. Um benefício chave é que muitos algoritmos de mineração de dados funcionam melhor se a dimensionalidade – o número de atributos nos dados – for menor. Isto ocorre em parte porque a redução de dimensionalidade pode eliminar características irrelevantes e reduzir o ruído e em parte por causa da maldição da dimensionalidade, que é explicada abaixo. Outro benefício é que uma redução de dimensionalidade pode levar a um modelo mais compreensível, porque pode envolver menos atributos. Além disso, a dimensionalidade pode permitir que os dados sejam visualizados mais facilmente. Mesmo se a redução de dimensionalidade não reduzir os dados a duas ou três dimensões, eles são muitas vezes visualizados pelo exame de pares ou trios de atributos, e o número de tais combinações é grandemente reduzido. Finalmente, a quantidade de tempo e memória requerida pelo algoritmo de mineração de dados é diminuído com uma redução na dimensionalidade.

O termo redução de dimensionalidade é muitas vezes reservado para as técnicas que reduzem a dimensionalidade de um conjunto de dados criando novos atributos que sejam uma combinação dos atributos antigos. A redução da dimensionalidade pela seleção de novos atributos que sejam um subconjunto do antigo é conhecida como seleção de subconjunto de características ou seleção de características. Isto será discutido na Seção 2.3.4.

No restante desta seção, introduzimos brevemente dois tópicos importantes: a maldição da dimensionalidade e as técnicas de redução da dimensionalidade baseadas em abordagens de álgebra linear como a análise de componentes principais (PCA). Mais detalhes sobre redução de dimensionalidade podem ser encontrados no Apêndice B.

A Maldição de Dimensionalidade

A maldição de dimensionalidade se refere ao fenômeno de muitos tipos de análise de dados se tornam significativamente mais difíceis quando a dimensionalidade dos dados aumenta. Especificamente, quando a dimensionalidade aumenta, os dados se tornam cada vez mais dispersos no espaço que eles ocupam. Para classificação, isto significa que não há objetos de dados suficientes para permitir a criação de um modelo que atribua de forma confiável uma classe a todos os objetos possíveis. Para agrupamento, as definições de densidade e distância entre pontos, que são críticas para agrupamento, se tornam menos significativas. (Isto é discutido mais nas Seções 9.1.2, 9.4.5 e 9.4.7.) Como conseqüência, muitos algoritmos de agrupamento e classificação (e outros algoritmos de análise de dados) têm problemas com dados de alta dimensionalidade – exatidão de classificação reduzida e grupos de qualidade inferior.

Técnicas de Álgebra Linear para Redução de Dimensionalidade

Algumas das abordagens mais comuns para redução de dimensionalidade, especialmente para dados contínuos, usam técnicas de álgebra linear para projetar os dados de um espaço de alta dimensionalidade para um de dimensionalidade menor. A **Análise de Componentes Principais (PCA)** é uma técnica de álgebra linear para atributos contínuos que encontra novos atributos (componentes principais) que (1) sejam combinações lineares dos atributos originais, (2) sejam **ortogonais** (perpendiculares) entre si e (3) capturem a quantidade máxima de variações nos dados. Por exemplo, os dois primeiros componentes principais capturam tanta variação nos dados quanto possível com dois atributos ortogonais que sejam combinações lineares dos atributos originais. A **Decomposição de Valor Único (SVD)** é uma técnica de álgebra linear que é relacionada a PCA e também é comumente usada para redução de dimensionalidade. Para detalhes adicionais, veja os Apêndices A e B.

2.3.4 Seleção de Subconjunto de Característica

Outra forma de reduzir a dimensionalidade é usar apenas um subconjunto das características. Embora possa parecer que tal abordagem perca informações, não é o caso se características redundantes e irrelevantes estiverem presentes. **Características redundantes** duplicam muitas ou todas as informações contidas em um ou mais atributos. Por exemplo, o preço de compra de um produto e a taxa paga contêm muita informação iguais. **Características irrelevantes** quase não contêm informações úteis para a tarefa de mineração de dados à mão. Por exemplo, números de ID de alunos são irrelevantes para a tarefa de prever médias de pontos de notas de alunos. Características redundantes e irrelevantes podem reduzir a exatidão da classificação e a qualidade dos grupos que são encontrados.

Embora alguns atributos irrelevantes e redundantes possam ser eliminados imediatamente usando senso comum ou conhecimento do domínio, selecionar o melhor subconjunto de características freqüentemente requer uma abordagem sistemática. A abordagem ideal para a seleção de características é experimentar todos os subconjuntos possíveis de características como entrada para o algoritmo de mineração de dados de interesse e então pegar o subconjunto que produza os melhores resultados. Este método possui a vantagem de refletir o objetivo e o foco do algoritmo de mineração de dados que acabará sendo usado. Infelizmente, já que o número de subconjuntos envolvendo n atributos é 2^n, tal abordagem não é prática na maioria das situações e estratégias alternativas são necessárias. Há três abordagens padrão para a seleção de características: interna, filtro e envoltório.

Abordagens Internas A seleção de características ocorre naturalmente como parte do algoritmo de mineração de dados. Especificamente, durante a operação do algoritmo de mineração de dados, o próprio algoritmo decide quais atributos usar e quais ignorar. Algoritmos para construir classificadores de árvores de decisão, que são discutidos no Capítulo 4, muitas vezes operam desta maneira.

Abordagens de Filtro Características são selecionadas antes que o algoritmo de mineração de dados seja executado, usando alguma abordagem que seja independente da tarefa de mineração de dados. Por exemplo, poderíamos selecionar conjuntos de atributos cuja correlação de pares seja tão baixa quanto possível.

Abordagens de Envoltório Estes métodos usam o algoritmo de mineração de dados alvo como uma caixa preta para encontrar o melhor subconjunto de atributos, de uma forma semelhante àquela do algoritmo ideal descrito acima, mas geralmente sem enumerar todos os subconjuntos possíveis.

Já que as abordagens internas são específicas de algoritmos, apenas as abordagens de filtro e de envoltório serão mais discutidas aqui.

Uma Arquitetura para Seleção de Subconjuntos de Características

É possível englobar tanto as abordagens de filtro e de envoltório dentro de uma arquitetura comum. O processo de seleção de características é visto como consistindo de quatro partes: uma medição para avaliar um subconjunto, uma estratégia de pesquisa que controla a geração de um novo subconjunto de características, um critério de parada e um procedimento de validação. Métodos de filtro e de envoltório diferem apenas na forma pela qual avaliam um subconjunto de características. Para um método de envoltório, a avaliação de subconjuntos usa o algoritmo de mineração de dados alvo, enquanto que, para uma abordagem de filtro, a técnica de avaliação é distinta do algoritmo de mineração de dados alvo. A discussão a seguir fornece alguns detalhes sobre este tipo de abordagem, o que é resumido na Figura 2.11.

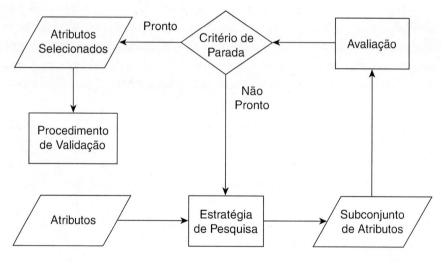

Figura 2.11. *Diagrama de fluxo de um processo de seleção de subconjuntos de características.*

Conceitualmente, a seleção de subconjuntos de características é uma pesquisa em todos os subconjuntos possíveis de características. Muitos tipos diferentes de estratégias de pesquisa podem ser usados, mas a estratégia não deve ser computacionalmente custosa e deve encontrar conjuntos de recursos ótimos ou próximos do ótimo. Geralmente não é possível satisfazer ambos os requisitos e, assim, balanceamentos são necessários.

Uma parte integral da pesquisa é um passo de avaliação para julgar como o subconjunto corrente de características se compara com outros que foram considerados. Isto requer uma medida de avaliação que tente determinar a excelência de um subconjunto de atributos quanto a uma determinada tarefa de mineração de dados, como classificação ou agrupamento. Para a abordagem de filtro, tais medidas tentam prever o quão bem o algoritmo real de mineração de dados serão executados sobre um determinado conjunto de atributos. Para a abordagem de envoltório, onde a avaliação consiste em realmente executar a aplicação de mineração de dados alvo, a função de avaliação de subconjuntos é simplesmente o critério normalmente usado para medir o resultado da mineração de dados.

Devido ao número de subconjuntos poder ser enorme e ser impraticável examinar todos, algum tipo de critério de parada é necessário. Esta estratégia geralmente é baseada em uma ou mais condições envolvendo as seguintes: o número de iterações, se o valor da medida da avaliação de subconjuntos é ótima ou excede um determinado limite, se um subconjunto de um determinado tamanho foi obtido, se critérios simultâneos de avaliação e de tamanho foram obtidos e se alguma melhoria pode ser alcançada pelas opções disponíveis à estratégia de pesquisa.

Finalmente, assim que um subconjunto de características tiver sido selecionado, os resultados do algoritmo de mineração de dados alvo sobre o subconjunto selecionado devem ser validados. Uma abordagem de avaliação direta é executar o algoritmo com o conjunto inteiro de características e comparar os resultados integrais com os resultados obtidos usando o subconjunto de características. Espera-se que o subconjunto de características produza resultados que sejam melhores ou quase tão bons quanto aqueles produzidos ao se usar todas as características. Outra abordagem de validação é usar um número de algoritmos diferentes de seleção de características para obter subconjuntos de características e então comparar os resultados da execução do algoritmo de de mineração de dados sobre cada subconjunto.

Pesagem de Características

A pesagem de características é uma alternativa a se manter ou eliminar características. Características mais importantes recebem um peso maior, enquanto que características menos importantes recebem um peso menor.

Estes pesos são atribuídos às vezes baseados no conhecimento de domínio sobre a importância relativa das características. De forma alternativa, eles podem ser determinados automaticamente. Por exemplo, alguns esquemas de classificação, como máquinas de vetor de suporte (Capítulo 5), produzem modelos de classificação nos quais cada característica recebe um peso. Características com peso maior desempenham um papel mais importante no modelo. A normalização de objetos que ocorre durante o cálculo da semelhança do co-seno (Seção 2.4.5) também pode ser considerada como um tipo de atribuição de pesos a características.

2.3.5 Criação de Recursos (Características)

Freqüentemente é possível criar, a partir dos atributos originais, um novo conjunto de atributos que capture as informações importantes em um conjunto de dados muito mais eficazmente. Além disso, o número de novos atributos pode ser menor do que o número de atributos originais, permitindo-nos colher todos os benefícios descritos anteriormente de redução de dimensionalidade. Três metodologias relacionadas para a criação de novos atributos são descritas a seguir: extração de características, mapeamento de dados com um novo espaço e a construção de características.

Extração de Características

A criação de um novo conjunto de características a partir dos dados originais brutos é conhecida como **extração de características**. Considere um conjunto de fotografias, onde cada foto deva ser classificada de acordo com o fato de conter ou não uma face humana. Os dados brutos são um conjunto de pixels e, como tal, não são apropriados para muitos tipos de algoritmos de classificação. Entretanto, se os dados forem processados para fornecer características de nível mais alto, como a presença ou ausência de determinados tipos de bordas e áreas que sejam altamente correlacionados com a presença de faces humanas, então um conjunto muito maior de técnicas de classificação pode ser aplicado a este problema.

Infelizmente, no sentido no qual ela é mais comumente usada, a extração de características é altamente específica a domínios. Para um determinado campo, como o processamento de imagens, diversas características e as técnicas para extraí-las têm sido desenvolvidas durante um período de tempo e muitas vezes estas técnicas têm limitado a aplicabilidade a outros campos. Conseqüentemente, sempre que mineração de dados é aplicada a uma área relativamente nova, uma tarefa chave é o desenvolvimento de novas características e métodos de extração de características.

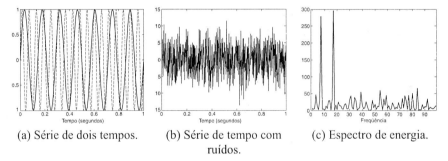

(a) Série de dois tempos.   (b) Série de tempo com ruídos.   (c) Espectro de energia.

Figura 2.12. *Aplicação da transformação Fourier para identificar as freqüências correspondentes em dados de séries de tempos.*

Mapeando os Dados para um Novo Espaço

Uma visualização completamente diferente dos dados pode revelar importantes e reveladores características. Analise, por exemplo, dados de séries de tempos, que muitas vezes contêm padrões periódicos. Se houver apenas um único padrão periódico e não houver muito ruído, então o padrão é facilmente detectado. Se, por outro lado, houver um número de padrões periódicos e uma quantidade significativa de ruído estiver presente, então estes padrões são difíceis de detectar. Tais padrões podem, apesar disso, muitas vezes ser detectados pela aplicação de uma **transformação Fourier** à série de tempo para mudar para uma representação na qual informações sobre freqüência estejam explícitas. No exemplo que se segue, não será necessário conhecer os detalhes da transformação Fourier. É suficiente saber que, para cada série de tempo, que a transformação Fourier produz um novo objeto de dados cujos atributos sejam relacionados a freqüências.

Exemplo 2.10 (Análise Fourier). A série de tempo apresentada na Figura 2.12 (b) é a soma de três outras séries de tempos, duas das quais são mostradas na Figura 2.12 (a) e têm freqüências de 7 e 17 ciclos por segundo, respectivamente. A terceira série de tempo é um ruído aleatório. A Figura 2.12 (c) mostra o espectro de energia que pode ser calculado após a aplicação de uma transformação Fourier nas séries de tempos originais. (Informalmente, o espectro de energia é proporcional ao quadrado de cada atributo de freqüência.) Apesar do ruído, há dois picos que correspondem aos períodos das duas séries de tempos. Novamente, a principal questão é que características melhores podem revelar aspectos importantes dos dados.

Muitos outros tipos de transformações também são possíveis. Além da transformação Fourier, a **transformação de ondulação** se provou muito útil para séries de tempos e outros tipos de dados.

Construção de Recursos (Características)

Às vezes as características nos conjuntos de dados originais têm as informações necessárias, mas não estão em uma forma apropriada para o algoritmo de mineração de dados. Nesta situação, uma ou mais características construídas fora das características originais podem ser mais úteis do que estas.

Exemplo 2.11 (Densidade). Para ilustrar isso, analise um conjunto de dados consistido de informações sobre artefatos históricos o qual, junto com outras informações, contenha o volume e a massa de cada artefato. Por motivo de simplicidade, supomos que estes artefatos sejam feitos de um pequeno número de materiais (madeira, barro, bronze, ouro) e que queiramos classificar os artefatos quanto ao material do qual são feitos. Neste caso, uma característica de densidade construída a partir das características de massa e volume, i.e., *densidade = massa/volume*, produziria mais diretamente uma classificação exata. Embora tenham havido algumas tentativas de executar automaticamente a construção de características explorando combinações matemáticas simples de atributos existentes, a abordagem mais comum é construir características usando conhecimento sobre o domínio.

2.3.6 Discretização e Binarização

Alguns algoritmos de mineração de dados, especialmente determinados algoritmos de classificação, requerem que os dados estejam na forma de atributos categorizados. Algoritmos que encontrem padrões de associação requerem que os dados estejam na forma de atributos binários. Assim, muitas vezes é necessário transformar um atributo contínuo em um categorizado (**discretização**) e tanto os atributos contínuos quanto os discretos podem precisar ser transformados em um ou mais atributos binários (**binarização**). Adicionalmente, se um atributo categorizado possuir um número grande de valores (categorias), ou se algum valor ocorra raramente, então pode ser benéfico para determinadas tarefas de mineração de dados reduzir o número de categorias combinando alguns dos valores.

Assim como na seleção de características, a melhor abordagem de discretização e binarização é a que "produz o melhor resultado para o algoritmo de mineração de dados que será usado para analisar os dados." Geralmente não é prático aplicar tal critério diretamente. Conseqüentemente, a discretização ou binarização é executada de uma forma que satisfaça um critério que se ache que tenha um relacionamento com bom desempenho na tarefa de mineração de dados sendo considerada.

Tabela 2.5. Conversão de um atributo categorizado em três árvores binárias.

Valor Categorizado	Valor Inteiro	x_1	x_2	x_3
terrível	0	0	0	0
fraco	1	0	0	1
satisfatório	2	0	1	0
bom	3	0	1	1
excelente	4	1	0	0

Tabela 2.6. Conversão de um atributo categorizado em cinco atributos binários assimétricos.

Valor Categorizado	Valor Inteiro	x_1	x_2	x_3	x_4	x_5
terrível	0	1	0	0	0	0
fraco	1	0	1	0	0	0
satisfatório	2	0	0	1	0	0
bom	3	0	0	0	1	0
excelente	4	0	0	0	0	1

Binarização

Uma técnica simples para binarizar um atributo categorizado é a seguinte: Se houver m valores categorizados, então atribua unicamente cada valor original a um valor inteiro no intervalo $[0, m-1]$. Se o atributo for ordinal, então a ordem deve ser mantida pela atribuição. (Observe que, mesmo se o atributo for representado originalmente usando números inteiros, este processo é necessário se os números inteiros não estiverem no intervalo $[0, m-1]$.) A seguir, converta cada um desses m números inteiros em um número binário. Já que $n = [\log2(m)]$ dígitos binários são necessários para representar estes números inteiros. Represente estes números binários usando n atributos binários. Para ilustrar, uma variável categorizada com 5 valores {*terrível, fraco, satisfatório, bom, excelente*} requereria três variáveis binárias $x1$, $x2$ e $x3$. A conversão é mostrada na Tabela 2.5.

Tal transformação pode causar complicações, como a criação de relacionamentos não pretendidos entre os atributos transformados. Por exemplo, na Tabela 2.5, os atributos $x2$ e $x3$ são correlacionados porque informações sobre o valor *bom* é codificada usando ambos os atributos. Além disso, a análise da associação requer atributos binários assimétricos, onde apenas a presença do atributo (valor = 1) é importante. Para problemas de associação, é portanto necessário introduzir um atributo binário para cada valor categorizado, como na Tabela 2.6. Se o número de atributos for grande demais, então as técnicas descritas abaixo podem ser usadas para reduzir o número de valores categóricos antes da binarização.

Da mesma forma, devido a problemas de associação, pode ser necessário substituir um único atributo binário por dois atributos binários assimétricos. Considere um atributo binário que registre o sexo de uma pessoa, masculino ou feminino. Para algoritmos tradicionais de regras de associação, esta informação precisa ser transformada em dois atributos binários assimétricos, um que seja 1 apenas quando a pessoa for do sexo masculino e um que seja 1 apenas quando a pessoa for do sexo feminino. (Para atributos binários assimétricos, a representação de informações é um pouco ineficiente pelo fato de que dois bits de armazenamento são necessários para representar cada bit de informação.)

Discretização de Atributos Contínuos

A discretização é geralmente aplicada em atributos que sejam usados na análise de classificação ou associação. De modo geral, a melhor discretização depende do algoritmo sendo usado, assim como dos outros atributos sendo considerados. Geralmente, entretanto, a discretização de um atributo é considerada isoladamente.

A transformação de um atributo contínuo em um categórico envolve duas subtarefas: decidir quantas categorias ter e determinar como mapear os valores do atributo contínuo para essas categorias. No primeiro passo, após os valores do atributo contínuo serem ordenados, eles são divididos em n intervalos especificando-se n-1 **pontos de divisão**. No segundo e bastante trivial passo, todos os valores de um intervalo são mapeados para o mesmo valor de categoria. Portanto, o problema da discretização é decidir quantos pontos de divisão escolher e onde colocá-los. O resultado pode ser representado como um conjunto de intervalos $\{(x0,x1],(x1,x2],..., (x_{n-1},x_n)\}$, onde x_0 e x_n podem ser $+\infty$ ou $-\infty$, respectivamente ou, de forma equivalente, como uma série de desigualdades x0 <x <= x1, ..., x_{n-1} <x<x_n.

Discretização sem Supervisão Uma distinção básica entre métodos de discretização para classificação é se informações sobre classes são usadas (supervisionada) ou não (não supervisionada). Se informações sobre classes não forem usadas, então abordagens relativamente simples são comuns. Por exemplo, a abordagem da **largura igual** divide a faixa dos atributos em um número de intervalos especificado pelo usuário, cada um tendo a mesma largura. Tal abordagem pode ser muito afetada por externos e, por esse motivo, uma abordagem de **freqüência igual** (**profundidade igual**), que tenta colocar o mesmo número de objetos em cada intervalo, é muitas vezes preferida. Como outro exemplo de discretização não supervisionada, um método de agrupamento, como o *K-means* (veja o Capítulo 8), também pode ser usado. Finalmente, inspecionar visualmente os dados pode às vezes ser uma abordagem eficaz.

Exemplo 2.12 (Técnicas de Discretização). Este exemplo demonstra como estas abordagens funcionam em um conjunto de dados real. A Figura 2.13 (a) mostra pontos de dados que pertencem a quatro grupos diferentes, junto com dois externos – os pontos grandes em cada lado. As técnicas do parágrafo anterior foram aplicadas para discretizar os *x* valores destes pontos de dados em quatro valores categorizados. (Pontos no conjunto de dados possuem um componente *y* aleatório para facilitar a visualização de quantos pontos estão em cada grupo.) Inspecionar visualmente os dados funciona bastante bem, mas não é automático e, assim, enfocamos as outras três abordagens. Os pontos de divisão produzidos pela técnica largura igual, freqüência igual e *K-means* são mostrados nas Figuras 2.13 (a), 2.13 (b) e 2.13 (c), respectivamente. Os pontos de divisão são representados por linhas tracejadas. Se medirmos o desempenho de uma técnica de discretização pela extensão na qual diferentes objetos recebem o mesmo valor categorizado, então K-means tem o melhor desempenho, seguida pela freqüência igual e, finalmente, pela largura igual.

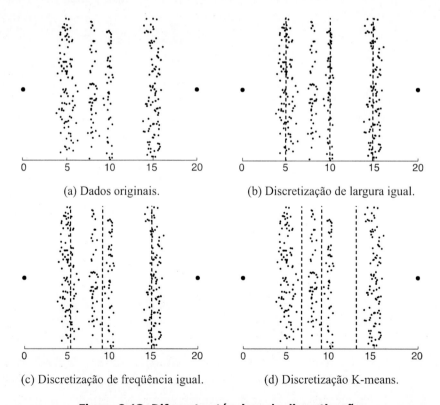

Figura 2.13. Diferentes técnicas de discretização.

Discretização Supervisionada Os métodos de discretização descritos acima geralmente são melhores do que não havendo discretização mas, tendo em mente o propósito final e usando informações adicionais (rótulos de classes) muitas vezes produz resultados melhores. Isto não deve ser surpresa, já que um intervalo construído sem conhecimento de rótulos de classes muitas vezes contém uma mistura de rótulos de classes. Uma abordagem conceitualmente simples é colocar as divisões de uma forma que maximize a pureza dos intervalos. Na prática, entretanto, tal abordagem requer decisões potencialmente arbitrárias sobre a pureza e o tamanho mínimo de um intervalo. Para cobrir essas preocupações, algumas abordagens baseadas em estatística começam com o valor de cada atributo como um intervalo separado e criam intervalos maiores realizando a fusão de intervalos adjacentes que sejam similares de acordo com um teste estatístico. Abordagens baseadas em entropia são das mais promissoras para a discretização e uma abordagem simples baseada em entropia será apresentada.

Primeiro é necessário definir **entropia**. Se k for o número de rótulos de classes diferentes, m_i o número de valores no intervalo de índice i de uma partição e m_{ij} o número de valores da classe j no intervalo i. Então, a entropia e_i do intervalo de índice i é dada pela equação

$$e_i = \sum_{i=1}^{k} p_{ij} \log_2 p_{ij},$$

onde $p_{ij} = m_{ij}/m_i$ é a probabilidade (fração de valores) da classe j no intervalo de índice i. A entropia total, e, da partição é a média ponderada das entropias individuais do intervalo, i.e.,

$$e = \sum_{i=1}^{n} w_i e_i,$$

onde m é o número de valores, $w_i = m_i/m$ é a fração dos valores no intervalo de índice i e n é o número de intervalos. Intuitivamente, a entropia de um intervalo é uma medida da pureza do mesmo. Se um intervalo contiver apenas valores de uma classe (é perfeitamente puro), então a entropia é 0 e não contribui com a entropia geral. Se as classes de valores em um intervalo ocorrerem com a mesma freqüência (o intervalo é o mais impuro possível), então a entropia é máxima.

Uma abordagem simples para particionar um atributo contínuo inicia pela divisão dos valores iniciais em duas partes iguais de modo que os dois intervalos resultantes dêem a entropia mínima. Esta técnica só precisa analisar cada valor como um possível ponto de divisão, porque se supõe que os intervalos contenham conjuntos ordenados de valores. O processo de divisão é então repetido com outro intervalo, geralmente escolhendo o intervalo com a pior (maior) entropia, até que um número de intervalos especificado pelo usuário seja atingido ou um critério de parada seja satisfeito.

Exemplo 2.13 (Discretização de Dois Atributos). Este método foi usado para discretizar independentemente tanto o atributo x quanto o y dos dados bidimensionais mostrados na Figura 2.14. Na primeira discretização, mostrada na Figura 2.14 (a), os atributos x e y foram ambos divididos em três intervalos. (As linhas tracejadas indicam os pontos de divisão.) Na segunda discretização, mostrada na Figura 2.14 (b), os atributos x e y foram ambos divididos em cinco intervalos.

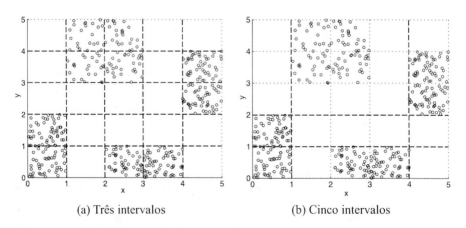

(a) Três intervalos   (b) Cinco intervalos

Figura 2.14. *Discretizando atributos x e y para quatro grupos (classes) de pontos.*

Este exemplo simples ilustra dois aspectos da discretização. Primeiro, a classe de pontos são bem separadas mas, em uma dimensão, isto não ocorre. De modo geral, a discretização de cada atributo separadamente muitas vezes garante resultados sub-ótimos. Segundo, cinco intervalos funcionam melhor que três, mas seis intervalos não melhoram muito a discretização, pelo menos em termos de entropia. (Valores e resultados de entropia para seis intervalos não são mostrados.) Conseqüentemente, é desejável se obter um critério de parada que encontre automaticamente o número certo de partições.

Atributos Categorizados com Valores Demais

Atributos categorizados podem às vezes ter atributos demais. Se o atributo categorizado for um do tipo ordinal, então técnicas semelhantes àquelas para os atributos contínuo podem ser usadas para reduzir o número de categorias. Se o atributo categorizado for nominal, entretanto, então outras abordagens são necessárias. Considere uma universidade que possua um grande número de departamentos. Conseqüentemente, um departamento, um atributo *nome de departamento* poderia ter dezenas de valores diferentes. Nesta situação, poderíamos usar nosso conhecimento dos relacionamentos entre os diferentes departamentos para combinar departamentos em grupos maiores, como *engenharia, ciências sociais* ou *ciências biológicas*. Se o conhecimento do domínio não servir como um guia útil ou tal abordagem resultar em desempenho de classificação ruim, então é necessário usar uma abordagem mais empírica, como agrupar valores apenas se esse agrupamento resultar em uma exatidão de classificação melhorada ou se atingir algum outro objetivo da mineração de dados.

2.3.7 Transformação de Variáveis

Uma transformação de variáveis se refere a uma transformação que seja aplicada a todos os valores de uma variável. (Usamos o termo variável ao invés de atributo para ficarmos em conformidade com o uso comum, embora também iremos nos referir a transformação de atributo de vez em quando.) Em outras palavras, para cada objeto, a transformação é aplicada ao valor da variável para aquele objeto. Por exemplo, se apenas a magnitude de uma variável for importante, então os valores das variáveis podem ser transformados pegando-se o valor absoluto. Na seção a seguir, discutimos dois tipos importantes de transformações de variáveis: transformações funcionais simples e normalização.

Funções Simples

Para este tipo de transformação de variável, uma função matemática simples é aplicada a cada valor individualmente. Se x for uma variável, então exemplos de tais transformações incluem x^k, $\log x$, e^x, $\sqrt{x}$, $1/x$, sen x, ou $|x|$. Em estatística, transformações de variáveis, especialmente sqrt, log e $1/x$, são usadas freqüentemente para transformar dados que não tenham uma distribuição Gaussiana (normal) em dados que tenham. Embora isso possa ser importante, outros motivos muitas vezes têm precedência na mineração de dados. Suponha que a variável de interesse seja o número de bytes de dados em uma sessão e o número de bytes varie de 1 a 1 bilhão. Esta é uma faixa grande e pode ser vantajoso comprimi-la usando uma transformação $\log_{10}$. Neste caso, as sessões que transferissem 10^8 e 10^9 bytes seriam mais semelhantes entre si do que as sessões que transferissem 10 e 1.000 bytes (9 – 8 = 1 versus 3 – 2 = 1). Para algumas aplicações, como a detecção de intrusão em redes, isto pode ser o que é desejado, já que as primeiras duas sessões têm mais probabilidade de representar transferências de arquivos grandes, enquanto que as últimas duas poderiam ser tipos bastante distintos de sessões.

Transformações de variáveis deveriam ser aplicadas com cuidado, já que alteram a natureza dos dados. Embora isto seja o desejado, pode haver problemas se a natureza da transformação não for totalmente percebida. Por exemplo, a transformação $1/x$ reduz a magnitude de valores que sejam 1 ou maiores, mas aumenta a magnitude de valores entre 0 e 1. Para ilustrar, os valores {1,2,3} vão para {1, 1/2, 1/3}, mas os valores {1, 1/2, 1/3} vão para {1,2,3}. Assim, para todos os conjuntos de valores, a transformação $1/x$ reverte a ordem. Para ajudar a clarear o efeito de uma transformação, é importante fazer perguntas como a seguinte: A ordem precisa ser mantida? A transformação se aplica a todos os valores, especialmente aos negativos e 0? Qual o efeito da transformação sobre os valores entre 0 e 1? O Exercício 17 na página 92 explora outros aspectos da transformação de variáveis.

Normalização e Padronização

Outro tipo comum de transformação de variáveis é a **padronização** ou **normalização** de uma. (Na comunidade de mineração de dados, os termos são muitas vezes usados intercambiavelmente. Em estatística, entretanto, o termo normalização pode ser confundido com a transformação usada para tornar uma variável **normal**, i.e., **Gaussiana**). O objetivo da padronização ou normalização é fazer o conjunto inteiro de valores ter uma determinada propriedade. Um exemplo tradicional é o da "padronização de uma variável" em estatística. Se $\bar{x}$ for a média dos valores do atributo e s_x seu desvio padrão, então a transformação $x'=(x-\bar{x})/s_x$ cria uma nova variável que tem uma média de 0 e um desvio padrão de 1. Se variáveis diferentes devem ser combinadas de alguma forma, então tal transformação muitas vezes é necessária para evitar se ter uma variável com valores grandes dominando os resultados do cálculo. Para ilustrar, considere a comparação de pessoas baseada em duas variáveis: idade e renda. Para quaisquer duas pessoas, a diferença em renda provavelmente seja muito maior em termos absolutos (centenas ou milhares de dólares) do que a diferença de idade (menos de 150). Se as diferenças na faixa de valores de idade e renda não forem levadas em consideração, então a comparação entre pessoas será dominada pelas diferenças na renda. Em especial, se a semelhança ou diferença entre duas pessoas for calculada usando medidas de semelhança ou diferença definidas mais adiante neste capítulo, então, em muitos casos, como aquele da distância Euclidiana, os valores de renda dominarão o cálculo.

A média e o desvio padrão são fortemente afetados pelos externos, de forma que a transformação acima muitas vezes é modificada. Primeiro, a média é substituída pela **mediana**, i.e., o valor médio. Em segundo lugar, o desvio padrão é substituído pelo **desvio padrão absoluto**. Especificamente, se x for uma variável, então o desvio padrão absoluto de x é dado por $\sigma_A = \sum_{i=1}^{m} |x_i = \mu|$, onde x_i é o elemento número i da variável, m é o número de objetos e μ é a média ou a mediana. Ouras abordagens para cálculo de estimativas de localização (centro) e dispersão de um conjunto de valores na presença de externos são descritas nas Seções 3.2.3 e 3.2.4, respectivamente. Estas medidas também podem ser usadas para definir uma transformação de padronização.

2.4 Medidas de Semelhança e Diferença

Semelhança e diferença são importantes porque são usadas por um número de técnicas de mineração de dados, como o agrupamento, classificação do vizinho mais próximo e detecção de anomalias. Em muitos casos, o conjunto de dados inicial não é necessário, já que estas semelhanças ou diferenças foram calculadas. Tais abordagens podem ser vistas como que transformando os dados em um espaço de semelhança (diferença) e então executando a análise.

Começamos a discussão dos fundamentos: definições de alto nível de semelhança e diferença, e uma discussão de como elas estão relacionadas. Por conveniência, o termo **proximidade** é usado para se referir a semelhança ou diferença. Já que a proximidade entre dois objetos é uma função da proximidade entre os atributos correspondentes dos dois objetos, primeiro descrevemos como medir a proximidade entre objetos tendo apenas um atributo simples e então analisamos medidas de proximidade para objetos com múltiplos atributos. Isto inclui medidas como a correlação e distância Euclidiana, que são úteis para dados densos como séries de tempos ou pontos bidimensionais, assim como as medidas de semelhança co-seno e Jaccard, que são úteis para dados esparsos como documentos. A seguir, analisamos diversas questões importantes relacionadas à medidas de proximidade. A seção termina com uma breve discussão de como selecionar a medida de proximidade correta.

2.4.1 Fundamentos

Definições

Informalmente, a semelhança entre dois objetos é uma medida numérica do grau no qual os dois objetos se parecem. Conseqüentemente, as semelhanças são maiores para pares de objetos que sejam mais parecidos. Semelhanças são geralmente não negativas e muitas vezes entre 0 (sem semelhança) e 1 (semelhança completa).

A **diferença** entre dois objetos é uma medida numérica do grau no qual os dois objetos são diferentes. Diferenças são menores para pares de objetos mais semelhantes. Freqüentemente, o termo **distância** é usado como sinônimo de diferença, embora, como veremos, a distância seja muitas vezes usada para se referir a uma classe especial de diferenças. As diferenças às vezes caem no intervalo [0,1], mas é comum que variem de 0 a ∞.

Transformações

Transformações são muitas vezes aplicadas para converter uma semelhança em uma diferença, e vice-versa, ou para transformar uma medida de proximidade para cair dentro de uma determinada faixa, como [0,1]. Por exemplo, podemos ter semelhanças que variam de 1 a 10, mas pacote de software ou algoritmo específico que queremos usar podem ser projetados para trabalhar apenas com diferenças, ou podem trabalhar apenas com semelhanças no intervalo [0,1]. Discutimos estas questões aqui porque empregaremos tais transformações mais adiante na nossa discussão de proximidade. Além disso, estas questões são relativamente independentes dos detalhes das medidas de proximidade específicas.

Freqüentemente, medidas de proximidade, especialmente semelhanças, são definidas ou transformadas para ter valores no intervalo [0,1]. Informalmente, o motivo para isso é usar uma escala na qual um valor de proximidade indique a fração de semelhança (ou diferença) entre dois objetos. Tal transformação é muitas vezes relativamente direta. Por exemplo, se as semelhanças entre objetos variarem de 1 (nem um pouco semelhante) a 10 (completamente semelhante), podemos fazê-las cair dentro da faixa [0,1] usando a transformação *s'= (s-1)/9*, onde *s* e *s'* são os valores original e novo de semelhança, respectivamente. No caso mais geral, a transformação de semelhanças para o intervalo [0,1] é dada pela expressão *s'= (s-min_s)/(max_s − min_s)*, onde *max_s* e *min_s* são os valores de semelhança máxima e mínima, respectivamente. Da mesma forma, medidas de diferença com uma faixa finita podem ser mapeadas para uma o intervalo [0,1] usando a fórmula *d'=(d − min_d)/(max_d − min_d)*.

Pode haver diversas complicações no mapeamento da medida e proximidade ao intervalo [0,1], todavia. Se, por exemplo, a medida de proximidade originalmente receber valores no intervalo [0,∞], então uma transformação não linear é necessária e os valores não terão o mesmo relacionamento entre si na nova escala. Considere a transformação $d' = d/(1+d)$ para uma diferença que varie de 0 a ∞. As diferenças 0, 0,5 , 2 , 10, 100 e 1.000 serão transformadas em novas diferenças 0, 0,33, 0,67 , 0,90 , 0,99 e 0,999, respectivamente. Valores maiores na escala original da diferença são comprimidos para a faixa de valores próximos a 1, mas se isso é desejável ou não depende da aplicação. Outra complicação é que o significado da medida de proximidade pode ser alterado. Por exemplo, a correlação, que é discutida mais adiante, é uma medida de semelhança que recebe valores no intervalo [-1,1]. Mapear estes valores para o intervalo [0,1] pegando os valores absolutos perde informações sobre o sinal, que pode ser importante em algumas aplicações. Veja o Exercício 22.

Transformar semelhanças em diferenças e vice-versa também é relativamente direto, embora novamente nos defrontemos com as questões de preservação de significado e alteração de uma escala linear para uma não linear. Se a semelhança (ou diferença) cair no intervalo [0,1], então a semelhança pode ser definida como $d=1-s(s=1-d)$. Outra abordagem simples é definir semelhança como a negativa da diferença (ou vice-versa). Para ilustrar, as diferenças 0, 1 e 10 podem ser transformadas nas semelhanças 0 , -1 , -10 e -100, respectivamente.

As semelhanças resultantes da transformação de negação não são restritas à faixa [0,1] mas, se desejado, então transformações como $s=1/(d+1)$, $s=e^{-d}$ ou $s=1-((d-min\_d)/(max\_d-min\_d))$ podem ser usadas. Para a transformação $s=1/(d+1)$, as diferenças 0 , 1 , 10 e 100 são transformadas em 1 , 0,5 , 0,09 e 0,01 respectivamente. Para $s=e^{-d}$, elas se tornam 1,00 , 0,37 , 0,00 e 0,00 respectivamente, enquanto que, para $s=1-((d-min\_d)/(max\_d-min\_d))$, elas se tornam 1,00 , 0,99 , 0,00 e 0,00 respectivamente. Nesta discussão, enfocamos a conversão de diferenças em semelhanças. A conversão oposta é analisada no Exercício 23.

De modo geral, qualquer função decrescente monotônica pode ser usada para converter diferenças em semelhanças, ou vice-versa. É claro que outros fatores também devem ser considerados ao se transformar semelhanças em diferenças, ou vice-versa, ou ao se transformar os valores de uma medida de proximidade para uma nova escala. Mencionamos questões relacionadas à preservação do significado, distorção de escala e requisitos de ferramentas de análise de dados, mas esta lista certamente não é completa.

2.4.2 Semelhança e Diferença entre Atributos Simples

A proximidade de objetos com um número de atributos é geralmente definida pela combinação das proximidades de atributos individuais e, assim, primeiro discutimos a proximidade entre objetos que têm apenas um atributo. Analise objetos descritos por um atributo nominal. O que significaria para dois objetos assim ser semelhantes? Já que atributos nominais só expressam informações sobre a distinção dos objeto, tudo que podemos dizer é que dois objetos têm o mesmo valor ou não. Assim, neste caso a semelhança é definida tradicionalmente como 1 se os valores do atributo corresponderem e 0 caso contrário. Uma diferença seria definida de forma oposta: 0 se os valores dos atributos corresponderem e 1 se não o fizerem.

Para objetos com um único atributo ordinal, a situação é mais complicada porque as informações sobre a ordem devem ser levadas em consideração. Considere um atributo que meça a qualidade de um produto, e.g., uma barra de chocolate, na escala (fraca, razoável, satisfatória, boa, ótima}. Pareceria razoável que um produto, P1, que tenha sido classificado como ótimo, estivesse mais próximo de um produto P2, que foi classificado como bom, do que de um produto P3, classificado como satisfatório. Para tornar esta observação quantitativa, os valores do atributo ordinal muitas vezes são mapeados com números inteiros sucessivos, começando em 0 ou 1, e.g., {fraca=0, razoável=1, satisfatória=2, boa=3, ótima=4}. Então, d(P1,P2) = 3-2 = 1 ou, se quisermos que a diferença fique entre 0 e 1, d(P1,P2) = (3-2)/4 = 0,25. Uma semelhança para atributos ordinais pode então ser definida como $s=1-d$.

Esta definição de semelhança (diferença) para um atributo ordinal deve deixar o leitor um pouco desconfortável, já que supõe intervalos iguais, e não é assim. Caso contrário, teríamos um atributo intervalo ou proporção. A diferença entre os valores *razoável* e *boa* realmente é a mesma que entre os valores *satisfatória* e *ótima*? Provavelmente não mas, na prática, nossas opções são limitadas e, na ausência de mais informações, esta é a abordagem padrão para definir a proximidade entre atributos ordinais.

Para atributos proporcionais ou intervalares, a medida natural de diferença entre dois objetos é a diferença absoluta dos seus valores. Por exemplo, poderíamos comparar nosso peso atual e nosso peso há um ano dizendo "Estou dez libras[1] mais pesado". Em casos como estes, as diferenças geral-

---
[1] Unidade de peso equivalente a 0,45kg (N.T.).

mente variam de 0 a ∞, ao invés de de 0 a 1. A semelhança de atributos intervalares ou proporcionais geralmente é expressa pela transformação de uma diferença em uma semelhança, conforme descrito anteriormente.

A Tabela 2.7 resume esta discussão. Nesta tabela, x e y são dois objetos que têm um atributo do tipo indicado. Além disso, $d(x,y)$ e $s(x,y)$ são a diferença e semelhança entre x e y, respectivamente. Outras abordagens são possíveis; estas são as mais comuns.

As duas seções seguintes analisam medidas mais complicadas de proximidade entre objetos que envolvem múltiplos atributos: (1) diferenças entre objetos de dados e (2) semelhanças entre objetos de dados. Esta divisão nos permite exibir mais naturalmente as motivações correspondentes para empregar diversas medidas de proximidade. Enfatizamos, entretanto, que semelhanças podem ser transformadas em diferenças e vice-versa usando as abordagens descritas anteriormente.

Tabela 2.7. Semelhanças e diferenças para atributos simples

Tipo de Atributo	Diferença	Semelhança
Nominal	$D = 0$, se $x = y$ $D = 1$, se $x \neq y$	$S = 1$, se $x = y$ $S = 0$, se $x \neq y$
Ordinal	$D=|x-y|/(n-1)$ (valores mapeados para números inteiros 0 a n-1, onde n é o número de valores)	$S=1-d$
Intervalar ou proporcional	$D=|x-y|$	$S=-d$, $s=1/(1+d)$, $s=e^{-d}$, $s=1-((d-min\_d)/(max\_d-min\_d))$

2.4.3 Diferenças Entre Objetos de Dados

Nesta seção, discutimos diversos tipos de diferenças. Começamos com uma discussão sobre distâncias, que são diferenças com determinadas propriedades, e então fornecemos exemplos de tipos mais gerais de diferenças.

Distâncias

Primeiro apresentamos alguns exemplos e depois oferecemos uma descrição mais formal de distância em termos das propriedades comuns a todas as distâncias. A distância Euclidiana, *d*, entre dois pontos, é dada pela seguinte fórmula familiar:

$$d(x,y) = \sqrt{\sum_{k=1}^{n}(x_k - y_k)^2}, \quad (2.1)$$

onde *n* é o número de dimensões e x_k e y_k são, respectivamente, os atributos (componentes) de índice *k* de *x* e *y*. Ilustramos esta fórmula com a Figura 2.15 e as Tabelas 2.8 e 2.9, que mostram um conjunto de pontos, as coordenadas *x* e *y* destes pontos e a **matriz de distância** contendo os pares de distâncias destes pontos.

A medida da distância Euclidiana dada na Equação 2.1 é generalizada pela métrica de distância de Minkowski mostrada na Equação 2.2

$$d(x,y) = \left(\sum_{k=1}^{n}|x_k - y_k|^r\right)^{1/r} \quad (2.2)$$

onde *r* é um parâmetro. A seguir estão os três exemplos mais comuns das distâncias de Minkowski.

- *r* = 1. Distância de quadra de cidade (Manhattan, táxi, norma L1). Um exemplo comum é a **distância Hamming**, que é o número de bits que são diferentes entre dois objetos que tenham apenas atributos binários, i.e., entre dois vetores binários.
- *r* = 2. Distância Euclidiana (norma L2).
- *r* = ∞. Distância suprema (L_{max} ou norma ∞). Esta é a diferença máxima entre qualquer atributo dos objetos. Mais formalmente, a distância L∞ é definida pela Equação 2.3

$$d(x,y) = \lim_{r \to \infty}\left(\sum_{k=1}^{n}|x_k - y_k|^r\right)^{1/r}. \quad (2.3)$$

O parâmetro *r* não deve ser confundido com o número de dimensões (atributos) *n*. As distâncias Euclidiana, Manhattan e suprema são definidas por todos os valores de *n*: 1,2,3,..., e especificam formas diferentes de combinar cada dimensão (atributo) em uma distância geral.

As Tabelas 2.10 e 2.11, respectivamente, dão as matrizes de proximidade para as distâncias L1 e L∞ usando dados da Tabela 2.8. Observe que todas estas matrizes de distâncias são simétricas; i.e., a entrada de índice *ij* é igual à entrada de índice *ji*. Na Tabela 2.9, por exemplo, a quarta linha da primeira coluna e a quarta coluna da primeira linha contêm o valor 5,1.

Distâncias, como a distância Euclidiana, têm algumas propriedades bem conhecidas. Se *d(x,y)* for a distância entre dois pontos, **x** e **y**, então as seguintes propriedades são válidas.

1. **Positividade**
   (a) *d*(x,x) S 0 para todos x e y,
   (b) *d*(x,y) = 0 apenas se x = y.

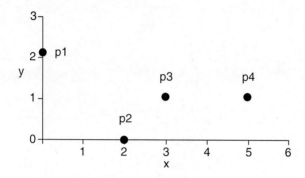

Figura 2.15. *Quatro pontos bidimensionais.*

Tabela 2.8. Coordenadas *x* e *y* de quatro pontos.

ponto	coordenada x	coordenada y
p1	0	2
p2	2	0
p3	3	1
p4	5	1

Tabela 2.9. Matriz de distância Euclidiana para a Tabela 2.8.

	p1	p2	p3	p4
p1	0.0	2.8	3.2	5.1
p2	2.8	0.0	1.4	3.2
p3	3.2	1.4	0.0	2.0
p4	5.1	3.2	2.0	0.0

Tabela 2.10. Matriz de distâncias L_1 para a Tabela 2.8.

L_1	p1	p2	p3	p4
p1	0.0	4.0	4.0	6.0
p2	4.0	0.0	2.0	4.0
p3	4.0	2.0	0.0	2.0
p4	6.0	4.0	2.0	0.0

Tabela 2.11. Matriz de distâncias L^∞ para a Tabela 2.8.

L^∞	p1	p2	p3	p4
p1	0.0	2.0	3.0	5.0
p2	2.0	0.0	1.0	3.0
p3	3.0	1.0	0.0	2.0
p4	5.0	3.0	2.0	0.0

2. **Simetria**
   $d(x,y)=d(y,x)$ para todos x e y.
3. **Diferença Triangular**
   $d(x,z)$ R $d(x,y)+d(y,z)$ para todos os pontos x, y e z.

Medidas que satisfaçam a todas as três propriedades são conhecidas como **métricas**. Algumas pessoas usam apenas o termo distância para medidas de diferenças que satisfaçam a essas propriedade, mas essa prática é muitas vezes violada. As três propriedades descritas aqui são úteis, assim como matematicamente satisfatórias. Além disso, se a diferença triangular for válida, então esta propriedade pode ser usada para aumentar a eficiência das técnicas (incluindo o agrupamento) que dependem que as distâncias possuam esta propriedade. (Veja o Exercício 25.) Apesar disso, muitas diferenças não satisfazem uma ou mais propriedades da métrica. Damos dois exemplos de tais medidas.

Exemplo 2.14 (Diferenças que Não São de Métricas: Diferenças de Conjuntos). Este exemplo é baseado na noção da diferença de dois conjuntos, conforme definido na teoria dos conjuntos. Dados dois conjuntos A e B, $A - B$ é o conjunto de elementos de A que não estão em B. Por exemplo, se $A = \{1,2,3,4\}$ e $B = \{2,3,4\}$, então $A - B = 1$ e $B - A = \emptyset$, o conjunto vazio. Podemos definir a distância d entre dois conjuntos A e B como $d(A,B)=tamanho(A - B)$, onde *tamanho* é uma função retornando o número de elementos em um conjunto. Esta medida de distância, que é um valor inteiro maior ou igual a 0, não satisfaz à segunda parte da propriedade da positividade, da propriedade simétrica ou da diferença triangular. Entretanto, estas propriedades podem ser tornadas válidas se a medida de diferença for modificada da seguinte maneira: $d(A,B)=tamanho(A-B)+tamanho(B-A)$. Veja o Exercício 21 na página 94.

Exemplo 2.15 (Diferenças Não Métricas: Tempo). Este exemplo é mais do dia-a-dia de uma medida de diferença que não seja métrica, mas que ainda seja útil. Defina uma medida da distância entre tempos do dia da seguinte maneira:

$$d(t_1,t_2) = \begin{cases} t_2 - t_1 & \text{if } t_1 \leq t_2 \\ 24 + (t_2 - t_1) & \text{if } t_1 \geq t_2 \end{cases} \quad (2.4)$$

Para ilustrar, d (1PM, 2PM) = 1 hora, enquanto que d(2PM, 1PM) = 23 horas. Tal definição faria sentido, por exemplo, ao se responder à questão: "Se um evento ocorrer à 1PM todos os dias, e agora for 2PM, quanto tempo eu tenho que esperar para que esse evento ocorra novamente?"

2.4.4 Semelhanças Entre Objetos de Dados

Para semelhanças, a diferença triangular (ou a propriedade análoga) geralmente não é válida, mas a simetria e a positividade geralmente são. Para ser explícito, se s(x,y) for a semelhança entre pontos x e y, então as propriedades típicas de semelhanças são as seguintes:

1.s(x,y) = 1 apenas se x = y. (0≤ s≤ 1)

2.s(x,y) = s(y,x) para todos x e y. (Simetria).

Não há analogia geral da diferença triangular para medidas de semelhança. Às vezes é possível, entretanto, mostrar que uma medida de semelhança pode facilmente ser convertida para uma distância métrica. As medidas de semelhança Jaccard e co-seno, que são discutidas em breve, são dois exemplos. Além disso, para medidas de semelhança específicas, é possível derivar limites matemáticos sobre a semelhança entre dois objetos que sejam semelhantes em espírito à diferença triangular.

Exemplo 2.16 (Uma Medida de Semelhança não Simétrica). Considere um experimento no qual pessoas sejam solicitadas a classificar um pequeno conjunto de caracteres à medida em que piscam em uma tela. A **matriz de confusão** para este experimento registra a freqüência na qual cada caracter é classificado como ele próprio e a freqüência em que cada um é classificado como outro caracter. Por exemplo, suponha que "0" tenha aparecido 200 vezes e que tenha sido classificado como "0" 160 vezes, mas como um "o" 40 vezes. Da mesma forma, suponha que 'o' tenha tenha aparecido 200 vezes e que tenha sido classificado como um "o" 170 vezes, mas como "0" apenas 30 vezes. Se pegarmos estas contagens como medida da semelhança entre dois caracteres, então temos uma medida de semelhança, mas uma que não é simétrica. Em tais situações, a medida de semelhança é muitas vezes tornada simétrica estabelecendo-se $s'(x,y)=s'(y,x)=(s(x,y)+s(y,x))/2$, onde s' indica a nova medida de semelhança.

2.4.5 Exemplos de Medidas de Proximidade

Esta seção fornece exemplos específicos de algumas medidas de semelhança e diferença.

Medidas de Semelhança para Dados Binários

Medidas de semelhança entre objetos que contenham apenas atributos binários são chamadas de **coeficiente de semelhança** e geralmente possuem valores entre 0 e 1. Um valor igual a 1 indica que os dois objetos são completamente semelhantes, enquanto que um valor igual a 0 indica que os objetos não são nem um pouco semelhantes. Há muitas razões lógicas pelas quais um coeficiente é melhor do que outro em determinadas instâncias.

Suponhamos que x e y sejam dois objetos que consistam de n atributos binários. A comparação de dois objetos como esses, i.e., dois vetores binários, leva às seguintes quatro quantidades de (freqüências):

f_{00} = o número de atributos onde x é 0 e y é 0
f_{01} = o número de atributos onde x é 0 e y é 1
f_{10} = o número de atributos onde x é 1 e y é 0
f_{11} = o número de atributos onde x é 1 e y é 1

Coeficiente de Correspondência Simples Um coeficiente de similaridade usado comumente é o **coeficiente de correspondência simples** (*SMC*), que é definido como

$$SMC = \frac{\text{número de valores de atributos correspondentes}}{\text{número de atributos}} = \frac{f_{11}+f_{00}}{f_1+f_{10}+f_{11}+f_{00}}. \quad (2.5)$$

Esta medida conta igualmente tanto as presenças quanto as ausências. Conseqüentemente, o SMC poderia ser usada para encontrar alunos que tiverem respondido de forma semelhante em um teste que consistisse apenas de questões do tipo verdadeiro/falso.

Coeficiente de Jaccard Suponha que **x** e **y** sejam objetos de dados que representam duas linhas (duas transações) de uma matriz de transações (veja a Seção 2.1.2). Se cada atributo binário assimétrico corresponder a um item em uma loja, então um número 1 indica que o item foi comprado, enquanto que um 0 indica que o produto não foi comprado. Já que o número de produtos não comprados por algum cliente supera em muito o número de produtos que foram comprados, uma medida de semelhança como o SMC diria que todas as transações são muito semelhantes. Como conseqüência, o coeficiente de Jaccard é freqüentemente usado para lidar com objetos que consistam de atributos binários assimétricos. O **coeficiente de Jaccard**, que muitas vezes é simbolizado por J, é dado pela seguinte equação:

$$J = \frac{\text{número de presenças correspondentes}}{\text{número de atributos não envolvidos em correspondências 00}} = \frac{f_{11}}{f_1 + f_{10} + f_{11}}. \quad (2.6)$$

Exemplo 2.17 (Os Coeficientes de Semelhança de Jaccard e SMC). Para ilustrar a diferença entre estas duas medidas de semelhança, calculamos SMC e J para os seguintes dois vetores binários.

X=(1,0,0,0,0,0,0,0,0,0)
Y=(0,0,0,0,0,0,1,0,0,1)
$f_{01} = 2$ o número de atributos onde x foi 0 e y foi 1
$f_{01} = 1$ o número de atributos onde x foi 1 e y foi 0
$f_{01} = 7$ o número de atributos onde x foi 0 e y foi 0
$f_{01} = 0$ o número de atributos onde x foi 1 e y foi 1

$$SMC = \frac{f_{11} + f_{00}}{f_{01} + f_{10} + f_{11} + f_{00}} = \frac{0+7}{2+1+0+7} = 0.7$$

$$J = \frac{f_{11}}{f_{01} + f_{10} + f_{11}} = \frac{0}{2+1+0} = 0$$

Semelhança de Coseno

Documentos são muitas vezes representados como vetores, onde cada atributo representa a freqüência na qual um determinado item (palavra) ocorre no documento. É mais complicado que isto, é claro, já que determinadas palavras comuns são ignoradas e diversas técnicas de processamento são usadas para contabilizar diferentes formas da mesma palavra, comprimentos de documentos diferentes e freqüências de palavras diferentes.

Embora documentos tenham milhares ou dezenas de milhares de atributos (termos), cada um é esparso, já que possui relativamente poucos atributos diferentes de zero. (As normalizações usadas para documentos não criam uma entrada diferente de zero onde havia uma entrada igual a zero; i.e., elas preservam o esparsamento.) Assim, da mesma forma que com dados de transações, a semelhança não deve depender do número de valores 0 compartilhados, já que quaisquer dois documentos provavelmente não conterão muitas das mesmas palavras e, portanto, se correspondências 0-0 forem encontradas, a maioria dos documentos serão muito semelhantes à maioria dos outros documentos. Assim, uma medida de semelhança para documentos precisa ignorar correspondências 0-0 como a medida de Jaccard, mas também devem ser capazes de lidar com vetores não binários. A **semelhança de co-seno**, definida a seguir, é uma das medidas mais comuns de semelhança de documentos. Se **x** e **y** forem dois vetores de documentos, então

$$\cos(x,y) = \frac{x \cdot y}{\|x\| \|y\|}, \qquad (2.7)$$

onde $\cdot$ indica o produto de ponto do vetor, $x \cdot y = \sum_{k=1}^{n} x_k y_k$, e $\|x\|$ é o comprimento do vetor x, $\|x\| = \sqrt{\sum_{k=1}^{n} x_k^2} = \sqrt{x \cdot x}$.

Exemplo 2.18 (Semelhança de Co-seno de Dois Vetores de Documentos). Este exemplo calcula a semelhança de co-seno dos dois objetos de dados a seguir, os quais poderiam representar vetores de documentos:

x · y = 3 * 1 + 2 * 0 + 0 * 0 + 5 * 0 + 0 * 0 + 0 * 0 + 0 * 0 + 2 * 1 + 0 * 0 + 0 * 2 = 5
∥x∥ = √3*3+2*2+0*0+5*5+0*0+0*0+0*0+2*2+0*0+0*0 = 6.45
∥y∥ = √1*1+*0+0*0+0*0+0*0+0*0+0*0+0+1*1+*0+0+2*2 = 2.24
cos(x,y) = 0.31

Conforme indicado pela Figura 2.16, a semelhança de co-seno na verdade é uma medida do (co-seno do) ângulo entre x e y. Assim, se a semelhança de co-seno for 1, o ângulo entre x e y é 0, e x e y são o mesmo, exceto pela magnitude (comprimento). Se a semelhança de co-seno for 0, então o ângulo entre x e y é 90⁰ e eles não compartilham nenhum termo (palavra).

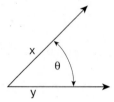

Figura 2.16. *Ilustração Geométrica da medida de co-seno.*

A Equação 2.7 pode ser escrita como a Equação 2.8.

$$\cos(x,y) = \frac{x}{\|x\|} \cdot \frac{y}{\|y\|} = x' \cdot y', \tag{2.8}$$

onde x'= x/∥x∥ e y'= y/∥y∥. Dividir x e y pelo seu comprimento os normaliza fazendo-os ter comprimento de 1. Isto significa que a semelhança de co-seno não leva a *magnitude* dos dois objetos em consideração ao calcular a semelhança. (A distância Euclidiana pode ser uma escolha melhor quando a magnitude for importante.) Para vetores com comprimento igual a 1, a medida de co-seno pode ser calculada por um simples produto de ponto. Conseqüentemente, quando muitas semelhanças de co-seno entre objetos estiverem sendo calculadas, normalizar os objetos para que tenham comprimento da unidade pode reduzir o tempo necessário.

Coeficiente de Jaccard Estendido (Coeficiente de Tanimoto)

O coeficiente de Jaccard estendido pode ser usado para dados de documentos e isso se reduz ao coeficiente de Jaccard no caso de atributos binários. O coeficiente de Jaccard Estendido também é conhecido como coeficiente de Tanimoto. (Entretanto, há outro coeficiente que também é conhecido como coeficiente de Tanimoto.) Este coeficiente, que representaremos como EJ, é definido pela seguinte equação:

$$EJ(x,y) = \frac{x \cdot y}{\|x\|^2 + \|y\|^2 - x \cdot y}. \tag{2.9}$$

Correlação

A correlação entre dois objetos de dados que possuam variáveis contínuas ou binários é uma medida do relacionamento linear entre os atributos dos objetos. (O cálculo da correlação entre atributos, que é mais comum, pode ser definido de forma semelhante.) Mais precisamente, o coeficiente da **correlação de Pearson** entre dois objetos de dados, x e y, é definido pela seguinte equação:

$$\text{corr}(x,y) = \frac{\text{co-variância}(x,y)}{\text{desvio padrão}(x) * \text{desvio padrão}(y)} = \frac{S_{xy}}{S_x \, S_y}, \tag{2.10}$$

onde estamos usando a seguinte notação estatística e definições padrão:

$$\text{covariância}(x,y) = s_{xy} = \frac{1}{n-1} \sum_{k=1}^{n} (x_k - \bar{x})(y_k - \bar{y}) \tag{2.11}$$

$$\text{desvio padrão}(x) = s_x = \sqrt{\frac{1}{n-1} \sum_{k=1}^{n} (x_k - \bar{x})^2}$$

$$\text{desvio padrão}(y) = s_y = \sqrt{\frac{1}{n-1} \sum_{k=1}^{n} (y_k - \bar{y})^2}$$

$$\bar{x} = \frac{1}{n}\sum_{k=1}^{n} x_k \text{ é a média de x}$$

$$\bar{y} = \frac{1}{n}\sum_{k=1}^{n} y_k \text{ é a média de y}$$

Exemplo 2.19 (Correlação Perfeita). A correlação fica sempre na faixa de -1 a 1. A correlação de 1 (-1) significa que x e y têm um relacionamento linear positivo (negativo) perfeito, ou seja, $x_k = ay_k + b$, onde a e b são constantes. Os dois conjuntos de valores a seguir para x e y indicam casos onde a correlação é -1 e +1, respectivamente. No primeiro caso, as médias de x e y foram escolhidas como sendo 0, por motivo de simplicidade.

x =(-3, 6, 0, 3,-6)
y =(1,-2, 0,-1, 2)

x =(3,6,0,3,6)
y =(1,2,0,1,2)

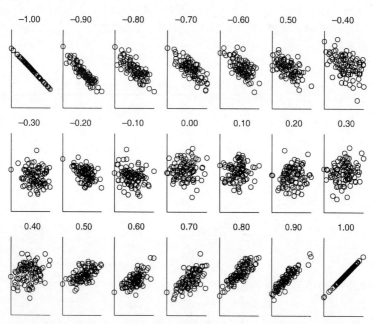

Figura 2.17. *Gráficos de dispersão ilustrando correlações de -1 a 1.*

Exemplo 2.20 (Relacionamentos não-Lineares). Se a correlação for 0, então não há relacionamento linear entre os atributos dos dois objetos de dados. Entretanto, relacionamentos não-lineares ainda podem existir. No exemplo a seguir, $x_k = y_k^2$, mas sua correlação é 0.
x = (-3,-2,-1, 0, 1, 2, 3)
y = (9, 4, 1, 0, 1, 4, 9)

Exemplo 2.21 (Correlação de Visualização). Também é fácil julgar a correlação entre dois objetos de dados x e y colocando pares valores de atributos correspondentes. A Figura 2.17 mostra um número destes locais quando x e y tiverem 30 atributos e os valores destes atributos forem gerados aleatoriamente (com uma distribuição normal) de forma que a correlação de x e y varia de -1 a 1. Cada círculo em um local representa um dos 30 atributos; sua coordenada x é o valor de um dos atributos de x, enquanto que sua coordenada y é o valor do mesmo atributo para y.

Se transformarmos x e y pela subtração de suas médias e depois normalizando-os de modo que seus comprimentos sejam 1, então sua correlação pode ser calculada pegando-se o produto de ponto. Observe que isto não é mesma coisa que a padronização usada em outros contextos, onde fazemos as transformações $x'_k = (x_k - \bar{x}) / s_x$ e $y'_k = (y_k - \bar{y}) / s_y$.

A Divergência de Bregman Esta seção fornece uma breve descrição das divergências de Bregman, que é um conjunto de funções de proximidade que compartilham algumas propriedades comuns. Como conseqüência, é possível construir algoritmos gerais de mineração de dados, como os algoritmos de agrupamento, que funcionam com qualquer divergência de Bregman. Um exemplo concreto é o algoritmo de agrupamento *K-means* (Seção 8.2). Observe que esta seção requer conhecimento de cálculo de vetores.

As divergências de Bregman são funções de perdas ou distorções. Para compreender a idéia de uma função de perda, considere o seguinte. Suponhamos que x e y sejam dois pontos, onde y é considerado como sendo o ponto original e x é alguma distorção ou aproximação dele. Por exemplo, x pode ser um ponto que foi gerado, como exemplo, pela adição de ruídos randômicos a y. O objetivo é medir a distorção ou perda resultante se y for aproximado por x. É claro que, quanto mais semelhante x e y fo-

rem, menor a perda ou distorção. Assim, as divergências de Bregman podem ser usadas como funções de desigualdade.
Mais formalmente, temos a definição a seguir.

Definição 2.6 (Divergência de Bregman). Dada um função ϕ estritamente convexa (com algumas restrições modestas que geralmente são satisfeitas), a divergência de Bregman (função de perda) $D(x,y)$ gerada por essa função é dada pela seguinte equação:

$$D(x,y) = \phi(x) - \phi(y) - \langle \nabla\phi(y), (x-y) \rangle \qquad (2.12)$$

onde $\nabla\phi(y)$ é o gradiente de ϕ avaliado em y, x-y, é a diferença de vetor entre x e y, e $<\nabla\phi(y), (x-y)>$ é o produto interno entre $\nabla\phi(x)$ e (x-y). Para pontos no espaço Euclidiano, o produto interno é apenas o produto de ponto.

D(x,y) pode ser escrito como $D(x,y) = \phi(x) - L(x)$, onde $L(x) = \phi(y) + <\nabla\phi(y), (x-y)>$ e representa a equação de um plano que seja tangente à função ϕ em y. Usando terminologia de cálculo, $L(x)$ é a linearização de f em torno do ponto y e a divergência de Bregman é apenas a diferença entre uma função e a aproximação linear àquela função. Diferentes divergências de Bregman são obtidas através do uso de diferentes opções de ϕ.

Exemplo 2.22. Fornecemos um exemplo concreto usando a distância Euclidiana quadrada, mas nos restringimos a uma dimensão para simplificar os cálculos matemáticos. Suponhamos que x e y sejam números fracionários e $\phi(t)$ seja a função com valor fracionário $\phi(t)=t^2$. Nesse caso, o gradiente se reduz à derivada e o produto de ponto se reduz à multiplicação. De modo mais específico, a Equação 2.12 se torna a 2.13.

$$D(x,y) = x^2 - y^2 - 2y(x-y) = (x-y)^2 \qquad (2.13)$$

O gráfico para este exemplo, com $y = 1$, é mostrado na Figura 2.18. A divergência de Bregman é mostrada para dois valores de x: $x = 2$ e $x = 3$.

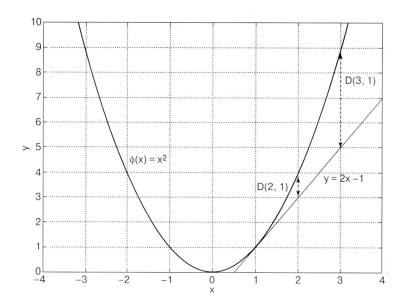

Figura 2.18. *Ilustração da divergência de Bregman.*

2.4.6 Questões Relacionadas ao Cálculo de Proximidade

Esta seção discute diversas questões importantes relacionadas a medidas de proximidade: (1) como lidar com o caso no qual os atributos possuam escalas diferentes e/ou estejam correlacionados, (2) como calcular a proximidade entre objetos que sejam compostos de diferentes tipos de atributos, e.g., quantitativos e qualitativos e (3) como lidar com o cálculo de proximidade quando atributos possuam diferentes pesos; i.e, quando nem todos os atributos contribuam igualmente para a proximidade dos objetos.

Padronização e Correlação para Medidas de Distâncias

Uma questão importante com medias de distância é como lidar com a situação quando atributos não possuírem a mesma faixa de valores. (Esta situação é muitas vezes descrita dizendo-se que "as variáveis possuem diferentes escalas.") Anteriormente, a distância Euclidiana era usada para medir a distância entre pessoas baseadas em dois atributos: idade e renda. A menos que estes dois atributos sejam padronizados, a distância entre duas pessoas será dominada pela renda.

Uma questão relacionada é como calcular distâncias quando houver uma correlação entre alguns dos atributos, além de diferenças nas faixas de valores. Uma generalização da distância Euclidiana, a **distância de Mahalanobis**, é útil quando os atributos forem correlacionados, possuírem diferentes faixas de valores (variâncias diferentes) e a distribuição dos dados for aproximadamente Gaussiana (normal). Especificamente, a distância de Mahalanobins entre dois objetos (vetores) x e y é definida como

$$\text{mahalanobis}(x, y) = (x - y)\Sigma^{-1}(x - y)^T \qquad (2.14)$$

onde Σ^{-1} é o inverso da matriz de co-variância dos dados. Observe que a matriz de co-variância Σ é a matriz cuja entrada de índice ij for a co-variância dos atributos de índice i e j, conforme definido pela Equação 2.11.

Exemplo 2.23. Na Figura 2.19, há 1.000 pontos, cujos atributos x e y possuem uma correlação de 0,6. A distância entre os dois pontos grandes nos lados opostos do eixo longo da elipse é 14,7 em termos de distância Euclidiana, mas apenas 6 no que diz respeito à distância de Mahalanobis. Na prática, calcular a distância de Mahalanobis é custoso, mas pode valer a pena com dados cujos atributos estiverem correlacionados. Se os atributos forem relativamente não relacionados, mas possuírem faixas diferentes, então padronizar as variáveis é suficiente.

Combinando Semelhanças para Atributos Heterogêneos

As definições anteriores de semelhança foram baseadas em abordagens que supunham que todos os atributos fossem do mesmo tipo. Uma abordagem geral é necessária quando os atributos forem de tipos diferentes. Uma abordagem direta é calcular a semelhança entre cada atributo separadamente usando a Tabela 2.7 e então combinar essas semelhanças usando um método que resulte em uma semelhança entre 0 e 1. Geralmente, a semelhança geral é definida como a média de todas as semelhanças individuais dos atributos.

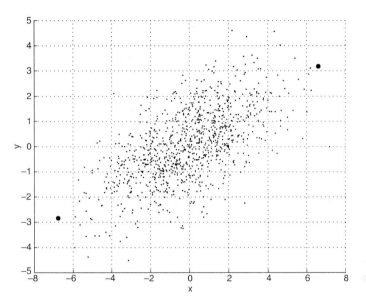

Figura 2.19. *Conjunto de pontos bidimensionais. A distância de Mahalanobis entre os dois pontos representados por pontos grandes é 6; sua distância Euclidiana é 14,7.*

Infelizmente, esta abordagem não funciona bem se alguns dos atributos forem assimétricos. Por exemplo, se todos os atributos forem assimétricos e binários, então a medida de semelhança sugerida anteriormente se reduz ao coeficiente simples de relacionamento, uma medida que não é apropriada para atributos binários assimétricos. A forma mais fácil de resolver este problema é omitir atributos assimétricos do cálculo de semelhança quando seus valores forem 0 tanto para os objetos cujo cálculo de semelhança estiver sendo executado. Uma abordagem semelhante também funciona bem para lidar com valores que estejam faltando.

Em resumo, o Algoritmo 2.1 é efetivo para calcular uma semelhança geral entre dois objetos, x e y, com diferentes tipos de atributos. Este procedimento pode ser facilmente modificado para trabalhar com diferenças.

Usando Pesos

Em uma grande parte da discussão, todos os atributos foram tratados igualmente durante o cálculo de proximidade. Isto não é desejável quando alguns atributos forem mais importantes para a definição de proximidade do que outros. Para abordar estas situações, as fórmulas de proximidade podem ser modificadas pesando-se a contribuição de cada atributo.

Algoritmo 2.1 Semelhanças de objetos heterogêneos.

1: Para o atributo de índice k^{th}, calcule uma semelhança, $s_k(x,y)$ na faixa [0,1].
2: Defina uma variável indicadora, δ_k, para o atributo de índice k^{th} da seguinte maneira:

$$\delta_k \begin{cases} 0 & \text{se o atributo de índice k for um atributo métrico e ambos os objetos tiverem um valor 0 ou se um dos objetos possuir um valor faltando para o atributo de índice } k^{th}. \\ 1 & \text{caso contrário} \end{cases}$$

3: Calcule a semelhança geral entre os dois objetos usando a seguinte fórmula:

$$\text{similaridade (x,y)} = \frac{\sum_{k=1}^{n} \delta_k s_k(x,y)}{\sum_{k=1}^{n} \delta_k} \qquad (2.15)$$

Se os pesos w_k somarem 1, então (2.15) se torna

$$\text{similaridade (x,y)} = \frac{\sum_{k=1}^{n} w_k \delta_k s_k(x,y)}{\sum_{k=1}^{n} \delta_k} \qquad (2.16)$$

A definição da distância de Minkowski também pode ser modificada da seguinte maneira:

$$d(x,y) = \left(\sum_{k=1}^{n} w_k \mid x_k - y_k \mid r \right)^{1/r}. \qquad (2.17)$$

2.4.7 Selecionando a Medida de Proximidade Correta

A seguir estão algumas observações gerais que podem ser úteis. Primeiro, o tipo de medida de proximidade deve se adaptar ao tipo de dado. Para muitos tipos de dados densos e contínuos, são usadas muitas vezes medidas de distância métrica como a distância Euclidiana. A proximidade entre atributos contínuos é mais freqüentemente expressa em termos de diferenças, e medidas de distância fornecem uma forma bem definida para combinar estas diferenças em uma medida de proximidade geral. Embora os atributos possam ter diferentes escalas e diferentes importâncias, estas questões podem muitas vezes ser lidadas conforme descrito anteriormente.

Para dados esparsos, os quais muitas vezes consistem de atributos assimétricos, geralmente empregamos medidas de semelhança que ignoram relacionamentos 0-0. Conceitualmente, isto reflete o fato de que, para um par de objetos complexos, a semelhança depende do número de características que ambos compartilham, ao invés do número de características que ambos não possuem. Mais especificamente, par dados assimétricos e esparsos, a maioria dos objetos possui apenas algumas das características descritas pelos atributos e, assim, são muito semelhantes em termos das características que não têm. As medidas de Jaccard, Jaccard Estendido e co-seno são apropriadas para tais dados.

Há outras características que podem ser necessárias considerar. Suponha, por exemplo, que estejamos interessados em comparar séries de tempos. Se a magnitude das séries de tempo for importante (por exemplo, cada série de tempo representa vendas gerais da mesma organização para um ano diferente), então poderíamos usar a distância Euclidiana. Se as séries de tempo representarem diferentes quantidades (por exemplo, o consumo de oxigênio e pressão sangüínea), então geralmente queremos determinar se as séries de tempo possuem a mesma forma, não a mesma magnitude. A correlação, que usa uma normalização interna que contabiliza as diferenças em magnitude e em nível, seria mais apropriada.

Em alguns casos, a transformação ou a normalização dos dados é importante para se obter uma medida de semelhança apropriada, já que tais transformações nem sempre estão presentes em medidas de proximidade. Por exemplo, séries de tempo podem ter tendências ou padrões periódicos que tenham impacto significativo sobre a semelhança. Além disso, o cálculo apropriado da semelhança pode requerer que retardos de tempo sejam levadas em consideração. Finalmente, duas séries de tempo só podem ser semelhantes em períodos específicos de tempo. Por exemplo, há um forte relacionamento entre temperatura e o uso de gás natural, mas apenas durante a temporada em que há aquecimento.

Considerações práticas também podem ser importantes. Às vezes, uma ou mais medidas de proximidade estarão em uso em um determinado campo e, assim, teremos respondido a questão de quais medidas de proximidade devem ser usadas. Outras vezes, o pacote de software ou algoritmo de agrupamento sendo usado pode limitar drasticamente as opções. Se eficiência for uma preocupação, então podemos querer escolher uma medida de proximidade que tenha uma propriedade, como a diferença do triângulo, que pode ser usada para reduzir o número de cálculos de proximidade. (Veja o Exercício 25.)

Entretanto, se a prática comum ou restrições práticas não ditarem uma opção, então a escolha apropriada de uma medida de proximidade pode ser uma tarefa que consuma tempo e que requeira consideração cuidadosa tanto do conhecimento do domínio quanto do propósito para o qual a medida estiver sendo usada. Um número de diferentes medidas de semelhança precisa ser avaliado para que se veja quais produzem os resultados que façam mais sentido.

2.5 Notas Bibliográficas

É essencial entender a natureza dos dados que estiverem sendo analisados e, em um nível fundamental, este é o assunto da teoria das medidas. Em especial, uma das motivações iniciais para se definir tipos de atributos foi ser preciso sobre quais operações estatísticas eram válidas para quais tipos de dados. Apresentamos a visão da teoria das medidas que foi descrita inicialmente em um artigo clássico por S. S. Stevens [79]. (As Tabelas 2.2 e 2.3 são derivadas daquelas apresentadas por Stevens [80].) Embora esta seja a visão mais comum e seja razoavelmente fácil de se entender e aplicar existe, claro, muito mais na teoria das medidas. Uma discussão oficial pode ser encontrada em uma série de três volumes sobre os fundamentos da teoria das medidas [63, 69, 81]. Também interessante é um artigo amplo de Hand[55], que discute a teoria das medidas e estatísticas e é acompanhado de comentários de outros pesquisadores na área. Finalmente, há muitos livros e artigos que descrevem questões de medições para áreas específicas da ciência e da engenharia.

A qualidade dos dados é um assunto vasto que abrange todas as disciplinas que usam dados. Discussões sobre precisão, tendências, correção e algarismos significativos podem ser encontradas em muitos livros-texto introdutórios de estatística, engenharia e ciências. A visão da qualidade dos dados como "aptos para uso" é explicada em maiores detalhes no livro de Redman[76]. Aqueles que estiverem interessados em qualidade de dados também podem estar interessados no programa Total Data Quality do MIT [70,84]. Entretanto, o conhecimento necessário para se lidar com questões específicas de qualidade de dados em um determinado domínio é muitas vezes melhor obtida pela investigação das práticas de qualidade de dados dos pesquisadores dessa área.

A agregação é um assunto não tão bem definido do que muitas outras tarefas de pré-processamento. Entretanto, a agregação é uma das principais técnicas usadas pela área de banco de dados de OLAP (Online Analytical Processing), que é discutida no Capítulo 3. Têm havido trabalhos relevantes na área da análise de dados simbólicos (Bock e Diday[47]). Um dos objetivos desta área é resumir registros tradicionais de dados em termos de objetos de dados simbólicos cujos atributos são mais complexos do que os atributos tradicionais. Especificamente, estes atributos podem ter valores que sejam conjuntos de valores (categorias), intervalos ou conjuntos de valores com pesos (histogramas). Outro objetivo da análise de dados simbólicos é ser capaz de executar agrupamento e outros tipos de análise de dados em dados que consistam de objetos de dados simbólicos.

A amostragem é um assunto que tem sido estudado em estatística e em áreas relacionadas. Muitos livros introdutórios de estatística, como o de Lindgren[65], possuem alguma discussão sobre amostragem e há livros inteiros dedicados ao assunto, como o texto clássico de Cochran [49]. Uma pesquisa de amostragem para mineração de dados é fornecida por Gu e Liu[54], enquanto que uma pesquisa sobre amostragem para bancos de dados é fornecida por Olken e Rotem[72]. Existe um número de outras referências sobre amostragem relacionada a banco de dados e mineração de dados que podem ser de interesse, incluindo artigos de Palmer e Faloutsos[74], Provost et al. [75], Toivonen [82], e Zaki et al. [85].

Em estatística, as técnicas tradicionais que têm sido usadas para redução de dimensionalidade são escala multidimensional (MDS) (Borg e Groenen[48], Kruskal e Uslaner [64]) e análise do componente principal (PCA) (Jolliffe [58]), que é semelhante à decomposição de valor singular (SVD) (Demmel[50]).

A redução da dimensionalidade é discutida em maiores detalhes no Apêndice B.

A discretização é um tópico que tem sido extensamente investigado em mineração de dados. Alguns algoritmos de classificação só funcionam com dados categorizados e a análise de associação requer dados binários. Assim, há motivação significativa para que se investigue como melhor binarizar ou discretizar atributos contínuos. Para a análise de associação, encaminhamos o leitor ao trabalho de Srikant e Agrawal [78], enquanto que algumas referências úteis para a discretização na área da classificação incluem trabalhos de Dougherty et al. [51], Elomaa e Rousu[52], Fayyad e Irani[53], e Hussain et al. [56].

A seleção futura é outro tópico bem pesquisado em mineração de dados. Uma ampla cobertura deste tópico é fornecida em uma pesquisa de Molina et al. [71] e dois livros de Liu e Motada[66,67]. Outros artigos úteis inclui os de Blum e Langley[46], Kohavi e John[62], e Liu et al. [68].

É difícil fornecer referências para o assunto das transformações de características porque as práticas variam de uma disciplina para a outra. Muitos livros de estatística trazem uma discussão sobre transformações, mas geralmente a ela fica restrita a um propósito específico, como assegurar a normalidade de uma variável ou garantir que as variáveis tenham variância igual. Oferecemos duas referências: Osborne[73] e Tukey[83].

Embora tenhamos coberto algumas das medidas de semelhança e distância mais comumente usadas, há centenas de medidas como essas e mais estão sendo criadas o tempo todo. Da mesma forma que muitos outros tópicos deste capítulo, muitas das medidas de são específicas a determinadas áreas; e.g., na área de séries de tempos, vemos artigos de Kalpakis et al. [59] e Keogh e Pazzani[61]. Livros sobre agrupamento fornecem as melhores discussões gerais. Em especial, veja os livros de Anderberg [45], JainandDubes[57], Kaufman e Rousseeuw[60], e Sneath e Sokal[77].

Bibliografia

[45] M. R. Anderberg. Cluster Analysis for Applications. Academic Press, New York, Dezembro 1973.

[46] A. Blum e P. Langley. Selection of Relevant Features and Examples in Machine Learning. Artificial Intelligence, 97(1–2):245–271, 1997.

[47] H. H. Bock e E. Diday. Analysis of Symbolic Data: Exploratory Methods for Extracting Statistical Information from Complex Data (Studies in Classification,Data Analysis, and Knowledge Organization). Springer-Verlag Telos, Janeiro 2000.

[48] I. Borg e P. Groenen. Modern Multidimensional Scaling—Theory and Applications. Springer-Verlag, Fevereiro 1997.

[49] W. G. Cochran. SamplingTechniques. John Wiley & Sons, 3a. edição, Julho 1977.

[50] J. W. Demmel. Applied Numerical Linear Algebra. Society for Industrial & Applied Mathematics, Setembro 1997.

[51] J. Dougherty, R. Kohavi, e M. Sahami. Supervised and Unsupervised Discretization of Continuous Features. In Proc. of the 12th Intl. Conf. on Machine Learning, páginas 194–202, 1995.

[52] T. Elomaa e J. Rousu. General and Efficient Multisplitting of Numerical Attributes. Machine Learning, 36(3):201–244, 1999.

[53] U. M. Fayyad e K. B. Irani. Multi-interval discretization of continuous valued attributes for classification learning. In Proc. 13th Int. Joint Conf. on Artificial Intelligence, páginas 1022–1027. Morgan Kaufman, 1993.

[54] F. H. Gaohua Gu e H. Liu. Sampling and Its Application in Data Mining: A Survey. Technical Report TRA6/00, National University of Singapore, Singapura, 2000.

[55] D. J. Hand. Statistics and the Theory of Measurement. Journal of the Royal Statistical Society: Series A (Statistics in Society), 159(3):445–492, 1996.

[56] F. Hussain, H. Liu, C. L. Tan, e M. Dash. TRC6/99: Discretization: an enabling technique. Technical report, National University of Singapore, Singapura, 1999.

[57] A. K. Jain e R. C. Dubes. Algorithms for Clustering Data. Prentice Hall Advanced Reference Series. Prentice Hall, Março 1988. Livro disponível online em http://www.cse.msu.edu/#jain/Clustering Jain Dubes.pdf.

[58] I. T. Jolliffe. Principal Component Analysis. Springer Verlag, 2a. edição, Outubro 2002.

[59] K. Kalpakis, D. Gada, e V. Puttagunta. Distance Measures for Effective Clustering of ARIMA Time-Series. In Proc. of the 2001 IEEE Intl. Conf. on Data Mining, páginas 273–280. IEEE Computer Society, 2001.

[60] L. Kaufman e P. J. Rousseeuw. Finding Groups in Data: An Introduction to Cluster Analysis. Wiley Series in Probability and Statistics. John Wiley and Sons, Nova Iorque, Novembro 1990.

[61] E. J. Keogh and M. J. Pazzani. Scaling up dynamic time warping for datamining applications. In KDD, páginas 285–289, 2000.

[62] R.Kohavi e G.H.John. Wrappers for Feature Subset Selection. Artificial Intelligence, 97(1–2):273–324, 1997.

[63] D. Krantz, R. D. Luce, P. Suppes, e A. Tversky. Foundations of Measurements: Volume 1: Additive and polynomial representations. Academic Press, Nova Iorque, 1971.

[64] J. B. Kruskal e E. M. Uslaner. Multidimensional Scaling. Sage Publications, Agosto 1978.

[65] B. W. Lindgren. Statistical Theory. CRC Press, Janeiro 1993.

[66] H.Liu andH.Motoda, editors. Feature Extraction, Construction and Selection: A Data Mining Perspective. Kluwer International Series in Engineering and Computer Science, 453. Kluwer Academic Publishers, Julho 1998.

[67] H. Liu e H. Motoda. Feature Selection for Knowledge Discovery and Data Mining. Kluwer International Series in Engineering and Computer Science, 454. Kluwer Academic Publishers, Julho 1998.

[68] H. Liu, H. Motoda, e L. Yu. Feature Extraction, Selection, and Construction. In N. Ye, editor, The Handbook of Data Mining, páginas 22–41. Lawrence Erlbaum Associates, Inc., Mahwah, NJ, 2003.

[69] R. D. Luce, D. Krantz, P. Suppes, e A. Tversky. Foundations of Measurements: Volume 3: Representation, Axiomatization, and Invariance. Academic Press, Nova Iorque, 1990.

[70] MIT Total Data Quality Management Program. web.mit.edu/tdqm/www/index.shtml, 2003.

[71] L. C. Molina, L. Belanche, e A. Nebot. Feature Selection Algorithms: A Survey and Experimental Evaluation. In Proc. of the 2002 IEEE Intl. Conf. on Data Mining, 2002.

[72] F. Olken e D. Rotem. Random Sampling from Databases — A Survey. Statistics & Computing, 5(1):25–42, Março 1995.

[73] J. Osborne. Notes on the Use of Data Transformations. Practical Assessment, Research & Evaluation, 28(6), 2002.

[74] C.R.Palmer e C.Faloutsos. Density biased sampling: An improved method for data mining and clustering. ACM SIGMOD Record, 29(2):82–92, 2000.

[75] F. J. Provost, D. Jensen, e T. Oates. Efficient Progressive Sampling. In Proc. of the 5th Intl. Conf. on Knowledge Discovery and Data Mining, páginas 23–32, 1999.

[76] T. C. Redman. Data Quality: The Field Guide. Digital Press, Janeiro 2001.
[77] P. H. A. Sneath e R. R. Sokal. Numerical Taxonomy. Freeman, San Francisco, 1971.
[78] R. Srikant e R. Agrawal. Mining Quantitative Association Rules in Large Relational Tables. In Proc. of 1996 ACM-SIGMOD Intl. Conf. on Management of Data, páginas 1–12, Montreal, Quebec, Canadá, Agosto 1996.
[79] S. S. Stevens. On the Theory of Scales of Measurement. Science, 103(2684):677–680, Junho 1946.
[80] S. S. Stevens. Measurement. In G. M. Maranell, editor, Scaling: A Sourcebook for Behavioral Scientists, páginas 22–41. Aldine Publishing Co., Chicago, 1974.
[81] P. Suppes, D. Krantz, R. D. Luce, e A. Tversky. Foundations of Measurements: Volume 2: Geometrical, Threshold, and Probabilistic Representations. Academic Press, Nova Iorque, 1989.
[82] H. Toivonen. Sampling Large Databases for Association Rules. In VLDB96, páginas 134–145. Morgan Kaufman, Setembro 1996.
[83] J. W. Tukey. On the Comparative Anatomy of Transformations. Annals of Mathematical Statistics, 28(3):602–632, Setembro 1957.
[84] R. Y. Wang, M. Ziad, Y. W. Lee, e Y. R. Wang. DataQuality. The Kluwer International Series on Advances in Database Systems, Volume 23. Kluwer Academic Publishers, Janeiro 2001.
[85] M. J. Zaki, S. Parthasarathy, W. Li, e M. Ogihara. Evaluation of Sampling for Data Mining of Association Rules. Technical Report TR617, Rensselaer Polytechnic Institute, 1996.

2.6 Exercícios

1. No exemplo inicial do Capítulo 2, o estatístico diz "Sim, os campos 2 e 3 são basicamente o mesmo". Você pode dizer a partir das três linhas de dados de exemplo que estão mostradas o porquê dele dizer isso?
2. Classifique os seguintes atributos como binários, discretos ou contínuos. Classifique-os também como qualitativos (nominais ou ordinais) ou quantitativos (intervalares ou de faixa). Alguns casos podem ter mais de uma interpretação, então indique brevemente seu raciocínio se achar que possa haver alguma ambigüidade.
   Exemplo: Idade em anos: Discreta, quantitativa, de faixa
   (a) Horários em termos de AM ou PM.

(b) Brilho conforme medido pelo medidor de luz.
(c) Brilho conforme medido pelo julgamento das pessoas.
(d) Ângulos conforme medidos em graus entre 0 e 360.
(e) Medalhas de bronze, prata e ouro conforme dadas nas Olimpíadas.
(f) Altura acima do nível do mar.
(g) Número de pacientes em um hospital.
(h) Números ISB para livros. (Veja o formato na Web.)
(i) Habilidade de passar luz em termos dos seguintes valores: opaco, translúcido, transparente.
(j) Posto militar.
(k) Distância do centro do campus.
(l) Densidade de uma substância em gramas por centímetro cúbico.
(m) Número do tíquete do casaco (Quando você vai a um evento, muitas vezes você pode deixar o seu casaco para alguém que, por sua vez, lhe dá um número que você pode usar para pegar de volta seu casaco quando for embora.)

3. Você é abordado pelo diretor de marketing de uma empresa local, o qual acredita que imaginou uma forma segura de medir a satisfação do cliente. Ele explica seu esquema da seguinte maneira: "É tão simples que não consigo acreditar que ninguém tenha pensado nisso antes. Eu simplesmente registro o número de reclamações de clientes para cada produto. Eu li em um livro sobre mineração de dados que o que conta são os atributos proporcionais e, assim, minha medida de satisfação com o produto deve ser um atributo proporcional. Contudo, quando classifiquei os produtos com base na minha nova taxa de satisfação dos clientes e mostrei-os ao meu chefe, ele me disse que eu tinha deixado de lado o óbvio e que minha medida não tinha valor. Acho que ele ficou irritado porque nosso produto que mais vendia tinha a pior taxa de satisfação já que possuía a maior parte das reclamações. Você poderia me ajudar a esclarecê-lo?"

(a) Quem está certo, o diretor de marketing ou seu chefe? Se você respondeu "seu chefe", o que você faria para consertar a medida de satisfação?
(b) O que você pode dizer sobre o tipo de atributo do de satisfação original do produto?

4. Alguns meses depois, você é abordado novamente pelo mesmo diretor de marketing do Exercício 3. Desta vez, ele imaginou uma abordagem melhor para medir o quanto um cliente prefere um produto em comparação com outro produto semelhante. Ele explica: "Quando desenvolvemos novos produtos, geralmente criamos diversas variações e avaliamos qual os clientes preferem. Nosso procedimento padrão é dar a quem está testando nosso produto todas as variações deste ao mesmo tempo e solicitar que classifiquem essas variações do produto em ordem de preferência. Entretanto, as pessoas que estão testando os produtos ficam muito indecisas, especialmente quando há mais de dois produtos. Como conseqüência, os testes demoram demais. Eu sugeri que executássemos as comparações em pares e então usássemos essas comparações para criar as classificações. Assim, se tivermos três variações do produto, fazemos os consumidores compararem as variações 1 e 2, depois a 2 com a 3 e, finalmente, a 3 com a 1. Nosso tempo de teste com meu novo procedimento é um terço do que era com o procedimento antigo, mas os funcionários conduzindo os testes reclamam que não conseguem obter uma classificação consistente a partir dos resultados. Meu chefe quer as avaliações do produto mais recente, para ontem. Eu deveria mencionar também que foi ele a pessoa que imaginou a abordagem antiga de avaliação de produtos. Você pode me ajudar?"
 (a) O diretor de marketing está em apuros? A abordagem dele funcionará para uma classificação ordinal das variações do produto em termos de preferência dos clientes? Explique.
 (b) Existe alguma forma de consertar a abordagem do diretor de marketing? De maneira mais geral, o que você pode dizer sobre a tentativa de criação de uma escala de medição ordinal baseada em comparações de pares?
 (c) Para o esquema original de avaliação de produtos, as classificações gerais de cada variação do produto são encontradas através do cálculo da sua média entre todas as pessoas executando o teste. Comente se você acha que esta é uma abordagem razoável. Quais outras abordagens você poderia usar?
5. Você consegue imaginar uma situação na qual números identificadores seriam úteis para previsões?

6. Um psicólogo quer usar a análise de associação para analisar os resultados dos testes. O teste consiste de 100 questões com quatro respostas possíveis em cada uma.
   (a) Como você converteria estes dados para uma forma apropriada para a análise de associação?
   (b) Em especial, que tipo de atributos você teria e quantos deles existem?
7. Quais das seguintes quantidades provavelmente mostrarão mais autocorrelação temporal: a quantidade de chuva diária ou a temperatura diária? Por quê?
8. Discuta o porquê de uma matriz de termos de documentos é um exemplo de conjunto de dados que possui características contínuas assimétricas ou discretas simétricas.
9. Muitas ciências se baseiam na observação em vez de (ou além de) experimentos projetados. Compare os problemas relacionados à qualidade de dados envolvidos na ciência observacional aos dos dados da ciência experimental e mineração de dados.
10. Discuta a diferença entre a precisão de uma medida e os termos precisão simples e dupla, conforme estes são usados em ciência da computação, geralmente para representar números de ponto flutuante que requerem 32 e 64 bits, respectivamente.
11. Cite pelo menos duas vantagens de se trabalhar com dados armazenados em arquivos de texto em vez de em um formato binário.
12. Faça a distinção entre ruído e fatores externos. Assegure-se de considerar as seguintes questões:
    (a) Os ruídos são interessantes ou desejáveis em alguma situação? E os fatores externos?
    (b) Os objetos de ruídos podem ser fatores externos?
    (c) Os objetos de ruídos são sempre fatores externos?
    (d) Os fatores externos são sempre objetos de ruídos?
    (e) Os ruídos podem transformar um valor típico em um incomum ou vice-versa?
13. Considere o problema de se encontrar os K vizinhos mais próximos de um objeto de dados. Um programador projeta o Algoritmo 2.2 para esta tarefa.

Algoritmo 2.2 Algoritmo para encontrar os K vizinhos mais próximos.

1: **para** $i = 1$ **até** *número de objetos de dados* **faça**
2:    Encontre as distâncias do objeto de índice i até todos os outros objetos.
3:    Ordene estas distâncias em ordem decrescente.
     (Registre qual objeto está associado a cada distância.)
4:    **retorne** os objetos associados com as primeiras K distâncias da lista ordenada
5: **fim do para**

  (a) Descreva os potenciais problemas deste algoritmo se houver objetos duplicados no conjunto de dados. Suponha que a função da distância apenas retorne uma distância igual a 0 para objetos que sejam os mesmos.

  (b) Como você resolveria este problema?

14. Os atributos a seguir são medidos para membros de uma manada de elefantes asiáticos: *peso, altura, comprimento da presa, comprimento da tromba k e área do ouvido*. Baseado nestas medidas, que tipo de medida de semelhança da Seção 2.4 você usaria para comparar ou agrupar estes elefantes? Justifique sua resposta e explique alguma circunstâncias especiais.

15. Você recebe um conjunto de m objetos que está dividido em K grupos, onde o grupo de índice i possui tamanho m_i. Se o objetivo for a obtenção de uma amostra de tamanho $n < m$, qual a diferença entre os dois esquemas de amostragem a seguir? (Suponha amostragem com substituição.)

  (a) Selecionamos aleatoriamente $n*m_i/m$ elementos de cada grupo.

  (b) Selecionamos aleatoriamente n elementos do conjunto de dados, sem considerar o grupo ao qual um objeto pertence.

16. Considere uma matriz de termos-documentos, onde tf_{ij} é a freqüência da palavra (termo) de índice i do documento de índice j e m seja o número de documentos. Considere a transformação de variável que é definida por

$$tf'_{ij} = tf_{ij} * \log \frac{m}{df_i}, \qquad (2.18)$$

onde df_i é o número de documentos nos quais o termo de índice i aparece, a qual é conhecida como a freqüência do termo no documento. Esta transformação é conhecida como a transformação inversa da freqüência no documento.
  (a) Qual é o efeito desta transformação se um termo ocorrer em um documento? E em todos os documentos?
  (b) Qual poderia ser o propósito desta transformação?
17. Suponha que apliquemos uma transformação de raiz quadrada em um atributo proporcional x para obtermos o novo atributo x^*. Como parte da sua análise, você identifica um intervalo (a,b) no qual x^* possui um relacionamento linear com outro atributo y.
  (a) Qual é o intervalo (a,b) correspondente em termos de x?
  (b) Forneça uma equação que relacione x com x.
18. Este exercício compara e diferencia algumas medidas de semelhança e distância.
  (a) Para dados binários, a distância L1 corresponde à distância de Hamming, ou seja, o número de bits que são diferentes entre dois vetores binários. A semelhança de Jaccard é uma medida de semelhança entre dois vetores binários. Calcule a distância de Hamming e a semelhança de Jaccard entre os dois vetores binários a seguir:
      x = 0101010001
      y = 0100011000
  (b) Em qual abordagem a distância de Hamming ou de Jaccard, é mais semelhante ao Coeficiente de Correspondência Simples e qual abordagem é mais semelhante à medida do co-seno? Explique. (Nota: A medida de Hamming é uma distância, enquanto que as outras três medidas são semelhanças, mas não deixe isto lhe confundir.)
  (c) Suponha que esteja comparando o quão semelhantes dois organismos de diferentes espécies são em termos do número de genes que compartilham. Descreva qual medida, a de Hamming ou a de Jaccard, você acha que seria mais apropriada para comparar a constituição dos dois organismos. Explique. (Suponha que cada animal seja representado na forma de um vetor binário, onde cada

atributo seja 1 se um determinado gene esteja presente no organismo e 0 caso contrário.)

(d) Se você quisesse comparar a constituição genética de dois organismos da mesma espécie, e.g., dois seres humanos, você usaria a distância de Hamming, o coeficiente de Jaccard ou uma medida diferente de semelhança ou diferença? Explique. (Observe que dois seres humanos compartilham > 99,9% dos mesmos genes.)

19. Para os vetores a seguir, x e y, calcule as medidas de semelhança ou distância indicadas.
    (a) x =(1,1,1,1), y =(2,2,2,2) co-seno, correlação, Euclidiana
    (b) x =(0,1,0,1), y =(1,0,1,0) co-seno, correlação, Euclidiana, Jaccard
    (c) x =(0,-1,0,1), y =(1,0,-1,0) co-seno, correlação, Euclidiana
    (d) x =(1,1,0,1,0,1), y =(1,1,1,0,0,1) co-seno, correlação, Jaccard
    (e) x =(2,-1,0,2,0,-3), y =(-1,1,-1,0,0,-1) co-seno, correlação

20. Aqui, exploramos em maior profundidade as medidas de correlação e co-seno.
    (a) Qual é a faixa de valores que são possíveis para a medida do co-seno?
    (b) Se dois objetos possuírem uma medida de co-seno igual a 1, eles são idênticos? Explique.
    (c) Qual é o relacionamento da medida do co-seno com a correlação, se há alguma?
        (Dica: Examine as medidas estatísticas como a média e o desvio padrão em casos onde o co-seno e a correlação sejam os mesmos e diferentes.)
    (d) A Figura 2.20(a) mostra o relacionamento da medida do co-seno com a distância Euclidiana para 100.000 pontos gerados aleatoriamente e que tenham sido normalizados para ter comprimento L2 igual a 1. Que observação geral você pode fazer a respeito do relacionamento entre a distância Euclidiana e a semelhança de co-seno quando os vetores tiverem um padrão de L2 igual a 1?
    (e) A Figura 2.20(b) mostra o relacionamento da correlação com a distância Euclidiana para 100.000 pontos gerados aleatoriamente que foram padronizados para ter uma média de 0 e um desvio padrão de 1. Que observação geral você fazer a respeito do rela-

cionamento entre a distância Euclidiana e a correlação quando os vetores tiverem sido padronizados para terem uma média igual a 0 e um desvio padrão igual a 1?

(f) Derive o relacionamento matemático entre a semelhança do coseno e a distância Euclidiana quando cada objeto de dados possuir comprimento L2 igual a 1.

(g) Derive o relacionamento matemático entre a distância Euclidiana e a correlação quando cada ponto de dado tiver sido padronizado subtraindo-se sua média e dividindo-se por seu desvio padrão.

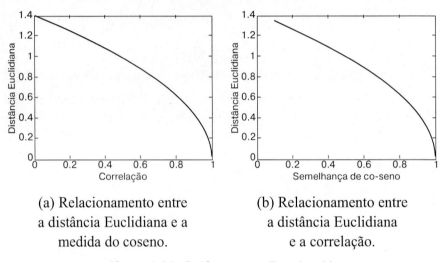

(a) Relacionamento entre a distância Euclidiana e a medida do coseno.

(b) Relacionamento entre a distância Euclidiana e a correlação.

Figura 2.20. *Gráficos para o Exercício 20.*

21. Mostre que a métrica de diferença de conjuntos dada por
    d(A,B)= *tamanho*(A- B)+ *tamanho*(B - A)
    satisfaz os axiomas de matrizes apresentados na página 70. *A* e *B* são conjuntos e *A − B* é a diferença dos conjuntos.

22. Discuta como você poderia mapear valores de correlação do intervalo [-1, 1] para o intervalo [0,1]. Observe que o tipo de transformação no qual você poderia se basear depende da aplicação que tiver em mente. Assim, considere duas aplicações: a clusterização de séries de tempos e a previsão do comportamento de uma série de tempo a partir de uma outra.

23. Dada uma medida de semelhança com valores no intervalo [0,1], descreva duas formas de se transformar este valor de semelhança em um valor de diferença no intervalo [0,∞].
24. A proximidade geralmente é definida entre um par de objetos.
    (a) Defina duas formas através das quais você poderia estabelecer a proximidade entre um grupo de objetos.
    (b) Como você poderia definir a distância entre dois conjuntos de pontos em espaço Euclidiano?
    (c) Como você poderia definir a proximidade entre dois conjuntos de objetos de dados? (Não faça suposições sobre os objetos de dados, exceto que uma medida de proximidade é definida entre qualquer par de objetos.)
25. Você recebe um conjunto S de pontos em espaço Euclidiano, assim como a distância de cada ponto em S até um ponto x. (Não importa se x ∈ S.)
    (a) Se o objetivo for encontrar todos os pontos dentro de uma distância especificada ε do ponto y, y ≠ x, explique como você poderia usar a desigualdade do triângulo e as distâncias já calculadas até x para reduzir potencialmente o número necessário de cálculos de distâncias? Dica: A desigualdade do triângulo, $d(x,z) \leq d(x,y) + d(y,x)$ pode ser rescrita como $d(x,y) \geq d(x,z) - d(y,z)$.
    (b) De modo geral, como a distância entre x e y afetaria o número de cálculos de distâncias?
    (c) Suponha que você possa encontrar um pequeno subconjunto de pontos S' a partir do conjunto original de dados, de forma que cada ponto no conjunto de dados esteja dentro de uma distância especificada ε de pelo menos um dos pontos de S' e que você também tenha a matriz de distância de pares para S'. Descreva uma técnica que use estas informações para calcular, com um mínimo de cálculos de distâncias, o conjunto de todos os pontos dentro de uma distância ε de um determinado ponto do conjunto de dados.
26. Mostre que 1 menos a semelhança de Jaccard é uma medida de distância entre dois objetos de dados, x e y, que satisfaz os axiomas métricos mostrados na página 70. De modo específico, $d(x,y) = 1 - J(x,y)$.

27. Mostre que a medida de distância definida como o ângulo entre dois vetores de dados, x e y, satisfaz os axiomas métricos mostrados na página 70. De modo específico, $d(x,y) = \arccos(\cos(x,y))$.
28. Explique por que o cálculo da proximidade entre dois atributos muitas vezes é mais simples do que o cálculo da semelhança entre dois objetos.

capítulo 3

Explorando os Dados

O CAPÍTULO ANTERIOR ABORDOU QUESTÕES DE alto nível sobre os dados que são importantes no processo de descoberta de conhecimento. Este capítulo fornece uma introdução à exploração dos dados, que é uma investigação preliminar dos dados com o intuito de se compreender melhor suas características específicas. A exploração dos dados pode ajudar na escolha das técnicas adequadas de pré-processamento e análise dos dados. Ela pode até mesmo abordar algumas das questões que são geralmente respondidas pela mineração de dados. Por exemplo, os padrões às vezes podem ser encontrados através da inspeção visual dos dados. Além disso, algumas das técnicas usadas na exploração dos dados, como a visualização, podem ser usadas para se entender e interpretar os resultados da mineração dos dados.

Este capítulo cobre três tópicos importantes: estatísticas resumidas, visualização e OLAP (On-Line Analytical Processing). Estatísticas resumidas, como a média e o desvio padrão de um conjunto de valores, e métodos de visualização, como os histogramas e gráficos, são métodos padrão amplamente empregados para a exploração dos dados. OLAP, que é um desenvolvimento mais recente, consiste de um conjunto de técnicas para a exploração de matrizes multi-dimensionais de valores. Funções de análises relacionadas a OLAP enfocam diversas maneiras de criar tabelas de dados de resumo a partir de uma matriz multi-dimensional de dados. Estas técnicas incluem a agregação de várias dimensões ou de vários valores de atributos. Por exemplo, se recebermos informações sobre vendas de acordo com os produtos, local e data, técnicas de OLAP podem ser usadas para criar um resumo que descreva a atividade de vendas em um determinado local por mês e categoria de produto.

Os tópicos cobertos neste capítulo têm considerável parte em comum com a área conhecida como EDA (**Exploratory Data Analysis**), que foi criada na década de 1970 pelo proeminente estatístico John Tukey. Este capítulo, como a EDA, dá muita ênfase à visualização. Diferentemente da EDA, ele não inclui tópicos como a análise de agrupamentos ou a detecção de anomalias. Há dois motivos para isto. Primeiro, a mineração de dados vê as técnicas descritivas de análise de dados como um fim por si só, enquanto que a estatística, a partir da qual a EDA se originou, tende a ver os testes baseados em hipóteses como o objetivo final. Em segundo lugar, a análise de grupos e a detecção de anomalias são áreas amplas e requerem capítulos inteiros para uma discussão em profundidade. Assim, a análise de grupos é coberta nos Capítulos 8 e 9, enquanto que a detecção de anomalias é discutida no Capítulo 10.

3.1 O Conjunto de Dados Íris

Na discussão a seguir, muitas vezes iremos nos referir ao conjunto de dados Íris que está disponível a partir do Machine Learning Repository da Universidade da Califórnia em Irvine (UCI). Ele consiste de informações sobre 150 flores Íris, 50 de cada uma das três espécies de Íris: Setosa, Multicolor e Virgínica. Cada flor é caracterizada por cinco atributos:
 1. Comprimento da sépala em centímetros
 2. Largura da sépala em centímetros
 3. Comprimento da pétala em centímetros
 4. Largura da pétala em centímetros
 5. Classe (Setosa, Multicolor, Virgínica)

As sépalas de uma flor são as estruturas externas que protegem as partes mais frágeis da mesma, como as pétalas, Em muitas flores, as sépalas são verdes e apenas as pétalas são coloridas. Na Íris, entretanto, as sépalas também são coloridas. Conforme ilustrado pela imagem de uma Íris Virgínica na Figura 3.1, as sépalas de uma Íris são maiores que as pétalas e são curvadas, enquanto que as pétalas são para cima.

3.2 Estatísticas de Resumo

Estatísticas de resumo são quantidades, como a média e o desvio padrão, que capturam diversas características de um conjunto potencialmente grande de valores com um único número ou um conjunto pequenos de números. Exemplos cotidianos de estatísticas de resumo são a renda média de uma família ou a porcentagem de alunos universitários que completam sua graduação em quatro anos. De fato, para muitas pessoas, estatísticas de resumo são a manifestação mais visível das estatísticas. Iremos nos concentrar em estatísticas de resumo para os valores de um único atributo, mas forneceremos uma breve descrição de algumas estatísticas de resumo com múltiplas variáveis.

Figura 3.1. *Imagem de Íris Virgínica. RobertH. Mohlenbrock@ USDA-NRCSPLANTSDatabase/USDA NRCS. 1995. Northeast westland flora: Field office guide to plant species. Northeast National Technical Center, Chester, PA. Fundo removido.*

Esta seção analisa apenas a natureza descritiva das estatísticas de resumo. Entretanto, conforme descrito no Apêndice C, a estatística vê os dados como provenientes de um processo estatístico subjacente que é caracterizado por diversos parâmetros e algumas das estatísticas de resumo discutidas aqui podem ser vistas como estimativas de parâmetros estatísticos da distribuição adjacente que gerou os dados.

3.2.1 Freqüências e o Modo

Dado um conjunto não ordenado de valores categorizados, não há muito a ser feito para caracterizar melhor os valores, além de calcular a freqüência na qual cada valor ocorre em um determinado conjunto de dados. Dado um atributo categorizado x, que pode receber valores $\{v_1, ..., v_i...v_k\}$ e um conjunto de m objetos, a freqüência de um valor v_i é definida como

$$\text{freqüência}(vi) = \frac{\text{número de objetos com atributo de valor } v_i}{m} \quad (3.1)$$

O **modo** de um atributo categorizado é o valor que possui a freqüência mais alta.

Exemplo 3.1. Considere um conjunto de alunos que possuam um atributo, classe, que pode receber valores do conjunto {calouro, segundo anista, terceiro anista e formando}. A Tabela 3.1 mostra o número de alunos para cada valor do atributo *classe*. O modo do atributo *classe* é *calouro*, com uma freqüência de 0,33. Isto pode indicar evasão escolar devido a desistências ou um número maior do que o normal de classes de calouros.

Tabela 3.1. Tamanho das classes de alunos em uma universidade hipotética.

Classe	Tamanho	Freqüência
Calouros	140	0,33
Secundanistas	160	0,27
Terceiranistas	130	0,22
Formandos	170	0,18

Atributos categorizados muitas vezes, mas não sempre, possuem um número pequeno de valores e, conseqüentemente, o modo e as freqüências destes valores podem ser interessantes e úteis. Observe, entretanto, que, para o caso do conjunto de dados da Íris e o atributo *classe*, os três tipos de flores possuem todos a mesma freqüência e, portanto, a noção de um modo não é interessante.

Para dados contínuos, o modo, conforme definido correntemente, muitas vezes não é útil porque um único valor pode não ocorrer mais do que uma vez. Mesmo assim, em alguns casos, o modo pode indicar informações importantes sobre a natureza dos valores ou a presença de valores em falta. Por exemplo, as alturas de 20 pessoas medidas até o milímetro mais aproximado geralmente não se repetirão mas, se forem medidas até o decímetro mais próximo, então algumas pessoas podem ter a mesma altura. Além disso, se um valor único for usado para indicar a falta de um valor, então este valor muitas vezes aparecerá como o modo.

3.2.2 Porcentagens

Para dados ordenados, é mais útil considerar as porcentagens de um conjunto de valores. Em especial, dado um atributo x ordinal ou contínuo e um número p entre 0 e 100, o percentual de índice p x_p é um valor de x tal que $p\%$ dos valores observados de x sejam menores que x_p. Por exemplo, o percentual de índice 50 é o valor $x_{50\%}$ tal que 50% de todos os valores de x sejam menores que $x_{50\%}$. A Tabela 3.2 mostra as porcentagens dos quatro atributos quantitativos do conjunto de dados da Íris.

Tabela 3.2. Porcentagens do comprimento da sépala, largura da sépala, comprimento da pétala e largura de pétala. (Todos os valores estão em centímetros.)

Percentual	Comprimento da Sépala	Largura da Sépala	Comprimento da Pétala	Largura da Pétala
0	4.3	2.0	1.0	0.1
10	4.8	2.5	1.4	0.2
20	5.0	2.7	1.5	0.2
30	5.2	2.8	1.7	0.4
40	5.6	3.0	3.9	1.2

50	5.8	3.0	4.4	1.3
60	6.1	3.1	4.6	1.5
70	6.3	3.2	5.0	1.8
80	6.6	3.4	5.4	1.9
90	6.9	3.6	5.8	2.2
100	7.9	4.4	6.9	2.5

Exemplo 3.2. As porcentagens $x_{0\%}$, $x_{10\%}$, ...,$x_{90\%}$, $x_{100\%}$ dos números inteiros de 1 a 10 são, em ordem, as seguintes: 1,0, 1,5, 2,5, 3,5, 4,5, 5,5, 6,5, 7,5, 8,5, 9,5, 10,0. Por tradição, $x_{0\%} = \min(x)$ e $x_{100\%} = \max(x)$.

3.2.3 Medidas de Localização: Média e Mediana

Para dados contínuos, duas das estatísticas de resumo mais usadas são a média e a mediana, as quais são medidas da localização de um conjunto de valores. Considere um conjunto de m objetos e um atributo x. Sejam $\{x_1, ..., x_n\}$ os valores de atributos x para esses m objetos. Como exemplo concreto, estes valores poderiam ser as alturas de m crianças. Suponha que $\{x_{(1)}....x_{(m)}\}$ representem os valores de x após terem sido ordenados em uma ordem não decrescente. Assim, $x_{(1)} = \text{mim}(x)$ e $x_{(m)} = \max(x)$. Então, a média e a mediana são definidas como se segue:

$$\text{média}(x) = x = \frac{1}{m}\sum_{i=1}^{m} x_i \qquad (3.2)$$

$$\text{mediana}(x) = \begin{cases} x_{(r+1)} & \text{se } m \text{ for ímpar, i.e., } m = 2r+1 \\ \frac{1}{2}(x_{(r)} + x_{(r+1)}) & \text{se } m \text{ for par, i.e., } m = 2r \end{cases} \qquad (3.3)$$

Para resumir, a mediana é o valor intermediário se houver um número ímpar de números e a média dos dois valores do meio se o número de valores for par. Assim, para sete valores, a mediana é $x_{(4)}$, enquanto que, para dez valores, a mediana é $½(x_{(5)} + x_{(6)})$.

Embora a média seja interpretada às vezes como o meio de um conjunto de valores, isto só está correto se os valores estiverem distribuídos de uma forma simétrica. Se a distribuição de valores for irregular, então a mediana é um indicador melhor do meio. Além disso, a média é sensível à presença de externos. Para dados com externos, a mediana fornece novamente uma avaliação mais robusta do meio de um conjunto de valores.

Para superar problemas com a definição tradicional de uma média, a noção de uma **média reduzida** às vezes é usada. Uma porcentagem p entre 0 e 100 é especificada, a parte superior e a inferior dos dados são descartadas e a média é então calculada da forma normal. A mediana é uma média reduzida com $p = 100\%$, enquanto que a média padrão corresponde a $p = 0\%$.

Exemplo 3.3. Considere o conjunto de valores {1, 2, 3, 4, 5, 90}. A média destes valores é 17,5, enquanto que a mediana é 3,5. A média reduzida com p igual a 40% também é 3,5.

Exemplo 3.4. As médias, medianas e médias reduzidas ($p = 205$) dos quatro atributos quantitativos dos dados da Íris são dados na Tabela 3.3. As três medidas de localização têm valores semelhantes, exceto pelo atributo do comprimento da pétala.

Tabela 3.3. Médias e medianas para o comprimento de sépala, largura de sépala, comprimento da pétala e largura da pétala. (Todos os valores estão em centímetros.)

Medida	Comprimento da Sépala	Largura da Pétala	Comprimento da Pétala	Largura da Pétala
média	5.84	3.05	3.76	1.20
mediana	5.80	3.00	4.35	1.30
média reduzida	5.79	3.02	3.72	1.12

3.2.4 Medidas de Dispersão: Faixa e Variância

Outro conjunto de estatísticas de resumo usadas comumente para dados contínuos são aquelas que medem a dispersão ou dispersão de um conjunto de valores. Tais medidas indicam se os valores dos atributos estão muito dispersos ou se estão relativamente concentrados em um único ponto como a média.

A medida mais simples da dispersão é a **faixa (variação)**, a qual, dado um atributo x com um conjunto de m valores $\{x_1, ..., x_m\}$, é definida como

$$\text{faixa}(x) = \text{máx.}(x) - \text{mín.}(x) = x_{(m)} - x_{(1)} \qquad (3.4)$$

Tabela 3.4. Faixa, desvio padrão (STD), diferença média absoluta (AAD), diferença mediana absoluta (MAD) e faixa interquartil (IRQ) para o comprimento da sépala, largura da sépala, comprimento da pétala e largura da pétala. (Todos os valores estão em centímetros.)

Medida	Comprimento da Sépala	Largura da Pétala	Comprimento da Pétala	Largura da Pétala
Faixa	3.6	2.4	5.9	2.4
STD	0.8	0.4	1.8	0.8
AAD	0.7	0.3	1.6	0.6
MAD	0.7	0.3	1.2	0.7
IRQ	1.3	0.5	3.5	1.5

Embora a faixa identifique a dispersão máxima, ela pode levar a enganos se a maioria dos valores estiver concentrada em uma faixa estreita de valores, mas também se houver um número relativamente pequeno de valores mais extremos. Assim, a **variância** é preferida como uma medida de dispersão. A variância dos valores (observados) de um atributo x geralmente é escrita como s^2_x e está definida a seguir. O desvio padrão, que é a raiz quadrada da variância, é escrito como s_x e possui as mesmas unidades de x.

$$\text{variância}(x) = s^2_x = \frac{1}{m-1}\sum_{i=1}^{m}(xi - \overline{x})^2 \qquad (3.5)$$

A média pode ser distorcida pelos externos e, já que a variância é calculada usando a média, também é sensível aos externos. De fato, a variância é especialmente sensível a externos, já que usa a diferença quadrada entre a média e outros valores. Como conseqüência, avaliações mais robustas da dispersão de um conjunto de valores são usadas freqüentemente. A seguir as definições de três medidas deste tipo: o desvio padrão absoluto (AAD), o desvio absoluto médio (MAD) e a faixa interquartil (IRQ). A Tabela 3.4 mostra estas medidas para o conjunto de dados da Íris.

$$\text{AAD}(x) = \frac{1}{m-1}\sum_{i=1}^{m}|xi - \overline{x}| \tag{3.6}$$

$$\text{MAD}(x) = \textit{mediana}\left(\{|x_1 - \overline{x}|, ..., |xm - \overline{x}|\}\right) \tag{3.7}$$

$$\text{faixa interquartil}(x) = x_{75\%} - x_{25\%} \tag{3.8}$$

3.2.5 Estatísticas de Resumo com Múltiplas Variáveis

Medidas de localização de dados que consistem de diversos atributos (dados com múltiplas variáveis) podem ser obtidas através do cálculo da média ou da mediana separadamente para cada atributo. Assim, dado um conjunto de dados, a média dos objetos de dados, x, é dada por

$$\overline{x} = (\overline{x}_1, ..., \overline{x}_n), \tag{3.9}$$

onde x_i é a média do atributo x_i de índice i.

Para dados com múltiplas variáveis, a dispersão de cada atributo pode ser calculada independentemente dos outros atributos usando-se qualquer uma das abordagens descritas na Seção 3.2.4. Todavia, para dados com variáveis contínuas, a dispersão dos dados é capturada mais comumente pela **matriz de co-variância S**, cuja entrada s_{ij} de índice ij é a co-variância dos atributos de índice i e j dos dados. Assim, se x_i e x_j forem os atributos de índice i e j, então

$$s_{ij} = \text{co-variância}(x_i, x_j) \tag{3.10}$$

Por sua vez, a co-variância (x_i, x_j) é dada por

$$\text{co-variância}(x_i, x_j) = \frac{1}{m-1} \sum_{k=1}^{m} (x_{ki} - \overline{x}_i)(x_{kj} - \overline{x}_j) \qquad (3.11)$$

onde x_{ki} e x_{kj} são os valores dos atributos de índice i e j do objeto de índice k. Observe que a co-variância (x_i, x_i) = variância (x_i). Assim, a matriz de co-variância possui as variâncias dos atributos pela diagonal.

A co-variância de dois atributos é uma medida do grau no qual dois atributos variam juntos e depende das magnitudes das variáveis. Um valor próximo a 0 indica que dois atributos não têm um relacionamento (linear), mas não é possível julgar o grau do relacionamento entre duas variáveis examinando-se apenas o valor da co-variância. Devido à correlação de dois atributos dar imediatamente uma indicação do quão fortemente dois atributos estão relacionados (linearmente), a correlação é preferida à co-variância para a exploração de dados. (Veja também a discussão sobre correlação na Seção 2.4.5.) A entrada de índice ij da **matriz de correlação R** é a correlação entre os atributos de índice i e j dos dados. Se x_i e x_j forem os atributos de índice i e j, então

$$r_{ij} = \text{correlação}(s_i, x_j) = \frac{\text{covariância}(s_i, x_j)}{s_i x_j}, \qquad (3.12)$$

onde s_i e s_j são as variâncias de x_i e x_j, respectivamente. As entradas diagonais de **R** são correlação(x_i, x_i) = 1, enquanto que as outras entradas ficam entre -1 e 1. Também é útil considerar matrizes de correlação que contenham as correlações de pares de objetos em vez de atributos.

3.2.6 Outras Formas de Resumir os Dados

Existem, é claro, outros tipos de estatísticas de resumo. Por exemplo, a **inclinação** de um conjunto de valores mede o grau no qual os valores estão distribuídos simetricamente em torno da média. Também há outras características dos dados que não são fáceis de medir quantitativamente, como se a distribuição de valores é multi-modal; i.e., os dados possuem múltiplos "ressaltos" onde a maioria dos valores ficam concentrados. Em muitos casos, entretanto, a abordagem mais eficaz para se entender os aspectos mais complicados ou sutis de como os valores de um atributo estão distribuídos, é observando-se tais valores graficamente na forma de um histograma. (Histogramas são discutidos na próxima seção).

3.3 Visualização

Visualização é a exibição na forma de um gráfico ou tabela. Uma visualização bem sucedida requer que os dados (informações) sejam convertidos em um formato visual de modo que as características dos mesmos e dos relacionamentos entre itens de dados ou atributos possam ser analisados ou reportados. O objetivo da visualização é a interpretação da informação visualizada por uma pessoa e a formação de um modelo mental das informações.

No dia a dia, técnicas visuais como gráficos e tabelas são freqüentemente a abordagem preferida usadas para explicar o tempo, a economia e os resultados de eleições. Da mesma forma, embora abordagens algorítmicas ou matemáticas sejam muitas vezes enfatizadas na maioria das disciplinas técnicas – a mineração de dados incluída – as técnicas visuais podem desempenhar um papel chave na análise dos dados. Na verdade, às vezes o uso de técnicas de visualização na mineração de dados é chamada de mineração visual de dados.

3.3.1 Motivações para a Visualização

A principal motivação para o uso da visualização é que as pessoas podem absorver rapidamente grandes quantidades de informações visuais e encontrar padrões nas mesmas. Analise a Figura 3.2, que mostra a Temperatura da Superfície do Mar (SST) em graus Celsius para o mês de julho de 1982. Esta figura resume as informações de aproximadamente 250.000 números e é rapidamente interpretada em alguns segundos. Por exemplo, é fácil ver que a temperatura do oceano é mais alta no equador e mais baixa nos pólos.

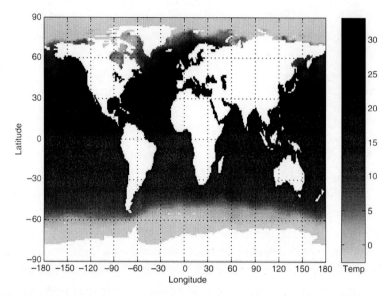

Figura 3.2. *A Temperatura da Superfície do Mar (SST) no mês de julho de 1982.*

Outra motivação geral para a visualização é fazer uso do conhecimento do domínio que está "preso nas cabeças das pessoas". Embora o uso de conhecimento do domínio seja uma tarefa importante na mineração de dados, muitas vezes é difícil ou impossível utilizar integralmente tal conhecimento em ferramentas estatísticas ou algorítmicas. Em alguns casos, uma análise pode ser executada usando-se ferramentas não visuais e depois os resultados serem apresentados visualmente para avaliação pelo especialista do domínio. Em outros casos, fazer um especialista do domínio examinar dos dados pode ser a melhor forma de encontrar padrões de interesse, usando conhecimento do domínio, uma pessoa pode muitas vezes eliminar rapidamente muitos padrões que não sejam do seu interesse e direcionar o foco para os padrões que sejam importantes.

3.3.2 Conceitos Gerais

Esta seção explora alguns dos conceitos gerais relacionados à visualização, em especial algumas abordagens para a visualização dos dados e de seus atributos. Diversas técnicas de visualização são mencionadas rapidamente e serão descritas em maiores detalhes quando discutirmos abordagens específicas mais adiante. Supomos que o leitor esteja familiarizado com gráficos de linha, de barra e de dispersão.

Representação: Mapeando Dados para Elementos Gráficos

O primeiro passo na visualização é o mapeamento das informações para um formato visual, i.e., mapear os objetos, atributos e relacionamentos. Isto quer dizer que os objetos de dados, seus atributos e os relacionamentos entre os objetos de dados são traduzidos para elementos gráficos como pontos, retas, formatos e cores.

Os objetos são geralmente representados entre uma e três formas. Primeiro, se apenas um atributo categorizado do objeto estiver sendo considerado, então os objetos são muitas vezes colocados em categorias de acordo com o valor desse atributo e estas categorias são exibidas como uma entrada em uma tabela ou uma área de uma tela. (Exemplos mostrados posteriormente neste capítulo são uma tabela de tabulação cruzada e um gráfico de barras.) Em segundo lugar, se um objeto tiver múltiplos atributos, então ele pode ser exibido como uma linha (ou coluna) de uma tabela ou uma linha em um gráfico. Finalmente, um objeto muitas vezes é interpretado como um ponto em um espaço tri ou bidimensional onde, graficamente, o ponto pode ser representado por uma figura geométrica como um círculo, cruz ou caixa.

Para atributos, a representação depende do tipo de atributo, i.e., nominal, ordinal ou contínuo (intervalar ou proporcional). Atributos ordinais e contínuos podem ser mapeados para recursos gráficos ordenados e contínuos como a localização pelos eixos x, y e z; intensidade; cor; ou tamanho (diâmetro, largura, altura, etc.). Para atributos categorizados, cada categoria pode ser mapeada para uma posição, cor, formato, orientação ou coluna em uma tabela distinta. Entretanto, para atributos nominais, cujos valores sejam desordenados, deve ser tomado cuidado durante o uso de recursos gráficos, como cor e posição que possuam uma ordenação inerente associada aos seus valores. Em outras palavras, os elementos gráficos usados para representar os valores ordinais muitas vezes têm uma ordem, mas valores ordinais não.

A representação de relacionamentos através de elementos gráficos ocorre explícita ou implicitamente. Para dados gráficos, normalmente é usada a representação gráfica padrão – um conjunto de nodos com conexões entre si. Se os nodos (objetos de dados) ou conexões (relacionamentos) possuírem atributos ou características próprias, então isto é representado graficamente. Para ilustrar, se os nodos forem cidades e as conexões estradas, então o diâmetro dos nodos poderia representar a população, enquanto que o comprimento das conexões poderia representar o volume de tráfego.

Na maioria dos casos, todavia, mapear objetos e atributos para elementos gráficos mapeia implicitamente os relacionamentos nos dados para os relacionamentos entre elementos gráficos. Para ilustrar, se o objeto de dados representar um objeto físico que possua uma localização, como uma cidade, então as posições relativas dos objetos gráficos correspondentes aos objetos de dados tendem a preservar naturalmente as posições relativas reais dos objetos. Da mesma forma, se houver dois ou três atributos contínuos que sejam usados como coordenadas dos pontos de dados, então o gráfico resultante muitas vezes dá informações consideráveis sobre o relacionamento dos atributos e dos pontos de dados porque pontos de dados que estejam visualmente próximos entre si possuem valores semelhantes para seus atributos.

De modo geral, é difícil assegurar que um mapeamento de objetos e atributos resultará nos relacionamentos sendo mapeados para relacionamentos facilmente observáveis entre elementos gráficos. De fato, este é um dos aspectos mais desafiadores da visualização. Em qualquer conjunto de dados, há muitos relacionamentos implícitos e, assim, um desafio chave da visualização é a escolha de uma técnica que torne facilmente observável o relacionamento no qual se tem interesse.

Organização

Conforme discutido anteriormente, um escolha apropriada da representação visual dos objetos e atributos é essencial para uma boa visualização. A disposição dos itens na sua exibição também é fundamental. Ilustramos isto com dois exemplos.

Exemplo 3.5. Este exemplo ilustra a importância de se reorganizar uma tabela de dados. Na Tabela 3.5, que mostra nove objetos com seis atributos binários, não há relacionamento claro entre objetos e atributos, pelo menos à primeira vista. Se as linhas e colunas desta tabelas forem permutadas, contudo, conforme mostrado na Tabela 3.6, então fica claro que na verdade há apenas dois tipos de objetos nesta tabela – um que só possui números 1 nos primeiros três atributos e um que só possui números 1 nos três últimos atributos.

Tabela 3.5. Uma tabela de nove objetos (linhas) com seis atributos (colunas) binários.

	1	2	3	4	5	6
1	0	1	0	1	1	0
2	1	0	1	0	0	1
3	0	1	0	1	1	0
4	1	0	1	0	0	1
5	0	1	0	1	1	0
6	1	0	1	0	0	1
7	0	1	0	1	1	0
8	1	0	1	0	0	1
9	0	1	0	1	1	0

Tabela 3.6. Uma tabela de nove objetos (linhas) com seis atributos (colunas) binários permutados de forma que os relacionamentos das linhas e colunas fiquem claros.

	6	1	3	2	5	4
4	1	1	1	0	0	0
2	1	1	1	0	0	0
6	1	1	1	0	0	0
8	1	1	1	0	0	0
5	0	0	0	1	1	1
3	0	0	0	1	1	1
9	0	0	0	1	1	1
1	0	0	0	1	1	1
7	0	0	0	1	1	1

Exemplo 3.6. Analise a Figura 3.3 (a), que mostra uma visualização de um grafo. Se os componentes conectados do grafo forem separados como na Figura 3.3 (b), então os relacionamentos entre os nodos e grafos se tornam muito mais simples de serem entendidos.

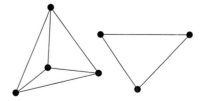

(a) Visão original de um grafo.   (b) Visão desacoplada de componentes conectados do grafo.

Figura 3.3. *Duas visualizações de um grafo.*

Seleção

Outro conceito chave na visualização é a seleção, que é a eliminação ou retirada da ênfase de certos objetos e atributos. De modo específico, embora os objetos de dados que possuam apenas algumas dimensões possam muitas vezes ser mapeados para uma representação gráfica bi ou tridimensional de forma direta, não existe uma abordagem completamente satisfatória e geral para representar dados com muitos atributos. Da mesma forma, se houver muitos objetos de dados, então a visualização de todos os objetos pode resultar em uma exibição muito densa. Se houver muitos atributos e muitos objetos, então a situação é ainda mais desafiadora.

A abordagem mais comum para se lidar com muitos atributos é selecionar um subconjunto de atributos – geralmente dois – para exibição. Se a a dimensionalidade não for alta demais, uma matriz de pontos com dois atributos pode ser construída para visualização simultânea. (A Figura 3.16 mostra uma matriz de pontos dispersos para os pares de atributos do conjunto de dados da Íris.) De forma alternativa, um programa de visualização pode mostrar automaticamente uma série de pontos bidimensionais, na qual a seqüência é direcionada para o usuário ou baseada em alguma estratégia pré-definida. A esperança é que visualizar um conjunto de pontos bidimensionais forneça uma visão mais completa dos dados.

A técnica de selecionar um par (ou um pequeno número) de atributos é um tipo de redução de dimensionalidade e há técnicas de redução de dimensionalidade muito mais sofisticadas que podem ser empregadas, e.g., a análise dos componentes principais (PCA). Consulte mais informações no Apêndice A.

Quando o número de pontos de dados for alto, e.g., mais de algumas centenas, ou se a faixa dos dados for ampla, é difícil exibir informações suficientes sobre cada objeto. Alguns pontos de dados podem obscurecer outros, ou então podem não ocupar pixels suficientes para permitir que suas características sejam exibidas com clareza. Por exemplo, o formato de um objeto não pode ser usado para codificar uma característica desse objeto se houver apenas um pixel disponível para exibi-lo. Nestas situações, é útil poder eliminar alguns dos objetos, seja executando uma operação de aproximação (zoom) sobre uma determinada região dos dados ou através de uma amostra dos pontos de dados.

3.3.3 Técnicas

As técnicas de visualização são muitas vezes especializadas para o tipo de dados que está sendo analisado. De fato, novas técnicas e abordagens de visualização, assim como variações especializadas de abordagens existentes, estão continuamente sendo criadas, geralmente em resposta a novos tipos de dados e tarefas de visualização.

Apesar desta especialização e da natureza *ad hoc* da visualização, existem algumas formas genéricas para classificação das técnicas de visualização. Uma dessas classificações é baseada no número de atributos envolvidos (1,2,3 ou muitos) ou se os dados possuem alguma característica especial, como uma estrutura em grafo ou hierárquica. Os métodos de visualização também podem ser classificados de acordo com o tipo de atributos envolvidos. Outra classificação é baseada no tipo da aplicação: científica, estatística ou visualização de informações. A discussão a seguir usará três categorias: a visualização de um pequeno número de atributos, a visualização de dados com atributos espaciais e/ou temporais e a visualização de dados com muitos atributos.

A maioria das técnicas de visualização discutidas aqui podem ser encontradas em uma ampla variedade de pacotes estatísticos e matemáticos, alguns dos quais estão disponíveis livremente. Também existe uma quantidade de conjuntos de dados que estão disponíveis livremente na World Wide Web. Os leitores são encorajados a experimentar estas técnicas de visualização à medida em que prosseguem pelas seções a seguir.

Visualizando Pequenos Números de Atributos

Esta seção examina técnicas de visualização de dados com respeito a uma pequena quantidade de atributos. Algumas destas técnicas, como os histogramas, dão informações sobre a distribuição dos valores observados em um único atributo. Outras técnicas, como os pontos dispersos, servem para exibir os relacionamentos entre os valores de dois atributos.

Gráfico de Tronco e Folhas Gráficos de tronco e folhas podem ser usados para fornecer informações sobre a distribuição de dados contínuos ou inteiros unidimensionais. (Suporemos inicialmente dados inteiros e depois explicaremos como os pontos folha e tronco podem ser aplicados em dados contínuos). Para o tipo mais simples de gráficos raiz e folhas, dividimos os valores em grupos, onde cada grupo contém aqueles valores que sejam os mesmos exceto pelo último dígito. Cada grupo se torna uma raiz, enquanto que os últimos dígitos de um grupo são as folhas. Assim, se os valores forem números do tipo inteiro de dois dígitos, e.g., 35, 36, 42 e 51, então as raízes serão os dígitos de ordem mais alta, e.g., 3, 4 e 5, enquanto que as folhas serão os dígitos de ordem mais baixa, e.g., 1, 2, 5 e 6. Posicionando as raízes verticalmente e as folhas horizontalmente, podemos fornecer uma representação visual da distribuição dos dados.

Exemplo 3.7. O conjunto de números inteiros mostrado na Figura 3.4 é o comprimento em centímetros da sépala (multiplicado por 10 para tornar os valores inteiros) tirados do conjunto de dados da Íris. Por conveniência, os valores também foram ordenados.

O gráfico de folha e raiz para estes dados é mostrado na Figura 3.5. Cada número na Figura 3.4 é primeiro colocado em um dos grupos verticais – 4, 5, 6 ou 7 – de acordo com seu dígito decimal. Seu último dígito é então colocado à direita dos dois pontos. Muitas vezes, especialmente se a quantidade de dados for maior, é desejável dividir as raízes. Por exemplo, em vez de colocar todos os valores cujo dígito decimal seja 4 no mesmo "balde", a raiz 4 é repetida das vezes; todos os valores 40-44 são colocados no balde correspondente à primeira raiz e todos os valores 45-49 são colocados no balde correspondente à segunda raiz. Esta abordagem é mostrada no gráfico de raiz e folhas da Figura 3.6. Outras variações também são possíveis.

Histogramas Gráficos de raiz e folhas são um tipo de histograma, um gráfico que exibe a distribuição de valores de atributos dividindo os valores possíveis em cestas e mostrando o número de objetos que ficam em cada uma. Para dados categorizados, cada valor é uma cesta. Se isto resultar em valores demais, então estes são combinados de alguma forma. Para atributos contínuos, a faixa de valores é dividida em cestas – geralmente, mas não necessariamente, de comprimentos iguais – e os valores em cada cesta são contados.

Explorando os Dados   133

```
43 44 44 44 45 46 46 46 46 47 47 48 48 48 48 48 49 49 49 49 49 49 50
50 50 50 50 50 50 50 50 50 51 51 51 51 51 51 51 51 51 52 52 52 52 53
54 54 54 54 54 54 55 55 55 55 55 55 55 56 56 56 56 56 56 57 57 57 57
57 57 57 57 58 58 58 58 58 58 58 59 59 59 60 60 60 60 60 60 61 61 61
61 61 61 62 62 62 62 63 63 63 63 63 63 63 63 63 64 64 64 64 64 64 64
65 65 65 65 65 66 66 67 67 67 67 67 67 67 67 68 68 68 69 69 69 69 70
71 72 72 72 73 74 76 77 77 77 77 79
```

Figura 3.4. *Dados de comprimentos de sépalas do conjunto de dados da Íris.*

```
4 : 34444566667788888999999
5 : 000000000011111111122223444444555555566666677777778888888999
6 : 00000011111122223333333334444444555556677777778889999
7 : 0122234677779
```

Figura 3.5. *Gráfico de Tronco e Folhas para o comprimento das sépalas do conjunto de dados da Íris.*

```
4 : 3444
4 : 566667788888999999
5 : 000000000011111111122223444444
5 : 555555566666677777778888888999
6 : 00000011111122223333333334444444
6 : 555556677777778889999
7 : 0122234
7 : 677779
```

Figura 3.6. *Gráfico de Tronco e Folhas para o comprimento das sépalas do conjunto de dados da Íris quando os "baldes" correspondentes aos dígitos são divididos.*

Assim que as contagens estiverem disponíveis para cada cesta, um **gráfico de barras** é construído de modo que cada cesta seja representada por uma barra e que a área de cada barra seja proporcional ao número de valores (objetos) que ficam nessa determinada faixa. Se todos os intervalos tiverem larguras iguais, então todas as barras terão a mesma largura e a altura de uma barra será proporcional ao número de valores na cesta correspondente.

Exemplo 3.8. A Figura 3.7 mostra histogramas (com 10 cestas) para comprimentos de sépalas, larguras de sépalas, comprimentos de pétalas e largura de pétalas. Já que o formato de um histograma pode depender do número de cestas, histogramas para os mesmos dados, mas com 20 cestas, são mostrados na Figura 3.8.

Existem variações do gráfico de histogramas. Um **histograma relativo (de freqüência)** substitui a contagem pela freqüência relativa. Entretanto, esta é apenas outra mudança na escala do eixo x e o formato do histograma não muda.

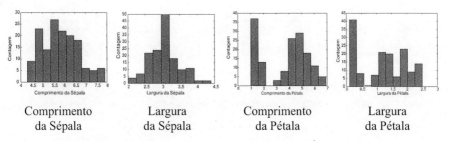

Figura 3.7. *Histogramas de quatro atributos da Íris (10 cestas).*

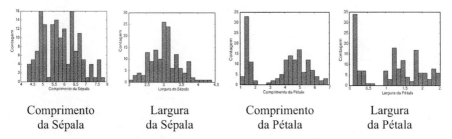

Figura 3.8. *Histogramas de quatro atributos da Íris (20 cestas).*

Outra variação comum, especialmente para dados categorizados não ordenados, é o **Histograma de Pareto**, que é igual a um histograma normal, exceto pelo fato de que as categorias estarem ordenadas pela contagem de modo que esta seja decrescente da esquerda para a direita.

Histogramas Bidimensionais Histogramas bidimensionais também são possíveis. Cada atributo é dividido em intervalos e os dois conjuntos de intervalos definem retângulos de valores bidimensionais.

Exemplo 3.9. A Figura 3.9 mostra um histograma bidimensional do comprimento e da largura da pétala. Devido a cada atributo ser dividido em três cestas, há nove cestas retangulares bidimensionais. A altura de cada barra retangular indica o número de objetos (neste caso, de flores) que estão em cada cesto. A maioria das flores está em apenas três das cestas – aquelas pela diagonal. Não é possível observar-se isto vendo-se as distribuições unidimensionais.

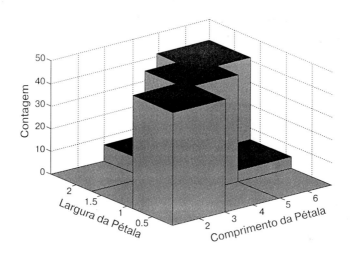

Figura 3.9. *Histograma bidimensional de comprimentos e larguras de pétalas no conjunto de dados da Íris.*

Embora histogramas bidimensionais possam ser usados para se descobrir fatos interessantes sobre como os valores de dois atributos ocorrem, eles são mais complicados visualmente. Por exemplo, é fácil imaginar uma situação na qual algumas das colunas estejam escondidas por outras.

Gráficos de Caixas Gráficos de caixas são um outro método para mostrar a distribuição dos valores de um único atributo numérico. Os cantos inferior e superior da caixa indicam o vigésimo-quinto e o septuagésimo-quinto percentuais, respectivamente, enquanto que a linha dentro da caixa indica o valor do quinquagésimo percentual. As linhas de cima e de baixo das **extremida-**

des indicam o décimo e o nonagésimo percentuais. Externos são mostrados por sinais de "+". Gráficos de caixas são relativamente compactos e, assim, muitos deles podem ser exibidos no mesmo gráfico. Versões simplificadas do gráfico de caixas, que tomam menos espaço, também podem ser usadas.

Exemplo 3.10. Os gráficos de caixas para os primeiros quatro atributos do conjunto de dados da Íris são mostrados na Figura 3.11. Gráficos de caixas também podem ser usados para comparar como os atributos variam entre diferentes classes de objetos, conforme mostrado na Figura 3.12.

Gráfico de Tortas Um gráfico de tortas é semelhante a um histograma, mas geralmente é usado com atributos categorizados que tenham um número relativamente pequeno de valores. Em vez de mostrar a freqüência relativa de diferentes valores com a área ou largura de uma barra, como em um histograma, um gráfico de tortas usa a área relativa de um círculo para indicar a freqüência relativa. Embora gráficos de tortas sejam comuns em artigos populares, são usados com menor freqüência em publicações técnicas porque o tamanho das áreas relativas pode ser difícil de avaliar. Histogramas são preferidos para trabalhos técnicos.

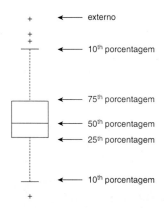

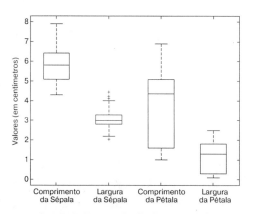

Figura 3.10. *Descrição de gráfico de caixas para comprimentos de pétalas.*

Figura 3.11. *Gráfico de caixas para atributos da Íris.*

Explorando os Dados

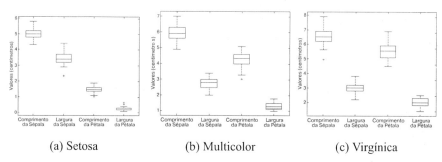

(a) Setosa   (b) Multicolor   (c) Virgínica

Figura 3.12. *Gráficos de caixas de atributos de espécies de Íris.*

Exemplo 3.11. A Figura 3.13 exibe um gráfico de tortas que mostra a distribuição de espécies de Íris do conjunto de dados da Íris. Neste caso, todos os três tipos de flor têm a mesma freqüência.

Gráficos de Porcentagens e Funções de Distribuição Cumulativa Empíricas Um tipo de diagrama que mostra a distribuição dos dados de forma mais quantitativamente é o gráfico de uma função de distribuição cumulativa empírica. Embora este tipo de gráfico possa soar complicado, o conceito é simples. Para cada valor de uma distribuição estatística, uma **função de distribuição cumulativa (FDC)** mostra a probabilidade de um ponto ser menor que esse valor. Para cada valor observado, uma **função de distribuição cumulativa empírica (FDCE)** mostra a fração dos pontos que são menores que este valor. Já que o número de pontos é finito, a função de distribuição cumulativa empírica é uma função de passos.

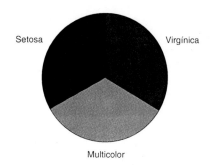

Figura 3.13. *Distribuição dos tipos de flores Íris.*

Exemplo 3.12. A Figura 3.14 mostra as FDCEs dos atributos da Íris. As porcentagens de um atributo fornecem informações semelhantes. A Figura 3.15 mostra os **gráficos de percentagens** dos quatro atributos contínuos do conjunto de dados da Íris da Tabela 3.2. O leitor deve comparar estas figuras com os histogramas dados nas Figuras 3.7 e 3.8.

Gráficos de Dispersão A maioria das pessoas está familiarizada em algum grau com gráficos de dispersão e eles foram usados na Seção 2.4.5 para ilustrar a correlação linear. Cada objeto de dados é desenhado como um ponto no plano usando os valores dos dois atributos como coordenadas x e y. Supõe-se que os atributos sejam do tipo numérico inteiro ou fracionário.

Exemplo 3.13. A Figura 3.16 mostra um gráfico de dispersão para cada par de atributos do conjunto de dados da Íris. As diferentes espécies de Íris são indicadas por diferentes marcadores. A organização dos gráficos de dispersão de pares de atributos neste tipo de formato tabular, que é conhecida como **matriz de gráfico de dispersão**, fornece uma forma organizada de se examinar uma quantidade de gráficos de dispersão simultaneamente.

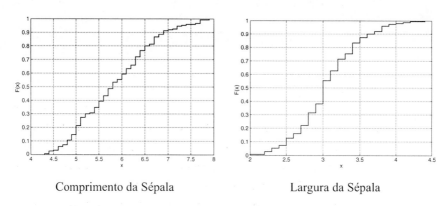

Comprimento da Sépala   Largura da Sépala

Figura 3.14A e 3.14B. *FDCs Empíricas para quatro atributos da íris.*

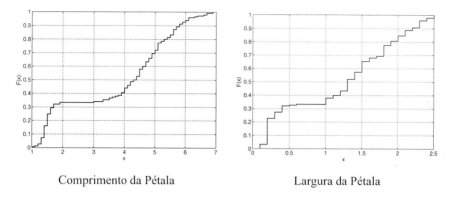

Comprimento da Pétala Largura da Pétala

Figura 3.14. *FDCs Empíricas para quatro atributos da iris.*

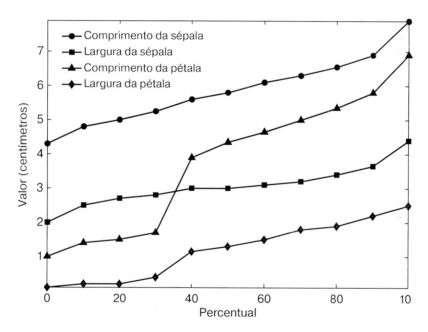

Figura 3.15. *Gráficos de percentagens para comprimento da sépala, largura da sépala, comprimento da pétala e largura da pétala.*

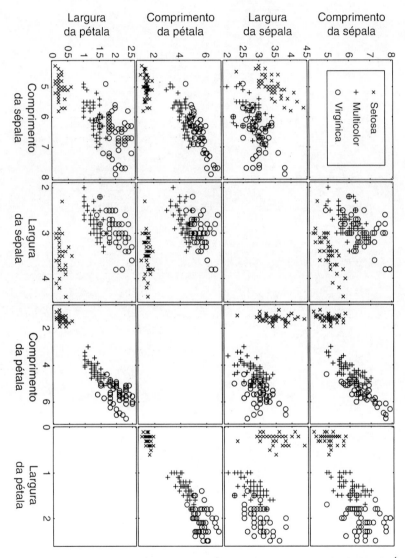

Figura 3.16. *Matriz de gráficos de dispersão para o conjunto de dados da Íris.*

Há dois usos principais para os gráficos de dispersão. Primeiramente, eles mostram graficamente o relacionamento entre dois atributos. Na Seção 2.4.5, vimos como gráficos de dispersão poderiam ser usados na avaliação do grau da correlação linear. (Veja a Figura 2.17). Gráficos de dispersão também podem ser usados na detecção de relacionamentos não li-

Explorando os Dados   141

neares, seja diretamente ou através do uso de um gráfico de dispersão dos atributos transformados.

Em segundo lugar, quando rótulos de classes estiverem disponíveis, podem ser usados para investigar o grau no qual dois atributos separam as classes. Se for possível desenhar uma linha (ou uma curva mais complicada) que divida o plano definido pelos dois atributos em regiões separadas que contenham a maioria dos objetos de uma classe, então é possível construir um classificador preciso baseado no par de atributos especificados. Caso contrário, então mais atributos ou métodos mais sofisticados são necessários para se construir um classificador. Na Figura 3.16, muitos dos pares de atributos (por exemplo, a largura e o comprimento da pétala) fornecem uma separação moderada das espécies de Íris.

Exemplo 3.14. Há duas abordagens separadas para se exibir três atributos de um conjunto de dados com um gráfico de dispersão. Na primeira, cada objeto pode ser exibido de acordo com os valores de três atributos, em vez de dois. A Figura 3.17 mostra um gráfico de dispersão tri-dimensional para três atributos do conjunto de dados da Íris. Na segunda, um dos atributos pode ser associado a alguma característica do marcador, como seu tamanho, cor ou formato. A Figura 3.18 mostra um gráfico de três atributos do conjunto de dados da Íris, onde um dos atributos, a largura da sépala, é mapeado para o tamanho do marcador.

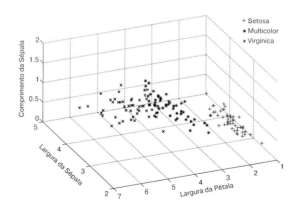

Figura 3.17. *Três gráficos de dispersão da largura da sépala, comprimento da sépala e largura da pétala.*

Estendendo Gráficos Bi e Tridimensionais Conforme ilustrado pela Figura 3.18, gráficos bi ou tridimensionais podem ser estendidos para representar alguns atributos adicionais. Por exemplo, gráficos de dispersão podem exibir até três atributos adicionais usando coloração ou graduações de tonalidade, tamanho e forma, permitindo que cinco ou seis dimensões sejam representadas. É necessário ter cuidado, todavia. À medida em que aumenta a complexidade de uma representação visual dos dados, torna-se mais difícil para o público alvo interpretar as informações. Não há benefício em se empacotar seis dimensões de informações em um gráfico de duas ou três dimensões se isto tornar impossível sua compreensão.

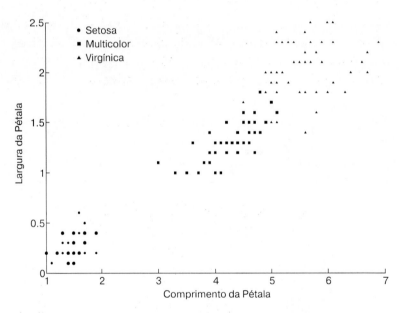

Figura 3.18. *Gráfico de dispersão de comprimento da pétala versus largura da pétala, com o tamanho do marcador indicando a largura da sépala.*

Visualização de Dados Espaço-Temporais

Dados muitas vezes têm atributos espaciais ou temporais. Por exemplo, eles podem consistir de um conjunto de observações em uma grade espacial, como observações de pressão na superfície da Terra ou a temperatura modelada em diversos pontos da grade na simulação de um objeto físico. Estas observações também podem ser feitas em diversos pontos no tempo. Além disso, dados podem ter apenas um componente temporal, como séries de tempo que dão os preços diários de ações.

Gráficos de Contorno Para alguns dados tridimensionais, dois atributos especificam uma posição em um plano, enquanto que o terceiro possui um valor contínuo, como a temperatura ou a altitude. Uma visualização útil para tais dados é um **gráfico de nível**, que divide o plano em regiões separadas onde os valores do terceiro atributo (temperatura, altitude) são mais ou menos os mesmos. Um exemplo comum de um gráfico de nível é um mapa de nível que mostra a altitude de locais.

Exemplo 3.15. A Figura 3.19 mostra um gráfico de nível da temperatura média da superfície do mar (SST) para dezembro de 1998. A área é estabelecida arbitrariamente tendo uma temperatura de 0^0 C. Em muitos mapas de nível, como o da Figura 3.19, as **linhas de nível** que separam duas regiões são rotuladas com o valor usado para separar as regiões. Por motivo de clareza, alguns destes rótulos foram excluídos.

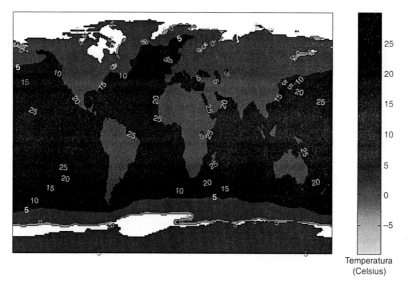

Figura 3.19. *Gráfico de Nível de SST para dezembro de 1988.*

Gráficos de Superfície Da mesma forma que os gráficos de nível, os **gráficos de superfície** usam dois atributos para as coordenadas x e y. O terceiro atributo é usado para indicar a altura acima do plano definido pelos dois primeiros atributos. Embora tais gráficos possam ser úteis, eles requerem que um valor do terceiro atributo seja definido para todas as combinações de valores dos dois primeiros atributos, pelo menos dentro de alguma faixa. Além disso, se a superfície for muito irregular, então pode ser difícil ver todas as informações, a menos que o gráfico seja visualizado interativamente. Além disso, gráficos de superfície são freqüentemente usados para descrever funções matemáticas ou superfícies físicas que variem de uma forma relativamente homogênea.

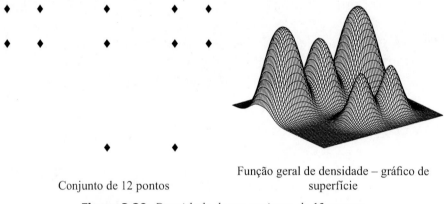

Conjunto de 12 pontos

Função geral de densidade – gráfico de superfície

Figura 3.20. *Densidade de um conjunto de 12 pontos.*

Exemplo 3.16. A Figura 3.20 mostra um gráfico de superfície da densidade em torno de um conjunto de 12 pontos. Este exemplo é discutido mais adiante na Seção 9.3.3.

Gráficos de Campos de Vetores Em alguns dados, uma característica pode ter tanto uma magnitude quanto uma direção associada a eles. Por exemplo, considere o fluxo de uma substância ou a mudança na densidade de acordo com o local. Nestas situações, pode ser útil ter um gráfico que exiba tanto a direção quanto a magnitude. Este tipo de gráfico é conhecido como **gráfico de vetores**.

Explorando os Dados   145

Exemplo 3.17. A Figura 3.21 mostra um gráfico de nível da densidade dos dois picos de menor densidade da Figura 3.20 (b), anotado com os vetores de gradiente de densidade.

Pedaços de Dimensão Menor Considere um conjunto de dados espaço-temporais que registre alguma quantidade, como de temperatura ou pressão, em diversos locais no decorrer do tempo. Tal conjunto de dados possui quatro dimensões e não pode ser exibido facilmente pelos tipos de gráficos que descrevemos até agora. Entretanto, "pedaços" separados dos dados podem ser exibidos mostrando-se um conjunto de gráficos, um para cada mês. Examinando-se a mudança em uma determinada área de um mês para outro, é possível se perceber as mudanças que ocorrem, incluindo aquelas que podem ocorrer devido a fatores sazonais.

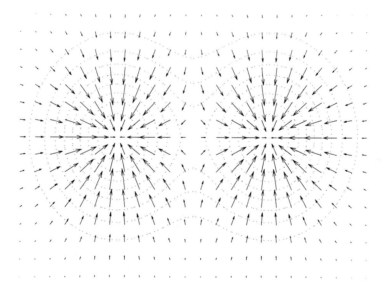

Figura 3.21. *Gráfico de vetores do gradiente (mudança) na densidade para os dois menores picos de densidade da Figura 3.20.*

Exemplo 3.18. O conjunto de dados correspondente a este exemplo consiste da média mensal da pressão no nível do mar (SLP) de 1982 a 1999 em uma grade de latitude-longitude de 2,5° por 2,5°. Os gráficos de dozes meses de pressão para um ano são mostrados na Figura 3.22. Neste exemplo, estamos interessados em pedaços de um determinado mês no ano de 1982. De forma mais geral, podemos considerar pedaços dos dados por alguma dimensão arbitrária.

Animação Outra abordagem para lidar com pedaços de dados, esteja o tempo envolvido ou não, é empregar animação. O sistema visual humano é bastante apropriado para se detectar mudanças visuais e pode muitas vezes observar mudanças que poderiam ser difíceis de serem detectadas de outra forma. Apesar do apelo visual da animação, um conjunto de gráficos não animados, como os da Figura 3.22, pode ser mais útil, já que este tipo de visualização permite que as informações sejam estudadas em uma ordem arbitrária e por quantidades arbitrárias de tempo.

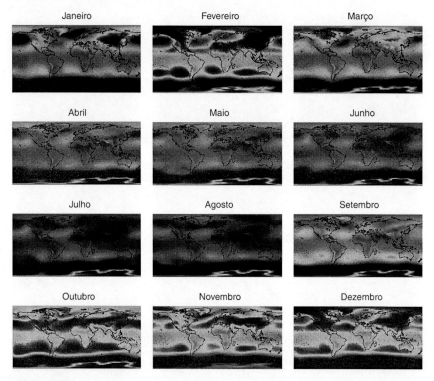

Figura 3.22. *Gráficos mensais da pressão ao nível do mar durante os 12 meses de 1982.*

3.3.4 Visualizando Dados de Dimensões Maiores

Esta seção considera técnicas de visualização que podem exibir mais do que o punhado de dimensões que podem ser observadas com as técnicas recém discutidas. Entretanto, mesmo estas técnicas são um pouco limitadas por só mostrarem alguns aspectos dos dados.

Matrizes Uma imagem pode ser considerada como uma matriz retangular de pixels, onde cada pixel é caracterizado por sua cor e brilho. Uma matriz de dados é uma matriz retangular de valores. Assim, ela pode ser visualizada como uma imagem através da associação de cada uma das suas entradas com um pixel da imagem. O brilho ou a cor do pixel é determinado pelo valor da entrada correspondente da matriz.

Há algumas considerações práticas importantes durante a visualização de uma matriz de dados. Se rótulos de classes forem conhecidos, então é útil reordenar a matriz de dados de forma que todos os objetos de uma classe fiquem juntos. Isto torna mais fácil, por exemplo, detectar se todos os objetos de uma classe possuem valores de atributos similares para alguns atributos. Se diferentes atributos possuírem faixas diferentes, então os atributos são muitas vezes padronizados para terem uma média de zero e um desvio padrão de 1. Isto evita que o atributo com os valores de maior magnitude dominarem visualmente o gráfico.

Exemplo 3.19. A Figura 3.23 mostra a matriz de dados padronizada para o conjunto de dados da Íris. As primeiras 50 linhas representam as flores Íris da espécie Setosa, as próximas 50 as Multicolor e as últimas 50 as Virgínicas. As flores da espécie Setosa possuem pétalas largura e comprimento de pétalas bem abaixo da média, enquanto que as flores Multicolor possuem largura e comprimento de pétalas em torno da média. As flores Virgínicas possuem largura e comprimento abaixo da média.

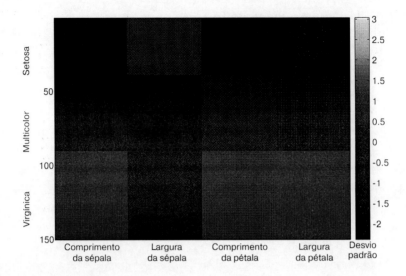

Figura 3.23. *Gráfico da matriz de dados da Íris onde as colunas foram padronizadas para terem uma média de 0 e um desvio padrão de 1.*

Também pode ser útil procurar estrutura no gráfico de uma matriz de proximidade um conjunto de objetos de dados. Mais uma vez, é útil ordenar as linhas e colunas da matriz de similaridade (quando rótulos de classes forem conhecidos) de modo que todos os objetos de uma classe fiquem juntos. Isto permite uma avaliação visual da coesão de cada classe e sua separação das outras.

Exemplo 3.20. A Figura 3.24 mostra a matriz de correlação para o conjunto de dados da Íris. Mais uma vez, as linhas e colunas são organizadas de modo que todas as flores de uma determinada espécie fiquem juntas. As flores de cada grupo são mais semelhantes entre si, mas a Multicolor e a Virgínica são mais semelhantes entre si do que com a Setosa.

Se rótulos de classes não forem conhecidos, diversas técnicas (reordenação e serialização de matriz) podem ser usadas para reorganizar as linhas e colunas da matriz de similaridade do modo que grupos de objetos e atributos altamente semelhantes fiquem juntos e possam ser identificados visualmente. Efetivamente, este é um tipo simples de agrupamento. Veja na Seção 8.5.3 uma discussão sobre como uma matriz de proximidade pode ser usada para investigar a estrutura de agrupamento dos dados.

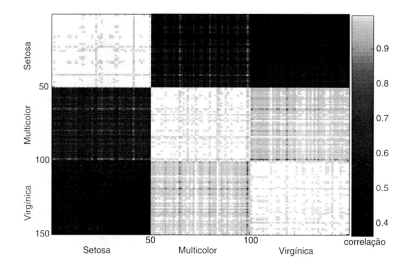

Figura 3.24. *Gráfico da matriz de correlação a Íris.*

Coordenadas Paralelas Coordenadas paralelas possuem um eixo de coordenada para cada atributo, mas os diferentes eixos são paralelos entre si em vez de perpendiculares, como é tradicional. Além disso, um objeto é representado como uma linha ao invés de como um ponto. Especificamente, o valor de cada atributo de um objeto é mapeado para um ponto no eixo de coordenadas associado com esse atributo e estes pontos são então conectados para formarem a linha que representa o objeto.

Pode-se temer que isto produza uma confusão. Entretanto, em muitos casos, os objetos tendem a caírem em um pequeno número de grupos, onde os pontos em cada grupo possuem valores semelhantes para seus atributos. Se este for o caso, e se o número de objetos de dados não for grande demais, então o gráfico resultante de coordenadas paralelas pode revelar padrões interessantes.

Exemplo 3.21. A Figura 3.25 mostra mostra um gráfico de coordenadas paralelas dos quatro atributo numéricos do conjunto de dados da Íris. As linhas representando objetos de diferentes classes são distinguidas pela sua tonalidade e o uso de tês estilos diferentes de linha – sólido, pontuados e tracejado. O gráfico de coordenadas paralelas mostra que as classes estão razoavelmente bem separadas para o comprimento e a largura das pétalas, mas não tão bem separadas para o comprimento e a largura das sépalas. A Figura 3.25 é outro gráfico de coordenadas paralelas dos mesmos dados, mas com uma ordenação diferente dos eixos.

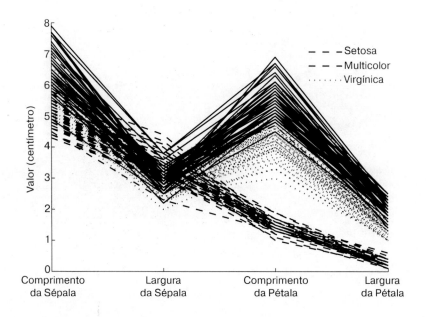

Figura 3.25. *Um gráfico de coordenadas paralelas dos quatro atributos da Íris.*

Uma das desvantagens das coordenadas paralelas é que a detecção de padrões em tal gráfico pode depender da ordenação. Por exemplo, se linhas se cruzarem muito, o desenho pode se tornar confuso e, assim, pode ser desejável ordenar os eixos de coordenadas para se obter seqüências de eixos com menos cruzamentos. Compare a Figura 3.26, onde a largura da sépala (o atributo que é mais misturado) está à esquerda da figura, com a Figura 3.25, onde este atributo está no meio.

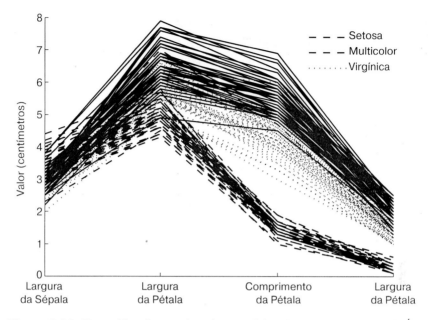

Figura 3.26. *Um gráfico de coordenadas paralelas dos quatro atributos da Íris com os atributos reordenados para enfatizar semelhanças e diferenças de grupos.*

Coordenadas Estrela e Faces Chernoff

Outra abordagem para se exibir dados multidimensionais é a codificação de objetos como **glifos** ou **ícones** – símbolo que comunicam informações não verbalmente. Mais especificamente, cada atributo de um objeto é mapeado para uma determinada característica de um glifo, de modo que o valor do atributo determina a natureza exata do recurso. Assim, à primeira vista, os distinguir como dois objetos diferem.

Coordenadas Estrela são um exemplo desta abordagem. Esta técnica usa um eixo para cada atributo. Estes eixos se irradiam a partir de um ponto central, como os raios de uma roda, e têm espaçamento uniforme. Geralmente todos os valores de atributos são mapeados para a faixa [0,1].

Um objeto é mapeado para este conjunto na forma de uma estrela usando-se o seguinte processo: Cada valor de atributo do objeto e convertido em uma fração que representa sua distância entre os valores mínimo e máximo do atributo. Esta fração é mapeada para um ponto no eixo correspondente a este atributo. Cada ponto é conectado com um segmento de reta até o ponto no eixo precedente ou seguinte ao seu próprio eixo; isto forma um polígono. O tamanho e formato deste polígono dão uma descrição visual dos atributos do objeto. Para facilidade de interpretação, um conjunto separado de eixos é usado para cada objeto. Em outras palavras, cada objeto é mapeado para um polígono. Um exemplo de um gráfico de coordenadas em estrela da flor 150 é dado na Figura 3.27(a).

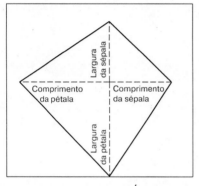 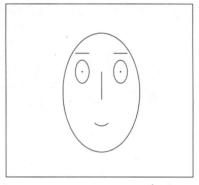

(a) Gráfico em estrela da Íris 150.   (b) Face de Chernoff da Íris 150

Figura 3.27. *Gráfico de coordenadas em estrela e face de Chernoff da 15^0 flor do conjunto de dados da Íris.*

Também é possível mapear os valores de características para aquelas de objetos mais familiares, como as faces. Esta técnica é chamada de **faces de Chernoff** pelo seu criador, Heran Chernoff. Nesta técnica, cada atributo é associado a uma característica de uma face e o valor do atributo é usado para determinar a forma pela qual a característica facial é expressa. Assim, o formato da face pode se tornar mais alongado à medida em que o valor dos dados da característica aumenta. Um exemplo de uma face de Chernoff para a flor 150 é dado na Figura 3.27(b).

O programa que usamos para construir esta face mapeou as características as quatro características listadas a seguir. Outras características da face, como o comprimento entre os olhos e a largura da boca, recebem valores padrão.

Características dos Dados	Característica Facial
comprimento da sépala	tamanho da face
largura da sépala	comprimento do arco relativo testa/queixo
comprimento da pétala	formato da testa
largura da pétala	formato do queixo

Exemplo 3.22. Uma ilustração mais extensiva destas duas abordagens de visualização de dados multidimensionais é fornecida pelas Figura 3.28 e 3.29, a qual mostra os gráficos de estrela e de face, respectivamente, de 15 flores do conjunto de dados da Íris. As primeiras 5 flores são da espécie Setosa, os 5 a seguir são Multicolores e os últimos 5 são Virgínica.

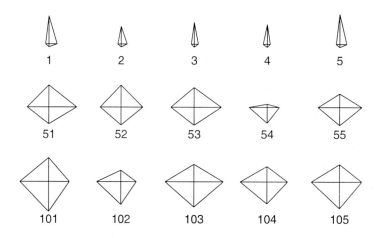

Figura 3.28. *Gráfico de 15 flores Íris usando estrelas coordenadas.*

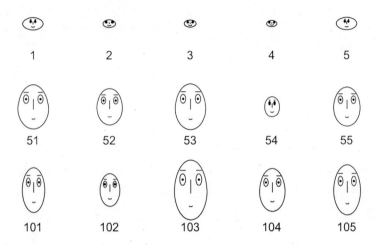

Figura 3.29. *Um gráfico de 15 flores Íris usando faces de Chernoff.*

Apesar do apelo visual destes tipos de diagramas, eles não escalam bem e, assim, são de uso limitado para muitos problemas de mineração de dados. Apesar disso, ainda podem ser úteis como uma forma de comparar rapidamente conjuntos pequenos de objetos que tenham sido ordenados por outras técnicas.

3.3.5 O Que Deve e o Que Não Deve Ser Feito

Para concluir esta seção sobre visualização, fornecemos uma lista breve do que deve e não deve ser feito na visualização. Embora estas diretrizes incorporem muito do conhecimento de visualização, não devem ser seguidas cegamente. Como sempre, diretrizes não substituem considerações zelosas sobre o problema em mãos.

Princípios ACCENT Os seguintes são os princípios ACCENT para exibição gráfica efetiva divulgadas por D. A. Burn (conforme adaptados por Michael Friendly):

Apreensão Habilidade de perceber corretamente relações entre variáveis. O gráfico maximiza a apreensão das relações entre variáveis?

Clareza Habilidade de distinguir visualmente todos os elementos de um gráfico. Os elementos ou relações mais importantes estão visualmente mais proeminentes?

Consistência Habilidade de interpretar um gráfico baseado na semelhança com gráficos anteriores. Os elementos, formatos dos símbolos e cores são consistentes com seu uso em gráficos anteriores?

Eficiência Habilidade de exibir uma relação possivelmente complexa de uma forma tão simples quanto possível. Os elementos do gráfico são usados de forma econômica? O gráfico é fácil de ser interpretado?

Necessidade A necessidade do gráfico e os elementos gráficos. O gráfico é uma forma mais útil de se representar os dados do que as alternativas (tabela, texto)? Todos os elementos do gráfico são necessários para expressar as relações?

Exatidão Habilidade de determinar o valor real representado por qualquer elemento gráfico pela sua magnitude relativa à escala implícita ou explícita. Os elementos gráficos estão posicionados e em escala com precisão?

Diretrizes de Tufte Edward R. Tufte também enumerou os seguintes princípios de excelência gráfica:
- Excelência gráfica é a apresentação bem projetada de dados de interesse – uma questão de *substância*, de *estatística* e de *projeto*.
- Excelência gráfica consiste de idéias complexas comunicadas com clareza, precisão e eficiência.
- Excelência gráfica é aquela que dá ao observador o maior número de idéias no menor tempo com o mínimo de tinta no menor espaço.
- Excelência gráfica é quase sempre multivariável.
- E excelência gráfica requer que se informe a verdade sobre os dados.

3.4 OLAP e Análise de Dados Multidimensionais

Nesta seção, investigamos as técnicas e informações que vêm da visualização de conjuntos de dados como matrizes multidimensionais. Um número de sistemas de bancos de dados suportam tal ponto e vista, mais notadamente, sistemas OLAP (On-Line Analytical Processing). De fato, alguma terminologia e capacidades de sistemas OLAP progrediram para programas de planilha eletrônica que são usados por milhões de pessoas. Sistemas OLAP também têm um foco grande sobre a análise interativa de dados e normalmente fornecem capacidades extensivas para a visualização dos dados e a geração de resumos estatísticos. Por estes motivos, nossa abordagem à análise de dados multidimensionais será baseada na terminologia e conceitos comuns a sistemas OLAP.

3.4.1 Representando Dados da Íris como uma Matriz Multidimensional

A maioria dos conjuntos de dados pode ser representada como uma tabela, onde cada linha é um objeto e cada coluna é um atributo. Em muitos casos, também é possível visualizar os dados como uma matriz multidimensional. Ilustramos esta abordagem representando o conjunto de dados da Íris como uma matriz multidimensional.

Tabela 3.7. Número de flores que têm uma determinada combinação de largura da pétala, comprimento da pétala e tipo da espécie.

Comprimento da Pétala	Largura da Pétala	Tipo da Espécie	Contagem
Baixa	Baixa	Setosa	46
Baixa	Média	Setosa	2
Média	Baixa	Setosa	2
Média	Média	Multicolor	43
Média	Alta	Multicolor	3
Média	Alta	Virgínica	3
Alta	Média	Multicolor	2
Alta	Média	Virgínica	3
Alta	Alta	Multicolor	2
Alta	Alta	Virgínica	44

A tabela 3.7 foi criada pela discretização dos atributos largura e comprimento da pétala para terem valores baixo, médio e alto e depois contando o número de flores do conjunto de dados da Íris que tenham determina-

Explorando os Dados 157

das combinações de comprimento e largura da pétala e tipo da espécie. (Para a largura da pétala, as categorias baixa, média e alta correspondem aos intervalos [0 , 0,75], [0,75 , 1,75], [1,75, ∝], respectivamente. Para o comprimento da pétala, as categorias baixo, médio e alto correspondem aos intervalos [0, 2,5], [2,5 , 5], [5, ∝], respectivamente.)

Combinações vazias – aquelas combinações que não correspondem a pelo menos uma flor – não são mostradas.

Os dados podem ser organizados como uma matriz multi-dimensional com três dimensões correspondendo à largura e ao comprimento da pétala e ao tipo da espécie, conforme ilustrado na Figura 3.30. Por motivo de clareza, pedaços desta matriz são mostrados como um conjunto de três tabelas bidimensionais, uma para cada espécie – veja as Tabelas 3.8, 3.9 e 3.10. As informações contidas tanto na Tabela 3.7 quanto na Figura 3.30 são as mesmas. Entretanto, na representação tridimensional mostrada na Figura 3.30 (e nas Tabelas 3.8, 3.9 e 3.10), os valores dos atributos – largura da pétala, comprimento da pétala e tipo da espécie – são índices da matriz.

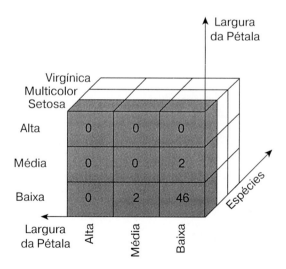

Figura 3.30. *Uma representação de dados multidimensionais do conjunto de dados da Íris.*

Tabela 3.8. Tabulação cruzada de flores de acordo com a largura e comprimento da pétala para flores da espécie Setosa.

		Largura		
		Baixa	Média	Alta
Comprimento	Baixa	46	2	0
	Média	2	0	0
	Alta	0	0	0

Tabela 3.9. Tabulação cruzada de flores de acordo com o comprimento e largura da pétala para flores da espécie Multicolor.

		Largura		
		Baixa	Média	Alta
Comprimento	Baixa	0	0	0
	Média	0	43	3
	Alta	0	2	2

Tabela 3.10. Tabulação cruzada de flores de acordo com o comprimento e largura da pétala para flores da espécie Virgínica.

		Largura		
		Baixa	Média	Alta
Comprimento	Baixa	0	0	0
	Média	0	0	3
	Alta	0	3	44

O que é importante é que a compreensão pode ser obtida examinando-se os dados a partir de um ponto de vista multidimensional. As Tabelas 3.8, 3.9 e 3.10 mostram que cada espécie de Íris é caracterizada por uma combinação diferente de valores de largura e comprimento de pétala. Flores Setosa têm baixa largura e comprimento, flores Multicolor têm largura e comprimento médios e flores Virgínica têm largura e comprimento grandes.

3.4.2 Dados Multidimensionais: O Caso Geral

A seção anterior deu um exemplo específico do uso de uma abordagem multidimensional para representar e analisar um conjunto de dados familiar. Aqui descrevemos a abordagem geral em maiores detalhes.

O ponto de partida é geralmente uma representação tabular dos dados, como a da Tabela 3.7, que é chamada de uma **tabela de fatos**. Dois passos são necessários para se representar os dados como uma matriz multidimensional:

a identificação das dimensões e a identificação de um atributo que seja o foco da análise. As dimensões são atributos categorizados ou, como no exemplo anterior, atributos contínuos que tenham sido convertidos em categorizados. Os valores de um atributo servem como índices da matriz para a dimensão correspondente ao atributo e o número de valores de atributos é o tamanho dessa dimensão. No exemplo anterior, cada atributo tinha três valores possíveis e, assim, cada dimensão tinha tamanho igual a três e poderia ser indexada por três valores. Isto produziu uma matriz multidimensional 3 x 3 x 3.

Cada combinação de valores de atributos (um valor para cada atributo diferente) define uma célula da matriz multidimensional. Para ilustrar usando o exemplo anterior, se o comprimento da pétala = *baixo*, a largura da pétala = *mediana* e a espécie = *Setosa*, uma célula específica contendo o valor 2 é identificada, ou seja, existem apenas duas flores no conjunto de dados que têm os valores de atributo especificados. Observe que cada linha (objeto) do conjunto de dados da Tabela 3.7 corresponde a uma célula na matriz multidimensional.

O conteúdo de cada célula representa o valor de uma **quantidade alvo** (variável o atributo alvo) que estamos interessados em analisar. No exemplo da Íris, a quantidade alvo é o *número de flores* cujas larguras e comprimentos da pétala estejam entre determinados limites. O atributo alvo é quantitativo porque um objetivo chave da análise multidimensional de dados é observar quantidades agregadas, como totais ou médias.

O que se segue resume o procedimento de criação de uma representação multidimensional de dados a partir de um conjunto de dados representados em uma forma tabular. Primeiramente identificamos os atributos categorizados a serem usados como dimensões e um atributo quantitativo a ser usado como o alvo da análise. Cada linha (objeto) na tabela é mapeada para uma célula da matriz multidimensional. Os índices da célula são especificados pelos valores dos atributos que foram selecionados como dimensões, enquanto que o valor da célula é o valor do atributo alvo. Células não definidas pelos dados são supostas como tendo um valor igual a 0.

Exemplo 3.23. Para ilustrar melhor as idéias recém discutidas, apresentamos um exemplo mais tradicional envolvendo a venda de produtos. A tabela de fatos para este exemplo é dada pela Tabela 3.11. As dimensões da representação multidimensional são os atributos *ID do Produto, localização* e *data,* enquanto que o atributo alvo é a *renda.* A Figura 3.31 mostra a representação multidimensional deste conjunto de dados. Este conjunto de dados maior e mais complicado será usado para ilustrar conceitos adicionais de análise multidimensional de dados.

Tabela 3.11. Receita de vendas de produtos (em dólares) para diversos locais e datas.

ID do Produto	Local	Data	Receita
⋮	⋮	⋮	⋮
1	Minneapolis	18 de Outubro de 2004	$250
1	Chicago	18 de Outubro de 2004	$79
⋮	⋮	⋮	
1	Paris	18 de Outubro de 2004	301
⋮	⋮	⋮	⋮
27	Miineapolis	18 de Outubro de 2004	$2,321
27	Chicago	18 de Outubro de 2004	$3,278
⋮	⋮	⋮	
27	Paris	18 de Outubro de 2004	$1,325
⋮	⋮	⋮	⋮

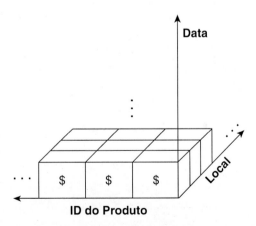

Figura 3.31. *Representação tridimensional de dados para os dados das vendas.*

3.4.3 Analisando Dados Multidimensionais

Nesta seção, descrevemos diferentes técnicas de análise de dados multidimensionais. Em especial, discutimos a criação de cubos de dados e operações relacionadas, como particionamento, corte, redução de dimensionalidade, junção e exploração.

Cubos de Dados: Calculando Quantidades Agregadas

Uma motivação fundamental para se obter uma visualização multidimensional dos dados é a importância da agregação de dados de diversas formas. No exemplo das vendas, poderíamos querer encontrar a receita total das vendas para um determinado ano e um determinado produto. Poderíamos também desejar ver as receitas anuais de vendas para cada local por todos os produtos. O cálculo de totais agregados envolve a fixação de valores específicos para alguns dos atributos que estiverem sendo usados como dimensões e então a soma de todos os valores possíveis para os atributos que constituem as dimensões restantes. Há outros tipos de quantidades agregadas que também são interessantes mas, por motivo de simplicidade, esta discussão usará totais (somas).

A Tabela 3.12 mostra o resultado da soma em todos os locais para diversas combinações de datas e produtos. Por motivo de simplicidade, suponha que todas as datas estejam dentro de um mesmo ano. Se houver 365 dias em um ano e 1.000 produtos, então a Tabela 3.12 possui 365.000 entradas (totais), uma para cada par produto-data. Também poderíamos especificar a localização da loja, a data e a soma dos produtos ou ainda especificar o local, produto e a soma por todas as datas.

A Tabela 3.13 mostra os **totais marginais** da Tabela 3.12. Estes totais são o resultado de mais soma nas datas ou produtos. Na Tabela 3.13, a receita total das vendas devido ao produto 1, que é obtida pela soma pela linha 1 (por todas as datas), é de 370.000 dólares. A receita total das vendas em 1 de janeiro de 2004, que é obtida pela soma da coluna 1 (por todos os produtos), é de 527.362 dólares. A receita total das vendas, que é obtida pela soma de todas as linhas e colunas (todas as datas e produtos) é de 227.352.127 dólares. Todos estes totais são para locais porque as entradas da Tabela 3.13 incluem todos os locais.

Tabela 3.12. Totais que resultam da soma de todos os locais por um período fixo de tempo e produto.

		Data			
		1 de Jan., 2004	2 de Jan., 2004	...	31 de Dez., 2004
ID do Produto	1	$1,001	$987	...	$891
	⋮	⋮	⋮		⋮
	27	$10,265	$10,225	...	
	⋮	⋮	⋮		⋮

Tabela 3.13. Tabela 3.12 com totais marginais.

		Data				
		1 de Jan., 2004	2 de Jan., 2004	...	31 de Dez., 2004	total
ID do Produto	1	$1,001	$987	...	$891	$370,00
	⋮	⋮	⋮		⋮	⋮
	27	$10,265	$10,225	...	$9,325	$3,800,020
	⋮	⋮	⋮		⋮	⋮
	total	$527,362	$532,953	...	$631,221	$227,352,127

Um ponto chave deste exemplo é que há um número de diferentes totais (agregados) que podem ser calculados para uma matriz multidimensional, dependendo de quantos atributos somemos. Suponha que existam n dimensões e que a dimensão (atributo) de índice i tenha s_i valores possíveis. Existem n formas diferentes de somar apenas um único atributo. Se somarmos a dimensão j, então obtemos $s_1 * ... * s_{j-1} * s_{j+1} * ... * s_n$ totais, um para cada combinação possível de valores de atributos dos outros $n-1$ atributos (dimensões). Os totais que resultam da soma de um atributo formam uma matriz multidimensional de $n-1$ dimensões e há n matrizes de totais. No exemplo das vendas, há três conjuntos de totais que resultam da soma de apenas uma dimensão e cada conjunto de totais pode ser exibido como uma tabela bidimensional.

Se somarmos duas dimensões (talvez iniciando com uma das matrizes de totais obtidos pela soma de uma dimensão), obteremos então uma matriz multidimensional de totais com $n-2$ dimensões. Haverá $\binom{n}{2}$ matrizes distintas de desses totais. Para o exemplo das vendas, haverá $\binom{3}{2} = 3$ matrizes de totais que resultam da soma do local e produto, local e data ou produto e data. De modo geral, somar por k dimensões produz $\binom{n}{k}$ matrizes de totais, cada uma com dimensão $n - k$

Uma representação multidimensional dos dados, junto com todos os totais possíveis (agregados), é conhecida como **cubo de dados**. Apesar do nome, o tamanho de cada dimensão – o número de valores de atributos – não precisa ser igual. Além disso, um cubo de dados pode ter mais ou menos do que três dimensões. O mais importante é que um cubo de dados é uma generalização do que é conhecido na terminologia estatística como uma **tabulação cruzada**. Se totais marginais forem adicionados, as Tabelas 3.8, 3.9 e 3.10 seriam exemplos típicos de tabulações cruzadas.

Redução de Dimensionalidade e Pivotagem

A agregação descrita na última seção pode ser vista como uma forma de **redução de dimensionalidade**. De modo específico, a dimensão de índice j é eliminada pela soma sobre ela. Conceitualmente, isto junta cada "coluna" de células na dimensão de índice j em uma única célula. Tanto para o exemplo das vendas quanto para o da Íris, agregar sobre uma dimensão reduz a dimensionalidade dos dados de 3 para 2. Se s_j for o número de valores possíveis da dimensão de índice j, o número de células é reduzido por um fator de s_j. O Exercício 17 na página 143 pede ao leitor para explorar a diferença entre este tipo de redução de dimensionalidade e aquela da PCA.

Pivotagem se refere à agregação sobre todas as dimensões, exceto duas. O resultado é uma tabulação cruzada bidimensional com as duas dimensões especificadas como as únicas dimensões restantes. A Tabela 3.13 é um exemplo de pivotagem sobre data e produto.

Particionamento e Corte

Estes dois nomes se referem a operações bastante simples. **Particionar** significa selecionar um grupo de células da matriz multidimensional inteira pela especificação de um determinado valor para uma ou mais dimensões. As Tabelas 3.8, 3.9 e 3.10 são três partes (fatias) do conjunto de dados da Íris que foram obtidas pela especificação de três valores separados para a dimensão da espécie. **Corte** envolve a seleção de um subconjunto de células através da especificação de uma faixa de valores de atributos. Isto é equivalente a definir uma submatriz a partir da matriz completa. Na prática, ambas as operações também podem ser acompanhadas pela agregação sobre outras dimensões.

Junção e Exploração

No Capítulo 2, valores de atributos foram considerados "atômicos" em algum sentido. Entretanto, nem sempre este é o caso. De modo específico, cada data possui um número de propriedades associadas a ela como o ano, mês e semana. Os dados também podem ser identificados como pertencendo a um semestre de negócio, ou se a aplicação se relacionar com educação, um trimestre ou semestre escolar. Um local também possui várias propriedades: continente, país, estado (província) e cidade. Os produtos também podem ser divididos em diversas categorias, como roupas, eletrônicos e mobília.

Muitas vezes estas categorias podem ser organizadas como uma árvore hierárquica ou entrelaçados. Por exemplo, anos consistem de meses ou semanas, ambos os quais consistem de dias. Locais podem ser divididos em nações, que contêm estados (ou outras unidades de governo local), as quais por sua vez contêm cidades. Da mesma forma, qualquer categoria de produtos pode ser mais subdividida. Por exemplo, a categoria do produto, mobília, pode ser subdividida em subcategorias, cadeiras, mesas, sofás, etc.

Esta estrutura hierárquica ocasiona as operações de junção e exploração. Para ilustrar, começando com os dados originais das vendas, que são uma matriz multidimensional com entradas para cada data, podemos agregar (**juntar**) as vendas em todas as datas de um mês. De forma inversa, dada uma representação dos dados onde a dimensão do tempo é dividida em meses, poderíamos querer dividir os totais mensais de vendas (**explorar**) em totais diários de vendas. É claro que isto requer que os dados das vendas relacionados estejam disponíveis em uma granularidade em nível de dia.

Desta forma, operações de junção e exploração estão relacionadas com agregação. Observe, entretanto, que elas diferem das operações de agregação discutidas até agora no fato de agregarem células dentro de uma dimensão, não através da dimensão toda.

3.4.4 Comentários Finais Sobre a Análise de Dados Multidimensionais

A análise de dados multidimensionais, no sentido pressuposto por sistemas OLAP e relacionados, consiste da visualização dos dados como uma matriz multidimensional e da agregação de dados para que se melhor analise a estrutura dos dados. Para os dados da Íris, as diferenças no comprimento e na largura das pétalas são claramente mostradas por tal análise. A análise de dados de negócio, como dados de vendas, também pode revelar muitos padrões interessantes, como lojas e produtos lucrativos (ou não).

Conforme foi mencionado, existem vários tipos de sistemas de banco de dados que suportam a análise de dados multidimensionais. Alguns destes sistemas são baseados em bancos de dados relacionais e são conhecidos como sistemas ROLAP. Sistemas de banco de dados mais especializados que empreguem especificamente uma representação de dados multidimensional como seu modelo de dados básico também foram projetados. Tais sistemas são conhecidos como sistemas MOLAP. Além destes tipos de sistemas, bancos de dados estatísticos (SDBs) foram desenvolvidos para armazenar e analisar diversos de dados estatísticos, e.g., dados sobre saúde pública e censo, que são coletados por governos ou outras organizações de grande porte. Referências a OLAP e SDBs são fornecidas nas notas bibliográficas.

3.5 Notas Bibliográficas

Estatísticas de resumos são discutidas em detalhes na maioria dos livros introdutórios de estatística, como [92]. Referências a análises exploratórias de dados são o texto clássico de Tukey [104] e o livro de Velleman e Hoaglin [105].

As técnicas básicas de visualização estão facilmente disponíveis, sendo uma parte integral da maioria das planilhas eletrônicas (Microsoft EX-

CEL [95]), programas estatísticos (SAS [99], SPSS [102], R [96] e S-PLUS [98]), e software matemático (MATLAB [94] e Mathematica [93]). A maioria dos gráficos deste capítulo foi gerada usando o MATLAB. O pacote estatístico R está livremente disponível como um pacote de software *open source* do projeto R.

A literatura sobre visualização é extensa, cobrindo muitas áreas e muitas décadas. Um dos clássicos da área é o livro de Tufte [103]. O livro de Spence [101], que influenciou fortemente a parte de visualização deste capítulo, é uma referência útil para a visualização de informações – tanto princípios quando técnicas. Este livro também fornece uma discussão completa de muitas técnicas de visualização dinâmica que não foram cobertas neste capítulo. Dois outros livros sobre visualização que também podem ser de interesse são os de Card et al. [87] e Fayyad et al. [89].

Finalmente, existe uma grande quantidade de informações disponíveis sobre visualização de dados na World Wide Web. Já que sites na Web surgem e somem com freqüência, a melhor estratégia é pesquisar usando "visualização de informações", "visualização de dados" ou "gráficos estatísticos". Entretanto, queremos destacar a atenção na "The Gallery of Data Visualization" de Friendly [90]. Os Princípios ACCENT para exibição eficaz de gráficos conforme declarada neste capítulo pode ser encontrada lá, ou como apresentada originalmente no artigo de Burn [86].

Existe uma variedade de técnicas gráficas que podem ser usadas para se explorar se a distribuição dos dados for Gaussiana ou alguma outra distribuição específica. Além disso, existem gráficos que mostram se os valores observados são significativos estatisticamente em algum sentido. Não cobrimos nenhuma dessas técnicas aqui e encaminhamos o leitor aos pacotes estatísticos e matemáticos mencionados anteriormente.

A análise multidimensional existe em uma variedade de formas já há algum tempo. Um dos artigos originais foi um de Codd [88], o pai dos bancos de dados relacionais. O cubo de dados foi introduzido por Gray et al. [91], que descreveram diversas operações para a criação e manutenção de cubos de dados dentro de um *framework* de banco de dados relacional. Uma comparação de bancos de dados estatísticos e OLAP é dada por Soshani [100]. Informações específicas sobre OLAP podem ser encontradas na documentação de vendedores de bancos de dados e muitos livros populares. Muitos livros texto sobre bancos de dados também têm discussões gerais sobre OLAP, muitas vezes no contexto de *data warehousing*. Por exemplo, veja o texto de Ramakrishnan e Gehrke [97].

Bibliografia

[86] D. A. Burn. Designing Effective Statistical Graphs. In C. R. Rao, editor, Handbook of Statistics9. Elsevier/North-Holland, Amsterdam, Holanda, Setembro 1993.

[87] S. K. Card, J. D. MacKinlay e B. Shneiderman, editores. Readings in Information Visualization: Using Vision to Think. Morgan Kaufmann Publishers, São Francisco, CA, Janeiro 1999.

[88] E. F. Codd, S. B. Codd e C. T. Smalley. Providing OLAP (On-line Analytical Processing) to User-Analysts: An IT Mandate. White Paper, E. F. Codd and Associates, 1993.

[89] U. M. Fayyad, G. G. Grinstein e A. Wierse, editores. Information Visualization in Data Mining and Knowledge Discovery. Morgan Kaufmann Publishers, São Francisco, CA, Setembro 2001.

[90] M. Friendly. Gallery of Data Visualization. http://www.math.yorku.ca/SCS/Gallery/, 2005.

[91] J. Gray, S. Chaudhuri, A. Bosworth, A. Layman, D. Reichart, M. Venkatrao, F. Pellow e H. Pirahesh. Data Cube: A Relational Aggregation Operator Generalizing Group-By, Cross-Tab, and Sub-Totals. Journal Data Mining and Knowledge Discovery, 1(1): 29–53, 1997.

[92] B. W. Lindgren. StatisticalvTheory. CRC Press, Janeiro 1993.

[93] Mathematica 5.1. Wolfram Research, Inc. http://www.wolfram.com/, 2005.

[94] MATLAB 7.0. The MathWorks, Inc. http://www.mathworks.com, 2005.

[95] Microsoft Excel 2003. Microsoft, Inc. http://www.microsoft.com/, 2003.

[96] R: A language and environment for statistical computing and graphics. The R Project for Statistical Computing. http://www.r-project.org/, 2005.

[97] R. Ramakrishnan e J. Gehrke. Database Management Systems. McGraw-Hill, 3a. edição, Agosto 2002.

[98] S-PLUS. Insightful Corporation. http://www.insightful.com, 2005.

[99] SAS: Statistical Analysis System. SAS Institute Inc. http://www.sas.com/, 2005.

[100] A. Shoshani. OLAP and statistical databases: similarities and differences. In Proc. of the Sixteenth ACM SIGACT-SIGMOD-SIGART Symp. on Principles of Database Systems, págs. 185–196. ACM Press, 1997.

[101] R. Spence. Information Visualization. ACM Press, Nova Iorque, Dezembro 2000.
[102] SPSS: Statistical Package for the Social Sciences. SPSS, Inc. http://www.spss.com/, 2005.
[103] E.R.Tufte. The Visual Display of Quantitative Information. GraphicsPress, Cheshire, CT, Março 1986.
[104] J. W. Tukey. Exploratory data analysis. Addison-Wesley, 1977.
[105] P.Velleman e D.Hoaglin. The ABC's of EDA: Applications, Basics, and Computing of Exploratory Data Analysis. Duxbury, 1981.

3.6 Exercícios

1. Obtenha um dos conjuntos de dados disponíveis no UCI Machine Learning Repository e aplique tantas técnicas diferentes de visualização descritas no capítulo quanto for possível. As notas bibliográficas e Web sites fornecem ponteiros para software de visualização.
2. Identifique pelo menos duas vantagens e duas desvantagens do uso de cores para representar visualmente informações.
3. Qual são as questões relacionadas à organização que surgem quanto a gráficos tridimensionais?
4. Discuta as vantagens e desvantagens de usar amostras para reduzir o número de objetos de dados que precisam ser exibidos. A simples amostragem aleatória (sem substituição) seria uma boa abordagem para a amostragem? Por quê ou por que não?
5. Descreva como você criaria visualizações para exibir informações que descrevam os seguintes tipos de sistemas:
   (a) Redes de computadores. Assegure-se de incluir tanto os aspectos estáticos, como a conectividade, quanto os dinâmicos, como o tráfego.
   (b) A distribuição de determinadas espécies de plantas e animais pelo mundo para um determinado momento no tempo.
   (c) O uso de recursos computacionais, como tempo de processador, memória principal e disco para um conjunto de programas de bancos de dados.
   (d) A mudança na ocupação de trabalhadores em um determinado país nos últimos trinta anos. Suponha que você tenha informa-

ções anuais sobre cada pessoa que também incluam sexo e nível de educação.

Assegure-se de abordar as seguintes questões:
- **Representação.** Como você mapeará objetos, atributos e relacionamentos para elementos visuais?
- **Organização.** Existem considerações especiais que precisam ser levadas em conta no que diz respeito a como os elementos visuais são exibidos? Exemplos específicos poderiam ser a escolha de um ponto de vista, o uso de transparência ou a separação de determinados grupos de objetos.
- **Seleção.** Como você lidará com um número grande de atributos e objetos de dados?

6. Descreva uma vantagem e uma desvantagem de um gráfico de tronco e folhas quanto a um histograma padrão.
7. Como você abordaria o problema de um histograma depender do número e local dos bins?
8. Descreva como um gráfico de caixa pode dar informações sobre se o valor de um atributo está distribuído simetricamente. O que você pode dizer sobre a simetria das distribuições dos atributos mostradas na Figura 3.11?
9. Compare o comprimento da sépala, largura da sépala, comprimento da pétala e da largura da pétala, usando a Figura 3.12.
10. Comente sobre o uso de um gráfico de caixa para explorar um conjunto de dados com quatro atributos: idade, peso, altura e renda.
11. Dê uma explicação possível sobre como a maioria dos valores do comprimento e largura da pétala ficam em baldes pela diagonal da Figura 3.9.
12. Use as Figuras 3.14 e 3.15 para identificar uma característica compartilhada pelos atributos largura da pétala e comprimento da pétala.
13. Gráficos simples de linhas, como o exibido na Figura 2.12 na página 56, que mostra duas séries de tempo, podem ser usadas para exibir eficientemente dados de dimensões altas. Por exemplo, na Figura 2.12 é fácil perceber que as freqüências das duas séries de tempo são diferentes. Quais características de séries de tempo permite a visualização efetiva de dados com dimensão alta?

14. Descreva os tipos de situações que produzem cubos de dados densos e esparsos. Ilustre com exemplos diferentes daqueles usados no livro.
15. Como você poderia estender a noção de análise de dados multidimensionais de modo que a variável alvo seja uma variável qualitativa? Em outras palavras, que tipos de estatísticas de resumo ou visualizações de dados seriam interessantes?
16. Construa um cubo de dados a partir da Tabela 3.14. Este é um cubo de dados esparso ou denso? Se for esparso, identifique as células que estão vazias.

Tabela 3.14. Tabela de fatos para o Exercício 16.

ID do Produto	ID do Local	Número Vendido
1	1	10
1	3	6
2	1	5
2	2	22

17. Discuta as diferenças entre redução de dimensionalidade baseada em agregação e redução de dimensionalidade baseada em técnicas como PCA e SVD.

capítulo 4

Classificação: Conceitos Básicos, Árvores de Decisão e Avaliação de Modelos

LASSIFICAÇÃO, QUE É A TAREFA de organizar objetos em uma entre diversas categorias pré-definidas, é um problema universal que engloba muitas aplicações diferentes. Exemplos incluem a detecção de mensagens de spam em e-mails baseada no cabeçalho e conteúdo da mensagem, a categorização de células como malignas ou benignas baseada nos resultados de varreduras MRI e a classificação de galáxias baseada nos seus formatos (veja a Figura 4.1).

(a) Uma galáxia espiral.   (b) Uma galáxia elíptica.

Figura 4.1. *Classificação de galáxias. As imagens são do website da NASA.*

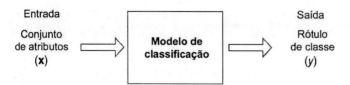

Figura 4.2. *Classificação como a tarefa de mapear um conjunto de atributos x no seu rótulo de classe y.*

Este capítulo introduz os conceitos básicos de classificação, descreve algumas das questões chave como overfiting de modelos e apresenta métodos para avaliar e comparar o desempenho de uma técnica de classificação. Embora enfoque principalmente uma técnica conhecida como árvore de decisão, a maior parte da discussão neste capítulo também pode ser aplicada a outras técnicas de classificação, muitas das quais são cobertas no Capítulo 5.

4.1 Preliminares

Os dados de entrada da tarefa de classificação são um conjunto de registros. Cada registro, também conhecido como uma instância ou exemplo, é caracterizado por uma dupla (x, y), onde x é o conjunto de atributos e y o atributo especial, designado como rótulo da classe (também chamado de atributo alvo ou de categorização). A Tabela 4.1 mostra um conjunto de dados de exemplo usado para classificar vertebrados nas seguintes categorias: mamíferos, aves, peixes, répteis e anfíbios. O conjunto de atributos inclui propriedades de um vertebrado como sua temperatura corporal, cobertura de pele, método de reprodução, habilidade de voar e habilidade de viver na água. Embora os atributos apresentados na Tabela 4.1 sejam na sua maioria discretos, o conjunto de atributos também pode conter características contínuas. O rótulo da classe, por outro lado, deve ser um atributo discreto. Esta é a característica chave que distingue a classificação da **regressão**, uma tarefa de modelagem preditiva na qual y é um atributo contínuo. Técnicas de regressão são cobertas no Apêndice D.

Definição 4.1 (Classificação). Classificação é a tarefa de aprender uma **função alvo** f que mapeie cada conjunto de atributos x para um dos rótulos de classes y pré-determinados.

Classificação: Conceitos Básicos, Árvores de Decisão... 173

A função alvo também é conhecida informalmente como **modelo de classificação**. Um modelo de classificação é útil para os seguintes propósitos.

Modelagem Descritiva Um modelo de classificação pode servir como ferramenta explicativa para se distinguir entre objetos e classes diferentes. Por exemplo, seria útil – tanto para biologistas como para outros – ter um modelo descritivo que resuma os dados mostrados na Tabela 4.1 e explique quais características definem um vertebrado como mamífero, réptil, ave ou anfíbio.

Tabela 4.1. O conjunto de dados dos vertebrados.

Nome	Temperatura corporal	Cobertura de pele	Dá cria	Ser Aquático	Ser Aéreo	Possui Pernas	Hiberna	Rótulo da Classe
Humano	Sangue quente	Cabelo	Sim	Não	Não	Sim	Não	Mamífero
Píton	Sangue frio	Escamas	Não	Não	Não	Não	Sim	Réptil
Salmão	Sangue frio	Escamas	Não	Sim	Não	Não	Não	Peixe
Baleia	Sangue quente	Cabelo	Sim	Sim	Não	Não	Não	Mamífero
Sapo	Sangue frio	Nenhuma	Não	Sim	Não	Sim	Sim	Anfíbio
Dragão de Komodo	Sangue frio	Escamas	Não	Não	Não	Sim	Não	Réptil
Morcego	Sangue quente	Cabelo	Sim	Não	Sim	Sim	Sim	Mamífero
Pomba	Sangue quente	Penas	Não	Não	Sim	Sim	Não	Ave
Gato	Sangue quente	Pêlo	Sim	Não	Não	Sim	Não	Mamífero
Leopardo	Sangue frio	Pêlo	Sim	Sim	Não	Sim	Não	Mamífero
Tubarão	Sangue frio	Escamas	Não	Sim	Não	Não	Não	Peixe
Tartaruga	Sangue frio	Escamas	Não	Semi	Não	Sim	Não	Réptil
Pingüim	Sangue quente	Penas	Não	Semi	Não	Sim	Não	Ave
Porco-espinho	Sangue quente	Espinhos	Sim	Não	Não	Sim	Sim	Mamífero
Enguia	Sangue frio	Escamas	Não	Sim	Não	Não	Não	Peixe
Salamandra	Sangue frio	Nenhuma	Não	Semi	Não	Sim	Sim	Anfíbio

Modelagem Preditiva Um modelo de classificação também pode ser usado para prever o rótulo da classe de registros não conhecidos. Conforme mostrado na Figura 4.2, um modelo de classificação pode ser tratado como uma caixa preta que atribui automaticamente um rótulo de classe quando recebe o conjunto de atributos de um registro desconhecido. Suponha que tenhamos recebido as seguintes características de uma criatura conhecida como um monstro de Gila:

Nome	Temperatura Corporal	Cobertura	Gera	Criatura Aquática	Criatura Aérea	Possui Pernas	Hiberna	Rótulo da Classe
Monstro de Gila	Sangue frio	Escamas	Não	Não	Não	Sim	Sim	?

Podemos usar um modelo de classificação criado a partir do conjunto de dados mostrado na Tabela 4.1 para determinar a classe à qual a criatura pertence.

Técnicas de classificação são mais apropriadas para prever ou descrever conjuntos de dados com categorias nominais ou binárias. Elas são menos efetivas para categorias ordinais (e.g., para classificar uma pessoa como membro de um grupo de renda alta, média ou baixa) porque não consideram a ordem implícita entre as categorias. Outras formas de relacionamento, como os subclasse/superclasse entre categorias (e.g., humanos e macacos são primatas os quais, por sua vez, são uma subclasse dos mamíferos) também são ignorados. O restante deste capítulo enfoca apenas rótulos de classes nominais e binárias.

4.2 Abordagem Geral para a Resolução de um Problema de Classificação

Uma técnica de classificação (ou classificadora) é uma abordagem sistemática para construção de modelos de classificação a partir de um conjunto de dados de entrada. Exemplos incluem classificadores de árvores de decisão, classificadores baseados em regras, redes neurais, máquinas de vetor de suporte e classificadores Bayes simples. Cada técnica emprega um **algoritmo de aprendizagem** para identificar um modelo que seja mais apropriado para o relacionamento entre o conjunto de atributos e o rótulo da classe dos dados de entrada. O modelo gerado pelo algoritmo de aprendizagem deve se adaptar bem aos dados de entrada e prever corretamente os rótulos de classes de registros que ele nunca viu antes. Portanto, um objetivo chave do algoritmo de aprendizagem é construir modelos com boa capacidade de generalização; i.e., modelos que prevejam com precisão os rótulos de classes de registros não conhecidos previamente.

A Figura 4.3 mostra uma abordagem geral para resolver problemas de classificação. Primeiro, um **conjunto de treinamento** consistindo de registros cujos rótulos sejam conhecidos devem

Classificação: Conceitos Básicos, Árvores de Decisão...   175

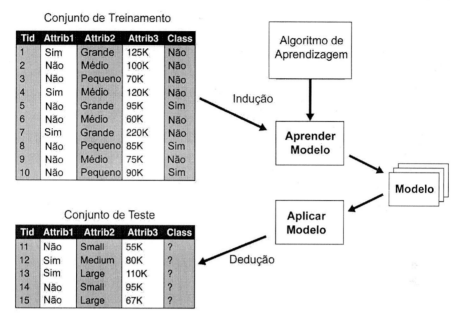

Figura 4.3. *Abordagem geral para a construção de um modelo de classificação.*

Tabela 4.2. Matriz de confusão para um problema de 2 classes.

		Classe Prevista	
		Classe = 1	Classe = 0
Classe Real	Classe = 1	f_{11}	f_{10}
	Classe = 0	f_{01}	f_{00}

Ser fornecidos. O conjunto de treinamento é usado para construir um modelo de classificação, que é subseqüentemente aplicado ao **conjunto de teste**, que consiste de registros com rótulos de classes desconhecidos.

A avaliação do desempenho de um modelo de classificação é baseada nas contagens de registros de testes previstos correta e incorretamente pelo modelo. Estas contagens são tabuladas em uma tabela conhecida como **matriz de confusão**. A Tabela 4.2 mostra a matriz de confusão para um problema de classificação binária. Cada entrada f_{ij} nesta tabela denota o número de registros da classe 0 previstos incorretamente como da classe 1.

Baseado nas entradas da matriz de confusão, o número total de previsões corretas feitas pelo modelo é $(f_{11} + f_{00})$ e o número total de previsões incorretas é $(f_{10} + f_{01})$.

Embora uma matriz de confusão forneça as informações necessárias para determinar o quão bem um modelo de classificação é executado, resumir estas informações com um único número tornaria mais conveniente comparar o desempenho de diferentes modelos. Isto pode ser feito usando uma **métrica de desempenho** como a **precisão**, que é definida da seguinte maneira:

$$\text{Precisão} = \frac{\text{Número de previsões corretas}}{\text{Número total de previsões}} = \frac{f_{11} + f_{00}}{f_{11} + f_{10} + f_{01} + f_{00}}. \quad (4.1)$$

De forma equivalente, o desempenho de um modelo pode ser expresso em termos da sua **taxa de erro**, que é dada pela seguinte equação:

$$\text{Taxa de erro} = \frac{\text{Número de previsões erradas}}{\text{Número total de previsões}} = \frac{f_{10} + f_{01}}{f_{11} + f_{10} + f_{01} + f_{00}}. \quad (4.2)$$

A maioria dos algoritmos de classificação procura modelos que atinjam a maior precisão ou, equivalentemente, a menor taxa de erro quando aplicados ao conjunto de testes. Revisitaremos este tópico de avaliação de modelos na Seção 4.5.

4.3 Indução da Árvore de Decisão

Esta seção introduz um classificador da **árvore de decisão**, que é uma técnica de classificação simples, porém muito usada.

4.3.1 Como uma Árvore de Decisão Funciona

Para ilustrar como a classificação com uma árvore de decisão funciona, considere uma versão mais simples do problema da classificação dos vertebrados descritos na seção anterior. Em vez de classificar os vertebrados em cinco grupos distintos de espécies, nós os atribuímos a duas categorias: mamíferos e não mamíferos.

Suponha que uma nova espécie seja descoberta por cientistas. Como podemos dizer se é um mamífero ou não? Uma abordagem é colocar uma série de questões sobre as características da espécie. A primeira questão que podemos fazer é se a espécie tem sangue quente ou frio. Se tiver sangue frio, então definitivamente não é mamífero. Caso contrário é um pássaro ou um mamífero. No último caso, precisamos fazer a próxima questão: As fêmeas dessa espécie originam seus filhotes? Aqueles que originam são definitivamente mamíferos, enquanto que os que não, provavelmente não o serão (com exceção dos mamíferos que botam ovos, como o ornitorrinco e o tamanduá com espinhos).

O exemplo anterior ilustra como podemos resolver um problema de classificação fazendo uma série de questões cuidadosamente organizadas sobre os atributos do registro de teste. Cada vez que recebemos uma resposta, uma questão seguinte é feita até que cheguemos a uma conclusão sobre o rótulo da classe do registro. A série de questões e suas respostas possíveis podem ser organizadas na forma de uma árvore de decisão, com sua estrutura hierárquica consistindo de nodos e arestas direcionadas. A Figura 4.4 mostra a árvore de decisão para o problema da classificação de mamíferos. A árvore tem dois tipos de nodos:

- Um **nodo raiz** que não possui arestas chegando em zero ou mais arestas saindo.
- **Nodos internos**, cada um dos quais possuindo exatamente uma aresta chegando e duas ou mais saindo.

- **Nodos folha** ou **terminais**, cada um dos quais possuindo exatamente uma aresta chegando e nenhuma saindo.

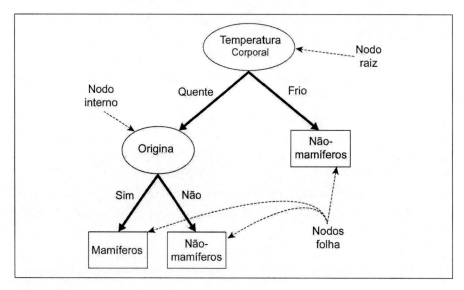

Figura 4.4 *Uma árvore de decisão para o problema de classificação de mamíferos.*

Em uma árvore de decisão, cada nodo folha recebe um rótulo de classe. Os **nodos não terminais**, que incluem o nodo raiz e outros nodos internos, contêm condições de testes de atributos para separar registros que possuam características diferentes. Por exemplo, o nodo raiz mostrado na Figura 4.4 usa o atributo Temperatura Corporal para separar vertebrados de sangue quente dos de sangue frio. Já que todos os vertebrados de sangue frio são não mamíferos, um nodo folha com rótulo Não Mamífero é criado como o filho à direita do nodo raiz. Se o vertebrado tiver sangue quente, um atributo subseqüente, Origina, é usado para distinguir mamíferos de outras criaturas de sangue quente, que são na sua maioria pássaros.

Classificar um registro de testes é direto, assim que uma árvore de decisão tenha sido construída. Começando do nodo raiz, aplicamos a condição de teste ao registro e seguimos a ramificação apropriada baseados no resultado do teste. Isto nos levará a um outro nodo interno, para o qual uma nova condição de teste é aplicada, ou a um nodo folha. O rótulo da classe associada ao nodo folha é então atribuída ao registro. Como ilustração, a Figura 4.5 mostra o caminho na árvore de decisão que é usado para prever o rótulo da classe de um flamingo. O caminho termina em um nodo folha rotulado Não Mamíferos.

4.3.2 Como Construir uma Árvore de Decisão

A princípio, há exponencialmente muitas árvores de decisão que podem ser construídas a partir de um determinado conjunto de atributos. Embora algumas das árvores sejam mais precisas que outras, encontrar a árvore ótima é computacionalmente inviável por causa do tamanho exponencial do espaço de pesquisa. Apesar disso, algoritmos eficientes têm sido desenvolvidos para induzir a uma árvore de decisão razoavelmente precisa, embora não perfeita, em uma razoável quantidade de tempo. Estes algoritmos geralmente empregam uma estratégia que cresce uma árvore de decisão tomando uma série de decisões localmente ótimas sobre qual atributo usar para particionar os dados. Um desses algoritmos é o **algoritmo de Hunt**, que é a base de muitos algoritmos de indução de árvores de decisão existentes, incluindo ID3, C4.5 e CART. Esta seção apresenta uma discussão em alto nível do algoritmo de Hunt e ilustra algumas das suas questões de projeto.

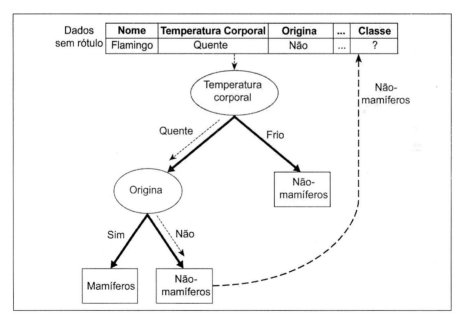

Figura 4.5. *Classificando um vertebrado sem rótulo. As linhas tracejadas representam o resultado da aplicação de diversas condições de testes sobre atributos sobre o vertebrado não rotulado. O vertebrado acaba recebendo a classe de Não-mamífero.*

O Algoritmo de Hunt

No algoritmo de Hunt, uma árvore de decisão cresce de uma forma recursiva pelo particionamento dos registros de treino em sucessivos subconjuntos mais puros. Suponhamos que D_t seja o conjunto de registros de treino que estão associados ao nodo t e $y = \{y1, y2, ..., yc\}$ sejam os rótulos das classes. A seguir está uma definição recursiva do algoritmo de Hunt.

Passo 1 : Se todos os registros em D_t pertencerem à mesma classe y_t, então t e um nodo folha rotulado como y_t.

Passo 2: Se D_t contiver registros que pertençam a mais de uma classe, uma **condição de teste atributo** é selecionada para particionar os registros em subconjuntos menores. Um nodo filho é criado para cada resultado da condição de teste e os registros de D_t são distribuídos para os filhos baseados nos resultados. O algoritmo é então aplicado recursivamente a cada nodo filho.

	binary	categorical	continuous	class
Tid	Casa Própria	Estado Civil	Renda Anual	Inadimplente
1	Sim	Solteiro	125K	Não
2	Não	Casado	100K	Não
3	Não	Solteiro	70K	Não
4	Sim	Casado	120K	Não
5	Não	Divorciado	95K	Sim
6	Não	Casado	60K	Não
7	Sim	Divorciado	220K	Não
8	Não	Solteiro	85K	Sim
9	Não	Casado	75K	Não
10	Não	Solteiro	90K	Sim

Figura 4.6. *Conjunto de treino para prever tomadores de empréstimos que ficarão inadimplentes.*

Para ilustrar como o algoritmo funciona, considere o problema de prever se um solicitante de empréstimo pagará suas obrigações ou se se tornará faltoso, subseqüentemente ficando inadimplente. Um conjunto de treino para este problema pode ser construído através do exame de registros de tomadores de empréstimo anteriores. No exemplo mostrado na Figura 4.6, cada registro contém as informações pessoais de um tomador de empréstimo junto com o rótulo de classe indicando se ele se tornou inadimplente.

A árvore inicial para o problema da classificação contém um único nodo com rótulo de classe Inadimplente = Não (veja a Figura 4.7(a)), o que significa que a maioria dos tomadores de empréstimos paga seus débitos. A árvore, entretanto, precisa ser refinada, já que o nodo raiz contém registros de ambas as classes. Os registros são subseqüentemente divididos em subconjuntos menores baseados nos resultados da condição de teste Casa Própria, conforme mostrado na Figura 4.7 (b). A justificativa para a escolha desta condição de teste de atributo será discutida posteriormente. Por enquanto, suporemos que este é o melhor critério para dividir os dados neste ponto. O algoritmo de Hunt é então aplicado recursivamente a cada filho do nodo raiz. A partir do conjunto de treino dado na Figura 4.6, observe que todos os tomadores de empréstimos que possuem casa própria pagaram suas dívidas. O filho à esquerda do nodo raiz é, portanto um nodo folha rotulado Inadimplente = Não (veja a Figura 4.7 (b)). Para o filho à direita, precisamos continuar aplicando o passo recursivo do algoritmo de Hunt até que todos os registros pertençam à mesma classe. As árvores resultantes de cada passo recursivo são mostradas nas Figuras 4.7 (c) e (d).

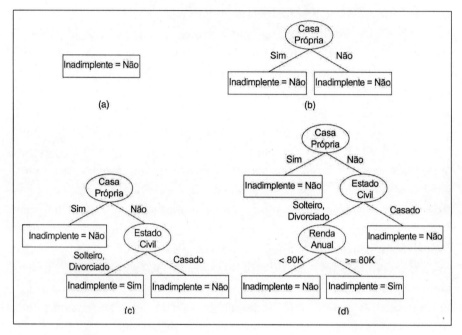

Figura 4.7. *Algoritmo de Hunt para induzir árvores de decisão.*

O algoritmo de Hunt funcionará se toda combinação de valores de atributos estiver presente nos dados de treino e cada combinação possui um único rótulo de classe. Estas suposições são muito severas para uso na maioria das situações práticas. Condições adicionais são necessárias para lidar com os seguintes casos:

1. É possível que alguns dos nodos filhos criados no Passo 2 estejam vazios; i.e., não existam registros associados a estes nodos. Isto pode acontecer se nenhum dos registros de treino tiver a combinação de valores de atributos associada a tais nodos. Neste caso, o nodo é declarado um nodo folha com o mesmo rótulo de classe da classe majoritária dos registros de treino associados ao seu nodo pai.

2. No Passo 2, se todos os registros associados a D_t possuírem valores de atributos idênticos (exceto pelo rótulo da classe), então não é possível dividir mais estes registros. Neste caso, o nodo é declarado um nodo folha com o mesmo rótulo de classe da classe majoritária dos registros de treino associados a este nodo.

Questões de Projeto na Indução de Árvores de Decisão

Um algoritmo de aprendizagem para induzir árvores de decisão deve abordar as duas seguintes questões:
Questões de Projeto na Indução de Árvores de Decisão
1. **Como os registros de treinamento devem ser tratados?** Cada passo recursivo do processo de crescimento da árvore deve selecionar uma condição de teste de atributo para dividir os registros em subconjuntos menores. Para implementar este passo, o algoritmo deve fornecer um método para especificação da condição de teste para diferentes tipos de atributos assim como uma métrica objetiva para a avaliação da qualidade de cada condição de teste.
2. **Como o procedimento de divisão deve parar?** Uma condição de parada é necessária para terminar o processo de crescimento da árvore. Uma estratégia possível é continuar expandindo um nodo até que todos os registros pertençam à mesma classe ou tenham valores de atributos idênticos. Embora ambas as condições sejam suficientes para parar qualquer algoritmo de indução de árvore de decisão, outros critérios podem ser impostos para permitir que o procedimento de crescimento da árvore termine antes. As vantagens do término anterior serão discutidas mais adiante na Seção 4.4.5.

4.3.3 Métodos para Expressar Condições de Teste de Atributos

Os algoritmos de indução de árvores de decisão devem fornecer um método para expressar uma condição de teste de atributo e seus resultados correspondentes para diferentes tipos de atributos.

Atributos Binários   A condição de teste para um atributo binário gera dois resultados possíveis, conforme mostrado na Figura 4.8.

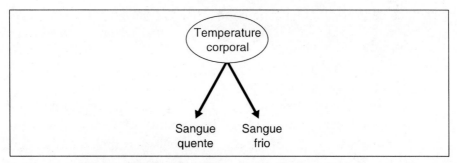

Figura 4.8. *Condição de teste para atributos binários.*

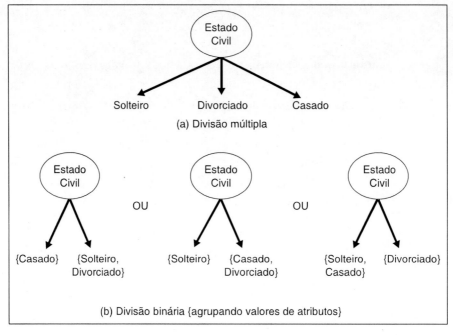

Figura 4.9. *Condições de teste para atributos nominais.*

Atributos Nominais Já que um atributo nominal pode ter muitos valores, sua condição de teste pode ser expressa de duas formas, conforme mostrado na Figura 4.9. Para uma divisão múltipla (Figura 4.9(a)), o número de resultados depende do número de valores distintos para o atributo correspondente. Por exemplo, se um atributo como o estado civil tiver três valores distintos – solteiro(a), casado(a) ou divorciado(a) - sua condição de teste produzirá uma divisão em três formas. Por outro lado, alguns algoritmos de árvore de decisão, como CART, produzem apenas divisões binárias considerando todas as 2^{k-1} -1 formas de criar uma partição binária de k valores de atributos. A Figura 4.9(b) ilustra três formas diferentes de se agrupar os valores de atributos para estado civil em dois subconjuntos.

Atributos Ordinais Atributos ordinais também podem produzir divisões binárias ou múltiplas. Valores de atributos nominais podem ser agrupados desde que o agrupamento não viole a propriedades de ordenação dos valores do atributo. A Figura 4.10 ilustra diversas formas de divisão de registros de treinamento baseadas no atributo *Tamanho da Camisa*. Os agrupamentos mostrados nas Figuras 4.10(a) e (b) preservam a ordem entre os valores dos atributos, enquanto que o agrupamento mostrado na Figura 4.10(c) viola esta propriedade porque combina os valores de atributo *Pequena* e *Grande* na mesma partição enquanto que *Média* e *Extra Grande* são combinadas em outra partição.

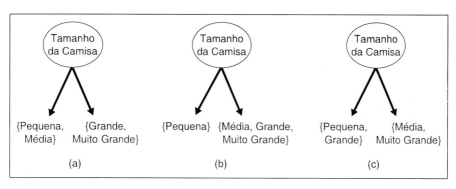

Figura 4.10 *Diferentes formas de agrupamento de valores de atributos ordinais.*

Atributos Contínuos Para atributos contínuos, a condição de teste pode ser expressa como um teste de comparação (A < v) ou (A ≥ v) com resultados binários, ou uma faixa com resultados na forma de $v_i \le A \le v_{i+1}$ para $i = 1, ..., k$. A diferença entre estas abordagens é mostrada na Figura 4.11, Para o caso binário, o algoritmo da árvore de decisão deve considerar todas as divisões *v* possíveis e ele seleciona a que produzir a melhor partição. Para a divisão múltipla, o algoritmo deve considerar todas as faixas possíveis de valores contínuos. Uma abordagem é aplicar as estratégias de discretização descritas na Seção 2.3.6 na página 57. Após a discretização, um novo valor ordinal será atribuído a cada intervalo discretizado. Intervalos adjacentes também podem ser agregados em faixas maiores desde que a propriedade da ordenação seja preservada.

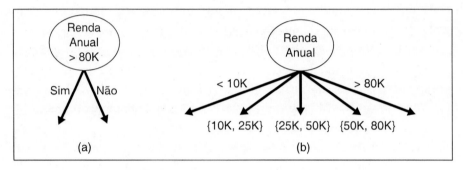

Figura 4.11. *Condição de teste para atributos contínuos.*

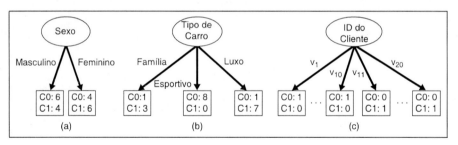

Figura 4.12. *Diferentes formas versus divisões.*

4.3.4 Métricas para Selecionar a Melhor Divisão

Existem muitas métricas que podem ser usadas para determinar a melhor forma de dividir os registros. Estas métricas são definidas em termos da distribuição da classe dos registros antes e depois da divisão.

Suponha que $k(i|t)$ denote a fração de registros que pertencem à classe *i* em um determinado nodo *t*. Às vezes omitimos a referência ao nodo *t* e expressamos a fração como p_i. Em um problema com duas classes, a distribuição das mesmas em qualquer nodo pode ser escrita como (p_0, p_1), onde $p_1 = 1 - p_0$. Para ilustrar, analise as condições de teste mostradas na Figura 4.12. A distribuição da classe antes da divisão é (0.5, 0.5) porque há um número igual de registros de cada classe. Se dividirmos os dados usando o atributo *Sexo*, então as distribuições da classe dos nodos filhos são (0.6, 0.4) e (0.4, 0.6), respectivamente. Embora as classes não estejam mais distribuídas uniformemente, os nodos filhos ainda contêm registros de ambas. Dividir sobre o segundo atributo, *Tipo de Carro*, resultará em partições mais puras.

As métricas desenvolvidas para selecionar a melhor divisão são muitas vezes baseadas no grau de impureza dos nodos filhos. Quanto menor o grau de impureza, mais distorcida é a distribuição das classes. Por exemplo, um nodo com uma distribuição de classe (0, 1) possui impureza zero, enquanto que um nodo com distribuição de classes uniforme (0.5, 0,5) possui a maior impureza. Exemplos de métricas de impureza incluem

$$\text{Entropia }(t) = -\sum_{i=0}^{c-1} p(i \mid t) \log_2 p(i \mid t), \tag{4.3}$$

$$\text{Gini }(t) = 1 - \sum_{i=0}^{c-1} [p(i \mid t)]^2, \tag{4.4}$$

$$\text{Erro de classificação errada }(t) = 1 - \max_i [p(i \mid t)], \tag{4.5}$$

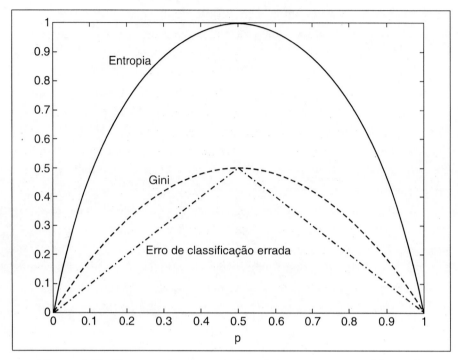

Figura 4.13. *Comparação entre métricas de impureza para problemas de classificação binária.*

A Figura 4.13 compara as métricas de impureza para problemas de classificação binária. P se refere à fração de registros que pertencem a uma das duas classes. Observe que todas as três métricas alcançam seu valor máximo quando a distribuição das classes é uniforme (i.e., quando $p = 0.5$). Os valores mínimos para as métricas são atingidos quando todos os registros pertencem à mesma classe (i.e., quando p é igual a 0 ou 1). A seguir fornecemos diversos exemplos de cálculo de diferenças métricas de impureza.

Nodo N_1	Count
Classe = 0	0
Classe = 1	6

Gini = $1 - (0/6)^2 - (6/6)^2 = 0$
Entropia = $-(0/6) \log_2(0/6) - (6/6) \log_2(6/6) = 0$
Erro = $1 - \max[0/6, 6/6] = 0$

Nodo N₂	Count	Gini = 1 − (1/6)² − (5/6)² = 0.278
Classe = 0	1	Entropia = −(1/6) log₂(1/6) − (5/6) log₂(5/6) = 0.650
Classe = 1	5	Erro = 1 − max[1/6, 5/6] = 0.167

Nodo N₃	Count	Gini = 1 − (3/6)2 − (3/6)² = 0.5
Classe = 0	3	Entropia = −(3/6) log₂(3/6) − (3/6) log₂(3/6) = 1
Classe = 1	3	Erro = 1 − max[3/6, 3/6] = 0.5

Os exemplos anteriores, junto com a Figura 4.13, ilustram a consistência entre diferentes métricas de impureza. Baseado nestes cálculos, o nodo N_1 possui o valor de impureza mais baixo, seguido por N_2 e N_3. Apesar da sua consistência, o atributo escolhido como condição de teste pode variar dependendo da escolha da métrica de impureza, como será mostrado no Exercício 3.

Para determinar o quão bem uma condição de teste é executada, precisamos comparar o grau de impureza do nodo pai (antes da divisão) com o grau de impureza dos nodos filhos (após a divisão). Quanto maior a diferença, melhor a condição do teste. O ganho, Δ, é um critério que pode ser usado para determinar a qualidade de uma divisão:

$$\Delta = I(\text{pai}) - \sum_{j=1}^{k} \frac{N(v_j)}{N} I(v_j) \qquad (4.6)$$

Onde $I(\cdot)$ é a medida de impureza de um determinado nodo, N é o número total de registros no nodo pai, k é o número de valores dos atributos e $N(v_j)$ é o número de registros associados ao nodo filho v_j. Algoritmos de indução de árvores de decisão muitas vezes escolhem uma condição de testes que maximiza o ganho Δ. Já que $I(\text{pai})$ é o mesmo para todas as condições de teste, maximizar o ganho é equivalente a minimizar as medidas de média ponderada de impureza dos nodos filhos. Finalmente, quando a entropia é usada como métrica de impureza na Equação 4.6, a diferença na entropia é conhecida como **ganho de informação**, Δ_{info}.

Divisão de Atributos Binários

Analise o diagrama mostrado na Figura 4.14. Suponha que existam duas formas de dividir os dados em subconjuntos menores. Antes de dividir, o índice Gini é 0,5, já que há um número igual de registros em ambas as classes. Se o atributo A for escolhido para dividir os dados, o índice Gini para o nodo N1 é 0,4898 e para o nodo N2 é 0,480. A média ponderada do índice Gini para os nodos descendentes é (7/12) x 0,4898 + (5/12) x 0,480 = 0,486. De forma semelhante, podemos mostrar que a média ponderada do índice Gini para o atributo B é 0,375. Já que os subconjuntos para o atributo B possuem um índice Gini menor, ele é preferido em relação ao atributo A.

Divisão de Atributos Nominais

Conforme observado anteriormente, um atributo nominal pode produzir divisões binárias ou múltiplas, como mostrado na Figura 4.15. O cálculo do índice Gini para uma divisão binária é semelhante àquele mostrado para se determinar atributos binários. Para o primeiro agrupamento binário do atributo *Tipo de Carro*, o índice Gini de {*Esportivo, Luxo*} é 0,4922 e o índice Gini de {*Família*} é 0,3750. A média ponderada do índice Gini para o agrupamento é igual a

$$16/20 \times 0,4922 + 4/20 \times 0,3750 = 0,468$$

Classificação: Conceitos Básicos, Árvores de Decisão... 191

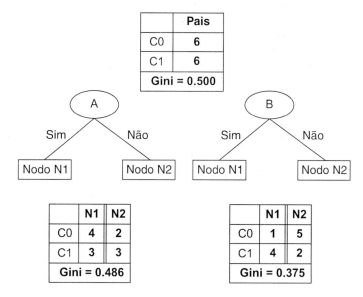

Figura 4.14. *Divisão de atributos binários.*

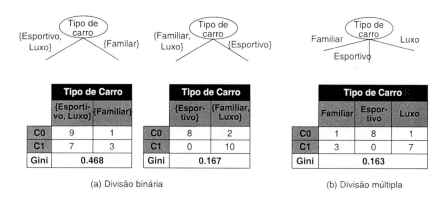

(a) Divisão binária (b) Divisão múltipla

Figura 4.15. Divisão de atributos nominais.

De forma semelhante, para o segundo agrupamento binário de *{Esportivo}* e *{Familiar, Luxo}*, a média ponderada do índice Gini é 0,167. O segundo agrupamento possui um índice Gini maior porque seus subconjuntos correspondentes são muito mais puros.

Classe	Não	Não	Não	Sim	Sim	Sim	Não	Não	Não	Não
Renda Anual										
Valores ordenados →	60	70	75	85	90	95	100	120	125	220
Posições Divididas →	55	65	72	80	87	92	97	110	122	172	230

	<=	>	<=	>	<=	>	<=	>	<=	>	<=	>	<=	>	<=	>	<=	>	<=	>	<=	>
Sim	0	3	0	3	0	3	0	3	1	2	2	1	3	0	3	0	3	0	3	0	3	0
Não	0	7	1	6	2	5	3	4	3	4	3	4	3	4	4	3	5	2	6	1	7	0
Gini	0.420	0.400	0.375	0.343	0.417	0.400	**0.300**	0.343	0.375	0.400	0.420

Figura 4.16. *Dividindo atributos contínuos.*

Para a divisão múltipla, o índice Gini é calculado para cada valor de atributo. Já que Gini({*Família*}) = 0,375, Gini({*Esportivo*}) = 0 e Gini({*Luxo*}) = 0,219, o índice Gini geral para a divisão múltipla é igual a:

$$4/20 \times 0{,}375 + 8/20 \times 0 + 8/20 \times 0{,}219 = 0{,}163.$$

A divisão múltipla possui um índice Gini menor se comparada com ambas as divisões em dois. Este resultado não é surpreendente porque a divisão em dois na verdade funde alguns dos resultados de uma divisão múltipla e, assim, resulta em subconjuntos menos puros.

Divisão de Atributos Contínuos

Analise o exemplo mostrado na Figura 4.16, no qual a condição de teste **Renda Anual** $\leq v$ é usada para dividir os registros de treinamento para o problema da classificação de inadimplentes. Um método que use força bruta para encontrar v é, considerar cada valor do atributo nos registros N como uma posição candidata de divisão. Para cada candidata v, o conjunto de dados é varrido uma vez para contar o número de registros com renda anual menor ou maior que v. A seguir calculamos o índice Gini para cada candidata e escolhemos a que der o menor valor. Esta abordagem é computacionalmente custosa porque requer $O(N)$ operações para calcular o índice Gini em cada posição candidata de divisão. Já que existem N candidatas, a complexidade geral desta tarefa é $O(N^2)$. Para reduzir a complexidade, os registros de treinamento são ordenados com base na sua renda anual, um cálculo que requer $O(N \log N)$ em tempo. Posições candidatas de divisão são identificadas pegando-se os pontos intermediários entre dois valores ordenados adjacentes: 55, 65, 72 e assim por diante. Entretanto, diferentemente da abordagem da força bruta, não temos que examinar todos os N registros durante a avaliação do índice Gini de uma posição candidatas de divisão.

Para a primeira candidata, $v = 55$, nenhum dos registros possui renda anual menor que $55K. Como resultado, o índice Gini para o nodo descendente com *Renda Anual* < $55K é zero. Por outro lado, o número de registros com renda anual maior ou igual a $55K é 3 (para a classe *Sim*) e 7 (para a classe *Não*), respectivamente. Assim, o índice Gini para este nodo é 0,420. O índice Gini geral para esta posição candidata de divisão é igual a 0 x 0 + 1 x 0,420 = 0,420.

Para a segunda candidata, $v = 5$, podemos determinar sua distribuição de classe atualizando a distribuição da candidata anterior. Mais especificamente, a nova distribuição é obtida examinando-se o rótulo da classe do registro com a menor renda anual (i.e., $60K). Já que o rótulo da classe para este registro é *Não*, o contador para o *Número* da classe é incrementado de 0 para 1 (para *Renda Anual* ≤ $65K) e é decrementado de 7 para 6 (para *Renda Anual* > $65K). A distribuição da classe *Sim* permanece inalterada. A nova média ponderada do índice Gini para esta posição candidata de distribuição é 0,400.

Este procedimento é repetido até que os valores do índice Gini para todas as candidatas sejam calculados, como mostrado na Figura 4.16. A melhor posição de divisão corresponde à que produz o menor índice Gini, i.e., $v = 97$. Este procedimento é menos custoso porque requer uma quantidade constante de tempo para atualizar a distribuição de classe em cada posição candidata de divisão. Ela pode ser mais otimizada considerando-se apenas posições candidatas de divisão localizadas entre dois registros adjacentes com diferentes rótulos de classes. Por exemplo, devido aos três primeiros registros ordenados (com rendas anuais de $60K, $70K e $75K) terem rótulos de classe idênticos, a melhor posição de divisão não deve estar entre $60K e $75K. Portanto, as posições candidatas de divisão em v = $55k, $65K, $72K, $87K, $92K, $110K, $122K, $172K e $230K são ignoradas porque se localizam entre dois registros adjacentes com os mesmos rótulos de classe. Esta abordagem nos permite reduzir o número de posições candidatas de divisão de 11 para 2.

Taxa de Ganho

Medidas de impureza como Entropia e índice Gini tendem a favorecer atributos que possuam um grande número de valores distintos. A Figura 4.12 mostra três condições de teste alternativas para particionar o conjunto de dados dado no Exercício 2 na página 198. Comparando a primeira condição de teste, *Sexo*, com a segunda, *Tipo de Carro*, é fácil ver que *Tipo de Carro* parece fornecer uma forma melhor de dividir os dados, já que produz nodos descendentes mais puros. Todavia, se compararmos ambas as condições com *ID do Cliente*, esta última parece produzir partições mais puras. Ainda assim, *ID do Cliente* não é um atributo preditivo, porque seu valor é único para cada registro. Mesmo em uma situação menos extrema, uma condição de teste que resulte em um número maior de resultados pode não ser desejável porque o número de registros associados a cada partição é pequeno demais para nos permitir fazer qualquer previsão confiável.

Há duas estratégias para superar este problema. A primeira é restringir as condições de teste apenas a condições binárias. Esta estratégia é empregada por algoritmos de árvores de decisão como CART. Outra estratégia é modificar o critério de divisão para considerar o número de resultados produzidos pela condição de teste de atributo. Por exemplo, no algoritmo de árvore de decisão C4.5, um critério de divisão conhecido como **taxa de ganho** é usada para determinar a qualidade de uma divisão. Este critério é definido da seguinte maneira:

$$\text{Taxa de ganho} = \frac{\Delta_{info}}{\text{Informação de Divisão}} \quad (4.7)$$

Aqui, Informação de Divisão $= -\sum_{i=k}^{k} P(v_i) \log 2\, P(v_i)$ e k é o número total de divisões. Por exemplo, se cada valor de atributo possuir o mesmo número de registros, então $\forall i : P(v_i) = 1/k$ e a informação de divisão seria igual e $log_2 k$. Este exemplo sugere que, se um atributo produz um grande número de divisões, sua informação de divisão também será grande, o que por sua vez reduz sua taxa de ganho.

4.3.5 Algoritmo para Indução de Árvore de Decisão

Um esqueleto de algoritmo de indução de árvore de decisão chamado *CrescimentoDaÁrvore* é mostrado no Algoritmo 4.1. A entrada desse algoritmo consiste dos registros de treinamento *E* e o conjunto de atributos *F*. O algoritmo funciona selecionando recursivamente o melhor atributo para dividir os dados (Passo 7) e expandir os nodos folha da árvore (Passos 11 e 12) até que o critério de parada seja satisfeito (Passo 1). Os detalhes deste algoritmo estão explicados a seguir:

Algoritmo 4.1 Um esqueleto de algoritmo de indução de árvore de decisão

CrescimentoDaÁrvore (E,F)
1: **se** cond_parada(*E,F*) = *verdadeiro* **then**
2:   *folha* = criarNodo();
3:   *folha.rótulo* = Classificar(*E*)
4:   retorna *folha*.
5: **senão**
6:   *raiz* = criarNodo().
7:   *raiz.cond_teste* = encontrar_melhor_divisão(*E,F*).
8:   atribuir $V = \{v|v$ é um resultado possível de *raiz.cond_teste* $\}$.
9:   **para** cada $v \in V$ **faça**
10:   $E_v = \{e \mid raiz.cond\_teste(e) = v$ e $e \in E\}$.
11:   *filho* = *CrescimentoDaÁrvore*(E_v, *F*).
12:   adicionar *filho* como descendente de *raiz* e rotule o limite (*raiz* → *filho*) como *v*.
13: **fim do para**
14: **fim se**
15: retornar *raiz*.

1. A função criarNodo() estende a árvore de decisão criando um novo nodo. Um nodo na árvore de decisão possui uma condição de teste, denotada como *nodo.cond_teste*, ou um rótulo de classe, denotado como *nodo.rótulo*.
2. A função encontrar_melhor_divisão() determina qual atributo deve ser selecionado como condição de teste para dividir os re-

gistros de treinamento. Conforme notado anteriormente, a escolha da condição de teste depende de qual medida de impureza é usada para determinar a qualidade de uma divisão. Algumas medidas amplamente usadas incluem a entropia, o índice Gini e a estatística X^2.

3. A função Classifica() determina o rótulo de classe a ser atribuído a um nodo folha. Para cada nodo folha t, $p(i|t)$ denota a fração de registros de treinamento da classe i a associado ao nodo t. Na maioria dos casos, o nodo folha recebe a classe que possui o maior número de registros de treinamento:

$$folha.rótulo = \underset{i}{\operatorname{argmax}}\, p(i|t) \qquad (4.8)$$

onde o operador argmax retorna o argumento i que maximiza a expressão $p(t|i)$. Além de fornecer as informações necessárias para determinar o rótulo da classe de um nodo folha, a fração $p(i|t)$ também pode ser usada para avaliar a probabilidade de que um registro atribuído ao nodo folha t pertença à classe i. As Seções 5.7.2 e 5.7.3 descrevem como tal avaliação de probabilidade pode ser usada para determinar o desempenho de uma árvore de decisão sob diferentes funções de custo.

4. A função cond_parada() é usada para determinar o processo de crescimento da árvore testando se todos os registros possuem ou o mesmo rótulo de classe ou os mesmos valores de atributos. Outra forma de terminar a função recursiva é testar se o número de registros está abaixo de algum ponto limite mínimo.

Após construir a árvore de decisão, um passo de **poda da árvore** pode ser executado para reduzir o tamanho da árvore de decisão. Árvores de decisão que sejam grandes demais são susceptíveis a um fenômeno conhecido como **overfitting**[2]. A poda ajuda a retirar as ramificações da árvore inicial de uma forma que melhore a capacidade de generalização da árvore de decisão. As questões de *overfiiting* e poda da árvore são discutidas em maiores detalhes na Seção 4.4.

---

[2] N.doT.: Transbordamento.

Classificação: Conceitos Básicos, Árvores de Decisão... 197

Sessão	Endereço IP	Horário	Método de Acesso	Página Web Solicitada	Protocolo	Situação	Número de Bytes	Referido	Agente Usuário
1	160.11.11.11	08/Aug/2004 10:15:21	GET	http://www.cs.umn.edu/~kumar	HTTP/1.1	200	6424		Mozilla/4.0 (compatible; MSIE 6.0; Windows NT 5.0)
1	160.11.11.11	08/Aug/2004 10:15:34	GET	http://www.cs.umn.edu/~kumar/MINDS	HTTP/1.1	200	41378	http://www.cs.umn.edu/~kumar	Mozilla/4.0 (compatible; MSIE 6.0; Windows NT 5.0)
1	160.11.11.11	08/Aug/2004 10:15:41	GET	http://www.cs.umn.edu/~kumar/MINDS/MINDS_papers.htm	HTTP/1.1	200	1018516	http://www.cs.umn.edu/~kumar/MINDS	Mozilla/4.0 (compatible; MSIE 6.0; Windows NT 5.0)
1	160.11.11.11	08/Aug/2004 10:16:11	GET	http://www.cs.umn.edu/~kumar/papers/papers.html	HTTP/1.1	200	7463	http://www.cs.umn.edu/~kumar	Mozilla/4.0 (compatible; MSIE 6.0; Windows NT 5.0)
2	35.9.2.2	08/Aug/2004 10:16:15	GET	http://www.cs.umn.edu/~steinbac	HTTP/1.0	200	3149		Mozilla/5.0 (Windows; U; Windows NT 5.1; en-US; rv:1.7) Gecko/20040616

(a) Exemplo de um registro de servidor Web.

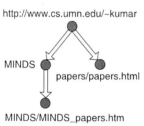

Nome do atributo	Descrição
totalPáginas	Número total de páginas recuperadas em uma sessão Web
PáginasImagem	Número total de páginas de imagem recuperadas em uma sessão Web
TempoTotal	Quantidade total de tempo gasto pelo visitante do Web site
AcessoRepetido	A mesma página solicitada mais de uma vez em uma sessão Web
SolicitaçãoErro	Erros na solicitação de páginas Web
GET	Porcentagem de solicitações feitas usando o método GET
POST	Porcentagem de solicitações feitas usando o método POST
HEAD	Porcentagem de solicitações feitas usando o método HEAD
Largura	Largura da travessia da Web
Profundidade	Profundidade da travessia da Web
IPMúltiplo	Sessão com múltiplos endereços IP
AgenteMúltiplo	Sessão com múltiplos agentes de usuário

(b) Gráfico de uma sessão Web. (c) Atributos derivados para detecção do robô Web.

Figura 4.17. *Dados de entrada para a detecção do robô Web.*

4.3.6 Um Exemplo: Detecção de Robô Web

Mineração de uso da Web é a tarefa de aplicar técnicas de mineração de dados para extrair padrões úteis dos logs de acesso da Web. Estes padrões podem revelar características interessantes de visitantes do site; e.g., as pessoas que visitaram repetidamente um Web site e viram a mesma descrição de um produto são as que mais provavelmente comprarão este produto se forem oferecidos determinados incentivos como descontos ou remessa grátis.

Na mineração de uso da Web, é importante distinguir os acessos feitos por usuários humanos daqueles feitos devido a robôs Web. Um robô Web (também conhecido como *Web crawler*) é um software que localiza e recupera automaticamente informações da Internet seguindo os *hyperlinks* embutidos nas páginas Web. Esses programas são distribuídos por portais de acessos de robôs para juntar os documentos necessários para indexar a Web.

Acessos do robô Web devem ser descartados antes de se aplicar técnicas de mineração para analisar o comportamento do navegador humano.

Esta seção descreve como uma árvore de decisão pode ser usada para distinguir entre acessos de humanos e os de robôs Web. Os dados de entrada foram obtidos de um log de servidor Web, um exemplo dos quais é mostrado na Figura 4.17(a). Cada linha corresponde a uma única solicitação de página feita por um cliente Web (um usuário ou robô Web). Os campos registrados no log Web incluem o endereço IP do cliente, o horário da solicitação, endereço Web do documento solicitado, tamanho do documento e a identidade do cliente (através do campo agente do usuário). Uma sessão Web é uma seqüência de solicitações feitas por um cliente durante uma única visita a um Web site. Cada sessão Web pode ser modelada como um gráfico indireto, no qual os nodos correspondem a páginas Web e as arestas correspondem a hyperlinks conectando uma página Web a outra. A Figura 4.17(b) mostra uma representação gráfica da primeira sessão Web dada em um log de servidor Web.

Para classificar as sessões Web, são construídos recursos para descrever as características de cada sessão. A Figura 4.17(c) mostra alguns dos recursos usados para a tarefa de detecção de robô Web. Entre os recursos notáveis se incluem a *profundidade* e a *largura* da travessia. A *profundidade* determina a distância máxima de uma página solicitada, medida em termos de número de *hyperlinks* do ponto de entrada do Web site. Por exemplo, supõe-se que a página http://www.cs.umn.edu/~kumar esteja a uma profundidade 0, enquanto que http://www.cs.umn.edu/kumar/MINDS/MINDS_paper.htm está localizada a uma profundidade 2. Baseado no gráfico Web mostrado na Figura 4.17(b), o atributo *profundidade* para a primeira sessão é igual a dois. O atributo *largura* mede a largura do gráfico Web correspondente. Por exemplo, a *largura* da sessão Web mostrada na Figura 4.17(b) é igual a dois.

O conjunto de dados para classificação contém 2.916 registros, com número igual de sessões devido a robôs Web (classe 1) e usuários humanos (classe 0). 10% dos dados foram reservados para treinamento enquanto que os 90% restantes foram usados para teste. O modelo de árvore de decisão induzida é mostrado na Figura 4.18. A árvore possui uma taxa de erro igual a 3,8% no conjunto de treinamento e 5,3% no conjunto de teste.

O modelo sugere que robôs Web pode ser distinguidos de usuários humanos da seguinte forma:
1. Acessos de robôs Web tendem a ser largos porém rasos, enquanto que acessos de usuários tendem a ser mais ficados (estreitos porém profundos).
2. Diferentemente de usuários humanos, robôs Web raramente recuperam as páginas de imagem associadas a um documento Web.
3. Sessões devido a robôs Web tendem a ser longas e conter um grande número de páginas solicitadas.

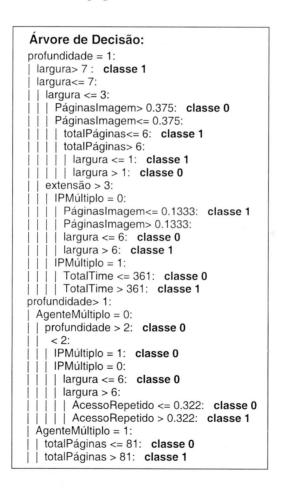

Figura 4.18. *Modelo de árvore de decisão para detecção de robô Web.*

4. Robôs Web provavelmente farão mais solicitações repetidas para o mesmo documento, já que as páginas Web recuperadas por usuários humanos são muitas vezes cacheadas pelo navegador.

4.3.7 Características de Indução de Árvore de Decisão

A seguir está um resumo das características importantes de algoritmos de indução de árvore de decisão.

1. A indução de árvore de decisão é uma abordagem não paramétrica para construir modelos de classificação. Em outras palavras, ela não requer quaisquer suposições a priori quanto ao tipo de distribuição de probabilidades satisfeitas pela classe e outros atributos (diferentemente de algumas das técnicas descritas no Capítulo 5).
2. Encontrar uma árvore de decisão ótima é um problema completo de NP. Muitos algoritmos de árvore de decisão empregam uma abordagem baseada heurística para guiar sua pesquisa no vasto espaço das hipóteses. Por exemplo, o algoritmo apresentado na Seção 4.3.5 usa uma estratégia recursiva, top-down e ávida para desenvolver uma árvore de decisão.
3. Técnicas desenvolvidas para construir árvores de decisão são computacionalmente pouco custosas, possibilitando a construção rápida de modelos mesmo quando o conjunto de treinamento for muito grande. Além disso, assim que a árvore de decisão tiver sido construída, classificar um registro de teste é extremamente rápido, com uma complexidade no pior caso sendo $O(w)$, onde w é a profundidade máxima da árvore.
4. Árvores de decisão, especialmente árvores de tamanho pequeno, são relativamente fáceis de interpretar. A precisão das árvores também é comparável a outras técnicas de classificação para muitos conjuntos de dados simples.
5. Árvores de decisão fornecem uma representação expressiva para aprender funções de tipos boleanos. Entretanto, elas não generalizam bem para determinados tipos de problemas boleanos. Um exemplo notável é a função de paridade, cujo valor é 0(1) quando houver um número ímpar (par) de atributos boleanos com valor

Verdadeiro. A modelagem precisa de tal função requer uma árvore de decisão inteira com 2^d nodos, onde d é o número de atributos boleanos (veja o Exercício 1).

6. Algoritmos de árvores de decisão são bastante robustos quanto à presença de ruído, especialmente quando métodos para se evitar *overfitting*, como descritos na Seção 4.4, são empregados.

7. A presença de atributos redundantes não afeta adversamente a precisão de árvores de decisão. Um atributo é redundante se estiver fortemente relacionado a outro atributo dos dados. Um dos dois atributos redundantes não será usado para divisão assim que o outro atributo tiver sido escolhido. Entretanto, se o conjunto de dados contiver muitos atributos irrelevantes, i.e., atributos que não sejam úteis para a tarefa de classificação, então alguns dos atributos irrelevantes podem ser escolhido acidentalmente durante o processo de crescimento da árvore, o qual resulta em uma árvore de decisão que é maior do que o necessário. Técnicas de seleção de características podem auxiliar a melhorar a precisão das árvores de decisão eliminando os atributos irrelevantes durante o pré-processamento. Investigaremos a questão de atributos irrelevantes demais na Seção 4.4.3.

8. Já que a maioria dos algoritmos de árvores de decisão emprega uma abordagem de particionamento recursiva e top-down, o número de registros se torna menor enquanto descemos pela árvore. Nos nodos folha, o número de registros pode ser também pequeno demais para tomar uma decisão estatisticamente significativa quando à representação da classe dos nodos. Isto é conhecido como problema de **fragmentação de dados**. Uma solução possível é não permitir mais divisão quando o número de registros fica abaixo de um determinado limite.

9. Uma subárvore pode ser replicada múltiplas vezes em uma árvore de decisão, conforme ilustrado na Figura 4.19. Isto torna a árvore de decisão mais complexa do que o necessário e talvez mais difícil de interpretar. Tal situação pode surgir de implementações de árvores de decisão que se baseiem em uma única condição de teste de atributo em cada nodo do intervalo. Já que a maioria dos

algoritmos de árvores de decisão usa uma estratégia de particionamento dividir-para-conquistar, a mesma condição de teste pode ser aplicada a diferentes partes do espaço de atributos, levando assim ao problema de replicação de subárvores.

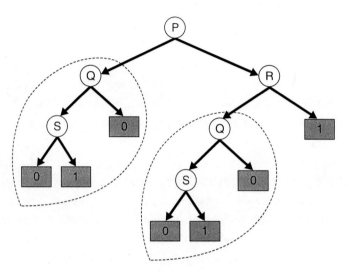

Figura 4.19. *O problema da replicação de árvores. A mesma subárvore pode aparecer em diferentes ramificações.*

10. As condições de teste descritas até agora neste capítulo envolvem o uso de apenas um atributo de cada vez. Como conseqüência, o procedimento de desenvolvimento de árvores pode ser visto como o processo de particionar o espaço do atributo em regiões disjuntas até que cada região contenha registros da mesma classe (veja a Figura 4.20). O limite entre duas regiões fronteiriças de diferentes classes é conhecido como **limite de decisão**. Já que a condição de teste envolve apenas um atributo, os limites de decisão são retilíneos; i.e., paralelos aos "eixos de coordenadas". Isto limita a expressividade da representação da árvore de decisão para modelar relacionamentos complexos entre atributos contínuos. A Figura 4.21 ilustra um conjunto de dados que não pode ser classificado efetivamente por um algoritmo de árvore de decisão que usa condições de teste envolvendo um único atributo de cada vez.

Classificação: Conceitos Básicos, Árvores de Decisão... 203

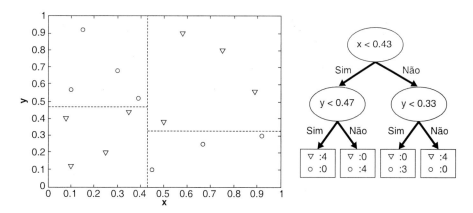

Figura 4.20. *Exemplo de árvore de decisão e seus limites de decisão para um conjunto de dados bidimensional.*

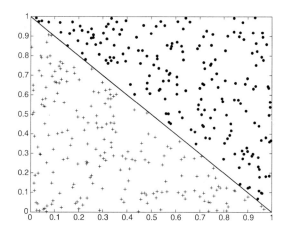

Figura 4.21. *Exemplo de conjunto de dados que não pode ser particionado otimamente usando condições de teste envolvendo atributos únicos.*

Uma **árvore de decisão oblíqua** pode ser usada para superar esta limitação porque permite condições de teste que envolva mais de um atributo. O conjunto de dados dado na Figura 4.21 pode ser representado facilmente por uma árvore de decisão oblíqua contendo um único nodo com a condição de teste

$$x + y < 1.$$

Embora tais técnicas sejam mais expressivas e possam produzir árvores mais compactas, encontrar a condição de teste ótima para um determinado nodo pode ser computacionalmente custoso.

A indução construtiva fornece outra forma de particionar os dados em regiões homogêneas e não retangulares (veja a Seção 2.3.5). Esta abordagem cria atributos compostos representando uma combinação lógica ou aritmética dos atributos existentes. Os novos atributos fornecem uma melhor discriminação das classes e são aumentados para o conjunto de dados anterior à indução da árvore de decisão. Diferentemente da abordagem da árvore de decisão oblíqua, a indução construtiva é menos custosa porque identifica todas as combinações relevantes de atributos uma vez, antes da construção da árvore de decisão. Em contraste, uma árvore de decisão oblíqua deve determinar a combinação correta de atributos nos dados já que o novo atributo é uma combinação de diversos atributos existentes.

11. Estudos mostraram que a escolha da medida de impureza possui pouco efeito sobre o desempenho de algoritmos de indução de árvores de decisão. Isto ocorre porque muitas medidas de impureza são bastante consistentes entre si, conforme mostrado na Figura 4.13 na página 159. De fato, a estratégia usada para podar a árvore possui um impacto maior sobre a árvore final do que a escolha da medida de impureza.

4.4 Overfitting de Modelo

Os erros cometidos por um modelo de classificação são geralmente divididos em dois tipos: **erros de treinamento** e **erro de generalização**. Erros de treinamento, também conhecidos como **erros de re-substituição** ou **erros aparentes**, são o número de erros de classificação equivocada cometidos nos registros de treinamento, enquanto que erros de generalização são os erros esperados do modelo em registros não vistos anteriormente.

Lembre-se da Seção 4.2 que um bom modelo de classificação deve não apenas se adaptar bem aos dados de treinamento, como também deve classificar com precisão os registros que nunca havia visto antes. Em outras palavras, um bom modelo deve ter baixa quantidade de erros de treinamento assim como de erros de generalização. Isto é importante porque um modelo que seja apropriado aos dados de treinamento pode muito bem ter um erro de generalização mais pobre do que um modelo com um alto grau de erro de treinamento. Tal situação é conhecida como *overfitting* de modelo.

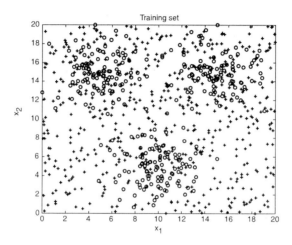

Figura 4.22. *Exemplo de um conjunto de dados com classes binárias.*

Exemplo de *Overfitting* em Dados Bid-Dimensionais   Para um exemplo mais concreto do problema de *overfitting*, considere o conjunto de dados bidimensionais na Figura 4.22. O conjunto de dados contém pontos de dados que pertencem a duas classes diferentes, denotadas como classe o e classe +, respectivamente. Os pontos de dados para a classe o são gerados a partir de uma mistura de três distribuições Gaussianas, enquanto que uma distribuição uniforme é usada para gerar os pontos de dados da classe +. Há 1.200 pontos que pertencem à classe o e 1.200 pontos pertencentes à classe +. 30% dos pontos são selecionados para treinamento, enquanto que os 70% restantes são usados para teste. Um classificador de árvore de decisão que usa o índice Gini como medida de impureza é então aplicado ao conjunto de treinamento. Para investigar o efeito do *overfitting*, diferentes níveis de poda são aplicados à árvore inicial, completamente desenvolvida. A Figura 4.23 (b) mostra as taxas de erro de treinamento e de teste da árvore de decisão.

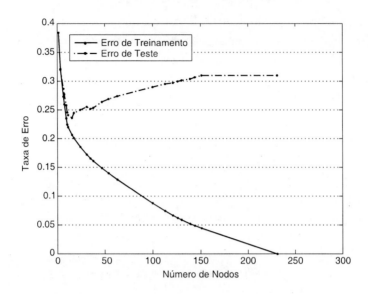

Figura 4.23. *Taxas de erros de teste e de treinamento*

Observe que as taxas de erro de treinamento e de teste do modelo são altas quando o tamanho da árvore de decisão é muito pequeno. Esta situação é conhecida como ***underfitting* de modelo**. Ele ocorre porque o modelo ainda tem que conhecer a verdadeira estrutura dos dados. Como resultado, ele tem desempenho fraco tanto no conjunto de treinamento quanto no de teste. À medida que o número de nodos da árvore aumenta, esta terá menos erros de treinamento e de teste. Entretanto, assim que a árvore se torna grande demais, sua taxa de erro de teste começa a aumentar, embora sua taxa de erro de treinamento continue a diminuir. Este fenômeno é conhecido como ***overfitting* de modelo**.

Para entender o fenômeno do overfitting, observe que o erro de treinamento de um modelo pode ser reduzido pelo aumento da complexidade do mesmo. Por exemplo, os nodos folha da árvore podem ser expandidos até que sejam perfeitamente apropriados para os dados de treinamento. Embora o erro de treinamento para tal árvore complexa seja zero, o erro de teste pode ser grande porque a árvore pode conter nodos que satisfaçam acidentalmente alguns dos pontos de ruído nos dados de treinamento. Tais nodos podem degradar o desenvolvimento da árvore porque não se generalizam bem para os exemplos de teste. A Figura 4.24 mostra a estrutura de duas árvores de decisão com diferentes números de nodos. A árvore que contém o número menor de nodos possui uma taxa de erro de treinamento mais alta, porém uma taxa de erro de teste mais baixa em comparação com a árvore mais complexa.

Overfitting e underfitting são duas patologias que estão relacionadas à complexidade do modelo. O resto desta seção examina algumas das potenciais causas do overfitting de modelo.

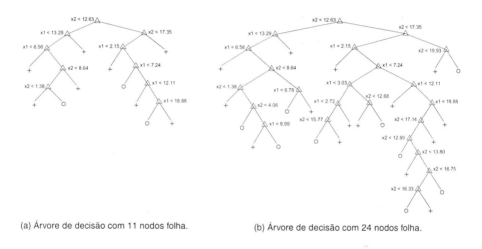

(a) Árvore de decisão com 11 nodos folha.   (b) Árvore de decisão com 24 nodos folha.

Figura 4.24. *Árvores de decisão com diferentes complexidades de modelo.*

4.4.1 Overfitting Devido aà Presença de Ruído

Analise os conjuntos de treinamento e de teste mostrados nas Tabelas 4.3 e 4.4 para o problema da classificação de mamíferos. Dois dos dez registros de treinamento estão com rótulo errado: morcegos e baleias estão classificados como não mamíferos em vez de mamíferos.

Uma árvore de decisão que se adapta perfeitamente aos dados de treinamento é mostrada na Figura 4.25(a). Embora o erro de treinamento para a árvore seja zero, sua taxa de erro no conjunto de teste é de 30%. Tanto os humanos quanto os golfinhos foram mal classificados como não mamíferos porque seus valores de atributos para *Temperatura do Corpo, Origina* e *Quatro Patas* são idênticos aos registros mal rotulados no conjunto de treinamento. Os tamanduás com espinhos, por outro lado, representam um caso excepcional no qual o rótulo da classe de um registro de teste contradiz os rótulos de classe de outros registros semelhantes no conjunto de treinamento. Erros devido a casos excepcionais são muitas vezes inevitáveis e estabelecem a taxa mínima de erro possível que pode ser obtida por algum classificador.

Tabela 4.3. Um exemplo de conjunto de treinamento para classificar mamíferos. Os rótulos de classes com asteriscos representam registros mal rotulados.

Nome	Temperatura do Corpo	Origina	Quatro patas	Hiberna	Rótulo da Classe
porco-espinho	sangue quente	sim	sim	sim	sim
gato	sangue quente	sim	sim	não	sim
morcego	sangue quente	sim	não	sim	não*
baleia	sangue quente	sim	não	não	não*
salamandra	sangue frio	não	sim	sim	não
dragão de Komodo	sangue frio	não	sim	não	não
píton	sangue frio	não	não	sim	não
salmão	sangue frio	não	não	não	não
águia	sangue quente	não	não	não	não
peixe Guppy	sangue frio	sim	não	não	não

Tabela 4.4. Um exemplo de conjunto de teste para a classificação de mamíferos.

Nome	Temperatura do Corpo	Origina	Quatro patas	Hiberna	Rótulo da Classe
humano	sangue quente	sim	não	não	sim
pomba	sangue quente	não	não	não	não
elefante	sangue quente	sim	sim	não	sim
tubarão tigre	sangue frio	sim	não	não	não
tartaruga	sangue frio	não	sim	não	não
pingüin	sangue frio	não	não	não	não
enguia	sangue frio	não	não	não	não
golfinho	sangue quente	sim	não	não	sim
tamanduá com espinhos	sangue quente	não	sim	sim	sim
monstro de Gila	sangue frio	não	sim	sim	não

Classificação: Conceitos Básicos, Árvores de Decisão... **209**

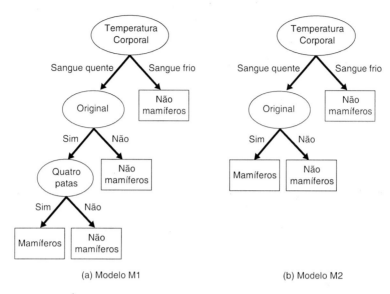

Figura 4.25. *Árvore de decisão do conjunto de dados mostrado na Tabela 4.3.*

Em contraste, a árvore de decisão *M2* mostrada na Figura 4.25(b) possui uma taxa de erro de teste mais baixa (10%) embora sua taxa de erro de treinamento seja um pouco mais alta (20%). É evidente que a primeira árvore de decisão, *M1*, teve problema de overfitting com os dados de treinamento porque há um modelo mais simples com taxa de erro menor no conjunto de teste. A condição de teste de atributo *Quatro Patas* no modelo *M1* é falsa porque se adapta a registros de treinamento mal rotulados, o que leva à classificação errônea de registros no conjunto de teste.

4.4.2 *Overfitting* Devido a Falta de Amostras Representativas

Modelos que tomem suas decisões sobre classificação baseados em um pequeno número de registros de treinamento também são susceptíveis a *overfitting*. Tais modelos podem ser gerados por causa da falta de amostras representativas nos dados de treinamento e algoritmos de aprendizagem que continuem a refinar seus modelos mesmo quando poucos registros de treinamento estiverem disponíveis. Ilustramos estes efeitos no exemplo a seguir.

Analise os cinco registros de treinamento mostrados na Tabela 4.5. Todos esses registros de treinamento estão rotulados corretamente e a árvore de decisão correspondente é mostrada na Figura 4.26. Embora seu erro de treinamento seja zero, sua taxa de erro sobre o conjunto de testes é de 30%.

Tabela 4.5. Um exemplo de conjunto de treinamento para classificar mamíferos.

Nome	Temperatura do Corpo	Origina	Quatro patas	Hiberna	Rótulo da Classe
salamandra	sangue frio	não	sim	sim	não
peixe Guppy	sangue frio	sim	não	não	não
águia	sangue quente	não	não	não	não
poorwill	sangue quente	não	não	sim	não
platypus	sangue quente	não	sim	sim	sim

Humanos, elefantes e golfinhos estão classificados de forma errônea porque a árvore de decisão classifica todos os vertebrados de sangue quente que não hibernam como não mamíferos. A árvore chega a essa decisão de classificação porque existe apenas um registro de treinamento, que é uma águia, com tais características. Este exemplo demonstra claramente o perigo de fazer previsões erradas quando não há exemplos representativos suficientes nos nodos folha de uma árvore de decisão.

Figura 4.26. *Árvore de decisão induzida do conjunto de dados mostrado na Tabela 4.5.*

4.4.3 *Overfitting* e o Procedimento de Comparação Múltipla

O *overfitting* do modelo surge em algoritmos de aprendizagem que empregam uma metodologia conhecida como procedimento de comparação múltipla. Para entender este procedimento, analise a tarefa de previsão de se o mercado de ações subirá ou cairá nos próximos dez dias úteis. Se um analista de ações simplesmente fizer suposições aleatórias, a probabilidade de que sua previsão esteja correta em qualquer dia útil é de 0,5. Entretanto, a probabilidade de que sua previsão esteja correta em pelo oito em dez vezes é

$$\frac{\binom{10}{8} + \binom{10}{9} + \binom{10}{10}}{2^{10}} = 0.0547,$$

o que parece bastante improvável.

Suponha que estejamos interessados em escolher um conselheiro de investimentos a partir de um conjunto de cinqüenta analistas de ações. Nossa estratégia é selecionar o analista que fizer as previsões mais corretas nos próximos dez dias úteis. A falha nesta estratégia é que, mesmo se os analistas tiverem feito suas previsões de modo aleatório, a probabilidade de que pelo menos um deles faça oito previsões corretas é

$$1 - (1 - 0.0547)^{50} = 0.9399,$$

o que é muito alto. Embora cada analista tenha uma baixa probabilidade de prever pelo menos oito vezes corretamente, colocando-os todos juntos, temos uma alta probabilidade de encontrar um analista que consiga fazê-lo. Além disso, não há garantia no futuro de que tal analista continue a fazer previsões precisas através do processo aleatório.

Como o procedimento de comparação múltipla modela o *overfitting*? Muitos algoritmos de aprendizagem exploram um conjunto de alternativas independentes, $\{\gamma_i\}$ e então escolhem uma alternativa, $\gamma_{\max}$, que maximize uma determinada função de critério. O algoritmo adicionará $\gamma_{\max}$ ao modelo corrente para melhorar seu desempenho geral. Este procedimento é repetido até que nenhum melhoramento seja mais percebido. Como exemplo, durante o crescimento da árvore de decisão, testes múltiplos são executados para determinar qual atributo pode dividir melhor os dados de treinamento. O atributo que leva à melhor divisão é escolhido para estender a árvore enquanto forem observadas melhorias que sejam estatisticamente significantes.

Suponhamos que T_0 seja árvore de decisão inicial e T_x a nova árvore após a inserção de um nodo interno para o atributo x. A princípio, x pode ser adicionado à árvore se o ganho observado, $\Delta(T_0, T_x)$ for maior do que algum limite pré-definido α. Se houver apenas uma condição de teste de atributo a ser avaliada, então podemos evitar a inserção de nodos falsos escolhendo um valor de α suficientemente grande. Entretanto, na prática, mais de uma condição de teste está disponível e o algoritmo da árvore de decisão deve escolher o melhor atributo x_{max} de um conjunto de candidatos $\{x_1, x_2, ..., x_k\}$ para particionar os dados. Nesta situação, o algoritmo está na verdade usando um procedimento de comparação múltipla para decidir se uma árvore de decisão deve ser estendida. Mais especificamente, está testando se $\Delta(T_0, Tx_{max}) > \alpha$ em vez de $\Delta(T_0, T_x) > \alpha$. Quando o número de alternativas, k, aumenta, também o faz nossa chance de encontrar $\Delta(T_0, Tx_{max}) > \alpha$. A menos que a função de ganho Δ ou o limite α seja modificado para contabilizar k, o algoritmo pode inadvertidamente adicionar nodos falsos ao modelo, o que leva ao *overfitting* do modelo.

Este efeito se torna mais pronunciado quando o número de registros de treinamento a partir dos quais x_{max} é escolhido é pequeno, porque a variância $\Delta(T_0, Tx_{max})$ é alta quando menos exemplos estejam disponíveis para treinamento. Como conseqüência, a probabilidade de encontrar $\Delta(T_0, Tx_{max}) > \alpha$ aumenta quando há muito poucos registros de treinamento. Isto ocorre com freqüência quando a árvore de decisão se torna mais profunda, o que, por sua vez, reduz o número de registros cobertos pelos nodos e aumenta a probabilidade de adição de nodos desnecessários na árvore. A falha em compensar o grande número de alternativas ou o pequeno número de registros de treinamento levarão, portanto, ao *overfitting* de modelo.

4.4.4 Estimativa de Erros de Generalização

Embora o motivo principal do *overfitting* ainda seja assunto de debate, geralmente se concorda que a complexidade de um modelo tem um impacto sobre o *overfitting* do modelo, conforme ilustrado na Figura 4.23. A questão é como determinamos a complexidade correta do modelo? A complexidade ideal é a de um modelo que produza menos erros de generalização. O problema é que o algoritmo de aprendizagem só possui acesso ao conjunto de treinamento durante a construção do modelo (veja a Figura 4.3). Ele não conhece o conjunto de teste e, assim, não sabe o quão bem a árvore executará em registros que nunca viu antes. O melhor a fazer é avaliar o erro de generalização da árvore induzida. Esta seção apresenta diversos métodos para fazer a estimativa.

Usando Avaliação de Re-substituição

A abordagem da avaliação de resubstituição supõe que o conjunto de treinamento é uma boa representação dos dados gerais. Conseqüentemente, o erro de treinamento, de outro modo conhecido como erro de resubstituição, pode ser usado para fornecer uma avaliação otimista para o erro de generalização. Sob esta suposição, um algoritmo de indução de árvore de decisão simplesmente seleciona como seu modelo final o que produzir a menor taxa de erro de treinamento. Entretanto, o erro de treinamento é geralmente uma estimativa fraca do erro de generalização.

Exemplo 4.1. Considere as árvores de decisão binárias mostradas na Figura 4.27. Suponha que ambas sejam geradas a partir dos mesmos dados de treinamento e que ambas tomem suas decisões de classificação em cada nodo folha de acordo com a classe da maioria. Observe que a árvore da esquerda, T_L, é mais complexa porque expande alguns dos nodos folha da árvore da direita, T_R. A taxa de erro de treinamento para a árvore da esquerda é $e(T_L)$. A taxa de erro de treinamento para a árvore da esquerda é $e(T_L)$ = 4/24 = 0,167, enquanto que a taxa de erro de treinamento para a árvore da direita é $e(T_R)$ = 6/24 = 0,25. Baseada nas suas avaliações de re-substituição, a árvore da esquerda é considerada melhor do que a da direita.

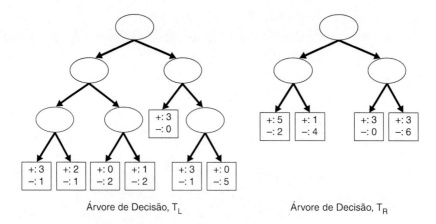

Figura 4.27. *Exemplo de duas árvores de decisão geradas a partir dos mesmos dados de origem.*

Incorporando Complexidade de Modelo

Como observado anteriormente, a chance de *overfitting* de modelo aumenta à medida que o modelo se torna mais complexo. Por este motivo, devemos preferir modelos mais simples, uma estratégia que concorda com o princípio bem conhecido da **lâmina de Occam** ou **princípio da parcimônia**:

Definição 4.2: Lâmina de Occam: Dados dois modelos com os mesmos erros de generalização, o modelo mais simples é preferido.

A lâmina de Occam é intuitiva porque os componentes adicionais em um modelo complexo possuem uma chance maior de se adaptarem puramente por sorte. Nas palavras de Einstein, "Tudo deve ser tornado tão simples quanto possível, mas não mais simples". A seguir, apresentamos dois métodos para incorporar a complexidade do modelo na avaliação de modelos de classificação.

Avaliação de Erros Pessimista   A primeira abordagem calcula explicitamente erros de generalização como a soma de erros de treinamento e um termo de penalidade pela complexidade do modelo. O erro de generalização resultante pode ser considerado sua avaliação de erro pessimista. Por exemplo, suponha que $n(t)$ seja o número de registros de treinamento classificados pelo nodo t e $e(t)$ seja o número de registros mal classificados. A avaliação de erros pessimista de uma árvore de decisão T, $e_g(T)$ pode ser calculada da seguinte maneira:

$$e_g(T) = \frac{\sum_{i=1}^{k}\left[e(t_i) + \Omega(t_i)\right]}{\sum_{i=1}^{k} n(t_i)} = \frac{e(T) + \Omega(T)}{N_t},$$

onde k é o número de nodos folha, $e(T)$ é o erro de treinamento geral da árvore de decisão, N_t é o número de registros de treinamento e (Ωi) é o termo de penalidade associado a cada nodo t_i.

Exemplo 4.2. Considere as árvores de decisão binária mostradas na Figura 4.27. Se o termo de penalidade for igual a 0,5, então a avaliação de erro pessimista para a árvore da esquerda é

$$e_g(T_L) = \frac{4 + 7 \times 0.5}{24} = \frac{7,5}{24} = 0.3125$$

e a avaliação de erro pessimista para a árvore direita é

$$e_g(T_R) = \frac{6 + 4 \times 0.5}{24} = \frac{8}{24} = 0.3333.$$

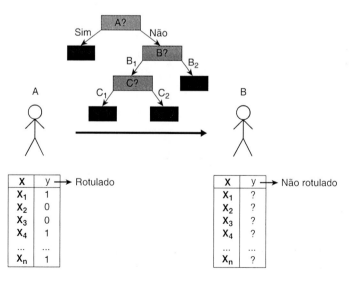

Figura 4.28. *O princípio do comprimento mínimo de descrição (MDL).*

Assim, a árvore esquerda possui uma taxa de erro pessimista melhor do que a da direita. Para árvores binárias, um termo de penalidade de 0,5 significa que o nodo deve sempre ser expandido nos seus dois nodos filhos enquanto isto melhorar a classificação de pelo menos um registro de treinamento porque, expandir um nodo, o que é equivalente a adicionar 0,5 ao erro geral, é menos custoso do que cometer um erro de treinamento.

Se $\Omega(t) = 1$ para todos os nodos t, a avaliação pessimista de erros para a árvore esquerda é $e_g(T_L) = 11/24 = 0,458$, enquanto que a avaliação pessimista de erros para a árvore esquerda é $e_g(T_R) = 10/24 = 0,417$. A árvore direita, portanto, possui uma taxa de erro pessimista melhor do que a da esquerda. Assim, um nodo não deve ser expandido em seus nodos filhos a menos que isso reduza o erro de classificação errônea para mais de um registro de treinamento.

Princípio do Comprimento Mínimo da Descrição Outra forma de incorporar complexidade ao modelo é baseada em uma abordagem teórica de informação, conhecida como o princípio MDL ou do comprimento mínimo da descrição. Para ilustrar este princípio, analise o exemplo mostrado na Figura 4.28. Neste exemplo, tanto A quanto B recebem um conjunto de registros com x valores de atributos conhecidos. Além disso, a pessoa A conhece o rótulo de classe exato para cada registro, enquanto que a pessoa B não tem estas informações. B pode obter a classificação de cada registro solicitando que A transmita os rótulos de classe seqüencialmente. Tal mensagem requereria $\Theta(n)$ bits de informação, onde n é o número total de registros.

De forma alternativa, A pode decidir construir um modelo de classificação que resuma o relacionamento entre **x** e y. O modelo pode ser codificado em uma forma compacta antes de ser transmitido para B. Se o modelo for 100% preciso, então o custo de transmissão é equivalente ao custo de codificação de modelo. Caso contrário, A também deve transmitir informações sobre qual registro está classificado de forma incorreta pelo modelo. Assim, o custo geral de transmissão é

$$Custo(modelo, dados) = Custo(modelo) + Custo(dados) \qquad (4.9)$$

onde o primeiro termo no lado direito é o custo da codificação do modelo, enquanto que o segundo termo representa o custo de codificação de registros mal rotulados. De acordo com o princípio MDL, devemos procurar um modelo que minimize a função de custo total. Um exemplo mostrando como calcular o comprimento total da descrição de uma árvore de decisão é dado pelo Exercício 9.

Avaliando Limites Estatísticos

O erro de generalização também pode se avaliado como uma correção estatística para o erro de treinamento. Já que o erro de generalização tende a ser maior que o de treinamento, a correção estatística geralmente é calculada como um limite superior do erro de treinamento, considerando o número de registros de treinamento que chegam a um determinado nodo folha. Por exemplo, no algoritmo de árvore de decisão C4.5, supõe-se que o número de erros cometidos por cada nodo folha siga uma distribuição binomial. Para calcular seu erro de generalização, devemos determinar o limite superior para o erro de treinamento observado, conforme ilustrado no próximo exemplo.

Exemplo 4.3. Considere a ramificação mais à esquerda das árvores de decisão mostradas na Figura 4.27. Observe que o nodo folha mais à esquerda de T_R foi expandido em dois nodos filhos em T_L. Antes da divisão, a taxa de erro do nodo é 2/7 = 0,286. Aproximando uma distribuição binomial com uma distribuição normal, o limite superior da taxa de erro e pode ser derivado:

$$e_{superior}(N,e,\alpha) = \frac{e + \frac{z_{\alpha/2}^2}{2N} + z_{\alpha/2}\sqrt{\frac{e(1-e)}{N} + \frac{z_{\alpha/2}^2}{4N}}}{1 + \frac{z_{\alpha/2}^2}{N}}, \quad (4.10)$$

onde α é o nível de confiança, $z_{?/2}$ é o valor padronizado de uma distribuição normal padrão e N é o número total de registros de treinamento usados para calcular e. Substituindo-se α=25%, N = 7 e e = 2/7, o limite superior para a taxa de erro é $e_{superior}$(7,2/7,0.25) = 0.503, que corresponde a 6 x 0,503 = 3,521 erros. Se expandirmos o nodo para seus nodos filhos conforme mostrado em T_L, as taxas de erros de treinamento para os nodos filhos são ¼ = 0,250 e 1/3 = 0,333, respectivamente. Usando a Equação 4.10, os limites superiores destas taxas de erro são $e_{superior}(4,1/4,0.25) = 0.573$ e $e_{superior}(3,1/3,0.25)=0.650$, respectivamente. O erro geral de treinamento dos nodos filhos é 4 x 0,537 + 3 x 0,650 = 4,098, que é maior do que o erro estimado para o nodo correspondente em T_R.

Usando um Conjunto de Validação

Nesta abordagem, em vez de usar o conjunto de treinamento para avaliar o erro de generalização, os dados de treinamento originais são divididos em dois subconjuntos menores, Um dos subconjuntos é usado para treinamento, enquanto que o outro, conhecido como o conjunto de validação, é usado para avaliar o erro de generalização. Geralmente dois terços do conjunto de treinamento é reservado para a construção do modelo, enquanto que o terço remanescente é usado para avaliação de erro.

Esta abordagem geralmente é usada com técnicas de classificação que possam ser parametrizadas para se obter modelos com diferentes níveis de complexidade. A complexidade do melhor modelo pode ser avaliada ajustando-se o parâmetro do algoritmo de aprendizagem (e.g., o nível de poda de uma árvore de decisão) até que o modelo empírico produzido pelo algoritmo de aprendizagem obtenha a menor taxa de erro no conjunto de validação. Embora esta abordagem forneça uma forma melhor para se estimar o quão bem o modelo é executado em registros não vistos previamente, menos dados estão disponíveis para o treinamento.

4.4.5 Lidando com *Overfitting* na Indução de Árvores de Decisão

Na seção anterior, descrevemos diversos métodos para avaliar o erro de generalização de um modelo de classificação. Ter uma avaliação confiável do erro de generalização permite ao algoritmo de aprendizagem procurar um modelo preciso sem que haja *overfitting* nos dados. Esta seção apresenta duas estratégias para evitar isso no contexto da indução de árvore de decisão.

Pré-poda (Regra da Parada Cedo) Nesta abordagem, o algoritmo de desenvolvimento da árvore é parado antes de gerar uma árvore totalmente desenvolvida que satisfaça perfeitamente todos os dados de treinamento. Para fazer isso, uma condição de parada mais restritiva deve ser usada: e.g., parar de expandir um nodo folha quando o ganho observado em medida de impureza (ou a melhoria no erro de generalização estimado) cair abaixo de um determinado limite. A vantagem desta abordagem é que ela evita a geração de subárvores muito complexas que causem *overfitting* nos dados de treinamento. Mesmo assim, é difícil escolher o limite correto para o término cedo. Um limite alto demais resultará em modelos com *underfitting*, enquanto que um que tiver sido configurado muito baixo pode não ser suficiente para superar o problema de *overfitting*. Além disso, mesmo se nenhum ganho significativo for obtido usando uma das condições de teste de atributos, a divisão subseqüente pode resultar em subárvores melhores.

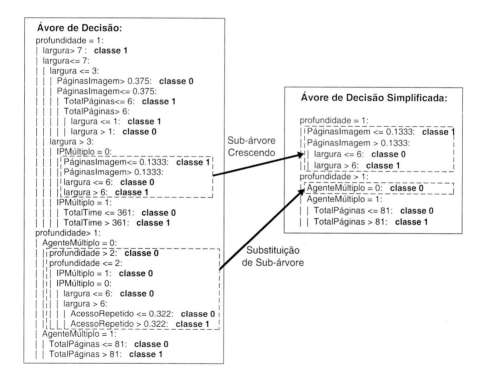

Figura 4.29. *Pós-poda da árvore de decisão para detecção de robô Web.*

Pós-poda Nesta abordagem, a árvore de decisão cresce inicialmente até seu maior tamanho. Isto é seguido por um passo de pré-poda, que prossegue para aparar a árvore completamente desenvolvida de modo bottom-up. O corte pode ser feito pela substituição de uma subárvore por (1) um novo nodo folha cujo rótulo de classe seja determinado a partir classe da maioria dos registros associados à subárvore ou (2) a ramificação da subárvore usada com maior freqüência. A etapa da pós-poda termina quando nenhuma melhoria mais for observada. A pós-poda tende a dar melhores resultados do que a pré-poda porque toma decisões baseadas em uma árvore completamente desenvolvida, diferentemente da pré-poda, que pode sofrer de término prematuro do processo de desenvolvimento da árvore. Todavia, para a pós-poda, os cálculos adicionais necessários para desenvolver a árvore inteira podem ser desperdiçados quando a subárvore é podada.

A Figura 4.29 ilustra o modelo da árvore de decisão simplificada para o exemplo da detecção de robô Web dado na Seção 4.3.6. Observe que as subárvores cuja raiz tem *profundidade* = 1 foram substituídas por uma das ramificações envolvendo o atributo *PáginasImagem*. Esta abordagem também é conhecida como **construção de sub-árvore**. A subárvore *profundidade* > 1 e *AgenteMúltiplo* = 0 foi substituída por um nodo folha que recebeu a classe 0. Esta abordagem é conhecida como **substituição de sub-árvore**. A subárvore para *profundidade* > 1 e *AgenteMúltiplo* = 1 permanece intacta.

4.5 Avaliando o Desempenho de um Classificador

A Seção 4.4.4 descreveu diversos métodos para avaliar o erro de generalização de um modelo durante o treinamento. O erro estimado auxilia o algoritmo de aprendizagem a executar a **seleção do modelo**; i.e., a encontrar um modelo com a complexidade certa que não seja susceptível a *overfitting*. Assim que o modelo tenha sido construído, pode ser aplicado ao conjunto de teste para prever os rótulos de classe de registros não vistos anteriormente.

Muitas vezes é útil medir o desempenho do modelo no conjunto de teste porque tal medição fornece uma avaliação imparcial do seu erro e generalização. A precisão ou taxa de erro calculada a partir do conjunto de teste também pode ser usada para comparar o desempenho relativo de diferentes classificadores no mesmo domínio. Entretanto, para fazer isso, os rótulos de classe dos registros de teste devem ser conhecidos. Esta seção revê alguns dos métodos comumente usados para avaliar o desempenho de um classificador.

4.5.1 Método *Holdout*

Neste método, os dados originais com exemplos rotulados são particionados em dois conjuntos disjuntos, chamados de conjunto de treinamento e de teste, respectivamente. Um modelo de classificação é então induzido a partir do conjunto de treinamento e seu desempenho é avaliado no conjunto de teste. A proporção dos dados reservados para treinamento e para teste geralmente fica na análise de discretização (e.g., 50-50 ou dois terços para treinamento e um terço para o teste). A precisão da classificação pode ser avaliada com base na precisão do modelo induzido no conjunto de teste.

O método *holdout* possui diversas limitações bem conhecidas. Primeiro, menos exemplos rotulados estão disponíveis para treinamento porque alguns dos registros não são colocados no teste. Como conseqüência, o modelo induzido pode não ser tão bom quanto quando todos os exemplos rotulados são usados para treinamento. Em segundo lugar, o modelo pode ser altamente dependente da composição dos conjuntos de treinamento e de teste. Quanto menor o tamanho do conjunto de treinamento, maior a variância do modelo. Por outro lado, se o conjunto de treinamento for grande demais, então a precisão estimada calculada a partir do conjunto menor é menos confiável. Tal avaliação é dita tendo um intervalo amplo de confiança. Finalmente, os conjuntos de treinamento e de teste não são mais dependentes entre si. Devido aos conjuntos de treinamento e de teste serem subconjuntos dos dados originais, uma classe que esteja representada em excesso em um subconjunto estará representada de menos na outra e vice-versa.

4.5.2 Sub-Amostragem Aleatória

O método *holdout* pode ser repetido diversas vezes para melhorar a avaliação do desempenho de um classificador. Esta abordagem é conhecida como subamostragem aleatória. Suponha que acc_i seja a precisão do modelo durante a iteração de índice *i*. A precisão geral é dada por $acc_{sub} = \sum_{i=1}^{k} acc_i/k$. A subamostragem aleatória ainda encontra alguns dos problemas associados ao método *holdout* porque não utiliza tantos dados quanto possível para treinamento. Ele também não tem controle sobre o número de vezes que cada registro é usado para teste e treinamento. Conseqüentemente, alguns registros poderiam ser usados para treinamento com mais freqüência do que outros.

4.5.3 Validação Cruzada

Uma alternativa à subamostragem aleatória é a validação cruzada. Nesta abordagem, cada registro é usado o mesmo número de vezes para treinamento e exatamente uma vez para teste. Para ilustrar este método, suponha que particionemos os dados em dois subconjuntos de tamanho igual. Primeiro, escolhemos um dos subconjuntos para treinamento e o outro para teste. A seguir trocamos os papéis dos subconjuntos de modo que o conjunto que era de treinamento se torne o de teste e vice-versa. Esta abordagem é chamada de validação cruzada de duas partes. O erro total é obtido pela soma dos erros de ambas as execuções. Neste exemplo, cada registro é usado exatamente uma vez para treinamento e uma vez para teste. O método de validação cruzada de *k* partes generaliza esta abordagem segmentando os dados em *k* partições de tamanho igual. Durante cada execução, uma das partições é escolhida para teste, enquanto que as outras são usadas para treinamento. Este procedimento é repetido *k* vezes de modo que cada partição seja usada para teste exatamente uma vez. Novamente, o erro total é encontrado pela soma dos erros de todas as *k* execuções. Um caso especial do método de validação em *k* partes configura $k = N$, o tamanho do conjunto de dados. Nesta abordagem chamada **deixe-um-fora**, cada conjunto de teste contém apenas um registro. Esta abordagem possui a vantagem de utilizar tantos dados quanto possíveis para treinamento.

Além disso, os conjuntos de dados são mutuamente exclusivos e cobrem efetivamente o conjunto inteiro dos dados. A desvantagem desta abordagem é que é computacionalmente custoso repetir o procedimento N vezes. Além disso, já que cada conjunto de teste contém apenas um registro, a variância da métrica do desempenho estimado tende a ser alta.

4.5.4 *Bootstrap*

Os métodos apresentados até agora supõem que os registros de treinamento são amostrados sem substituição. Como conseqüência, não há registros duplicados nos conjuntos de treinamento e de teste. Na abordagem do *bootstrap*, os registros de treinamento são amostrados com substituição; i. e, um registro já escolhido para treinamento é colocado de volta no conjunto original de registros de modo que seja igualmente provável que seja pego novamente. Se os dados originais possuírem N registros, pode ser mostrado que, em média, uma amostra de *bootstrap* de tamanho N contém em torno de 63,2% dos registros nos dados originais. Esta aproximação segue-se do fato de que a probabilidade de um registro ser escolhido por uma amostra de *bootstrap* é de $1 - (1 - 1/N)^N = 0{,}632$. Registros que não estejam incluídos na amostra de *bootstrap* se tornam parte do conjunto de teste. O modelo induzido a partir do conjunto de treinamento é então aplicado ao conjunto de teste para obter uma avaliação da precisão do modelo de *boostrap*, $\in_i$. O procedimento de amostragem é então repetido b vezes para gerar b amostras de *bootstrap*.

Há diversas variações na abordagem de amostragem de *bootstrap* em termos de como a precisão geral do classificador é calculada. Uma das abordagens mais amplamente usadas é a **.632 bootstrap**, que calcula a precisão geral combinando as precisões e cada amostra de bootstrap ($\in_i$) com a precisão calculada de um conjunto de treinamento que contenha todos os exemplos rotulados nos dados originais (acc_s):

$$\text{Precisão, } acc_{boot} = \frac{1}{b}\sum_{i=1}^{b}(0.632 \times \in_i + 0.368 \times acc_s). \qquad (4.11)$$

4.6 Métodos para Comparar Classificadores

Muitas vezes é útil comparar o desempenho de diferentes classificadores para determinar qual funciona melhor em um determinado conjunto de dados. Contudo, dependendo do tamanho dos dados, a diferença observada na precisão entre dois classificadores pode não ser estatisticamente significante. Esta seção examina alguns dos testes estatísticos disponíveis para comparar o desempenho de diferentes modelos e classificadores.

Por motivos ilustrativos, considere um par de modelos de classificação, M_A e M_B. Suponha que M_A obtenha 85% de precisão quando avaliado em um conjunto de teste contendo 30 registros, enquanto que M_B obtém 75% de precisão em um conjunto de teste diferente contendo 5.000 registros. Baseado nesta informação, M_A é um modelo melhor que M_B?

O exemplo anterior traz à tona duas questões chave relacionadas à significância estatística das métricas de desempenho:

1. Embora M_A tenha uma precisão mais alta que M_B, foi testado em um conjunto menor. Quanta confiança podemos colocar na precisão de M_A?
2. É possível explicar a diferença na precisão como resultado de variações na composição dos conjuntos de teste?

A primeira questão se relaciona ao problema de se avaliar o intervalo de confiança da precisão de um determinado modelo. A segunda questão se relaciona ao problema de se testar a significância estatística do desvio observado. Estas questões são investigadas no restante desta questão.

4.6.1 Avaliando um Intervalo de Confiança Quanto a Precisão

Para determinar o intervalo de confiança, precisamos estabelecer a distribuição da probabilidade que governa a métrica de precisão. Esta seção descreve uma abordagem para derivar o intervalo de confiança modelando a tarefa de classificação como um experimento binomial. A seguir está uma lista de características de um experimento binomial:

1. O experimento consiste de N testes independentes, onde cada um possui dois resultados possíveis: sucesso ou fracasso.

Classificação: Conceitos Básicos, Árvores de Decisão...

2. A probabilidade de sucesso, p, em cada teste é constante.

Um exemplo de experimento binomial é a contagem do número de caras que saem quando uma moeda é jogada N vezes. Se X for o número de sucessos observados em N testes, então a probabilidade de que X tenha um determinado valor é dado por uma distribuição binomial com média Np e variância $Np(1-p)$:

$$P(X = v) = \binom{N}{p} p^v (1-p)^{N-v}.$$

Por exemplo, se a moeda for justa ($p = 0,5$) e for jogada cinqüenta vezes, então a probabilidade de que sair cara 20 vezes é

$$P(X = 20) = \binom{50}{20} 0.5^{20} (1-0.5)^{30} = 0.0419.$$

Se o experimento for repetido muitas vezes, então o número médio de caras esperado é 50 x 0,5 = 25, embora sua variância seja 50 x 0,5 0,5 = 12,5.

A tarefa de prever os rótulos de classes de registros de teste também pode ser considerada um experimento binomial. Dado um conjunto de teste que contenha N registros, suponha que X seja o número de registros corretamente previstos por um modelo e p a precisão verdadeira do modelo. Modelando a tarefa de previsão como um experimento binomial, X possui uma distribuição binomial com média Np e variância $Np(1-p)$. Pode ser mostrado que a precisão empírica, $acc = X/N$, também possui uma distribuição binomial com média p e variância $p(1-p)/N$ (veja o Exercício 12). Embora a distribuição binomial possa ser usada para avaliar o intervalo de confiança para acc, muitas vezes é aproximada por uma distribuição normal quando N é suficientemente grande. Baseado na distribuição normal, o seguinte intervalo de confiança para acc pode ser derivado:

$$P\left(-Z_{\alpha/2} \leq \frac{acc - p}{\sqrt{p(1-p)/N}} \leq Z_{1-\alpha/2}\right) = 1 - \alpha, \quad (4.12)$$

onde $Z_{\alpha/2}$ e $Z_{1-\alpha/2}$ são os limites superior e inferior obtidos a partir de uma distribuição normal em nível de confiança $(1 - \alpha)$. Já que uma distribuição padrão normal é simétrica em torno de $Z = 0$, segue-se que $Z_{\alpha/2} = Z_{1-\alpha/2}$. Reorganizar esta diferença leva ao seguinte intervalo de confiança para p:

$$\frac{2 \times N \times acc + Z_{\alpha/2}^2 \pm Z_{\alpha/2}\sqrt{Z_{\alpha/2}^2 + 4Nacc - 4Nacc^2}}{2\left(N + Z_{\alpha/2}^2\right)} \qquad (4.13)$$

A tabela a seguir mostra os valores de $Z_{\alpha/2}$ em diferentes níveis de confiança:

$1 - \alpha$	0.99	0.98	0.95	0.9	0.8	0.7	0.5
$Z_{\alpha/2}$	2.58	2.33	1.96	1.65	1.28	1.04	0.67

Exemplo 4.4. Considere um modelo que possui uma precisão de 80% quando avaliado sobre 100 registros de teste. Qual é o intervalo de confiança para sua precisão verdadeira em um nível de confiança de 95%? O nível de confiança de 95% corresponde e $Z_{?/2} = 1{,}96$ de acordo com a tabela mostrada anteriormente. Inserir este termo na Equação 4.13 produz um intervalo de confiança entre 71,1% e 86,7%. A tabela a seguir mostra o intervalo de confiança quando o número de registros, N, aumenta:

N	20	50	100	500	1000	5000
Intervalo de Confiança	0.584 – 0.919	0.670 – 0.888	0.711 – 0.867	0.763 – 0.833	0.774 – 0.824	0.789 – 0.811

Observe que o intervalo de confiança se torna mais estreito quando N aumenta.

4.6.2 Comparando o Desempenho de Dois Modelos

Analise o par de modelos, M_1 e M_2, que são avaliados em dois conjuntos de testes independentes, D_1 e D_2. Suponha que n_1 denote o número de registros em D_1 e n_2 o número de registros em D_2. Além disso, suponha que a taxa de erro de M_1 em D_1 seja e_1 e a de M_2 em D_2 seja e_2. Nosso objetivo é testar se a diferença observada entre e_1 e e_2 é estatisticamente significativa.

Supondo que n_1 e n_2 sejam suficientemente grandes, as taxas de erro e_1 e e_2 podem ser aproximadas usando distribuições normais. Se a diferença observada na taxa de erro é denotada como $d = e_2 - e_1$, então d também está distribuído normalmente com média d_t, sua diferença real e variância σ^2_d. A variância d pode ser calculada da seguinte forma:

$$\sigma^2_d \simeq \hat{\sigma}^2_d = \frac{e_1(1-e_1)}{n_1} + \frac{e_2(1-e_2)}{n_2}, \qquad (4.14)$$

onde $e_1(1-e_1)/n_1$ e $e_2(1-e_2)/n_2$ são as variâncias das taxas de erro. Finalmente, no nível de confiança $(1 - \alpha)\%$, pode ser mostrados que o intervalo de confiança para a diferença verdadeira d_t é dado pela seguinte equação:

$$d_t = d \pm z_{\alpha/2}\hat{\sigma}_d. \qquad (4.15)$$

Exemplo 4.5. Analise o problema descrito no início desta seção. O modelo M_A possui uma taxa de erro $e_1 = 0{,}15$ quando aplicada a $N_1 = 30$ registros de teste, enquanto que o modelo MB possui uma taxa de erro $e_2 = 0{,}25$ quando aplicado a $N_2 = 5.000$ registros de teste. A diferença observada nas suas taxas de erro é $d = |0{,}15 - 0{,}25| = 0{,}1$. Neste exemplo, estamos executando um teste de dois lados para verificar se $d_t = 0$ ou $d_t \neq 0$. A variância estimada da diferença observada em taxas de erro pode ser calculada da seguinte maneira:

$$\hat{\sigma}^2_d = \frac{0.15(1-0.15)}{30} + \frac{0.25(1-0.25)}{5000} = 0.0043$$

ou $\hat{\sigma}_d = 0.0655$. Inserindo este valor na Equação 4.15, obtemos o seguinte intervalo de confiança para d_t em 95% de nível de confiança:

$$d_t = 0.1 \pm 1.96 \times 0.0655 = 0.1 \pm 0.128.$$

Quando o intervalo espalha o valor zero, podemos concluir que a diferença observada não é estatisticamente significativa em um nível de confiança de 95%.

Em qual nível de confiança podemos rejeitar a hipótese de que $d_t = 0$? Para fazer isso, precisamos determinar o valor $Z_{\alpha/2}$ de modo que $d > Z_{\alpha/2}\hat{\sigma}_d$. Substituir os valores de d e $\hat{\sigma}_d$ dá $Z_{\alpha/2} < 1{,}527$. Este valor ocorre primeiro quando $(1 - \alpha) \leq 0{,}936$ (para um teste de dois lados). O resultado sugere que a hipótese nula pode ser rejeitada em um nível de confiança de 93,6% ou menos.

4.6.3 Comparando o Desempenho de Dois Classificadores

Suponha que queiramos comparar o desempenho de dois classificadores usando a abordagem de validação cruzada de *k* partes. Inicialmente, o conjunto de dados *D* é dividido em *k* partições de mesmo tamanho. Quando aplicamos cada classificador para construir um modelo de *k*-1 das partições e testá-lo sobre a partição restante. Este passo é repetido *k* vezes, cada vez usando uma partição diferente como conjunto de teste.

Suponha que M_{ij} denote o modelo induzido pela técnica de classificação L_i durante a iteração de índice *j*. Observe que cada par de modelos M_{1j} e M_{2j} são testados sobre a mesma partição *j*. Sejam e_{1j} e e_{2j} suas respectivas taxas de erro. A diferença entre suas taxas de erro durante a partição de índice *j* pode ser escrito como $d_j = e_{1j} = e_{2j}$. Se *k* for suficientemente grande, então d_j está distribuído normalmente com média d^{cv}_t, que é a verdadeira diferença das suas taxas de erro, e a variância σ^{cv}. Diferentemente da abordagem anterior, a variância geral nas diferenças observadas é avaliada usando a seguinte fórmula:

$$\hat{\sigma}^2_{d^{cv}} = \frac{\sum_{j=1}^{k}(d_j - \overline{d})^2}{k(k-1)},$$

onde $\overline{d}$ é a diferença média. Para esta abordagem, precisamos usar uma distribuição *t* para calcular o intervalo de confiança para d^{cv}_t.

$$d^{cv}_t = \overline{d} \pm t_{(1-\alpha),k-1} \hat{\sigma}_{d^{cv}}. \tag{4.16}$$

O coeficiente é $t_{(1-\alpha),k-1}$ obtido da tabela de probabilidade com dois parâmetros de entrada, seu nível de confiança $(1 - \alpha)$ e o número de graus de liberdade, $k - 1$. A tabela de probabilidade para a distribuição *t* é mostrada na Tabela 4.6.

Exemplo 4.6. Suponha que a diferença estimada na precisão de modelos gerados pelas duas técnicas de classificação tenha uma média de 0,05 e um desvio padrão de 0,002. Se a precisão for avaliada usando uma abordagem de validação cruzada de 30 partes, então, em um nível de confiança de 95%, a verdadeira diferença de precisão é

$$d_t^{cv} = 0.05 \pm 2.04 \times 0.002. \quad (4.17)$$

Tabela 4.6. Tabela de probabilidade para distribuição *t*.

k − 1	(1 − α)				
	0.99	0.98	0.95	0.9	0.8
1	3.08	6.31	12.7	31.8	63.7
2	1.89	2.92	4.30	6.96	9.92
4	1.53	2.13	2.78	3.75	4.60
9	1.38	1.83	2.26	2.82	3.25
14	1.34	1.76	2.14	2.62	2.98
19	1.33	1.73	2.09	2.54	2.86
24	1.32	1.71	2.06	2.49	2.80
29	1.31	1.70	2.04	2.46	2.76

Já que o intervalo de confiança não espalha o valor zero, a diferença observada entre as técnicas é estatisticamente insignificante.

4.7 Notas Bibliográficas

Sistemas mais antigos de classificação foram desenvolvidos para organizar um grande conjunto de objetos. Por exemplo, os sistemas de classificação Dewey Decimal e a da Library of Congress foram projetados para catalogar e indexar o grande número de livros da biblioteca. As categorias são geralmente identificadas de forma manual, com a ajuda de especialistas na área.

A classificação automatizada tem sido assunto de intensa pesquisa há muitos anos. O estudo da classificação em estatística clássica é às vezes conhecido como **análise discriminante**, onde o objetivo é prever de qual grupo um objeto é membro, baseado em um conjunto de variáveis de previsão. Um método clássico bem conhecido é a análise discriminante de Fisher [117], que procura encontrar uma projeção linear dos dados que produz a maior discriminação entre objetos que pertençam a classes diferentes.

Muitos problemas de reconhecimento de padrão também requerem a discriminação de objetos de diferentes classes. Exemplos incluem o reconhecimento de voz, identificação de letras escritas à mão e a classificação de imagens. Os leitores que estiverem interessados na aplicação de técnicas de classificação para reconhecimento de padrões podem ver os artigos de Jain et al. [122] e Kulkarni et al. [114] ou livros clássicos de reconhecimento de padrões de Bishop [107], Duda et al. [114] e Fukunaga [118]. O assunto da classificação também é um importante tópico de pesquisa na área de redes neurais, aprendizagem estatística e aprendizagem de máquina. Um tratamento em profundidade sobre diversas técnicas de classificação é dado nos livros de Cherkassky e Mulier [112, Hastie et al. [120], Michie et al. [133] e Mutchell [136].

Uma visão geral de algoritmos de indução de árvores de decisão pode ser encontrada nos artigos de Buntine [110], Moret [137], Murthy [138] e Safavian et al. [147]. Exemplos de algoritmos de árvore de decisão bem conhecidos incluem CART [108], ID3[143], C4.5 [145] e CHAID [125]. Tanto o ID3 quanto o C4.5 empregam a medida de entropia como sua função de divisão. Uma discussão mais profunda do algoritmo de árvore de decisão C4.5 é dado por Quinlan[145]. Além de explicar a metodologia de crescimento e corte da árvore de decisão, Quinlan [145] também descreveu como o algoritmo pode ser modificado para lidar com conjuntos de dados com valores faltando. O algoritmo CART foi desenvolvido por Breiman et al. [108] e usa o índice Gini como função de divisão. CHAID [125] usa o teste estatístico λ^2 para determinar a melhor divisão durante o processo de crescimento da árvore.

O algoritmo de árvore de decisão apresentado neste capítulo supõe que a condição de divisão seja especificada um atributo de cada vez. Uma árvore de decisão oblíqua pode fazer com que múltiplos atributos formem a condição de teste do atributo nos nodos internos [121, 152]. Breiman et al. [108] fornecem uma opção para usar combinações lineares de atributos na sua implementação CART. Outras abordagens para induzir árvores de decisão oblíquas foram propostas por Heath et al. [121], Murthy et al. [139], *Cantú*-Paz e Kamath [111] e Utgoff e Brodley [152]. Embora árvores de decisão oblíquos ajudem a melhorar a expressividade de uma representação de árvore de decisão, aprender a condição de teste apropriada em cada nodo é um desafio. Outra forma de melhorar a expressividade de uma árvore de decisão sem usar árvores de decisão oblíquas é aplicando um método conhecido como **indução complexa** [132]. Este método simplifica a tarefa de aprender funções de divisão complexas criando características combinadas a partir dos atributos originais.

Além de da abordagem top-down, outras estratégias para desenvolver uma árvore de decisão incluem a abordagem bottom-up de Landerweerd et al. [130] e Pattipati e Alexandridis [142], assim como a abordagem bidirecional de Kim e Landgrebe [126]. Schiermann e Doster [150] e Wang e Suen [154] propuseram o uso de um **critério de divisão leve** para abordar o problema da fragmentação de dados. Nesta abordagem, cada registro é atribuído a diferentes ramificações da árvore de decisão com diferentes probabilidades.

O *overfitting* de registro é uma questão importante que deve ser abordada para assegurar que um classificador de árvores de decisão desempenha igualmente bem em registros não conhecidos de antemão. O problema de *overfitting* do modelo tem sido investigado por muitos autores incluindo Breiman et al. [108], Schaffer [148], Mingers [135] e Jensen e Cohen [123]. Embora a presença de ruído seja muitas vezes considerada como um dos principais motivos de *overfitting* [135, 140], Jensen e Cohen [123] argumentaram que ele é o resultado do uso de testes de hipóteses incorretas em um procedimento de comparação múltipla.

Schapire [149] definiu o erro de generalização como "a probabilidade de se classificar erroneamente um novo exemplo" e o erro de teste como "a fração de erros em um conjunto de teste recém amostrado". O erro de generalização pode, portanto, ser às vezes chamado de erro verdadeiro [136] de um modelo, i.e., seu erro esperado para pontos de dados desenhados aleatoriamente a partir da mesma distribuição de população, o que muitas vezes o caso em muitas aplicações de mineração de dados e aprendizagem de máquina.

O princípio da lâmina de Occam é muitas vezes atribuído ao filósofo William of Occam. Domingos [113] preveniu para o perigo da má interpretação da lâmina de Occam como modelos de comparação com erros de treinamento semelhantes, em vez de erros de generalização. Uma pesquisa sobre métodos de corte de árvores de decisão para evitar *overfitting* é apresentado por Breslow e Aha [109] e Esposito et al. [116]. Alguns dos métodos típicos de corte incluem o corte reduzido de erro [144], corte pessimista de erro [144], corte mínimo de erro [141], corte de valor crítico [134], corte de complexidade de custo [108] e corte baseado em erro [145]. Quinlan e Rivest propuseram o uso do princípio de descrição de comprimento mínimo para o corte de árvore de decisão [146].

Kohavi [127] havia feito um estudo empírico extensivo para comparar métricas de desempenho obtidas usando diferentes métodos de avaliação como a subamostragem aleatória, *bootstrapping* e validação cruzada de n partes. Seus resultados sugerem que o melhor método de avaliação é baseado na validação cruzada estratificada de em 10 partes. Efron e Tibshirani [115] forneceram uma comparação teórica e empírica entra a validação cruzada e um método de *bootstrap* conhecido como regra 632+.

Técnicas atuais como C4.5 requerem que o conjunto de treinamento inteiro caiba na memória principal. Tem havido considerável esforço para desenvolver versões paralelas e escaláveis de algoritmos de indução de árvores de decisão. Alguns dos algoritmos propostos incluem o SLIQ de Mehta et al. [131], SPRINT de Shafer et al. [151], CMP de Wang e Zaniolo [119], CLOUDS de Alsabti et al. [106] rainForest de Gehrke et al. [119]e ScalParC de Joshi et al. [124]. Uma pesquisa geral de algoritmos paralelos para mineração de dados está disponível em [129].

Bibliografia

[106] K. Alsabti, S. Ranka e V. Singh. CLOUDS: A Decision Tree Classifier for Large Datasets. In Proc. of the 4th Intl. Conf. on Knowledge Discovery and Data Mining,pags 2–8, New York, NY, Agosto 1998.

[107] C. M. Bishop. Neural Networks for Pattern Recognition. Oxford University Press, Oxford, U.K., 1995.

[108] L. Breiman, J. H. Friedman, R. Olshen, e C. J. Stone. Classification and Regression Trees. Chapman & Hall, New York, 1984.

[109] L. A. Breslow e D. W. Aha. Simplifying Decision Trees: A Survey. Knowledge Engineering Review, 12(1):1–40, 1997.

[110] W. Buntine. Learning classification trees. In Artificial Intelligence Frontiers in Statistics, pags 182–201. Chapman & Hall, London, 1993.

[111] E.Cant'u-Paz e C.Kamath. Using evolutionary algorithms to induce oblique decision trees. In Proc. of the Genetic and Evolutionary Computation Conf., pags 1053–1060, San Francisco, CA, 2000.

[112] V. Cherkassky e F. Mulier. Learning from Data: Concepts, Theory, and Methods. Wiley Interscience, 1998.

[113] P. Domingos. The Role of Occam's Razor in Knowledge Discovery. Data Mining and Knowledge Discovery, 3(4):409–425, 1999.

[114] R. O. Duda, P. E. Hart, e D. G. Stork. Pattern Classification. John Wiley & Sons, Inc., New York, 2nd edition, 2001.

[115] B. Efron e R. Tibshirani. Cross-validation and the Bootstrap: Estimating the Error Rate of a Prediction Rule. Technical report, Stanford University, 1995.

[116] F. Esposito, D. Malerba, e G. Semeraro. A Comparative Analysis of Methods for Pruning Decision Trees. IEEE Trans. Pattern Analysis and Machine Intelligence, 19 (5):476–491, Maio 1997.

[117] R. A. Fisher. The use of multiple measurements in taxonomic problems. Annals of Eugenics, 7:179–188, 1936.

[118] K. Fukunaga. Introduction to Statistical Pattern Recognition. Academic Press, New York, 1990.

[119] J. Gehrke, R. Ramakrishnan, e V. Ganti. RainForest—A Framework for Fast Decision Tree Construction of Large Datasets. Data Mining and Knowledge Discovery,4 (2/3):127–162, 2000.

[120] T. Hastie, R. Tibshirani, e J. H. Friedman. The Elements of Statistical Learning: DataMining,Inference,Prediction. Springer, New York, 2001.

[121] D. Heath, S. Kasif, e S. Salzberg. Induction of Oblique Decision Trees. In Proc. of the 13th Intl. Joint Conf. On Artificial Intelligence, pags 1002–1007,Chambery,França, Agosto 1993.

[122] A. K. Jain, R. P. W. Duin, e J. Mao. Statistical Pattern Recognition: A Review. IEEE Tran. Patt. Anal. and Mach. Intellig., 22(1):4–37, 2000.

[123] D. Jensen e P. R. Cohen. Multiple Comparisons in Induction Algorithms. Machine Learning, 38(3):309–338, Março 2000.

[124] M. V. Joshi, G. Karypis, e V. Kumar. ScalParC: A New Scalable and Efficient Parallel Classification Algorithm for Mining Large Datasets. In Proc. of 12th Intl. Parallel Processing Symp.(IPPS/SPDP), pags 573–579, Orlando, FL, Abril 1998.

[125] G.V.Kass. AnExploratory Technique for Investigating Large Quantities of Categorical Data. Applied Statistics, 29:119–127, 1980.

[126] B. Kim e D. Landgrebe. Hierarchical decision classifiers in high-dimensional and large class data. IEEE Trans. on Geoscience and Remote Sensing, 29(4):518–528, 1991.

[127] R. Kohavi. A Study on Cross-Validation and Bootstrap for Accuracy Estimation and Model Selection. In Proc. of the 15th Intl. Joint Conf. on Artificial Intelligence, pags 1137–1145, Montreal, Canada, Agosto 1995.

[128] S. R. Kulkarni, G. Lugosi, e S. S. Venkatesh. Learning Pattern Classification — A Survey. IEEETran.Inf.Theory, 44(6):2178–2206, 1998.
[129] V. Kumar, M. V. Joshi, E.-H. Han, P. N. Tan, e M. Steinbach. High Performance Data Mining. In High Performance Computing for Computational Science(VECPAR 2002), pags 111–125. Primavera, 2002.
[130] G. Landeweerd, T. Timmers, E. Gersema, M. Bins, e M. Halic. Binary tree versus single level tree classification of white blood cells. Pattern Recognition, 16:571–577, 1983.
[131] M. Mehta, R. Agrawal, e J. Rissanen. SLIQ: A Fast Scalable Classifier for Data Mining. In Proc. of the 5th Intl. Conf. on Extending Database Technology, pags 18–32, Avignon, França, Março 1996.
[132] R.S.Michalski. A theory and methodology ofi nductive learning. Artificial Intelligence, 20:111–116, 1983.
[133] D. Michie, D. J. Spiegelhalter, e C. C. Taylor. Machine Learning, Neural and Statistical Classification. Ellis Horwood, Upper Saddle River, NJ, 1994.
[134] J. Mingers. Expert Systems—Rule Induction with Statistical Data. J Operational Research Society, 38:39–47, 1987.
[135] J. Mingers. An empirical comparison of pruning methods for decision tree induction. Machine Learning, 4:227–243, 1989.
[136] T. Mitchell. MachineLearning. McGraw-Hill, Boston, MA, 1997.
[137] B. M. E. Moret. Decision Trees and Diagrams. Computing Surveys, 14(4):593–623, 1982.
[138] S. K. Murthy. Automatic Construction of Decision Trees from Data: A Multi-Disciplinary Survey. Data Mining and Knowledge Discovery, 2(4):345–389, 1998.
[139] S. K. Murthy, S. Kasif, e S. Salzberg. A system for induction of oblique decision trees. J of Artificial Intelligence Research, 2:1–33, 1994.
[140] T.Niblett. Constructing decision trees in noisy domains.In Proc. of the 2nd European Working Session on Learning, pags 67–78, Bled, Iugoslávia, Maio 1987.
[141] T. Niblett e I. Bratko. Learning Decision Rules in Noisy Domains. In Research and Development in Expert Systems III, Cambridge, 1986. Cambridge University Press.
[142] K. R. Pattipati e M. G. Alexandridis. Application of heuristic search and information theory to sequential fault diagnosis. IEEE Trans. on Systems, Man, and Cybernetics, 20(4):872–887, 1990.
[143] J. R. Quinlan. Discovering rules by induction from large collection of examples. In D. Michie, editor, Expert Systems in the Micro Electronic Age. Edinburgh University Press, Edinburgh, UK, 1979.

[144] J. R. Quinlan. Simplifying Decision Trees. Intl. J. Man-Machine Studies, 27:221–234,1987.

[145] J. R. Quinlan. C4.5: Programs for Machine Learning. Morgan-KaufmannPublishers, San Mateo, CA, 1993.

[146] J. R. Quinlan e R. L. Rivest. Inferring Decision Trees Using the Minimum Description Length Principle. Information and Computation, 80(3):227–248, 1989.

[147] S. R. Safavian e D. Landgrebe. A Survey of Decision Tree Classifier Methodology. IEEE Trans. Systems, Man and Cybernetics, 22:660–674, Maio/Junho 1998.

[148] C. Schaffer. Overfitting avoidence as bias. Machine Learning, 10:153–178, 1993.

[149] R. E. Schapire. The Boosting Approach to Machine Learning: An Overview. In MSRI Workshop on Nonlinear Estimation and Classification, 2002.

[150] J. Schuermann e W. Doster. A decision-theoretic approach in hierarchical classifier design. Pattern Recognition, 17:359–369, 1984.

[151] J. C. Shafer, R. Agrawal, e M. Mehta. SPRINT: A Scalable Parallel Classifier for Data Mining. In Proc. of the 22nd VLDB Conf., pags 544–555, Bombay, India, Setembro 1996.

[152] P. E. Utgoff e C. E. Brodley. An incremental method for finding multivariate splits for decision trees. In Proc. of the 7th Intl. Conf. on Machine Learning, pags 58–65, Austin, TX, Junho 1990.

[153] H. Wang e C. Zaniolo. CMP: A Fast Decision Tree Classifier Using Multivariate Predictions. In Proc. of the 16th Intl. Conf. on Data Engineering, pags 449–460, San Diego, CA, Março 2000.

[154] Q. R. Wang e C. Y. Suen. Large tree classifier with heuristic search and global training. IEEETrans. On Pattern Analysis and Machine Intelligence, 9(1):91–102, 1987.

4.8 Exercícios

1. Desenhe a árvore de decisão inteira para a função de paridade de quatro atributos boleanos, A, B, C e D. É possível simplificar a árvore?
2. Analise os exemplos de treinamento mostrados na Tabela 4.7 para um problema de classificação binária.
   (a) Calcule o índice Gini para o conjunto geral de exemplos de treinamento.

(b) Calcule o índice Gini para o atributo ID do Cliente.
(c) Calcule o índice Gini para o atributo Sexo.
(d) Calcule o índice Gini para o atributo Tipo de Carro usando uma divisão múltipla.
(e) Calcule o índice Gini para o atributo Tamanho da Camisa usando uma divisão múltipla.
(f) Qual atributo é melhor, Sexo, Tipo do Carro ou Tamanho da Camisa?
(g) Explique por que a ID do Cliente não deve ser usada como a condição de teste de atributo embora tenha o Gini mais baixo.

3. Analise os exemplos de treinamento mostrados na Tabela 4.8 para um problema de classificação binária.
   (a) Qual a entropia deste conjunto de exemplos de treinamento com respeito à classe positiva?

Tabela 4.7. Conjunto de dados para o Exercício 2.

ID do Cliente	Sexo	Tipo de Carro	Tamanho de Camisa	Classe
1	M	Familiar	Pequeno	C0
2	M	Esportivo	Médio	C0
3	M	Esportivo	Médio	C0
4	M	Esportivo	Grande	C0
5	M	Esportivo	Extra Grande	C0
6	M	Esportivo	Extra Grande	C0
7	F	Esportivo	Pequeno	C0
8	F	Esportivo	Pequeno	C0
9	F	Esportivo	Médio	C0
10	F	de Luxo	Grande	C0
11	M	Familiar	Grande	C1
12	M	Familiar	Extra Grande	C1
13	M	Familiar	Médio	C1
14	M	de Luxo	Extra Grande	C1
15	F	de Luxo	Pequeno	C1
16	F	de Luxo	Pequeno	C1
17	F	de Luxo	Médio	C1
18	F	de Luxo	Médio	C1
19	F	de Luxo	Médio	C1
20	F	de Luxo	Grande	C1

Tabela 4.8. Conjunto de dados para o Exercício 3.

Instância	a_1	a_2	a_3	Classe Alvo
1	T	T	1.0	+
2	T	T	6.0	+
3	T	F	5.0	−
4	F	F	4.0	+
5	F	T	7.0	−
6	F	T	3.0	−
7	F	F	8.0	−
8	T	F	7.0	+
9	F	T	5.0	−

   (b) Quais os ganhos de informação de a1 e a2 relativos a estes exemplos de treinamento?

   (c) Para a3, que é um atributo contínuo, calcule o ganho de informação para cada divisão possível.

   (d) Qual a melhor divisão (entre a1, a2 e a3) de acordo com o ganho de informação?

   (e) Qual a melhor divisão (entre a1, a2) de acordo com a taxa de erros de classificação?

   (f) Qual a melhor divisão (entre a1, a2) de acordo com o índice Gini?

4. Mostre que a entropia de um nodo nunca aumenta após a divisão em um número de nodos sucessores menor.

5. Analise o seguinte conjunto de dados para um problema de classe binária.

A	B	Rótulo da Classe
V	F	+
V	V	+
V	V	+
V	F	−
V	V	+
F	F	−
F	F	−
F	F	−
V	V	−
V	F	−

(a) Calcule o ganho de informação na divisão sobre A e B. Que atributo o algoritmo de indução de árvore de decisão escolheria?

(b) Calcule o ganho no índice Gini na divisão sobre A e B. Que atributo o algoritmo de indução de árvore de decisão escolheria?

(c) A Figura 4.13 mostra que entropia e índice de Gini estão ambos aumentando monotonamente na faixa de [0, 0.5] e que estão decrescendo monotonamente na faixa [0.5, 1]. É possível que o ganho de informação no índice Gini favoreça atributos diferentes? Explique.

6. Analise o seguinte conjunto de exemplos de treinamento.

X	Y	Z	N° de Exemplos da Classe C1	N° de Exemplos da Classe C2
0	0	0	5	40
0	0	1	0	15
0	1	0	10	5
0	1	1	45	0
1	0	0	10	5
1	0	1	25	0
1	1	0	5	20
1	1	1	0	15

(a) Calcule uma árvore de decisão de dois níveis usando a abordagem ávida descrita neste capítulo. Use a taxa de erros de classificação como critério de divisão. Qual a taxa de erro geral da árvore induzida?

(b) Repita a parte (a) usando X como o primeiro atributo de divisão e a seguir escolha o melhor atributo restante para divisão em cada um dos nodos sucessores. Qual a taxa de erro da árvore induzida?

(c) Compare os resultados das partes (a) e (b). Comente a respeito da conveniência da heurística usada para seleção de atributos de divisão.

7. A tabela a seguir resume um conjunto de dados com três atributos A, B e C e dois rótulos de classe +, -. Construa uma árvore de decisão de dois níveis.

Classificação: Conceitos Básicos, Árvores de Decisão... **239**

A	B	C	Número de Instâncias +	Número de Instâncias −
T	T	T	5	0
F	T	T	0	20
T	F	T	20	0
F	F	T	0	5
T	T	F	0	0
F	T	F	25	0
T	F	F	0	0
F	F	F	0	25

(a) De acordo com a taxa de erros de classificação, qual atributo seria escolhido como o primeiro atributo de divisão? Para cada atributo, mostre a tabela de contingência e os ganhos na taxa de erros de classificação.

(b) Repita para os dois filhos do nodo raiz.

(c) Quantas instâncias estão mal classificadas pela árvore de decisão resultante?

(d) Repita as partes (a), (b) e (c) usando C como atributo de divisão.

(e) Use os resultados nas partes (c) e (d) para concluir sobre a natureza ávida do algoritmo de indução de árvore de decisão.

8. Analise a árvore de decisão mostrada na Figura 4.30.

(a) Calcule a taxa de erros de generalização da árvore usando a abordagem pessimista. (Por motivo de simplicidade, use a estratégia de adicionar um fator de 0,5 a cada nodo folha).

(b) Calcule a taxa de erro de generalização da árvore usando o conjunto de validação mostrado anteriormente. Esta abordagem é conhecida como poda de erro reduzido.

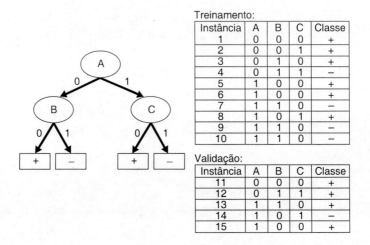

Figura 4.30. *Árvore de decisão e conjuntos de dados para o Exercício 8.*

9. Analise as árvores de decisão mostradas na Figura 4.31. Suponha que elas sejam geradas a partir de um conjunto de dados que contenha 16 atributos binários e 3 classes, C1, C2 e C3.
   (a) Árvore de decisão com 7 erros.
   (b) Árvore de decisão com 4 erros.

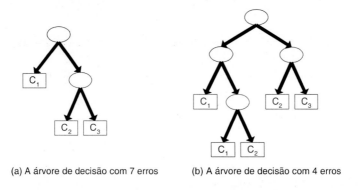

(a) A árvore de decisão com 7 erros   (b) A árvore de decisão com 4 erros

Figura 4.31. *Árvores de decisão para o Exercício 9.*

Calcule o comprimento total da descrição de cada árvore de decisão de acordo com o princípio do comprimento mínimo de descrição.

- O comprimento mínimo de uma árvore é dado por:

Custo(árvore, dados) = Custo (árvore) + Custo(dados|árvore)

- Cada nodo interno da árvore é codificado pelo ID do atributo de divisão. Se houve m atributos, o custo de codificar cada atributo é log2 m bits.
- Cada folha é codificada usando o ID da classe com a qual está associada. Se houver k classes, o custo de codificar uma classe é log2k bits.
- O Custo(árvore) é o custo de codificar todos os nodos da árvore. Pra simplificar o cálculo, você pode supor que o custo total da árvore seja obtido somando-se os custos de codificar cada nodo interno e cada nodo folha.
- O Custo(dados|árvore) é codificado usando os erros de classificação que a árvore comete no conjunto de treinamento. Cada erro é codificado por log2n bits, onde n é o número total de instâncias de treinamento.

Qual árvore de decisão é melhor, de acordo com o princípio MDL?

10. Embora a abordagem .632 bootstrap seja útil para se obter uma avaliação confiável da precisão do modelo, ela possui uma limitação conhecida [127]. Analise um problema de duas classes, onde há um número igual de exemplos positivos e negativos nos dados. Suponha que os rótulos de classe para os exemplos sejam gerados aleatoriamente. O classificador usado é uma árvore de decisão não podada (i.e., um memorizador perfeito). Determine a precisão do classificador usando cada um dos seguintes métodos.

    (a) O método holdout, onde dois terços dos dados são usados para treinamento e o terço restante é usado para teste.
    (b) A validação cruzada de 10 vezes.
    (c) O método .632 bootstrap.
    (d) A partir dos resultados das partes (a), (b) e (c), qual método fornece uma avaliação mais confiável da precisão do classificador?

11. Analise a seguinte abordagem para testar se um classificador A é melhor que outro classificador B. Seja N o tamanho de um determinado conjunto de dados, pA a precisão do classificador A, pB a precisão do

classificador B e p = (pA + pB)/2 a precisão média de ambos os classificadores. Para testar se o classificador A é significativamente melhor do que o B, a seguinte estatística Z é usada:

$$Z = \frac{p_A - p_B}{\sqrt{\frac{2p(1-p)}{N}}}.$$

Supõe-se que o classificador A seja melhor do que o classificador B se Z > 1,96.

A Tabela 4.9 compara as precisões de três diferentes classificadores, classificadores de árvore de decisão, classificadores Bayes simples e máquinas de suporte de vetores, sobre vários conjuntos de dados. (Os dois últimos classificadores são descritos no Capítulo 5).

Tabela 4.9. Comparando a precisão de diversos métodos de classificação.

Conjunto de Dados	Tam. (N)	Árvore de Decisão(%)	Bayes Simples (%)	Máquina de suporte de vetores (%)
Anneal	898	92.09	79.62	87.19
Australia	690	85.51	76.81	84.78
Auto	205	81.95	58.05	70.73
Tórax	699	95.14	95.99	96.42
Cleve	303	76.24	83.50	84.49
Crédito	690	85.80	77.54	85.07
Diabetes	768	72.40	75.91	76.82
Alemão	1000	70.90	74.70	74.40
Vidro	214	67.29	48.59	59.81
Coração	270	80.00	84.07	83.70
Hepatite	155	81.94	83.23	87.10
Cavalo	368	85.33	78.80	82.61
Ionosfera	351	89.17	82.34	88.89
Iris	150	94.67	95.33	96.00
Trabalho	57	78.95	94.74	92.98
Led7	3200	73.34	73.16	73.56
Linfografia	148	77.03	83.11	86.49
Pima	768	74.35	76.04	76.95
Sonar	208	78.85	69.71	76.92
Jogo da velha	958	83.72	70.04	98.33
Veículo	846	71.04	45.04	74.94
Vinhos	178	94.38	96.63	98.88
Zoológico	101	93.07	93.07	96.04

Resuma o desempenho dos classificadores dados na Tabela 4.9 usando a seguinte tabela 3 x 3:

Vitórias, derrotas e empates	Árvore de decisão	Bayes simples	Máquina de suporte de vetores
Árvore de decisão	0 - 0 - 23		
Bayes simples		0 - 0 - 23	
Máquina de suporte de vetores			0 - 0 - 23

Cada célula contém o número de vitórias, derrotas e empates quando comparando o classificador de uma determinada linha com o de uma determinada coluna.

12. Seja X uma variável binomial aleatória com média Np e variância Np(1 − p). Mostre que a taxa X/N também possui uma distribuição binomial com média p e variância p(1-p)/N.

capítulo **5**

Classificação:
Técnicas Alternativas

O CAPÍTULO ANTERIOR DESCREVEU UMA TÉCNICA de classificação simples, mas muito eficaz, conhecida como indução de árvore de decisão. Questões como o *overfitting* de modelo e a avaliação do classificador também foram discutidas detalhadamente. Este capítulo apresenta técnicas alternativas para a construção de modelos de classificação – desde técnicas simples como os classificadores baseados em regras e os de vizinho mais próximo, até as mais avançadas como as Support Vector Machine e métodos de agrupamento. Outras questões-chaves como o desequilíbrio de classe e problemas de classes múltiplas também são discutidos no final do capítulo.

5.1 Classificador Baseado em Regras

Um classificador baseado em regras é uma técnica para classificar registros usando um conjunto de regras "se ... então". A Tabela 5.1 mostra um exemplo de modelo gerado por um classificador baseado em regras para o problema da classificação dos vertebrados. As regras para o modelo são representadas na forma disjunta, $R= (r_1 V r_2 V...r_k)$, onde R é conhecido como o **conjunto de regras** e os r_i's são as regras de classificação ou disjuntos.

Tabela 5.1. Exemplo de um conjunto de regras para o problema da classificação de vertebrados.

r_1:	(Origina = não)	∧	(Ser Aéreo = sim)	→	Pássaros
r_2:	(Origina = não)	∧	(Ser Aquático = sim)	→	Peixes
r_3:	(Origina = sim)	∧	(Temperatura Corporal = sangue quente)	→	Mamíferos
r_4:	(Origina = não)	∧	(Ser Aéreo = não)	→	Réptil
r_5:	(Ser Aquático = semi)	→	Anfíbios		

Cada regra de classificação pode ser expressa da seguinte maneira:

$$r_i: (Condição) \rightarrow y_i. \quad (5.1)$$

O lado esquerdo da regra é chamado de **antecedente da regra** ou **pré-condição**. Ele contém um conjunto de testes de atributos:

$$Condição_i (A_1 \; op \; v_1) \wedge (A_2 \; op \; v_2) \wedge \cdots (A_k \; op \; v_k), \quad (5.2)$$

onde (A_j, v_j) é um par atributo-valor e *op* é um operador lógico escolhido do conjunto $\{=, \neq, <, >, \leq, \geq\}$. Cada teste de atributo $\{A_j \; op \; v_j\}$ é conhecido como um conjunto. O lado direito da regra é chamado de **conseqüência da regras**, que contém a classe y_i prevista.

Uma regra *r* cobre um registro *x* se a pré-condição de *r* corresponder aos atributos de *x*. *r* também é dita ser disparada sempre que cobrir um determinado registro. Como ilustração, analise a regra *r1* dada na Tabela 5.1 e os seguintes atributos para dois vertebrados: falcão e urso cinzento.

Nome	Temperatura Corporal	Cobertura da Pele	Origina	Ser Aquático	Ser Aéreo	Possui Pernas	Hiberna
Falcão	sangue quente	penas	não	não	sim	sim	não
Urso cinzento	sangue quente	pêlos	sim	não	não	sim	sim

R1 cobre o primeiro vertebrado porque sua pré-condição é satisfeita pelos atributos do falcão. A regra não cobre o segundo vertebrado porque o urso cinzento origina um filhote e não voa, violando assim a pré-condição de *r1*.

A qualidade de uma regra de classificação pode ser avaliada usando-se medidas como a cobertura e precisão. Dada um conjunto de dados *D* e uma regras de classificação $r: A \rightarrow y$, a cobertura da regras é definida como a fração de registros em *D* disparam a regra *r*. Por outro lado, sua precisão ou fator de confiança é definida como a fração de registros disparados por *r* cujos rótulos de classe sejam igual a *y*. As definições formais destas medidas são

$$\text{Cobertura}(r) = \frac{|A|}{|D|}$$
$$\text{Precissão}(r) = \frac{|A \cap y|}{|A|},$$

onde |A| é o número de registros que satisfazem ao antecedente da regras, |A ∩ y| é o número de registros que satisfazem tanto ao antecedente quanto ao conseqüente e |D| é o número total de registros.

Tabela 5.2. O conjunto de dados dos vertebrados.

Nome	Temperatura Corporal	Cobertura da Pele	Origina	Ser Aquático	Ser Aéreo	Possui Pernas	Hiberna	Rótulo da Classe
Humano	Sangue quente	Cabelo	Sim	Não	Não	Sim	Não	Mamífero
Píton	Sangue frio	Escamas	Não	Não	Não	Não	Sim	Réptil
Salmão	Sangue frio	Escamas	Não	Sim	Não	Não	Não	Peixe
Baleia	Sangue quente	Cabelo	Sim	Sim	Não	Não	Não	Mamífero
Sapo	Sangue frio	Nenhuma	Não	Semi	Não	Sim	Sim	Anfíbio
Dragão-de-Komodo	Sangue frio	Escamas	Não	Não	Não	Sim	Não	Réptil
Morcego	Sangue quente	Cabelo	Sim	Não	Sim	Sim	Sim	Mamífero
Pomba	Sangue quente	Penas	Não	Não	Sim	Sim	Não	Pássaro
Gato	Sangue quente	Pêlo	Sim	Não	Não	Sim	Não	Mamífero
Peixe guppy	Sangue frio	Escamas	Sim	Sim	Não	Não	Não	Peixe
Crocodilo	Sangue frio	Escamas	Não	Semi	Não	Sim	Não	Réptil
Pinguim	Sangue quente	Penas	Não	Semi	Não	Sim	Não	Pássaro
Porco-Espinho	Sangue quente	Espinhos	Sim	Não	Não	Sim	Sim	Mamífero
Enguia	Sangue frio	Escamas	Não	Sim	Não	Não	Não	Peixe
Salamandra	Sangue frio	Nenhuma	Não	Semi	Não	Sim	Sim	Anfíbio

Exemplo 5.1. Analise o conjunto de dados mostrado na Tabela 5.2. A regra

```
(Origina¹ = sim) ∧ (Temperatura Corporal = sangue quente) ∧
```
mamífero

possui uma cobertura de 33% já que cinco dos quinze registros suportam o antecedente da regra. A precisão da regra é de 100% porque todos os cinco vertebrados cobertos pela regra são mamíferos.

---

[1] N. do T.: Origina significa espécies vivíparas.

5.1.1 Como um Classificador Baseado em Regras Funciona

Um classificador baseado em regras classifica um registro de teste baseado na regra disparada pelo registro. Para ilustrar como um classificador baseado em regras funciona, analise o conjunto de regras mostrado na Tabela 5.1 e os seguintes vertebrados:

Nome	Temperatura Corporal	Cobertura da Pele	Origina	Ser Aquático	Ser Aéreo	Possui Pernas	Hiberna
Lêmure	Sangue quente	Pêlo	Sim	Não	Não	Sim	Não
Tartaruga	Sangue frio	Escamas	Não	Semi	Não	Sim	Não
Tubarão	Sangue frio	Escamas	Sim	Sim	Não	Não	Não

- O primeiro vertebrado, que é um lêmure, tem sangue quente e origina seus filhotes. Isto dispara a regra *r3* e, assim, é classificado como mamífero.
- O segundo vertebrado, que é uma tartaruga, dispara as regras r4 e r5. Já que as classes previstas pelas regras são contraditórias (répteis versus anfíbios), suas classes conflitantes devem ser resolvidas.
- Nenhuma das regras é aplicável a um tubarão. Neste caso, precisamos garantir que o classificador ainda faça uma previsão viável apesar de um registro de teste não estar coberto por alguma regra.

O exemplo anterior ilustra duas propriedades importantes do conjunto de regras gerado por um classificador baseado em regras.

Regras Mutuamente Excludentes As regras de um conjunto de testes R são mutuamente excludentes se não houver duas regras de R que sejam disparadas pelo mesmo registro. Esta propriedade garante que cada registro seja coberto no máximo por uma regra de R. Um exemplo de um conjunto de regras mutuamente excludentes é mostrado na Tabela 5.3.

Regras Completas Um conjunto de regras R possui cobertura completa se houver uma regra para cada combinação de valores de atributos. Esta propriedade garante que cada registro seja coberto por pelo menos uma regra de R. Supondo que a *Temperatura Corporal* e *Origina* sejam variáveis binárias, o conjunto de regras mostrado na Tabela 5.3 possui cobertura completa.

Classificação: Técnicas Alternativas 249

Tabela 5.3. Exemplo de um conjunto de regras completo e mutuamente excludente.

r1: (Temperatura Corporal = sangue frio) → Não mamíferos
r2: (Temperatura Corporal = sangue quente) ∧ (Origina = sim) → Mamíferos
r3: (Temperatura Corporal = sangue quente) ∧ (Origina = não) → Não mamíferos.

Juntas, estas propriedades garantem que cada registro seja coberto por exatamente uma regra. Infelizmente, muitos classificadores baseados em regras, incluindo o mostrado na Tabela 5.1, não têm tais propriedades. Se o conjunto de regras não for completo, então uma regra padrão, *rd* : () → *Yd* deve ser acrescentada para cobrir os casos restantes. Uma regra padrão possui um antecedente vazio e é disparada quando todas as outras regras tiverem falhado. *yd* é conhecida como a classe padrão e geralmente é atribuída à classe majoritária dos registros de treinamento não coberta pelas regras existentes.

Se o conjunto de regras não for mutuamente excludente, então um registro pode ser coberto por diversas regras, algumas das quais podendo prever classes conflitantes. Há duas formas de resolver este problema.

Regras Ordenadas Nesta abordagem, as regras de um conjunto de regras são ordenadas em ordem decrescente de prioridade, a qual pode ser definida de diversas maneiras e.g., baseado na precisão, cobertura, comprimento total da descrição ou a ordem na qual as regras são geradas. Um conjunto de regras ordenadas também é conhecido como uma lista de decisão. Quando um registro de teste é apresentado, é classificado pela regra de prioridade mais alta que cobrir esse registro. Isto evita o problema de classes conflitantes previstas por múltiplas regras de classificação.

Regras não Ordenadas Esta abordagem permite que um registro de teste dispare múltiplas regras de classificação e considera a conseqüência de cada regra como um voto para uma determinada classe. Os votos são então registrados para determinar o rótulo de classe do registro de teste. O registro geralmente recebe a classe que tiver o maior númerode votos. Em alguns casos, o voto pode ter um peso de acordo com a precisão da regra. Usar regras não ordenadas para construir um classificador baseado em regras possui vantagens e desvantagens. Regras não ordenadas são menos susceptíveis a erros causados pela regra errada sendo selecionada para classificar um registro de teste (diferentemente de classificadores baseados em regras ordenadas, que sãos sensíveis à escolha do critério de ordenação de regras). A construção do modelo também é menos custosa porque as regras não têm que ser mantidas em ordem. Apesar disso, classificar um registro de teste pode ser uma tarefa bastante custosa porque os atributos do registro de teste devem ser comparados com a pré-condição de cada regra do conjunto de regras.

No restante desta seção, enfocaremos os classificadores baseados em regras que usam regras ordenadas.

5.1.2 Esquemas de Ordenação de Regras

A ordenação das regras pode ser implementada regra a regra ou classe a classe. A diferença entre estes esquemas está ilustrada na Figura 5.1.

Esquema de Ordenação Baseado em Regras Esta abordagem ordena as regras individuais por alguma medida de qualidade das mesmas. Este esquema de ordenação garante que cada registro de teste seja classificado pela "melhor" regra que o cobrir. Uma potencial desvantagem deste esquema é que regras com menor prioridade são muito mais difíceis de interpretar porque supõem a negação das regras que as precedem. Por exemplo, a quarta regra mostrada na Figura 5.1 para ordenação baseada em regras,

$$\text{Ser Aquático} = \text{semi} \rightarrow \text{Anfíbios},$$

possui a seguinte interpretação: Se o vertebrado não tem penas ou não sabe voar, se tiver sangue frio e for semi-aquático, então é um anfíbio.

Classificação: Técnicas Alternativas 251

Ordenação Baseada em Regras	Ordenação Baseada em Classes
(Cobertura da Pela = penas, Ser Aéreo = sim) ==> Pássaros	(Cobertura da Pele = penas, Ser Aéreo = sim) ==> Pássaros
(Temperatura Corporal = sangue quente, Origina = sim) ==> Mamíferos	(Temperatura Corporal = sangue quente, Origina = não) ==> Pássaros
(Temperatura Corporal = sangue quente, Origina = não) ==> Pássaros	(Temperatura Corporal = sangue quente, Origina = sim) ==> Mamíferos
(Ser Aquático = semi) ==> Anfíbios	(Temperatura Corporal = sangue quente, Origina = sim) ==> Mamíferos
(Cobertura da Pela = escamas, Ser Aquático = não) ==> Répteis	(Ser Aquático = semi)=> Anfíbios
(Cobertura da Pele = escamas, Ser Aquático = sim)==> Peixes	(Cobertura da Pele = escamas, Ser Aquático = não) ==> Répteis
(Cobertura da Pele = nenhuma)==> Anfíbios	(Cobertura da Pele = escamas, Ser Aquático = sim) ==> Peixes

Figura 5.1. *Comparação entre esquemas de ordenação baseados em regras e em classes.*

As condições adicionais (de que o vertebrado tenha pena ou não saiba voar e tenha sangue frio) são devido ao fato de que o vertebrado não satisfaz às três primeiras regras. Se o número de regras for grande, interpretar o significado das regras que estão próximas do final da lista pode ser uma tarefa lenta e complicada.

Esquema de Ordenação Baseado em Classes Nesta abordagem, regras que pertençam à mesma classe aparecem juntas no conjunto de regras R. As regras muitas vezes são ordenadas coletivamente com base na sua informação de classe. A ordenação relativa entre as regras da mesma classe não é importante; desde que uma das regras seja disparada, a classe será atribuída ao registro de teste. Isto torna a interpretação de regras um pouco mais fácil. Todavia, existe a possibilidade de uma regra de qualidade alta não ser percebida em favor de uma regra inferior que prognostique a classe de prioridade mais alta.

Já que a maioria dos classificadores baseados em regras bem conhecidos (como as C4.5rules e RIPPER) empregam o esquema de ordenação baseada em classes, a discussão no restante desta seção enfoca principalmente este tipo de esquema de ordenação.

5.1.3 Como Construir um Classificador Baseado em Regras

Para se construir um classificador baseado em regras, precisamos extrair um conjunto de regras que identifique relacionamentos chave entre os atributos de um conjunto de dados e o rótulo da classe.

Há duas grandes classes de métodos para extrair regras de classificação: (1) métodos diretos, que extraem regras de classificação diretamente dos dados e (2) métodos indiretos, que extraem métodos de classificação de outros modelos de classificação, como árvores de decisão e redes neurais.

Os métodos diretos particionam o espaço dos atributos em subespaços menores e forma que os registros que pertençam a um subespaço possam ser classificados usando uma única regra de classificação. Os métodos indiretos usam as regras de classificação para fornecer uma descrição sucinta de modelos de classificação mais complexos. Discussões detalhadas destes métodos são apresentadas nas Seções 5.1.4 e 5.1.5, respectivamente.

5.1.4 Métodos Diretos de Extração de Regras

O algoritmo de **cobertura seqüencial** é muitas vezes usado para extrair regras diretamente dos dados. As regras são aumentadas de modo ávido sobre uma determinada métrica de avaliação. O algoritmo extrai das regras uma classe por vez em conjuntos de dados que contenham mais de duas classes. Para o problema de classificação dos vertebrados, o algoritmo de cobertura seqüencial pode gerar regras para classificar os pássaros primeiro, seguidas por regras para classificar os mamíferos, anfíbios, répteis e, finalmente, os peixes (veja a Figura 5.1). Os critérios para decidir quais classes devem ser geradas primeiro dependem de uma quantidade de fatores, como a predominância da classe (i.e., a fração de registros de treinamento que pertence a essa determinada classe) ou o custo da classificação errônea de registros de uma determinada classe.

Um resumo do algoritmo de cobertura seqüencial é dado no Algoritmo 5.1. Ele começa com uma lista de decisão vazia, R. A função Descobrir-Uma-Regra é então usada para extrair a melhor regra para a classe y que cubra o conjunto atual de registros de treinamento. Durante a extração das regras, todos os registros de treinamento para a classe y são considerados como exemplos positivos, enquanto que aqueles que pertençam a outras classes são considerados exemplos negativos. Uma regra é desejável se cobrir a maioria dos exemplos positivos e nenhum (ou muito poucos) dos exemplos negativos. Assim que uma regra assim é encontrada, os registros de treinamento cobertos pela regra são eliminados. A nova regra é adicionada ao final da lista de decisão R. Este procedimento é repetido até que o critério de término seja satisfeito. O algoritmo então segue adiante para gerar regas para a próxima classe.

Algoritmo 5.1 Algoritmo de cobertura seqüencial.

1: Sejam E os registros de treinamento e A o conjunto de pares atributo-valor, $\{(A_j, v_j)\}$.
2: Seja Y_0 um conjunto ordenado de classes $\{y_1, y_2, ..., y_k\}$.
3: Seja $R = \{\}$ a lista inicial de regras.
4: **para** cada classe $y \in Y_0 - \{y_k\}$ **faça**
5: **enquanto** condição de término não for satisfeita **faça**
6: $r \leftarrow$ *Descobrir*-Um-Regra (E, A, y).
7: Remover registros de treinamento de E que não sejam cobertos por r.
8: Adicionar r no final da lista de regras: $R \rightarrow R \vee r$.
9: **fim enquanto**
10: **fim para**
11: Inserir a regra padrão, $\{\} \rightarrow y_k$, no final da lista de regras R.

A Figura 5.2 demonstra como o algoritmo de cobertura seqüencial funciona com um determinado conjunto de dados que contenha uma coleção de exemplos positivos e negativos. A regra *R1*, cuja cobertura é mostrada na Figura 5.2(b), é extraída primeiro porque cobre a maior fração de exemplos positivos. Todos os registros de treinamento cobertos por *R1* são subseqüentemente removidos e p algoritmo prossegue procurando pela próxima melhor regra, que é *R2*.

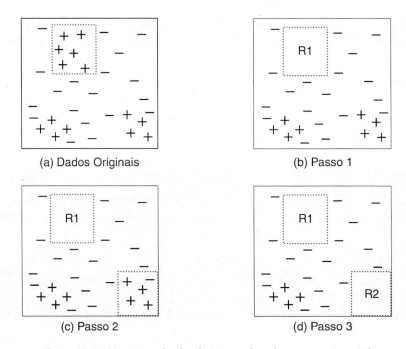

Figura 5.2. *Um exemplo de algoritmo de cobertura seqüencial.*

A Função Descobrir-Uma-Regra

O objetivo da função Descobrir-Uma-Regra é extrair uma regra de classificação que cubra muitos dos exemplos positivos e nenhum (ou muito poucos) dos negativos no conjunto de treinamento. Todavia, encontrar uma regra ótima é computacionalmente custoso dado o tamanho exponencial do espaço de pesquisa. A função Descobrir-Uma-Regra aborda o problema da pesquisa exponencial aumentando as regras de um modo ávido. Ela gera uma regra inicial r e continua a refiná-la até que um determinado critério de término seja satisfeito. A regra é então podada para melhorar seu erro de generalização.

Estratégia do Aumento da Regra Há duas estratégias comuns para aumentar uma regra de classificação: geral-para-específica e específica-para-geral. Na estratégia geral-para-específico, uma regra inicial $r: \{\} \rightarrow y$ é criada, onde o lado esquerdo é um conjunto vazio e o direito contém a classe alvo. A regra tem pouca qualidade porque cobre todos os exemplos do conjunto de treinamento. Novos conjuntos são acrescentados subseqüentemente para melhorar a qualidade da regra. A Figura 5.3 (a) mostra a estratégia geral-para-específica para o problema de classificação dos vertebrados. O conjunto Temperatura Corporal = sangue quente é escolhida inicialmente para formar o antecedente da regra. O algoritmo então explora todas as candidatas possíveis e usa o modo ávido para escolher o novo conjunto, Origina = sim, a ser adicionado no antecedente da regra. Este processo continua até que o critério de término seja satisfeito (e.g., quando o conjunto adicionado não melhorar a qualidade da regra).

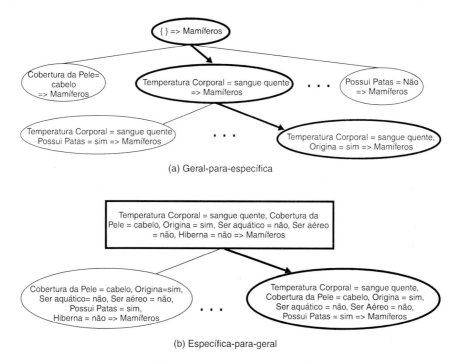

Figura 5.3. *Estratégias de aumento de regras geral-para-específica e específica-para-geral.*

Para a estratégia específica-para-geral, um dos exemplos positivos é escolhido aleatoriamente como a semente inicial do processo de aumento da regra. Durante o passo do refinamento, a regra é generalizada removendo-se dos seus conjuntos de modo que possa cobrir mais exemplos positivos. A Figura 5.3(b) mostra a abordagem específica-para-geral para o problema de classificação dos vertebrados. Suponha que um exemplo positivo para os mamíferos seja escolhido como semente inicial. A regra inicial contém os mesmos conjuntos que os valores dos atributos da semente inicial. Para melhorar sua cobertura, a regra é generalizada removendo o conjunto Hiberna = não. O passo do refinamento é repetido até que o critério de término seja satisfeito, e.g., quando a regra começar a cobrir exemplos negativos.

As abordagens anteriores podem produzir regras subótimas porque as regras são aumentadas de um modo ávido. Para evitar este problema, uma pesquisa direcional pode ser usada, onde k das regras que são as melhores candidatas são mantidas pelo algoritmo. Cada regra candidata é então aumentada separadamente através da adição (ou remoção) de um conjunto do seu antecedente. A qualidade das candidatas é avaliada e as k melhores candidatas são escolhidas para a próxima iteração.

Avaliação de Regras Uma métrica de avaliação é necessária para determinar qual conjunto deve ser adicionado (ou removido) durante o processo de aumento da regra. A precisão é uma escolha óbvia porque mede explicitamente a fração de exemplos de treinamento classificados corretamente pela regra. Entretanto, uma potencial limitação da precisão é que ela não considera a cobertura da regra. Por exemplo, analise um conjunto de treinamento que contenha 60 exemplos positivos e 100 negativos. Suponha que tenhamos recebido as duas seguintes regras candidatas:

Regra r_1: cobre 50 exemplos positivos e 5 negativos.
Regra r_2: cobre 2 exemplos positivos e nenhum negativo.

As precisões de r_1 e r_2 são 90,9% e 100%, respectivamente. Entretanto, r_1 é a regra melhor apesar da sua baixa precisão. A precisão alta de r_2 é potencialmente falsa porque a cobertura da regra é muito baixa.

As abordagens a seguir podem ser usadas para lidar com este problema.
1. Um teste estatístico pode ser usado para podar regras que tenham cobertura ruim. Por exemplo, podemos calcular a seguinte de taxa de probabilidade estatística:

$$R = 2\sum_{i=1}^{k} f_i \log(f_i / e_i),$$

onde k é o número de classes, f_i é a freqüência observada de exemplos da classe i que sejam cobertos pela regra e e_i é a freqüência esperada de uma regra que faça previsões aleatórias. Observe que R possui uma distribuição com $k - 1$ grau de liberdade. Um valor R grande sugere que o número de previsões corretas feitas pela regra é significativamente maior do que a esperada pela conjectura aleatória. Por exemplo, já que r_1 cobre 55 exemplos, a freqüência esperada para a classe positiva é $e_+ = 55 \times 60 / 160 = 20{,}625$, enquanto que a freqüência esperada para a classe negativa é $e_- = 55 \times 100 / 160 = 34{,}2 = 375$. Assim, a taxa de probabilidade de r_1 é

$R(r_1) = 2 \times [50 \times \log_2(50/20{,}625) + 5 \times \log_2(5/34{,}375)] = 99{,}9.$

De forma semelhante, as freqüências esperadas para r_2 são $e_+ = 2 \times 60 / 160 = 0{,}75$ e $e_- = 2 \times 100 / 160 = 1{,}25$. A taxa de probabilidade estatística para r_2 é

$R(r_2) = 2 \times [2 \times \log_2(2/0{,}75) + 0 \times \log_2(0/1{,}25)] = 5{,}66.$

Esta estatística sugere, portanto que r_1 seja uma regra melhor que r_2.
2. Uma métrica de avaliação que leva em consideração a cobertura da regra pode ser usada. Analise as seguintes métricas de avaliação:

$$\text{Laplace} = \frac{f_+ + 1}{n + k}, \tag{5.4}$$

$$\text{avaliação-m} = \frac{f_+ + kp_+}{n + k}, \tag{5.5}$$

onde n é o número de exemplos cobertos pela regra, f_+ é o número de exemplos positivos cobertos pela regra, k é o número total de classes e p_+ é a probabilidade anterior para a classe positiva. Observe que a avaliação-m é equivalente à métrica de Laplace escolhendo $p_+ = 1/k$. Dependendo da cobertura da regra, estas métricas capturam o balanceamento entre a precisão da regra e a probabilidade anterior da lasse positiva. Se a regra não cobrir algum exemplo de treinamento, então a métrica de Laplace reduz a $1/k$, que é a probabilidade anterior da classe positiva supondo-se uma distribuição de classes uniforme. A avaliação-m também reduz para a probabilidade anterior (p_+) quando $n = 0$. Entretanto, se a cobertura da regra for grande, então ambas as métricas abordam assintoticamente a precisão da regra, f_+/n. Voltando à regra anterior, a métrica de Laplace para r_1 é $51/57 = 89,47\%$, o que é bastante próximo da sua precisão. De modo oposto, a métrica de Laplace para r_2 (75%) é insignificantemente mais baixa do que sua precisão porque r_2 possui uma cobertura muito mais baixa.

3. Uma métrica de avaliação que considere o contador de suporte da regra pode ser usada. Uma métrica assim é o **ganho de informação de FOIL**. O contador de suporte de uma regra corresponde ao número de exemplos positivos cobertos pela mesma. Suponha que a regra $r: A \rightarrow +$ cubra p_0 exemplos positivos e n_0 exemplos negativos. Após adicionar um novo conjunto B, a regra estendida $r': A \wedge B \rightarrow +$ cubra p_1 exemplos positivos e n_1 negativos. Dada esta informação, o ganho de informação de FOIL da regra estendida é definido da seguinte forma:

$$\text{ganho de informação de FOIL} = \left(\log_2 \frac{p_1}{p_1 + n_1} - \log_2 \frac{p_0}{p_0 + n_0} \right). \quad (5.6)$$

Já que a medida é proporcional a p_1 e $n_1/(p_1+n_1)$, ela prefere regras que tenham um grande contador de suporte e precisão. Os ganhos de informação de FOIL para as regras r_1 e r_2 dadas no exemplo anterior são respectivamente 43,12 e 2. Portanto, r_1 é uma regra melhor que r_2.

Poda de Regra As regras geradas pela função Descobrir-Uma-Regra podem ser podadas para melhorar seus erros de generalização. Para determinar se a poda é necessária, podemos aplicar os métodos descritos na Seção 4.4 na página 172 para avaliar o erro de generalização de uma regra. Por exemplo, se o erro no conjunto de validação diminuir após a poda, devemos manter a regra simplificada. Outra abordagem é comparar o erro pessimista da regra antes e depois da poda (veja a Seção 4.4.4 na página 179). A regra simplificada é mantida no lugar da regra original se o erro pessimista melhorar após a poda.

Base Lógica da Cobertura Seqüencial

Após uma regra ser extraída, o algoritmo de cobertura seqüencial deve eliminar todos os exemplos positivos e negativos cobertos pela regra. A razão para fazer isso é dada no exemplo a seguir.

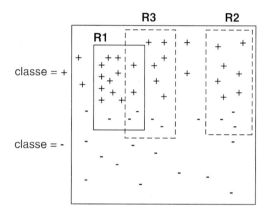

Figura 5.4. *A eliminação de registros de treinamento pelo algoritmo de cobertura seqüencial. R1, R2 e R3 representam áreas cobertas por três regras diferentes.*

A Figura 5.4 mostra três regras possíveis, *R1, R2* e *R3*, extraídas de um conjunto de dados que contém 29 exemplos positivos e 21 negativos. As precisões de *R1, R2* e *R3* são 12/15 (80%), 7/10(70%) e 8/12 (66,7%), respectivamente. *R1* é gerada primeiro porque possui a maior precisão. Após gerar *R1*, fica claro que os exemplos positivos cobertos pela regra devem ser removidos para que a próxima regra gerada pelo algoritmo seja diferente de *R1*. A seguir, suponha que o algoritmo tenha a escolha de gerar *R2* ou *R3*. Embora *R2* tenha uma precisão maior que *R3*, *R1* e *R3* juntas cobrem 18 exemplos positivos e 5 negativos (resultando em uma precisão geral de 78,3%),nquanto que *R1* e *R2* juntas cobrem 19 exemplos positivos e 6 negativos (resultando em uma precisão geral igual a 76%). O impacto incremental de *R2* ou *R3* sobre a precisão fica mais evidente quando os exemplos positivos e negativos cobertos por *R1* são removidos antes de calcular suas precisões. Em especial, se os exemplos positivos cobertos por *R1* não forem removidos, então podemos superestimar a precisão efetiva de *R3* e se os exemplos negativos não forem retirados, então podemos subestimar a precisão de *R3*. Neste último caso, poderíamos acabar preferindo *R2* em detrimento de *R3* embora metade dos erros positivos falsos cometidos por *R3* já tenham sido considerados pela regra anterior, *R1*.

O Algoritmo RIPPER

Para ilustrar o método direto, considere um algoritmo de indução amplamente usado chamado RIPPER. Este algoritmo escala quase que linearmente com o número de exemplos de treinamento e é especialmente apropriado para a construção de modelos a partir de conjuntos de dados com distribuições de classes desequilibradas. RIPPER também funciona bem com conjuntos de dados com ruídos porque usa um conjunto de validação para evitar o *overfitting* do modelo.

Para problemas de duas classes, RIPPER escolhe a classe majoritária como sua classe padrão e descobre as regras para detectar a classe minoritária. Para problemas com múltiplas classes, estas são ordenadas de acordo com suas freqüências. Suponhamos que ($y1$, $y2$, ..., yn) sejam as classes ordenadas, onde $y1$ é a com menor freqüência e yc a de maior freqüência. Durante a primeira iteração, instâncias que pertençam a $y1$ são rotuladas como exemplos positivos, enquanto que aquelas que pertencerem a outras classes são rotuladas como exemplos negativos. O método de cobertura seqüencial é usado para gerar regras que discriminam entre os exemplos positivos e negativos. A seguir, RIPPER extrai regras que distinguem $y2$ das outras classes restantes. Este processo é repetido até que tenhamos yc, que é atribuída como a classe padrão.

Aumento da Regra RIPPER emprega uma estratégia geral-para-específica para aumentar uma regra e a métrica de ganho de informação de FOIL para escolher o melhor conjunto a ser adicionado ao antecedente da regra. Ela pára de adicionar conjuntos quando a regra começa a cobrir exemplos negativos. A nova regra é então podada baseada no seu desempenho no conjunto de validação. A métrica a seguir é calculada para determinar se a poda é necessária: $(p - n)/(p + n)$, onde $p(n)$ é o número de exemplos positivos (negativos) do conjunto de validação coberto pela regra. Esta métrica é relacionada monotonicamente com a precisão da regra sobre o conjunto de validação. Se a métrica melhorar após a poda, então o conjunto é removido. A poda é feita iniciando no último conjunto adicionado à regra. Por exemplo, dada uma regra $ABCD \rightarrow y$, RIPPER verifica se D deve ser podada primeiro, seguida por $CD, BCD,$ etc. Embora a regra original cubra apenas exemplos positivos, a regra podada pode cobrir alguns dos exemplos negativos do conjunto de treinamento.

Construindo o Conjunto de Regras Após a geração de uma regra, todos os exemplos positivos e negativos cobertos pela mesma são eliminados. A regra é então adicionada ao conjunto de regras desde que não viole a condição de término, que é baseada no princípio do menor comprimento de descrição. Se a nova regra aumentar o comprimento total da descrição em pelo menos d bits, então RIPPERE pára de adicionar regras no seu conjunto de regras (por padrão, d é escolhido como tendo 64 bits). Outra condição de término usada por RIPPER é que a taxa de erro da regra no conjunto de validação não deve exceder 50%.

RIPPER também executa passos adicionais de otimização para determinar se algumas das regras existentes no conjunto de regras podem ser substituídas por regras alternativas melhores. Os leitores que estiverem interessados nos detalhes do método de otimização podem ver a referência citada no final deste capítulo.

5.1.5 Métodos Indiretos de Extração de Regras

Esta seção apresenta um método para gerar um conjunto de regras a partir de uma árvore de decisão. No princípio, cada caminho a partir do nodo raiz até o nodo folha de uma árvore de decisão pode ser expresso como uma regra de classificação. As condições de teste encontradas pelo caminho formam os conjuntos de antecedentes da regra, enquanto que o rótulo da classe no nodo folha é atribuído ao conseqüente da regra. A Figura 5.5 mostra um exemplo de um conjunto de regras gerado a partir de uma árvore de decisão. Observe que o conjunto de regras é completo e contém regras mutuamente excludentes. Contudo, algumas das regras podem ser simplificadas conforme mostrado no próximo exemplo.

P
Não
Sim
Q
R
Não
Sim
Não
Sim
-
+
+
Q
Não
Sim
-
+
Rule Set
r1: (P=Não,Q=Não) ==> -
r2: (P=Não,Q=Sim) ==> +
r3: (P=Sim,Q=Não) ==> +
r4: (P=Sim,R=Sim,Q=Não) ==> -
r5: (P=Sim,R=Sim,Q=Sim) ==> +

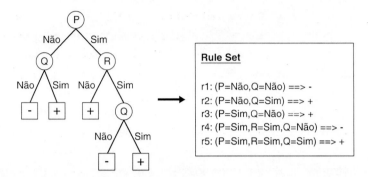

Figura 5.5. *Convertendo uma árvore de decisão em regras de classificação.*

Exemplo 5.2. Analise as seguintes três regras da Figura 5.5:

r2: (P = Não) ∧ (Q = Sim) → +

r3: (P = Sim) ∧ (R = Não) → +

r5: (P = Sim) ∧ (R = Sim) ∧ (Q = Sim) → +

Observe que o conjunto de regras sempre prevê uma classe positiva quando o valor de Q é Sim. Portanto, podemos simplificar as regras da seguinte forma:

r2': (Q=Sim) → +

r3: (P = Sim) ∧ (R = Não) → +

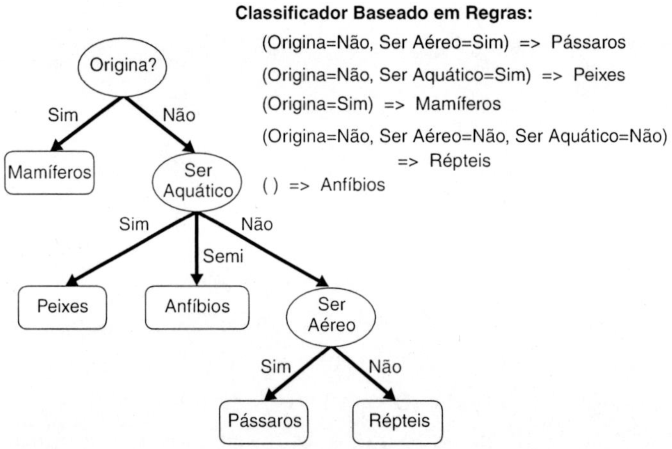

Classificador Baseado em Regras:
(Origina=Não, Ser Aéreo=Sim) => Pássaros
(Origina=Não, Ser Aquático=Sim) => Peixes
(Origina=Sim) => Mamíferos
(Origina=Não, Ser Aéreo=Não, Ser Aquático=Não) => Répteis
( ) => Anfíbios
Origina?
Sim
Não
Mamíferos
Ser Aquático
Sim
Semi
Não
Peixes
Anfíbios
Ser Aéreo
Sim
Não
Pássaros
Répteis

Figura 5.6. *Regras de classificação extraídas de uma árvore de decisão para o problema de classificação de vertebrados.*

r3 permanece para cobrir as instâncias restantes da classe positiva. Embora as regras obtidas após a simplificação não sejam mais mutuamente excludentes, são menos complexas e mais fáceis de se interpretar.

A seguir, descrevemos uma abordagem usada pelo algoritmo C4.5 para gerar um conjunto de regras a partir de uma árvore de decisão. A Figura 5.6 mostra a árvore de decisão e as regras de classificação resultantes obtidas para o conjunto de dados dado na Tabela 5.2.

Geração de Regras   Regras de classificação são extraídas para cada caminho da raiz até uma das folhas da árvore de decisão. Dada uma regra de decisão, $r: A \rightarrow y$, consideramos uma regra simplificada, $r': A' \rightarrow y$, onde A' é obtida removendo-se um dos conjuntos de A. A regra simplificada com a mais baixa taxa de erro pessimista permanece desde que sua taxa de erro seja menor do que a da regra original. O passo de poda da regra é repetido até que o erro pessimista da regra não possa mais ser melhorado. Devido ao fato de algumas das regras poderem se tornar idênticas após a poda, regras duplicadas devem ser descartadas.

Ordenação de Regras   Após gerar o conjunto de regras, C4.5rules usa o esquema de ordenação baseado em classes para ordenar as regras extraídas. Regras que prevejam a mesma classe são agrupadas no mesmo subconjunto. O comprimento total da descrição para cada subconjunto é calculado e as classes são organizadas em ordem crescente do seu comprimento total de descrição. A classe que tiver o menor comprimento de descrição recebe a prioridade mais alta, porque espera-se que ela contenha o melhor conjunto de regras. O comprimento total de descrição é dado por $L_{exceção} + g \times L_{modelo}$, onde $L_{exceção}$ é o número de bits necessários para codificar os exemplos mal classificados, L_{modelo} é o número de bits necessários para codificar o modelo e g é um parâmetro de ajuste cujo valor padrão é 0,5. O parâmetro de ajuste depende do número de atributos redundantes presentes no modelo. O valor do parâmetro de ajuste é pequeno se o modelo contiver muitos atributos redundantes.

5.1.6 Características de Classificadores Baseados em Regras

Um classificador baseado em regras possui as seguintes características:
- A expressividade de um conjunto de regras é quase equivalente àquela de uma árvore de decisão porque uma árvore de decisão pode ser representada por um conjunto de regras completas e mutuamente excludentes. Tanto os classificadores de árvores de decisão quanto os baseados em regras criam partições retilíneas do espaço dos atributos e atribuem uma classe a cada partição. Apesar disso, se o classificado baseado em regras permitir que múltiplas regras sejam disparadas para um determinado registro, então um limite de decisão mais complexo pode ser construído.
- Classificadores baseados em regras geralmente são usados para produzir modelos descritivos que são mais fáceis de interpretar, mas dão considerável desempenho ao classificador de árvore de decisão.
- A abordagem de ordenação baseada em classes adotada por muitos classificadores baseados em regras (como o RIPPER) é bem apropriada para lidar com conjuntos de dados com distribuições de classes desequilibradas.

5.2 Classificadores de Vizinho Mais Próximo

O framework de classificação mostrado na Figura 4.3 envolve um processo de duas etapas: (1) um passo indutivo para construir um modelo de classificação a partir dos dados e(2) um passo dedutivo para aplicar o modelo a exemplos de teste. Classificadores de árvores de decisão e baseados em regras são exemplos de **aprendizes ávidos** porque são produzidos para descobrir um modelo que mapeia os atributos de entrada para o rótulo de classe assim que os dados de treinamento se tornam disponíveis. Uma estratégia oposta seria atrasar o processo de modelagem dos dados de treinamento até que eles sejam necessários para classificar os exemplos de teste. Técnicas que empregam esta estratégia são conhecidas como **aprendizes diferidos**. Um exemplo de aprendiz diferido é o **classificador de Rota**, que memoriza todos os dados de treinamento e executa a classificação apenas se os atributos de uma instância de teste corresponderem exatamente a um dos exemplos de treinamento. Uma desvantagem óbvia de abordagem é que alguns registros de testes podem não ser classificados porque não correspondem a nenhum exemplo de treinamento.

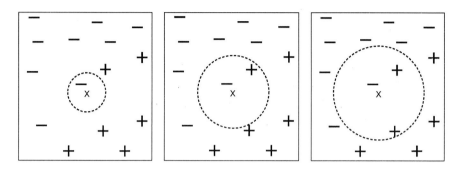

(a) 1-vizinho mais próximo   (b) 2-vizinho mais próximo   (c) 3-vizinho mais próximo

Figura 5.7. *Os 1, 2 e 3 vizinhos mais próximos desta instância.*

Uma forma de tornar esta abordagem mais flexível é encontrar todos os exemplos de treinamento que sejam relativamente semelhantes aos atributos do exemplo de teste. Estes exemplos, que são conhecidos como vizinhos mais próximos, podem ser usados para determinar o rótulo da classe como exemplo de teste. A justificativa para usar **vizinhos mais próximos** é melhor exemplificada pelo seguinte ditado: *"Se caminhar como um pato, se grasnar como um pato e se parecer com um pato, então provavelmente é um pato"*. Um classificador de vizinho mais próximo representa cada exemplo como um ponto de dado em um espaço d-dimensional, onde d é o número de atributos. Dado um exemplo de teste, calculamos sua proximidade com o resto dos pontos de dados no conjunto de treinamento, usando uma das medidas de proximidade descritas na Seção 2.4 na página 65. Os vizinhos mais próximos k de um determinado exemplo z se referem aos k pontos que estejam mais próximos de z.

A Figura 5.7 ilustra os 1, 2 e 3 vizinhos mais próximos de um ponto de dados localizado no centro de cada círculo. O ponto de dado é classificado com base nos rótulos de classe dos seus vizinhos. No caso onde os vizinhos têm mais de um rótulo, o ponto do dado é atribuído à classe majoritária dos seus vizinhos mais próximos. Na Figura 5.7(a), o vizinho mais próximo 1 do ponto de dados é um exemplo negativo. Portanto, o ponto de dado é atribuído à classe negativa. Se o número de vizinhos mais próximos for três, conforme mostrado na Figura 5.7(c), então a vizinhança contém dois exemplos positivos e um negativo. Usando o esquema de votação da maioria, o ponto de dado é atribuído à classe positiva. No caso onde houver uma ligação entre as classes (veja a Figura 5.7(b)), podemos escolher aleatoriamente uma delas para classificar o ponto de dado.

A discussão anterior sublinha a importância de escolher o valor correto para k. Se k for pequeno demais, então o classificador de vizinho mais próximo pode ser susceptível a *overfitting* por causa do ruído nos dados de treinamento. Por outro lado, se k for grande demais, o classificador de vizinho mais próximo pode classificar erroneamente a instância de teste porque sua lista de vizinhos mais próximos pode incluir pontos de dados que estejam localizados longe da sua vizinhança (veja Figura 5.8).

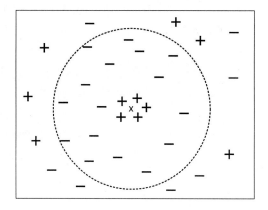

Figura 5.8. *Uma classificação de vizinho mais próximo k com grande.*

5.2.1 Algoritmo

Um resumo de alto nível do método de classificação do vizinho mais próximo é dado no Algoritmo 5.2. O algoritmo calcula a distância (ou similaridade) entre cada exemplo de teste $z = (x', y')$ e todos os seus exemplos de treinamento $(x, y) \in D$ para determinar sua lista de vizinhos mais próximos, D_z. Tal cálculo pode ser custoso se o número de exemplos de treinamento for grande. Entretanto, técnicas eficientes de indexação estão disponíveis para reduzir a quantidade de cálculos necessários para encontrar os vizinhos mais próximos de um exemplo de teste.

Algoritmo 5.2 O algoritmo de classificação de vizinho mais próximo k.

1: Seja k o número de vizinhos mais próximos e D o conjunto de exemplos de treinamento.
2: **para** cada exemplo de teste $z = (x', y')$ **faça**
3: Calcule $d(x', x)$, a distância entre z e cada exemplo $(x, y) D. \in$
4: Selecione $Dz \subseteq D$ o conjunto dos k exemplos de treinamento para z,
5: $y' = \mathrm{argmax}_v \sum_{(x_i, y_i) \in D_z} I(v = y_i)$
6: **fim para**

Assim que a lista de vizinhos mais próximos for obtida, o exemplo de teste é classificado baseado na classe majoritária dos seus vizinhos mais próximos:

$$\text{Votação Majoritária:} \quad y' = \mathrm{argmax}_v \sum_{(x_i, y_i) \in D_z} I(v = y_i), \qquad (5.7)$$

onde v é um rótulo de classe, y_i é o rótulo de classe para um dos vizinhos mais próximos, e $I(\cdot)$ é uma função indicadora que retorne o valor 1 se seu argumento for verdadeiro e 0 caso contrário.

Na abordagem da votação majoritária, cada vizinho possui o mesmo impacto sobre a classificação. Isto torna o algoritmo sensível à escolha de k, conforme mostrado na Figura 5.7. Uma forma de reduzir o impacto de k é pesando a influência de cada vizinho mais próximo x_i, de acordo com sua distância: $w_i = 1/d(x', x_i)^2$. Como resultado, exemplos de treinamento que estejam localizados longe de z possuem um impacto mais fraco sobre a comparação comparados com aqueles que estejam localizados próximos a z. Usando o esquema de votação com distâncias com pesos, o rótulo de classe pode ser determinado da seguinte forma:

Votação com Distâncias com Pesos: $y' = \underset{v}{\operatorname{argmax}} \sum_{(x_i, y_i) \in D_z} w_i \times I(v = y_i)$ (5.8)

5.2.2 Características de Classificadores de Vizinho mais Próximo

As características do classificador de vizinho mais próximo são resumidas a seguir:

- A classificação de vizinho mais próximo é parte de uma técnica mais geral conhecida como descoberta baseada em instância, que usa instâncias de treinamento específicas para fazer previsões sem ter que manter uma abstração (ou modelo) derivada de dados. Algoritmos de descoberta baseada em instâncias requerem uma medida de proximidade para determinar a semelhança ou distância entre instâncias e uma função de classificação que retorne a classe prevista de uma instância de teste baseada na sua proximidade com outras instâncias.
- Aprendizes diferidos como classificadores de vizinho mais próximo não requerem a construção de modelos. Entretanto, classificar um exemplo de teste pode ser bastante custoso porque precisamos calcular os valores de proximidade individualmente entre os exemplos de teste e de treinamento. Em contraste, aprendizes ávidos muitas vezes gastam grande parte dos recursos computacionais para a construção do modelo. Assim que um modelo tiver sido construído, classificar um exemplo de teste é extremamente rápido.
- Classificadores de vizinho mais próximo fazem suas previsões baseadas em informações locais, enquanto que classificadores baseados em regras e de árvore de decisão tentam encontrar um modelo global que caiba no espaço de entrada inteiro. Devido às decisões de classificação serem tomadas localmente, classificadores de vizinho mais próximo (com valores pequenos de k) são bastante susceptíveis a ruídos.
- Classificadores de vizinho mais próximo podem produzir limites de decisão de formato arbitrário. Tais limites fornecem uma representação mais flexível de modelo comparada com classificadores

baseados em regras e de árvore de decisão que muitas vezes são restritos a limites de decisão retilíneos. Esses limites de decisão de classificadores de vizinho mais próximo também têm alta variabilidade porque dependem da composição de exemplos de treinamento. Aumentar o número de vizinhos mais próximos pode reduzir tal variabilidade.

• Classificadores de vizinho mais próximo podem produzir previsões erradas a menos que os passos de pré-processamento de dados e medida de proximidade apropriada sejam executados. Por exemplo, suponha que queiramos classificar um grupo de pessoas baseado nos atributos como altura (medida em metros) e peso (medido em libras). O atributo altura possui uma variabilidade baixa, indo de 1,5 m a 1,85 m., enquanto que o atributo peso pode variar de 90 libras a 250 libras. Se a escala dos atributos não for levada em consideração, a medida de proximidade pode ser dominada por diferenças nos pesos de uma pessoa.

5.3 Classificadores Bayesianos

Em muitas aplicações, o relacionamento entre o conjunto de atributos e a variável classe é não determinístico. Em outras palavras, o rótulo da classe de um registro de teste não pode ser previsto com certeza embora seu conjunto de atributos seja idêntico a alguns dos exemplos de treinamento. Esta situação pode surgir por causa de dados com ruídos ou da presença de determinados fatores de confusão que afetam a classificação mas que não são incluídos na análise. Por exemplo, considere a tarefa de prever se uma pessoa corre o risco de problemas de coração baseado na sua dieta e na sua freqüência de exercícios. Embora a maioria das pessoas que tenham uma dieta saudável e que se exercitam regularmente tenha menos chance de desenvolver problemas cardíacos, elas ainda podem fazê-lo por causa de outros fatores como hereditariedade, excesso de fumo ou abuso de álcool. A determinação de se a dieta de uma pessoa é saudável ou se a freqüência de exercícios é suficiente também está sujeita a interpretação, o que, por sua vez, pode introduzir incertezas no problema em estudo.

Esta seção apresenta uma abordagem para modelar relacionamentos entre o conjunto de atributos e a variável de classe. A seção começa com uma introdução ao teorema de Bayes, um princípio estatístico para combinar conhecimento prévio das classes com novas evidências colhidas dos dados. O uso do **teorema de Bayes** para resolver problemas de classificação será explicado, seguido por uma descrição de duas implementações de classificadores Bayesianos: Bayes simples e a rede de crenças Bayesiana.

5.3.1 O Teorema de Bayes

Considere um jogo de futebol entre duas equipes rivais: a Equipe 0 e a Equipe 1. Suponha que a Equipe 0 vença 65% do tempo e a Equipe 1 os jogos restantes. Entre os jogos vencidos pela Equipe 0, apenas 30% deles vêm de jogos no campo da Equipe 1. Por outro lado, 75% das vitórias da Equipe 1 são obtidas jogando em casa. Se a Equipe 1 receber o próximo jogo entre as duas equipes, qual equipe provavelmente vencerá?

Esta questão pode ser respondida usando-se o bem conhecido teorema de Bayes. Para que nada fique faltando, começamos com algumas definições básicas da teoria da probabilidade. Os leitores que não estiverem familiarizados com conceitos de probabilidade podem ver no Apêndice C uma breve revisão deste tópico.

Suponha que X e Y sejam um par de variáveis aleatórias. Sua probabilidade junta, $P(X = x, Y = y)$, se refere à probabilidade da variável X receber o valor x e a variável Y receber o valor y. Uma probabilidade condicional é a de que uma variável aleatória receba um determinado valor dado o resultado de outra variável aleatória seja conhecido. Por exemplo, a probabilidade condicional $P(Y = y | X = x)$ se refere à probabilidade da variável Y receber o valor y, dado que a variável X tenha o valor x. As probabilidades condicionais e juntas estão relacionadas da seguinte forma:

$$P(X,Y) = P(Y|X) \times P(X) = P(X|Y) \times P(Y). \tag{5.9}$$

Reorganizar as duas últimas expressões na Equação 5.9 leva à seguinte fórmula, conhecida como teorema de Bayes:

$$P(Y|X) = \frac{P(X|Y)}{P(X)}. \tag{5.10}$$

O teorema de Bayes pode ser usado para resolver o problema da previsão declarado no início desta seção. Por conveniência de notação, suponhamos que X seja a variável aleatória que represente a equipe local da partida e que Y seja a variável aleatória que representa o vencedor da partida. Tanto x quanto Y podem receber valores do conjunto $\{0, 1\}$. Podemos resumir as informações dadas no problema da seguinte maneira:
A probabilidade da Equipe 0 vencer é $P(Y = 0) = 0,65$.
A probabilidade da Equipe 1 vencer é $P(Y = 1) = 1 - P(Y = 0) = 0,35$.
A probabilidade da Equipe 1 ser a local e vencer é $P(X = 1|Y = 1) = 0,75$.
A probabilidade da Equipe 1 ser a local e a vencedora ser a Equipe 0 é $P(X = 1|Y = 0) = 0,3$.

Nosso objetivo é calcular $P(Y = 1 | X = 1)$, que é a probabilidade condicional da Equipe 1 vencer a próxima partida que jogará em casa e comparar isso a $P(Y = 0|X = 1)$. Usando o teorema de Bayes, obtemos

$$\begin{aligned} P(Y=1|X=1) &= \frac{P(X=1|Y=1) \times P(Y=1)}{P(X=1)} \\ &= \frac{P(X=1|Y=1) \times P(Y=1)}{P(X=1, Y=1) + P(X=1, Y=0)} \\ &= \frac{P(X=1|Y=1) \times P(Y=1)}{P(X=1|Y=1)P(Y=1) + P(X=1|Y=0)P(Y=0)} \\ &= \frac{0.75 \times 0.35}{0.75 \times 0.35 + 0.3 \times 0.65} \\ &= 0.5738, \end{aligned}$$

onde a lei da probabilidade total (veja a Equação C.5 na página 722) foi aplicada na segunda linha. Além disso, $P(Y = 0, X = 1) = 1 - P(Y = 1|X = 1) = 0,4262$. Já que $P(Y = 1|X = 1) > P(Y = 0|X = 1)$, a Equipe 1 possui mais chance do que a Equipe 0 de vencer a próxima partida.

5.3.2 Usando o Teorema de Bayes para Classificação

Antes de descrevermos como o teorema de Bayes pode ser usado para classificação, formalizaremos o problema da mesma a partir de uma perspectiva estatística. Suponhamos que **X** denote o conjunto de atributos e Y

denote a variável da classe. Se esta tiver um relacionamento não determinístico com os atributos, então podemos tratar **X** e *Y* como variáveis aleatórias e capturar seu relacionamento usando probabilisticamente *P(Y|X)*. Esta probabilidade condicional também é conhecida como **probabilidade posterior** de *Y*, em oposição à sua **probabilidade anterior**, *P(Y)*.

Durante a fase de treinamento, precisamos descobrir as probabilidades posteriores *P(Y|X)* para cada combinação de **X** e *Y* baseada em informações coletadas a partir dos dados de treinamento. Conhecendo estas probabilidades, um registro de teste **X'** pode ser classificado encontrando-se a classe *Y'* que maximize a probabilidade posterior, *P(Y'|X')*. Para ilustrar esta abordagem, analise a tarefa de prever se alguém que fez um empréstimo ficará inadimplente nos seus pagamentos. A Figura 5.9 mostra um conjunto de treinamento com os seguintes atributos: Proprietário de Casa, Estado Civil e Renda Anual. Os solicitantes de empréstimos que ficam inadimplentes são classificados como Sim, enquanto que aqueles que pagaram seus empréstimos são classificados como Não.

Tid	Proprietário de Casa (Binário)	Estado Civil (Categorizado)	Renda Anual (Contínuo)	Solicitante de Empréstimo Inadimplente (Classe)
1	Sim	Solteiro	125K	Não
2	Não	Casado	100K	Não
3	Não	Solteiro	70K	Não
4	Sim	Casado	120K	Não
5	Não	Divorciado	95K	Sim
6	Não	Casado	60K	Não
7	Sim	Divorciado	220K	Não
8	Não	Solteiro	85K	Sim
9	Não	Casado	75K	Não
10	Não	Solteiro	90K	Sim

Figure 5.9. *Conjunto de treinamento para prever o problema da inadimplência.*

Suponha que tenhamos recebido um registro de teste para o seguinte conjunto de atributos: X = (Proprietário de Casa = Não, Estado Civil =

Casado, Renda Anual = $120K). Para classificar o registro, precisamos calcular as probabilidades posteriores $P(\text{Sim}|\mathbf{X})$ e $P(\text{Não}|\mathbf{X})$ baseados nas informações disponíveis nos dados de treinamento. Se $P(\text{Sim}|\mathbf{X}) > P(\text{Não}|\mathbf{X})$, então o registro é classificado como Sim, caso contrário é classificado como Não.

Avaliar as probabilidades posteriores com precisão para cada combinação possível de rótulo de classe e valor de atributo é um problema difícil, porque requer um conjunto de treinamento muito grande, mesmo para um número moderado de atributos. O teorema de Bayes é útil porque nos permite expressar a probabilidade posterior em termos da probabilidade anterior $P(Y)$, a probabilidade **condicional de classe** $P(\mathbf{X}|Y)$ e a evidência $P(\mathbf{X})$:

$$P(Y \mid X) = \frac{P(X \mid Y) \times P(Y)}{P(X)}. \tag{5.11}$$

Ao compararmos as probabilidades posteriores para diferentes valores de Y, o termo denominador, $P(\mathbf{X})$, é sempre constante e pode, portanto, ser ignorado. A probabilidade anterior $P(Y)$ pode ser avaliada facilmente a partir do conjunto de treinamento calculando-se a fração de registros de treinamento que pertence a cada classe. Para avaliar as probabilidades condicionais de classe $P(\mathbf{X}|Y)$, apresentamos duas implementações de métodos de classificação Bayesianos: o método de Bayes simples e a rede de crenças Bayesiana. Estas implementações são descritas nas Seções 5.3.3 e 5.3.5, respectivamente.

5.3.3 O Classificador de Bayes Simples

Um classificador de Bayes simples avalia a probabilidade condicional de classe supondo que os atributos sejam condicionalmente independentes, dado o rótulo de classe y. A suposição de independência condicional pode ser declarada formalmente da seguinte maneira:

$$P(X \mid Y = y) = \prod_{i=1}^{d} P(X_i \mid Y = y). \tag{5.12}$$

onde cada conjunto de atributos $\mathbf{X} = \{X_1, X_2, ..., X_d\}$ consiste de d atributos.

Independência Condicional

Antes de nos aprofundarmos nos detalhes sobre como um classificador Bayes simples funciona, examinaremos a noção de independência condicional. Suponhamos que **X**, **Y** e **Z** denotem três conjuntos de variáveis aleatórias. As variáveis de **X** são ditas condicionalmente independentes de **Y**, dado **Z**, se a seguinte condição for verdadeira:

$$P(\mathbf{X}|\mathbf{Y},\mathbf{Z}) = P(\mathbf{X}|\mathbf{Z}). \qquad (5.13)$$

Um exemplo de independência condicional é o relacionamento entre o comprimento do braço de uma pessoa e sua capacidade de leitura. Poderia ser observado que as pessoas com braços mais compridos tendem a ter maior capacidade de leitura. Este relacionamento pode ser explicado pela presença de um fator de confusão, que é a idade. Uma criança tende a ter braços mais curtos e a não ter a mesma capacidade de leitura de um adulto. Se a idade de uma pessoa for fixa, então o relacionamento observado entre o comprimento do braço e a capacidade de leitura desaparece. Assim, podemos concluir que o comprimento do braço e a capacidade de leitura são condicionalmente independentes quando a variável idade é fixa.

A independência condicional entre **X** e **Y** também pode ser escrita em uma forma que tem aparência semelhante à da Equação 5.12:

$$\begin{aligned} P(\mathbf{X},\mathbf{Y}|\mathbf{Z}) &= \frac{P(\mathbf{X},\mathbf{Y},\mathbf{Z})}{P(\mathbf{Z})} \\ &= \frac{P(\mathbf{X},\mathbf{Y},\mathbf{Z})}{P(\mathbf{Y},\mathbf{Z})} \times \frac{P(\mathbf{Y},\mathbf{Z})}{P(\mathbf{Z})} \\ &= P(\mathbf{X}|\mathbf{Y},\mathbf{Z}) \times P(\mathbf{Y}|\mathbf{Z}) \\ &= P(\mathbf{X}|\mathbf{Z}) \times P(\mathbf{Y}|\mathbf{Z}), \end{aligned} \qquad (5.14)$$

onde a equação 5.13 foi usada para se obter a última linha da Equação 5.14.

Como um Classificador Bayes Simples Funciona

Com a suposição da independência condicional, em vez de calcularmos a probabilidade condicional de classe para cada combinação de **X**, apenas temos que estimar a probabilidade condicional de cada X_i, dado Y. A última abordagem é mais prática porque não requer um conjunto de treinamento muito grande para obter uma boa estimativa da probabilidade.

Para classificar um registro de teste, o classificador de Bayes simples calcula a probabilidade posterior para cada classe Y:

$$P(Y\mid X) = \frac{P(Y)\prod_{i=1}^{d} P(X_i\mid Y)}{P(X)}. \qquad (5.15)$$

Já que $P(\mathbf{X})$ é fixo para cada Y, basta escolher a classe que maximizar o termo numerador, $P(Y)\prod_{i=1}^{d} P(X\mid Y)$. Nas duas próximas subseções, descrevemos diversas abordagens para avaliar as probabilidades condicionais $P(X_i\mid Y)$ para atributos categorizadas e contínuas.

Avaliando Probabilidades Condicionais para Atributos Categorizados

Para um atributo categorizado X_i, a probabilidade condicional $P(X_i = x_i\mid Y = y)$ é avaliada de acordo com a fração de instâncias de treinamento da classe Y que recebem um determinado valor x_i de atributo. Por exemplo, no conjunto de treinamento dado na Figura 5.9, três de cada sete pessoas que pagaram seus empréstimos também possuem uma casa. Como conseqüência, a probabilidade condicional para P(Proprietário de Casa = Sim|Não) é igual a 3/7. De forma semelhante, a probabilidade condicional para solicitantes de empréstimo inadimplentes que sejam solteiros é dada por P(Estado Civil = Solteiro = Sim|Não) = 2/3.

Avaliando Probabilidades Condicionais para Atributos Contínuos

Há duas formas de avaliação das probabilidades condicionais de classe para atributos contínuos em classificadores Bayes simples:
1. Podemos discretizar cada atributo contínuo e então substituir o valor de atributo contínuo pelo seu intervalo discreto correspondentes. Esta abordagem transforma os atributos contínuos em atributos ordinais. A probabilidade condicional $P(X_i\mid Y = y)$ é avaliada pelo cálculo da fração de registros de treinamento pertencentes à classe y que ficam dentro do intervalo correspondente a Xi. O erro

de avaliação depende da estratégia de discretização (conforme descrito na Seção 2.3.6 na página 57), assim como do número de intervalos discretos. Se o número de intervalos for muito grande, haverá muito poucos registros de treinamento em cada intervalo para cada intervalo para que se forneça uma avaliação confiável para $P(X_i|Y)$. Por outro lado, se o número de intervalos for pequeno demais, então alguns intervalos podem agregar registros de diferentes classes e podemos perder os limites de decisão corretos.

2. Podemos supor uma determinada forma de distribuição de probabilidades para a variável contínua e avaliar os parâmetros da distribuição usando os dados de treinamento. Uma distribuição Gaussiana geralmente é escolhida para representar a probabilidade condicional de classe para atributos contínuos. A distribuição é caracterizada por dois parâmetros, sua média, μ, e a variância, σ^2. Para cada classe y_j, a probabilidade para o atributo X_i é

$$P(X_i = x_i \mid Y = y_i) = \frac{1}{\sqrt{2\pi}\sigma_{ij}} \exp^{-\frac{(x_i - \mu_{ij})}{2\sigma_{ij}^2}}. \qquad (5.16)$$

O parâmetro μ_{ij} pode ser avaliado com base na média da amostra de X_i ($\bar{x}$) para todos os registros de treinamento que pertencem à classe Y_j. De forma semelhante, σ^2_{ij} pode ser avaliado a partir da variância da amostra (s^2) de tais registros de treinamento. Por exemplo, analise o atributo de renda anual mostrado na Figura 5.9. A média e a variância da amostra para este atributo com respeito ao *Número* da classe são

$$\bar{x} = \frac{125 + 100 + 70 + \ldots + 75}{7} = 110$$

$$s^2 = \frac{(125-110)^2 + (100-110)^2 + \ldots + (75-110)^2}{7(6)} = 2975$$

$$s = \sqrt{2975} = 54.54.$$

Dado um registro de teste com renda taxável igual a $120K, podemos calcular sua probabilidade condicional de classe da seguinte forma:

$$P(\text{Renda}=120\,|\,\text{Não}) = \frac{1}{\sqrt{2\pi}\,(54.54)} \exp^{-\frac{(120-110)^2}{2\times 2975}} = 0.0072$$

Observe que a interpretação anterior de probabilidade condicional de classe é um pouco enganosa. O lado direito da Equação 5.16 corresponde a uma função de densidade de probabilidade, $f(X_i, \mu_{ij}, \sigma_{ij})$. Já que a função é contínua, a probabilidade de que a variável aleatória X_i receba um determinado valor é zero. Em vez disso, devemos calcular a probabilidade condicional de que X_i esteja dentro de um intervalo, x_i e $x_i + \in$, onde $\in$ é uma constante pequena:

$$P(x_i \leq X_i \leq x_i + \in|\,Y = y_j) = \int_{x_i}^{x_i+\in} f(X_i; \mu_{ij}, \sigma_{ij}) dX_i$$
$$\approx f(x_i; \mu_{ij}, \sigma_{ij}) \times \in \quad (5.17)$$

Já que $\in$ aparece como um fator multiplicador constante para cada classe, ele é cancelado quando normalizamos a probabilidade posterior para $P(Y|\mathbf{X})$. Portanto, ainda podemos aplicar a Equação 5.16 para aproximar a probabilidade condicional de classe $P(X_i|Y)$.

Exemplo do Classificador Bayes Simples

Analise o conjunto de dados da Figura 5.10(a). Podemos calcular a probabilidade condicional de classe para cada atributo categorizado, junto com a média e a variância da amostra para o atributo contínuo usando a metodologia descrita nas subseções anteriores. Estas probabilidades são resumidas na Figura 5.10(b).

Para prever o rótulo da classe de um registro de teste $\mathbf{X}$ = (Proprietário de Casa = Não, Estado Civil = Casado, Renda = $120K), precisamos calcular as probabilidades posteriores P(Não|X) e P(Sim|Sim). Lembre-se da nossa discussão anterior que estas probabilidades posteriores podem ser avaliadas pelo cálculo do produto entre a probabilidade anterior P(Y) e as probabilidades condicionais de classe $\prod_i P(X_i|Y)$, que corresponde ao numerador do termo do lado direito da Equação 5.15.

As probabilidades anteriores de cada classe podem ser avaliadas pelo cálculo da fração de registros de treinamento que pertencem a cada classe. Já que há três registros que pertencem à classe *Sim* e sete registros que pertencem à classe

Tid	Proprietário de Casa	Estado Civil	Renda Anual	Solicitante de Empréstimo Inadimplente
1	Sim	Solteiro	125K	Não
2	Não	Casado	100K	Não
3	Não	Solteiro	70K	Não
4	Sim	Casado	120K	Não
5	Não	Divorciado	95K	Sim
6	Não	Casado	60K	Não
7	Sim	Divorciado	220K	Não
8	Não	Solteiro	85K	Sim
9	Não	Casado	75K	Não
10	Não	Solteiro	90K	Sim

(a)

P(Proprietário de Casa=Sim|Não) = 3/7
P(Proprietário de Casa=Não|Não) = 4/7
P(Proprietário de Casa=Sim|Sim) = 0
P(Proprietário de Casa=Não|Sim) = 1
P(Estado Civil=Solteiro|Não) = 2/7
P(Estado Civil=Divorciado|Não) = 1/7
P(Estado Civil=Casado|Não) = 4/7
P(Estado Civil=Solteiro|Sim) = 2/3
P(Estado Civil=Divorciado|Sim) = 1/3
P(Estado Civil=Casado|Sim) = 0

Para Renda Anual:
Se classe=Não: Média da Amostra=110
              Variância da Amostra=2975
Se classe=Sim: Média da Amostra=90
              Variância da Amostra=25

(b)

Figura *5.10. O classificador Bayes simples para o problema da classificação do empréstimo.*

Não, *P(*Sim*)* = 0,3 e *P(*Não*) = 0,7.* Usando as informações fornecidas na Figura 5.10(b), as probabilidades condicionais de classe podem ser calculadas da seguinte maneira:

*P(*X|Não*) = P(*Proprietário de Casa = Não|Não*) x P(*Estado = Casado|Não*) x P(*Renda Anual = $120K|Não*)*
= 4/7 x 4/7 0,0072 = 0,0024.

*P(*X|*Sim) = P(*Proprietário de Casa = Não|Sim*) x P(*Estado = Casado = Sim*) x P(*Renda Anual = $120K|Sim*)*
= 1 x 0 x 1,2x10^{-9} = 0.

Juntando-as, a probabilidade posterior para a classe *Não* é *P(*Não|X*)* = α x 7/10 x 0,0024 = 0,0016α, onde α= 1/*P*(X) é um termo constante. Usando uma abordagem semelhante, podemos mostrar que a probabilidade posterior para a classe *Sim* é zero porque sua probabilidade condicional de classe é zero. Já que *P(*Não|X*) > P(*Sim|X*)*, o registro é classificado como Não.

Estimativa-m de Probabilidade Condicional

O exemplo anterior ilustra um potencial problema com a avaliação de probabilidades posteriores a partir de dados de treinamento. Se a probabilidade condicional de classe para um dos atributos for zero, então a probabilidade posterior geral para a classe desaparece. Esta abordagem de avaliação de probabilidades condicionais de classe, usando frações simples, pode parecer muito frágil, especialmente quando houver poucos exemplos de treinamento disponíveis e o número de atributos for grande.

Em um caso mais extremo, se os exemplos de treinamento não cobrirem muitos dos valores de atributos, podemos não conseguir classificar alguns dos registros de teste. Por exemplo, se P(Estado Civil = Divorciado|Não) for zero em vez de 1/7, então um registro com conjunto de atributos **X** = (Proprietário de Casa = Sim, Estado Civil = Divorciado, Renda = $120K) possui as seguintes probabilidades condicionais de classe:

P(**X**|Não) = 3/7 x 0 x 0,0072 = 0.

P(**X**|Sim) = 0 x 1/3 x 1,2 x 10^{-9} = 0.

O classificador Bayes simples não conseguirá classificar o registro. Este problema pode ser abordado pelo uso da abordagem da estimativa-m para avaliar as probabilidades condicionais:

$$P(x_i \mid y_i) = \frac{n_c + m_p}{n + m},$$

onde n é o número total de instâncias da classe y_j, n_c é o número exemplos de treinamento da classe y_j que recebem o valor x_i, m é um parâmetro conhecido como o tamanho da amostra equivalente e p é um parâmetro especificado pelo usuário. Se não houver um conjunto de treinamento disponível (i.e., $n = 0$), então $P(x_i|y_j) = p$. Portanto, p pode ser considerado a probabilidade anterior da observação do valor do atributo x_i entre registros com classe y_j. O tamanho da amostra equivalente determina o balanceamento entre a probabilidade anterior p e a probabilidade observada n_c/n.

No exemplo dado na seção anterior, a probabilidade condicional P(Estado Civil = Casado|Sim) = 0 porque nenhum dos registros de treinamento para a classe possui o determinado valor do atributo. Usando a abordagem da estimativa-m com $m=3$ e $p=1/3$, a probabilidade condicional não é mais zero:

$P($Estado Civil=Casado$|$Sim$) = (0 + 3 \times 1/3)/(3 + 3) = 1/6$.

Se supormos que $p = 1/3$ para todos os atributos de classe *Sim* e que $p = 2/3$ para todos os atributos de classe *Não*, então

$P(\mathbf{X}|$Não$) = P($Proprietário de Casa = Não$|$Não$) \times P($Estado Civil = Casado$|$Não$) \times P($Renda Anual = $\$120K|$Não$) = 6/10 \times 6/10 \times 0{,}0072 = 0{,}0026$.

$P(\mathbf{X}|$Sim$) = P($Proprietário de Casa = Não$|$Sim$) \times P($Estado = Casado$|$Não$) \times P($Renda Anual = $\$120K|$Não$) = 4/6 \times 1/6 \times 1{,}2 \times 10^{-9} = 1{,}3 \times 10^{-10}$.

A probabilidade posterior para classe *Não* é $P(Não|X) = \alpha \times 7/10 \times 0{,}0026 = 0{,}0018\alpha$, enquanto que a probabilidade posterior para a classe *Sim* é $P(Sim|X) = \alpha \times 3/10 \times 1{,}3 \times 10^{-10} = 4{,}0 \times 10^{-11}\alpha$. Embora a decisão de classificação não tenha mudado, a abordagem de estimativa-m geralmente fornece uma forma mais robusta de se avaliar probabilidades quando o número de exemplos de treinamento é pequeno.

Características de Classificadores Bayes Simples

Classificadores Bayes simples geralmente possuem as seguintes características:

- Eles são robustos para pontos de ruídos isolados porque calculam a média de tais pontos ao avaliar probabilidades condicionais a partir de dados. Classificadores Bayes simples também podem lidar com valores que estão faltando ignorando o exemplo durante a construção e classificação do modelo.
- Eles são robustos para atributos irrelevantes. Se X_i for um atributo irrelevante, então $P(X_i|Y)$ se torna quase que uniformemente distribuído. A probabilidade condicional de classe para X_i não tem impacto no cálculo geral da probabilidade posterior.
- Atributos correlacionados podem degradar o desempenho de classificadores Bayes simples porque a suposição de independência condicional não é mais verdadeira para tais atributos. Por exemplo, analise as seguintes probabilidades.

Classificação: Técnicas Alternativas

$$P(A = 0|Y=0) = 0{,}4 \; , \; P(A=1|Y=0) = 0{,}6 \; ,$$
$$P(A = 0|Y=1) = 0{,}6 \; , \; P(A=1|Y=1) = 0{,}4 \; ,$$

onde A é um atributo binário e Y é uma variável de classe binária. Suponha que haja um outro atributo binário B que seja perfeitamente correlacionado com A quando $Y = 0$, mas que seja independente de A quando $Y = 1$. Por motivo de simplicidade, suponha que as probabilidades condicionais de classe para B sejam as mesmas que para A. Dado um registro com atributos $A = 0$, $B = 0$, podemos calcular suas probabilidades posteriores da seguinte maneira:

$$P(Y=0 \mid A=0, B=0) = \frac{P(A=0 \mid Y=0)P(B=0 \mid Y=0)P(Y=0)}{P(A=0, B=0)}$$
$$= \frac{0.16 \times P(Y=0)}{P(A=0, B=0)}.$$
$$P(Y=1 \mid A=0, B=0) = \frac{P(A=0 \mid Y=1)P(B=0 \mid Y=1)P(Y=1)}{P(A=0, B=0)}$$
$$= \frac{0.36 \times P(Y=1)}{P(A=0, B=0)}.$$

Se $P(Y = 0) = P(Y = 1)$, tão o classificador Bayes simples atribuiria o registro à classe 1. Todavia, a verdade é,

$$P(A = 0, B = 0|Y = 0) = P(A = 0|Y = 0) = 0{,}4 \; ,$$

porque A e B são perfeitamente correlacionados quando $Y = 0$. Como conseqüência, a probabilidade posterior para $Y = 0$ é

$$P(Y=0 \mid A=0, B=0) = \frac{P(A=0, B=0 \mid Y=0)P(Y=0)}{P(A=0, B=0)}$$
$$= \frac{0.4 \times P(Y=0)}{P(A=0, B=0)}$$

que é maior do que a para $Y = 1$. O registro deve ter sido classificado como da classe 0.

5.3.4 Taxa de Erro de Bayes

Suponha que conheçamos a verdadeira distribuição de probabilidades que governa $P(\mathbf{X}|Y)$. O método de classificação Bayesiana nos permite determinar os limites de decisão ideais para a tarefa de classificação, conforme ilustrado no exemplo a seguir.

Exemplo 5.3. Considere a tarefa de identificar crocodilos e jacarés baseado nos seus respectivos comprimentos. O comprimento médio de um crocodilo adulto é de em torno de 15 pés (4,572 m), enquanto que o de um jacaré adulto é de 12 pés (3,6576 m). Supondo que seu comprimento x segue uma distribuição Gaussiana com um desvio padrão igual a 2 pés (0,6096), podemos expressar suas probabilidades condicionais de classe da seguinte maneira:

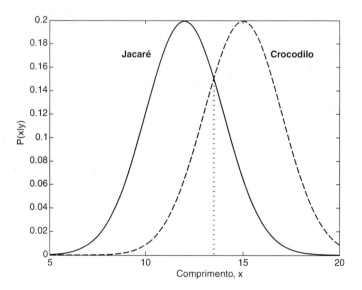

Figura 5.11. *Comparando as funções de probabilidade de um crocodilo e um jacaré.*

$$P(X|\texttt{Crocodilo}) = \frac{1}{\sqrt{2\pi}.2}\exp\left[-\frac{1}{2}\left(\frac{X-15}{2}\right)^2\right] \quad (5.19)$$

$$P(X \mid \text{Jacaré}) = \frac{1}{\sqrt{2\pi}.2} \exp\left[-\frac{1}{2}\left(\frac{X-12}{2}\right)^2\right] \quad (5.20)$$

A Figura 5.11 mostra uma comparação entre as probabilidades condicionais de classe para um crocodilo e um jacaré. Supondo que suas probabilidades anteriores sejam as mesmas, o limite de decisão ideal está localizado em algum comprimento $\hat{x}$ tal que

$$P(X = \hat{x} \mid \text{Crocodilo}) P(X = \hat{x} \mid \text{Jacaré}).$$

Usando as Equações 5.19 e 5.20, obtemos

$$\left(\frac{\hat{x}-15}{2}\right)^2 = \left(\frac{\hat{x}-12}{2}\right)^2,$$

que pode ser resolvida para produzir $\hat{x} = 13{,}5$. O limite de decisão para este exemplo está localizado na metade do caminho entre as duas médias.

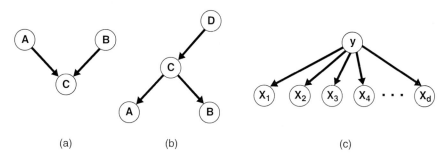

Figura 5.12. *Representando relacionamentos probabilísticos usando grafos acíclicos direcionados.*

Quando as probabilidades anteriores são diferentes, o limite de decisão se desloca no sentido da classe com menor probabilidade anterior (veja o Exercício 10 na página 319). Além disso, a taxa de erro mínima atingível por qualquer classificador sobre os dados apresentados também podem ser calculada. O limite de decisão ideal no exemplo anterior classifica todas as criaturas cujos comprimentos sejam menores que $\hat{x}$ como jacarés e aquelas cujos comprimentos sejam maiores que $\hat{x}$ como crocodilos. A taxa de erro do classificador é dada pela soma da área sob a curva de probabilidade posterior para crocodilos (de comprimento 0 a $\hat{x}$) e a área sob a curva de probabilidade posterior para jacarés (de $\hat{x}$ a ∞):

$$\text{Error} = \int_0^{\hat{x}} P(\text{Crocodilo} \mid X) \, dX + \int_0^{\hat{x}} P(\text{Jacaré} \mid X) \, dX.$$

A taxa de erro total é conhecida como taxa de erro de Bayes.

5.3.5 Redes de Crenças Bayesianas

A suposição de independência condicional feita pelos classificadores Bayesianos simples podem parecer muito rígidas, especialmente para problemas de classificação nos quais os atributos sejam um pouco correlacionados. Esta seção apresenta uma abordagem mais flexível para modelar as probabilidades condicionais de classe $P(\mathbf{X}|Y)$. Em vez de requerer que todos os atributos sejam condicionalmente independentes dada uma classe, esta abordagem nos permite especificar qual par de atributos são condicionalmente independentes. Começamos com uma discussão sobre como representar e construir tal modelo probabilístico, seguido por um exemplo de como fazer inferências a partir do modelo.

Representação do Modelo

Uma rede de crenças Bayesiana (BBN), ou simplesmente rede Bayesiana, fornece uma representação gráfica dos relacionamentos probabilísticos entre um conjunto aleatório de variáveis. Há dois elementos chaves de uma rede Bayesiana:
1. Um grafo acíclico direcionado (DAG) codificando os relacionamentos de dependência entre um conjunto de variáveis.
2. Uma tabela de probabilidades associando cada nodo a seus nodos pais imediatos.

Considere três variáveis aleatórias A, B e C, das quais A e B são variáveis independentes e cada uma possui uma influência direta sobre uma terceira variável, C. Os relacionamentos entre as variáveis podem ser resumidos no grafo acíclico direcionado mostrado na Figura 5.12(a). Cada nodo no grafo representa uma variável e cada aresta declara o relacionamento de dependência entre o par de variáveis. Se houver uma aresta direcionada de *x* para *Y*, então *X* é o **pai** de *Y* e *Y* é o **filho** de *X*. Além disso, se houver um caminho direcionado na rede de *X* para *Z*, então *X* é **ancestral** de *z*, enquanto que *Z* é **descendente** de *X*. Por exemplo, no diagrama mostrado na Figura 5.12(b), *A* é um descendente de *D* e *D* é um ancestral de *B*. Tanto *B* quanto *D* são também não descendentes de *A*. Uma propriedade importante da rede Bayesiana pode ser declarada da seguinte forma:

Propriedade 1 (Independência Condicional). *Um nodo em uma rede Bayesiana é condicionalmente independente dos seus não descendentes se seus pais forem conhecidos.*

No diagrama mostrado na Figura 5.12(b), *A* é condicionalmente independente tanto de *B* quanto de *D* dado *C* porque os nodos para *B* e *D* são não descendentes do nodo *A*. suposição de independência condicional feita por um classificador Bayesiano simples também pode ser representada usando uma rede Bayesiana, conforme mostrado na Figura 5.12(c), onde *y* é a classe alvo e {X1, X2, ..., Xd} é o conjunto de atributos.

Além de condições de independência condicional impostas pela topologia de rede, cada nodo também é associado a uma tabela de probabilidades.

1. Se um nodo *X* não tiver pais, então a tabela contém apenas a probabilidade anterior *P(X)*.
2. Se um nodo *X* tiver apenas um pai, *Y*, então a tabela contém a probabilidade condicional *P(X|Y)*.
3. Se o nodo *X* tiver múltiplos pais, $\{Y_1, Y_2, ..., Y_k\}$, então a tabela contém a probabilidade condicional $P(X|Y_1, Y_2, ..., Y_k)$.

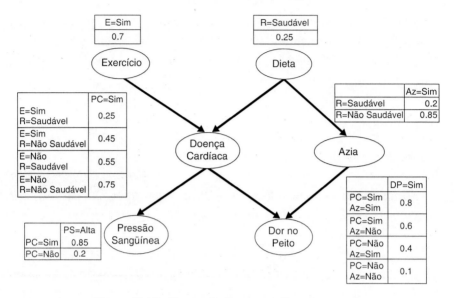

Figura 5.13. *Uma rede de crenças Bayesiana para detectar problemas cardíacos e azia em pacientes.*

A Figura 5.13 mostra um exemplo de uma rede Bayesiana para modelar pacientes com problemas cardíacos ou de azia. Supõe-se que todas as variáveis do diagrama tenham valores binários. Os nodos pais para problemas cardíacos (PC) correspondem a fatores de risco que podem afetar a doença, como exercício (E) e regime (R). Os nodos filhos para problemas cardíacos correspondem a sintomas da doença, como dor no peito (DP) e pressão sangüínea (PS) alta. Por exemplo, o diagrama mostra que azia (Az) pode resultar de uma dieta não saudável e pode levar a dor no peito.

Os nodos associados com os fatores de risco contêm apenas as probabilidades anteriores, enquanto que os de problemas cardíacos, azia e seus sintomas correspondentes contêm as probabilidades condicionais. Para economizar espaço, algumas das probabilidades foram omitidas do diagrama. As probabilidades omitidas podem ser recuperadas observando-se que $P(X = \bar{x}) = 1 - P(X = x)$ e $P(X = \bar{x}|Y) = 1 - P(X = x|Y)$, onde $\bar{x}$ denota o resultado oposto de x. Por exemplo, a probabilidade condicional

P(Problema Cardíaco = Não | Exercício = Não, Regime = Saudável)

$= 1 - P$(Problema Cardíaco = Sim | Exercício = Não | Regime = Saudável)
$= 1 - 0{,}55 = 0{,}45$

Construção de Modelos

A construção de modelos em redes Bayesianas envolve duas etapas: (1) a criação da estrutura da rede e (2) a avaliação de valores de probabilidades nas tabelas associadas a cada nodo. A topologia da rede pode ser obtida pela codificação do conhecimento subjetivo de especialistas no domínio. O Algoritmo 5.3 apresenta um procedimento sistemático para induzir a topologia de uma rede Bayesiana.

Algoritmo 5.3 Algoritmo para generalização da topologia de uma rede Bayesiana

1: $T = (X1, X2, ..., Xd)$ denota uma ordem total das variáveis.
2: **para** $j = 1$ até d **faça**
3: $X_{T(j)}$ denota a variável de ordem j em T.
4: $\pi X_{T(j)} = \{X_{T(1)}, X_{T(2)}, ..., X_{T(j-1)},\}$ denotam o conjunto de variáveis precedendo a $X_{T(j)}$.
5: Remova as variáveis de $\pi(X_{T(j)})$ que não afetem X_j (usando conhecimento anterior).
6: Crie uma aresta entre $X_{T(j)}$ e as variáveis restantes em $\pi X_{T(j)}$.
7: **fim do para**

Exemplo 5.4. Analise as variáveis mostradas na Figura 5.13. Após executar o Passo 1, suporemos que as variáveis estejam ordenadas da seguinte forma: (E, R, PC, Az, DP, PS). Dos passos 2 a 7, iniciando com a variável R, obtemos as seguintes probabilidades condicionais:
- P(R/E) é simplificada como P(R).
- P(PC|E, R) não pode ser simplificada.
- P(Az|PC, E, R) é simplificada como P(DP|Az|PC).
- P(DP/Az, PC, E, R) é simplificada como P(DP|Az, PC).
- P(PS|DP, Az, PC, E, R) é simplificada como P(PS|PC).

Baseado nestas probabilidades condicionais, podemos criar arestas entre os nodos (E, PC), (R, PC), (R, Az), (PC, DP), (Az, DP) e (PC, PS). Estas arestas resultam na estrutura de rede mostrada na Figura 5.13.

O Algoritmo 5.3 garante uma topologia que não contenha ciclos. A prova disso é bastante direta. Se existir um ciclo, então deve haver pelo menos uma aresta conectando os nodos de ordem mais baixa com os de ordem mais alta e pelo menos outra aresta conectando os nodos de ordem mais alta com os de ordem mais baixa. Já que o Algoritmo 5.3 impede que alguma aresta se conecte os nodos de ordem mais baixa com os de ordem mais alta, não podem existir ciclos na topologia.

Apesar disso, a topologia da rede pode mudar se aplicarmos um esquema de ordenação diferente às variáveis. Alguma topologia pode ser inferior porque produz muitas arestas conectando diferentes pares de nodos. A princípio, podemos ter que examinar todas as $d!$ possíveis ordenações para determinar a topologia mais apropriada, uma tarefa que pode ser computacionalmente custosa. Uma abordagem alternativa é dividir as variáveis em variáveis de causais e de efeito e então desenhar as arestas de cada variável causal a suas variáveis correspondentes de efeito. Esta abordagem facilita a tarefa de construção da estrutura da rede Bayesiana.

Assim que a topologia correta tiver sido encontrada, a tabela de probabilidade associada a cada nodo é determinada. Avaliar tais probabilidades é razoavelmente direto e semelhante à abordagem usada por classificadores Bayesianos simples.

Exemplo de Interferência Usando BBN

Suponha que estejamos interessados em usar a BBN mostrada na Figura 5.13 para diagnosticar se uma pessoa possui problemas cardíacos. Os seguintes casos ilustram como o diagnóstico pode ser feito sob diferentes cenários.

Caso 1: Nenhuma Informação Anterior

Sem qualquer informação anterior, podemos determinar se a pessoa tem probabilidade de ter problemas cardíacos calculando as probabilidades anteriores $P(\text{PC} = \text{Sim})$ e $P(\text{PC} = \text{Não})$. Para simplificar a notação, suponha que $\alpha \in \{\text{Sim, Não}\}$ denote os valores binários de *Exercício* e $\beta \in \{\text{Saudável, Não Saudável}\}$ denote os valores binários de *Regime*.

$$\begin{aligned}P(\text{PC}=\text{Sim}) &= \sum_\alpha \sum_\beta P(\text{PC}=\text{Sim} \mid E=\alpha, R=\beta)P(E=\alpha, R=\beta)\\&= \sum_\alpha \sum_\beta P(\text{PC}=\text{Sim} \mid E=\alpha, R=\beta)P(E=\alpha)P(R=\beta)\\&= 0.25 \times 0.7 \times 0.25 + 0.45 \times 0.7 \times 0.75 + 0.55 \times 0.3 \times 0.25\\&\quad + 0.75 \times 0.3 \times 0.75\\&= 0.49.\end{aligned}$$

Já que $P(\text{PC} = \text{não}) = - P(\text{PC} = \text{Sim}) = 0{,}51$, a pessoa tem uma chance ligeiramente maior de não adquirir a doença.

Caso 2: Pressão Sangüínea Alta

Se a pessoa tiver pressão sangüínea alta, podemos fazer um diagnóstico sobre problema cardíaco comparando as probabilidades posteriores, $P(\text{PC} = \text{Sim} \mid \text{PS} = \text{Alta})$ com $P(\text{PC} = \text{Não} \mid \text{PS} = \text{Alta})$. Para fazer isso, devemos calcular $P(\text{PS} = \text{Alta})$:

$$\begin{aligned}P(\text{PS}=\text{Alta}) &= \sum_\gamma P(\text{PS}=\text{Alta} \mid \text{PC}=\gamma)P(\text{PC}=\gamma)\\&= 0.85 \times 0.49 + 0.2 \times 0.51 = 0.5185\end{aligned}$$

onde $\gamma \in \{\text{Sim, Não}\}$. Portanto, a probabilidade posterior da pessoa ter problemas cardíacos é

$$\begin{aligned}P(\text{PC}=\text{Sim} \mid \text{PS}=\text{Alta}) &= P(\text{PS}=\text{Alta} \mid \text{PC}=\text{Sim})P(\text{PC}=\text{Sim})\\&= \frac{0.85 \times 0.49}{0.5185} = 0.8033.\end{aligned}$$

De forma semelhante, $P(PC = Não|PS = Alta) = 1 - 0{,}8033 = 0{,}1967$. Portanto, quando uma pessoa tem pressão sangüínea alta, isto aumenta o risco de problemas cardíacos.

Caso 3: Pressão Sangüínea Alta, Regime Saudável e Exercícios Regulares

Suponha que sejamos informados de que uma pessoa se exercite regularmente e tenha uma dieta saudável. Como as novas informações afetam nosso diagnóstico? Com estas novas informações, a probabilidade posterior de que a pessoa possua problemas cardíacos é

$$P(\text{PC} = \text{Sim} \mid \text{PS} = \text{Alta}, R = \text{Saudável}, E = \text{Sim})$$
$$= \left[\frac{P(\text{PS=Alta}\mid\text{PC=Sim}, R=\text{Saudável}, E=\text{Sim})}{P(\text{PS} = \text{Alta} \mid R = \text{Saudável}, E = \text{Sim})} \right]$$
$$\times P(\text{PC} = \text{Sim} \mid R = \text{Saudável}, E = \text{Sim})$$
$$= \frac{P(\text{PS=Alta}\mid\text{PC=Sim})P(\text{PC=Sim}\mid R=\text{Saudável}, E=\text{Sim})}{\sum_{\gamma} P(\text{PS=Alta}\mid\text{PC=}\gamma)P(\text{PC=}\gamma\mid R=\text{Saudável}, E=\text{Sim})}$$
$$= \frac{0.85 \times 0.25}{0.85 \times 0.25 + 0.2 \times 0.75}$$
$$= 0.5862,$$

enquanto que a probabilidade de que ela não tenha problemas cardíacos é de

P(PC=Não|PS=Alta, D = Saudável, E = Sim) = 1 − 0.5862 = 0.4138.

O modelo portanto sugere que uma alimentação saudável e exercícios regulares podem reduzir o risco de uma pessoa adquirir problemas cardíacos.

Características da BBN

A seguir estão algumas das características gerais do método BBN:
1. BBN fornece uma abordagem para captura de conhecimento anterior de um determinado domínio usando um modelo gráfico. A rede também pode ser usada para codificar dependências causais entre variáveis.
2. A construção da rede pode ser custosa em termos de tempo e requer muito esforço. Entretanto, assim que a estrutura da rede tiver sido determinada, o acréscimo de uma nova variável é bastante direto.

3. Redes Bayesianas são bem apropriadas para lidar com dados incompletos. Instâncias com atributos em falta podem ser manipuladas através de soma ou integração de probabilidades por todos os valores possíveis do atributo.
4. Devido ao fato dos dados serem combinados probabilisticamente com conhecimento anterior, o método é bastante robusto para modelar *overfitting*

5.4 Rede Neural Artificial (ANN)

O estudo de redes neurais artificiais (ANN) foi inspirado em tentativas de simular sistemas neurais biológicos. O cérebro humano consiste principalmente de células nervosas chamadas **neurônios**, ligados com outros através de fios de fibra chamados **axônios**. Os axônios são usados para transmitir impulsos nervosos de um neurônio para outro sempre que os neurônios forem estimulados. Um neurônio é conectado aos axônios de outros neurônios através de **dendritos**, que são extensões do corpo da célula do neurônio. O ponto de contato entre um dendrito e um axônio é chamado de **sinapse**. Os neurologistas descobriram que o cérebro humano aprende alterando a força da conexão da sinapse entre neurônios em repetidos estímulos pelo mesmo impulso.

Análoga à estrutura do cérebro humano, uma ANN é composta de um conjunto interconectado de nodos e ligações direcionadas. Nesta seção, examinaremos uma família de modelos ANN, começando com o mais simples chamado de **perceptron** e mostraremos como eles podem ser treinados para resolver problemas de classificação.

5.4.1 Perceptron

Analise o diagrama mostrado na Figura 5.14. A tabela à esquerda mostra um conjunto de dados contendo três variáveis boleanas ($x1, x2, x3$) e uma variável de saída y que recebe o valor -1 se pelo menos duas das três entradas forem zero e +1 se pelo menos duas das entradas forem maiores que zero.

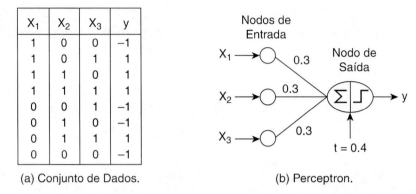

Figura 5.14. *Modelando uma função boleana usando um perceptron.*

A Figura 5.14(b) ilustra uma arquitetura de rede neural simples conhecida como um perceptron. O perceptron consiste de dois tipos de nodos: nodos de entrada que são usados para representar os atributos de entrada e um nodo de saída, que é usado para representar a saída do modelo. Os nodos de uma arquitetura de rede neural são conhecidos comumente como neurônios ou unidades. Em um perceptron, cada nodo de entrada é conectado através de uma ligação ponderada[2] com o nodo de saída. A ligação ponderada é usada para emular a força da conexão sináptica entre neurônios. Da mesma forma que em sistemas neurais biológicos, treinar um modelo perceptron requer que se adaptem os pesos das ligações até que se apropriem aos relacionamentos entrada-saída dos dados correspondentes.

Um perceptron calcula seu valor de saída, ^y, executando uma soma ponderada das suas entradas, subtraindo um fator t de tendência da soma e então examinando o sinal do resultado. O modelo mostrado na Figura 5.14(b) possui três nodos de entrada, cada um dos quais possui um peso idêntico de 0,3 para o nodo de saída e um fator de tendência $t = 0$,. A saída calculada pelo modelo é

$$\hat{y} = \begin{cases} 1, & \text{se } 0.3x_1 + 0.3x_2 + 0.3x_3 - 0.4 > 0; \\ -1, & \text{se } 0.3x_1 + 0.3x_2 + 0.3x_3 - 0.4 < 0. \end{cases} \quad (5.21)$$

---

[2] N. do T.: No sentido de terem diferentes níveis de importância.

Por exemplo, se $x_1=1$, $x_2=1$, $x_3=0$, então $\hat{y}=+1$ porque $0,3x1 + 0,3x2 + 0,3x3 -0,4$ é positivo. Por outro lado, se $x_1=0$, $x_2=1$, $x_3=0$, então $\hat{y}=-1$ porque a soma ponderada subtraída pelo fator de tendência é negativa.

Observe a diferença entre os nodos de entrada e saída de um perceptron. Um nodo de entrada simplesmente transmite o valor que recebe para a ligação que sai sem executar qualquer transformação. O nodo de saída, por outro lado, é um dispositivo matemático que calcula a soma ponderada das suas entradas, subtrai o termo de tendência e então produz uma saída que depende do sinal da soma resultante. Mais especificamente, a saída de um modelo perceptron pode ser expressa matematicamente da seguinte maneira:

$$\hat{y} = sign\left(w_d x_d + w_{d-1} x_{d-1} + \ldots + w_2 x_2 + w_1 x_1 - t\right), \quad (5.22)$$

onde $w1, w2, \ldots, wd$ são os pesos das ligações de entrada e $x1, x2, \ldots, xd$ são os valores dos atributos de entrada. A função do sinal, que atua como uma **função de ativação** para o neurônio de saída, produz um valor +1 caso seu argumento seja positivo e -1 se o seu argumento for negativo. O modelo perceptron pode ser escrito de uma forma mais compacta da seguinte maneira:

$$\hat{y} = sign\,[w_d x_d + w_{d-1} x_{d-1} + \ldots + w_1 x_1 + w_0 x_0] = sign\,(\mathbf{w} \cdot \mathbf{x}), \quad (5.23)$$

onde $w0 = -t$, $x0=1$ e $\mathbf{w}\cdot\mathbf{x}$ é o produto pontual entre o vetor de pesos $\mathbf{w}$ e o vetor de atributos de entrada $\mathbf{x}$.

Descobrindo o Modelo Perceptron

Durante a fase de treinamento de um modelo perceptron, os parâmetros de peso w são ajustados até que o resultado do perceptron fique consistente com as saídas reais de exemplos de treinamento. Um resumo do algoritmo de descoberta de perceptron é apresentado no Algoritmo 5.4.

O cálculo chave para este algoritmo é a fórmula de atualização de pesos apresentada no Passo 7 do algoritmo:

$$w_j^{(k+1)} = w_j^{(k)} + ?\left(y_i - \hat{y}_i^{(k)}\right)x_{ij}, \quad (5.24)$$

onde $w^{(k)}$ é o parâmetro de peso associado à ligação de entrada de índice i após a iteração de índice k, λ é um parâmetro conhecido como taxa de descoberta e x_{ij} é o valor do atributo de índice j do exemplo de treinamento x_i. A justificativa para a fórmula de atualização de pesos é bastante intuitiva. A Equação 5.24 mostra que o novo peso $w^{(k+1)}$ é uma combinação do peso antigo $w^{(k)}$ e um termo proporcional à previsão de erro, $(y - \hat{y})$. Se a previsão estiver correta, então o peso permanece inalterado. Caso contrário, é modificado das seguintes formas:

Algoritmo 5.4 Algoritmo de Descoberta de perceptron

1:    Seja $D=\{(xi,yi)|i=1, 2, ..., N\}$ o conjunto de exemplos de treinamento.
2:    Inicialize o vetor de pesos com valores aleatórios, $\mathbf{w}^{(0)}$
3:    **repita**
4:      **para** cada exemplo de treinamento $(xim\ yi) \in D$ **faça**
5:        Calcule a saída prevista $\hat{y}_i^{(k)}$
6:        **para** cada peso j faça
7:          Atualize o peso, $w_j^{(k+1)} = w_j^{(k)} + ?\left(y_i - \hat{y}_i^{(k)}\right)x_{ij}$.
8:        **fim para**
9:      **fim para**
10:   **até** que a condição de término seja satisfeita

- Se $y = +1$ e $\hat{y} = -1$, então o erro de previsão é $(y - \hat{y}) = 2$. Para compensar o erro, precisamos incrementar o valor da saída prevista aumentando os pesos de todas as ligações com entradas positivas e diminuindo os pesos de todas as ligações com entradas negativas.

- Se $yi = -1$ e $\hat{y} = +1$, então $(y - \hat{y}) = -2$. Para compensar o erro, precisamos decrementar o valor da saída prevista diminuindo os pesos de todas as ligações com entradas positivas e aumentando os pesos de todas as ligações com entradas negativas.

Na fórmula de atualização dos pesos, as ligações que contribuem mais com o termo de erro são as que requerem maior ajuste. Entretanto, os ajustes feitos em interações anteriores serão desfeitos. A taxa de descoberta λ, um parâmetro cujo valor fica entre 0 e 1, pode ser usada para controlar a quantidade de ajustes feitos em cada interação. Se λ for próximo de 0, então o novo peso é mais influenciado pelo valor do peso antigo. Por outro lado, se for próximo de 1, então o novo peso é sensível aos ajustes realizados na iteração corrente. Em alguns casos, um valor de λ adaptativo pode ser usado; inicialmente, λ é moderadamente grande durante as primeiras iterações e então diminui gradualmente em iterações subseqüentes.

O modelo perceptron mostrado na Equação 5.23 é linear nos seus parâmetros **w** e atributos **x**. Por causa disso, o limite de decisão de um perceptron, que é obtido configurando-se $\hat{y} = 0$, é um hiperplano linear que separa os dados em duas classes, −1 e +1. A Figura 5.15 mostra o limite de decisão obtido através da aplicação do algoritmo de descoberta no conjunto de dados apresentado na Figura 5.14. O algoritmo de descoberta de perceptron garantidamente converge a uma solução ótima (desde que a taxa de descoberta seja suficientemente pequena) para problemas de classificação separáveis linearmente. Se o problema não for separável linearmente, o algoritmo não consegue convergir. A Figura 5.16 mostra um exemplo de dados não separáveis linearmente apresentados pela função XOR. Perceptron não pode encontrar a solução certa para estes dados porque não há um hiperplano linear que possa separar perfeitamente as instâncias de treinamento.

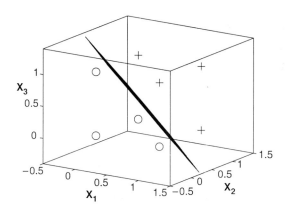

Figura 5.15. *Limites de decisão de perceptron para os dados apresentados na Figura 5.14.*

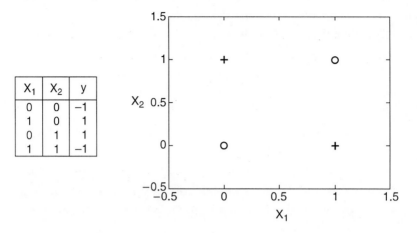

Figura 5.16. *Problema de classificação XOR.
Nenhum hiperplano linear consegue separar as duas classes.*

5.4.2 Rede Neural Artificial Multicamadas

Uma rede neural artificial possui uma estrutura mais complexa do que a do modelo perceptron. Complexidades adicionais podem surgir em uma diversidade de formas:

1. A rede pode conter diversas camadas intermediárias entre suas camadas de entrada e de saída. Tais camadas intermediárias são chamadas de **camadas ocultas** e os nodos internos nestas camadas são chamadas **nodos ocultos**. A estrutura resultante é conhecida como rede neural multicamada (veja a Figura 5.17). Em uma rede neural com alimentação para frente, os nodos de uma camada estão conectados apenas aos nodos da próxima camada. O perceptron é uma rede neural **com alimentação para frente** de apenas uma camada porque possui apenas uma camada de nodos – a camada de saída – que executa operações matemáticas complexas. Em uma rede neural **recorrente**, as ligações podem conectar nodos dentro da mesma camada ou nodos de uma camada com as anteriores.

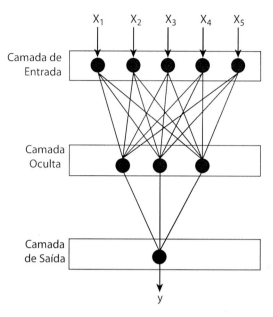

Figura 5.17. *Exemplo de uma rede neural artificial multicamadas com alimentação para frente (ANN).*

2. A rede pode usar tipos de funções de ativação além da função de sinal. Exemplos de outras funções de ativação incluem funções tangentes hiperbólicas, sigmóides (logísticas) e lineares, conforme mostrado na Figura 5.18. Estas funções de ativação permitem que os nodos ocultos e de saída produzam valores de saída que sejam não lineares nos seus parâmetros de entrada.

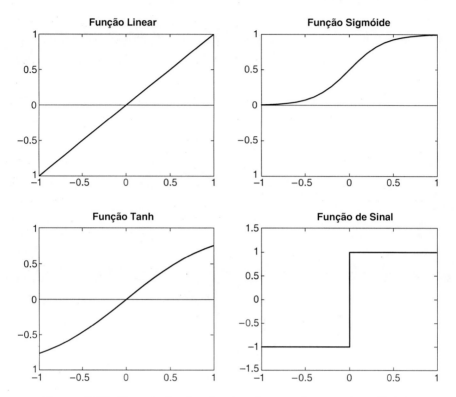

Figura 5.18. *Tipos de funções de ativação em redes neurais artificiais.*

Estas complexidades adicionais permitem que redes neurais multicamadas modelem relacionamento mais complexos entre as variáveis de entrada e de saída. Por exemplo, considere o problema XOR descrito na seção anterior. As instâncias podem ser classificadas usando dois hiperplanos que particionam o espaço de entrada em suas respectivas classes, conforme mostrado na Figura 5.19(a). Devido ao perceptron poder criar apenas um hiperplano, ele não pode encontrar a solução ótima. Este problema pode ser abordado usando uma rede neural com alimentação para frente de duas camadas, conforme mostrado na Figura 5.19(b). Intuitivamente, podemos pensar em cada nodo oculto como um perceptron que tenta construir um dos dois hiperplanos, enquanto que o nodo de saída simplesmente combina os resultados dos perceptrons para produzir o limite de decisão mostrado na Figura 5.19(a).

Para descobrir os pesos de um modelo ANN precisamos de um algoritmo eficiente que convirja para a solução correta quando uma quantidade suficiente de dados de treinamento for fornecida. Uma abordagem é tratar cada nodo oculto ou nodo de saída na rede como uma unidade perceptron independente e aplicar a mesma fórmula de atualização de pesos da Equação 5.24. Obviamente, esta abordagem não funcionará porque não temos um conhecimento anterior sobre as saídas verdadeiras dos nodos ocultos. Isto dificulta a determinação do termo de erro, $(y - \hat{y})$, associado a cada nodo oculto. Uma metodologia para descobrir os pesos de uma rede neural baseada na abordagem descendente de gradiente é apresentada a seguir.

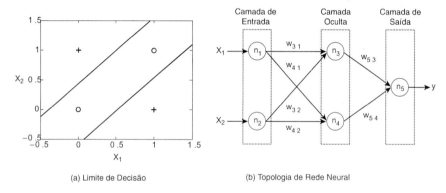

Figura 5.19. *Uma rede neural com alimentação para frente de duas camadas para o problema XOR.*

Descobrindo o Modelo ANN

O objetivo do algoritmo de descoberta ANN é determinar um conjunto de pesos w que minimize a soma total de erros quadrados:

$$E(\mathbf{w}) = \frac{1}{2}\sum_{i=1}^{N}(y_i - \hat{y}_i)^2.$$

Observe que a soma dos erros quadrados depende de **w** porque a classe prevista $\hat{y}$ é uma função dos pesos atribuídos aos nodos ocultos e de saída. A Figura 5.20 mostra um exemplo da superfície de erro como uma função dos seus dois parâmetros, w_1 e w_2. Este tipo de superfície de erro é geralmente encontrado quando $\hat{y}i$ é uma função linear dos seus parâmetros, **w**. Se substituirmos $\hat{y}$ = **w·x** na Equação 5.25, a função de erro se torna quadrática nos seus parâmetros e uma solução global mínima pode ser encontrada facilmente.

Na maioria dos casos, a saída de uma ANN é uma função não linear dos seus parâmetros por causa da escolha das suas funções de ativação(e. g., função sigmóide e tanh). Como conseqüência, não é mais direto derivar uma solução para **w** que seja com certeza ótima globalmente. Algoritmos ávidos como os baseados no método descendente de gradiente foram desenvolvidos para resolver de forma eficiente o problema da otimização. A fórmula de atualização de pesos usada pelo método de gradiente descendente pode ser escrita da seguinte maneira:

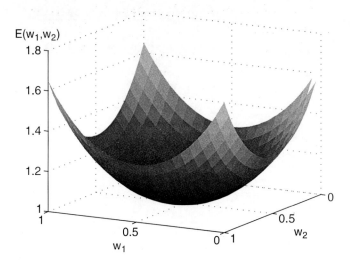

Figura 5.20. *Superfície de erro $E(w_1, w_2)$ para um modelo de dois parâmetros.*

$$w_j \leftarrow w_j - \lambda \frac{\partial E(\mathbf{w})}{\partial w_j},$$

(5.26)

onde λ é a taxa de descoberta. O segundo termo declara que o peso deve ser aumentado em uma direção que reduza o termo de erro geral. Todavia, pelo fato da função de erro ser não linear, é possível que o método de gradiente descendente fique preso em um mínimo local.

O método de gradiente descendente pode ser usado para descobrir os pesos dos nodos de saída e ocultos de uma rede neural. Para nodos ocultos, o cálculo não é trivial porque é difícil avaliar seu termo de erro, $\partial E/\partial w_j$, sem saber quais devem ser seus valores de saída. Uma técnica conhecida como **propagação para trás** foi desenvolvida para bordar este problema. Há duas fases em cada iteração do algoritmo: a fase para frente e a fase para trás. Durante a fase para frente, os pesos obtidos da iteração anterior são usados para calcular o valor de saída de cada neurônio da rede. O cálculo progride para frente; i.e., os resultados dos neurônios no nível k são calculados antes do nível $k+1$. Durante a fase para trás, a fórmula de atualização de pesos é aplicada na direção reversa. Em outras palavras, os pesos no nível $k+1$ são atualizados antes dos pesos no nível k o serem. Esta abordagem de propagação para trás nos permite usar os erros para neurônios na camada $k+1$ para avaliar os erro para neurônios na camada k.

Questões de Projeto na Descoberta ANN

Antes de treinarmos uma rede neural para aprender uma tarefa de classificação, as seguintes questões de projeto devem ser consideradas.
1. O número de nodos na camada de entrada deve ser determinado. Atribua um nodo de entrada a cada variável numérica ou binária. Se a variável de entrada for categorizada, poderíamos criar um nodo para cada valor categorizado ou codificar uma variável de índice k usando $[\log_2 k]$ nodos de entrada.
2. O número de nodos na camada de saída deve ser estabelecido. Para um problema de duas classes, é suficiente usar um único nodo de saída. Para um problema com k classes, há k nodos de saída.
3. A topologia da rede (e.g., o número de camadas e nodos ocultos e a arquitetura de rede coma alimentação para frente ou recorrente) deve ser selecionada. Observe que a representação da função alvo depende dos pesos das ligações, do número de nodos e camadas escondidas, polarizações nos nodos e tipo de função de ativação. Encontrar a topologia correta não é uma tarefa fácil. Uma forma de fazê-lo é iniciar a partir de uma rede inteiramente conectada com um número suficientemente grande de nodos e camadas es-

condidas e então repetir o procedimento de criação do modelo com um número menor de nodos. Esta abordagem pode ser muito custosa em termos de tempo. De forma alternativa, em vez de repetir o procedimento de criação do modelo, poderíamos remover alguns dos nodos e repetir o procedimento de avaliação do modelo para selecionar a complexidade correta de modelo.
4. Os pesos e polarizações precisam ser inicializados. Atribuições aleatórias geralmente são aceitáveis.
5. Exemplos de treinamento com valores faltando devem ser removidos ou substituídos por valores mais prováveis.

5.4.3 Características da ANN

A seguir está um resumo das características gerais de uma rede neural artificial:
1. Redes neurais multicamadas com pelo menos uma camada oculta são **aproximadores universais**; i.e., podem ser usados para aproximar quaisquer funções alvo. Já que uma ANN possui um espaço de hipóteses muito expressivo, é importante escolher a topologia de rede apropriada para um dado problema para evitar *overfitting* do modelo.
2. A ANN pode lidar com recursos redundantes porque os pesos são descobertos automaticamente durante o passo de treinamento. Os pesos de recursos redundantes tendem a ser muito pequenos.
3. Redes neurais são bastante sensíveis à presença de ruídos nos dados de treinamento. Uma abordagem para lidar com ruídos é usar um conjunto de validação para determinar o erro de generalização do modelo. Outra abordagem é decrementar o peso por algum fator a cada iteração.
4. O método de gradiente descendente usado para descobrir os pesos de uma ANN muitas vezes converge a algum mínimo local. Uma forma de escapar do mínimo local é adicionar um termo de multiplicação para a fórmula de atualização de pesos.

5. Treinar uma ANN é um processo que consome tempo, especialmente quando o número de nodos ocultos é grande. Apesar disso, exemplos de testes podem ser classificados rapidamente.

5.5 Support Vector Machine (SVM)

Uma técnica de classificação que tem recebido considerável atenção é esta técnica que possui seus fundamentos na teoria de aprendizagem estatística e tem mostrado resultados empíricos promissores em muitas aplicações práticas, desde o reconhecimento dígitos escritos à mão até a categorização de textos. SVM também funciona bem com dados de alta dimensionalidade e evita o problema da dimensionalidade. Outro aspecto único desta abordagem é que ela representa o limite de decisão usando um subconjunto dos exemplos de treinamento, conhecido como os **vetores de suporte**.

Para ilustrar a idéia básica por trás das SVM, primeiro introduziremos o conceito de um **hiperplano de margem máxima** e explicaremos como uma SVM linear pode ser treinada para procurar explicitamente este tipo de hiperplano em dados separáveis linearmente. Concluímos mostrando como a metodologia SVM pode ser estendida a dados não linearmente separáveis.

5.5.1 Hiperplanos de Margem Máxima

A Figura 5.21 mostra um desenho de um conjunto de dados contendo exemplos que pertencem a duas classes diferentes, representados como quadrados e círculos. O conjunto de dados também é separável linearmente; i.e., podemos encontrar um hiperplano tal que todos os quadrados fiquem em um lado do mesmo e todos os círculos no outro lado. Entretanto, conforme mostrado na Figura 5.21, há muitos hiperplanos possíveis deste tipo. Embora seus erros de treino sejam zero, não há garantia de que os hiperplanos serão igualmente bem executados em exemplos não vistos previamente. O classificador deve escolher um destes hiperplanos para representar seu limite de decisão, baseado no quão bem se espera que eles desempenhem nos exemplos de teste.

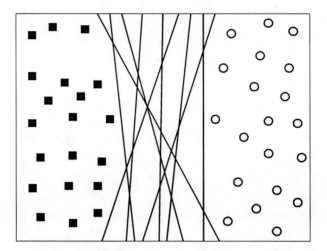

Figura 5.21. *Limites de decisão possíveis para um conjunto de dados separável linearmente.*

Para se obter uma imagem mais clara de como as diferentes escolhas de hiperplanos afetam os erros de generalização, analise os dois limites de decisão *B1* e *B2*, mostrados na Figura 5.22. Ambos podem separar os exemplos de treinamento nas suas respectivas classes sem cometer erros de classificação. Cada limite de decisão *Bi* é associado com um par de hiperplanos, denotados como *b1* e *b2*, respectivamente. *b1i* é obtido movendo-se um hiperplano paralelo para longe do limite de decisão até que ele toque no(s) quadrado(s) mais próximo, enquanto que *bi2* é obtido movendo-se o hiperplano até que ele toque no(s) círculo(s) mais próximo. A distância entre estes dois hiperplanos é conhecida como a margem do classificador. Do diagrama mostrado na Figura 5.22, observe que a margem de *B1* é consideravelmente maior do que a de *B2*. Neste exemplo, *B1* acaba sendo o hiperplano de margem máxima das instâncias de treinamento.

Lógica da Margem Máxima

Limites de decisão com margens grandes tendem a ter erros de generalização melhores do que aqueles com margens pequenas. Intuitivamente, se a margem for pequena, então qualquer ligeira perturbação no limite de decisão pode ter um impacto bastante significativo sobre sua classificação. Classificadores que produzem limites de decisão com margens pequenas são portanto mais susceptíveis a *overfitting* de modelo e tendem a generalizar de forma fraca sobre exemplos não vistos anteriormente.

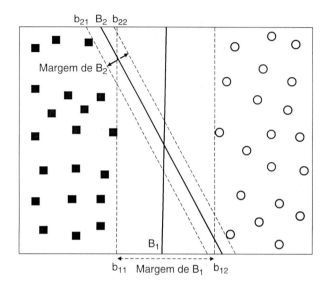

Figura 5.22. Margem de um limite de decisão.

Uma explicação mais formal relacionando a margem de um classificador linear com seu erro de generalização é apresentada por um princípio de aprendizagem estatístico conhecido como **minimização do risco estrutural** (SRM). Este princípio fornece um limite mais alto para o erro de generalização de um classificador (R) em termos de seus erro de treinamento (Re), o número de exemplo de treinamento (N) e a complexidade do modelo, conhecido de outra forma como sua **capacidade** (h). Mais especificamente, com uma probabilidade de 1 - η, o erro de generalização do classificador pode ser na pior situação

$$R \leq R_e + \varphi\left(\frac{h}{N}, \frac{\log(\eta)}{N}\right), \qquad (5.27)$$

onde φ é uma função de incremento sem muita variação da capacidade *h*. A diferença anterior pode parecer bastante familiar aos leitores porque lembra a equação apresentada na Seção 4.4.4 (na página 179) para o princípio do comprimento mínimo de descrição (MDL). Quanto a isso, SRM é outra forma de expressar erros de generalização como um balanceamento entre erros de treinamento e complexidade de modelo.

A capacidade de um modelo linear está inversamente relacionada à sua margem. Modelos com margens pequenas possuem capacidades maiores porque são mais flexíveis e podem conter mais conjuntos de treinamento, diferentemente dos modelos com margens grandes. Entretanto, de acordo com o princípio SRM, à medida em que a capacidade aumenta, o limite do erro de generalização também aumentará. Portanto, é desejável projetar classificadores lineares que maximizem as margens dos seus limites de decisão para assegurar que seus erros de generalização do pior caso sejam minimizados. Um classificador assim é o **SVM linear**, que é explicado na próxima seção.

5.5.2 SVM Linear: Caso Separável

Um SVM linear é um classificador que procura um hiperplano com a maior margem, motivo pelo qual muitas vezes é conhecido como classificador de margem máxima. Para entender como o SVM descobre tal limite, começamos com uma discussão preliminar sobre o limite de decisão e margem de um classificador linear.

Limite de Decisão Linear

Analise um problema de classificação linear consistindo de *N* exemplos de treinamento. Cada exemplo é denotado por uma tupla $(\mathbf{x_i}, y_i)$ ($i = 1, 2, ..., N$), onde $\mathbf{x_i} = (x_{i1}, x_{i2}, ..., x_{id})^T$ corresponde ao conjunto de atributos pata o exemplo de índice *i*. Por convenção, suponhamos que $y_i \in \{-1, 1\}$ denote seu rótulo de classe. O limite de decisão de um classificador linear pode ser escrito da seguinte forma:

$$\mathbf{w} \cdot \mathbf{x} + b = 0, \qquad (5.28)$$

Classificação: Técnicas Alternativas

onde **w** e b são parâmetros do modelo.

A Figura 5.23 mostra um conjunto de treinamento bidimensional consistindo de quadrados e círculos. Um limite de decisão que divida em duas partes iguais os exemplos de treinamento nas suas respectivas classes é ilustrado com uma reta sólida. Um exemplo localizado pelo limite de decisão deve satisfazer à Equação 5.28. Por exemplo, se x_a e x_b forem dois pontos localizados no limite de decisão, então

$$\mathbf{w} \cdot \mathbf{x}_a + b = 0,$$
$$\mathbf{w} \cdot \mathbf{x}_b + b = 0$$

Subtrair as duas equações produzirá a seguinte:

$$\mathbf{w} \cdot (\mathbf{x}_b - \mathbf{x}_a) = 0,$$

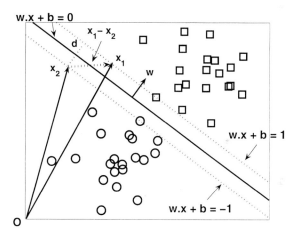

Figura 5.23. *Limite de decisão e margem de SVM.*

onde $\mathbf{x}_b - \mathbf{x}_a$ é um vetor paralelo ao limite de decisão e é direcionado de xa para $\mathbf{x}_b$. Já que o produto de ponto é zero, a direção de w deve ser perpendicular ao limite de decisão, conforme mostrado na Figura 5.23.

Para quaisquer $\mathbf{x}_s$ localizados no limite de decisão, podemos mostrar que

$$\mathbf{w} \cdot \mathbf{x}_s + b = k,$$

onde $k' > 0$. De forma semelhante, para qualquer círculo x_C localizado abaixo do limite de decisão, podemos mostrar que

$$\mathbf{w} \cdot \mathbf{x}_C + b = k',$$

onde $k' < 0$. Se rotularmos todos os quadrados como classe $+1$ e todos os círculos como classe -1, então podemos prever o rótulo de classe y para qualquer exemplo de teste z da seguinte forma:

$$y = \begin{cases} 1, & se\ \mathbf{w} \cdot \mathbf{z} + b > 0; \\ -1, & se\ \mathbf{w} \cdot \mathbf{z} + b < 0. \end{cases}$$

Margem de um Classificador Linear

Analise o quadrado e o círculo que estiverem mais próximos do limite de decisão. Já que o quadrado está localizado abaixo do limite de decisão, ele deve satisfazer a Equação 5.29 para algum valor positivo k, enquanto que o círculo deve satisfazer a Equação 5.30 para algum valor negativo k'. Podemos reprogramar os parâmetros $\mathbf{w}$ e b do limite de decisão de modo que os dois hiperplanos paralelos bi_1 e bi_2 possam ser expressos da seguinte maneira:

$$b_{i1} : \mathbf{w} \cdot \mathbf{x} + b = 1, \tag{5.32}$$

$$b_{i2} : \mathbf{w} \cdot \mathbf{x} + b = -1. \tag{5.33}$$

A margem do limite de decisão é dada pela distância entre estes dois hiperplanos. Para calcular a margem, suponha que $\mathbf{x}_1$ seja um ponto de dados localizado em b_{i1} e x_2 seja um ponto de dados em b_{i2}, conforme mostrado na Figura 5.23. Na substituição destes pontos nas Equações 5.32 e 5.33, a margem d pode ser calculada pela subtração da segunda equação da primeira:

$$\mathbf{w} \cdot (\mathbf{x}_1 - \mathbf{x}_2) = 2$$
$$\|\mathbf{w}\| \times d = 2$$
$$\therefore d = \frac{2}{\|\mathbf{w}\|}. \tag{5.34}$$

Descobrindo um Modelo SVM Linear

A fase de treinamento do SVM envolve a avaliação dos parâmetros **w** e *b* do limite de decisão a partir dos dados de treinamento. Os parâmetros devem ser escolhidos de forma que as duas seguintes condições sejam satisfeitas:

$$\mathbf{w} \cdot \mathbf{x}_i + b \geq 1 \text{ se } y_i = 1,$$
$$\mathbf{w} \cdot \mathbf{x}_i + b \leq -1 \text{ se } y_i = -1. \quad (5.35)$$

Estas condições impõem os requisitos de que todas as instâncias de treinamento da classe $y = 1$ (i.e., os quadrados) devam estar localizadas sobre ou acima do hiperplano $\mathbf{w} \cdot x + b = 1$. Ambas as diferenças podem ser resumidas em uma forma mais compacta da seguinte maneira:

$$y_i(\mathbf{w} \cdot \mathbf{x}_i + b) \geq 1, \quad i = 1, 2, \ldots, N. \quad (5.36)$$

Embora as condições anteriores também sejam aplicáveis a quaisquer classificadores lineares (inclusive perceptrons), SVM impõe um requisito adicional de que a margem do seu limite de decisão deva ser máximo. Maximizar a margem, entretanto, é equivalente a minimizar a seguinte função objetiva:

$$f(\mathbf{w}) = \frac{\|\mathbf{w}\|^2}{2}. \quad (5.37)$$

Definição 5.1 (SVM Linear: Caso Separável). A tarefa de aprendizagem em SVM pode ser formalizada como o seguinte problema de otimização restrita:

$$\min_{\mathbf{w}} \frac{\|\mathbf{w}\|^2}{2}$$
$$y_i(\mathbf{w} \cdot \mathbf{x}_i + b) \geq 1, i=1, 2,\ldots,N.$$

Já que a função objetiva é quadrática e as restrições são lineares nos parâmetros **w** e *b*, isto é conhecido como um problema de otimização **convexo**, o qual pode ser resolvido usando o método padrão **multiplicador de Lagrange**. A seguir está um breve esboço das principais idéias para resolver o problema de otimização. Uma discussão mais detalhada é apresentada no Apêndice E.

Primeiro, devemos reescrever a função objetiva de uma forma que considere as restrições impostas sobre suas soluções. A nova função objetiva é conhecida como a Lagraniana para o problema de otimização:

$$L_P = \frac{1}{2}\|\mathbf{w}\|^2 - \sum_{i=1}^{N} \lambda_i \left(y_i (\mathbf{w} \cdot \mathbf{x}_i + b) - 1 \right),$$

onde os parâmetros λi são chamados de multiplicadores de Lagrange. O primeiro termo no Lagrangiano é o mesmo da função objetiva original, enquanto que o segundo termo captura as restrições de diferença. Para entender o porquê da função objetiva dever ser modificada, analise a função objetiva apresentada na Equação 5.37. E fácil mostrar que a função é minimizada quando $\mathbf{w} = \mathbf{0}$, um vetor nulo cujos componentes são todos zeros. Tal solução, entretanto, viola as restrições apresentadas na Definição 5.1 porque não há solução viável para b. As soluções para $\mathbf{w}$ e b são inviáveis se violarem as restrições de diferença; i.e., se $y_i (\mathbf{w} \cdot \mathbf{x}_i + b) - 1 < 0$. O Lagrangiano apresentado na Equação 5.38 incorpora esta restrição subtraindo o termo da sua função objetiva original. Supondo que $\lambda i \geq 0$, fica claro que qualquer solução inviável só pode aumentar o valor do Lagrangiano.

Para minimizar o Lagrangiano, devemos pegar a derivada de L_P quanto a $\mathbf{w}$ e b e configurá-las como zero:

$$\frac{\partial L_P}{\partial \mathbf{w}} = 0 \Rightarrow \mathbf{w} = \sum_{i=1}^{N} \lambda_i y_i \mathbf{x}_i, \qquad (5.39)$$

$$\frac{\partial L_P}{\partial b} = 0 \Rightarrow \sum_{i=1}^{N} \lambda_i y_i = 0. \qquad (5.40)$$

Devido ao multiplicadores de Lagrange serem desconhecidos, ainda não podemos resolver para w e b. Se a Definição 5.1 contiver apenas restrições de igualdade em vez de diferença, então podemos usar as N equações das restrições de igualdade junto com as Equações 5.39 e 5.40 para encontrar as soluções viáveis para w, b e λi. Observe que os multiplicadores de Lagrange para restrições de igualdade são parâmetros livres que podem receber quaisquer valores.

Uma forma de lidar com as restrições de diferença é transformá-las em um conjunto de restrições de igualdade. Isto é possível desde que os multiplicadores de Lagrange sejam restritos a não negativos. Tal transformação leva à seguinte restrição sobre multiplicadores de Lagrange, que são conhecidas como condições de Karush-Kuhn-Tucker (KKT):

$$\lambda_i \geq 0, \tag{5.41}$$

$$\lambda_i \left[y_i (\mathbf{w} \cdot \mathbf{x}_i + b) - 1 \right] = 0. \tag{5.42}$$

À primeira vista, pode parecer que há tantos multiplicadores de Lagrange quanto instâncias de treinamento. Acaba que muitos dos multiplicadores de Lagrange se tornam zero após a aplicação da restrição apresentada na Equação 5.42. A restrição declara que o multiplicador de Lagrange λ_i deve ser zero a menos que a instância $\mathbf{x}_i$ satisfaça a equação $y_i(\mathbf{w} \cdot \mathbf{x}_i + b) = 1$. Tal instância de treinamento, com $\lambda_i > 0$, se localiza pelos hiperplanos $bi1$ e $bi2$ e é conhecida como um vetor de suporte. Instâncias de treinamento que não se localizem nesses hiperplanos possuem $\lambda_i = 0$. As Equações 5.39 e 5.42 também sugerem que os parâmetros $\mathbf{w}$ e b, que definem o limite de decisão, dependem apenas dos vetores de suporte.

Resolver o problema anterior de otimização ainda é uma tarefa bastante desafiadora porque envolve um grande número de parâmetros: $\mathbf{w}$, b e λi. O problema pode ser simplificado transformando-se o Lagrangiano em uma função dos multiplicadores de Lagrange apenas (isto é conhecido como o problema dual). Para fazer isso, primeiro substituímos as Equações 5.39 e 5.40 na Equação 5.38. Isto levará à seguinte formulação dual do problema de otimização:

$$L_D = \sum_{i=1}^{N} \lambda_i - \frac{1}{2} \sum_{i,j} \lambda_i \lambda_j y_i y_j \mathbf{x}_i \cdot \mathbf{x}_j. \tag{5.43}$$

As diferenças chave entre os Lagrangianos dual e primário são as seguintes:
1. O Lagrangiano dual envolve apenas multiplicadores de Lagrange e os dados de treinamento, enquanto que o Lagrangiano primário envolve os multiplicadores de Lagrange assim como parâmetros

do limite de decisão. Apesar disso, as soluções para ambos os problemas de otimização são equivalentes.
2. O termo quadrático na Equação 5.43 possui um sinal negativo, o que significa que o problema de minimização original envolvendo o Lagrangiano primário, L_P, virou um problema de maximização envolvendo o Lagrangiano dual, L_D.

Para conjuntos de dados muito grandes, o problema de otimização dual pode ser resolvido usando técnicas numéricas como a programação quadrática, um tópico que está além do escopo deste livro. Assim que λ_i's forem encontrados, podemos usar as Equações 5.39 e 5.42 para obter as soluções viáveis para w e b. O limite de decisão pode ser expresso da seguinte maneira:

$$\left(\sum_{i=1}^{N} \lambda_i y_i \mathbf{x}_i \cdot \mathbf{x} \right) + b = 0.$$

(5.44)

b é obtido resolvendo-se a Equação 5.42 para os vetores de suporte. Devido ao fato dos λi's serem calculados numericamente e poderem ter erros numéricos, o valor calculado para b pode não ser único. Em vez disso, ele depende do vetor de suporte usado na Equação 5.42. Na prática, o valor médio para b é escolhido como o parâmetro do limite de decisão.

Exemplo 5.5. Analise o conjunto de dados bidimensional da Figura 5.24 que contém oito instâncias de treinamento. Usando a programação quadrática, podemos resolver o problemas de otimização declarado na Equação 5.43 para obter o multiplicador de Lagrange λi para cada instância de treinamento. Os multiplicadores de Lagrange são mostrados na última coluna da tabela. Observe que apenas as duas primeiras instâncias têm multiplicadores de Lagrange diferentes de zero. Estas instâncias correspondem aos vetores de suporte para este conjunto de dados.

Suponha que $\mathbf{w} = (w_1, w_2)$ e b denote os parâmetros do limite de decisão. Usando a Equação 5.39, podemos resolver w_1 e w_2 da seguinte forma:

$w_1 = \sum_i \lambda_i y_i x_{i1} = 65.5621 \times 1 \times 0.3858 + 65.5621 \times -1 \times 0.4871 = -6.64.$

$$w_2 = \sum_i \lambda_i y_i x_{i2} = 65.5621 \times 1 \times 0.4687 + 65.5621 \times -1 \times 0.611 = -9.32.$$

O termo de tendência b pode ser calculado usando a Equação 5.42 para cada vetor de suporte:

$b^{(1)} = 1 - \mathbf{w} \cdot \mathbf{x}_1 = 1 - (-6.64)(0.3858) - (-9.32)(0.4687) = 7.9300.$
$b^{(2)} = -1 - \mathbf{w} \cdot \mathbf{x}_2 = -1 - (-6.64)(0.4871) - (-9.32)(0.611) = 7.9289.$

Calculando a média destes valores, obtemos $b = 7{,}93$. O limite de decisão correspondente a estes parâmetros é mostrado na Figura 5.24.

x_1	x_2	y	Multiplicador de Lagrange
0.3858	0.4687	1	65.5261
0.4871	0.611	−1	65.5261
0.9218	0.4103	−1	0
0.7382	0.8936	−1	0
0.1763	0.0579	1	0
0.4057	0.3529	1	0
0.9355	0.8132	−1	0
0.2146	0.0099	1	0

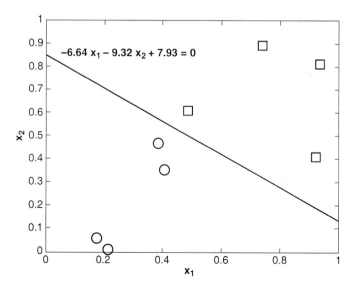

Figura 5.24. *Exemplo de um conjunto de dados separável linearmente.*

Assim que os parâmetros do limite de decisão forem encontrados, uma instância de teste z é classificada da seguinte maneira:

$$f(\mathbf{z}) = sign\left(\mathbf{w} \cdot \mathbf{z} + b\right) = sign\left(\sum_{i=1}^{N} \lambda_i y_i \mathbf{x}_i \cdot \mathbf{z} + b\right).$$

Se $f(\mathbf{z}) = 1$, então a instância de teste é classificada como uma classe positiva; caso contrário, é classificado como uma classe negativa.

5.5.3 SVM Linear: Caso não Separável

A Figura 5.25 mostra um conjunto de dados que é semelhante à Figura 5.22, exceto que possui dois novos exemplos, P e Q. Embora o limite de decisão B_1 classifique erroneamente os novos exemplos, enquanto B_2 os classifica corretamente, isto não significa que B_2 seja um limite de decisão melhor do que B_1 porque os novos exemplos podem corresponder a ruídos nos dados de treinamento. B_1 deveria ainda ser preferido com relação a B_2 porque possui uma margem maior e, assim, e menos susceptível a *overfitting*. Entretanto, a formulação SVM apresentada na seção anterior constrói apenas limites de decisão que sejam livres de erros. Esta seção examina como a formulação pode ser modificada para descobrir um limite de decisão que seja tolerável a erros de treinamento pequenos usando um método conhecido como a abordagem da **margem flexível**. Mais importante é que o SVM construa um limite de decisão linear mesmo em situações onde as classes não sejam separáveis linearmente. Para fazer isso, o algoritmo de descoberta em SVM deve considerar o balanceamento entre a largura da margem e o número de erros de treinamento cometidos pelo limite de decisão linear.

Classificação: Técnicas Alternativas 315

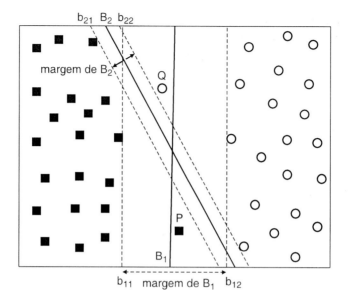

Figura 5.25. *Limite de decisão de SVM para o caso não separável.*

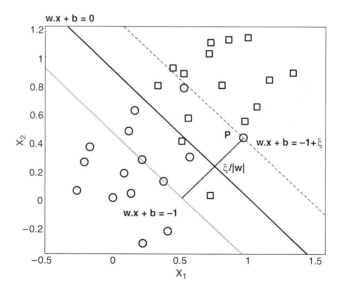

Figura 5.26. *Variáveis slack para dados não separáveis.*

Embora a função objetiva original apresentada na Equação 5.37 ainda seja aplicável, o limite de decisão B_1 não satisfaz mais todas as restrições apresentadas na Equação 5.36. As restrições de diferença devem portanto ser relaxadas para acomodar os dados não linearmente separáveis. Isto pode ser feito introduzindo-se **variáveis slack**(ξ) de valor positivo nas restrições do problema de otimização, conforme mostrado nas seguintes equações:

$$\begin{aligned} \mathbf{w} \cdot \mathbf{x}_i + b \geq 1 - \xi_i \text{ se } y_i = 1, \\ \mathbf{w} \cdot \mathbf{x}_i + b \leq -1 + \xi_i \text{ se } y_i = -1, \end{aligned} \quad (5.45)$$

onde $\forall i: \xi_i > 0$.

Para interpretar o significado das variáveis *slack* ξ_i, analise o diagrama mostrado Figura 5.26. O círculo **P** é uma das instâncias que viola as restrições apresentadas na Equação 5.35. Suponha $\mathbf{w} \cdot \mathbf{x} + b = -1 +$ denote uma reta que seja paralela ao limite de decisão e passe pelo ponto **P**. Pode ser mostrado que a distância entre esta reta e o hiperplano $\mathbf{w} \cdot \mathbf{x} + b = -1$ é $\xi/\|\mathbf{w}\|$. Assim, ξ fornece uma estimativa do erro do limite de decisão no exemplo de treinamento **P**.

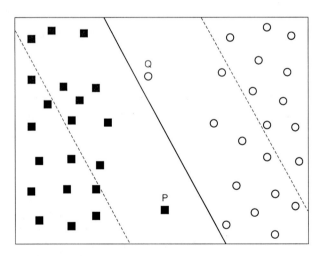

Figura 5.27. *Um limite de decisão que possui uma margem grande mas erro de treinamento grande.*

Classificação: Técnicas Alternativas

A princípio, podemos aplicar a mesma função objetiva como antes e impor as condições apresentadas na Equação 5.45 para encontrar o limite de decisão. Entretanto, já que não há restrições sobre o número de erros que o limite de decisão pode cometer, o algoritmo de aprendizagem pode encontrar um limite de decisão com uma margem muito grande mas classificar erroneamente muitos dos exemplos de treinamento, conforme mostrado na Figura 5.27. Para evitar este problema, a função objetiva deve ser modificada para penalizar um limite de decisão com valores grandes de variáveis *slack*. A função objetiva modificada é apresentada na seguinte equação:

$$f(\mathbf{w}) = \frac{\|\mathbf{w}\|^2}{2} + C(\sum_{i=1}^{N} \xi_i)^k,$$

onde C e k são parâmetros especificados pelo usuário representando a penalidade por classificar erroneamente as instâncias de treinamento. Pelo restante desta seção, supomos $k = 1$ para simplificar o problema. O parâmetro C pode ser escolhido baseado no desempenho do modelo sobre o conjunto de validação.

Segue-se que o Lagrangiano para este problema de otimização restrita pode ser escrito da seguinte forma:

$$L_P = \frac{1}{2}\|\mathbf{w}\|^2 + C\sum_{i=1}^{N}\xi_i - \sum_{i=1}^{N}\lambda_i\{y_i(\mathbf{w}\cdot\mathbf{x}_i + b) - 1 + \xi_i\} - \sum_{i=1}^{N}\mu_i\xi_i, \quad (5.46)$$

onde os dois primeiros termos são a função objetiva a ser minimizada, o terceiro termo representa as restrições de diferença associadas às variáveis *slack* e o último termo é o resultado dos requisitos de não negatividade dos valores dos ξ_i's. Além disso, as restrições de diferença podem ser transformadas em restrições de igualdade usando as seguintes condições KKT:

$$\xi_i \geq 0, \quad \lambda_i \geq 0, \quad \mu_i \geq 0, \quad (5.47)$$

$$\lambda_i\{y_i(\mathbf{w}\cdot\mathbf{x}_i + b) - 1 + \xi_i\} = 0, \quad (5.48)$$

$$\mu_i\xi_i = 0. \quad (5.49)$$

Observe que o multiplicador de Lagrange λ_i, apresentado na Equação 5.48 não faz desaparecer apenas se a instância de treinamento estiver localizada pelas linhas $\mathbf{w} \cdot \mathbf{x}_i + b = \pm 1$ ou possuir $\xi_i > 0$. Por outro lado, os multiplicadores de Lagrange μ_i apresentados na Equação 5.49 são zero para quaisquer instâncias de treinamento que estejam mal classificadas (i.e., tendo $\xi_i > 0$).

Configurar a derivada de primeira ordem de L com respeito a w, b e ξ_i como zero resultaria nas seguintes equações:

$$\frac{\partial L}{\partial w_j} = w_j - \sum_{i=1}^{N} \lambda_i y_i = 0 \Rightarrow w_j = \sum_{i=1}^{N} \lambda_i y_i x_{ij}. \tag{5.50}$$

$$\frac{\partial L}{\partial b} = -\sum_{i=1}^{N} \lambda_i y_i = 0 \Rightarrow \sum_{i=1}^{N} \lambda_i y_i x_{ij} = 0. \tag{5.51}$$

$$\frac{\partial L}{\partial \xi_i} = C - \lambda_i - \mu_i = 0 \Rightarrow \lambda_i - \mu_i = C. \tag{5.52}$$

Substituir as Equações 5.50, 5.51 e 5.52 no Lagrangiano produzirá o seguinte Lagrangiano dual:

$$\begin{aligned} L_D &= \frac{1}{2} \sum_{ij} \lambda_i \lambda_j y_i y_j \mathbf{x}_i \cdot \mathbf{x}_j + C \sum_i \xi_i \\ &\quad - \sum_i \lambda_i \{ y_i (\sum_j \lambda_j y_j \mathbf{x}_i \cdot \mathbf{x}_j + b) - 1 + \xi_i \} \\ &\quad - \sum_i (C - \lambda_i) \xi_i \\ &= \sum_{i=1}^{N} \lambda_i - \frac{1}{2} \sum_{ij} \lambda_i \lambda_j y_i y_j \mathbf{x}_i \cdot \mathbf{x}_j, \end{aligned} \tag{5.53}$$

o qual acaba sendo idêntico ao Lagrangiano dual para dados separáveis linearmente (veja a Equação 5.40 na página 262). Apesar disso, as restrições impostas sobre os multiplicadores de Lagrange λ_i's são ligeiramente diferentes daquelas do caso separável linearmente. Neste caso, os multiplicadores de Lagrange devem ser não negativos, i.e., $\lambda_i \geq 0$. Por outro lado, a Equação 5.52 sugere que λ_i não deveria exceder C (já que tanto μi quanto

λ_i são não negativos). Assim, os multiplicadores de Lagrange para dados separáveis não linearmente são restritos a $0 \leq \lambda_i \leq C$.

O problema dual pode então ser resolvido numericamente usando técnicas de programação quadráticas para se obter os multiplicadores de Lagrange λ_i. Estes multiplicadores podem ser substituídos na Equação 5.50 e nas condições KKT para obter os parâmetros do limite de decisão.

5.5.4 SVM Não Linear

As formulações SVM descritas nas seções anteriores constroem um limite de decisão linear para separar os exemplos de treinamento nas suas respectivas classes. Esta seção apresenta uma metodologia para aplicar SVM em conjuntos de dados que tenham limites de decisão não lineares. O truque aqui é transformar os dados do seu espaço de coordenadas original em x para um novo espaço $\Phi(x)$ de modo que um limite de decisão linear possa ser usado para separar as instâncias no espaço transformado. Após realizar a transformação, podemos aplicar a metodologia apresentada nas seções anteriores para encontrar um limite de decisão linear no espaço transformado.

Transformação de Atributos

Para ilustrar como a transformação de atributos pode levar a um limite de decisão linear, a Figura 5.28(a) mostra um exemplo de um conjunto de dados bidimensional consistindo de quadrados (classificados como $y = 1$) e círculos (classificados como $y = -1$). O conjunto de dados é gerado de forma que todos os círculos sejam agrupados próximos ao centro do diagrama e todos os quadrados sejam distribuídos mais para longe do centro. Instâncias do conjunto de dados podem ser classificadas usando a seguinte equação:

$$y(x_1, x_2) = \begin{cases} 1 & \text{se} \sqrt{(x_1 - 0,5)^2 + (x_2 - 0,5)^2} > 0,2, \\ -1 & \text{senão} \end{cases}$$

(5.54)

O limite de decisão para o conjunto de dados pode então ser escrito da seguinte forma:

$$\sqrt{(x_1 - 0.5)^2 + (x_2 - 0.5)^2} = 0.2,$$

a qual pode ser mais simplificada na seguinte equação quadrática:

$$x_1^2 - x_1 + x_2^2 - x_2 = -0.46.$$

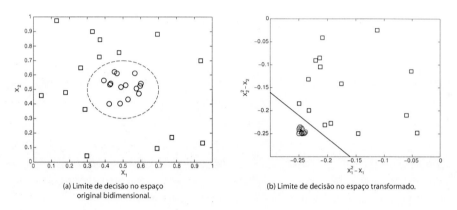

(a) Limite de decisão no espaço original bidimensional.

(b) Limite de decisão no espaço transformado.

Figura 5.28. *Classificando dados com um limite de decisão não linear.*

Uma transformação não linear Φ é necessária para mapear os dados do seu espaço original para um novo espaço onde o limite de decisão se torne linear. Suponha que tenhamos escolhido a seguinte transformação:

$$\Phi : (x_1, x_2) \rightarrow \left(x_1^2 x_2^2, \sqrt{2} x_1, \sqrt{2} x_2, 1\right). \tag{5.55}$$

No espaço transformado, podemos encontrar os parâmetros w = (w0, w1, ..., w4) de modo que:

$$w_4 x_2^1 + w_3 x_2^2 + w_2 \sqrt{2} x_1 + w_1 \sqrt{2} x_2 + w_0 = 0.$$

Por o propósito de ilustração, desenharemos o grafo de $x_2^2 - x_2$ versus $x_1^2 - x_1$ para as instâncias apresentadas anteriormente. A Figura 5.28(b) mostra que, no espaço transformado, todos os círculos estão localizados na parte inferior direita do diagrama. Um limite de decisão linear pode, portanto, ser construído para separar as instâncias em suas respectivas classes.

Um problema em potencial com esta abordagem é que ela pode sofrer da maldição do problema da dimensionalidade muitas vezes associada aos dados de muitas dimensões. Mostraremos como SVM não linear evita este problema (usando um método conhecido como o truque do núcleo) mais adiante nesta seção.

Aprendendo um Modelo SVM Não Linear

Embora a abordagem de transformação de atributos pareça promissora, ela traz diversas questões. Primeiro, não está claro que tipo de função de mapeamento deve ser usado para assegurar que um limite de decisão linear possa ser construído no espaço de transformação. Uma possibilidade é transformar os dados em um espaço tridimensional infinito, mas tal espaço de alta dimensionalidade pode não ser tão fácil de se trabalhar. Em segundo lugar, mesmo se a função de mapeamento apropriada for conhecida, resolver o problema de otimização restrita no espaço de alta dimensionalidade é uma tarefa computacionalmente custosa.

Para ilustrar estas questões e examinar as formas pelas quais elas podem ser abordadas, suporemos que exista uma função apropriada, $\Phi(x)$, para transformar um determinado conjunto de dados. Após a transformação, precisamos construir um limite de decisão linear que separará as instâncias em suas respectivas classes. O limite de decisão linear no espaço transformado possui a seguinte forma: $\mathbf{w} \cdot \Phi(\mathbf{x}) + b = 0$.

Definição 5.2 (SVM Não Linear). A tarefa de aprendizagem para um SM não linear pode ser formalizada como o seguinte problema de otimização:

$$\min_{w} \frac{\|\mathbf{w}\|^2}{2}$$

sujeito a $\quad y_i(\mathbf{w} \cdot \Phi(\mathbf{x}_i) + b) \geq 1, \quad i = 1, 2, \ldots, N.$

Observe a semelhança entre a tarefa de aprendizagem de um SVM não linear com a de um SVM linear (veja a Definição 5.1 na página 262). A principal diferença é que, em vez de usar os atributos originais x, a tarefa de aprendizagem é executada sobre os atributos transformados $\Phi(X)$. Seguindo a abordagem usada nas Seções 5.5.2 e 5.5.3 para SVM linear, podemos derivar o seguinte Lagrangiano dual para o problema da otimização restrita:

$$L_D = \sum_{i=1}^{n} \lambda_i - \frac{1}{2}\sum_{ij} \lambda_i \lambda_j y_i y_j \Phi(\mathbf{x}_i).\Phi(\mathbf{x}_j)$$

Assim que os λi's forem encontrados usando técnicas de programação quadráticas, os parâmetros w e b podem ser derivados usando as seguintes equações:

$$\mathbf{w} = \sum_{i} \lambda_i y_i \Phi(\mathbf{x}_i) \tag{5.57}$$

$$\lambda_i \{y_i(\sum_{j} \lambda_j y_j \Phi(\mathbf{x}_j) \cdot \Phi(\mathbf{x}_i) + b) - 1\} = 0, \tag{5.58}$$

que são análogas às Equações 5.39 e 5.40 para SVM linear. Finalmente, uma instância de teste z pode ser classificada usando a seguinte equação:

$$f(\mathbf{z}) = sign\left(\mathbf{w} \cdot \Phi(\mathbf{z}) + b\right) = sign\left(\sum_{i=1}^{n} \lambda_i y_i \Phi(\mathbf{x}_i) \cdot \Phi(\mathbf{z}) + b\right).$$

Exceto pela Equação 5.57, observe que o resto dos cálculos (Equações 5.58 e 5.59) envolve o cálculo do produto de ponto (i.e., similaridade) entre pares de vetores no espaço transformado, $\Phi(\mathbf{x}_i)\cdot\Phi(\mathbf{x}_j)$. Tal cálculo pode ser bastante volumoso e pode sofrer da maldição do problema de dimensionalidade. Uma solução importante para este problema vem na forma de um método conhecido como **truque do núcleo**.

O Truque do Núcleo

O produto de ponto muitas vezes é considerado como uma medida de semelhança entre dois vetores de entrada. Por exemplo, a similaridade de coseno descrita na Seção 2.4.5 na página 73 pode ser definida como o produto de ponto entre dois vetores que estejam normalizados em comprimento de unidade. De forma análoga, o produto de ponto $\Phi(\mathbf{x}_i)\cdot\Phi(\mathbf{x}_j)$ também pode ser considerado como uma medida de similaridade ente duas instâncias, $\mathbf{x}_i$ e $\mathbf{x}_j$, no espaço transformado.

Classificação: Técnicas Alternativas   323

O truque do núcleo é um método para calcular similaridade no espaço transformado usando o conjunto de atributos original. O produto de ponto entre dois vetores de entrada **u** e **v** no espaço transformado pode ser escrito da seguinte maneira:

$$\Phi(\mathbf{u}).\Phi(\mathbf{v}) = \left(u_1^2, u_2^2, \sqrt{2}u_1, \sqrt{2}u_2, 1\right) \cdot \left(v_1^2, v_2^2, \sqrt{2}v_1, \sqrt{2}v_2, 1\right)$$
$$= u_1^2 v_1^2 + u_2^2 v_2^2 + 2u_1 v_1 + 2u_2 v_2 + 1$$
$$= (\mathbf{u} \cdot \mathbf{v} + 1)^2. \qquad (5.60)$$

A análise mostra que o produto de ponto no espaço transformado pode ser expresso em termo de uma função de similaridade no espaço original:

$$K(\mathbf{u}, \mathbf{v}) = \Phi(\mathbf{u}) \cdot \Phi(\mathbf{v}) = (\mathbf{u} \cdot \mathbf{v} + 1)^2. \qquad (5.61)$$

A função de similaridade, K, que é calculada no espaço de atributos original, é conhecida como **função do núcleo**. O truque do núcleo ajuda a abordar algumas das preocupações sobre como implementar SVM não linear. Primeiro, não temos que saber a forma exata da função de mapeamento Φ porque as funções de núcleo usadas em SVN não linear devem satisfazer um princípio matemático conhecido como **teorema de Mercer**. Este princípio assegura que as funções de núcleo podem ser sempre expressas como o produto de ponto entre dois vetores de entrada em algum espaço com alta dimensionalidade. O espaço transformado dos núcleos SVM é chamado de um **espaço Hiblbert de núcleo de reprodução (RKHS)**. Em segundo lugar, calcular os produtos de ponto usando funções de núcleo é consideravelmente menos custoso do que usar o conjunto de atributos transformados $\Phi(x)$. Em terceiro lugar, já que os cálculos são executados no espaço original, questões relacionadas à maldição do problema de dimensionalidade podem ser evitadas.

A Figura 5.29 mostra o limite de decisão não linear obtido por SVM usando a função de núcleo polinomial apresentada na Equação 5.61. Uma instância de teste x é classificada de acordo com a seguinte equação:

$$f(\mathbf{z}) = sign\left(\sum_{i=1}^{n} \lambda_i y_i \Phi(\mathbf{x}_i) \cdot \Phi(\mathbf{z}) + b\right)$$

$$= sign\left(\sum_{i=1}^{n} \lambda_i y_i K(\mathbf{x}_i, \mathbf{z}) + b\right)$$

$$= sign\left(\sum_{i=1}^{n} \lambda_i y_i (\mathbf{x}_i \cdot \mathbf{z} + 1)^2 + b\right),$$

onde b é o parâmetro obtido usando a Equação 5.58. O limite de decisão obtido pelo SVM não linear é bastante próximo do limite de decisão verdadeiro mostrado na Figura 5.28(a).

O Teorema de Mercer

O principal requisito para a função de núcleo usada em SVM não linear é que deva existir uma transformação correspondente tal que a função de núcleo calculada para um par de vetores seja equivalente ao produto de ponto entre os vetores no espaço transformado.

Teorema 5.1 (Teorema de Mercer). *Uma função K de núcleo pode ser expressa como*

$$K(u, v) = \Phi(u) \cdot \Phi(v)$$

se, e apenas se, para qualquer função $g(x)$ tal que $\int g(x)^2 dx$ seja finita, então

$$\int K(x, y) g(x) g(y) \, dx \, dy \geq 0.$$

Classificação: Técnicas Alternativas 325

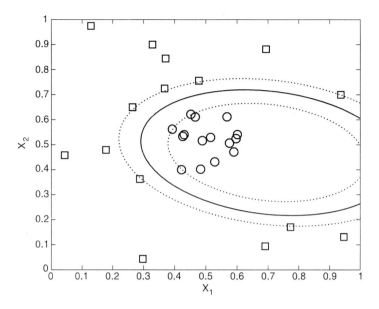

Figura 5.29. *Limite de decisão produzido por um SVM não linear com núcleo polinomial.*

Funções de núcleo que satisfaçam o Teorema 5.1 são chamadas de funções de núcleo definido positivo. Exemplos de tais funções são listados a seguir:

$$K(\mathbf{x}, \mathbf{y}) = (\mathbf{x} \cdot \mathbf{y} + 1)^p \qquad (5.63)$$

$$K(\mathbf{x}, \mathbf{y}) = e^{-\|\mathbf{x} - \mathbf{y}\|^2 / (2\sigma^2)} \qquad (5.64)$$

$$K(\mathbf{x}, \mathbf{y}) = \tanh(k\mathbf{x} \cdot \mathbf{y} - \delta) \qquad (5.65)$$

Exemplo 5.6. Analise a função de núcleo polinomial apresentada na Equação 5.63. Suponha que *g(x)* seja uma função que tenha uma norma *L2* finita, i.e., $\int g(\mathbf{x})^2 \, d\mathbf{x} < \infty$.

$$\int (\mathbf{x} \cdot \mathbf{y} + 1)^p g(\mathbf{x}) g(\mathbf{y}) \, d\mathbf{x}d\mathbf{y}$$

$$= \int \sum_{i=0}^{p} \binom{p}{i} (\mathbf{x} \cdot \mathbf{y})^i g(\mathbf{x}) g(\mathbf{y}) d\mathbf{x}d\mathbf{y}$$

$$= \sum_{i=0}^{p} \binom{p}{i} \int \sum_{\alpha_1 \alpha_2 \ldots} \binom{i}{\alpha_1 \alpha_2 \ldots} \left[(x_i y_i)^{\alpha_1} (x_2 y_2)^{\alpha_2} (x_3 y_3)^{\alpha_3} \cdots \right]$$

$$g(x_1, x_2, \ldots) \, g(y_1, y_2, \ldots) \, dx_1, dx_2 \ldots dy_1, dy_2 \ldots$$

$$= \sum_{i=0}^{p} \sum_{\alpha_1 \alpha_2 \ldots} \binom{p}{i} \binom{i}{\alpha_1 \alpha_2 \ldots} \left[\int x_1^{\alpha_1} x_2^{\alpha_2} \ldots g(x_1, x_2, \ldots) dx_1 dx_2 \ldots \right]^2.$$

Devido ao resultado da integração ser não negativo, a função de núcleo polinomial satisfaz assim o teorema de Mercer.

5.5.5 Características de SVM

SVM possui muitas qualidades desejáveis que o torna um dos algoritmos de classificação mais amplamente usados. A seguir está um resumo das características gerais do SVM:

1. O problema de aprendizagem do SVM pode ser formulado como um problema de otimização convexa, no qual algoritmos eficientes estão disponíveis para encontrar o mínimo global da função objetiva. Outros métodos de classificação, como os classificadores baseados em regras e redes neurais artificiais, empregam uma estratégia baseada em avidez para pesquisar o espaço da hipótese. Tais métodos tendem a encontrar apenas soluções ótimas localmente.
2. SVM executa controle de capacidade maximizando a margem do limite de decisão. Apesar disso, o usuário não deve fornecer ainda outros parâmetros como o tipo da função de núcleo a usar e a função C de custo para introduzir cada variável *slack*.
3. SVM pode ser aplicado a dados categorizados introduzindo variáveis simuladas para cada valor de atributo categorizado nos dados. Por exemplo, se *Estado Civil* possui três valores {*Solteiro, Casado,, Divorciado*}, podemos introduzir uma variável binária para cada um dos valores do atributo.

4. A formulação SVM apresentada neste capítulo é para problemas de classes binárias. Alguns dos métodos disponíveis para estender SVM para problemas de multiclasses são apresentados na Seção 5.8.

5.6 Métodos de Grupos

As técnicas de classificação que vimos até agora neste capítulo, com exceção do método do vizinho mais próximo, prevêem os rótulos das classes de exemplos desconhecidos usando um único classificador induzido dos dados de treinamento. Esta seção apresenta técnicas para melhorar a precisão de classificação agregando as previsões de múltiplos classificadores. Estas técnicas são conhecidas como métodos **de grupos** ou **combinação de classificadores**. Um método de conjunto constrói um conjunto de **classificadores básicos** a partir dos dados de treinamento e executa a classificação recebendo um voto sobre as previsões feitas por cada um dos classificadores básicos. Esta seção explica por que os métodos de grupo tendem a serem executados melhor do que algum classificador único e apresenta técnicas para construir o classificador de grupo.

5.6.1 Raciocínio do Método de Grupo

O exemplo a seguir ilustra como um método de grupo pode melhorar o desempenho de um classificador.

Exemplo 5.7. Analise um grupo de vinte e cinco classificadores binários, cada um dos quais possui uma taxa de erro de $\epsilon = 0,35$. O classificador de grupo prevê o rótulo de classe de um exemplo de teste recebendo o voto da maioria sobre as previsões feitas por estes classificadores básicos. Se os classificadores básicos forem idênticos, então o grupo classificará erroneamente os mesmos exemplos previstos incorretamente pelos classificadores básicos. Assim, a taxa de erro do grupo permanece 0,35. Por outro lado, se os classificadores básicos forem independentes – i.e., seus erros não estiverem correlacionados - então o grupo faz uma previsão errada apenas se mais da metade dos classificadores de grupo preverem incorretamente. Neste caso, a taxa de erro do classificador de grupo é

$$e_{\text{grupo}} = \sum_{i=13}^{25} \binom{25}{i} \epsilon^i (1-\epsilon)^{25-i} = 0.06,$$

que é consideravelmente menor do que a taxa de erro dos classificadores básicos.

A Figura 5.30 mostra a taxa de erro de um grupo de vinte e cinco classificadores binários (e_{grupo}) para taxas de erros de diferentes classificadores de grupo ($\in$). A reta diagonal representa o caso no qual os classificadores básicos são independentes. Observe que o classificador de grupo é executado pior do que os classificadores básicos quando $\in$ é maior do que 0,5.

O exemplo anterior ilustra duas condições necessárias para um classificador de grupo ser executado melhor do que um classificador único: (1) os classificadores de base devem ser independentes entre si e (2) os classificadores básicos devem ser melhores do que um classificador que execute suposições aleatórias. Na prática, é difícil garantir independência total entre os classificadores básicos. Apesar disso, melhorias nas precisões de classificação têm sido observadas nos métodos de grupo nos quais os classificadores básicos estão ligeiramente correlacionados.

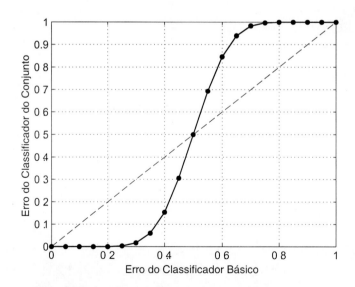

Figura 5.30. *Comparação entre erros de classificadores básicos e erros do classificador de grupo.*

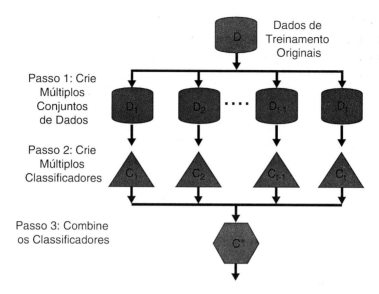

Figura 5.31. *Uma visão lógica do método de aprendizagem de grupo.*

5.6.2 Métodos para Criar um Classificador de Grupo

Uma visão lógica do método de grupo é apresentada na Figura 5.31. A idéia básica é criar múltiplos classificadores a partir dos dados originais e então agregar suas previsões ao classificar exemplos desconhecidos. O grupo de classificadores pode ser criado de diversas formas:

1. **Manipulando o conjunto de treinamento**. Nesta abordagem, múltiplos conjuntos de treinamento são criados pela reamostragem dos dados originais de acordo com alguma distribuição de amostras. A distribuição de amostras determina o quão provável é que um exemplo seja selecionado para treinamento e pode variar de um julgamento para outro. Um classificador é então criado a partir de cada conjunto de treinamento usando um determinado algoritmo de aprendizagem. ***Bagging*** e ***boosting*** são dois exemplos de métodos de grupo que manipulam seus conjuntos de treinamento. Estes métodos são descritos em maiores detalhes nas Seções 5.6.4 e 5.6.5.

2. **Manipulando as características de entrada.** Nesta abordagem, um subconjunto de características de entradas é escolhido para formar cada conjunto de treinamento. O subconjunto pode ser escolhido aleatoriamente ou baseado na recomendação de especialistas no domínio. Alguns estudos mostram que esta abordagem funciona muito bem com conjuntos de dados que contenham características altamente redundantes. **Floresta aleatória**, que é descrito na Seção 5.6.6, é um método de grupo que manipula suas características de entrada e usa árvores de decisão como seus classificadores básicos.
3. **Manipulando os rótulos de classes.** Este método pode ser usado quando o número de classes for suficientemente grande. Os dados de treinamento são transformados em um problema de classe binária particionando aleatoriamente os rótulos de classes em dois subconjuntos disjuntos, $A0$ e $A1$. Exemplos de treinamento cujo rótulo de classe pertença ao subconjunto $A0$ são atribuídos à classe 0, enquanto que aqueles que pertencem ao subconjunto $A1$ são atribuídos à classe 1. Os exemplos re-rotulados são então usados para treinar um classificador básico. Repetindo a re-rotulação de classe e passos de construção de modelo múltiplas vezes, um gripo de classificadores básicos é obtido. Quando um exemplo de teste é apresentado, cada classificador básico Ci é usado para prever seu rótulo. Se o exemplo de teste for previsto como da classe 0, então todas as classes que pertençam a $A0$ receberão um voto. De forma oposta, se for previsto como sendo da classe 1, então todas as classes que pertençam a $A1$ receberão um voto. Os votos são computados e a classe que receber mais votos é atribuída ao exemplo de teste. Um exemplo desta abordagem é o método de **codificação de saída de correção de erros** descrito na página 307.
4. **Manipulando o algoritmo de aprendizagem.** Muitos algoritmos de aprendizagem podem ser manipulados de forma que a aplicação do algoritmo diversas vezes sobre os mesmos dados de treinamento pode resultar em diferentes modelos. Por exemplo, uma rede neural artificial pode produzir diferentes modelos alterando sua topologia de rede ou pesos iniciais das ligações entre neurônios. De forma semelhante, um grupo de árvores de decisão pode

ser construído inserindo-se aleatoriedade no procedimento de desenvolvimento da árvore. Por exemplo, em vez de escolher o melhor atributo de divisão em cada nodo, podemos escolher aleatoriamente um dos k atributos do topo para divisão.

As primeiras três abordagens são métodos genéricos que são aplicáveis a quaisquer classificadores, enquanto que a quarta abordagem depende do tipo de classificador usado. Os classificadores básicos para a maioria destas abordagens podem ser gerados seqüencialmente (um após o outro) ou em paralelo (todos de uma vez). O Algoritmo 5.5 mostra os passos necessários para criar um classificador de grupo de uma maneira seqüencial. O primeiro passo é criar um conjunto de treinamento a partir dos dados originais D. Dependendo do tipo de método de grupo utilizado, os conjuntos de treinamento são idênticos ou ligeiras modificações de D. O tamanho do conjunto de treinamento muitas vezes é mantido igual ao dos dados originais mas a distribuição de exemplos pode não ser idêntica; i.e., alguns exemplos podem aparecem várias vezes no conjunto de treinamento, enquanto que outros podem ou não aparecer apenas uma vez. Um classificador básico Ci é então criado a partir de cada conjunto de treinamento Di. Métodos de grupo funcionam melhor com classificadores instáveis, i.e., classificadores que sejam sensíveis a pequenas perturbações no conjunto de treinamento. Exemplos de **classificadores instáveis** incluem árvores de decisão, classificadores baseados em regras e redes neurais artificiais. Como será discutido na Seção 5.6.3, a variabilidade entre exemplos de treinamento é uma das fontes primárias de erros em um classificador. Agregar os classificadores básicos criados a partir de diferentes conjuntos de treinamento pode ajudar a reduzir tais tipos de erros.

Finalmente, um exemplo de teste x é classificado combinando-se as revisões feitas pelos classificadores básicos $Ci(x)$:

$$C^*(\mathbf{x}) = \text{Vote}\ (C_1(\mathbf{x}), C_2(\mathbf{x}), ..., C_k(\mathbf{x})).$$

A classe pode ser obtida pegando o voto da maioria sobre as previsões individuais ou pesando cada previsão com a precisão do classificador básico.

Algoritmo 5.5 Procedimento geral para o método de grupo.

1:    Suponha que D, os dados de treinamento originais, k denote o número de classificadores básicos e T sejam os dados de teste.
2:    **para** i -1 até k **faça**
3:       Crie conjunto de treinamento Di a partir de D.
4:       Construa um classificador básico Ci a partir de Di.
5:    **fim para**
6:    **para** cada registro de teste $x \in T$ **faça**
7:       $C^*(x) = Voto(C1(x), c2(x), ..., Ck(x))$
8:    **fim para**

5.6.3 Decomposição de Variância na Tendência

A decomposição de variância da tendência é um método formal para analisar o erro de previsões de um modelo preditivo. O exemplo a seguir apresenta uma explicação intuitiva para este método.

A Figura 5.32 mostra as trajetórias de um projétil lançado em um determinado ângulo. Suponha que o projétil atinja a superfície do chão em algum local x, a uma distância d da posição alvo t. Dependendo da força aplicada ao projétil, a distância observada pode variar de um julgamento para o outro. A distância observada pode ser decomposta em diversos componentes. O primeiro componente, que é conhecido como **desvio**, mede a distância média entre a posição alvo e o local onde o projeto alcança o chão. A quantidade de desvio depende do ângulo do lançador do projétil. O segundo componente, que é conhecido como **variância**, mede o desvio entre x e a posição média $\bar{x}$ onde o projétil bate no solo. A variância pode ser explicada como o resultado das alterações na quantidade de força aplicada ao projétil. Finalmente, se o alvo não for estacionário, então a distância observada também é afetada pelas alterações na localização do mesmo. Isto é considerado o componente de **ruído** associado à variabilidade da posição do alvo. Juntando estes componentes, a distância média pode ser expressa como:

$$d_{f,\theta}(y,t) = \text{Desvio}_\theta + \text{Variância}_f + \text{Ruído}_t, \qquad (5.67)$$

onde f se refere à quantidade de força aplicada e θ é o ângulo do lançador.

A tarefa de prever o rótulo de classe de um determinado exemplo pode ser analisada usando a mesma abordagem. Para um determinado classificador, algumas previsões podem acabar sendo corretas, enquanto que outras podem ser completamente fora do alvo. Podemos decompor o erro esperado de um classificador como uma soma dos três termos apresentados na Equação 5.67, onde o erro esperado é a probabilidade de que o classificador classifique de forma errônea um determinado exemplo. O restante desta seção analisa o significado de tendência, variância e ruído no contexto de classificação.

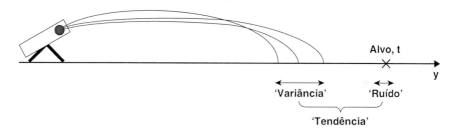

Figura 5.32. *Decomposição de tendência-variância*

Um classificador geralmente é treinado para minimizar seu erro de treinamento. Entretanto, para ser útil, o classificador deve ser capaz de fazer uma suposição informada sobre os rótulos de classe de exemplos que ele nunca viu antes. Isto requer que o classificador generalize seu limite de decisão para regiões onde não existam exemplos de classificação disponíveis – uma decisão que depende da escolha de projeto do classificador. Por exemplo, uma questãochave de projeto na indução de árvores de decisão é a quantidade de corte (poda) necessário para se obter uma árvore com baixa expectativa de erro. A Figura 5.33 mostra duas árvores de decisão, *T1* e *T2*, que são geradas a partir dos mesmos dados de treinamento, mas que têm diferentes complexidades. *T2* é obtido pelo corte de *T1* até que uma árvore com profundidade máxima igual a dois seja obtida. *T1*, por outro lado, executa muito pouco corte sobre sua árvore de decisão. Estas decisões de projeto introduzirão uma tendência no classificador que é análoga à tendência do lançador do projétil descrita no exemplo anterior. De modo geral, quanto mais fortes as suposições feitas por um classificador sobre a natureza do seu limite de decisão, maior será a tendência do mesmo. *T2*, portanto, possui uma tendência maior porque faz suposições mais fortes sobre seu limite de decisão (o que é refletido pelo tamanho da árvore) comparada com *T1*. Outras decisões de projeto que podem introduzir uma tendência em um classificador incluem a topologia de rede de uma rede neural artificial e o número de vizinhos considerados por um classificador de vizinho mais próximo.

O erro esperado de um classificador também é afetado pela variabilidade dos dados de treinamento porque diferentes composições do conjunto de treinamento podem levar a diferentes limites de decisão. Isto é análogo à variância em x quando diferentes quantidades de força são aplicadas ao projétil. O último componente do erro esperado está associado ao ruído intrínseco da classe alvo. A classe alvo para alguns domínios pode ser não determinística; i.e., instâncias com os mesmos valores de atributos podem ter diferentes rótulos de classe. Tais erros são inevitáveis mesmo quando o limite de decisão verdadeiro for conhecido.

A quantidade de tendência e variância que contribuem com o erro esperado depende do tipo de classificador usado. A Figura 5.34 compara os limites de decisão produzidos por uma árvore de decisão e um classificador de 1 vizinho mais próximo. Para cada classificador, podemos desenhar o limite de decisão obtido pela "média" dos modelos induzidos a partir de 100 conjuntos de treinamento, cada um contendo 100 exemplos. A diferença entre o limite de decisão real e o limite de decisão produzido pelo classificador de 1 vizinho mais próximo é menor que a diferença observada para um classificador de árvore de decisão. Este resultado sugere que a tendência de um classificador de 1 vizinho mais próximo é menor que a tendência de um classificador de árvore de decisão.

Classificação: Técnicas Alternativas

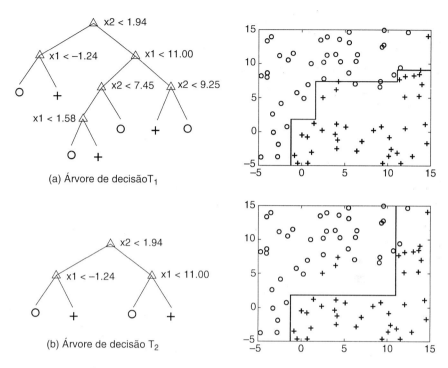

Figura 5.33. *Duas árvores de decisão com diferentes complexidades induzidas a partir dos mesmos dados de treinamento.*

Por outro lado, o classificador de 1 vizinho mais próximo é mais sensível à composição dos seus exemplos de treinamento. Se examinarmos os modelos induzidos a partir de diferentes conjuntos de treinamento, há mais variabilidade no limite de decisão de um classificador de 1 vizinho mais próximo do que no de um classificador de árvore de decisão. Portanto, o limite de decisão de um classificador de árvore de decisão possui uma variância menor do que o classificador de 1 vizinho mais próximo.

5.6.4 Bagging

Bagging, que também é conhecido como agregação de *bootstrap*, é uma técnica que cria amostras repetidamente (com substituição) a partir de um conjunto de dados de acordo com uma distribuição uniforme de probabilidades. Cada amostra de *bootstrap* possui o mesmo tamanho dos dados originais. Devido ao fato da amostragem ser feita com substituição, algumas instâncias podem aparecer diversas vezes no mesmo conjunto de treinamento, enquanto que outras podem ser omitidas do conjunto de treinamento. Em média, uma amostra *bootstrap Di* contém aproximadamente 63% dos dados de treinamento originais porque cada amostra possui uma probabilidade $1-(1-1/N)^N$ de ser selecionada em cada *Di*. Se N for suficientemente grande, esta probabilidade converge para $1-1/e \approx 0{,}632$. O procedimento básico de *bagging* está resumido no Algoritmo 5.6. Após treinar os k classificadores, uma instância de teste é atribuída à classe que receber o maior número de votos.

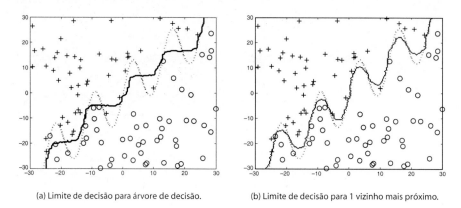

(a) Limite de decisão para árvore de decisão.   (b) Limite de decisão para 1 vizinho mais próximo.

Figura 5.34. *Tendência de classificadores de árvore de decisão e 1 vizinho mais próximo.*

Algoritmo 5.6 Algoritmo de *Bagging*

1: Seja k o número de amostras de *bootstrap*.
2: **para** $i = 1$ até k **faça**
3:     Crie uma amostra *bootstrap* de tamanho N, *Di*.
4:     Treine um classificador de base *Ci* sobre a amostra de *bootstrap Di*.
5: **fim do para**
6: $C^*(x) = \text{argmax} \sum_i \delta\left(C_i(x) = y\right)$
    $\{\delta(\cdot) = 1$ se seu argumento for verdadeiro e 0 caso contrário$\}$.

Para ilustrar como o *bagging* funciona, analise o conjunto de dados mostrado na Tabela 5.4. Suponha que *x* denote um atributo unidimensional e *y* denote o rótulo de classe. Suponha que apliquemos um classificador que induza apenas árvores de decisão binárias de um nível, com uma condição de teste $x \leq k$, onde k é um ponto de divisão escolhido para minimizar a entropia dos nodos folhas. Tal árvore também é conhecida como um **tronco de decisão**.

Sem *bagging*, o melhor tronco de decisão que podemos produzir divide os registros como $x \leq 0{,}35$ ou $x \leq 0{,}75$. De qualquer forma, a precisão da árvore fica no máximo em 70%. Suponha que apliquemos o procedimento de *bagging* sobre o conjunto de dados usando dez amostras de *bootstrap*. Os exemplos escolhidos para treinamento em cada rodada de *bagging* são mostrados na Figura 5.35. No lado direito de cada tabela, também ilustramos o limite de decisão produzidos pelo classificador.

Tabela 5.4. Exemplo de dados usados para construir um conjunto de classificadores *bagging*.

x	0.1	0.2	0.3	0.4	0.5	0.6	0.7	0.8	0.9	1
y	1	1	1	−1	−1	−1	−1	1	1	1

Classificamos o conjunto de dados inteiro na Tabela 5.4 pegando uma maioria de votos entre as previsões feitas por cada classificador de base. Os resultados das previsões são mostrados na Figura 5.36. Já que os rótulos de classe são -1 ou +1, pegar o voto da maioria é equivalente a somar os v valores previstos de *y* e examinar o sinal da soma resultante (veja da segunda à última linha da Figura 5.36). Observe que o classificador de conjunto classifica perfeitamente todos os dez exemplos dos dados originais.

O exemplo precedente ilustra outra vantagem de usar métodos de conjuntos em termos de melhoria na representação da função alvo. Embora cada classificador de base seja um tronco de decisão, combinar os classificadores pode levar a uma árvore de decisão de profundidade 2.

Bagging melhora o erro de generalização reduzindo a variância dos classificadores de base. O desempenho do *bagging* depende da estabilidade do classificador de base. Se o classificador de base for instável, *bagging* auxilia a reduzir os erros associados às flutuações aleatórias nos dados de treinamento. Se um classificador de base for estável, i.e., resistente a perturbações menores no conjunto de treinamento, então o erro do conjunto é causado principalmente pela tendência no classificador de base. Nesta situação, *bagging* pode não ser capaz de melhorar o desempenho dos classificadores de base de forma significativa. Ele pode até degradar o desempenho do classificador porque o tamanho efetivo de cada conjunto de treinamento é em torno de 37% menor do que os dados originais.

Finalmente, já que cada amostra possui uma probabilidade igual de ser selecionada, *bagging* não enfoca qualquer instância em especial dos dados de treinamento. É portanto menos susceptível modelar o *overfitting* quando aplicado a dados com muito ruído.

5.6.5 *Boosting*

Boosting é um procedimento iterativo usado para alterar adaptativamente a distribuição de exemplos de treinamento de modo que os classificadores de base enfoquem exemplos que sejam difíceis de classificar. Diferentemente de *bagging*, *boosting* atribui um peso a cada exemplos de treinamento podem ser usados das seguintes maneiras:

1. Eles podem ser usados como uma distribuição de amostra para desenhar um conjunto de amostras de *bootstrap* a partir dos dados originais.
2. Eles podem ser usados pelo classificador de base para descobrir um modelo que tenha tendência na direção de exemplos de peso mais altos.

Classificação: Técnicas Alternativas 339

Rodada de Bagging 1:

x	0.1	0.2	0.2	0.3	0.4	0.4	0.5	0.6	0.9	0.9
y	1	1	1	1	-1	-1	-1	-1	1	1

x <= 0.35 ==>
x > 0.35 ==> y

Rodada de Bagging 2:

x	0.1	0.2	0.3	0.4	0.5	0.8	0.9	1	1	1
y	1	1	1	-1	-1	1	1	1	1	1

x <= 0.65 ==>
x > 0.65 ==> y

Rodada de Bagging 3:

x	0.1	0.2	0.3	0.4	0.4	0.5	0.7	0.7	0.8	0.9
y	1	1	1	-1	-1	-1	-1	-1	1	1

x <= 0.35 ==>
x > 0.35 ==> y

Rodada de Bagging 4:

x	0.1	0.1	0.2	0.4	0.4	0.5	0.5	0.7	0.8	0.9
y	1	1	1	-1	-1	-1	-1	-1	1	1

x <= 0.3 ==> y
x > 0.3 ==> y =

Rodada de Bagging 5:

x	0.1	0.1	0.2	0.5	0.6	0.6	0.6	1	1	1
y	1	1	1	-1	-1	-1	-1	1	1	1

x <= 0.35 ==>
x > 0.35 ==> y

Rodada de Bagging 6:

x	0.2	0.4	0.5	0.6	0.7	0.7	0.7	0.8	0.9	1
y	1	-1	-1	-1	-1	-1	-1	1	1	1

x <= 0.75 ==>
x > 0.75 ==> y

Rodada de Bagging 7:

x	0.1	0.4	0.4	0.6	0.7	0.8	0.9	0.9	0.9	1
y	1	-1	-1	-1	-1	1	1	1	1	1

x <= 0.75 ==>
x > 0.75 ==> y

Rodada de Bagging 8:

x	0.1	0.2	0.5	0.5	0.5	0.7	0.7	0.8	0.9	1
y	1	1	-1	-1	-1	-1	-1	1	1	1

x <= 0.75 ==>
x > 0.75 ==> y

Rodada de Bagging 9:

x	0.1	0.3	0.4	0.4	0.6	0.7	0.7	0.8	1	1
y	1	1	-1	-1	-1	-1	-1	1	1	1

x <= 0.75 ==>
x > 0.75 ==> y

Rodada de Bagging 10:

x	0.1	0.1	0.1	0.1	0.3	0.3	0.8	0.8	0.9	0.9
y	1	1	1	1	1	1	1	1	1	1

x <= 0.05 ==>
x > 0.05 ==> y

Figura 5.35. *Exemplo de bagging.*

Rodada	x=0.1	x=0.2	x=0.3	x=0.4	x=0.5	x=0.6	x=0.7	x=0.8	x=0.9	x=1.0
1	1	1	1	-1	-1	-1	-1	-1	-1	-1
2	1	1	1	1	1	1	1	1	1	1
3	1	1	1	-1	-1	-1	-1	-1	-1	-1
4	1	1	1	-1	-1	-1	-1	-1	-1	-1
5	1	1	1	-1	-1	-1	-1	-1	-1	-1
6	-1	-1	-1	-1	-1	-1	-1	1	1	1
7	-1	-1	-1	-1	-1	-1	-1	1	1	1
8	-1	-1	-1	-1	-1	-1	-1	1	1	1
9	-1	-1	-1	-1	-1	-1	-1	1	1	1
10	1	1	1	1	1	1	1	1	1	1
Soma	2	2	2	-6	-6	-6	-6	2	2	2
Sinal	1	1	1	-1	-1	-1	-1	1	1	1
Classe Verdadeira	1	1	1	-1	-1	-1	-1	1	1	1

Figura 5.36. *Exemplo de combinação de classificadores construídos usando a abordagem de bagging.*

Esta seção descreve um algoritmo que usa pesos de exemplos para determinar a distribuição de amostragem do seu conjunto de treinamento. Inicialmente, os exemplos recebem valores iguais, $1/N$, de modo que tenham a mesma probabilidade de serem escolhidos para treinamento. Uma amostra é desenhada de acordo com a distribuição de amostras dos exemplos de treinamento para se obter um novo conjunto de treinamento. A seguir, um classificador é induzido a partir do conjunto de treinamento e usado para classificar todos os exemplos dos dados originais. Os pesos dos exemplos de treinamento são atualizados no final de cada rodada de *boosting*. Exemplos que estejam classificados incorretamente terão seus pesos aumentados, enquanto que aqueles que estiverem classificados corretamente terão seus pesos diminuídos. Isto força o classificador a enfocar exemplos que sejam difíceis de classificar em iterações subseqüentes.

A tabela a seguir mostra os exemplos escolhidos durante cada rodada de *boosting*.

Boosting (Rodada 1):	7	3	2	8	7	9	4	10	6	3
Boosting (Rodada 2):	5	4	9	4	2	5	1	7	4	2
Boosting (Rodada 3):	4	4	8	10	4	5	4	6	3	4

Inicialmente, todos os exemplos recebem o mesmo peso. Entretanto, alguns podem ser escolhidos mais de uma vez, e.g., os exemplos 3 e 7, porque a amostragem é feita com substituição. Um classificador construído a partir dos dados é então usado para classificar todos os exemplos. Suponha que o exemplo 4 seja difícil de classificar. O peso deste exemplo será aumentado em futuras iterações à medida que ele é mal classificado repetidamente. Enquanto isso, exemplos que não tiverem sido escolhidos na rodada anterior, e.g., os exemplos 1 e 5, também têm uma chance maior de serem selecionados na próxima rodada, já que suas previsões na rodada anterior provavelmente estavam erradas. À medida que as rodadas *boosting* avançam, os exemplos que sejam mais difíceis de classificar tendem a se tornar ainda mais predominantes. O conjunto final é obtido agregando-se os classificadores de base obtidos a partir de cada rodada de *boosting*.

Com o passar dos anos, diversas implementações do algoritmo de *boosting* têm sido desenvolvidas. Estes algoritmos diferem em termos de (1) como os pesos dos exemplos de treinamento são atualizados no final de cada rodada de *boosting* e (2) como as previsões feitas por cada classificador são combinadas. Uma implementação chamada de *AdaBoost* é explorada na próxima seção.

AdaBoost

Suponha que $\{(\mathbf{x}_j, y_j) \mid j = 1, 2, ..., N\}$ denote um conjunto de N exemplos de treinamento. No algoritmo AdaBoost, a importância de um classificador de base C_i depende da sua taxa de erro, que é definida por

$$\epsilon_i = \frac{1}{N}\left[\sum_{j=1}^{N} w_j\, I\bigl(C_i(x_j) \neq y_i\bigr)\right], \tag{5.68}$$

onde $I(p) = 1$ se o predicado p dor verdadeiro e 0 caso contrário. A importância de um classificador C_i é dada pelo seguinte parâmetro,

$$\alpha_i = \frac{1}{2}\ln\left(\frac{1-\epsilon_i}{\epsilon_i}\right).$$

Observe que α*i* possui um valor positivo grande se a taxa de erro estiver próxima de 0 e um valor negativo grande se a taxa de erro estiver próxima de 1, conforme mostrada na Figura 5.37.

O parâmetro α*i* também é usado para atualizar o peso dos exemplos de treinamento. Para ilustrar, suponhamos que $w_i^{(j)}$ denote o peso atribuído ao exemplo (x*i*, y*i*) durante a rodada de *boosting* de índice *j*. O mecanismo de atualização de pesos para o AdaBoost é dado pela equação:

$$w_i^{(j+1)} = \frac{w_i^{(j)}}{Z_j} \times \begin{cases} \exp^{-\alpha_j} & \text{se } C_j(x_i) = y_i \\ \exp^{\alpha_j} & \text{se } C_j(x_i) \neq y_i \end{cases}, \quad (5.69)$$

onde Z_j é o fator de normalização usado para assegurar que $\sum_i w_i^{(j+1)} = 1$. A fórmula de atualização de pesos apresentada na Equação 5.69 aumenta os pesos de exemplos classificados incorretamente e diminui os pesos dos classificados corretamente.

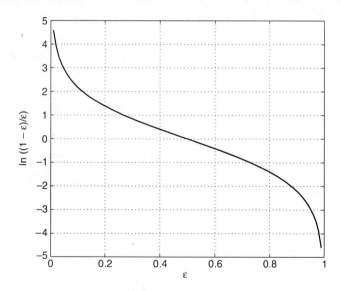

Figura 5.37. *Um desenho de* α *como uma função de erro de treinamento* ∈.

Em vez de usar um esquema de votação de maioria, a previsão feita por cada classificador C_j é pesado de acordo com α_j. Esta abordagem permite que AdaBoost penalize modelos que tenham precisão ruim, e.g., aqueles gerados nas primeiras rodadas de *boosting*. Além disso, se algumas rodadas intermediárias produzirem uma taxa de erro maior que 50%, os pesos são revertidos para seus valores uniformes originais, $wi = 1/N$ e o procedimento de re-amostragem é repetido. O algoritmo AdaBoost é resumido no Algoritmo 5.7.

Examinaremos como a abordagem de *boosting* funciona sobre o conjunto de dados mostrado na Tabela 5.4. Inicialmente, todos os exemplos escolhidos possuem pesos idênticos. Após três rodadas de *boosting*, os exemplos escolhidos para treinamento são mostrados na Figura 5.38(a)/ Os pesos de cada exemplo são atualizados no final de cada rodada de *boosting* usando a Equação 5.69.

Sem *boosting*, a precisão do tronco de decisão é, no máximo, 70%. Com AdaBoost, os resultados das previsões são apresentados na Figura 5.39(b). A previsão final do classificador de conjunto é obtida pegando-se uma média ponderada das previsões feitas por cada classificador de base, o que é mostrado na última linha da Figura 5.39(b). Perceba que AdaBoost classifica perfeitamente todos os exemplos nos dados de treinamento.

Um resultado analítico importante do *boosting* mostra que o erro de treinamento do conjunto é dado pela expressão:

$$e_{grupo} \leq \prod_i \left[\sqrt{\epsilon_i(1 - \epsilon_i)} \right], \qquad (5.70)$$

Algoritmo 5.7 Algoritmo AdaBoost

1: $\mathbf{w} = \{w_j = 1/N \mid j = 1, 2, ..., N\}$. Inicializa os pesos de todos os N exemplos.}
2: Suponha que k seja o número de rodadas de *boosting*.
3: **para** $i = 1$ até k **faça**
4:     Crie o conjunto de treinamento D_i amostrando (com substituição) a partir de D de acordo com w.
5:     Treine um classificador de base C_i sobre D_i.
6:     Aplique C_i sobre todos os exemplos no conjunto de treinamento original D.
7:     $\epsilon_i = \frac{1}{N} \left[\sum_j w_j \delta \left(C_i(x_j) \neq y_j \right) \right]$ {Calcula o erro ponderado.}
8:     **se** $\epsilon_i > 0{,}5$ **então**

9:     w = {w_j = 1/N|j=1, 2, ..., N}. {Reinicializa os pesos de todos os N exemplos.}
10:    Volte para o Passo 4.
11:    **fim se**
12:    $\alpha_l = \frac{1}{2} \ln \frac{1-\in_l}{\in_l}$.
13:    Atualizar o peso de cada exemplo de acordo com a Equação 5.69.
14:    **fim para**
15:    $C^*(\mathbf{x}) = \underset{y}{\mathrm{argmax}} \sum_{j=1}^{T} \alpha_j \delta(C_j(\mathbf{x}) = y))$.

---

onde $\in i$ é a taxa de erro de cada classificador de base i. Se a taxa de erro do classificador de base for menor que 50%, podemos escrever que $\in i = 0{,}5 - \gamma i$, onde γi mede o quão melhor o classificador é em relação à suposição aleatória. O limite do erro de treinamento do conjunto se torna:

$$e_{grupo} \leq \prod_i \sqrt{1 - 4\gamma_i^2} \leq \exp\left(-2\sum_i \gamma_i^2\right). \tag{5.71}$$

Se $\gamma_i < \gamma^*$ para todos os i's, então o erro de treinamento do conjunto diminui exponencialmente, o que leva a uma convergência rápida do algoritmo. Apesar disso, devido à sua tendência de enfocar exemplos de treinamento que estejam classificados erroneamente, a técnica de *boosting* pode ser bastante susceptível a *overfitting*.

5.6.6 Florestas Aleatórias

Uma floresta aleatória é uma classe de métodos de conjunto projetada especificamente para classificadores de árvore de decisão. Ela combina as previsões feitas por múltiplas árvores de decisão, onde cada árvore é gerada baseada nos valores de um conjunto independente de vetores aleatórios, conforme mostrado na Figura 5.40. Os vetores aleatórios são gerados a partir de uma distribuição de probabilidades fixa, diferentemente da abordagem adaptativa usada no AdaBoost, onde a distribuição de probabilidades é variada para enfocar exemplos que sejam difíceis de classificar. *Bagging* usando árvores de decisão é um caso especial de florestas aleatórias, onde a aleatoriedade é inserida no processo de construção do modelo escolhendo aleatoriamente N exemplos, com substituição, a partir do conjunto de treinamento original. *Bagging* também usa a mesma distribuição uniforme de probabilidades para gerar seus exemplos de *bootstrap* por todo o processo de construção de modelo.

Rodada de *Boosting* 1:

x	0.1	0.4	0.5	0.6	0.6	0.7	0.7	0.7	0.8	1
y	1	-1	-1	-1	-1	-1	-1	-1	1	1

Rodada de *Boosting* 2:

x	0.1	0.1	0.2	0.2	0.2	0.2	0.3	0.3	0.3	0.3
y	1	1	1	1	1	1	1	1	1	1

Rodada de *Boosting* 3:

x	0.2	0.2	0.4	0.4	0.4	0.4	0.5	0.6	0.6	0.7
y	1	1	-1	-1	-1	-1	-1	-1	-1	-1

(a) Registros de treinamento escolhidos durante *boosting*

Rodada	x=0.1	x=0.2	x=0.3	x=0.4	x=0.5	x=0.6	x=0.7	x=0.8	x=0.9	x=1.0
1	0.1	0.1	0.1	0.1	0.1	0.1	0.1	0.1	0.1	0.1
2	0.311	0.311	0.311	0.01	0.01	0.01	0.01	0.01	0.01	0.01
3	0.029	0.029	0.029	0.228	0.228	0.228	0.228	0.009	0.009	0.009

(b) Pesos de registros de treinamento

Figura5.38. *Exemplo de boosting.*

Foi provado teoricamente que o limite superior do erro de generalização de florestas aleatórias converge para a seguinte expressão, quando o número de árvores for suficientemente grande.

$$\text{Erro de generalização} \leq \frac{\overline{p}(1-s^2)}{s^2}, \quad (5.72)$$

onde $\overline{p}$ é a correlação média entre as árvores e s é uma quantidade que mede a "força" dos classificadores de árvores. A força de um conjunto de classificadores se refere ao desempenho médio dos classificadores, onde o desempenho é medido probabilisticamente em termos da margem do classificador:

$$\text{margin}, M(\mathbf{X}, Y) = P(\hat{Y}_\theta = Y) - \max_{Z \neq Y} P(\hat{Y}_\theta = Z), \quad (5.73)$$

onde $\hat{Y}_\theta$ é a classe prevista de **X** de acordo com um classificador construído a partir do vetor randômico θ. Quanto maior for a margem, mais provável será que o classificador preveja corretamente um determinado exemplo X. A Equação 5.72 é bastante intuitiva; à medida que as árvores se tornam mais correlacionadas ou a força do conjunto diminui, o limite do erro de generalização tende a aumentar. A aleatoriedade auxilia a reduzir a correlação entre árvores de decisão de modo que o erro de generalização do conjunto possa ser melhorado.

Rodada	Ponto de Divisão	Classe Esquerda	Classe Direita	α
1	0.75	-1	1	1.738
2	0.05	1	1	2.7784
3	0.3	1	-1	4.1195

(a)

Rodada	x=0.1	x=0.2	x=0.3	x=0.4	x=0.5	x=0.6	x=0.7	x=0.8	x=0.9	x=1.0
1	-1	-1	-1	-1	-1	-1	-1	1	1	1
2	1	1	1	1	1	1	1	1	1	1
3	1	1	1	-1	-1	-1	-1	-1	-1	-1
Soma	5.16	5.16	5.16	-3.08	-3.08	-3.08	-3.08	0.397	0.397	0.397
Sinal	1	1	1	-1	-1	-1	-1	1	1	1

(b)

Figura 5.39. *Exemplo de combinação de classificadores construídos usando a abordagem de AdaBoost.*

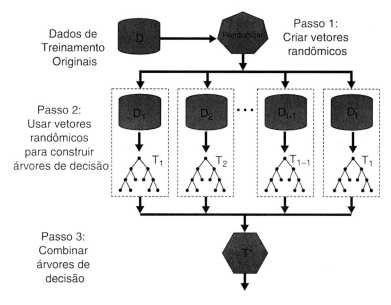

Figura 5.40. *Florestas aleatórias.*

Cada árvore de decisão usa um vetor aleatório que é gerado a partir de alguma distribuição de probabilidade fixa. Um vetor aleatório pode ser incorporado no processo de desenvolvimento da árvore de diversas maneiras. A primeira abordagem é selecionar aleatoriamente F características de entrada para dividir em cada nodo da árvore de decisão. Como conseqüência, em vez de examinar todas as características disponíveis, a decisão de dividir um nodo é determinada a partir dessas F características selecionadas. A árvore é então desenvolvida integralmente sem qualquer poda. Isto pode auxiliar a reduzir a tendência presente na árvore resultante. Assim que as árvores tiverem sido construídas, as previsões são combinadas usando um esquema de votação de maioria. Esta abordagem é conhecida como Floresta-RI, onde RI se refere à seleção de entrada aleatória. Para aumentar a aleatoriedade, *bagging* também pode ser usado para gerar amostras de *bootstrap* para Floresta-RI. A força e a correlação de florestas aleatórias podem depender do tamanho de F. Se F for suficientemente pequeno, então as árvores tendem a se tornar menos correlacionadas. Por outro lado, a força do classificador de árvore tende a melhorar com um número maior de características, F. Como balanceamento, o número de características é comumente escolhido como $F = \log_2 d + 1$, onde d é o número de características de entrada. Já que apenas um subconjunto das características precisa ser examinado em cada nodo, esta abordagem auxilia a reduzir significativamente o tempo de execução do algoritmo.

Se o número d de características originais for pequeno demais, então é difícil escolher um conjunto independente de características aleatórias para construir as árvores de decisão. Uma forma de aumentar o espaço das características é criar combinações lineares das características de entrada. Especificamente, em cada nodo, uma nova característica é gerada selecionando-se aleatoriamente L das características de entrada. Estas são combinadas linearmente usando coeficientes gerados a partir de uma distribuição uniforme na faixa de [-1, 1]. Em cada nodo, são geradas F de tais novas características combinadas aleatoriamente e a melhor delas é selecionada então para dividir o nodo. Esta abordagem é conhecida como Floresta-RC.

Uma terceira abordagem para a geração de árvores aleatórias é selecionar aleatoriamente uma das F melhores divisões em cada nodo da árvore de decisão. Esta abordagem pode potencialmente gerar árvores que sejam mais correlacionadas do que Floresta-RI e Floresta-RC, a menos que F seja suficientemente grande. Ela também não tem a economia de tempo de execução de Floresta-RI e Floresta-RC porque o algoritmo deve examinar todas as características de divisão em cada nodo da árvore de decisão.

Foi mostrado empiricamente que as precisões das classificações de florestas aleatórias são bastante comparáveis ao algoritmo AdaBoost. Também são mais robustas quanto a ruídos e executadas mais rapidamente do que o algoritmo AdaBoost. As precisões de classificação de diversos algoritmos de conjunto são comparadas na próxima seção.

Tabela 5.5. Comparando a precisão de um classificador de árvore de decisão com três métodos de conjuntos.

Conjunto de dados	Número de (Atributos, Classes, Registros)	Árvore de Decisão (%)	Bagging (%)	Boosting (%)	RF (%)
Recozer	(39, 6, 898)	92.09	94.43	95.43	95.43
Austrália	(15, 2, 690)	85.51	87.10	85.22	85.80
Auto	(26, 7, 205)	81.95	85.37	85.37	84.39
Peito	(11, 2, 699)	95.14	96.42	97.28	96.14
Cleve	(14, 2, 303)	76.24	81.52	82.18	82.18
Crédito	(16, 2, 690)	85.8	86.23	86.09	85.8
Diabetes	(9, 2, 768)	72.40	76.30	73.18	75.13
Alemão	(21, 2, 1000)	70.90	73.40	73.00	74.5
Vidro	(10, 7, 214)	67.29	76.17	77.57	78.04
Coração	(14, 2, 270)	80.00	81.48	80.74	83.33
Hepatite	(20, 2, 155)	81.94	81.29	83.87	83.23
Cavalo	(23, 2, 368)	85.33	85.87	81.25	85.33
Ionosfera	(35, 2, 351)	89.17	92.02	93.73	93.45
Íris	(5, 3, 150)	94.67	94.67	94.00	93.33
Trabalho	(17, 2, 57)	78.95	84.21	89.47	84.21
Led7	(8, 10, 3200)	73.34	73.66	73.34	73.06
Linfografia	(19, 4, 148)	77.03	79.05	85.14	82.43
Pima	(9, 2, 768)	74.35	76.69	73.44	77.60
Sonar	(61, 2, 208)	78.85	78.85	84.62	85.58
Jogo da velha	(10, 2, 958)	83.72	93.84	98.54	95.82
Veículo	(19, 4, 846)	71.04	74.11	78.25	74.94
Formato da onda	(22, 3, 5000)	76.44	83.30	83.90	84.04
Vinho	(14, 3, 178)	94.38	96.07	97.75	97.75
Zoológico	(17, 7, 101)	93.07	93.07	95.05	97.03

5.6.7 Comparação Empírica entre Métodos de Conjunto

A Tabela 5.5 mostra os resultados empíricos obtidos ao se comparar o desempenho de um classificador de árvore de decisão com *bagging, boosting* e floresta aleatória. Os classificadores de base usados em cada método de conjunto consistem de cinqüenta árvores de decisão. As precisões de classificação informadas nesta tabela são obtidas a partir de validação cruzada de dez partes. Observe que os classificadores de conjunto geralmente têm melhor desempenho do que um único classificador de árvore de decisão sobre muitos dos conjuntos de dados.

5.7 O Problema do Desequilíbrio de Classes

Conjuntos de dados com distribuições de classes desequilibradas são bastante comuns em muitas aplicações reais. Por exemplo, um sistema de inspeção automatizada que monitore produtos que saiam de uma linha de montagem pode descobrir que o número de produtos com defeito é significativamente menor que os produtos sem defeitos. De forma semelhante, na detecção de fraudes em cartões de crédito, transações fraudulentas ocorrem em menor número que as legítimas. Em ambos estes exemplos, há um número desproporcional de instâncias que pertencem a classes diferentes. O grau de desequilíbrio varia de uma aplicação para outra – uma fábrica operando sob o princípio seis sigma pode descobrir quatro defeitos em um milhão de produtos enviados para seus clientes, enquanto que a quantidade de fraudes em cartões de crédito pode ser da ordem de 1 em 100. Apesar das suas ocorrências infrequentes, uma classificação correta da classe rara nestas aplicações muitas vezes possui um valor maior do que uma classificação correta da classe majoritária. Todavia, devido à distribuição da classe ser desequilibrada, há um número de problemas apresentados aos algoritmos de classificação existentes.

A medida de precisão, que é usada extensivamente para comparar o desempenho dos classificadores, pode não ser bem apropriada para avaliar modelos derivados de conjuntos de dados desequilibrados. Por exemplo, se 1% das transações com cartões de crédito forem fraudulentas, então um modelo que preveja toda transação como legítima possui uma precisão de 99% embora falhe em detectar qualquer atividade fraudulenta. Além disso, medidas que sejam usadas para guiar o algoritmo de descoberta (e.g., ganhos de informações para indução de árvores de decisão) podem precisar ser modificadas para enfocar a classe rara.

Detectar instâncias da classe rara é semelhante a encontrar uma agulha em um palheiro. Devido às instâncias ocorrerem com pouca frequência, modelos que descrevam a classe rara tendem a ser altamente especializados. Por exemplo, em um classificador baseado em regras, as regras extraídas para a classe rara geralmente envolvem um grande número de atributos e não podem ser facilmente simplificadas em regras mais genéricas com cobertura mais ampla (diferentemente das regras para a classe majoritária).

Tais modelos também são susceptíveis à presença de ruído nos dados de treinamento. Como conseqüência, muitos dos algoritmos de classificação existentes podem não detectar eficazmente instâncias da classe rara.

Esta seção apresenta alguns dos métodos desenvolvidos para lidar com o problema do desequilíbrio de classes. Primeiro, métricas alternativas, além da precisão, são introduzidas, junto com um método gráfico chamado análise ROC. A seguir descrevemos como métodos de descoberta sensíveis a custos e baseados em amostragens podem ser usados para melhorar a detecção de classes raras.

5.7.1 Métricas Alternativas

Já que a medida de precisão trata cada classe como sendo igualmente importante, pode não ser apropriada para analisar conjuntos de dados desequilibrados, onde a classe rara é considerada mais interessante do que a classe majoritária. Para classificação binária, a classe rara é muitas vezes denotada como a classe positiva, enquanto que a majoritária é denotada como a classe negativa. Uma matriz de confusão que resume o número de instâncias previstas correta ou incorretamente por um modelo de classificação é mostrada na Tabela 5.6.

Tabela 5.6. Uma matriz de confusão para um problema de classificação binária na qual as classes não são igualmente importantes.

		Classe Prevista	
		+	−
Classe Atual	+	f_{++} (TP)	f_{+-} (FN)
	−	f_{-+} (FP)	f_{--} (TN)

A seguinte terminologia é freqüentemente usada ao se referir à contagens tabuladas em uma matriz de confusão:
- Positivo verdadeiro (TP) ou f_{++}, que corresponde ao número de exemplos positivos previstos corretamente pelo modelo de classificação.

- Negativo falso (FN) ou $f+-$, que corresponde ao número de exemplos positivos previstos erroneamente como negativos pelo modelo de classificação.
- Positivo falso (FP) ou $f-+$, que corresponde ao número de exemplos negativos previstos erroneamente como positivos pelo modelo de classificação.
- Falso verdadeiro (TN) ou $f--$, que corresponde ao número de exemplos negativos previstos corretamente pelo modelo de classificação.

As contagens em uma matriz de confusão também podem ser expressas em termos de porcentagens. A **taxa de positivos verdadeiros** *(TPR)* ou **sensibilidade** é definida como a fração dos exemplos positivos previstos corretamente pelo modelo, i.e.,

$$TPR = TP/(TP + FN)$$

De forma semelhante, a **taxa de negativos verdadeiros** *(TNR)* ou **especificidade** é definida como a fração de exemplos negativos corretamente previstos pelo modelo, i.e.,

$$TNR = TN/(TN + FP)$$

Finalmente, a **taxa de positivos falsos** *(FPR)* é a fração de exemplos negativos previstos como uma classe positiva, i.e.,

$$FPR = FP/(TN + FP)$$

enquanto que a **taxa de negativos falsos** *(FNR)* é a fração de exemplos positivos previstos como uma classe negativa, i.e.,

$$FNR = FN/(TP + FN).$$

Lembrança e **precisão** são duas métricas amplamente usadas em aplicações onde a detecção bem sucedida de uma das classes é considerada mais significativa do que a outras classes. Uma definição formal destas métricas é apresentada a seguir.

$$\text{Precision, } p = \frac{TP}{TP + FP} \qquad (5.74)$$

$$\text{Recall, } r = \frac{TP}{TP + FN} \tag{5.75}$$

A precisão determina a fração de registros que realmente acabam sendo positivos no grupo que o classificador declarou como classe positiva. Quanto maior a precisão, menor o número de erros positivos falsos cometidos pelo classificador. A lembrança mede a fração de exemplos positivos previstos corretamente pelo classificador. Classificadores com lembrança alta têm muito poucos exemplos positivos mal classificados como a classe negativa. Na verdade, o valor da lembrança é equivalente à taxa de positivos verdadeiros.

Muitas vezes é possível construir modelos que maximizem uma métrica mas não a outra. Por exemplo, um modelo que declare todo registro como sendo a classe positiva terá uma lembrança perfeita, mas precisão muito baixa. De modo oposto, um modelo que atribua uma classe positiva a cada registro de teste que satisfaça um dos registros positivos no conjunto de treinamento possui precisão muito alta, mas lembrança baixa. Construir um modelo que maximize tanto a precisão quanto a lembrança é o desafio chave dos algoritmos de classificação.

A precisão e a lembrança podem ser resumidas em outra métrica conhecida como a medida *F1*.

$$F_1 = \frac{2rp}{r + p} = \frac{2 \times TP}{2 \times TP + FP + FN}$$

A princípio, *F1* representa uma média harmônica entre a lembrança e a precisão, i.e.,

$$F_1 = \frac{2}{\frac{1}{r} + \frac{1}{p}}.$$

A média harmônica de dois números x e y tende a ficar mais próxima do menor dos números. Assim, um valor alto da medida *F1* assegura que tanto a precisão quanto a lembrança sejam razoavelmente altas. Uma comparação entre médias harmônica, geométrica e aritmética é apresentada no próximo exemplo.

Exemplo 5.8. Analise dois números positivos $a = 1$ e $b = 5$. Sua média aritmética é $\mu_a = (a + b)/2 = 3$ e sua média geométrica é $\mu_g = \sqrt{ab} = 2{,}236$.

Sua média harmônica é $\mu_h = (2 \times 1 \times 5)/6 = 1{,}667$, que está mais próxima do menor valor entre a e b do que as médias aritmética e geométrica.

De forma mais geral, a medida F_β pode ser usada para examinar o balanceamento entre a lembrança e a precisão:

$$F_\beta = \frac{(\beta^2 + 1)\, rp}{r + \beta^2 p} = \frac{(\beta^2 + 1) \times TP}{(\beta^2 + 1)\, TP + \beta^2 FP + FN}. \quad (5.77)$$

Tanto a lembrança quanto a precisão são casos especiais de F_β configurando $\beta = 0$ e $\beta = \infty$, respectivamente. Valores baixos de β aproximam F_β da precisão e valores altos o aproximam da lembrança.

Uma métrica mais geral que captura F_β assim como sua precisão é a medida de precisão com peso, que é definida pela seguinte equação:

$$\text{Precisão com peso} = \frac{w_1 TP + w_4 TN}{w_1 TP + w_2 FP + w_3 FN + w_4 TN}.$$

O relacionamento entre a precisão com peso e outras métricas de desempenho está resumido na tabela a seguir:

Medida	w_1	w_2	w_3	w_4
Lembrança	1	1	0	0
Precisão	1	0	1	0
F_β	$\beta^2 + 1$	β^2	1	0
Exatidão	1	1	1	1

5.7.2 A Curva Característica de Operação de um Receptor

Uma curva característica de operação de receptor (ROC) é uma abordagem gráfica para exibir o balanceamento entre a taxa de positivos verdadeiros e a taxa de positivos falsos de um classificador. Em uma curva ROC, a taxa de positivos verdadeiros (*TPR*) é desenhada no eixo y e a taxa de positivos falsos (*FPR*) é mostrada no eixo x. Cada ponto na curva corresponde a um dos modelos induzidos pelo classificador. A Figura 5.41 mostra as curvas ROC de um par de classificadores, *M1* e *M2*.

Classificação: Técnicas Alternativas 355

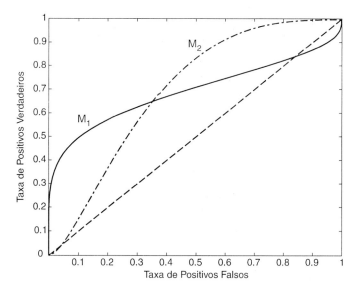

Figura 5.41. *Curvas ROC para dois classificadores diferentes.*

Existem diversos pontos críticos na curva ROC que têm interpretações bem conhecidas:

(TPR=0, FPR=0): O modelo prevê que toda instância seja uma classe negativa.

(TPR=1, FPR=1): O modelo prevê que toda instância seja uma classe positiva.

(TPR=1, FPR=0): O modelo ideal.

Um bom modelo de classificação deve estar localizado tão próximo quanto possível do vértice superior esquerdo do diagrama, enquanto que um modelo que faça suposições aleatórias deve se localizar pela diagonal principal, conectando os pontos *(TPR=0, FPR=0)* e *(TPR=1, FPR=1)*. Suposição aleatória significa que um registro é classificado como uma classe positiva com uma probabilidade fixa p, independente do seu conjunto de atributos. Por exemplo, analise o conjunto de dados que contém $n+$ instâncias positivas e $n-$ instâncias negativas. Espera-se que o classificador aleatório classifique corretamente $pn+$ das instâncias positivas e classifique erroneamente $pn-$ das instâncias negativas. Portanto, a *TPR* do classificador é *(pn+)/n+* $= p$, enquanto que sua *FPR* é *(pn-)/p=p*. Já que *TPR* e *FPR* são idênticas, a curva ROC para um classificador aleatório sempre se localiza na diagonal principal.

Uma curva ROC é útil para comparar o desempenho relativo entre diferentes classificadores. Na Figura 5.41, *M1* é melhor que *M2* quando *FPR* for menor que 0,36, enquanto que *M2* é superior quando *FPR* dor maior que 0,36. Claramente, nenhum desses dois classificadores prevalece sobre o outro.

A área da curva ROC (AUC) fornece outra abordagem para avaliar qual modelo é melhor em média. Se o modelo for perfeito, então sua área sob a curva ROC seria igual a 1. Se o modelo simplesmente executar suposições aleatórias, então sua área sob a curva ROC seria igual a 0,5. Um modelo que seja estritamente melhor do que o outro teria uma área maior sob a curva ROC.

Gerando uma Curva ROC

Para desenhar uma curva ROC, o classificador deveria ser capaz de produzir uma saída de valor contínuo que pudesse ser usada para classificar suas previsões, do registro mais provável de ser classificado como positivo ao registro menos provável. Estes resultados podem corresponder a probabilidades posteriores geradas por um classificador Bayesiano ou os resultados de valor numérico produzidos por uma rede neural artificial. O seguinte procedimento pode então ser usado para gerar uma curva ROC:
1. Supondo-se que resultados de valor contínuo sejam definidos pela classe positiva, ordene os registros de teste em ordem crescente dos seus valores.
2. Selecione o registro de teste de menor posição (i.e., o registro com o menor valor). Atribua o registro selecionado e aqueles posicionados acima dele à classe positiva. Esta abordagem é equivalente a classificar todos os registros de teste como da classe positiva. Devido a todos os exemplos positivos serem classificados corretamente e os exemplos negativos serem mal classificados, *TPR = FPR = 1*.
3. Selecione o próximo registro de teste a partir da lista ordenada. Classifique o registro selecionado e aqueles posicionados acima deles como positivos, enquanto que os posicionados abaixo dele como ne-

Classificação: Técnicas Alternativas

gativos. Atualize os contadores de *TP* e *FP* examinando o rótulo de classe real do registro selecionado anteriormente. Se o registro selecionado previamente for uma classe positiva, o contador *TP* é decrementado e o contador *FP* permanece o mesmo de antes. Se o registro selecionado anteriormente for uma classe negativa, o contador *FP* é decrementado e o contador *TP* permanece o mesmo de antes.

4. Repita o Passo 3 e atualize os contadores *TP* e *FP* de acordo até que o registro de teste de posição mais alta seja selecionado.
5. Desenhe o *TPR* contra o *FPR* do classificador.

A Figura 5.42 mostra um exemplo de como calcular a curva ROC. Há cinco exemplos positivos e cinco negativos no conjunto de teste. Os rótulos de classes dos registros de teste são mostrados na primeira linha da tabela. A segunda linha corresponde aos valores de saída ordenados para cada registro. Por exemplo, eles podem corresponder às probabilidades posteriores *P(+|x)* geradas por um classificador de Bayes simples. As próximas seis linhas contêm os contadores de *TP, FP, TN* e *FN*, junto com suas *TPR* e *FPR* correspondentes. A tabela é então preenchida da esquerda para a direita. Inicialmente, todos os registros são previstos como positivos. Assim, *TP* = *FP* = 5 e *TPR* = *FPR* = *1*. A seguir, atribuímos ao registro de teste o menor valor de saída como a classe negativa. Devido ao fato do registro selecionado ser na verdade um exemplo positivo, o contador *TP* reduz de 5 para 4 e o contador *FP* é o mesmo de antes. *FPR* e *TPR* são atualizadas de acordo. Este processo é repetido até que alcancemos o final da lista, onde *TPR* = 0 e *FPR* = 0. A curva ROC para este exemplo é mostrada na Figura 5.43.

Classe	+	−	+	−	−	−	+	−	+	+	
	0.25	0.43	0.53	0.76	0.85	0.85	0.85	0.87	0.93	0.95	1.00
TP	5	4	4	3	3	3	3	2	2	1	0
FP	5	5	4	4	3	2	1	1	0	0	0
TN	0	0	1	1	2	3	4	4	5	5	5
FN	0	1	1	2	2	2	2	3	3	4	5
TPR	1	0.8	0.8	0.6	0.6	0.6	0.6	0.4	0.4	0.2	0
FPR	1	1	0.8	0.8	0.6	0.4	0.2	0.2	0	0	0

Figura 5.42. *Construindo uma curva ROC.*

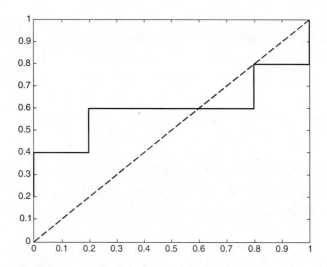

Figura 5.43. *Curva ROC para os dados mostrados na Figura 5.42.*

5.7.3 Aprendizagem Sensível ao Custo

Uma matriz de custos codifica para a penalidade da classificação de registros de uma classe como de outra. Suponha que $C(i,j)$ denote o custo de previsão de um registro da classe i como da classe j. Com esta notação, $C(+,-)$ é o custo de se cometer um erro de falso negativo, enquanto que $C(-,+)$ é o de se gerar um alarme falso. Uma entrada negativa na matriz de custo representa a recompensa por realizar uma classificação correta. Dada uma coleção N de registros de teste, o custo geral de um modelo M é \

$$C_t(M) = TP \times C(+,+) + FP \times C(-,+) + FN \times C(+,-)$$
$$+ TN \times C(-,-). \qquad (5.79)$$

Sob a matriz de custo 0/1, i.e., $C(+,+) = C(-,-) = 0$ e $C(+,-) = C(-,+) = 1$, pode ser mostrado que o custo geral é equivalente ao número de erros de classificação errônea.

$$C_t(M) = 0 \times (TP + TN) + 1 \times (FP + FN) = N \times Err, \qquad (5.80)$$

onde *Err* é a taxa de erro do classificador.

Exemplo 5.9. Analise a matriz de custos mostrada na Tabela 5.7: O custo de se cometer um erro de negativo falso é cem vezes maior do que o de se cometer um alarme falso. Em outras palavras, a falha na detecção de algum exemplo positivo é tão ruim quando se cometer cem erros de alarme falso. Dados os modelos de classificação com as matrizes de confusão mostradas na Tabela 5.8, o custo total de cada modelo é

$$C_t(M_1) = 150 \times (-1) + 60 \times 1 + 40 \times 100 = 3910,$$
$$C_t(M_2) = 250 \times (-1) + 5 \times 1 + 45 \times 100 = 4255.$$

Tabela 5.7. Matriz de custos para o Exemplo 5.9.

		Classe Prevista	
		Classe = +	Classe = −
Classe Real	Classe = +	−1	100
	Classe = −	1	0

Tabela 5.8. Matriz de confusão para dois modelos de classificação.

Model M_1		Classe Prevista	
		Classe +	Classe -
Classe Real	Classe +	150	40
	Classe -	60	250

Model M_2		Classe Prevista	
		Classe +	Classe -
Classe Real	Classe +	250	45
	Classe -	5	200

Observe que, apesar de melhorar tanto seu contador de positivos verdadeiros quanto de positivos falsos, o modelo *M2* ainda é inferior, já que a melhoria vem ao custo do aumento dos erros mais custosos de negativos falsos. Uma medida de precisão padrão teria preferido o modelo *M2* em relação ao *M1*.

Uma técnica de classificação sensível ao custo considera a matriz de custos durante a construção do modelo e gera um modelo que possui o menor custo. Por exemplo, se erros de negativos falsos forem os mais custosos, o algoritmo de descoberta tentará reduzir estes erros estendendo seu limite de decisão na direção da classe negativa, conforme mostrado na Figura 5.44. Desta forma, o modelo gerado pode cobrir mais exemplos positivos, embora ao custo de gerar alarmes falsos adicionais.

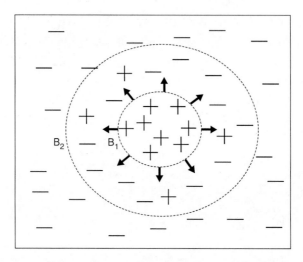

Figura 5.44. *Modificando o limite de decisão (de B1 para B2) para reduzir os erros de negativos falsos de um classificador.*

Existem diversas formas de incorporar informações de custos nos algoritmos de classificação. Por exemplo, no contexto de indução de uma árvore de decisão, as informações de custos podem ser usadas para: (1) escolher o melhor atributo a ser usado na divisão dos dados, (2) determinar se uma subárvore deve ser cortada, (3) manipular os pesos dos registros de treinamento de modo que o algoritmo de descoberta convirja para uma árvore de decisão que tenha o menor custo, e (4) modificar a regra de decisão em cada nodo folha. Para ilustrar a última abordagem, suponha que *p(i|t)* denote a fração de registros de treinamento da classe *i* que pertençam ao nodo folha *t*. Uma regra de decisão típica para um problema de classificação binário atribui a classe positiva ao nodo *t* se as seguintes condições forem verdadeiras:

$$\begin{aligned} & p(+/t) > p(-/t) \\ \Rightarrow \quad & p(+/t) > (1 - p(+/t)) \\ \Rightarrow \quad & 2p(+/t) > 1 \\ \Rightarrow \quad & p(+/t) > 0.5. \end{aligned} \quad (5.81)$$

A regra de decisão precedente sugere que o rótulo de classe de um nodo folha depende da classe majoritária dos registros de treinamento que alcancem um determinado nodo. Observe que esta regra supõe que os custos de classificação errônea são idênticos tanto para exemplos positivos quanto para negativos. Esta regra de decisão é equivalente à expressão apresentada na Equação 4.8 da página 165.

Em vez de pegar o voto majoritário, um algoritmo sensível ao custo atribui o rótulo de classe *i* ao nodo *t* se isto minimizar a seguinte expressão:

$$C(i|t) = \sum_j p(j|t)C(j,i). \tag{5.82}$$

No caso onde $C(+,+) = C(-,-)=0$, um nodo folha *t* é atribuído à classe positiva se:

$$p(+|t)C(+,-) > p(-|t)C(-,+)$$
$$\Rightarrow p(+|t)C(+,-) > (1 - p(+|t))C(-,+)$$
$$\Rightarrow p(+|t) > \frac{C(-,+)}{C(-,+) + C(+,-)}. \tag{5.83}$$

Esta expressão sugere que podemos modificar o limite da regra de decisão de 0,5 para $C(-,+)/C(-,+)+C(+,-)$ para obtermos um classificador sensível ao custo. Se $C(-,+)<C(+,-)$, então o limite será menor que 0,5. Este resultado faz sentido porque o custo de se cometer um erro de negativo é maior do que o de gerar um alarme falso. Baixar o limite expandirá o limite de decisão na direção da classe negativa, conforme mostrado na Figura 5.44.

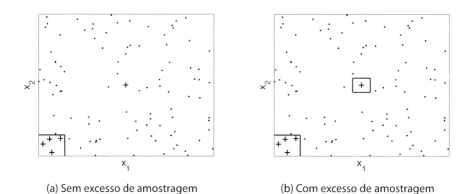

(a) Sem excesso de amostragem   (b) Com excesso de amostragem

Figura 5.45. *Ilustrando o efeito do excesso de amostragem da classe rara.*

5.7.4 Abordagens Baseadas em Amostragens

A amostragem é outra abordagem amplamente usada para manipular o problema de desequilíbrio de classe. A idéia da amostragem é modificar a distribuição de instâncias de forma que a classe rara seja bem representada no conjunto de treinamento. Algumas das técnicas disponíveis para amostragem incluem a subamostragem, o excesso de amostragem e um híbrido de ambas as abordagens. Para ilustrar estas técnicas, analise um conjunto de dados que contenha 100 exemplos positivos e 100 negativos.

No caso da subamostragem, uma amostra aleatória de 100 exemplos negativos é escolhida para formar o conjunto de treinamento junto com todos os exemplos positivos. Um problema em potencial com esta abordagem é que alguns dos exemplos negativos úteis podem não ser escolhidos para treinamento, resultando portanto em um modelo que não será o ótimo. Um potencial método para superar este problema é executar a subamostragem diversas vezes e induzir múltiplos classificadores semelhantes à abordagem de aprendizado de conjunto. Métodos de subamostragem com um foco também podem ser usados, onde o procedimento de amostragem faz uma escolhe informada quanto aos exemplos negativos que devam ser eliminados, e.g., aqueles localizados longe do limite de decisão.

O excesso de amostragem replica os exemplos positivos até que o conjunto de treinamento tenha um número igual de exemplos positivos e negativos. A Figura 5.45 ilustra o efeito do excesso de amostragem sobre a construção de um limite de decisão usando um classificador como uma árvore de decisão. Sem o excesso de amostragem, apenas os exemplos positivos na parte inferior direita da Figura 5.45(a) são classificados corretamente. O exemplo positivo no meio do diagrama é classificado erroneamente porque não há exemplos suficientes para justificar a criação de um novo limite de decisão para separar as instâncias positivas das negativas. O excesso de amostragem fornece os exemplos adicionais necessários para assegurar que o limite de decisão em torno do exemplo positivo não seja cortado, conforme ilustrado na Figura 5.45(b).

Entretanto, para dados com ruídos, o excesso de amostragem pode causar *overfitting* porque alguns dos exemplos com ruídos podem ser replicados muitas vezes. A princípio, o excesso de amostragem não adiciona novas informações ao conjunto de treinamento. A replicação de exemplos positivos só evita que o algoritmo de descoberta corte determinadas partes do modelo que descrevem regiões que contenham muito poucos exemplos de treinamento (i.e., os disjuntos pequenos). Os exemplos positivos adicionais também tendem a aumentar o tempo de cálculo para a construção do modelo.

A abordagem híbrida usa uma combinação de subamostragem da classe majoritária com o excesso de amostragem da classe rara para obter distribuição uniforme de classes. A subamostragem pode ser executada com o uso de subamostragem aleatória ou com foco. O excesso de amostragem, por outro lado, pode ser feito pela replicação dos exemplos positivos existentes ou pela geração de novos exemplos positivos na vizinhança dos exemplos positivos existentes. Na última abordagem, devemos primeiro determinar os k vizinhos mais próximos para cada exemplo positivo existente. Uma nova amostra positiva é então gerada em algum ponto aleatório pelo segmento de reta que junta o exemplo positivo a um dos seus k vizinhos mais próximos. Este processo é então repetido até que o número desejado de exemplos positivos seja alcançado. Diferentemente da abordagem de replicação de dados, os novos exemplos nos permitem estender para fora o limite de decisão para a classe positiva, semelhante à abordagem mostrada a Figura 5.44. Apesar disso, esta abordagem ainda pode ser bastante susceptível a *overfitting* de modelo.

5.8 O Problema de Múltiplas Classes

Algumas das técnicas de classificação descritas neste capítulo, como *support vector machines* e AdaBoost, são projetadas originalmente para problemas de classificação binária. Ainda assim há os problemas do mundo real, como o reconhecimento de caracteres, identificação de faces e classificação de textos, onde os dados de entrada são divididos em mais de duas categorias. Esta seção apresenta diversas abordagens para estender os classificadores binários para lidar com problemas de múltiplas classes. Para ilustrar estas abordagens, suponha que $Y = \{y_1, y_2, ..., y_K\}$ seja o conjunto de classes dos dados de entrada.

A primeira abordagem decompõe o problema das múltiplas classes em K problemas binários. Para cada classe $Y_i \in Y$, um problema binário é criado onde todas as instância que pertencem a y_i são consideradas exemplos positivos, enquanto que as instâncias restantes são consideradas exemplos negativos. Um classificador binário é então construído para separar instâncias da classe *yi* do resto das classes. Isto é conhecido como a abordagem um-contra-o-resto (1-r).

A segunda abordagem, que é conhecida como um-contra-um(1-1), constrói *K(K-1)/2* classificadores binários, onde cada classificador é usado para distinguir entre um par de classes, *(yi, yj)*. Instâncias que não pertençam nem a *yi* e nem a *yj* são ignoradas ao se construir o classificador binário para *(yi, yj)*. Tanto na abordagem 1-r quanto na 1-1, uma instância de teste é classificada pela combinação das previsões feitas pelos classificadores binários. Um esquema de votação é geralmente empregado para combinar as previsões, onde a classe que recebe o maior número de votos recebe a instância de teste. Na abordagem 1-r, se uma instância for classificada como negativa, então todas as classes exceto a positiva recebem um voto. Esta abordagem, entretanto, pode levar a laços entre as diferentes classes. Outra possibilidade é transformar as saídas dos classificadores binários em estimativas de probabilidades e então atribuir a instância de teste à classe que possua a probabilidade mais alta.

Exemplo 5.10. Analise um problema de múltiplas classes onde $Y = \{y1, y2, y3, y4\}$. Suponha que uma instância de teste seja classificada como (+,-,-,-) de acordo com a abordagem 1-r. Em outras palavras, ela é classificada como positiva quando *y1* for usado como a classe positiva e negativa quando *y2*, *y3* e *y4* forem usados como a classe positiva. Usando um voto de maioria simples, observe que *y1* recebe o maior número de votos, que é quatro, enquanto que as classes restantes recebem apenas três votos. A instância de teste é portanto classificada como *y1*.

Suponha que a instância de teste seja classificada da seguinte maneira usando a abordagem 1-1:

Par binário de classes	+: y_1 −: y_2	+: y_1 −: y_3	+: y_1 −: y_4	+: y_2 −: y_3	+: y_2 −: y_4	+: y_3 −: y_4
Classificação	+	+	−	+	−	+

As duas primeiras linhas nesta tabela correspondem ao par de classes *(yi, yj)* escolhido para construir o classificador e a última linha representa a classe prevista para a instância de teste. Após combinar as previsões, *y1* e *y4* recebem cada um dois votos, enquanto que *y2* e *y3* recebem apenas um voto. A instância de teste é portanto classificada como *y1* ou *y4*, dependendo do procedimento de desempate.

Error-Correcting Output Coding

Um problema em potencial com as duas abordagens anteriores é que elas são sensíveis aos erros de classificação binária. Para a abordagem 1-r apresentada no Exemplo 5.10, se pelo menos um dos classificadores binários cometer um erro na sua previsão, então o conjunto pode acabar declarando um laço entre classes ou fazendo uma previsão errada. Por exemplo, suponha que a instância de teste seja classificada como (+,-,+,-) devido a erro de classificação do terceiro classificador. Neste caso, será difícil dizer se a instância deve ser classificada como *y1* ou *y3*, a menos que a probabilidade associada a cada previsão de classe seja levada em consideração.

O método *error-correcting output code* (ECOC) fornece uma forma mais robusta de lidar com problemas de múltiplas classes. O método é inspirado por uma abordagem de teoria de informação para o envio de mensagens por canais com ruído. A idéia por trás desta abordagem é adicionar redundância à mensagem transmitida através de uma palavra código, de forma que o receptor pode detectar erros na mensagem recebida e talvez recuperar a mensagem original se o número de erros for pequeno.

Para descoberta de múltiplas classes, cada classe *yi* é representada por uma única string de bit de comprimento *n* conhecido como sua palavra código. Nós então treinamos *n* classificadores binários para prever cada bit da string da palavra de código. A classe prevista de uma instância de testes é apresentada pela palavra código cuja distância Hamming for mais próxima da palavra de código produzida pelos classificadores binários. Lembre-se de que a distância Hamming entre um par de strings de bits é dada pelo número de bits que diferem.

Exemplo 5.11. Analise um problema de múltiplas classes onde $Y = \{y1, y2, y3, y4\}$. Suponha que tenhamos codificado as classes usando as seguintes palavras código de sete bits:

Classe	Palavra código
y_1	1 1 1 1 1 1 1
y_2	0 0 0 0 1 1 1
y_3	0 0 1 1 0 0 1
y_4	0 1 0 1 0 1 0

Cada bit da palavra código é usado para treinar um classificador binário. Se uma instância de teste for classificada como (0,1,1,1,1,1,1) pelos classificadores binários, então a distância Hamming entre a palavra de código e *y1* é 1, enquanto que a distância Hamming às três classes restantes é 3. A instância de teste é portanto classificada como *y1*.

Uma propriedade interessante de um código de correção de erros é que a distância Hamming mínima entre qualquer par de palavras de código é *d*, então qualquer $\lfloor(d-1)/2\rfloor$ erros no código de saída podem ser corrigidos usando a palavra de código mais próxima. No Exemplo 5.11, devido à distância entre qualquer par de palavras de código ser 4, o conjunto pode tolerar erros cometidos por um dos sete classificadores binários. Se houver mais de um classificador que cometa um erro, então o conjunto pode não ser capaz de compensar o erro.

Uma questão importante é como projetar o conjunto apropriado de palavras de código para diferentes classes. Da teoria de codificação, um vasto número de algoritmos têm sido desenvolvidos para gerar palavras de código de *n* bits com distâncias Hamming. Contudo, a discussão destes algoritmos está além do escopo deste livro. Vale a pena mencionar que existe uma diferença significativa entre o projeto de códigos de correção de erro para tarefas de comunicação comparados com aqueles usados para descobertas de múltiplas classes. Para comunicação, palavras de código devem maximizar a distância de Hamming entre as linhas de forma que a correção de erros possa ser executada. A descoberta de múltiplas classes, entretanto, requer que as distâncias de linhas e colunas das palavras de código estejam bem separadas. Uma distância de coluna maior assegura que os classificadores binários sejam mutuamente independentes, o que é um requisito importante para métodos de descoberta de conjuntos.

5.9 Notas Bibliográficas

Mitchell [208] fornece uma excelente cobertura sobre muitas técnicas de classificação a partir de uma perspectiva de aprendizagem de máquina. Cobertura extensa sobre classificação também pode ser encontrada em Duda et al. [180], Webb [219], Fukumaga [187], Bishop [159], Hastie et al. [192], Cherkassky e Mulier [167], Witten e Frank [221], Hand et al. [190], Han e Kamber [189] e Dunham[181].

Métodos diretos de classificadores baseados em regras geralmente empregam o esquema de cobertura seqüencial para induzir regras de classificação. A 1R de Holte [195] é a forma mais simples de um classificador baseado em regras porque seu conjunto de regras contém apenas uma única regra. Apesar da sua simplicidade, Holte descobriu que, para alguns conjuntos de dados que exibem um relacionamento um-para-um forte entre os atributos e o rótulo de classe, 1R é executado tão bem quanto outros classificadores. Outros exemplos de classificadores baseados em regras incluem IREP [184], RIPPER[170], CN2 [168, 169], AQ[207], RISE [176] e ITRULE[214]. A Tabela 5.9 mostra uma comparação das características de quatro destes classificadores.

Para classificadores baseados em regras, o antecedente da regra pode ser generalizado para incluir qualquer expressão lógica proposicional ou de primeira ordem (e.g., cláusulas de Horn). Leitores que estejam interessados em classificadores baseados em regras lógicas de primeira ordem podem ver referências como [208] ou a vasta literatura sobre programação lógica indutiva [209]. Quinlan [211] propôs o algoritmo C4.5rules para extrair regras de classificação de árvores de decisão. Um método indireto para extrair regras de redes neurais artificial foi apresentado por Andrews et al. em [157].

Tabela 5.9. Comparação de diversos classificadores baseados em regras.

	RIPPER	CN2 (não ordenado)	CN2 (ordenado)	AQR
Estratégia de Desenvolvimento de Regras	Geral para específica	Geral para específica	Geral para específica	Geral para específica (plantada por um exemplo positivo)
Métrica de Avaliação	Ganho de informações de FOIL	Laplace	Entropia e taxa de probabilidade	Número de positivos verdadeiros
Condição de Parada do Desenvolvimento de Regras	Todos os exemplos pertencem à mesma classe	Nenhum ganho de desempenho	Nenhum ganho de desempenho	Regras cobrem apenas classes positivas
Corte de Regras	Corte de erros reduzido	Nenhum	Nenhum	Nenhum
Eliminação de Instâncias	Positiva e negativa	Apenas positiva	Apenas positiva	Positiva e negativa
Condição de Parada para Adicionar Regras	Erro > 50% ou baseado em MDL	Nenhum ganho de desempenho	Nenhum ganho de desempenho	Todos os exemplos positivos são cobertos
Corte de Conjunto de Regras	Substitui ou modifica regras	Testes estatísticos	Nenhum	Nenhum
Estratégia de Pesquisa	Ávido	Pesquisa em travessia	Pesquisa em travessia	Pesquisa em travessia

Cover e Hart [172] apresentaram uma visão geral do método de classificação de vizinho mais próximo a partir de uma perspectiva Bayesiana. Aha forneceu tanto avaliações teóricas quanto empíricas para métodos baseados em instâncias em [155]. PEBLS, que foi desenvolvido por Cost e Salzberg [171], é um algoritmo de classificação de vizinho mais próximo que pode lidar com conjuntos de dados que contenham atributos nominais. Cada exemplo de treinamento em PEBLS também recebe um fator de peso que depende do número de vezes que o exemplo ajuda a fazer uma previsão correta. Han et al. [188] desenvolveram um algoritmo de vizinho mais próximo com ajuste de pesos, no qual os pesos das características são descobertos usando um algoritmo de otimização ávido.

Classificadores de Bayes simples têm sido investigados por muitos autores, incluindo Langley et al. [203], Ramoni e Sebastiani [212], Lewis

[204] e Domingos e Pazzani [178]. Embora a suposição de independência usada em classificadores de Bayes simples possa parecer bastante irrealista, o método tem funcionado surpreendentemente bem para aplicações como a classificação de texto. Redes de crenças Bayesianas fornecem uma abordagem mais flexível permitindo que alguns dos atributos sejam interdependentes. Um excelente tutorial sobre redes de crenças Bayesianas é apresentado por Heckerman em [194].

Vapnik [217, 218] escreveu dois livros autorizados sobre Support Vector Machines (SVM). Outras fontes úteis sobre SVM e métodos básicos incluem os livros de Cristianini e Shawe-Taylor [173] e Schölkopf e Smola [213]. Há diversas artigos sobre SVM, incluindo os escritos por Burges [164]. Bennet et al. [158], Hearst [193] e Mangasarian [205].

Uma pesquisa sobre métodos de conjuntos em aprendizagem de máquina foi apresentada por Diettrich [174]. O método de *bagging* foi proposto por Breiman [161]. Freud e Schapire [186] desenvolveram o algoritmo AdaBoost. Arcing, que significa combinação e reamostragem adaptativa, é uma variante do algoritmo de *boosting* proposto por Breiman [162]. Ele usa os pesos não uniformes atribuídos a exemplos de treinamento para re-amostrar os dados para construir um conjunto de conjuntos de dados. Diferentemente de AdaBoost, os votos para os classificadores básicos não são pesados durante a determinacão do rótulo de classe de exemplos de teste. O método de floresta aleatória foi introduzido por Breiman em [163].

Trabalhos relacionados à mineração de conjuntos de dados desequilibrados ou raros podem ser encontrados em artigos escritos por Chawla et al. [166] e Weiss [220]. Métodos baseados em amostragem para minerar conjuntos de dados desequilibrados têm sido investigados por muitos autores, como Kubat e Matwin [202], Japkowitz [196] e Drummond et Holte [179]. Joshi et al. [199] discutiram as limitações de algoritmos de *boosting* para a modelagem de classes raras. Outros algoritmos desenvolvidos para mineração de classes raras incluem SMOTE [165], PNrule [198] e CREDOS [200].

Diversas métricas alternativas que são bem apropriadas para problemas de classes desequilibradas estão disponíveis. A precisão, lembrança e medida F_1 são métricas amplamente usadas em recuperação de informações [216]. A análise ROC foi originalmente usada na teoria de detecção de sinais. Bradley [160] investigou o uso de área sob a curva ROC como uma métrica de desempenho para algoritmos de aprendizagem de máquina. Um método para comparar o desempenho de classificadores usando o convexo de curvas ROC foi sugerido por Provost e Fawcett em [210]. Ferri et al. [185] desenvolveram uma metodologia para executar análises ROC sobre classificadores de árvores de decisão. Eles também haviam proposto uma metodologia para incorporar área sob a curva ROC (AUC) como o critério de divisão durante o processo de desenvolvimento da árvore. Joshi [197] examinou o desempenho destas métricas a partir da perspectiva da análise de classes raras.

Uma ampla quantidade de literatura sobre aprendizagem sensível a custos pode ser encontrada nos procedimentos on-line do ICML'2000 Workshop sobre aprendizagem sensível a custos. As propriedades de uma matriz de custos haviam sido estudadas por Elkan em [182]. Margineantu e Diettrich [206] examinaram diversos métodos para incorporação de informações de custos no algoritmo de aprendizagem C4.5, incluindo métodos envoltórios, métodos baseados em distribuição e métodos baseados em perdas. Outros métodos de aprendizagem sensíveis a custos que são independentes de algoritmos incluem AdaCost [183], MetaCos [177] e custos [222].

Também está disponível extensa literatura sobre o assunto de descoberta de múltiplas classes. Isto inclui os trabalhos de Hastie e Tibshirani [191], Allwein et al. [156], Kong e Diettrich [201] e Tax e Duin [215]. O método do código de saída de correção de erros (ECOC) foi proposto por Diettrich e Bakiri [175]. Eles também haviam investigado técnicas para projetar códigos que sejam apropriadas para resolver problemas de múltiplas classes.

Bibliografia

[155] D. W. Aha. A study of instance-based algorithms for supervised learning tasks: mathematical, empirical, and psychological evaluations. PhD thesis, University of California, Irvine, 1990.

[156] E. L. Allwein, R. E. Schapire, e Y. Singer. Reducing Multiclass to Binary: A Unifying Approach to Margin Classifiers. Journal of Machine Learning Research, 1: 113–141, 2000.

[157] R. Andrews, J. Diederich, e A. Tickle. A Survey and Critique of Techniques For Extracting Rules From Trained Artificial Neural Networks. Knowledge Based Systems, 8(6):373–389, 1995.

[158] K.Bennett e C.Campbell.Support Vector Machines: Hype or Hallelujah. SIG-KDD Explorations, 2(2):1–13, 2000.

[159] C. M. Bishop. Neural Networks for Pattern Recognition. Oxford University Press, Oxford, Reino Unido, 1995.

[160] A. P. Bradley. The use of the area under the ROC curve in the Evaluation of Machine Learning Algorithms. Pattern Recognition, 30(7):1145–1149, 1997.

[161] L. Breiman. Bagging Predictors. Machine Learning, 24(2):123–140, 1996.

[162] L. Breiman. Bias, Variance, e Arcing Classifiers. Technical Report 486, University of California, Berkeley, CA, 1996.

[163] L. Breiman. Random Forests. Machine Learning, 45(1):5–32, 2001.

[164] C. J. C. Burges. A Tutorial on Support Vector Machines for Pattern Recognition. Data Mining and Knowledge Discovery, 2(2):121–167, 1998.

[165] N. V. Chawla, K. W. Bowyer, L. O. Hall, e W. P. Kegelmeyer. SMOTE: Synthetic Minority Over-sampling Technique. Journal of Artificial Intelligence Research, 16:321–357, 2002.

[166] N. V. Chawla, N. Japkowicz, e A. Kolcz. Editorial: Special Issue on Learning from Imbalanced Data Sets. SIGKDDExplorations, 6(1):1–6, 2004.

[167] V. Cherkassky e F. Mulier. Learning from Data: Concepts, Theory, and Methods. Wiley Interscience, 1998.

[168] P. Clark e R. Boswell. Rule Induction with CN2: Some Recent Improvements. In MachineLearning: Proc. of the 5th European Conf.(EWSL-91), pags. 151–163, 1991.

[169] P. Clark e T. Niblett. The CN2 Induction Algorithm. Machine Learning, 3(4): 261–283, 1989.

[170] W. W. Cohen. Fast Effective Rule Induction. In Proc. of the 12th Intl. Conf. on Machine Learning, pags. 115–123, Tahoe City, CA, Julho 1995.

[171] S. Cost e S. Salzberg. A Weighted Nearest Neighbor Algorithm for Learning with SymbolicFeatures. Machine Learning, 10:57–78, 1993.

[172] T. M. Cover and P. E. Hart. Nearest Neighbor Pattern Classification. Knowledge Based Systems, 8(6):373–389, 1995.

[173] N. Cristianini e J. Shawe-Taylor. An Introduction to Support Vector Machines and Other Kernel-based Learning Methods. Cambridge University Press, 2000.

[174] T. G. Dietterich. Ensemble Methods in Machine Learning. In First Intl. Workshop on Multiple Classifier Systems, Cagliari, Itália, 2000.

[175] T. G. Dietterich e G. Bakiri. Solving Multiclass Learning Problems via Error-Correcting Output Codes. Journal of Artificial Intelligence Research, 2:263–286, 1995.

[176] P. Domingos. The RISE system: Conquering without separating. In Proc. of the 6th IEEE Intl. Conf. on Tools with Artificial Intelligence, pags. 704–707, Nova Orleans, LA, 1994.

[177] P. Domingos. MetaCost: A General Method for Making Classifiers Cost-Sensitive. In Proc. of the 5th Intl. Conf. on Knowledge Discovery and Data Mining, pags. 155–164, San Diego, CA, August 1999.

[178] P. Domingos e M. Pazzani. On the Optimality of the Simple Bayesian Classifier under Zero-One Loss. Machine Learning, 29(2-3):103–130, 1997.

[179] C. Drummond e R. C. Holte. C4.5, Class imbalance, and Cost sensitivity: Why under-sampling beats over-sampling. In ICML'2004 Workshop on Learning from Imbalanced Data Sets II, Washington, DC, Agosto 2003.

[180] R. O. Duda, P. E. Hart, e D. G. Stork. Pattern Classification. John Wiley & Sons, Inc., Nova York, 2a. edição, 2001.

[181] M. H. Dunham. Data Mining: Introductory and Advanced Topics. Prentice Hall, 2002.

[182] C. Elkan. The Foundations of Cost-Sensitive Learning. In Proc. of the 17th Intl. Joint Conf. on Artificial Intelligence, pags. 973–978, Seattle, WA, Agosto 2001.

[183] W. Fan, S. J. Stolfo, J. Zhang, e P. K. Chan. AdaCost: misclassification cost sensitive boosting.In Proc. of the 16th Intl. Conf. on Machine Learning, pags. 97–105, Bled, Eslovênia, Junho 1999.

[184] J.F¨urnkranz e G.Widmer.Incremental reduced error pruning. In Proc. of the 11th Intl. Conf. on Machine Learning, pags. 70–77, New Brunswick, NJ, Julho 1994.

[185] C. Ferri, P. Flach, e J. Hernandez-Orallo. Learning Decision Trees Using the Area Under the ROC Curve. In Proc. of the 19th Intl. Conf. on Machine Learning, pags. 139–146, Sydney, Austrália, Julho 2002.

[186] Y. Freund e R. E. Schapire. A decision-theoretic generalization of on-line learning and an application to boosting. Journal of Computer and System Sciences, 55(1):119–139, 1997.

[187] K. Fukunaga. Introduction to Statistical Pattern Recognition. Academic Press, Nova York, 1990.

[188] E.-H. Han, G. Karypis, e V. Kumar. Text Categorization Using Weight Adjusted k-Nearest Neighbor Classification. In Proc. of the 5th Pacific-Asia Conf. on Knowledge Discovery and Data Mining, Lyon, França, 2001.

[189] J. Han e M. Kamber. Data Mining: Concepts and Techniques. Morgan Kaufmann Publishers, San Francisco, 2001.

[190] D. J. Hand, H. Mannila, e P. Smyth. Principles of Data Mining. MIT Press, 2001.

[191] T. Hastie e R. Tibshirani. Classification by pairwise coupling. Annals of Statistics, 26(2):451–471, 1998.

[192] T. Hastie, R. Tibshirani, e J. H. Friedman. The Elements of Statistical Learning: Data Mining, Inference, Prediction. Primavera, Nova York, 2001.

[193] M. Hearst. Trends & Controversies: Support Vector Machines. IEEE Intelligent Systems, 13(4):18–28, 1998.

[194] D. Heckerman. Bayesian Networks for Data Mining. Data Mining and Knowledge Discovery, 1(1):79–119, 1997.

[195] R. C. Holte. Very Simple Classification Rules Perform Well on Most Commonly Used Data sets. Machine Learning, 11:63–91, 1993.

[196] N. Japkowicz. The Class Imbalance Problem: Significance and Strategies. In Proc. of the 2000 Intl. Conf. on Artificial Intelligence: Special Track on Inductive Learning, volume 1, pags. 111–117, Las Vegas, NV, Junho 2000.

[197] M. V. Joshi. On Evaluating Performance of Classifiers for Rare Classes. In Proc. of the 2002 IEEE Intl. Conf. on Data Mining, Maebashi City, Japão, Dezembro 2002.

[198] M.V.Joshi, R.C.Agarwal, e V.Kumar. Mining Needles in a Haystack: Classifying Rare Classes via Two-Phase Rule Induction. In Proc. Of 2001 ACM-SIGMOD Intl. Conf. on Management of Data, pags. 91–102, Santa Barbara, CA, Junho 2001.

[199] M. V. Joshi, R. C. Agarwal, e V. Kumar. Predicting rare classes: can boosting make any weak learner strong? In Proc. of the 8th Intl. Conf. on Knowledge Discovery and Data Mining, pags. 297–306, Edmonton, Canadá, Julho 2002.

[200] M. V. Joshi e V. Kumar. CREDOS: Classification Using Ripple Down Structure (A Case for Rare Classes). In Proc. of the SIAM Intl. Conf. on Data Mining, pags. 321–332, Orlando, FL, Abril 2004.

[201] E. B. Kong e T. G. Dietterich. Error-Correcting Output Coding Corrects Bias and Variance. In Proc. of the 12th Intl. Conf. on Machine Learning, pags. 313–321, Tahoe City, CA, Julho 1995.

[202] M. Kubat e S. Matwin. Addressing the Curse of Imbalanced Training Sets: One Sided Selection. In Proc. of the 14th Intl. Conf. on Machine Learning, pags. 179–186, Nashville, TN, Julho 1997.

[203] P. Langley, W. Iba, e K. Thompson. An analysis of Bayesian classifiers. In Proc. of the 10th National Conf. on Artificial Intelligence, pags. 223–228, 1992.

[204] D. D. Lewis. Naive Bayes at Forty: The Independence Assumption in Information Retrieval. In Proc. of the 10th European Conf. on Machine Learning (ECML 1998), pags. 4–15, 1998.

[205] O. Mangasarian. Data Mining via Support Vector Machines. Technical Report Technical Report 01-05, Data Mining Institute, Maio 2001.

[206] D.D.Margineantu e T.G. Dietterich. Learning Decision Trees for Loss Minimization in Multi-Class Problems. Technical Report 99-30-03, Oregon State University, 1999.

[207] R. S. Michalski, I. Mozetic, J. Hong, e N. Lavrac. The Multi-Purpose Incremental Learning System AQ15 and Its Testing Application to Three Medical Domains. In Proc. of 5th National Conf. on Artificial Intelligence, Orlando, Agosto 1986.

[208] T. Mitchell. Machine Learning. McGraw-Hill, Boston, MA, 1997.

[209] S.Muggleton. Foundations of Inductive Logic Programming. Prentice Hall, Englewood Cliffs, NJ, 1995.

[210] F. J. Provost e T. Fawcett. Analysis and Visualization of Classifier Performance: Comparison under Imprecise Class and Cost Distributions. In Proc. of the 3rd Intl. Conf. on Knowledge Discovery and Data Mining, pags. 43–48, Newport Beach, CA, Agosto 1997.

[211] J.R.Quinlan. C4.5: Programs for Machine Learning. Morgan-Kaufmann Publishers, San Mateo, CA, 1993.

[212] M. Ramoni e P. Sebastiani. Robust Bayes classifiers. Artificial Intelligence, 125: 209–226, 2001.

[213] B. Schölkopf e A. J. Smola. Learning with Kernels: Support Vector Machines, Regularization, Optimization, and Beyond. MIT Press, 2001.

[214] P.Smyth e R.M. Goodman. An Information Theoretic Approach to Rule Induction from Databases. IEEE Trans. on Knowledge and Data Engineering, 4(4):301–316, 1992.

[215] D. M. J. Tax e R. P. W. Duin. Using Two-Class Classifiers for Multiclass Classification. In Proc. of the 16th Intl. Conf. on Pattern Recognition (ICPR 2002),pags. 124–127, Quebec, Canadá, Agosto 2002.

[216] C. J. van Rijsbergen. Information Retrieval. Butterworth-Heinemann, Newton, MA, 1978.

[217] V. Vapnik. The Nature of Statistical Learning Theory. Springer Verlag, Nova York, 1995.
[218] V. Vapnik. Statistical Learning Theory. John Wiley & Sons, Nova York, 1998.
[219] A. R. Webb. Statistical Pattern Recognition. John Wiley & Sons, 2a. edição, 2002.
[220] G. M. Weiss. Mining with Rarity: A Unifying Framework. SIGKDDExplorations,6 (1):7–19, 2004.
[221] I. H. Witten e E. Frank. Data Mining: Practical Machine Learning Tools and Techniques with Java Implementations. Morgan Kaufmann, 1999.
[222] B. Zadrozny, J. C. Langford, e N. Abe. Cost-Sensitive Learning by Cost-Proportionate Example Weighting. In Proc. of the 2003 IEEE Intl. Conf. on Data Mining, pags. 435–442, Melbourne, FL, Agosto 2003.

5.10 Exercícios

1. Analise um problema de classificação binária com o seguinte conjunto de atributos e valores de atributos:
   - Ar Condicionado = {Funcionando, Estragado}
   - Motor = {Bom, Ruim}
   - Quilometragem = {Alta, Média, Baixa}
   - Ferrugem = {Sim, Não}

   Suponha que um classificador baseado em regras produza o seguinte conjunto de regras:

Quilometragem = Alta → Valor = Baixo
Quilometragem = Baixa →Valor = Alto
Ar Configurando = Funcionando, Motor = Bom → Valor = Alto
Ar Condicionado = Funcionando, Motor = Ruim → Valor = Baixo
Ar Condicionado = Estragado → Valor = Baixo

   (a) As regras são mutuamente excludentes?
   (b) O conjunto de regras é completo?
   (c) É necessário ordenação para este conjunto de regras?
   (d) Você precisa de uma classe padrão para o conjunto de regras?
2. O algoritmo RIPPER (por Cohen [170]) é uma extensão de um algoritmo anterior chamado IREP (por Fürnkranz e Widmer [184]). Ambos

os algoritmos aplicam o método de corte de erro reduzido para determinar se uma regra precisa ser cortada. O método de corte de erro reduzido usa um conjunto de validação para avaliar o erro de generalização de um classificador. Analise o seguinte par de regras:

$$R1: A \to C$$

$$R2: A \wedge B \to C$$

R2 é obtida pela adição de um novo conjunto, *B*, no lado esquerdo de *R1*. Para esta questão, você será solicitado a determinar se *R2* é preferida em relação a *R1* a partir das perspectivas de desenvolvimento de regras e do corte das mesmas. Para determinar se uma regra deve ser cortada, IREP calcula a seguinte medida:

$$v_{IREP} = \frac{p + (N - n)}{P + N},$$

onde *P* é o número total de exemplos positivos no conjunto de validação, *N* é o número total de exemplos negativos no conjunto de validação, *p* é o número de exemplos negativos n conjunto de validação cobertos pela regra. vI_{REP} na verdade é semelhante à precisão de classificação para o conjunto de validação. IREP favorece regras que tenham valores mais altos de vI_{REP}. Por outro lado, RIPPER aplica a seguinte medida para determinar se uma regra deve ser cortada:

$$v_{RIPPER} = \frac{p - n}{P + n}.$$

(a) Suponha que *R1* seja coberta por 350 exemplos positivos e 150 negativos, enquanto que *R2* é coberta por 300 exemplos positivos e 50 negativos. Calcule o ganho de informação de FOIL para a regra *R2* com respeito à *R1*.

(b) Analise um conjunto de validação que contenham 500 exemplos positivos e 500 negativos. Para *R1*, suponha que número de exemplos positivos cobertos pela regra seja 200 e o número de exemplos negativos cobertos pela mesma seja 50. Para *R2*, suponha que o número de exemplos positivos cobertos pela regra seja 100 e o

número de exemplos negativos seja 5. Calcule o vI_{REP} para ambas as regras. Qual regra o IREP prefere?
(c) Calcule o vI_{REP} para o exemplo anterior. Qual regra o RIPPER prefere?

3. C4.5rules é uma implementação de um método indireto para a geração de regras a partir de uma árvore de decisão. RIPPER é uma implementação de um método direto para a geração de regras diretamente dos dados.
   (a) Discuta os pontos fortes e fracos de ambos os métodos.
   (b) Analise um conjunto de dados que tenha uma diferença grade no tamanho da classe (i.e., algumas classes são muito maiores que as outras). Qual método (entre c4.5rules e RIPPER) é melhor em termos de descoberta de regras de alta precisão para classes pequenas?

4. Analise um conjunto de treinamento que contenha 100 exemplos positivos e 400 negativos. Para cada uma das seguintes regras candidatas,

   $R1: A \rightarrow +$ (cobre 4 exemplos positivos e 1 negativo),
   $R2: B \rightarrow +$ (cobre 30 exemplos positivos e 10 negativos),
   $R3: C \rightarrow +$ (cobre 100 exemplos positivos e 90 negativos),

   determine qual é a melhor e a pior regra candidata de acordo com:
   (a) A precisão da regra.
   (b) O ganho de informação de FOIL.
   (c) A estatística de taxa de probabilidade.
   (d) A métrica de Laplace.
   (e) A métrica de m-estimativas (com $k = 2$ e $p+ = 0{,}2$).

5. A Figura 5.4 ilustra a cobertura das regras de classificação *R1, R2* e *R3*. Determine qual é a melhor e a pior regra de acordo com:
   (a) A estatística de taxa de probabilidade.
   (b) A métrica de Laplace.
   (c) A métrica de m-estimativas (com $k = 2$ e $p+ = 0{,}58$).
   (d) A precisão da regra após *R1* ter sido descoberta, onde nenhum dos exemplos cobertos por *R1* são descartados.
   (e) A precisão da regra após *R1* ter sido descoberta, onde apenas exemplos positivos cobertos por *R1* são descartados.

(f) A precisão da regra após *R1* ter sido descoberta, onde apenas exemplos positivos e negativos cobertos por *R1* são descartados.
6. (a) Suponha que a fração de alunos de graduação que fumam seja de 15% e a fração de alunos de pós-graduação que fumam seja de 23%. Se 1/5 dos alunos universitários são de pós-graduação e o resto seja de graduandos, qual a probabilidade de que um aluno que fume seja um da pós-graduação?
(b) Dadas as informações na parte (a), um aluno universitário escolhido aleatoriamente tem maior probabilidade de ser da pós-graduação ou da graduação?
(c) Repita a parte (b) supondo que o aluno seja fumante.
(d) Suponha que 30% dos alunos da pós-graduação morem em um dormitório na universidade mas apenas 10% dos alunos da graduação também o façam. Se um aluno fumar e morar no dormitório, ele ou ela mais tem maior probabilidade de ser da graduação ou da pós-graduação? Você pode supor independência entre alunos que morem em um dormitório e aqueles que fumam.
7. Analise o conjunto de dados mostrado na Tabela 5.10

Tabela 5.10. Conjunto de dados para o Exercício 7.

Registro	A	B	C	Classe
1	0	0	0	+
2	0	0	1	−
3	0	1	1	−
4	0	1	1	−
5	0	0	1	+
6	1	0	1	+
7	1	0	1	−
8	1	0	1	−
9	1	1	1	+
10	1	0	1	+

(a) Avalie as probabilidades condicionais para *P(A|+)*, *P(B|+)*, *P(C|+)*, *P(A|-)*, *P(B|-)* e *P(C|-)*.
(b) Use a avaliação de probabilidades condicionais apresentadas na questão anterior para prever o rótulo de classe de uma amostra de

teste ($A = 0$, $B = 1$, $C = 0$) usando a abordagem de Bayes simples.
- (c) Avalie as probabilidades condicionais usando a abordagem de m-estimativas, com $p = 1/2$ e $m = 4$.
- (d) Repita a parte (b) usando as probabilidades condicionais apresentadas na parte (c).
- (e) Compare os dois métodos de estimativa de probabilidades. Qual é melhor e por quê?

8. Analise o conjunto de dados mostrados na Tabela 5.11.
- (a) Avalie as probabilidades condicionais para $P(A = 1|+)$, $P(B = 1|+)$, $P(C = 1|+)$, $P(A = 1|-)$, $P(B = 1|-)$ e $P(C = 1|-)$ usando a mesma abordagem do problema anterior.

Tabela 5.11. Conjunto de dados para o Exercício 8.

Instância	A	B	C	Classe
1	0	0	1	−
2	1	0	1	+
3	0	1	0	−
4	1	0	0	−
5	1	0	1	+
6	0	0	1	+
7	1	1	0	−
8	0	0	0	−
9	0	1	0	+
10	1	1	1	+

- (b) Use as probabilidades condicionais da parte (a) para prever o rótulo de classe de uma amostra de exemplo ($A = 1$, $B = 1$, $C = 1$) usando a abordagem de Bayes simples.
- (c) Compare $P(A\ 1)$, $P(B = 1)$ e $P(A = 1, B = 1)$. Declare os relacionamentos entre A e B.
- (d) Repita a análise da parte (c) usando $P(A = 1)$, $P(B = 0)$ e $P(A = 1, B = 0)$.
- (e) Compare $P(A = 1, B = 1|\ Classe = +)$ com $P(A = 1|\ Classe = +)$ e $P)B = 1|\ Classe = +)$. As variáveis são independentes condicionalmente dada a classe?

9. (a) Explique como Bayes simples é executado sobre o conjunto de dados mostrado na Figura 5.46.
   (b) Se cada classe for mais dividida de forma de existam luatro classes *(A1, A2, B1* e *B2)*, Bayes simples será melhor executado?
   (c) Como uma árvore de decisão será executada sobre este conjunto de dados (para o problema de duas classes)? E se houver quatro classes?
10. Repita a análise mostrada no Exemplo 5.3 para encontrar a localização de um limite de decisão usando as seguintes informações:
    (a) As probabilidades anteriores são *P(*Crocodilo*)* = 2 x *P(*Jacaré*)*.
    (b) As probabilidades anteriores são *P(*Jacaré*)* = 2 x *P(*Crocodilo*)*.
    (c) As probabilidades anteriores são as mesmas, mas seus desvios padrão são diferentes; i.e., σ(Crocodilo) = 4 e σ(Jacaré) = 2.
11. A Figura 5.47 ilustra a rede de crenças Bayesiana para o conjunto de dados mostrado na Tabela 5.12. (Suponha que todos os atributos sejam binários).
    (a) Desenhe a tabela de probabilidades para cada nodo da rede.

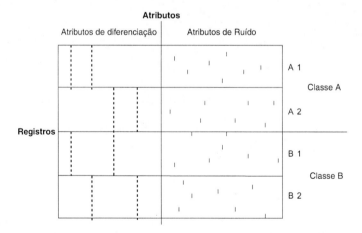

Figura 5.46. *Conjunto de dados para o Exercício 9.*

Classificação: Técnicas Alternativas 381

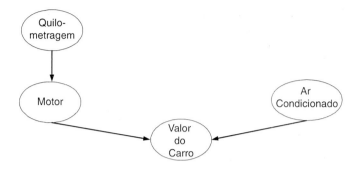

Figura 5.47. *Rede de crenças Bayesiana.*

(b) Use a rede Bayesiana para calcular *P(Motor = Ruim, Ar Condicionado = estragado)*.
12. Dada a rede Bayesiana mostrada na Figura 5.48, calcule as seguintes probabilidades:
    (a) *P(B = Boa, F = vazio, G = vazio, S = sim)*.
    (b) *P(B = ruim, F = vazio, G = não vazio, S = não)*.
    (c) Dado que a bateria está ruim, calcule a probabilidade de que o carro vá dar partida.
13. Analise o conjunto de dados uni-dimensional mostrado na Tabela 5.13.

Tabela 5.12. Conjunto de dados para o Exercício 11.

Quilo-metragem	Motor	Ar Condicionado	Número de registros com Valor do Carro = Alto	Número de registros com Valor do Carro = Baixo
Alto	Bom	Funcionando	3	4
Alto	Bom	Estragado	1	2
Alto	Ruim	Funcionando	1	5
Alto	Ruim	Estragado	0	4
Baixo	Bom	Funcionando	9	0
Baixo	Bom	Estragado	5	1
Baixo	Ruim	Funcionando	1	2
Baixo	Ruim	Estragado	0	2

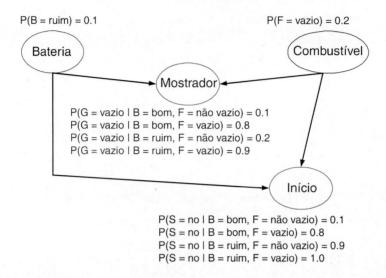

Figura 5.48. *Rede de crenças Bayesiana para o Exercício 12.*

(a) Classifique o ponto de dado $x = 5{,}9$ de acordo com seus vizinhos mais próximos 1-, 3-, 5- e 9- (usando voto da maioria).

(b) Repita a análise anterior usando a abordagem de votação com distâncias com pesos descrita na Seção 5.2.1.

14. O algoritmo do vizinho mais próximo descrito na Seção 5.2 pode ser estendido para lidar com atributos nominais. Uma variante do algoritmo chamada PEBLS (Parallel Examplar-Based Learning System) de Cost e Salzberg [171] mede a distância entre dois valores de um atributo nominal usando a métrica de diferença de valor modificado (MVDM). Dado um par de valores de atributos nominais, *V1* e

Tabela 5.13. Conjunto de dados para o Exercício 13.

x	0.5	3.0	4.5	4.6	4.9	5.2	5.3	5.5	7.0	9.5
y	−	−	+	+	+	−	−	+	−	−

V2, a distância entre eles é definida da seguinte maneira:

$$d(V_1, V_2) = \sum_{i=1}^{k} \left| \frac{n_{i1}}{n_1} - \frac{n_{i2}}{n_2} \right|, \quad (5.84)$$

onde n_{ij} é o número de exemplos da classe i com valor de atributo Vj e nj é o número de exemplos com valor de atributo Vj.

Analise o conjunto de treinamento do problema de classificação de empréstimos da Figura 5.9. Use a métrica MVDM para calcular a distância entre cada par de valores de atributos para os atributos *Proprietário de Casa* e *Estado Civil*.

15. Para cada uma das funções boleanas apresentadas a seguir, declare se o problema é separável linearmente.
    (a) A E B E C
    (b) NÃO A E B
    (c) (A OU B) E (A OU C)
    (d) (A XOR B) E (A OU B)

16. (a) Demonstre como o modelo perceptron pode ser usado para representar as funções E e OU entre um par de variáveis boleanas.
    (b) Comente sobre a desvantagem de usar funções lineares como funções de ativação para redes neurais de múltiplas camadas.

17. Você é solicitado a avaliar o desempenho de dois modelos de classificação, *M1* e *M2*. O conjunto de testes que você escolheu contém 26 atributos binários, rotulados como *A* até *Z*.

    A Tabela 5.14 mostra as probabilidades posteriores obtidas pela aplicação dos modelos ao conjunto de testes. (Apenas as probabilidades posteriores para a classe positiva são mostradas). Como este é um problema de duas classes, $P(-) = 1 - P(+)$ e $P(-|A, ..., Z) = 1 - P(+|A, ..., Z)$. Suponha que estejamos mais interessados em detectar instâncias da classe positivas.
    (a) Desenhe a curva ROC tanto para *M1* quanto para *M2*. (Você deve desenhá-las no mesmo gráfico). Qual modelo você acha que é melhor? Explique suas razões.
    (b) Para o modelo *M1*, suponha que você escolha o ponto de corte como $t = 0,5$. Em outras palavras, qualquer instância de teste cuja probabilidade posterior seja maior que t será classificada como exemplo positivo. Calcule a precisão, lembrança e métrica F para o modelo neste valor limite.

Tabela 5.14. Probabilidades posteriores para o Exercício 17.

Instância	Classe Verdadeira	$P(+\,|\,A,\ldots,Z,M_1)$	$P(+\,|\,A,\ldots,Z,M_2)$
1	+	0.73	0.61
2	+	0.69	0.03
3	−	0.44	0.68
4	−	0.55	0.31
5	+	0.67	0.45
6	+	0.47	0.09
7	−	0.08	0.38
8	−	0.15	0.05
9	+	0.45	0.01
10	−	0.35	0.04

(c) Repita a análise para a parte (c) usando o mesmo ponto de corte sobre o modelo *M2*. Compare os resultados da métrica F para ambos os modelos. Qual modelo é melhor? Os resultados são consistentes com o que você espera da curva ROC?

(d) Repita a parte (c) para o modelo *M1* usando o limite $t = 0,1$. Que limite você prefere, $t = 0,5$ ou $t = 0,1$? Os resultados são consistentes com o que você espera da curva ROC?

18. A seguir está um conjunto de dados que contém dois atributos, *X* e *Y*, e dois rótulos de classe, "+" e "-". Cada atributo pode receber três valores diferentes: 0, 1 ou 2.

X	Y	Número de Instâncias +	Número de Instâncias −
0	0	0	100
1	0	0	0
2	0	0	100
0	1	10	100
1	1	10	0
2	1	10	100
0	2	0	100
1	2	0	0
2	2	0	100

O conceito para a classe "+" é $Y = 1$ e o para a classe "-" é $X = 0 \vee X = 2$.

(a) Construa uma árvore de decisão sobre o conjunto de dados. A árvore captura os conceitos de "+"e "-"?

(b) Quais são a exatidão, precisão, lembrança e métrica F1 da árvore de decisão? (Observe que a precisão, lembrança e métrica F1 são definidas com respeito à classe "+".)

(c) Construa uma nova árvore de decisão com a seguinte função de custos:

$$C(i,j) = \begin{cases} 0, & \text{se } i = j; \\ 1, & \text{se } i = +, j = -; \\ \frac{\text{Número de instâncias } -}{\text{Número de instâncias } +}, & \text{se } i = -, j = +. \end{cases}$$

(Dica: apenas as folhas da árvore de decisão antiga precisam ser alteradas). A árvore de decisão captura o conceito "+"?

(d) Quais são a exatidão, precisão, lembrança e métrica *F1* da nova árvore de decisão?

19. (a) Analise a matriz de custos para um problema de duas classes. Suponha que $C(+,+) = C(-,-) = p$, $C(+,-) = C(-,+) = q$ e $q > p$. Mostre que minimizar a função de custo é equivalente a maximizar a precisão do classificador.

(b) Mostre que uma matriz de custos é invariante na escala. Por exemplo, se a matriz de custos for reescalada de $C(i,j) \rightarrow \beta C(i,j)$, onde β é o fator de escala, o limite de decisão (Equação 5.82) permanecerá inalterado.

(c) Mostre que uma matriz de custos é invariante quanto 1ª tradução. Em outras palavras, adicionar um fator constante a todas as entradas da matriz de custos não afetará o limite de decisão (Equação 5.82).

20. Analise a tarefa de construir um classificador a partir de dados aleatórios, onde os valores dos atributos sejam gerados aleatoriamente sem restrições dos rótulos de classes. Suponha que o conjunto de dados contenha registros de duas classes, "+" e "-". Metade do conjunto de dados é usada para treinamento enquanto que a outra metade é usada para testes.

(a) Suponha que exista um número igual de registros positivos e negativos nos dados e que o classificador de árvore de decisão preveja que todo registro de teste sejam positivo. Qual é a taxa de erro esperada do classificador sobre os dados de teste?

(b) Repita a análise anterior supondo que o classificador preveja que cada registro de teste seja da classe positiva com probabilidade 0,8 e da classe negativa com probabilidade 0,2.

(c) Suponha que dois terços dos dados pertençam à classe positiva e o terço restante à classe negativa. Qual o erro esperado de um classificador que prevê que todo registro de testes seja positivo?

(d) Repita a análise anterior supondo que o classificador preveja que cada registro de teste seja da classe positiva com probabilidade 2/3 e da classe negativa com probabilidade 1/3.

21. Derive o Lagrangiano dual para a SVM linear com dados não separáveis onde a função objetiva é

$$f(\mathbf{w}) = \frac{\|\mathbf{w}\|^2}{2} + C\left(\sum_{i=1}^{N}\xi_i\right)^2.$$

22. Analise o problema XOR onde há quatro pontos de treinamento:

$$(1,1,-), (1,0,+), (0,1,+), (0,0,-).$$

Transforme os dados no seguinte espaço:

$$\Phi = \left(1, \sqrt{2}x_1, \sqrt{2}x_2, \sqrt{2}x_1x_2, x_1^2, x_2^2\right).$$

Encontre o limite de decisão linear de margem máxima no espaço transformado.

23. Dados os conjuntos de dados mostrados nas Figuras 5.49, explique como a árvore de decisão, classificadores Bayes simples e de k vizinhos mais próximos, seriam executados sobre estes conjuntos de dados.

Classificação: Técnicas Alternativas

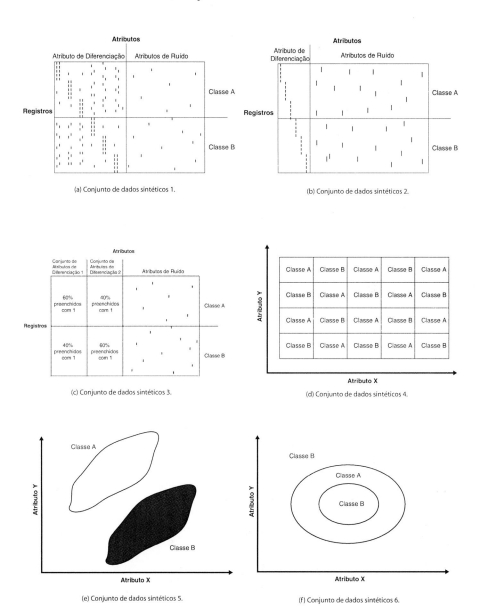

Figura 5.49. *Conjunto de dados para o Exercício 23.*

capítulo 6

Análise Associativa: Algoritmos e Conceitos Básicos

MUITAS EMPRESAS ACUMULAM ENORMES QUANTIDADES de dados das suas operações do dia-a-dia. Por exemplo, grandes quantidades de dados de compras de clientes são juntadas diariamente nos balcões das mercearias. A Tabela 6.1 ilustra um exemplo desses dados, conhecidos comumente como **transações de cestas de compras**. Cada linha nesta tabela corresponde a uma transação, que contém um identificador único rotulado como *TID* e um conjunto de itens comprados por um determinado cliente. Varejistas se interessam em analisar os dados para aprender sobre o comportamento de compras dos seus clientes. Tais informações valiosas podem ser usadas para apoiar uma diversidade de aplicações relacionadas ao negócio como promoções de vendas, gerência de estoque e gerência de relacionamento com os clientes.

Este capítulo apresenta uma metodologia conhecida como **análise de associação**, que é útil para descobrir relacionamentos interessantes escondidos em conjuntos grandes de dados. Os relacionamentos descobertos podem ser representados na forma de **regras de associação** ou conjuntos de itens freqüentes. Por exemplo, a regra a seguir pode ser extraída do conjunto de dados mostrados na Tabela 6.1:

Tabela 6.1. Um exemplo de transações de cestas de compras

TID	Itens
1	{Pão, Leite}
2	{Pão, Fraldas, Cerveja, Ovos}
3	{Leite, Fraldas, Cerveja, Cola}
4	{Pão, Leite, Fraldas, Cerveja}
5	{Pão, Leite, Fraldas, Cola}

{Fraldas → Cerveja}.

A regra sugere que há um relacionamento forte entre a venda de fraldas e cerveja porque muitos clientes que compram fraldas também compram cerveja. Os varejistas podem usar este tipo de regras para auxiliá-los a identificar novas oportunidades para vendas cruzadas dos seus produtos para os clientes.

Além dos dados das cestas de compras, a análise de associação também e aplicável para outros domínios de aplicações como bioinformática, diagnósticos médicos, mineração na Web e análise de dados científicos. Na análise dos dados de ciências da Terra, por exemplo, os padrões de associação podem revelar conexões interessantes entre o oceano, a terra e os processos atmosféricos. Tais informações podem ajudar cientistas da Terra a desenvolver uma melhor compreensão de como os diferentes elementos do sistema da Terra interagem entre si. Embora as técnicas apresentadas aqui sejam geralmente aplicáveis a uma variedade mais ampla de conjuntos de dados, para propósitos ilustrativos, nossa discussão enfocará principalmente os dados das cestas de compras.

Há duas questões chaves que precisam ser abordadas durante a aplicação da análise de associação aos dados das cestas de compras. Primeiro, descobrir padrões a partir de um conjunto grande de dados de transações pode ser computacionalmente custoso. Em segundo lugar, alguns dos padrões descobertos são potencialmente falsos porque podem acontecer simplesmente ao acaso. A primeira parte do capítulo é dedicada à explicação dos conceitos básicos de análise de associação e os algoritmos usados para minerar de forma eficiente tais padrões. A segunda parte do capítulo lida com a questão de avaliação dos padrões descobertos para evitar a geração de resultados falsos.

6.1. Definição do Problema

Esta seção revisa a terminologia básica utilizada na análise de associação e apresenta uma descrição formal da tarefa.

Representação binária   Os dados da cesta de compras podem ser representados em um formato binário na Tabela 6.2, onde cada linha corresponde a uma transação e cada coluna corresponde a um item. Um item pode ser tratado como uma variável binária cujo valor é um se o item estiver presente e zero em caso contrário. Por causa da presença de um item em uma transação ser muitas vezes considerada mais importante do que a sua ausência, um item é uma variável binária **assimétrica**.

Tabela 6.2. Uma representação binária 0/1 de dados de cestas de compras.

TID	Pão	Leite	Fraldas	Cerveja	Ovos	Cola
1	1	1	0	0	0	0
2	1	0	1	1	1	0
3	0	1	1	1	0	1
4	1	1	1	1	0	0
5	1	1	1	0	0	1

Esta representação talvez seja uma visão muito simplista dos dados reais de cestas de compras porque ignora certos aspectos importantes dos dados, como a quantidade de itens vendidos ou o preço pago para comprá-los. Métodos para se lidar com tais dados não binários serão explicados no Capítulo 7.

Conjunto de itens e Contador de Suporte   Suponha que I = {i1, i2, ..., id} seja o conjunto de todos os itens em uma cesta de compras e T={t1, t2, ..., tN} seja o conjunto de todas as transações. Cada transação ti contém um subconjunto de itens selecionados de I. Em análise de associação, uma coleção de zero ou mais itens é chamada de conjunto de itens. Se um conjunto de itens contiver k itens, é chamado de conjunto de k itens. Por exemplo, {Cerveja, Fraldas, Leite} é um exemplo de conjunto de 3 itens. O conjunto nulo (ou vazio) é um conjunto de itens que não contém quaisquer itens.

A extensão da transação é definida como o número de itens presentes em uma transação. Uma transação tj é dita como contendo um conjunto de itens X, se X for um subconjunto de tj. Por exemplo, a segunda transação mostrada na Tabela 6.2 contém o conjunto de itens {Pão, Fraldas}, mas não {Pão, Leite}. Uma propriedade importante de um conjunto de itens é o contador de suporte, que se refere ao número de transações que contêm um determinado conjunto de itens. Matematicamente, o contador de suporte, $\sigma(X)$, para um conjunto de itens X pode ser declarado da seguinte maneira:

$$\sigma(X) = |\{t_i | X \subseteq t_i, t_i \in T\}|,$$

onde o símbolo $|\cdot|$ denota o número de elementos em um conjunto. No conjunto de dados mostrado na Tabela 6.2, o contador de suporte para {Cerveja, Fraldas, Leite} é igual a dois porque há apenas duas transações que contêm todos os três itens.

Regra de Associação Uma regra de associação é uma expressão de implicação no formato X → Y, onde X e Y são conjuntos disjuntos de itens, i.e., $X \cap Y = \emptyset$. A força de uma regra de associação pode ser medida em termos do seu **suporte** e **confiança**. O suporte determina a freqüência na qual uma regra é aplicável a um determinado conjunto de dados, enquanto que a confiança determina a freqüência na qual os itens em Y aparecem em transações que contenham X. As definições formais destas métricas são

$$\text{Suporte, } s(X \to Y) = \frac{\sigma(X \cup Y)}{N}; \quad (6.1)$$

$$\text{Confiança, } c(X \to Y) = \frac{\sigma(X \cup Y)}{\sigma(X)}. \quad (6.2)$$

Exemplo 6.1. Analise a regra {Leite, Fraldas} → {Cerveja}. Já que o contador de suporte para {Leite, Fraldas, Cerveja} é 2 e o número total de transações é 5, o suporte da regra é 2/5 = 0,4. A confiança da regra é obtida dividindo-se o contador de suporte para {Leite, Fraldas, Cerveja} pelo contador de suporte de {Leite, Fraldas}. Já que há 3 transações que contêm leite e fraldas, a confiança para esta regra é 2/3 = 6,7.

Por que Usamos Suporte e Confiança? O suporte é uma medida importante porque uma regra que tenha baixo suporte pode acontecer simplesmente por coincidência. Uma regra de baixo suporte também possui grande probabilidade de não ter interesse a partir de uma perspectiva de negócio porque pode não ser lucrativo promover itens que os clientes raramente compram juntos (com a exceção da situação descrita na Seção 6.8). Por estas razões, o suporte é muitas vezes usado para eliminar regras sem interesse. Conforme será mostrado na Seção 6.2.1, o suporte também possui uma propriedade desejável que pode ser explorada para a descoberta eficiente de regras de associação.

A confiança, por outro lado, mede a confiabilidade da inferência feita por uma regra. Para uma determinada regra $X \rightarrow Y$, quanto maior a confiança, maior a probabilidade de que Y esteja presente em transações que contenham X. A confiança também fornece uma estimativa da probabilidade condicional de Y dado X.

Os resultados da análise de associação devem ser interpretados com cuidado. A inferência feita por uma regra de associação não implica necessariamente em causalidade. Em vez disso, sugere um forte relacionamento de co-ocorrência entre itens no antecedente e o conseqüente da regra. Causalidade, por outro lado, requer conhecimento dos atributos de causa e efeito nos dados e, geralmente, envolve relacionamentos que ocorrem com o passar do tempo (e.g., a redução de ozônio leva ao aquecimento global).

Formulação de Problemas de Mineração de Regras de Associação O problema de mineração de regras de associação pode ser declarado formalmente da seguinte forma:

Definição 6.1 (Descoberta de Regras de Associação). Dado um conjunto de transações T, encontre todas as regras que tenham suporte $\geq$ *minsup* e confiança $\geq$ *minconf*, onde *minsup* e *minconf* são o os limites de suporte e confiança correspondentes.

Uma abordagem de força bruta para minerar regras de associação é calcular o suporte e a confiança para cada regra possível. Esta abordagem é proibitivamente custosa porque há exponencialmente muitas regras que podem ser extraídas de um conjunto de dados. Mais especificamente, o número total de regras possíveis extraídas de um conjunto de dados que contenha d itens é

$$R = 3^d - 2^{d+1} + 1. \quad (6.3)$$

A prova desta equação é deixada como um exercício para o leitor (veja o Exercício 5 na página 405). Mesmo para o pequeno conjunto de dados mostrado na Tabela 6.1, esta abordagem requer que calculemos o suporte e a confiança para $3^6 - 2^7 + 1 = 602$ regras. Mais de 80% das regras são descartadas após a aplicação de minsup = 20% e minconf = 50%, fazendo com que a maioria do cálculo se torne desperdiçado. Para se evitar a execução de cálculos sem significado, seria útil podar as regras cedo sem ter que calcular seus valores de suporte e confiança.

Um passo inicial na direção da melhoria do desempenho de algoritmos de mineração de regras de associação é desacoplar os requisitos de suporte e confiança. A partir da Equação 6.2, observe que o suporte de uma regras $X \to Y$ depende apenas do suporte do seu conjunto de itens correspondente, $X \cup Y$. Por exemplo, as regras a seguir têm suporte idêntico porque envolvem itens do mesmo conjunto {Cerveja, Fraldas, Leite}:

{Cerveja, Fraldas} → {Leite}, {Leite, Cerveja} → {Fraldas},
{Fraldas, Leite} → {Cerveja}, {Cerveja} → {Fraldas, Leite},
{Leite} → {Cerveja, Fraldas}, {Fraldas} → {Cerveja, Leite}.

Se o conjunto de itens for infreqüente, então todas as seis regras candidatas podem ser podadas imediatamente sem termos que calcular seus valores de confiança.

Assim, uma estratégia comum adotada por muitos algoritmos de mineração de regras de associação é decompor o problema em duas subtarefas principais:

1. **Geração de Conjuntos de Itens Freqüentes**, cujo objetivo é encontrar todos os conjuntos de itens que satisfaçam o limite do minsup. Estes conjuntos de itens são chamados de conjuntos de itens freqüentes.
2. **Geração de Regras**, cujo objetivo é extrair todas as regras de alta confiança dos conjuntos de itens freqüentes no passo anterior. Estas regras são chamadas de regras fortes.

Os requisitos computacionais para a geração de conjuntos de itens freqüentes são geralmente mais custosos do que os da geração de regras. Técnicas eficientes para gerar conjuntos de itens freqüentes e regras de associação são discutidas nas Seções 6.2 e 6.3, respectivamente.

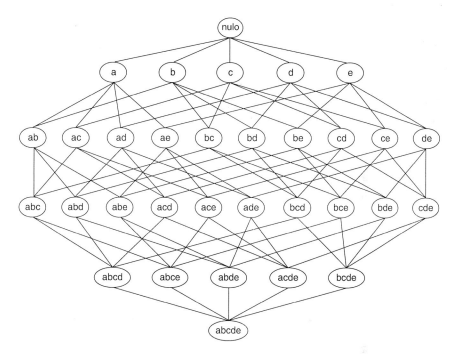

Figura 6.1. *Uma rede de conjuntos de itens.*

6.2 Geração de Conjuntos de Itens Freqüentes

Uma estrutura de rede pode ser usada para enumerar a lista de todos os conjuntos de itens possíveis. A Figura 6.1 mostra uma rede de conjuntos de itens para I = {a,b,c,d,e}. De modo geral, um conjunto de itens que contenha itens pode gerar potencialmente $2^k - 1$ conjuntos de itens freqüentes, excluindo o conjunto vazio. Devido a k poder ser muito grande em muitas aplicações práticas, o espaço de pesquisa para conjuntos de itens que precisa ser explorado fica exponencialmente grande.

Uma abordagem de força bruta para encontrar conjuntos de itens freqüentes é determinar o contador de suporte para cada **conjunto de itens candidato** na estrutura de rede. Para fazer isso, precisamos comparar cada candidato com cada transação, uma operação que é mostrada na Figura 6.2. Se a candidata estiver contida em uma transação, seu contador de suporte deve ser incrementado. Por exemplo, o suporte para {Pão, Leite} é incrementada três vezes porque o conjunto de itens está contido nas transações 1, 4 e 5. Tal abordagem pode ser muito custosa porque requer O (N M w) comparações, onde N é o número de transações, $M = 2^k - 1$ é o número de conjuntos de itens candidatos e w é a extensão máxima da transação.

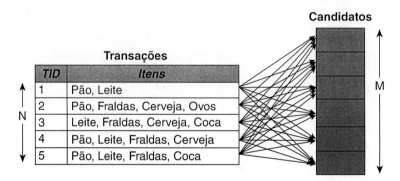

Figura 6.2. *Contando o suporte para conjuntos de itens candidatos.*

Há diversas formas de se reduzir a complexidade computacional da geração de conjuntos de itens freqüentes.
1. **Reduzir o número de conjuntos de itens candidatos (M)**. O princípio Apriori, descrito na próxima seção, é uma forma efetiva de se eliminar alguns dos conjuntos de itens sem contar seus valores de suporte.
2. **Reduzir o número de comparações**. Em vez de corresponder cada conjunto de itens candidatos com cada transação, podemos reduzir o número de comparações usando estruturas de dados mais complexas, para armazenar os conjuntos de itens candidatos ou para compactar o conjunto de dados. Discutiremos estas estratégias nas Seções 6.2.4 e 6.6.

6.2.1 O Princípio Apriori

Esta seção descreve como a medida de suporte auxilia a reduzir o número de conjuntos de itens candidatos explorados durante a geração de conjuntos de itens freqüentes. O uso de suporte para podar conjuntos de itens candidatos é guiado pelo princípio a seguir.

Teorema 6.1 (Princípio Apriori). *Se um conjunto de itens é freqüente, então todos os seus subconjuntos também devem ser freqüentes.*

Para ilustrar a idéia por trás do princípio Apriori, analise a rede de conjuntos de itens mostrada na Figura 6.3. Suponha que {c,d,e} seja um conjunto de itens freqüentes. Claramente, qualquer transação que contenha {c,d,e} também deve conter seus subconjuntos {c,d}, {c,e}, {d,e}, {c}, {d} e {e}. Como resultado, se {c,d,e} for freqüente, então todos os subconjuntos de {c,d,e} (i.e., os conjuntos de itens sombreados nesta figura) também devem ser freqüentes.

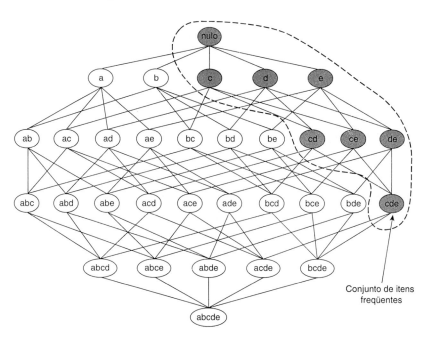

Figura 6.3. *Uma ilustração do princípio Apriori. Se {c,d,e} for freqüente, então todos os subconjuntos deste conjunto de itens são freqüentes.*

De forma inversa, se um conjunto de itens como {a,b} for infreqüente, então todos os seus superconjuntos devem ser infreqüentes também. Conforme ilustrado na Figura 6.4, o subgrafo inteiro contendo os superconjuntos de {a,b} podem ser podados imediatamente, assim que {a,b} for descoberto como sendo infreqüente também. Esta estratégia de se diminuir o espaço de pesquisa exponencial baseado na medida de suporte é conhecida como **poda baseada em suporte**. Tal estratégia de poda é tornada possível por uma propriedade chave da medida de suporte saber que o suporte para um conjunto de itens nunca excede o suporte de seus subconjuntos. Esta propriedade também é conhecida como a propriedade **anti-monotônica** da medida do suporte.

Definição 6.2 (Propriedade Monotônica). Suponha que I seja um conjunto de itens e $J = 2^I$ seja o conjunto de poder de I. Uma medida f é monotônica se o que significa que, se X for um subconjunto de Y, então f(X) não deve exceder f(Y). Por outro lado, f é anti-monotônico se

$$\forall X, Y \in J : (X \subseteq Y) \to f(X) \leq f(Y),$$

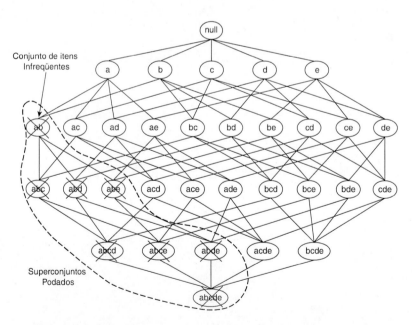

Figura 6.4. *Uma ilustração de poda baseada em suporte. Se {a,b} for infreqüente, então todos os superconjuntos de {a,b} são infreqüentes.*

Análise Associativa: Algoritmos e Conceitos Básicos

$$\forall X, Y \in J : (X \subseteq Y) \longrightarrow f(Y) \leq f(X),$$

o que significa que, se X for um subconjunto de Y, então f(Y) não deve exceder f(X).

Qualquer medida que possua uma propriedade anti-monotônica pode ser incorporada diretamente ao algoritmo de mineração para podar efetivamente o espaço de pesquisa exponencial de conjuntos de itens candidatos, conforme será mostrado na próxima seção.

6.2.2 Geração de Conjuntos de Itens Freqüentes no Algoritmo Apriori

Apriori é o primeiro algoritmo de mineração de regras de associação que foi precursor do uso de poda baseada em suporte para controlar de forma sistemática o crescimento exponencial dos conjuntos de itens candidatos. A Figura 6.5 fornece uma ilustração de alto-nível da parte de geração de conjuntos de itens freqüentes do algoritmo Apriori para as transações mostradas

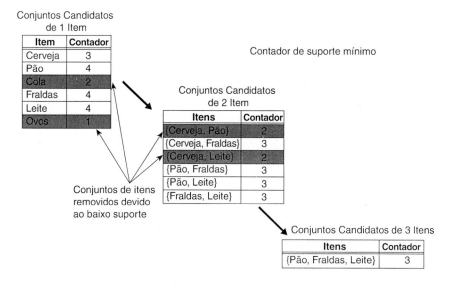

Figura 6.5. *Ilustração da geração de conjuntos de itens freqüentes usando o algoritmo Apriori.*

Tabela 6.1. Supomos que o limite de suporte seja de 60%, que é equivalente a um contador de suporte mínimo igual a 3.

Inicialmente, cada item é considerado como um conjunto candidato de 1 item. Após a contagem dos seus suportes, os conjuntos de itens candidatos {refrigerante de Cola} e {Ovos} são descartados porque aparecem em menos de 3 transações. Na próxima iteração, conjuntos candidatos de 2 itens são gerados usando apenas os conjuntos freqüentes de 1 item porque o princípio Apriori assegura que todos os superconjuntos dos conjuntos infreqüentes de 1 item devem ser infreqüentes. Devido ao fato de haver apenas quatro conjuntos freqüentes de 1 item, o número de conjuntos candidatos de 2 itens gerados pelo algoritmo é $\binom{4}{2} = 6$. Dois destes seis candidatos, {Cerveja, Pão} e {Cerveja, Leite}, são encontrados subseqüentemente como infreqüentes após o cálculo dos seus valores de suporte. Os quatro candidatos restantes são freqüentes, e assim serão usados para gerar conjuntos candidatos de 3 itens. Sem a poda baseada em suporte, há $\binom{6}{3} = 20$ conjuntos candidatos de 3 itens que podem ser formados usando os seis itens apresentados neste exemplo. Com o princípio Apriori, só precisamos manter conjuntos candidatos de 3 itens cujos subconjuntos sejam freqüentes. O único candidato que tem esta propriedade é {Pão, Fraldas, Leite}.

A efetividade da estratégia de poda Apriori pode ser mostrada pela contagem do número de conjuntos de dados candidatos gerados. Uma estratégia de força bruta de enumeração de todos os conjuntos de itens (até tamanho 3) como candidatos produzirão

$$\binom{6}{1} + \binom{6}{2} + \binom{6}{3} = 6 + 15 + 20 = 41$$

candidatos. Com o princípio Apriori, este número diminui para

$$\binom{6}{1} + \binom{4}{2} + 1 = 6 + 6 + 1 = 13$$

candidatos, o que representa uma redução de 68% no número de conjuntos de itens candidatos, mesmo neste exemplo simples.

O pseudocódigo para a parte da gerados de conjuntos de itens freqüentes do algoritmo Apriori é mostrada no Algoritmo 6.1. Suponha que

C_k denote o conjunto de conjuntos candidatos de k itens e F_k denotem o conjunto de conjuntos de k itens freqüentes:

- O algoritmo faz, inicialmente, uma única passagem pelo conjunto de dados para determinar o suporte de cada item. No final deste passo, o conjunto de todos os conjuntos de freqüentes de 1 item, F_1, será conhecido (passos 1 e 2).
- A seguir, o algoritmo gerará iterativamente novos conjuntos candidatos de k itens, usando os conjuntos de (k – 1) itens freqüentes encontrados na iteração anterior (passo 5). A geração de candidatos é implementada usando uma função chamada apriorigen, que é descrita na Seção 6.2.3.

Algoritmo 6.1 Geração de conjuntos de itens freqüentes do algoritmo Apriori.

1:   $k = 1$
2:   $F_k = \{i \mid i \in \wedge\ I \wedge \sigma(\{i\}) \geq N \times minsup\}$ {Encontrar todos os conjuntos freqüentes de dados de 1 item}
3:   **repita**
4:     $k = k + 1$.
5:     C_k = apriori-gen(F_{k-1}).   {Gerar conjuntos de itens candidatos}
6:     por transação $t \in T$ do
7:       C_t = subset(C_k, t).   {Identificar todos os candidatos que pertençam a t}
8:       por candidato itemset $c \in C_t$ do
9:         $\sigma(c) = \sigma(c) + 1$.   {Incrementar contador de suporte}
10:     end for
11:   end for
12:     $F_k = \{c \mid c \in C_k \wedge \sigma(c) \geq N \times minsup\}$.   {Extrair os conjuntos freqüentes de k itens}
13: **até que** $F_k = 0$
14: Resultado = $\cup F_k$.

- Para contar o suporte dos candidatos, o algoritmo precisa executar uma passagem extra sobre o conjunto de dados (passos 6-10). A função do subconjunto é usada para determinar todos os conjuntos

candidatos de itens em C_k que estejam contidos em cada transação t. A implementação desta função é descrita na Seção 6.2.4.
- Após contar seus suportes, o algoritmo elimina todos os conjuntos candidatos de itens cuja contagem de suporte seja menor que minsup (passo 12).
- O algoritmo termina quando não há conjuntos de itens candidatos, i.e., $F_k = \emptyset$ (passo 13.)

A parte da geração de conjuntos de itens freqüentes do algoritmo Apriori possui duas características importantes. Primeiro, é um algoritmo de **níveis**; i.e., percorre a rede de conjunto de itens um nível por vez, de conjuntos de 1 item ao tamanho máximo de conjuntos de itens freqüentes. Segundo, emprega uma estratégia de **geração-e-teste** para encontrar conjuntos de itens freqüentes. Em cada iteração, novos conjuntos candidatos de itens são gerados a partir dos conjuntos de itens freqüentes encontrados na iteração anterior. O suporte para cada candidato é, então, contado e testado com o limite minsup. O número total de iterações necessitadas pelo algoritmo é $k_{max} + 1$, onde k_{max} é o tamanho máximo dos conjuntos de itens freqüentes.

6.2.3. Geração de Candidatos e Poda

A função apriorigen, mostrada no Passo 5 do Algoritmo 5.1, gera conjuntos de itens candidatos executando as duas seguintes operações:
1. **Geração de Candidatos.** Esta operação gera novos conjuntos candidatos de k itens, baseada nos conjuntos freqüentes de (k-a) itens encontrados na iteração anterior.
2. **Poda de Candidatos.** Esta operação elimina alguns dos conjuntos candidatos de k itens, usando a estratégia de poda baseada em suporte.

Para ilustrar a operação de poda de candidatos, analise um conjunto candidato de k itens $X = \{i1, i2, ..., ik\}$. O algoritmo deve determinar se todos os seus subconjuntos apropriados, $X - \{i_j\}$ ($\forall j = 1, 2, ..., k$), são freqüentes. Se um deles for infreqüente, então X é podado imediatamente. Esta abordagem pode reduzir efetivamente o número de conjuntos candidatos de itens, analisados durante a contagem de suporte. A complexidade desta operação é $O(k)$ para cada conjunto candidato de k itens. Entretanto, conforme será visto mais adiante, não temos que examinar todos os k subconjuntos de um determinado conjunto candidato de itens. Se m dos k subconjuntos forem usados para gerar um candidato, só precisamos verificar o k – m subconjuntos restantes durante a poda de candidatos.

A princípio, há muitas formas de se gerar conjuntos de itens candidatos. A seguir está uma lista de requisitos para um procedimento efetivo de geração de candidatos:

1. Deve-se evitar a geração excessiva de candidatas desnecessárias. Um conjunto candidato de itens é desnecessário se pelo menos um de seus subconjuntos for infreqüente. Tal candidato certamente será infreqüente de acordo com a propriedade antimonotônica de suporte.
2. Deve-se assegurar que o conjunto candidato seja completo, i.e., nenhum conjunto de itens freqüentes é deixado de fora pelo procedimento de geração de candidatos. Para assegurar integralidade, o conjunto de itens candidatos deve incluir o conjunto de todos os conjuntos de itens freqüentes, i.e., $\forall k: F_k \subseteq C_k$.
3. Não se deve gerar o mesmo conjunto de itens candidatos mais de uma vez. Por exemplo, o conjunto de itens candidatos {a,b,c,d} pode ser gerado de muitas formas – executando a fusão de {a,b,c} com {d}, {b,d} com {a,c}, {c} com {a,b,d}, etc. A geração de candidatos duplicados leva ao desperdício de cálculos e assim deve ser evitada por motivos de eficiência.

A seguir, descreveremos brevemente diversos procedimentos de geração de candidatos, incluindo o usado pela função apriori-gen.

Método da Força Bruta O método da força bruta analisa cada conjunto de k itens como um potencial candidato e depois aplica o passo de poda de candidatos para remover quaisquer candidatos desnecessários (veja a Figura 6.6). O número de conjuntos de itens candidatos no nível k é igual a $\binom{d}{k}$, onde d é o número total de itens. Embora a geração de candidatos seja bastante trivial, a poda de candidatos se torna extremamente custosa devido ao grande número de conjunto de itens que devem ser examinandos. Dado que a quantidade de cálculos necessários para cada candidato é $O(k)$, a complexidade geral deste método é $O\left(\sum_{k=1}^{d} k \times \binom{d}{k}\right) = O(d \cdot 2^{d-1})$.

Método $F_{k-1} \times F_1$ Um método alternativo para a geração de candidatos é estender cada conjunto de (k-1) itens freqüentes com outros itens freqüentes. A Figura 6.7 ilustra como um conjunto de 2 itens freqüentes como {Cerveja, Fraldas} pode ser aumentado com um item freqüente, como Pão, para produzir um conjunto candidato de 3 itens {Cerveja, Fraldas, Pão}. Este método produzirá $O(|F_{k-1}| \times |F_1|)$ conjuntos candidatos de k itens, onde $|F_j|$ é o número de conjuntos freqüentes de j itens. A complexidade geral deste passo é $O(\Sigma_k k| F_{k-1}|| F_1|)$.

O procedimento é completo porque cada conjunto freqüente de k itens é composto de um conjunto freqüente de (k-1) itens e um conjunto freqüente de 1 item. Portanto, todos os conjuntos freqüentes de k itens fazem parte dos conjuntos candidatos de k itens gerados por este procedimento.

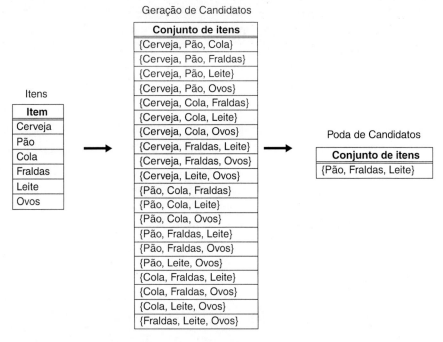

Figura 6.6. *Um método de força bruta para gerar conjuntos candidatos de 3 itens.*

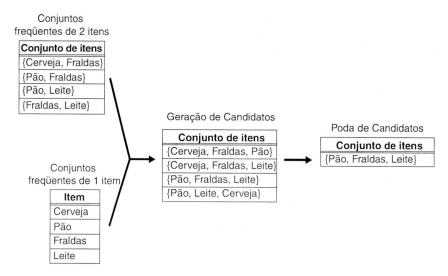

Figura 6.7. *Geração e poda de conjuntos candidatos de k itens através da fusão de um conjunto freqüente de (k-1) itens com um item freqüente. Observe que alguns dos candidatos são desnecessários porque seus subconjuntos são infreqüentes.*

Esta abordagem, entretanto, não evita que o mesmo conjunto candidato de itens seja gerado mais de uma vez. Por exemplo, {Pão, Fraldas, Leite} pode ser gerado pela fusão de {Pão, Fraldas} com {Leite}, {Pão, Leite} com {Fraldas} ou {Fraldas, Leite} com {Pão}. Uma forma de se evitar a geração de candidatos duplicados é assegurando que os itens de cada conjunto de itens freqüentes sejam mantidos ordenados na sua ordem lexicográfica. Cada conjunto X de (k-1) itens freqüentes é então estendido com itens freqüentes que sejam lexicograficamente maiores que os itens em X. Por exemplo, o conjunto de itens {Pão, Fraldas} pode ser aumentado com {Leite}, já que Leite é lexicograficamente maior que Pão e Fraldas[1]. Todavia, não devemos aumentar {Fraldas, Leite} com {Pão} nem {Pão, Leite} com {Fraldas} porque eles violam a condição de ordenamento lexicográfico[2].

---

[1] N. do T.: Isto só faz sentido na linguagem original do texto, onde "Milk" (Leite) é lexicograficamente maior que "Bread" (Pão) e "Diapers" (Fraldas).
[2] N. do T.: pelo mesmo motivo da nota de cabeçalho anterior

Embora este procedimento seja uma melhora substancial com relação ao método da força bruta, ainda pode produzir um grande número de candidatos desnecessários. Por exemplo, o conjunto de itens candidatos obtido pela fusão de {Cerveja, Fraldas} com {Leite} é desnecessário porque um dos seus subconjuntos, {Cerveja, Leite}, é infreqüente. Há diversas heurísticas disponíveis para reduzir o número de candidatos desnecessários. Por exemplo, observe que, para cada conjunto candidato de k itens que permanece após o passo da poda, cada item no candidato deve estar contido em pelo menos k-1 dos conjuntos de k-1 itens freqüentes. Caso contrário, o candidato é seguramente infreqüente. Por exemplo, {Cerveja, Fraldas, Leite} é um conjunto candidato de 3 itens viável apenas se cada item dele, incluindo Cerveja, estiver contido em pelo menos dois conjuntos de 2 itens freqüentes. Já que há apenas um conjunto de 2 itens freqüentes contendo Cerveja, todos os conjuntos de itens candidatos envolvendo Cerveja devem ser infreqüentes.

O Método $F_{K-1} \times F_{K-1}$ O procedimento de geração de candidatos na função apriori-gen funde um par de conjuntos de (k-1) itens freqüentes apenas se os seus primeiros k-2 itens forem idênticos. Suponha que A = {1, a2, ..., a_{k-1}} e B = {b1, b2, ..., b_{K-1}} sejam m par de conjuntos de (k-) itens freqüentes. A e B sofrem fusão se satisfizerem as seguintes condições:

$$a_i = b_i \text{ (para } i = 1, 2, ..., k-2) \text{ e } a_{k-1} \neq b_{k-1}.$$

Na Figura 6.8, os conjuntos de itens freqüentes {Pão, Fraldas} e {Pão, Leite} sofrem fusão para formar um conjunto candidato de 3 itens {Pão, Fraldas, Leite}. O algoritmo não tem que realizar a fusão de {Cerveja, Fraldas} com {Fraldas, Leite} porque o primeiro item em ambos os conjuntos de itens são diferentes. De fato, se {Cerveja, Fraldas, Leite} for um candidato viável, teria sido obtido pela fusão de {Cerveja, Fraldas} com {Cerveja, Leite}. Este exemplo ilustra tanto a completeza do procedimento de geração de candidatos quanto as vantagens de usar ordenamento lexicográfico para evitar candidatos duplicados. Entretanto, devido ao fato de cada candidato ser obtido pela fusão de um par de conjuntos de (k-1) itens freqüentes, um passo de poda adicional de candidatos é necessário para assegurar que os k-2 subconjuntos restantes do candidato sejam freqüentes.

Análise Associativa: Algoritmos e Conceitos Básicos

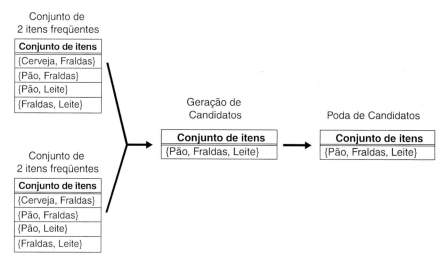

Figura 6.8. *Geração e poda de conjuntos candidatos de k itens pela fusão de pares de conjuntos de k-1 itens freqüentes.*

6.2.4 Contagem de Suporte

A contagem de suporte é o processo de se determinar a freqüência da ocorrência de cada conjunto de itens candidatos que permanece após o passo de poda da função apriori-gen. A contagem de suporte é implementada nos passos 6 a 11 do Algoritmo 6.1. Uma abordagem para fazer isso é comparar cada transação com cada conjunto de itens candidatos contidos na mesma. Esta abordagem é computacionalmente custosa, especialmente quando os números de transações e conjuntos de itens candidatos forem grandes.

Uma abordagem alternativa é enumerar os conjuntos de itens contidos em cada transação e usá-los para atualizar os contadores de suporte dos seus respectivos conjuntos de itens candidatos. Para ilustrar, considere uma transação t que contenha cinco itens, {1,2,3,5,6}. Há ($^5_3$)=10 conjuntos de itens de tamanho 3 contidos nesta transação. Alguns dos conjuntos de itens podem corresponder aos conjuntos de 3 itens contidos em t. Alguns dos conjuntos de itens podem corresponder aos conjuntos de 3 itens candidatos sob investigação, em cujo caso, seus contadores de suporte são decrementados. Outros subconjuntos de t que não correspondam a quaisquer candidatos podem ser ignorados.

A Figura 6.9 mostra uma forma sistemática de se enumerar os conjuntos de 3 itens contidos em t. Supondo que cada conjunto de itens guarde seus itens em ordem lexicográfica crescente, um conjunto de itens pode ser enumerado através da especificação do menor item primeiro, seguido pelos itens maiores. Por exemplo, dado t = {1,2,3,5,6}, todos os conjuntos de 3 itens contidos em t devem começar com o item 1, 2 ou 3. Não é possível construir um conjunto de 3 itens que comece com os itens 5 ou 6 porque há apenas quatro itens em t cujos rótulos são maiores ou iguais a 5. O número de formas de especificar o primeiro item de um conjunto de 3 itens contido em t é ilustrada pelas estruturas de prefixo Nível 1 exibidas na Figura 6.9. Por exemplo, 1 | 2 3 5 6 representa um conjunto de 3 itens que começa com o item 1 seguido por mais dois itens escolhidos do conjunto {2,3,5,6}.

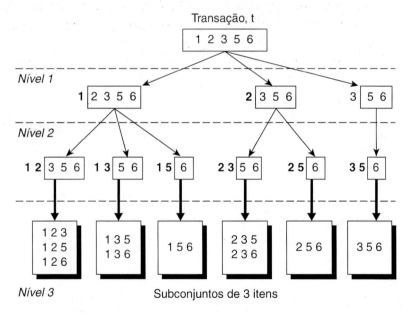

Figura 6.9. *Enumerando subconjuntos de três itens a partir de uma transação t.*

Após fixar o primeiro item, as estrutura de prefixo no Nível 2 representam o número de formas para selecionar o segundo item. Por exemplo, 1 2 | 3 4 5 corresponde a conjuntos de itens que começam com o prefixo (1 2) e são seguidos por itens 3, 5 ou 6. Finalmente, as estruturas de prefixo no Nível 3 representam o conjunto completo dos conjuntos de 3 itens contidos em t. Por exemplo, os conjuntos de 3 itens que começam com o prefixo {1 2} são {1,2,3}, {1,2,5} e {1,2,6}, enquanto que aqueles que começam com o prefixo {2 3} são {2,3,5} e {2,3,6}.

As estruturas de prefixo mostradas na Figura 6.9 demonstram como conjuntos de itens contidos em uma transação podem ser enumerados sistematicamente, i.e., especificando seus itens um a um, do item mais à esquerda até o mais à direita. Ainda temos que determinar se cada conjunto de 3 itens enumerado corresponde a um conjunto de itens candidatos existentes. Se ele corresponder a um dos candidatos, então o contador de suporte do candidato correspondente é incrementado. Na próxima seção, ilustramos como esta operação de correspondência pode ser executada de forma eficiente usando uma estrutura de árvore hash.

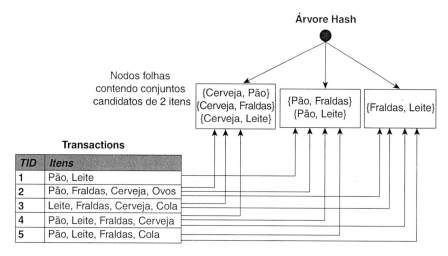

Figura 6.10. *Contando o suporte de conjuntos de itens usando estrutura hash.*

Contagem de Suporte Usando uma Árvore Hash

No algoritmo apriori, conjuntos de itens candidatos são particionados em diferentes baldes e armazenados em uma árvore. Durante a contagem de suporte, os conjuntos de itens contidos em cada transação também sofrem hash nos seus baldes apropriados. Desta forma, em vez de comparar cada conjunto de itens da transação com cada conjunto de itens candidato, ele é correspondido com conjuntos de itens candidatos que pertençam ao mesmo balde, conforme mostrado na Figura 6.10.

A Figura 6.11 mostra um exemplo de uma estrutura de árvore hash. Cada nodo interno da árvore usa a seguinte função hash, h(p) = p mod 3, a determinar qual ramificação do nodo corrente deve ser seguida. Por exemplo, os itens 1, 4 e 7 sofrem hash para a mesma ramificação (i.e., a ramificação mais à esquerda) porque têm o mesmo resto após a divisão do número por 3. Todos os conjuntos de itens candidatos são ordenados nos nodos folhas da árvore hash. A árvore hash mostrada na Figura 6.11 contém 15 conjuntos candidatos de 3 itens, distribuídos por 9 nodos folhas.

Analise uma transação t = {1,2,3,5,6}. Para atualizar os contadores de suporte dos conjuntos de itens candidatos, a árvore hash deve ser percorrida de forma que todos os nodos folhas contendo conjuntos de 3 itens candidatos pertencentes a t devam ser visitados pelo menos uma vez. Lembre-se que os conjuntos de 3 itens contidos em t devem começar com os itens 1, 2 ou 3, conforme indicado pelas estruturas de prefixo Nível 1 mostradas na Figura 6.9. Assim, no nodo raiz da árvore hash, os itens 1, 2 e 3 da transação sofrem hash separadamente. O item 1 sofre hash para o filho esquerdo do nodo raiz, o item 2 sofre hash para o filho do meio e o item 3 sofre hash para o filho da direita. No próximo nível da árvore, a transação sofre hash no segundo item listado nas estruturas do Nível 2 mostradas na Figura 6.9. Por exemplo, após executar hash no item 1 no nodo raiz, os itens 2, 3 e 5 da transação sofrem hash. Os itens 2 e 5 sofrem hash para o filho do centro, enquanto que o item 3 sofre hash para o filho da direita, conforme mostrado na Figura 6.12. Este processo continua até que os nodos folhas da árvore hash sejam alcançados. Os conjuntos de itens candidatos armazenados nos nodos folhas visitados são comparados com a transação. Se um candidato for um subconjunto da transação, seu contador de suporte é incrementado. Neste exemplo, 5 de cada 9 nodos folhas são visitados e 9 de 15 conjuntos de itens são comparados com a transação.

Análise Associativa: Algoritmos e Conceitos Básicos

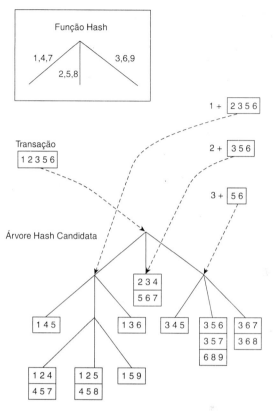

Figura 6.11. *Executando hash sobre uma transação no nodo raiz de uma árvore hash.*

6.2.5 Complexidade Computacional

A complexidade computacional do algoritmo Apriori pode ser afetada pelos seguintes fatores.

Limite de Suporte Abaixar o limite de suporte muitas vezes resulta em mais conjuntos de itens sendo declarados como freqüentes. Isto tem um efeito adverso sobre a complexidade computacional do algoritmo porque mais conjuntos de itens candidatos devem ser gerados e contados, conforme mostrado na Figura 6.13. O tamanho máximo dos conjuntos de itens freqüentes também tende a aumentar com limites de suportes mais baixos. À medida em que o tamanho dos conjuntos de itens freqüentes aumenta, o algoritmo precisará fazer mais passagens sobre o conjunto de dados.

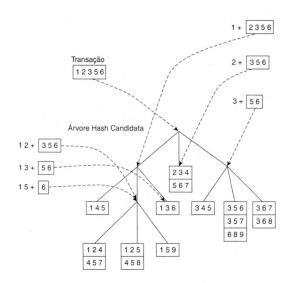

Figura 6.12. *Operação de subconjunto na sub-árvore mais à esquerda do raiz de uma árvore hash candidata.*

Número de Itens (Dimensionalidade) À medida que o número de itens aumenta, mais espaço será necessário para armazenar os contadores de suporte dos itens. Se o número de itens freqüente também crescer com a dimensionalidade dos dados, os custos computacionais e de E/S aumentarão por causa do número maior de conjuntos itens candidatos gerados pelo algoritmo.

Número de Transações Já que o algoritmo Apriori executa passagens repetidas pelo conjunto de dados, seu tempo de execução aumenta com um número maior de transações.

Extensão Média da Transação Para conjuntos densos de dados, a extensão média da transação pode ser muito grande. Isto afeta a complexidade do algoritmo Apriori de duas formas. Primeiro, o tamanho máximo de conjuntos de dados freqüentes tende a aumentar à medida que a extensão média da transação aumenta. Como resultado, mais conjuntos de itens candidatos devem ser examinados durante a geração de candidatos e a contagem de suporte, conforme ilustrado na Figura 6.14. Segundo, à medida que a extensão da transação aumenta, mais conjuntos de dados são contidos na transação. Isto aumentará o número de percursos na árvore hash executados durante a contagem de suporte.

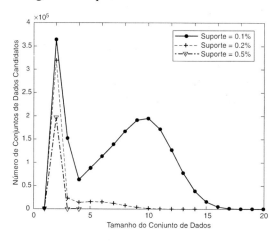

(a) Número de conjuntos de itens candidatos.

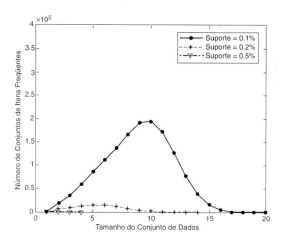

(b) número de Conjuntos de Itens Freqüentes.

Figura 6.13. *Efeito do limite de suporte sobre o número de conjuntos de itens candidatos e freqüentes.*

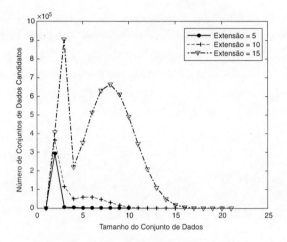

(a) Número de conjuntos de itens candidatos.

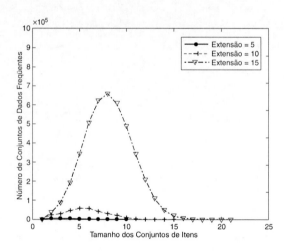

(b) número de Conjuntos de Itens Freqüentes.

Figura 6.14. *Efeito da extensão média da transação sobre o número de conjuntos de itens candidatos e freqüentes.*

Uma análise detalhada da complexidade de tempo para o algoritmo Apriori é apresentada a seguir.

Geração de Conjuntos Freqüentes de 1 item   Para cada transação, precisamos atualizar o contador de suporte de cada item presente. Supondo que w seja a extensão média da transação, esta operação requer tempo O(N w), onde N é o número total de transações.

Geração de Candidatos   Para gerar conjuntos de k itens candidatos, pares de conjuntos de (k-1) itens freqüentes sofrem fusão para determinar se têm pelo menos k-2 itens em comum. Cada operação de fusão requer no máximo k-2 comparações de igualdade. No cenário do melhor caso, cada passo de fusão produz um conjunto de k itens candidatos viáveis. No cenário do pior caso, o algoritmo deve realizar a fusão de cada par de conjuntos de k-1 itens freqüentes encontrados na operação anterior. Portanto, o custo geral da fusão de conjuntos de itens freqüentes é

$$\sum_{k=2}^{w}(k-2)|C_k| < \text{Custo da fusão} < \sum_{k=2}^{w}(k-2)|F_{k-1}|^2.$$

Uma árvore hash também é construída durante a geração de candidatos para armazenar os conjuntos de itens candidatos. Devido ao comprimento máximo da árvore ser k, o custo para povoar a árvore hash com conjuntos de itens candidatos é $O\left(\sum_{k=2}^{w} k|C_k|\right)$. Durante a poda de candidatos, precisamos verificar se os k-2 subconjuntos de cada conjunto candidatos de k itens são freqüentes. Já que o custo da procura de um candidato em uma árvore hash é $O(k)$, o passo de poda de candidatos requer tempo igual a $O\left(\sum_{k=2}^{w} k(k-2)|C_k|\right)$.

Contagem de Suporte   Cada transação de comprimento |t| produz $\binom{|t|}{k}$ conjuntos de itens de tamanho k. Este também é o número efetivo de travessias na árvore hash executadas para cada transação. O custo da contagem de suporte é $O\left(N \sum_{k} \binom{w}{k} \alpha_k\right)$, onde w é a extensão máxima da transação e α_k é o custo de atualização do contador de suporte de um conjunto de k itens candidatos na árvore hash.

6.3 Geração de Regras

Esta seção descreve como extrair regras de associação de maneira eficiente de um determinado conjunto de itens freqüentes. Cada conjunto de k itens freqüentes, Y, pode produzir até $2^k - 2$ regras de associação, ignorando regras que tenham antecedentes ou conseqüentes vazios ($\emptyset \to y$ ou $y \to \emptyset$). Uma regra de associação pode ser extraída através do particionamento do conjunto de itens Y em dois subconjuntos não vazios, X e Y − X, de modo que X → Y − X satisfaça o limite de confiança. Observe que todas essas regras já devem ter satisfeito o limite de suporte porque são geradas a partir de um conjunto de itens freqüentes.

Exemplo 6.2. Suponha que X = {1,2,3} seja um conjunto de itens freqüentes. Há seis regras de associação candidatas que podem ser geradas a partir de X: {1,2} → {3}, {1,3} → {2}, {2,3} → {1}, {1} → {2,3}, {2} → {1,3} e {3} → {1,2}. Já que cada um do seu suporte é idêntico ao suporte de X, as regras devem satisfazer o limite de suporte.

Calcular a confiança de uma regra de associação não requer varreduras adicionais do conjunto de dados da transação. Analise a regra {1,2} → {3}, que é gerada a partir do conjunto de itens freqüentes X = {1,2,3}. A confiança para esta regra é $\sigma(\{1,2,3\})/\sigma(\{1,2\})$. Devido a {1,2,3} ser freqüente, a propriedade anti-monotônica de suporte assegura que {1,2} devam ser freqüentes também. Já que os contadores de suporte de ambos os conjuntos de itens já foram encontrados durante a geração de conjuntos de itens freqüentes, não há necessidade de se ler o conjunto de dados inteiro novamente.

6.3.1 Poda Baseada em Confiança

Diferentemente da medida de suporte, a confiança não tem uma propriedade monotônica. Por exemplo, a confiança para X → Y pode ser maior, menor ou igual à confiança para outra regra $\tilde{X} \to \tilde{Y}$, onde $\tilde{X} \subseteq X$ e $\tilde{Y} \subseteq Y$ (veja o Exercício 3). Apesar disso, se compararmos regras geradas a partir do mesmo conjunto de itens freqüentes Y, o teorema a seguir é verdadeiro para a medida de confiança.

Teorema 6.2. Se uma regra X → Y-X não satisfizer o limite de confiança, então qualquer regra X' → Y – X', onde X' é um subconjunto de X, não deve satisfazer o limite de confiança também.

Para provar este teorema, analise as duas regras a seguir: X' → Y – X' e X → Y – X, onde X'⊆X. A confiança das regras são σ(Y)/σ(X') e σ(Y)/σ(X), respectivamente. Já que X' é um subconjunto de X, σ(X') ≥ σ(X). Portanto, a primeira regra não pode ter uma confiança maior que a última.

6.3.2 Geração de Regras no Algoritmo Apriori

O algoritmo Apriori usa uma abordagem de níveis para gerar regras de associação, onde cada nível corresponde ao número de itens que pertencem ao conseqüente da regra. Inicialmente, todas as regras de confiança alta que tenham apenas um item no conseqüente da regra são extraídas. Estas regras são então usadas para gerar novas regras candidatas. Por exemplo, se {acd} →{b} e {abd}→{c} forem regras de confiança alta, então a regra candidata {ad}→{bc} é gerada pela fusão dos conseqüentes de ambas as regras. A Figura 6.15 mostra uma estrutura em rede das regras de associação, geradas a partir dos conjuntos de itens freqüentes {a,b,c,d}. Se algum nodo na rede tiver confiança baixa, então, de acordo com o Teorema 6.2, o subgrafo inteiro abarcado pelo nodo pode ser podado imediatamente. Suponha que a confiança para {bcd}→{a} seja baixa. Todas as regras contendo o item a no seu conseqüente, incluindo {cd}→{ab}, {bd}→{ac}, {bc}→{ad} e {d}→ {abc} podem ser descartadas.

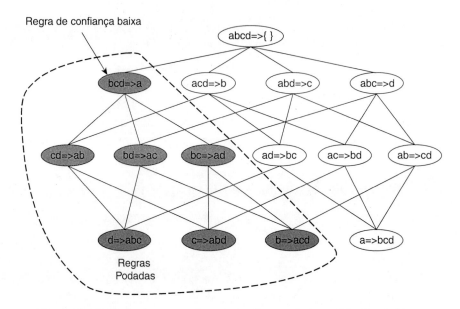

Figura 6.15. *Poda de regras de associação usando a medida de confiança.*

Um pseudocódigo para o passo de geração de regras é mostrado nos Algoritmos 6.2 e 6.3. Observe a semelhança entre o procedimento ap-gen-rules apresentado no Algoritmo 6.3 e o procedimento de geração de conjuntos de itens freqüentes apresentado no Algoritmo 6.1. A única diferença é que, na geração de regras, não temos que fazer passagens adicionais sobre o conjunto de dados para calcular a confiança das regras candidatas. Em vez disso, determinamos a confiança de cada regra usando os contadores de suporte durante a geração de conjuntos de itens freqüentes.

Algoritmo 6.2 Geração de regras para o algoritmo Apriori.

1: **Para** cada conjunto de k itens freqüentes f_k, $k \geq 2$ **faça**
2:    $H1 = \{i | i \in f_k\}$ {conseqüentes de 1 item da regra.}
3:    **chamar** ap-genrules $\{f_k, H_1\}$
  4: **fim para**

Análise Associativa: Algoritmos e Conceitos Básicos 419

Algoritmo 6.3 Procedimento ap-genrules (f_k, H_m).

1: k = |f_k| {tamanho do conjunto de itens freqüentes}
2: m = |H_m| {tamanho do conseqüente da regras}
3: **se** k > m + 1 **então**
4:      H_{m+1} = apriori-gen(H_m).
5:      **para** cada $h_{m+1} \in H_{m+1}$ **faça**
6:          conf = $\sigma(f_k)/\sigma(f_k - hm_{+1})$
7:          **se** conf ≥ minconf **então**
8:              **gerar** a regra $(f_k - h_{m+1}) \to hm_{+1}$.
9:          **senão**
10:             **apagar** h_{m+1} de Hm_{+1}.
11:         **fim se**
12:     **fim para**
13:     **chamar** ap-genrules(f_k, H_{m+1}.)
        14: **fim se**

6.3.3 Um Exemplo: Registros de Votos em Congresso

Esta seção demonstra os resultados da aplicação de análise de associação aos registros de votos de membros da Câmara dos Deputados dos Estados Unidos. Os dados são obtidos do 1984 Congressional Voting Records Database, que está disponível no repositório de dados de aprendizagem de máquina de UCI. Cada transação contém informações sobre a filiação partidária de um deputado junto com seu registro de voto sobre 16 assuntos chaves. Há 435 transações e 34 itens no conjunto de dados. O conjunto de itens está listado na Tabela 6.3.

O algoritmo Apriori é aplicado então ao conjunto de dados com minsup = 30% e minconf = 90%. Algumas das regras de alta confiança extraídas pelo algoritmo são mostradas na Tabela 6.4. As duas primeiras regras sugerem que a maioria dos membros que votaram sim para ajudar El Salvador e não para a resolução do orçamento e mísseis MX são Republicanos; enquanto que os que votaram não para a ajuda a El Salvador e sim para a resolução do orçamento e mísseis MX são Democratas. Estas regras de alta confiança mostram as questões chaves que dividem membros de ambos os partidos políticos. Se minconf for reduzido, podemos descobrir regras que contenham questões que ultrapassem as divisões partidárias. Por exemplo, com minconf = 40%, as regras sugerem que os cortes na corporação são uma questão que recebe quase que o mesmo número de votos de ambos os partidos – 52,3% dos membros que votaram não são Republicanos, enquanto que o restante, 47,7% dos que votaram, não são Democratas.

Tabela 6.3. Lista de atributos binários dos 1984 United States Congressional Voting Records. Fonte: o repositório de aprendizagem de máquina de UCI.

1. Republicano	18. ajuda à Nicarágua = não
2. Democrata	19. Míssil MX = sim
3. crianças deficientes = sim	20. Míssil MX = não
4. crianças deficientes = não	21. imigração = sim
5. divisão do custo de projeto de água = sim	22. imigração = não
6. divisão do custo de projeto de água = não	23. cortes em corporações = sim
7. resolução do orçamento = sim	24. cortes em corporações = não
8. resolução do orçamento = não	25. gastos em educação = sim
9. congelar taxas médicas = sim	26. gastos em educação = não
10. congelar taxas médicas = não	27. direito de processar = sim
11. ajuda a El Salvador = sim	28. direito de processar = não
12. ajuda a El Salvador = não	29. crime = sim
13. grupos religiosos em escolas = sim	30. crime = não
14. grupos religiosos em escolas = não	31. exportações sem impostos = sim
15. fim dos testes anti-satélites = sim	32. exportações sem impostos = não
16. fim dos testes anti-satélites = não	33. decreto de administração de exportações = sim
17. ajuda à Nicarágua = sim	34. decreto de administração de exportações = não

Tabela 6.4. Regras de associação extraídas dos 1984 United States Voting Records.

Regra de Associação	*Confiança*
{resolução de orçamento = não, míssil MX = não, ajuda a El Salvador = sim} → {Republicano}	91,0%

Análise Associativa: Algoritmos e Conceitos Básicos

Regra de Associação	Confiança
{resolução de orçamento = sim, míssil MX = sim, ajuda a El Salvador = não} → {Democrata}	97.00%
{crime = sim, direito de processar = sim, congelar taxas médicas = sim} → {Republicano}	93,5%
{crime = não, direito de processar = não, congelar taxas médicas = não} → {Democrata}	100.00%

6.4 Representação Compacta de Conjuntos de Itens Freqüentes

Na prática, o número de conjuntos de itens freqüentes produzido a partir do conjunto de dados de uma transação pode ser muito grande. É útil identificar um pequeno conjunto representativo de conjuntos de dados a partir dos quais todos os outros conjuntos de dados freqüentes possam ser derivados. Duas dessas representações são mostradas nesta seção na forma de conjuntos de itens freqüentes fechados e máximos.

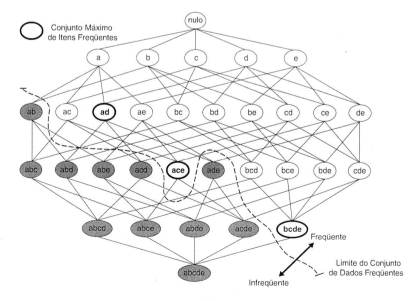

Figura 6.16. *Conjunto máximo de itens freqüentes.*

6.4.1 Conjuntos Máximos de Itens Freqüentes

Definição 6.3 (Conjunto Máximo de Itens Freqüentes). Um conjunto máximo de itens freqüentes é definido como um conjunto de itens freqüentes para o qual nenhum dos superconjuntos imediatos seja freqüente.

Para ilustrar este conceito, analise a rede de conjuntos de itens mostrada na Figura 6.16. Os conjuntos de itens da rede estão divididos em dois grupos: aqueles que são freqüentes e os que são infreqüentes. Um limite de conjunto de itens freqüentes, que é representado por uma linha tracejada, também é ilustrado no diagrama. Cada conjunto de itens localizado acima do limite é freqüente, enquanto que aqueles localizados abaixo (os nodos sombreados) são infreqüentes. Entre os conjuntos de itens localizados próximos do limite, {a,d}, {a,c,e} e {b,c,d,e} são considerados conjuntos máximos de itens freqüentes porque seus superconjuntos imediatos são infreqüentes. Um conjunto de itens como {a,d} é máximo freqüente porque todos os seus superconjuntos imediatos, {a,b,d}, {a,c,d} e {a,d,e} são infreqüentes. Em contraste, {a,c} não é máximo porque um de seus superconjuntos imediatos, {a,c,e}, é freqüente.

Conjuntos máximos de itens freqüentes fornecem efetivamente uma representação compacta de conjuntos de itens freqüentes. Em outras palavras, eles formam o menor conjunto de conjuntos de itens do qual conjuntos de itens freqüentes podem ser derivados. Por exemplo, os conjuntos de itens freqüentes mostrados na Figura 6.16 podem ser divididos em dois grupos:
- Conjuntos de itens freqüentes que começam com o item a e que podem conter os itens c, d ou e. Este grupo inclui conjuntos de itens como {a}, {a,c}, {a,d}, {a,e} e {a,c,e}.
- Conjuntos de itens freqüentes que começam com os itens b, c, d ou e. Este grupo inclui conjuntos de itens como {a}, {b,c}, {c,d}, {b,c,d,e}, etc.

Conjuntos de itens freqüentes que pertençam ao primeiro grupo são subconjuntos de {a,c,e} ou de {a,d}, enquanto que aqueles que pertencem ao segundo grupo são subconjuntos de {b,c,d,e}. Assim, os conjuntos máximos de itens freqüentes {a,c,e}, {a,d} e {b,c,d,e} fornecem uma representação compacta dos conjuntos de itens freqüentes mostrados na Figura 6.16.

Conjuntos máximos de itens freqüentes fornecem uma representação valiosa para conjuntos de dados que podem produzir conjuntos de itens freqüentes muito longos, já que há exponencialmente muitos conjuntos de itens freqüentes em tais dados. Apesar disso, esta abordagem é prática apenas se existir um algoritmo eficiente para encontrar explicitamente os conjuntos máximos de itens freqüentes sem ter que enumerar todos os seus subconjuntos. Descrevemos brevemente uma dessas abordagens na Seção 6.5.

Apesar de fornecer uma representação compacta, conjuntos máximos de itens freqüentes não contêm as informações de suporte dos seus subconjuntos. Por exemplo, o suporte dos conjuntos máximos de itens freqüentes {a,c,e}, {a,d} e {b,c,d,e} não fornecem dicas sobre o suporte dos seus subconjuntos. Uma passagem adicional sobre o conjunto de dados é, portanto, necessária para determinar os contadores de suporte dos conjuntos não máximos de itens freqüentes. Em alguns casos, pode ser desejável ter uma representação mínima de conjuntos de itens freqüentes que preserve as informações de suporte. Ilustramos tal representação na próxima seção.

6.4.2 Conjuntos Fechados de Itens Freqüentes

Conjuntos de itens fechados fornecem uma representação mínima de conjuntos de itens sem perder suas informações de suporte. Uma definição formal de um conjunto fechado de itens é apresentada a seguir.

Definição 6.4 (Conjunto Fechado de Itens). Um conjunto de itens X é fechado se nenhum de seus superconjuntos imediatos tiver exatamente o mesmo contador de suporte que X.

Posto de outra forma, X não é fechado se pelo menos um dos seus superconjuntos imediatos possui o mesmo contador de suporte de X. Exemplos de conjuntos fechados de itens são mostrados na Figura 6.17. Para ilustrar melhor o contador de suporte de cada conjunto de itens, associamos cada nodo (conjunto de itens) na rede a uma lista das suas IDs de transações correspondentes. Por exemplo, já que o nodo {b,c} está associado às IDs de transações 1, 2 e 3, seu contador de suporte é igual a três. A partir das transações apresentadas neste diagrama, observe que cada transação que contenha b também contém c. Conseqüentemente, o suporte para {b} é idêntico a {b,c} e {b} não deve ser considerado um conjunto fechado de itens. De forma semelhante, já que c ocorre em cada transação que contém tanto a quanto d, o conjunto de itens {a,d} não é fechado. Por outro lado, {b,c} é um conjunto fechado de itens porque não tem o mesmo contador de suporte dos seus superconjuntos.

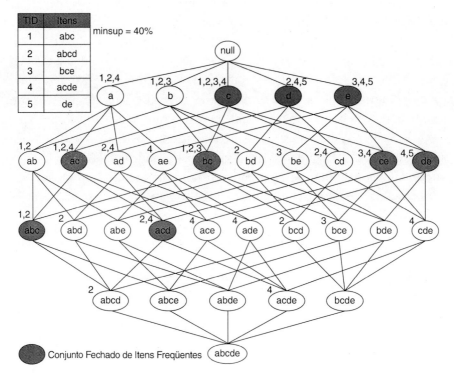

Figura 6.17. *Um exemplo dos conjuntos fechados de itens freqüentes (com contador de suporte mínimo igual a 40%).*

Definição 6.5 (Conjunto Fechado de Itens Freqüentes). Um conjunto de itens é um conjunto fechado de itens freqüentes se for fechado e seu suporte for maior ou igual a minsup.

No exemplo anterior, supondo que o limite de suporte seja 40%, {b,c} é um conjunto fechado de itens freqüentes porque seu suporte é 60%. O resto dos conjuntos fechados de itens freqüentes é indicado pelos nodos sombreados.

Análise Associativa: Algoritmos e Conceitos Básicos   **425**

Há algoritmos disponíveis para extrair explicitamente conjuntos fechados de itens freqüentes de um determinado conjunto de dados. Leitores que tenham interesse podem ver as notas bibliográficas no final deste capítulo para obter mais discussões sobre estes algoritmos. Podemos usar os conjuntos fechados de itens freqüentes para determinar os contadores de suporte dos conjuntos não fechados de itens freqüentes.

Algoritmo 6.4 Contagem de suporte usando conjuntos fechados de itens freqüentes.

1: C denota o conjunto de conjuntos fechados de itens freqüentes.
2: K_{max} denota o tamanho máximo de conjuntos fechados de itens freqüentes.
3: $F_{kmax} = \{f|f \in C, |f| = k_{max}\}$ {Encontrar todos os conjuntos de itens freqüentes de tamanho k_{max}.}
4: **para** k = k_{max} − 1 até 1 **faça**
5:   $F_k = \{f|f \subset F_{k+1}, |f|=k\}$ {Encontrar todos os conjuntos de itens freqüentes de tamanho k.}
6:   **para** cada f ∈ F_k **faça**
7:     **se** f ∉ C **então**
8:       f.support = max{f',support|f' ∈ F_{k+1}, f ⊂ f'}
9:     **fim se**
10: **fim para**
    11: **fim para**

Por exemplo, considere o conjunto de itens freqüentes {a,d} mostrado na Figura 6.17. Devido ao conjunto de itens não ser fechado, seu contador de suporte deve ser idêntico a um de seus superconjuntos imediatos. A chave é determinar qual superconjunto (entre {a,b,d}, {a,c,d} ou {a,d,e}) possui exatamente o mesmo contador de suporte de {a,d}. O princípio Apriori declara que qualquer transação que contenha o superconjunto de {a,d} também deve conter {a,d}. Entretanto, qualquer transação que contenha {a,d} não tem que conter os superconjuntos de {a,d}. Po este motivo, o suporte de {a,d} deve ser igual ao maior suporte entre seus superconjuntos. Já que {a,c,d} possui um suporte maior que {a,b,d} e {a,d,e}, o suporte de {a,d} deve ser idêntico ao de {a,c,d}. Usando esta metodologia, um algoritmo pode ser desenvolvido para calcular o suporte para os conjuntos não fechados de itens freqüentes. O pseudocódigo para este algoritmo é mostrado no Algoritmo 6.4. O algoritmo procede de modo específico para geral, i.e., dos maiores para os menores conjuntos de itens freqüentes. Isto ocorre porque, para encontrar o suporte de um conjunto não fechado de itens freqüentes, o suporte para todos os seus superconjuntos deve ser conhecido.

Para ilustrar a vantagem de se usar conjuntos fechados de itens freqüentes, analise o conjunto de dados mostrado na Tabela 6.5, que contém dez transações e quinze itens. Os itens podem ser divididos em três grupos: (a) Grupo A, que contém os itens a1 a a5; (2) Grupo B, que contém os itens b1 a b5; e (3) Grupo C, que contém os itens c1 a c5. Observe que os itens dentro de cada grupo estão perfeitamente associados entre si e não aparecem com itens de outro grupo. Supondo que o limite de suporte seja de 20%, o número total de conjuntos de itens freqüentes é 3 X ($2^5 - 1$) = 93. Todavia, só há três conjuntos fechados de itens freqüentes nos dados: ({a1,a2,a3,a4,a5}, {b1,b,2,b3,b4,b5} e {c1,c2,c3,c4,c5}). Muitas vezes, é suficiente apresentar apenas os conjuntos fechados de itens freqüentes aos analistas em vez do conjunto inteiro de conjuntos de itens freqüentes.

Tabela 6.5. Um conjunto de dados transacionais para minerar conjuntos fechados de itens.

TID	a_1	a_2	a_3	a_4	a_5	b_1	b_2	b_3	b_4	b_5	c_1	c_2	c_3	c_4	c_5
1	1	1	1	1	1	0	0	0	0	0	0	0	0	0	0
2	1	1	1	1	1	0	0	0	0	0	0	0	0	0	0
3	1	1	1	1	1	0	0	0	0	0	0	0	0	0	0
4	0	0	0	0	0	1	1	1	1	1	0	0	0	0	0
5	0	0	0	0	0	1	1	1	1	1	0	0	0	0	0
6	0	0	0	0	0	1	1	1	1	1	0	0	0	0	0
7	0	0	0	0	0	0	0	0	0	0	1	1	1	1	1
8	0	0	0	0	0	0	0	0	0	0	1	1	1	1	1
9	0	0	0	0	0	0	0	0	0	0	1	1	1	1	1
10	0	0	0	0	0	0	0	0	0	0	1	1	1	1	1

Análise Associativa: Algoritmos e Conceitos Básicos 427

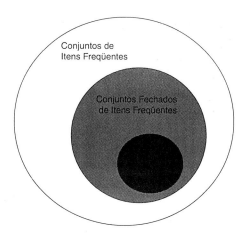

Figura 6.18. *Relacionamentos entre conjuntos de itens freqüentes, freqüentes máximos e freqüentes fechados.*

Conjuntos fechados de itens freqüentes são úteis para remover algumas das regras de associação redundantes. Uma regra de associação X → Y é redundante se houver outra regra X' → Y', onde X seja um subconjunto de X' e Y um subconjunto de Y', de modo que o suporte e a confiança para ambas as regras sejam idênticos. No exemplo mostrado na Figura 6.17, {b} não é um conjunto fechado de itens freqüentes, enquanto que {b,c} é. A regra de associação {b} → {d,e} é, portanto, redundante porque possui o mesmo suporte e confiança de {b,c} → {d,e}. Tais regras redundantes não são geradas se conjuntos fechados de itens freqüentes forem usados para a geração de regras.

Finalmente, observe que todos os conjuntos máximos de itens freqüentes são fechados porque nenhum dos conjuntos máximos de itens freqüentes pode ter o mesmo contador de suporte dos seus superconjuntos imediatos. O relacionamento entre conjuntos de freqüentes, freqüente máximo e freqüente fechado são mostrados na Figura 6.18.

6.5 Métodos Alternativos para Geração de Conjuntos de Itens Freqüentes

Apriori é um dos primeiros algoritmos a ter abordado com sucesso a explosão combinatória da geração de conjuntos de itens freqüentes. Ele consegue isso aplicando o princípio Apriori para podar o espaço de pesquisa exponencial. Apesar da sua significativa melhora de desempenho, o algoritmo ainda incorre em considerável overhead de E/S já que requer a execução de diversas passagens pelo conjunto de dados da transação. Além disso, conforme notado na Seção 6.2.5, o desempenho do algoritmo Apriori pode se degradar significativamente para conjuntos de dados densos devido ao aumento na extensão das transações. Diversos métodos alternativos têm sido desenvolvidos para superar estas limitações e melhorar a eficiência do algoritmo Apriori. A seguir está uma descrição em alto nível destes métodos.

Travessia de Rede de Conjuntos de Itens   Uma pesquisa por conjuntos de itens freqüentes pode ser vista conceitualmente como uma travessia da rede do conjunto de itens mostrada na Figura 6.1. A estratégia de pesquisa empregada por um algoritmo dita como a estrutura de rede é atravessada durante o processo de geração de conjuntos de itens freqüentes. Algumas estratégias de pesquisa são melhores do que outras, dependendo da configuração dos conjuntos de itens freqüentes na rede. Uma visão geral destas estratégias é apresentada a seguir.
- **Geral para Específica versus Específica para Geral:** O algoritmo Apriori usa uma estratégia de pesquisa geral para específica, onde pares de conjuntos (k-1) de itens freqüentes sofrem fusão para se obter conjuntos de k itens candidatos. Esta estratégia de pesquisa geral para específica é eficaz, desde que o comprimento máximo de um conjunto de itens freqüentes não seja grande demais. A configuração de conjuntos de itens freqüentes que funciona melhor com esta estratégia é mostrada na Figura 6.19(a), onde os nodos mais escuros representam conjuntos de itens infreqüentes. De forma alternativa, uma estratégia de pesquisa específica para geral procura primeiro conjuntos de itens freqüentes especí-

ficos, antes de encontrar os conjuntos de itens freqüentes mais gerais. Esta estratégia é útil para se descobrir conjuntos máximos de itens freqüentes em transações densas, onde o limite do conjunto de itens freqüentes está localizado próximo da parte inferior da rede, conforme mostrado na Figura 6.19(b). O princípio Apriori pode ser aplicado para podar todos os subconjuntos de conjuntos máximos de itens freqüentes. Especificamente, se um conjunto candidato de k itens for freqüente máximo, não temos que examinar seus subconjuntos de tamanho k-1. Contudo, se o conjunto candidato de k itens for infreqüente, precisamos verificar todos os seus k-1 subconjuntos na próxima iteração. Outra abordagem é combinar as estratégias geral para específica com específica para geral. Esta abordagem bidirecional requer mais espaço para armazenar os conjuntos candidatos de itens, mas pode auxiliar a identificar rapidamente o limite do conjunto de itens freqüentes, dada a configuração mostrada na Figura 6.19(c).

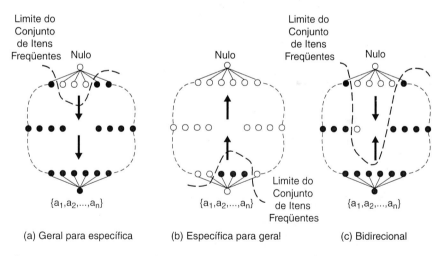

Figura 6.19. *Pesquisa geral para específica, específica para geral e bidirecional.*

- **Classes de Equivalência:** Outra forma de visualizar a travessia é primeiro particionar a rede em grupos disjuntos de nodos (ou classes equivalentes). Um algoritmo de geração de conjuntos de itens freqüentes pesquisa conjuntos de itens freqüentes dentro de uma determinada classe de equivalência primeiro antes de passar para outra classe de equivalência. Como exemplo, a estratégia de níveis usada no algoritmo Apriori pode ser considerada como particionando a rede com base nos tamanhos dos conjuntos de itens; i.e., o algoritmo descobre todos os conjuntos freqüentes de 1 item primeiro, antes de prosseguir para conjuntos de itens de tamanhos maiores. Classes de equivalência também podem ser definidas de acordo com os rótulos de prefixo ou sufixo de um conjunto de itens. Neste caso, dois conjuntos de itens pertencem à mesma classe de equivalência se compartilharem um prefixo ou sufixo comum de tamanho k. Na abordagem baseada em prefixos, o algoritmo pode pesquisar conjuntos de itens freqüentes começando com o prefixo a antes de procurar pelos que começam com o prefixo b, c e assim por diante. As classes de equivalência baseadas em sufixo e prefixo podem ser demonstradas usando a estrutura do tipo árvore, mostrada na Figura 6.20.

- **Largura Primeiro versus Profundidade Primeiro:** O algoritmo Apriori percorre a rede da forma primeira a largura, conforme mostrado na Figura 6.21(a). Ele primeiro descobre todos os conjuntos de 1 item freqüentes, seguidos pelos conjuntos de 2 itens freqüentes e assim por diante, até que nenhum conjunto de itens freqüentes seja gerado. A rede de conjuntos de itens também pode ser percorrida primeiro pela profundidade, conforme mostrado nas Figuras 6.21(b) e 6.22. O algoritmo pode começar, digamos, do nodo a da Figura 6.22 e contar seu suporte para determinar se é freqüente. Se for, o algoritmo expande progressivamente o próximo nível de nodos, i.e., ab, abc e assim por diante, até que seja alcançado um nodo infreqüente, digamos, abcd. Ele, então, volta para outra ramificação, digamos, abce, e continua a pesquisa de lá.

Análise Associativa: Algoritmos e Conceitos Básicos 431

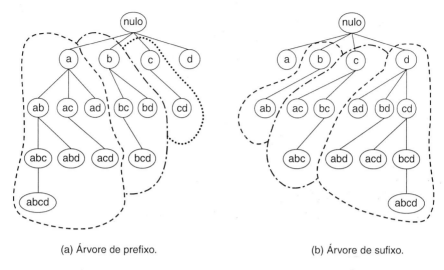

(a) Árvore de prefixo. (b) Árvore de sufixo.

Figura 6.20. *Classes de equivalência baseadas nos rótulos de prefixo e sufixo de conjuntos de itens.*

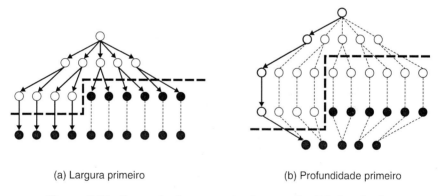

(a) Largura primeiro (b) Profundidade primeiro

Figura 6.21. *Travessias largura primeiro e profundidade primeiro.*

A abordagem profundidade primeiro muitas vezes é usada por algoritmos projetados para encontrar conjuntos máximos de itens freqüentes. Esta abordagem permite que o limite do conjunto de itens freqüentes seja detectada mais rapidamente do que usando uma abordagem largura primeiro. Uma vez que o conjunto máximo de itens freqüentes seja descoberto, poda substancial pode ser Executada em subconjuntos. Por exemplo, se o nodo bcde, mostrado na Figura 6.22, for máximo freqüente, então o algoritmo não tem que visitar as sub-árvores com raiz em bd, be, c, d e e porque elas não conterão quaisquer conjuntos máximos de itens freqüentes. Todavia, se abc for máximo freqüente, apenas os nodos como ac e bc não são máximos freqüentes (mas as sub-árvores de ac e bc ainda podem conter conjuntos máximos de itens freqüentes). A abordagem profundidade primeiro também permite um tipo diferente de poda baseada no suporte dos conjuntos de itens. Por exemplo, suponha que o suporte para {a,b,c} seja idêntico ao suporte para {a,b}. As sub-árvores com raiz em abd e abe pode ser puladas porque seguramente não têm quaisquer conjuntos máximos de itens freqüentes. A prova disto é deixada como exercício para o leitor.

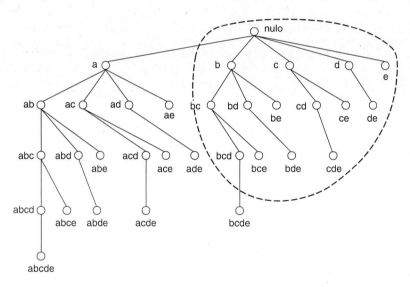

Figura 6.22. *Gerando conjuntos de itens candidatos usando a abordagem profundidade primeiro.*

Representação de Conjunto de Dados de Transação Há muitas formas de se representar um conjunto de dados de transação. A escolha da representação pode afetar os custos de E/S durante o cálculo do suporte de conjuntos de itens candidatos. A Figura 6.23 mostra duas formas diferentes de se representar transações de cestas de compras. A representação à esquerda é chamada de layout **horizontal** de dados, que é adotado por muitos algoritmos de mineração de regras de associação, incluindo Apriori. Outra possibilidade é armazenar a lista de identificadores de transações (lista TID) associados a cada item. Tal representação é conhecida como layout **vertical** de dados. O suporte para cada conjunto de itens candidatos é obtido pela intersecção das listas TID dos seus itens de subconjuntos. O comprimento das listas TID diminui à medida em que progredimos para conjuntos de itens de tamanhos maiores. Entretanto, um problema com esta abordagem é que o conjunto inicial de listas TID pode ser grande demais para caber na memória principal, requerendo, assim, técnicas mais sofisticadas para comprimir as listas TID. Descrevemos outra abordagem eficaz para representar os dados na próxima seção.

Layout Horizontal de Dados

TID	Itens
1	a,b,e
2	b,c,d
3	c,e
4	a,c,d
5	a,b,c,d
6	a,e
7	a,b
8	a,b,c
9	a,c,d
10	b

Layout Vertical de Dados

a	b	c	d	e
1	1	2	2	1
4	2	3	4	3
5	5	4	5	6
6	7	8	9	
7	8	9		
8	10			
9				

Figura 6.23. *Formato de dados horizontal e vertical.*

6.6 Algoritmo FP-Grow

Esta seção apresenta um algoritmo alternativo chamado **FP-growth,** que recebe uma abordagem radicalmente diferente para descobrir conjuntos de itens freqüentes. O algoritmo não concorda com o paradigma gerar e testar de Apriori. Em vez disso, ele codifica o conjunto de dados usando uma estrutura de dados compacta chamada **árvore FP** e extrai conjuntos de itens freqüentes diretamente desta estrutura. Os detalhes desta abordagem são apresentados a seguir.

6.6.1 Representação Árvore FP

Uma árvore FP é uma representação compactada dos dados de entrada. Ela é construída pela leitura do conjunto de dados uma transação por vez e mapeando cada transação em um caminho na árvore FP. Como diferentes transações podem ter diversos itens em comum, seus caminhos podem se sobrepor. Quanto mais os caminhos se sobrepõem, mais compressão podemos obter usando a estrutura de árvore FP. Se o tamanho da árvore FP for suficientemente pequeno para caber na memória principal, isto nos permitirá extrair conjuntos de itens freqüentes diretamente da estrutura na memória em vez de executar passagens repetidas pelos dados armazenados em disco.

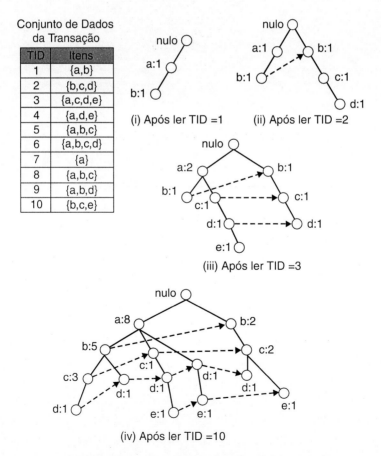

Figura 6.24. *Construção de uma árvore FP.*

Análise Associativa: Algoritmos e Conceitos Básicos 435

A Figura 6.24 mostra um conjunto de dados contendo dez transações e cinco itens. As estruturas da árvore FP após a leitura das três primeiras transações também são mostradas no diagrama. Cada nodo na árvore contém o rótulo de um item junto com um contador que mostra o número de transações mapeadas para um determinado caminho. Inicialmente, a árvore FP contém apenas o nodo raiz representado pelo símbolo nulo. A árvore FP é subseqüentemente estendida da seguinte maneira:

1. O conjunto de dados é varrido uma vez para determinar o contador de suporte de cada item. Itens infreqüentes são descartados, enquanto que os itens freqüentes são ordenados pelos contadores de suporte decrescentemente. Para o conjunto de dados mostrado na Figura 6.24, a é o item mais freqüente, seguido por b, c d e e.

2. O algoritmo executa uma segunda passagem pelos dados para construir a árvore FP. Após ler a primeira transação, {a,b}, os nodos rotulados como a e b são criados. Um caminho é então formado de nulo → a → b para codificar a transação. Cada nodo pelo caminho possui um contador de freqüência igual a 1.

3. Após ler a segunda transação, {b,c,d}, um novo conjunto de nodo é criado para os itens b, c e d. Um caminho é então formado para representar a transação conectando os nodos nulo → b → c → d. Cada nodo pelo caminho possui um contador de freqüência igual a um. Embora as duas primeiras transações tenham um item em comum, que é b, seus caminhos são disjuntos porque as transações não compartilham um prefixo em comum.

4. A terceira transação, {a,c,d,e}, compartilha um item de fixo comum (que é a) com a primeira transação. Como conseqüência, o caminho para a terceira transação, nulo → a → c → d → e, intersecciona com o caminho para a primeira transação, nulo → a → b. Por causa dos seus caminhos sobrepostos, o contador de freqüência para um nodo a incrementado para dois, enquanto que os contadores de freqüência para nodos recém criados, c, d e e, são iguais a um.

5. Este processo continua até que todas as transações tenham sido mapeadas em um dos caminhos apresentados na árvore FP. A árvore FP resultante após a leitura de todas as transações é mostrada na parte de baixo da Figura 6.24.

O tamanho de uma árvore FP é geralmente menor do que dados não compactados porque muitas transações em dados de cestas de compras muitas vezes compartilham alguns itens. No cenário do melhor caso, onde todas as transações têm o mesmo conjunto de itens, a árvore FP contém apenas uma única ramificação de nodos. O cenário do pior caso acontece quando cada transação tem um único conjunto de itens. Já que nenhuma das transações tem itens em comum, o tamanho da árvore FP é efetivamente o mesmo dos dados originais. Entretanto, o requisito de armazenamento físico para a árvore FP é maior porque ela requer espaço adicional para armazenar ponteiros entre nodos e contadores para cada item.

O tamanho de uma árvore FP também depende de como os itens são ordenados. Se o esquema de ordenação no exemplo anterior for revertido, i.e., do item de menor para o de maior suporte, a árvore FP resultante é mostrada na Figura 6.25. A árvore parece ser mais densa porque o fator de ramificação no nodo raiz aumentou de 2 para 5 e o número de nodos contendo os itens de suporte alto como a e b aumentou de 3 para 12. Apesar disso, ordenar pelo contador de suporte decrescentemente nem sempre leva à menor árvore. Por exemplo, suponha que aumentemos o conjunto de dados apresentados na Figura 6.24 com 100 transações que contêm {e}, 80 transações que contêm {d}, 60 transações que contêm {c} e 40 transações que contêm {b}. O item e é agora o mais freqüente, seguido por d, c, b e a. Com as transações aumentadas, a ordenação decrescente de contadores de suporte resultará em uma árvore FP semelhante à Figura 6.25, enquanto que um esquema baseado em contadores de suporte crescente produz uma árvore FP menor, semelhante à Figura 6.24 (iv).

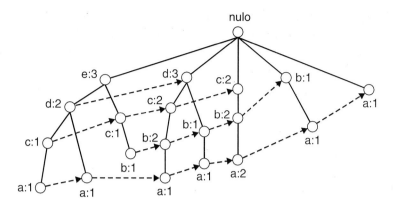

Figura 6.25. *Uma representação de árvore FP para o conjunto de dados mostrado na Figura 6.24 com um esquema diferente de ordenação de itens.*

Uma árvore FP também contém uma lista de ponteiros conectando nodos que tenham os mesmos itens. Estes ponteiros, representados por linhas tracejadas nas Figuras 6.24 e 6.25, ajudam a facilitar o acesso rápido a itens individuais na árvore. Explicamos como usar a árvore FP e seus ponteiros correspondentes para a geração de conjuntos de itens freqüentes na próxima seção.

6.6.2 Geração de Conjuntos de Itens Freqüentes no Algoritmo FP-Growth

FP-growth é um algoritmo que gera conjuntos de itens freqüentes a partir de uma árvore FP explorando a árvore de baixo para cima. Dada a árvore exemplo mostrada na Figura 6.24, o algoritmo procura conjuntos de itens freqüentes terminando em e primeiro, seguido por d, c, b e, finalmente, a. Esta estratégia de bottom-up para encontrar conjuntos de itens freqüentes terminando em um determinado tem, digamos, e, examinando apenas os caminhos que contenham o nodo e. Estes caminhos podem ser acessados rapidamente usando os ponteiros associados ao nodo e. Os caminhos extraídos são mostrados na Figura 6.26(a). Os detalhes sobre como processar os caminhos para obter conjuntos de itens freqüentes serão explicados mais adiante.

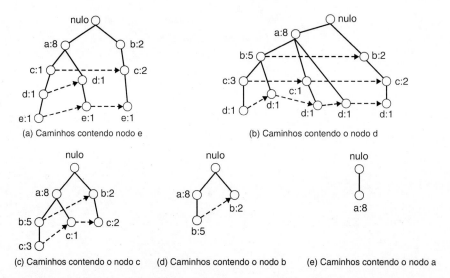

Figura 6.26. *Decompondo o problema da geração dos conjuntos de itens freqüentes em múltiplos sub-problemas, onde cada sub-problema envolve a descoberta de conjuntos de itens freqüentes terminando em e, d, c, b e a.*

Tabela 6.6. A lista de conjuntos de itens freqüentes ordenados pelos seus sufixos correspondentes.

Sufixos	Conjuntos de Itens Freqüentes
e	{e}, {d,e}, {a,d,e}, {c,e},{a,e}
d	{d}, {c,d}, {b,c,d}, {a,c,d}, {b,d}, {a,b,d}, {a,d}
c	{c}, {b,c}, {a,b,c}, {a,c}
b	{b}, {a,b}
a	{a}

Após encontrar os conjuntos de itens freqüentes terminando em e, o algoritmo prossegue procurando por conjuntos de itens freqüentes terminando em d processando os caminhos associados ao nodo d. Os caminhos correspondentes são mostrados na Figura 6.26(b). Este processo continua até que todos os caminhos associados aos nodos c, b e, finalmente, a, sejam processados. Os caminhos para estes itens são mostrados nas Figuras 6.26(c), (d) e (e), enquanto que seus conjuntos de itens freqüentes correspondentes são resumidos na Tabela 6.6.

FP-growth encontra todos os conjuntos de itens freqüentes terminando com um prefixo específico empregando uma estratégia dividir-para-conquistar para dividir o problema em sub-problemas menores. Por exemplo, suponha que estejamos interessados em encontrar todos os conjuntos de itens freqüentes terminados em e. Para fazer isso, devemos primeiro verificar se o próprio conjunto de itens é freqüente. Se ele for freqüente, analisamos o sub-problema de encontrar conjuntos de itens freqüentes terminando em de, seguido por ce, be e ae. Por sua vez, cada um destes sub-problemas são mais decompostos em sub-problemas menores. Realizando a fusão das soluções obtidas dos sub-problemas, todos os conjuntos de itens freqüentes terminando em e podem ser encontrados. Esta abordagem dividir-para-conquistar é a estratégia chave empregada pelo algoritmo FP-growth.

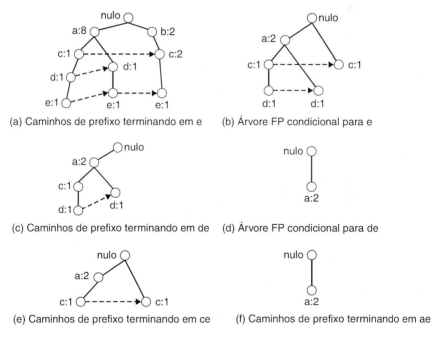

Figura 6.27. *Exemplo de aplicação do algoritmo FP-growth para encontrar conjuntos de itens freqüentes terminando em e.*

Para ver um exemplo mais concreto de como resolver os sub-problemas, analise a tarefa de encontrar conjuntos de itens freqüentes terminando em e.
1. O primeiro passo é juntar todos os caminhos contendo o nodo e. Estes caminhos iniciais são chamados **caminhos de prefixo** e são mostrados na Figura 6.27(a).
2. A partir dos caminhos de prefixo mostrados na Figura 6.27(a), o contador de suporte para e é obtido pela adição de contadores de suporte associados ao nodo e. Supondo que o contador de suporte mínimo seja 2, {e} é declarado um conjunto de item freqüente porque seu contador de suporte é 3.
3. Devido a {e} ser freqüente, o algoritmo tem que resolver os sub-problemas de encontrar conjuntos de itens freqüentes terminando em de, ce e ae. Antes de resolver estes sub-problemas, deve-se converter os caminhos de prefixo em uma **árvore FP condicional**, que é estruturalmente semelhante a uma árvore FP, exceto por ser usada para encontrar conjuntos de itens freqüentes terminando em um determinado sufixo. Uma árvore FP condicional é obtida da seguinte forma:
    (a) Primeiro, os contadores de suporte pelos caminhos de prefixo devem ser atualizados porque alguns dos contadores incluem transações que não contêm o item e. Por exemplo, o caminho mais à direita mostrado na Figura 6.27(a), nulo $\rightarrow$ b:2 $\rightarrow$ c:2 $\rightarrow$ e:1, inclui uma transação {b,c} que não contém o item e. Os contadores pelo caminho dos prefixos devem, portanto, ser ajustados para 1 para refletir o número real de transações contendo {b,c,e}.
    (b) Os caminhos do prefixo são truncados pela remoção dos nodos para e. Estes nodos podem ser removidos porque os contadores de suporte pelos caminhos do prefixo foram atualizados para refletir apenas transações que contenham e os sub-problemas de encontrar conjuntos de itens freqüentes terminando em de, ce, be e ae não precisam mais de informações sobre o nodo e.

Análise Associativa: Algoritmos e Conceitos Básicos

(c) Após atualizar os contadores de suporte pelos caminhos do prefixo, alguns dos itens podem não ser mais freqüentes. Por exemplo, o nodo b aparece apenas uma vez e possui um contador de suporte igual a 1, o que significa que há apenas uma transação que contém tanto b quanto e. O item b pode ser ignorado com segurança nas análises subseqüentes porque os contadores de freqüência foram atualizados e os nodos b e e foram eliminados.

4. FP-growth usa a árvore FP condicional para o item *e* para resolver os sub-problemas de encontrar conjuntos de itens freqüentes terminando em de, ce e ae. Para encontrar os conjuntos de itens freqüentes terminando em de, os caminhos de prefixo para d são pegos da árvore FP condicional para e (Figura 6.27(c)). Adicionando-se os contadores de freqüência associados ao nodo d, obtemos o contador de suporte para {d,e}. Já que o contador de suporte é igual a 2, {d,e} é declarado um conjunto de itens freqüentes. A seguir, o algoritmo constrói a árvore FP condicional para de usando a abordagem descrita no passo 3. Após atualizar os contadores de suporte e remover o item infreqüente c, a árvore FP condicional para de é mostrada na Figura 6.27(d). Já que a árvore condicional FP contém apenas um item, a, cujo suporte é igual a minsup, o algoritmo extrai o conjunto de itens freqüentes {a,d,e} e passa para o próximo sub-problema, que é gerar conjuntos de itens freqüentes terminando em ce. Após processar os caminhos de prefixo para c, apenas {c,e} é encontrado como freqüente. O algoritmo prossegue para resolvendo o próximo sub-programa e encontrou {a,e} como o único conjunto de itens freqüentes restante.

Este exemplo ilustra como a abordagem dividir-para-conquistar é usada no algoritmo FP-growth. A cada passo recursivo, uma árvore FP condicional é construída pela atualização dos contadores de freqüência pelos caminhos de prefixo e pela remoção de todos os itens infreqüentes. Devido aos sub-problemas serem disjuntos, FP-growth não gerará conjuntos de itens freqüentes duplicados. Além disso, os contadores associados aos nodos permitem que o algoritmo execute a contagem de suporte enquanto gera os conjuntos de itens de sufixo comum.

FP-growth é um algoritmo interessante porque ilustra como uma representação compacta do conjunto de dados da transação ajuda a gerar de modo eficiente conjuntos de itens freqüentes. Além disso, para determinados conjuntos de dados de transação, FP-growth tem melhor desempenho que o algoritmo Apriori padrão em diversas ordens de magnitude. O desempenho em tempo de execução do FP-growth depende do **fator de compactação** do conjunto de dados. Se as árvores FP condicionais resultantes forem muito cerradas (no pior caso, uma árvores de prefixo cheia), então o desempenho do algoritmo é degradado de forma significativa porque ele tem que gerar um grande número de sub-problemas e realizar a fusão dos resultados retornados por cada sub-problema.

6.7 Avaliação dos Padrões de Associação

Algoritmos de análise de associação têm o potencial de gerar um grande número de padrões. Por exemplo, embora o conjunto de dados mostrados na Tabela 6.1 contenha apenas seis itens, ele pode produzir até centenas de regras de associação em determinados limites de suporte e confiança. Como o tamanho e dimensionalidade de bancos de dados comerciais reais podem ser muito grandes, poderíamos facilmente acabar com milhares ou até mesmo milhões de padrões, muitos dos quais poderiam não ser de interesse. Selecionar os padrões para identificar os mais interessantes não é uma tarefa trivial porque "o lixo de uma pessoa pode ser o tesouro de outra". É, portanto, importante se estabelecer um conjunto de critérios bem aceitos para avaliar a qualidade dos padrões de associação.

O primeiro conjunto de critérios pode ser estabelecido através de argumentos estatísticos. Padrões que envolvam um conjunto de itens mutuamente independentes ou que cubram muito poucas transações são considerados desinteressantes porque podem capturar relacionamentos falsos nos dados. Tais padrões podem ser eliminados pela aplicação de uma **medida de interesse objetivo** que usa estatísticas derivadas de dados para determinar se um padrão é interessante. Exemplos de medidas de interesse objetivo incluem suporte, confiança e correlação.

O segundo conjunto de critérios pode ser estabelecido através de argumentos subjetivos. Um padrão é considerado subjetivamente desinteressante a menos que revele informações inesperadas sobre os dados ou forneça conhecimento útil que possa levar a ações proveitosas. Por exemplo, a regra {Manteiga} → {Pão} pode não ser interessante, apesar de ter valores de suporte e confiança altos, porque o relacionamento representado pela regra pode parecer bastante óbvio. Por outro lado, a regra {Fraldas} → {Cerveja} é interessante porque o relacionamento é bastante inesperado e pode sugerir uma nova oportunidade de venda cruzada para os varejistas. Incorporar conhecimento subjetivo na avaliação de padrões é uma tarefa difícil porque requer uma quantidade considerável de informações prévias de especialistas no domínio.

A seguir estão algumas das abordagens para incorporar conhecimento subjetivo à tarefa de descoberta de padrões.

Visualização Esta abordagem requer um ambiente amigável para o usuário. Ele também permite que os especialistas no domínio interajam com o sistema de mineração de dados interpretando e verificando os padrões descobertos.

Abordagem baseada em modelos Esta abordagem permite aos usuários restringir o tipo de padrões extraídos pelo algoritmo de mineração. Em vez de informar todas as regras extraídas, apenas as regras que satisfaçam a um modelo especificado pelo usuário são retornadas para eles.

Medida subjetiva de interesse Uma medida subjetiva pode ser definida com base em informações do domínio, como hierarquia de conceitos (a ser discutida na Seção 7.3) ou margem de lucro de itens. A medida pode ser, então, usada para filtrar padrões que sejam óbvios e incontestáveis.

Os leitores interessados em medidas subjetivas de interesse podem ver as fontes listadas na bibliografia, ao final deste capítulo.

6.7.1 Medidas Objetivas de Interesse

Uma medida subjetiva de interesse é uma abordagem orientada a dados para se avaliar a qualidade de padrões de associação. Ela é independente de domínio e requer o mínimo de informações dos usuários, além da especificação de um limite para filtragem de padrões de baixa qualidade. Uma medida objetiva geralmente é calculada com base nos contadores de freqüência tabulados em uma **tabela de contingência**. A Tabela 6.7 mostra um exemplo de uma tabela de contingência para um par de variáveis binárias, A e B. Usamos a notação $\overline{A}(\overline{B})$ para indicar que A(B) está ausente de uma transação. Cada entrada F_{ij} nesta tabela 2 x 2 denota um contador de freqüência. Por exemplo, f_{11} é o número de vezes que A e B aparecem juntos na mesma transação, enquanto que f_{01} é o número de transações que contêm B mas não A. A soma da linha f_{1+} representa o contador de suporte de A, enquanto que a soma da coluna f_{+1} representa o contador de suporte de B. Finalmente, embora nossa discussão enfoque principalmente variáveis binárias assimétricas, observe que tabelas de contingência também são aplicáveis a outros tipos de atributos como variáveis binárias simétricas, nominais e ordinais.

Tabela 6.7. Uma tabela de contingência de 2 mãos para as variáveis A e B.

	B	$\overline{B}$	
A	f_{11}	f_{10}	f_{1+}
$\overline{A}$	f_{01}	f_{00}	f_{0+}
	f_{+1}	f_{+0}	N

Limitações do Framework de Suporte-Confiança A formulação existente de mineração de regras de associação se baseia nas medidas de suporte e confiança para eliminar padrões não interessantes. A desvantagem do suporte foi descrita anteriormente na Seção 6.8, na qual muitos padrões potencialmente interessantes envolvendo itens com baixo suporte poderiam ser eliminados pelo limite de suporte. A desvantagem da confiança é mais sutil e melhor demonstrada com o exemplo a seguir.

Exemplo 6.3. Suponha que estejamos interessados em analisar o relacionamento entre pessoas que bebam chá e café. Podemos coletar informações sobre as preferências de bebida entre um grupo de pessoas e resumir suas respostas em uma tabela como mostrado na Tabela 6.8.

Análise Associativa: Algoritmos e Conceitos Básicos

Tabela 6.8. Preferências de bebida em um grupo de 1.000 pessoas.

	Café	$\overline{\text{Café}}$	
Chá	150	50	200
$\overline{\text{Chá}}$	650	150	800
	800	200	1000

As informações apresentadas nesta tabela podem ser usadas para avaliar a regra de associação {Chá} → {Café}. À primeira vista, pode parecer que as pessoas que bebem chá também tendem a beber café porque os valores de suporte (15%) e de confiança (75%) da regra são razoavelmente altos. Este argumento teria sido aceitável exceto pela proporção de pessoas que bebem café, independentemente de beberem chá, ser de 80%, enquanto que a de pessoas que bebem chá e café é de 75%. Assim, saber que uma pessoa bebe chá na verdade diminui sua possibilidade de que beba café de 80 para 75%! A regra {Chá} → {Café} é, na verdade, ilusória, apesar do seu alto valor de confiança.

A armadilha da confiança pode ser associada ao fato de que a medida ignora o suporte do conjunto de itens no conseqüente da regra. De fato, se o suporte das pessoas que bebem café for levando em consideração, não nos surpreenderíamos se descobríssemos que muitas das pessoas que bebem chá também bebem café. O que é mais surpreendente é que a proporção de pessoas que bebem chá e que também bebem café é na verdade menor do que a proporção geral de pessoas que bebem café, o que aponta para um relacionamento inverso entre pessoas que bebem chá e pessoas que bebem café.

Devido às limitações do framework de suporte-confiança, diversas medidas objetivas têm sido usadas para avaliar a qualidade dos padrões de associação. A seguir, fornecemos uma breve descrição destas medidas e explicamos alguns dos seus pontos fortes e limitações.

Fator de Interesse O exemplo do chá-café mostra que regras com alta confiança podem, às vezes, ser enganosas porque a medida de confiança ignora o suporte do conjunto de itens que aparece no conseqüente da regra. Uma forma de abordar este problema é aplicando uma métrica conhecida como **lift**:

$$Lift = \frac{c(A \to B)}{s(B)},\qquad (6.4)$$

que calcula a taxa entre a confiança da regra e o suporte do conjunto de itens no conseqüente da regra. Para variáveis binárias, lift é equivalente a outra medida objetiva chamada **fator de interesse**, que é definida da seguinte forma:

$$I(A, B) = \frac{s(A, B)}{s(A) \times s(B)} = \frac{Nf_{11}}{f_{1+}f_{+1}}.\qquad (6.5)$$

O fator de interesse compara a freqüência de um padrão com a freqüência da linha de base calculada sob a suposição de independência estatística. A freqüência da linha de base para um par de variáveis mutuamente independentes é

$$\frac{f_{11}}{N} = \frac{f_{1+}}{N} \times \frac{f_{+1}}{N},\ \text{ou o equivalente,}\ \ f_{11} = \frac{f_{1+}f_{+1}}{N}.\qquad (6.6)$$

Tabela 6.9. Tabelas de contingência para os pares de palavras ({p,q} e {r,s}).

	p	$\bar{p}$	
q	880	50	930
$\bar{q}$	50	20	70
	930	70	1000

	r	$\bar{r}$	
s	20	50	70
$\bar{s}$	50	880	930
	70	930	1000

Esta equação segue da abordagem padrão de usar frações simples como estimativas de probabilidades. A fração f_{11}/N é uma estimativa da probabilidade junta P(A,B), enquanto que f_{1+}/N e f_{+1}/N são as estimativas para P(A) e P(B), respectivamente. Se A e B forem estatisticamente independentes, então P(A,B) = P(A) x P(B), levando assim à fórmula mostrada na Equação 6.6. Usando as Equações 6.5 e 6.6, podemos interpretar a medida da seguinte maneira:

$$I(A,B) \begin{cases} =1, \text{se } A \text{ e } B \text{ forem independentes;} \\ >1, \text{se } A \text{ e } B \text{ forem relacionados positivamente;} \\ <1, \text{se se } A \text{ e } B \text{ forem relacionados negativamente.} \end{cases}\qquad (6.7)$$

Para o exemplo do chá-café mostrado na Tabela 6.8, $I = \frac{0.15}{0.2 \times 0.8} = 0.9375$, sugerindo assim uma leve correlação negativa entre pessoas que bebem chá e pessoas que bebem café.

Limitações do Fator de Interesse   Ilustramos a limitação do fator de interesse com um exemplo do domínio da mineração de texto. Na mineração de texto, é razoável supor que a associação entre um par de palavras depende do número de documentos que contêm ambas as palavras. Por exemplo, devido à sua forte associação, esperamos que as palavras mineração e dados apareçam mais freqüentemente do que as palavras compilador e mineração em um conjunto de artigos de ciência da computação.

A Tabela 6.9 mostra a freqüência de ocorrências entre dois pares de palavras, {p,q} e {r,s}. Usando a fórmula apresentada na Equação 6.5, o fator de interesse para {p,q} é 1,02 e para {r,s} é de 4,08. Estes resultados são um pouco problemáticos pelas seguintes razões. Embora p e q apareçam juntas em 88% dos documentos, seu fator de interesse está próximo a 1, que é o valor quando p e q são estatisticamente independentes. Por outro lado, o fator de interesse para {r,s} é maior que {p,q}, embora r e s raramente apareçam juntos no mesmo documento. A confiança talvez a melhor escolha nesta situação porque considera a associação entre p e q (94,6%) muito mais forte do que entre r e s (28,6%).

Análise de Correlação   A análise de correlação é uma técnica baseada em estatísticas para analisar relacionamentos entre um par de variáveis. Para variáveis contínuas, a correlação é definida usando o coeficiente de correlação de Pearson (veja a Equação 2.10 na página 77). Para variáveis binárias, a correlação pode ser medida usando-se o coeficiente ϕ, que é definido como

$$\phi = \frac{f_{11}f_{00} - f_{01}f_{10}}{\sqrt{f_{1+}f_{+1}f_{0+}f_{+0}}}. \qquad (6.8)$$

O valor da correlação varia de -1 (correlação negativa perfeita) a +1 (correlação positiva perfeita). Se as variáveis forem independentes estatisticamente, então $\phi = 0$. Por exemplo, a correlação entre as pessoas que bebem chá e as que bebem café apresentada na Tabela 6.8 é -0,0625.

Limitações da Análise de Correlação   A desvantagem de usar a correlação pode ser vista no exemplo de associação de palavras apresentado na Tabela 6.9. Embora as palavras p e q apareçam juntas mais freqüentemente do que r e s, seus coeficientes ϕ são idênticos, i.e. ϕ(p,q) = ϕ(r,s) = 0,232. Isto ocorre porque o coeficiente ϕ dá importância igual à co-presença e à co-ausência de itens em uma transação. É, portanto, mais apropriado para analisar variáveis binárias simétricas. Outra limitação desta medida é que ela não permanece invariável quando há mudanças proporcionais no tamanho do modelo. Esta questão será discutida em maiores detalhes quando descrevermos as propriedades de medidas objetivas.

Medida IS   IS é uma medida alternativa que foi proposta para lidar com variáveis binárias assimétricas. A medida é definida da seguinte forma:

$$IS(A,B) = \sqrt{I(A,B) \times s(A,B)} = \frac{s(A,B)}{\sqrt{s(A)s(B)}}. \quad (6.9)$$

Observe que IS é grande quando o fator de interesse e o suporte do padrão forem grandes. Por exemplo, o valor de IS para os pares de palavras {p,q} e {r,s} mostrados na Tabela 6.9 são 0,946 e 0,286, respectivamente. Contrária aos resultados apresentados pelo fator de interesse e o coeficiente ϕ, a medida IS sugere que a associação entre {p,q} é mais forte que a de {r,s}, o que concorda com o que esperamos das associações de palavras em documentos.

É possível mostrar que IS é matematicamente equivalente à medida do coseno para variáveis binárias (veja a Equação 2.7). Com relação a isto, analisamos A e B como um par de vetores de bits, A • B = s(A, B) o produto de ponto entre os vetores e $|A| = \sqrt{s(A)}$ a magnitude do vetor A. Portanto:

Tabela 6.10. Exemplo de uma tabela de contingência para itens p e q.

	q	$\bar{q}$	
p	800	100	900
$\bar{p}$	100	0	100
	900	100	1000

Análise Associativa: Algoritmos e Conceitos Básicos

$$IS(A, B) = \frac{s(A,B)}{\sqrt{s(A) \times s(B)}} = \frac{\mathbf{A} \cdot \mathbf{B}}{|\mathbf{A}| \times |\mathbf{B}|} = \text{coseno}(\mathbf{A}, \mathbf{B}). \tag{6.10}$$

A medida IS também pode ser expressa como a média geométrica entre a confiança das regras de associação extraídas de um par de variáveis binárias:

$$IS(A, B) = \sqrt{\frac{s(A,B)}{s(A)} \times \frac{s(A,B)}{s(B)}} = \sqrt{c(A \rightarrow B) \times c(B \rightarrow A)}. \tag{611}$$

Devido à média geométrica entre dois números quaisquer estar sempre mais próxima do número menor, o valor IS de um conjunto de itens {p,q} é baixo sempre que uma de suas regras, p → q ou q → p, tiver confiança baixa.

Limitações da Medida IS O valor IS para um par de conjuntos de itens independentes, A e B, é

$$IS_{indep}(A, B) = \frac{s(A,B)}{\sqrt{s(A) \times s(B)}} = \frac{s(A) \times s(B)}{\sqrt{s(A) \times s(B)}} = \sqrt{s(A) \times s(B)}.$$

Já que o valor depende de s(A) e s(B), IS compartilha um problema semelhante ao da medida de confiança – que o valor pode ser bastante grande, mesmo para padrões não correlacionados ou correlacionados negativamente. Por exemplo, apesar do valor IS ser grande entre os itens p e q apresentados na Tabela 6.10 (0,889), ainda é menor que o valor esperado quando os itens são estatisticamente independentes (IS_{indep} = 0,9).

Medidas Objetivas de Interesse Alternativas

Além das medidas que descrevemos até agora, há outras medidas alternativas propostas para analisar relacionamentos entre pares de variáveis binárias. Estas medidas podem ser divididas em duas categorias, medidas **simétricas** e **assimétricas**. Uma medida M é simétrica se M(A→B)=M(B→A). Por exemplo, o fator de interesse é uma medida simétrica porque seu valor é idêntico para as regras A→B e B→A. Em contraste, a confiança não é igual. Medidas simétricas geralmente são usadas para avaliar conjuntos de itens, enquanto que medidas assimétricas são mais apropriadas para analisar regras de associação. As Tabelas 6.11 e 6.12 fornecem as definições para algumas destas medidas em termos dos contadores de freqüência de uma tabela de contingência 2x2.

Consistência Entre Medidas Objetivas

Dada a ampla variedade de medidas disponíveis, é razoável questionar se as medidas podem produzir resultados de ordens semelhantes quando aplicados a um conjunto de padrões de associação. Se as medidas forem consistentes, então podemos escolher qualquer uma delas como nossa métrica de avaliação. Caso contrário, é importante entender quais são suas diferenças para determinar qual medida é mais apropriada para analisar determinados tipos de padrões.

Tabela 6.11. Exemplos de medidas objetivas simétricas para o conjunto de itens {A,B}.

Medida (Símbolo)	Definição
Correlação (ϕ)	$\frac{Nf_{11} - f_{1+}f_{+1}}{\sqrt{f_{1+}f_{+1}f_{0+}f_{+0}}}$
Taxa de probabilidade (α)	$(f_{11}f_{00})/(f_{10}f_{01})$
Capa (κ)	$\frac{Nf_{11} + Nf_{00} - f_{1+}f_{+1} - f_{0+}f_{+0}}{N^2 - f_{1+}f_{+1} - f_{0+}f_{+0}}$
Interesse (I)	$(Nf_{11})/(f_{1+}f_{+1})$
Coseno (IS)	$(f_{11})/(\sqrt{f_{1+}f_{+1}})$
Piatetsky-Shapiro (PS)	$\frac{f_{11}}{N} - \frac{f_{1+}f_{+1}}{N^2}$
Força coletiva (S)	$\frac{f_{11} + f_{00}}{f_{1+}f_{+1} + f_{0+}f_{+0}} \times \frac{N - f_{1+}f_{+1} - f_{0+}f_{+0}}{N - f_{11} - f_{00}}$
Jaccard (ζ)	$f_{11}/(f_{1+} + f_{+1} - f_{11})$
Toda confiança (h)	$\min\left[\frac{f_{11}}{f_{1+}}, \frac{f_{11}}{f_{+1}}\right]$

Análise Associativa: Algoritmos e Conceitos Básicos 451

Tabela 6.12. Exemplos de medidas objetivas assimétricas para a regra A → B.

Medida (Símbolo)	Definição
Goodman-Kruskal (λ)	$\left(\sum_j \max_k f_{jk} - \max_k f_{+k}\right)/\left(N - \max_k f_{+k}\right)$
Informação Mútua (M)	$\left(\sum_i \sum_j \frac{f_{ij}}{N} \log \frac{Nf_{ij}}{f_{i+}f_{+j}}\right)/\left(-\sum_i \frac{f_{i+}}{N} \log \frac{f_{i+}}{N}\right)$
Medida J (J)	$\frac{f_{11}}{N} \log \frac{Nf_{11}}{f_{1+}f_{+1}} + \frac{f_{10}}{N} \log \frac{Nf_{10}}{f_{1+}f_{+0}}$
Índice Gini (G)	$\frac{f_{1+}}{N} \times \left(\frac{f_{11}}{f_{1+}}\right)^2 + \left(\frac{f_{10}}{f_{1+}}\right)^2] - \left(\frac{f_{+1}}{N}\right)^2$
	$+ \frac{f_{0+}}{N} \times [\left(\frac{f_{01}}{f_{0+}}\right)^2 + \left(\frac{f_{00}}{f_{0+}}\right)^2] - \left(\frac{f_{+0}}{N}\right)^2$
Laplace (L)	$(f_{11} + 1)/(f_{1+} + 2)$
Convicção (V)	$(f_{1+}f_{+0})/(Nf_{10})$
Fator de Certeza (F)	$\left(\frac{f_{11}}{f_{1+}} - \frac{f_{+1}}{N}\right)/\left(1 - \frac{f_{+1}}{N}\right)$
Valor Agregado (AV)	$\frac{f_{11}}{f_{1+}} - \frac{f_{+1}}{N}$

Tabela 6.13. Exemplo de tabelas de contingência.

Exemplo	f_{11}	f_{10}	f_{01}	f_{00}
E_1	8123	83	424	1370
E_2	8330	2	622	1046
E_3	3954	3080	5	2961
E_4	2886	1363	1320	4431
E_5	1500	2000	500	6000
E_6	4000	2000	1000	3000
E_7	9481	298	127	94
E_8	4000	2000	2000	2000
E_9	7450	2483	4	63
E_{10}	61	2483	4	7452

Suponha que as medidas simétrica e assimétrica sejam aplicadas para classificar as dez tabelas de contingência mostradas na Tabela 6.13. Estas tabelas de contingência são escolhidas para ilustrar as diferenças entre as medidas existentes. A ordenação produzida por estas medidas é mostrada nas Tabelas 6.14 e 6.15, respectivamente (com 1 como a tabela mais interessante e 10 como a menos). Embora algumas das medidas pareçam ser consistentes entre si, há certas medidas que produzem resultados de ordenamento muito diferentes. Por exemplo, as classificações apresentadas pelo coeficiente ϕ concordam com as fornecidas por k e força coletiva, mas são um pouco diferentes das produzidas pelo fator de interesse e pela taxa de probabilidade. Além disso, uma tabela de contingência como a E10 recebe a classificação mais baixa de acordo com o coeficiente ϕ, mas a mais alta de acordo com o fator de interesse.

Tabela 6.14. Classificações de tabelas de contingência usando as medidas simétricas apresentadas na Tabela 6.11.

	ϕ	α	κ	I	IS	PS	S	ζ	h
E_1	1	3	1	6	2	2	1	2	2
E_2	2	1	2	7	3	5	2	3	3
E_3	3	2	4	4	5	1	3	6	8
E_4	4	8	3	3	7	3	4	7	5
E_5	5	7	6	2	9	6	6	9	9
E_6	6	9	5	5	6	4	5	5	7
E_7	7	6	7	9	1	8	7	1	1
E_8	8	10	8	8	8	7	8	8	7
E_9	9	4	9	10	4	9	9	4	4
E_{10}	10	5	10	1	10	10	10	10	10

Tabela 6.15. Classificações de tabelas de contingência usando as medidas assimétricas apresentadas na Tabela 6.12.

	λ	M	J	G	L	V	F	AV
E_1	1	1	1	1	4	2	2	5
E_2	2	2	2	3	5	1	1	6
E_3	5	3	5	2	2	6	6	4
E_4	4	6	3	4	9	3	3	1
E_5	9	7	4	6	8	5	5	2
E_6	3	8	6	5	7	4	4	3
E_7	7	5	9	8	3	7	7	9
E_8	8	9	7	7	10	8	8	7
E_9	6	4	10	9	1	9	9	10
E_{10}	10	10	8	10	6	10	10	8

Propriedades de Medidas Objetivas

Os resultados mostrados na Tabela 6.14 sugerem que um número significativo de medidas forneçam informações conflitantes sobre a qualidade do padrão. Para entender suas diferenças, precisamos examinar as propriedades destas medidas.

Propriedade de Inversão Analise os vetores de bits mostrados na Figura 6.28. O bit 0/1 em cada vetor de coluna indica se uma transação (linha) contém um determinado item (coluna). Por exemplo, o vetor A indica que o item a pertence à primeira e à última transações, enquanto que o vetor B indica que o item b está contido apenas na quinta transação. Os vetores C e E estão, na verdade, relacionados ao vetor A – seus bits foram invertidos de 0's (ausência) para 1's (presença) e vice-versa. De forma semelhante, D está relacionado com os vetores B e F invertendo seus bits. O processo de inversão de um vetor de bit é chamado de **inversão**. Se uma medida for invariante sob a operação de inversão, então seu valor para o par de vetores (C,D) deve ser idêntico ao seu valor ara (A,B). A propriedade de inversão de uma medida pode ser testada da seguinte maneira.

A	B		C	D		E	F
1	0		0	1		0	0
0	0		1	1		1	0
0	0		1	1		1	0
0	0		1	1		1	0
0	1		1	0		1	1
0	0		1	1		1	0
0	0		1	1		1	0
0	0		1	1		1	0
0	0		1	1		1	0
1	0		0	1		0	0
(a)			(b)			(c)	

Figura 6.28. *Efeito da operação inversa. Os vetores C e E são inversões do vetor A, enquanto que o vetor D é uma inversão dos vetores B e F.*

Definição 6.6 (Propriedade de Inversão). Uma medida objetiva M é invariante sob a operação de inversão se o seu valor permanecer o mesmo ao se trocar os contadores de freqüência f_{11} por f_{00} e f_{10} por f_{01}.

Entre as medidas que permanecem invariantes sob esta operação se incluem o coeficiente φ, a taxa de probabilidade k e a força coletiva. Estas medidas podem não ser apropriadas para analisar dados binários assimétricos. Por exemplo, o coeficiente φ entre C e D é idêntico ao coeficiente φ entre A e B, embora os itens c e d apareçam juntos mais freqüentemente do que a e b. Além disso, o coeficiente φ entre C e D é menor que entre E e F, embora os itens E e F apareçam juntos apenas uma vez! Havíamos, anteriormente, levantado esta questão ao discutirmos as limitações do coeficiente ϕ na página 375. Para dados binários assimétricos, as medidas que não permanecerem invariantes sob a operação de inversão são preferidas. Algumas das medidas não invariantes incluem o fator de interesse, IS, PS e o coeficiente de Jaccard.

Propriedade de Adição Nula Suponha que estejamos interessados em analisar o relacionamento entre um par de palavras, como dados e mineração, em um conjunto de documentos. Se uma coleção de artigos sobre pesca no gelo for adicionada ao conjunto de dados, a associação entre dados e mineração deve ser afetada? Este processo de adição de dados não relacionados (neste caso, documentos) a um determinado conjunto de dados é conhecido como operação de **adição nula**.

Definição 6.7 (Propriedade de Adição Nula). Uma medida objetiva M é invariante sob a operação de adição nula se não for afetada pelo aumento de f_{00}, enquanto que todas as outras freqüências na tabela de contingência permanecem iguais.

Para aplicações como a análise de documentos ou a análise de cesta de compras, a medida deve permanecer invariante sob a operação de adição nula. Caso contrário, o relacionamento entre palavras pode desaparecer simplesmente pela adição de documentos suficientes que não contenham ambas as palavras! Exemplos de medidas que satisfazem esta propriedade incluem o fator de interesse, PS, taxa de probabilidade e coeficiente ϕ.

Propriedade de Escala A Tabela 6.16 mostra as tabelas de contingência para gênero e as notas obtidas por alunos matriculados em um curso particular m 1993 e 2004. Os dados nessas tabelas mostraram que o número de alunos aumentou em um fator de 3. Todavia, os estudantes do sexo masculino em 2004 não estão tendo desempenho melhor do que aqueles de 1993 porque a taxa de alunos do sexo masculino que obtêm uma nota alta com relação aos que tiram notas baixas ainda é a mesma, i.e., 3:4. De forma semelhante, os alunos do sexo feminino em 2004 não estão tendo desempenho melhor do que o de 1993. A associação entre as notas e o gênero deve permanecer inalterada apesar das mudanças na distribuição da amostra.

Tabela 6.16. Exemplo de notas-gênero.

	Masc.	Fem.	
Alta	30	20	50
Baixa	40	10	50
	70	30	100

(a) Dados da amostra de 1993.

	Masc.	Fem.	
Alta	60	60	120
Baixa	80	30	110
	140	90	230

(b) Dados da amostra de 2004.

Tabela 6.17. Propriedades de medidas simétricas.

Símbolo	Medida	Inversão	Adição Nula	Escala
ϕ	Coeficiente ϕ	Sim	Não	Não
α	Taxa de probabilidade	Sim	Não	Sim
κ	Cohen	Sim	Não	Não
I	Interesse	Não	Não	Não
IS	Cosseno	Não	Sim	Não
PS	Piatetsky-Shapiro	Sim	Não	Não
S	Força coletiva	Sim	Não	Não
ζ	Jaccard	Não	Sim	Não
h	Toda confiança	Não	Não	Não
s	Suporte	Não	Não	Não

Definição 6.8 (Propriedade de Invariância na Escala). Uma medida objetiva M é invariante sob a operação de escala na linha/coluna se M(T) = M(T'), onde T é uma tabela de contingência com contadores de freqüência [f11;f10;f01;f00], T' é uma tabela de contingência com contadores de freqüência escalada [k1k3f11';k2k3f10;k1k4f01;k2k4f00] e k1, k2, k3, k4 são constantes positivas.

Da Tabela 6.17, observe que apenas a taxa de probabilidade (α) é invariante sob as operações de escala de linha e coluna. Todas as outras medidas, como o coeficiente ϕ, k, IS, fator de interesse e força coletiva (S) alteram seus valores quando as linhas e colunas da tabela de contingência são reescaladas. Embora não discutamos as propriedades de medas assimétricas (como confiança, medida J, índice Gini e convicção), fica claro que tais medidas não preservam seus valores sob operações de escala de linha/coluna, mas são invariantes sob a operação de adição nula.

6.7.2 Medidas Além de Pares de Variáveis Binárias

As medidas mostradas nas tabelas 6.11 e 6.12 são definidas por pares de variáveis binárias (e.g., 2 conjuntos de itens ou regras de associação). Entretanto, muitas delas, como o suporte e a confiança total, também são aplicáveis a conjuntos de itens maiores. Outras medidas, como o fator de interesse, IS, PS e coeficiente de Jaccard, podem ser estendidas para mais de duas variáveis usando as tabelas de freqüência tabuladas em uma tabela de contingência multidimensional. Um exemplo de uma tabela de contingência tri-dimensional para a, b e c é mostrado na Tabela 6.18. Cada entrada f_{ijk} nesta tabela representa o número de transações que contêm uma determinada combinação de itens a, b e c. Por exemplo, f_{101} é o número de transações que contêm c e c, mas não b. Por outro lado, uma freqüência marginal como f_{1+1} é o número de transações que contêm a e c, independentemente de se b está presente na transação.

Tabela 6.18. Exemplo de uma tabela de contingência tri-dimensional.

c	b	$\bar{b}$
a	f_{111}	f_{101}	f_{1+1}
$\bar{a}$	f_{011}	f_{001}	f_{0+1}
	f_{+11}	f_{+01}	f_{++1}

$\bar{c}$	b	$\bar{b}$
a	f_{110}	f_{100}	f_{1+0}
$\bar{a}$	f_{010}	f_{000}	f_{0+0}
	f_{+10}	f_{+00}	f_{++0}

Dado um conjunto de itens k {i1, i2, .., ik}, a condição para independência estatística pode ser declarada da seguinte maneira:

$$f_{i_1 i_2 \ldots i_k} = \frac{f_{i_1+\ldots+} \times f_{+i_2\ldots+} \times \ldots \times f_{++\ldots i_k}}{N^{k-1}}. \quad (6.12)$$

Análise Associativa: Algoritmos e Conceitos Básicos

Com esta definição, podemos estender medidas objetivas como o fator de interesse e PS, que são baseadas em desvios da independência estatística, para mais de duas variáveis:

$$I = \frac{N^{k-1} \times f_{i_1 i_2 \ldots i_k}}{f_{i_1 + \ldots +} \times f_{+ i_2 \ldots +} \times \ldots \times f_{++ \ldots i_k}}$$

$$PS = \frac{f_{i_1 i_2 \ldots i_k}}{N} - \frac{f_{i_1 + \ldots +} \times f_{+ i_2 \ldots +} \times \ldots \times f_{++ \ldots i_k}}{N^k}$$

Outra abordagem é definir a medida objetiva como o valor máximo, mínimo ou médio para as associações entre pares de itens em um padrão. Por exemplo, dado um conjunto de k itens X = {i1,i2,...,ik}, podemos definir o coeficiente ϕ para X como o coeficiente ϕ médio entre cada par de itens (ip, iq) em X. Todavia, devido ao fato da medida considerar apenas associações de pares, pode não capturar todos os relacionamentos dentro de um padrão.

A análise de tabelas de contingência multidimensionais é mais complicada por causa da presença de associações parciais nos dados. Por exemplo, algumas associações podem aparecer ou desaparecer quando condicionadas ao valor de determinadas variáveis. Este problema é conhecido como o **Paradoxo de Simpson** e é descrito na próxima seção. Técnicas estatísticas mais sofisticadas estão disponíveis para analisar tais relacionamentos, e.g., modelos de log linear, mas estas técnicas estão além do escopo deste livro.

Tabela 6.19. Uma tabela de contingência de duas direções entre a venda de televisões de alta definição e aparelhos de ginástica.

Comprar HDTV	Comprar Aparelhos de Ginástica		
	Sim	Não	
Sim	99	81	180
Não	54	66	120
	153	147	300

Tabela 6.20. Exemplo de uma tabela de contingência de três direções.

Grupos Consumidores	Comprar HDTV	Comprar Aparelhos de Ginástica		Total
		Sim	Não	
Alunos de Faculdade	Sim	1	9	10
	Não	4	30	34
Adultos Trabalhadores	Sim	98	72	170
	Não	50	36	86

6.7.3 Paradoxo de Simpson

É importante ter cautela ao interpretar a associação entre variáveis porque o relacionamento observado pode ser influenciado pela presença de outros fatores que podem confundir, i.e., variáveis escondidas que não estejam incluídas na análise. Em alguns casos, as variáveis escondidas podem fazer com que o relacionamento observado entre um par de variáveis desapareça ou inverta sua direção, um fenômeno que é conhecido como paradoxo de Simpson. Ilustramos a natureza deste paradoxo com o exemplo a seguir.

Analise o relacionamento entre a venda de televisões de alta definição (HDTV) e aparelhos de ginástica, conforme mostrado na Tabela 6.19. Esta regra {HDTV = Sim} → {Aparelho de Ginástica = Sim} possui uma confiança de 54/120=45%. Juntas, estas regras sugerem que os clientes que compram televisões de alta definição têm mais probabilidade de comprar aparelhos de ginástica do que os que não compram televisões de alta definição.

Todavia, uma análise mais profunda revela que a venda destes itens depende de se o cliente é um estudante de faculdade ou adulto trabalhador. Observe que os contadores de suporte apresentados na tabela para estudantes de faculdade e adultos trabalhadores se resumem nas freqüências mostradas na Tabela 6.19. Além disso, há mais adultos trabalhadores do que estudantes de faculdade que compram estes itens. Para alunos de faculdade:

c({HDTV = Sim} → {Aparelho de Ginástica=Sim}) = 1/10 = 10%,
c({HDTV = Não} → {Aparelho de Ginástica=Sim}) = 4/34 = 11,8%,

enquanto que, para adultos trabalhadores:

c({HDTV = Sim} → {Aparelho de Ginástica=Sim}) = 98/170 =57,7%,
c({HDTV = Não} → {Aparelho de Ginástica=Sim}) = 1/10 = 58,1%.

As regras sugerem que, para cada grupo, os clientes que não compram televisões de alta-definição têm maior probabilidade de comprar aparelhos de ginástica, o que contradiz a conclusão anterior quando dados dos dois grupos de clientes foram juntados. Mesmo se medidas alternativas, como correlação taxa de probabilidade ou interesse, forem aplicadas, ainda encontramos que a venda de HDTV e aparelhos de ginástica está correlacionada positivamente nos dados combinados, mas negativamente nos dados estratificados (veja o Exercício 20). A inversão na direção da associação é conhecida como paradoxo de Simpson.

O paradoxo pode ser explicado da seguinte forma. Observe que a maioria dos clientes que compram HDTVs são adultos trabalhadores. Estes também são o maior grupo de clientes que compram aparelhos de ginástica. Devido a quase 85% dos clientes serem adultos trabalhadores, o relacionamento observado entre HDTV e aparelhos de ginástica acaba sendo mais forte nos dados combinados do que teria sido se os dados fossem estratificados. Isto também pode ser ilustrado matematicamente da seguinte maneira. Suponha que

$$a/b < c/d \text{ e } p/q < r/s,$$

onde a/b e p/q podem representar a confiança da regra $A \to B$ em diferentes estratos, enquanto que c/d e r/s podem representar a confiança da regra $\overline{A} \to B$ nos dois estratos. Quando os dados são juntados, os valores de confiança das regras nos dados combinados são (a+p)/(b+q) e (c+r)/(d+s), respectivamente. O paradoxo de Simpson ocorre quando

$$\frac{a+p}{b+q} > \frac{c+r}{d+s},$$

levando, assim, à conclusão errada sobre o relacionamento entre as variáveis. A lição aqui é que a estratificação é necessária para evitar a geração de padrões falsos resultantes do paradoxo de Simpson. Por exemplo, dados de cestas de compras de uma importante cadeia de supermercados devem ser estratificados de acordo com os locais das lojas, enquanto que registros médicos de diversos pacientes devem ser estratificados de acordo com fatores misturados como idade e gênero.

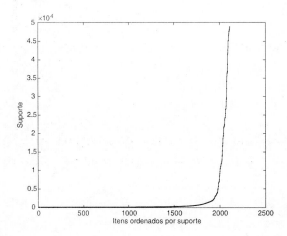

Figura 6.29. *Distribuição de suporte de itens no conjunto de dados de censo.*

6.8 Efeito da Distribuição Irregular do Suporte

Os desempenhos de muitos algoritmos de análise de associação são influenciados por propriedades dos seus dados de entrada. Por exemplo, a complexidade computacional do algoritmo Apriori depende de propriedades como o número de itens nos dados e a largura média da transação. Esta seção examina outra propriedade importante que possui influência significativa sobre o desempenho de algoritmos de análise de associação assim como na qualidade dos padrões extraídos. Mais especificamente, enfocamos os conjuntos de dados com distribuições irregulares do suporte, onde a maioria dos itens têm, relativamente, freqüências baixas a moderadas, mas um pequeno número deles têm freqüências muito altas.

Um exemplo de conjunto de dados real que exibe tal distribuição é mostrado na Figura 6.29. Os dados, tirados dos dados do censo PUMS (Public Use Microdata Sample), contêm 90.046 registros e 2.113 variáveis binárias assimétricas. Trataremos as variáveis binárias assimétricas como itens e os registros como transações no restante desta seção. Embora mais de 80% dos itens tenham suporte menor que 1%, alguns deles têm suporte maior que 90%.

Tabela 6.21. Agrupando os itens no conjunto de dados de censo baseado nos seus valores de suporte.

Grupos	G_1	G_2	G_3
Suporte	< 1%	1% – 90%	> 90%
Número de Itens	1735	358	20

Para ilustrar o efeito da distribuição irregular do suporte sobre a mineração de conjuntos de itens freqüentes, dividimos os itens em três grupos, G1, G2 e G3, de acordo com seus níveis de suporte. O número de itens que pertencem a cada grupo é mostrado na Tabela 6.21.

Escolher o limite correto de suporte para minerar este conjunto de dados pode ser bastante complicado. Se estabelecermos um limite muito alto (e.g., 20%), então podemos perder muitos padrões interessantes envolvendo os itens de baixo suporte de G1. Na análise da cesta de compras, tais itens com baixo suporte podem corresponder a produtos caros (como jóias), que raramente são comprados pelos clientes, mas cujos padrões, ainda assim, são interessantes para os varejistas. De forma oposta, quando o limite for estabelecido muito baixo, torna-se difícil encontrar os padrões de associação devido aos seguintes motivos. Primeiro, os requisitos computacionais e de memória de algoritmos de associação existentes aumentam consideravelmente com limites de suporte baixos. Em segundo lugar, o número de padrões extraídos também aumenta substancialmente com limites de suporte baixos. Em terceiro lugar, podemos extrair muitos padrões falsos que relacionam um item de alta freqüência como leite com um de baixa freqüência, como caviar. Tais padrões, que são chamados de padrões de **suporte cruzado**, provavelmente são falsos porque suas correlações tendem a ser fracas. Por exemplo, em um limite de suporte igual a 0,05%, há 18.847 pares freqüentes envolvendo itens de G1 e G3. Destes, 93% são padrões de suporte cruzado; i.e., os padrões contêm itens de G1 e de G3. A correlação máxima obtida dos padrões de suporte cruzado é 0,029, que é muito mais baixa do que a correlação máxima obtida de padrões freqüentes envolvendo itens do mesmo grupo (que é 1,0). Uma declaração semelhante pode ser feita sobre muitas outras medidas de interesse, discutidas na seção anterior. Este exemplo mostra que um grande número de padrões de suporte cruzado fracamente correlacionados podem ser gerados quando o limite de suporte for suficientemente baixo. Antes de apresentarmos uma metodologia para eliminar tais padrões, definimos formalmente o conceito de padrões de suporte cruzado.

Definição 6.9 (Padrão de Suporte Cruzado). Um padrão de suporte cruzado é um conjunto de itens X={i1,i2,...,ik} cuja taxa de suporte

$$r(X) = \frac{\min\left[s(i_1), s(i_2), \ldots, s(i_k)\right]}{\max\left[s(i_1), s(i_2), \ldots, s(i_k)\right]}, \qquad (6.13)$$

é menor do que um limite h_c especificado pelo usuário.

Exemplo 6.4. Suponha que o suporte para leite seja 70%, enquanto que o para açúcar seja 0,04%. Dado $h_c = 0,01$, o conjunto de itens freqüentes {leite, açúcar, caviar} é um padrão de suporte cruzado porque a taxa de suporte é

$$r = \frac{\min\left[0.7, 0.1, 0.0004\right]}{\max\left[0.7, 0.1, 0.0004\right]} = \frac{0.0004}{0.7} = 0.00058 < 0.01.$$

Medidas existentes como o suporte e confiança podem não ser suficientes para eliminar padrões de suporte cruzado, conforme ilustrado pelo conjunto de dados mostrado na Figura 6.30. Supondo que $h_c = 0,3$, os conjuntos de itens {p,q}, {p,r} e {p,q,r} são padrões de suporte cruzados porque suas taxas de suporte, que são iguais a 0,2, são menores que o limite h_c. Embora possamos aplicar um limite de suporte alto, digamos, 20%, para eliminar os padrões de suporte cruzado, isto pode custar o descarte de outros padrões interessantes, como o conjunto de itens fortemente correlacionados, {q,r}, que possui suporte igual a 16,7%.

A poda de confiança também não ajuda porque a confiança das regras extraídas de padrões de suporte cruzados pode ser muito alta. Por exemplo, a confiança para {q} → {p} é 80%, embora {p,q} seja um padrão de suporte cruzado. O fato de que o padrão de suporte cruzado pode produzir uma

Análise Associativa: Algoritmos e Conceitos Básicos

regra de confiança alta não deve ser surpreendente porque um de seus itens (p) aparece com muita freqüência nos dados. Portanto, espera-se que p apareça em muitas das transações que contenham q. Enquanto isso, a regra {q] → {r} também possui confiança alta, embora {q,r} não seja um padrão de suporte cruzado. Este exemplo demonstra a dificuldade de usar a medida de confiança para distinguir entre regras extraídas de padrões de suporte cruzado e os não.

Retornando ao exemplo anterior, observe que a regra {p} → {q} possui confiança muito baixa porque a maioria das transações que contêm p não contêm q. Em comparação, a regra {r} → {q}, que é derivada do padrão q,r, possui confiança muito alta. Esta observação sugere que padrões de suporte cruzado possam ser detectados pelo exame da regra de confiança mais baixa que possa ser extraída de um determinado conjunto de itens. A prova desta declaração pode ser entendida da seguinte maneira.

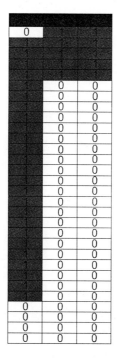

Figura 6.30. *Um conjunto de dados de transação contendo três itens, p, q e r, onde p é um item de suporte alto e q e r são itens de suporte baixo.*

1. Lembre-se da seguinte propriedade anti-monotônica da confiança:

   $conf(\{i_1 i_2\} \to \{i_3, i_4, ..., i_k\}) \le conf(\{i_1 i_2 i_3\} \to \{i_4, i_5, ..., i_k\})$.

   Esta propriedade sugere que a confiança nunca aumente quando trocamos mais itens do lado esquerdo para o direito de uma regra de associação. Devido a esta propriedade, a regra de confiança mais baixa extraída de um conjunto de itens freqüentes contém apenas um item no seu lado esquerdo. Denotamos o conjunto de todas as regras com apenas um item do seu lado esquerdo como R1.

2. Dado um conjunto de itens freqüentes $\{i_1, i_2, ..., i_k\}$, a regra

   $\{i_j\} \to \{i_1, i_2, ..., i_{j-1}, i_{j+1}, ...i_k\}$

   possui a menor confiança em R1 se $s(i_j) = \max[s(i_1), s(i_2), ..., s(i_k)]$. Isto segue diretamente da definição de confiança como a taxa entre o suporte da regra e o suporte do antecedente da mesma.

3. Resumindo os pontos anteriores, a menor confiança obtenível de um conjunto de itens freqüentemente {i1,i2,...,ik} é

$$\frac{s(\{i_1, i_2, ..., i_k\})}{\max \left[s(i_1), s(i_2), ..., s(i_k)\right]}.$$

Esta expressão também é conhecida como a medida de **confiança-h** ou **confiança total**. Devido à propriedade anti-monotônica do suporte, o numerador da medida de confiança-h é limitado pelo suporte mínimo de quaisquer itens que apareçam no conjunto de itens freqüentes. Em outras palavras, a confiança-h de um conjunto de itens X = {i1,i2,...,ik} não deve exceder a seguinte expressão:

$$\text{confiança-h}(X) \le \frac{\min \left[s(i_1), s(i_2), ..., s(i_k)\right]}{\max \left[s(i_1), s(i_2), ..., s(i_k)\right]}.$$

Observe a equivalência entre o limite superior da confiança-h e a taxa de suporte (r) apresentados na Equação 6.13. Devido ao fato da taxa de suporte para um padrão de suporte cruzado ser sempre menor que h_c, a confiança-h o padrão também seguramente será menor que h_c.

Portanto, padrões de suporte cruzado podem ser eliminados assegurando-se que os valores da confiança-h para os padrões excedam h_c. Como observação final, vale a pena mencionar que as vantagens de se usar confiança-h vão além da eliminação de padrões de suporte cruzado. A medida também é anti-monotônica, i.e.,

$$\text{confiança-h}(\{i_1, i_2, \ldots, i_k\}) \geq \text{confiança-h}(\{i_1, i_2, \ldots, i_{k+1}\}),$$

e, assim, pode ser incorporada diretamente no algoritmo de mineração. Além disso, a confiança-h assegura que os itens contidos em um conjunto de itens são fortemente associados entre si. Por exemplo, suponha que a confiança-h de um conjunto de itens X seja 80%. Se um dos itens de X estiver presente em uma transação, há pelo menos 80% de chance de que o resto dos itens de X também pertençam à mesma transação. Tais padrões fortemente associados são chamados de **padrões de hyperclique**.

6.9 Notas Bibliográficas

A tarefa de mineração de regras de associação foi introduzida por Agrawal et al. em [228,229] para descobrir relacionamentos interessantes entre itens em transações de cestas de compras. Desde sua concepção, estudos extensivos têm sido executados para abordar as diversas questões conceituais, de implementação e de aplicação relacionadas à tarefa de análise de associação. Um resumo das diversas atividades de pesquisa nesta área é mostrado na Figura 6.31.

Questões Conceituais

A pesquisa de questões conceituais enfoca primariamente (1) o desenvolvimento de um framework para descrever a base teórica da análise de associação, (2) estender a formulação para lidar com novos tipos de padrões e (3) estender a formulação para incorporar tipos de atributos além dos dados binários assimétricos.

Seguindo o trabalho pioneiro de Agrawal et al., tem havido uma grande quantidade de pesquisa sobre o desenvolvimento de uma teoria para o problema da análise de associação. Em [254], Gunopoulos et al. mostraram uma relação entre o problema de se encontrar conjuntos de itens freqüentes e o problema transversal do hipergrafo. Um limite superior na complexidade da tarefa de análise de associação também foi derivado. Zaki et al. [334,336] e Pasquier et al. [294] aplicaram análise de conceitos formais para estudar o problema da geração de conjuntos de itens freqüentes. O trabalho de Zaki et al. levou-os subseqüentemente a introduzir a noção de conjuntos fechados de itens freqüentes [336]. Friedman et al. estudaram o problema da análise de associação no contexto da **busca de impactos** em espaço multidimensional [252]. Mais especificamente, eles consideram a geração de conjuntos de itens freqüentes como a tarefa de encontrar regiões de alta densidade de probabilidade em espaço multidimensional.

Com o decorrer dos anos, novos tipos de padrões têm sido definidos, como as regras de associação de perfis [225], regras de associação cíclicas [290], regras de associação difusas [273], regras de exceção [316], regras de associação negativas [238,304], regras de associação com pesos [240,300], regras de dependência [308], regras peculiares [340], regras de associação inter-transações [250,323] e regras de classificação parcial [231,285]. Outros tipos de padrões incluem conjuntos fechados de itens [294,336], conjuntos máximos de itens [234], padrões de hiperclique [330], envelopes de suporte [314], padrões emergentes [246] e conjuntos de contraste [233]. A análise de associação também tem sido aplicada com sucesso a dados seqüenciais [230,312], espaciais [266] e baseados em grafos [268,274,293,331,335]. O conceito de padrão de suporte cruzado foi introduzido por Hui et al. em [330]. Um algoritmo eficiente (chamado Minerador de Hyperclique) que elimina automaticamente padrões de suporte cruzado também foi proposto pelos autores.

Pesquisa substancial tem sido conduzida para estender a formulação original de regras de associação para atributos nominais [311], ordinais [281], intervalares [284] e taxas [253, 255, 311, 325, 339]. Uma das questões chaves é como definir a medida de suporte para estes atributos. Uma metodologia foi proposta por Steinbach et al. [315] para estender a noção tradicional de suporte para padrões e tipos de atributos mais gerais.

Análise Associativa: Algoritmos e Conceitos Básicos 467

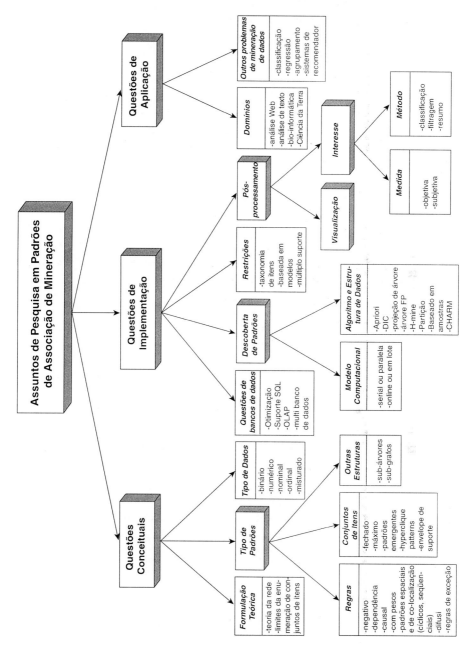

Figura 6.31. *Um resumo das diversas atividades de pesquisa em análise de associação.*

Questões de Implementação

Atividades de pesquisa nesta área giram em torno de (1) integrar a capacidade de mineração com a tecnologia existente de bancos de dados, (2) desenvolver algoritmos de mineração escaláveis e eficientes, (3) lidar com restrições especificadas pelo usuário e específicas de domínio e (4) pós-processar os padrões extraídos.

Há diversas vantagens na integração da análise com a tecnologia existente de bancos de dados. Primeiro, ela pode fazer uso das capacidades de processamento de consultas e indexação do sistema de banco de dados. Em segundo lugar, ela também pode explorar o suporte SGBD para escalabilidade, check points e paralelização [301]. O algoritmo SETM, desenvolvido por Houtsma et al. [265] foi um dos primeiros algoritmos a suportar a descoberta de regras de associação através de consultas SQL. Desde então, numerosos métodos têm sido desenvolvidos para fornecer capacidades para mineração de regras de associação em sistemas de banco de dados. Por exemplo, as linguagens de consulta DMQL [258] e M-SQL [267] estendem a SQL básica com novos operadores para minerar regras de associação. O operador Mine Rule [283] é um operador SQL expressivo que pode lidar com atributos agrupados e com hierarquias de itens. Tsur et al. [322] desenvolveu uma abordagem gerar-e-testar chamada **grupos de consultas** para minerar regras de associação. Uma infra-estrutura baseada em LAP distribuída foi desenvolvida por Chen et al. [241] para minerar regras de associação multi-níveis.

Dunkel e Soparkar [248] investigaram a complexidade de tempo e armazenamento do algoritmo Apriori. O algoritmo FP-growth foi desenvolvido por Han et al. em [259]. Outros algoritmos para minerar conjuntos de itens freqüentes incluem o algoritmo DHP (poda e hushing dinâmica) proposto por Park et al. [292] e o algoritmo Partition desenvolvido por Savarese et al. [303]. Um algoritmo de geração de conjuntos de itens freqüentes, baseado em amostra foi proposta por Toivonen [320]. O algoritmo requer apenas uma única passagem pelos dados, mas pode produzir mais conjuntos de itens candidatos do que o necessário. O algoritmo Dynamic Itemset Counting (DIC) [239] faz apenas 1,5 passagem pelos dados e gera menos conjunto de itens candidatos do que o algoritmo baseado em amostra. Outros algoritmos notáveis incluem o algoritmo da projeção de árvore [223] e H-Mine [295]. Artigos de levantamentos de algoritmos de geração de conjuntos de itens freqüentes podem ser encontrados em [226,22]. Um repositório de conjuntos de dados e algoritmos está disponível no repositório Frequent Itemset Mining Implementations (FIMI) (http://fimi.cs.helsinki.fi). Algoritmos paralelos para minerar padrões de associação têm sido desenvolvidos por diversos autores [224,256,287,306,337]. Um levantamento de tais algoritmos pode ser encontrado em [333]. Versões online e incremental de algoritmos de mineração de regras de associação também haviam sido propostas por Hidber [260] e Cheung e al. [242].

Srikant et al. [313] analisaram o problema de mineração de regras de associação na presença de restrições boleanas como as seguintes:

(Biscoitos ∧ Leite) ∨ (descendentes(Biscoitos) ∧ ¬ ancestrais (Pão Branco))

Dada tal restrição, o algoritmo procura regras que contenham tanto biscoitos quanto leite, ou regras que contenham os itens descendentes de biscoitos mas não itens ancestrais de pão branco. Singh et al. [310] e Ng et al. [288] também haviam desenvolvido técnicas alternativas para mineração de regras de associação baseadas em restrições. As restrições também podem ser impostas sobre o suporte para diferentes conjuntos de itens. Este problema foi investigado por Wang et al. [324], Liu et al. em [279] e Seno et al. [305].

Um problema potencial com a análise de associação é o grande número de padrões que podem ser gerados pelos algoritmos correntes. Para superar este problema, métodos para classificar, resumir e filtrar padrões foram desenvolvidos. Toivonen et al. [321] propôs a idéia de se eliminar regras redundantes usando **coberturas de regras estruturais** e agrupar as regras restantes usando agrupamentos. Liu et al. [280] aplicaram o teste chi-squared estatístico para podar padrões falsos e resumir os padrões restantes usando um subconjunto de padrões chamado **regras de configuração de direção**. O uso de medidas objetivas para filtrar padrões foi investigado por muitos autores, incluindo Brin et al. [238] Bayardo e Agrawal [235], Agrawal e Yu [227] e DuMouchel e Pregibon [247]. As propriedades para muitas destas medidas foram analisadas por Piatetsky-Shapiro [297], Kamber e Singhal [270], Hilderman e Hamilton [261] e Tan et al.

[318]. O exemplo de grade de gêneros usado para destacar a importância da propriedade de invariância na escala de linhas e colunas foi muito influenciado pela discussão apresentada em [286] por Mosteller. Enquanto isso, o exemplo do chá-café ilustrando a limitação da confiança foi motivado por um exemplo apresentado em [238] por Brin et al. Devido à limitação da confiança, Brin et al. [238] haviam proposto a idéia de usar o fator de interesse como uma medida de interesse. A medida confiança total foi proposta por Omiecinski [289]. Xiong et al. [330] introduziram a propriedade de suporte cruzado e mostraram que a medida de confiança total pode ser usada para eliminar padrões de suporte cruzado. Uma dificuldade chave no uso de medidas objetivas alternativas além do suporte é a sua falta de uma propriedade de monotonicidade, o que dificulta a incorporação das medidas diretamente nos algoritmos de mineração. Xiong et al. [328] propuseram um método eficiente para minerar correlações introduzindo uma função de limite superior ao coeficiente ϕ. Embora a medida seja não monotônica, tem uma expressão de limite superior que pode ser explorada para a mineração eficiente dos pares de itens fortemente correlacionados.

Fabris e Freitas [249] propuseram um método para descobrir associações interessantes detectando as ocorrências do paradoxo de Simson [309]. Megiddo e Srikant [282] descreveram uma abordagem para validar os padrões extraídos usando métodos de testes de hipóteses. Uma técnica baseada em reamostragem também foi desenvolvida para evitar a geração de padrões falsos por causa do problema da comparação múltipla. Bolton et al. [237] aplicaram os métodos de correção de Benjamin-Hochberg [236] e Bonferroni para ajustar os valores p de padrões descoberto nos dados de cestas de compras. Métodos alternativos para lidar com o problema de comparação múltipla foram sugeridos por Webb [326] e Zhang et al. [338].

A visualização também ajuda o usuário a obter rapidamente a estrutura correspondente dos padrões descobertos. Muitas ferramentas comerciais de mineração de dados exibem o conjunto completo de regras (que satisfazem tanto ao critério de limite de suporte quando ao de limite de confiança) na forma de um gráfico bi-dimensional, com cada eixo correspondendo aos conjuntos de itens antecedentes ou conseqüentes da regra. Hofmann et al. [263] pospôs o uso de gráficos Mosaic e Double Decker para visualizar regras de associação. Esta abordagem pode visualizar não apenas uma determinada regra, mas também a tabela de contingência geral entre conjuntos de itens nas partes antecedente e conseqüente da regra. Apesar disso, esta técnica supõe que o conseqüente da regra consiste em apenas um único atributo.

Questões de Aplicação

A análise de associação tem sido aplicada em uma variedade de domínios de aplicação como a mineração na Web [96,317], análise de documentos [264], diagnóstico de alarme de telecomunicações [302,327]. Aplicações análise de padrões de associação e correlação em estudos de Ciência da Terra têm sido investigadas em [298, 299, 319].

Padrões de associação também têm sido aplicados em outros problemas de aprendizagem como classificação [276,278], regressão [291] e agrupamento [257,329,332]. Uma comparação entre mineração de regras de associação e classificação foi feita por Freitas no seu artigo [521]. O uso de padrões de associação para agrupamento tem sido estudado por muitos autores, incluindo Han et al. [257], Kosters et al. [272], Yang et al. [332] e Xiong et al. [329].

Bibliografia

[223] R. C. Agarwal, C. C. Aggarwal, and V. V. V. Prasad. A Tree Projection Algorithm for Generation of Frequent Itemsets. Journal of Parallel and Distributed Computing (Special Issue on High Performance Data Mining), 61(3):350–371, 2001.

[224] R. C. Agarwal and J. C. Shafer. Parallel Mining of Association Rules. IEEE Transactions on Knowledge and Data Engineering, 8(6):962–969, March 1998.

[225] C. C. Aggarwal, Z. Sun, and P. S. Yu. Online Generation of Profile Association Rules. In Proc. of the 4th Intl. Conf. on Knowledge Discovery and Data Mining, pages 129–133, New York, NY, August 1996.

[226] C. C. Aggarwal and P. S. Yu. Mining Large Itemsets for Association Rules. Data Engineering Bulletin, 21(1):23–31, March 1998.

[227] C. C. Aggarwal and P. S. Yu. Mining Associations with the Collective Strength Approach. IEEE Trans. on Knowledge and Data Engineering, 13(6):863–873, January/February 2001.

[228] R. Agrawal, T. Imielinski, and A. Swami. Database mining: A performance perspective. IEEE Transactions on Knowledge and Data Engineering, 5:914–925, 1993.

[229] R. Agrawal, T. Imielinski, and A. Swami. Mining association rules between sets of items in large databases. In Proc. ACM SIGMOD Intl. Conf. Management of Data, pages 207–216, Washington, DC, 1993.

[230] R. Agrawal and R. Srikant. Mining Sequential Patterns. In Proc. of Intl. Conf. on Data Engineering, pages 3–14, Taipei, Taiwan, 1995.

[231] K. Ali, S. Manganaris, and R. Srikant. Partial Classification using Association Rules. In Proc. of the 3rd Intl. Conf. on Knowledge Discovery and Data Mining, pages 115–118, Newport Beach, CA, August 1997.

[232] D. Barbar'a, J. Couto, S. Jajodia, and N. Wu. ADAM: A Testbed for Exploring the Use of Data Mining in Intrusion Detection. SIGMOD Record, 30(4):15–24, 2001.

[233] S. D. Bay and M. Pazzani. Detecting Group Differences: Mining Contrast Sets. Data Mining and Knowledge Discovery, 5(3):213–246, 2001.

[234] R. Bayardo. Efficiently Mining Long Patterns from Databases. In Proc. of 1998 ACM-SIGMOD Intl. Conf. on Management of Data, pages 85–93, Seattle, WA, June 1998.

[235] R. Bayardo and R. Agrawal. Mining the Most Interesting Rules. In Proc. of the 5th Intl. Conf. on Knowledge Discovery and Data Mining, pages 145–153, San Diego, CA, August 1999.

[236] Y. Benjamini and Y. Hochberg. Controlling the False Discovery Rate: A Practical and Powerful Approach to Multiple Testing. Journal Royal Statistical Society B, 57 (1):289–300, 1995.

[237] R. J. Bolton, D. J. Hand, and N. M. Adams. Determining Hit Rate in Pattern Search. In Proc. of the ESF Exploratory Workshop on Pattern Detection and Discovery in Data Mining, pages 36–48, London, UK, September 2002.

[238] S. Brin, R. Motwani, and C. Silverstein. Beyond market baskets: Generalizing association rules to correlations. In Proc. ACM SIGMOD Intl. Conf. Management of Data, pages 265–276, Tucson, AZ, 1997.

[239] S. Brin, R. Motwani, J. Ullman, and S. Tsur. Dynamic Itemset Counting and Implication Rules for market basket data. In Proc. of 1997 ACM-SIGMOD Intl. Conf. on Management of Data, pages 255–264, Tucson, AZ, June 1997.

[240] C. H. Cai, A. Fu, C. H. Cheng, and W. W. Kwong. Mining Association Rules with Weighted Items. In Proc. of IEEE Intl. Database Engineering and Applications Symp., pages 68–77, Cardiff, Wales, 1998.

[241] Q. Chen, U. Dayal, and M. Hsu. A Distributed OLAP infrastructure for E-Commerce. In Proc. of the 4th IFCIS Intl. Conf. on Cooperative Information Systems, pages 209–220, Edinburgh, Scotland, 1999.

[242] D. C. Cheung, S. D. Lee, and B. Kao. A General Incremental Technique for Maintaining Discovered Association Rules. In Proc. of the 5th Intl. Conf. on

Database Systems for Advanced Applications, pages 185–194, Melbourne, Australia, 1997.
[243] R. Cooley, P. N. Tan, and J. Srivastava. Discovery of Interesting Usage Pattern from Web Data. In M. Spiliopoulou and B. Masand, editors, Advances in Web Usage Analysis and User Profiling, volume 1836, pages 163–182. Lecture Notes in Computer Science, 2000.
[244] P. Dokas, L. Ert"oz, V. Kumar, A. Lazarevic, J. Srivastava, and P. N. Tan. Data Mining for Network Intrusion Detection. In Proc. NSF Workshop on Next Generation Data Mining, Baltimore, MD, 2002.
[245] G. Dong and J. Li. Interestingness of discovered association rules in terms of neighborhood-based unexpectedness. In Proc. of the 2nd Pacific-Asia Conf. on Knowledge Discovery and Data Mining, pages 72–86, Melbourne, Australia, April 1998.
[246] G. Dong and J. Li. Efficient Mining of Emerging Patterns: Discovering Trends and Differences. In Proc. of the 5th Intl. Conf. on Knowledge Discovery and Data Mining, pages 43–52, San Diego, CA, August 1999.
[247] W. DuMouchel and D. Pregibon. Empirical Bayes Screening for Multi-Item Associations. In Proc. of the 7th Intl. Conf. on Knowledge Discovery and Data Mining, pages 67–76, San Francisco, CA, August 2001.
[248] B. Dunkel and N. Soparkar. Data Organization and Access for Efficient Data Mining. In Proc. of the 15th Intl. Conf. on Data Engineering, pages 522–529, Sydney, Australia, March 1999.
[249] C. C. Fabris and A. A. Freitas. Discovering surprising patterns by detecting occurrences of Simpson's paradox. In Proc. of the 19th SGES Intl. Conf. on Knowledge-Based Systems and Applied Artificial Intelligence), pages 148–160, Cambridge, UK, December 1999.
[250] L. Feng, H. J. Lu, J. X. Yu, and J. Han. Mining inter-transaction associations with templates. In Proc. of the 8th Intl. Conf. on Information and Knowledge Management, pages 225–233, Kansas City, Missouri, Nov 1999.
[251] A. A. Freitas. Understanding the crucial differences between classification and discovery of association rules—a position paper. SIGKDD Explorations, 2(1):65–69, 2000.
[252] J. H. Friedman and N. I. Fisher. Bump hunting in high-dimensional data. Statistics and Computing, 9(2):123–143, April 1999.
[253] T. Fukuda, Y. Morimoto, S. Morishita, and T. Tokuyama. Mining Optimized Association Rules for Numeric Attributes. In Proc. of the 15th Symp. on Principles of Database Systems, pages 182–191, Montreal, Canada, June 1996.

[254] D. Gunopulos, R. Khardon, H. Mannila, and H. Toivonen. Data Mining, Hypergraph Transversals, and Machine Learning. In Proc. of the 16th Symp. on Principles of Database Systems, pages 209–216, Tucson, AZ, May 1997.

[255] E.-H. Han, G. Karypis, and V. Kumar. Min-Apriori: An Algorithm for Finding Association Rules in Data with Continuous Attributes. http://www.cs.umn.edu/˜han, 1997.

[256] E.-H. Han, G. Karypis, and V. Kumar. Scalable Parallel Data Mining for Association Rules. In Proc. of 1997 ACM-SIGMOD Intl. Conf. on Management of Data, pages 277–288, Tucson, AZ, May 1997.

[257] E.-H. Han, G. Karypis, V. Kumar, and B. Mobasher. Clustering Based on Association Rule Hypergraphs. In Proc. of the 1997 ACM SIGMOD Workshop on Research Issues in Data Mining and Knowledge Discovery, Tucson, AZ, 1997.

[258] J. Han, Y. Fu, K. Koperski, W. Wang, and O. R. Za¨ıane. DMQL: A data mining query language for relational databases. In Proc. of the 1996 ACM SIGMOD Workshop on Research Issues in Data Mining and Knowledge Discovery, Montreal, Canada, June 1996.

[259] J. Han, J. Pei, and Y. Yin. Mining Frequent Patterns without Candidate Generation. In Proc. ACM-SIGMOD Int. Conf. on Management of Data (SIGMOD'00), pages 1–12, Dallas, TX, May 2000.

[260] C. Hidber. Online Association Rule Mining. In Proc. of 1999 ACM-SIGMOD Intl. Conf. on Management of Data, pages 145–156, Philadelphia, PA, 1999.

[261] R. J. Hilderman and H. J. Hamilton. Knowledge Discovery and Measures of Interest. Kluwer Academic Publishers, 2001.

[262] J. Hipp, U. Guntzer, and G. Nakhaeizadeh. Algorithms for Association Rule Mining—A General Survey. SigKDD Explorations, 2(1):58–64, June 2000.

[263] H. Hofmann, A. P. J. M. Siebes, and A. F. X. Wilhelm. Visualizing Association Rules with Interactive Mosaic Plots. In Proc. of the 6th Intl. Conf. on Knowledge Discovery and Data Mining, pages 227–235, Boston, MA, August 2000.

[264] J. D. Holt and S. M. Chung. Efficient Mining of Association Rules in Text Databases. In Proc. of the 8th Intl. Conf. on Information and Knowledge Management, pages 234–242, Kansas City, Missouri, 1999.

[265] M. Houtsma and A. Swami. Set-oriented Mining for Association Rules in Relational Databases. In Proc. of the 11th Intl. Conf. on Data Engineering, pages 25–33, Taipei, Taiwan, 1995.

[266] Y. Huang, S. Shekhar, and H. Xiong. Discovering Co-location Patterns from Spatial Datasets: A General Approach. IEEE Trans. on Knowledge and Data Engineering, 16 (12):1472–1485, December 2004.

[267] T. Imielinski, A. Virmani, and A. Abdulghani. DataMine: Application Programming Interface and Query Language for Database Mining. In Proc. of the 2nd

Intl. Conf. on Knowledge Discovery and Data Mining, pages 256–262, Portland, Oregon, 1996.

[268] A. Inokuchi, T. Washio, and H. Motoda. An Apriori-based Algorithm for Mining Frequent Substructures from Graph Data. In Proc. of the 4th European Conf. of Principles and Practice of Knowledge Discovery in Databases, pages 13–23, Lyon, France, 2000.

[269] S. Jaroszewicz and D. Simovici. Interestingness of Frequent Itemsets Using Bayesian Networks as Background Knowledge. In Proc. of the 10th Intl. Conf. on Knowledge Discovery and Data Mining, pages 178–186, Seattle, WA, August 2004.

[270] M. Kamber and R. Shinghal. Evaluating the Interestingness of Characteristic Rules. In Proc. of the 2nd Intl. Conf. on Knowledge Discovery and Data Mining, pages 263–266, Portland, Oregon, 1996.

[271] M. Klemettinen. A Knowledge Discovery Methodology for Telecommunication Network Alarm Databases. PhD thesis, University of Helsinki, 1999.

[272] W. A. Kosters, E. Marchiori, and A. Oerlemans. Mining Clusters with Association Rules. In The 3rd Symp. on Intelligent Data Analysis (IDA99), pages 39–50, Amsterdam, August 1999.

[273] C. M. Kuok, A. Fu, and M. H. Wong. Mining Fuzzy Association Rules in Databases. ACM SIGMOD Record, 27(1):41–46, March 1998.

[274] M. Kuramochi and G. Karypis. Frequent Subgraph Discovery. In Proc. of the 2001 IEEE Intl. Conf. on Data Mining, pages 313–320, San Jose, CA, November 2001.

[275] W. Lee, S. J. Stolfo, and K. W. Mok. Adaptive Intrusion Detection: A Data Mining Approach. Artificial Intelligence Review, 14(6):533–567, 2000.

[276] W. Li, J. Han, and J. Pei. CMAR: Accurate and Efficient Classification Based on Multiple Class-association Rules. In Proc. of the 2001 IEEE Intl. Conf. on Data Mining, pages 369–376, San Jose, CA, 2001.

[277] B. Liu, W. Hsu, and S. Chen. Using General Impressions to Analyze Discovered Classification Rules. In Proc. of the 3rd Intl. Conf. on Knowledge Discovery and Data Mining, pages 31–36, Newport Beach, CA, August 1997.

[278] B. Liu, W. Hsu, and Y. Ma. Integrating Classification and Association Rule Mining. In Proc. of the 4th Intl. Conf. on Knowledge Discovery and Data Mining, pages 80–86, New York, NY, August 1998.

[279] B. Liu, W. Hsu, and Y. Ma. Mining association rules with multiple minimum supports. In Proc. of the 5th Intl. Conf. on Knowledge Discovery and Data Mining, pages 125–134, San Diego, CA, August 1999.

[280] B. Liu, W. Hsu, and Y. Ma. Pruning and Summarizing the Discovered Associations. In Proc. of the 5th Intl. Conf. on Knowledge Discovery and Data Mining, pages 125–134, San Diego, CA, August 1999.

[281] A. Marcus, J. I. Maletic, and K.-I. Lin. Ordinal association rules for error identification in data sets. In Proc. of the 10th Intl. Conf. on Information and Knowledge Management, pages 589–591, Atlanta, GA, October 2001.

[282] N. Megiddo and R. Srikant. Discovering Predictive Association Rules. In Proc. of the 4th Intl. Conf. on Knowledge Discovery and Data Mining, pages 274–278, New York, August 1998.

[283] R. Meo, G. Psaila, and S. Ceri. A New SQL-like Operator for Mining Association Rules. In Proc. of the 22nd VLDB Conf., pages 122–133, Bombay, India, 1996.

[284] R. J. Miller and Y. Yang. Association Rules over Interval Data. In Proc. of 1997 ACM-SIGMOD Intl. Conf. on Management of Data, pages 452–461, Tucson, AZ, May 1997.

[285] Y. Morimoto, T. Fukuda, H. Matsuzawa, T. Tokuyama, and K. Yoda. Algorithms for mining association rules for binary segmentations of huge categorical databases. In Proc. of the 24th VLDB Conf., pages 380–391, New York, August 1998.

[286] F. Mosteller. Association and Estimation in Contingency Tables. Journal of the American Statistical Association, 63:1–28, 1968.

[287] A. Mueller. Fast sequential and parallel algorithms for association rule mining: A comparison. Technical Report CS-TR-3515, University of Maryland, August 1995.

[288] R. T. Ng, L. V. S. Lakshmanan, J. Han, and A. Pang. Exploratory Mining and Pruning Optimizations of Constrained Association Rules. In Proc. of 1998 ACM-SIGMOD Intl. Conf. on Management of Data, pages 13–24, Seattle, WA, June 1998.

[289] E. Omiecinski. Alternative Interest Measures for Mining Associations in Databases. IEEE Trans. on Knowledge and Data Engineering, 15(1):57–69, January/February 2003.

[290] B. Ozden, S. Ramaswamy, and A. Silberschatz. Cyclic Association Rules. In Proc. of the 14th Intl. Conf. on Data Eng., pages 412–421, Orlando, FL, February 1998.

[291] A. Ozgur, P. N. Tan, and V. Kumar. RBA: An Integrated Framework for Regression based on Association Rules. In Proc. of the SIAM Intl. Conf. on Data Mining, pages 210–221, Orlando, FL, April 2004.

[292] J. S. Park, M.-S. Chen, and P. S. Yu. An effective hash-based algorithm for mining association rules. SIGMOD Record, 25(2):175–186, 1995.
[293] S. Parthasarathy and M. Coatney. Efficient Discovery of Common Substructures in Macromolecules. In Proc. of the 2002 IEEE Intl. Conf. on Data Mining, pages 362–369, Maebashi City, Japan, December 2002.
[294] N. Pasquier, Y. Bastide, R. Taouil, and L. Lakhal. Discovering frequent closed itemsets for association rules. In Proc. of the 7th Intl. Conf. on Database Theory (ICDT'99), pages 398–416, Jerusalem, Israel, January 1999.
[295] J. Pei, J. Han, H. J. Lu, S. Nishio, and S. Tang. H-Mine: Hyper-Structure Mining of Frequent Patterns in Large Databases. In Proc. of the 2001 IEEE Intl. Conf. on Data Mining, pages 441–448, San Jose, CA, November 2001.
[296] J. Pei, J. Han, B. Mortazavi-Asl, and H. Zhu. Mining Access Patterns Efficiently from Web Logs. In Proc. of the 4th Pacific-Asia Conf. on Knowledge Discovery and Data Mining, pages 396–407, Kyoto, Japan, April 2000.
[297] G. Piatetsky-Shapiro. Discovery, Analysis and Presentation of Strong Rules. In G. Piatetsky-Shapiro and W. Frawley, editors, Knowledge Discovery in Databases, pages 229–248. MIT Press, Cambridge, MA, 1991.
[298] C. Potter, S. Klooster, M. Steinbach, P. N. Tan, V. Kumar, S. Shekhar, and C. Carvalho. Understanding Global Teleconnections of Climate to Regional Model Estimates of Amazon Ecosystem Carbon Fluxes. Global Change Biology, 10(5):693–703, 2004.
[299] C. Potter, S. Klooster, M. Steinbach, P. N. Tan, V. Kumar, S. Shekhar, R. Myneni, and R. Nemani. Global Teleconnections of Ocean Climate to Terrestrial Carbon Flux. J. Geophysical Research, 108(D17), 2003.
[300] G. D. Ramkumar, S. Ranka, and S. Tsur. Weighted Association Rules: Model and Algorithm. http://www.cs.ucla.edu/~czdemo/tsur/, 1997.
[301] S. Sarawagi, S. Thomas, and R. Agrawal. Integrating Mining with Relational Database Systems: Alternatives and Implications. In Proc. of 1998 ACM-SIGMOD Intl. Conf. on Management of Data, pages 343–354, Seattle, WA, 1998.
[302] K. Satou, G. Shibayama, T. Ono, Y. Yamamura, E. Furuichi, S. Kuhara, and T. Takagi. Finding Association Rules on Heterogeneous Genome Data. In Proc. of the Pacific Symp. on Biocomputing, pages 397–408, Hawaii, January 1997.
[303] A. Savasere, E. Omiecinski, and S. Navathe. An efficient algorithm for mining association rules in large databases. In Proc. of the 21st Int. Conf. on Very Large Databases (VLDB'95), pages 432–444, Zurich, Switzerland, September 1995.
[304] A. Savasere, E. Omiecinski, and S. Navathe. Mining for Strong Negative Associations in a Large Database of Customer Transactions. In Proc. of the 14th Intl. Conf. on Data Engineering, pages 494–502, Orlando, Florida, February 1998.

[305] M. Seno and G. Karypis. LPMiner: An Algorithm for Finding Frequent Itemsets Using Length-Decreasing Support Constraint. In Proc. of the 2001 IEEE Intl. Conf. on Data Mining, pages 505–512, San Jose, CA, November 2001.

[306] T. Shintani and M. Kitsuregawa. Hash based parallel algorithms for mining association rules. In Proc of the 4th Intl. Conf. on Parallel and Distributed Info. Systems, pages 19–30, Miami Beach, FL, December 1996.

[307] A. Silberschatz and A. Tuzhilin. What makes patterns interesting in knowledge discovery systems. IEEE Trans. on Knowledge and Data Engineering, 8(6):970–974, 1996.

[308] C. Silverstein, S. Brin, and R. Motwani. Beyond market baskets: Generalizing association rules to dependence rules. Data Mining and Knowledge Discovery, 2(1):39–68, 1998.

[309] E.-H. Simpson. The Interpretation of Interaction in Contingency Tables. Journal of the Royal Statistical Society, B(13):238–241, 1951.

[310] L. Singh, B. Chen, R. Haight, and P. Scheuermann. An Algorithm for Constrained Association Rule Mining in Semi-structured Data. In Proc. of the 3rd Pacific-Asia Conf. on Knowledge Discovery and Data Mining, pages 148–158, Beijing, China, April 1999.

[311] R. Srikant and R. Agrawal. Mining Quantitative Association Rules in Large Relational Tables. In Proc. of 1996 ACM-SIGMOD Intl. Conf. on Management of Data, pages 1–12, Montreal, Canada, 1996.

[312] R. Srikant and R. Agrawal. Mining Sequential Patterns: Generalizations and Performance Improvements. In Proc. of the 5th Intl Conf. on Extending Database Technology (EDBT'96), pages 18–32, Avignon, France, 1996.

[313] R. Srikant, Q. Vu, and R. Agrawal. Mining Association Rules with Item Constraints. In Proc. of the 3rd Intl. Conf. on Knowledge Discovery and Data Mining, pages 67–73, Newport Beach, CA, August 1997.

[314] M. Steinbach, P. N. Tan, and V. Kumar. Support Envelopes: A Technique for Exploring the Structure of Association Patterns. In Proc. of the 10th Intl. Conf. on Knowledge Discovery and Data Mining, pages 296–305, Seattle, WA, August 2004.

[315] M. Steinbach, P. N. Tan, H. Xiong, and V. Kumar. Extending the Notion of Support. In Proc. of the 10th Intl. Conf. on Knowledge Discovery and Data Mining, pages 689–694, Seattle, WA, August 2004.

[316] E. Suzuki. Autonomous Discovery of Reliable Exception Rules. In Proc. of the 3rd Intl. Conf. on Knowledge Discovery and Data Mining, pages 259–262, Newport Beach, CA, August 1997.

[317] P. N. Tan and V. Kumar. Mining Association Patterns in Web Usage Data. In Proc. of the Intl. Conf. on Advances in Infrastructure for e-Business, e-Education, e-Science and e-Medicine on the Internet, L'Aquila, Italy, January 2002.

[318] P. N. Tan, V. Kumar, and J. Srivastava. Selecting the Right Interestingness Measure for Association Patterns. In Proc. of the 8th Intl. Conf. on Knowledge Discovery and Data Mining, pages 32–41, Edmonton, Canada, July 2002.

[319] P. N. Tan, M. Steinbach, V. Kumar, S. Klooster, C. Potter, and A. Torregrosa. Finding Spatio-Temporal Patterns in Earth Science Data. In KDD 2001 Workshop on Temporal Data Mining, San Francisco, CA, 2001.

[320] H. Toivonen. Sampling Large Databases for Association Rules. In Proc. of the 22nd VLDB Conf., pages 134–145, Bombay, India, 1996.

[321] H. Toivonen, M. Klemettinen, P. Ronkainen, K. Hatonen, and H. Mannila. Pruning and Grouping Discovered Association Rules. In ECML-95 Workshop on Statistics, Machine Learning and Knowledge Discovery in Databases, pages 47 – 52, Heraklion, Greece, April 1995.

[322] S. Tsur, J. Ullman, S. Abiteboul, C. Clifton, R. Motwani, S. Nestorov, and A. Rosenthal. Query Flocks: A Generalization of Association Rule Mining. In Proc. of 1998 ACM-SIGMOD Intl. Conf. on Management of Data, pages 1–12, Seattle, WA, June 1998.

[323] A. Tung, H. J. Lu, J. Han, and L. Feng. Breaking the Barrier of Transactions: Mining Inter-Transaction Association Rules. In Proc. of the 5th Intl. Conf. on Knowledge Discovery and Data Mining, pages 297–301, San Diego, CA, August 1999.

[324] K. Wang, Y. He, and J. Han. Mining Frequent Itemsets Using Support Constraints. In Proc. of the 26th VLDB Conf., pages 43–52, Cairo, Egypt, September 2000.

[325] K. Wang, S. H. Tay, e B. Liu. Interestingness-Based Interval Merger for Numeric Association Rules. In Proc. of the 4th Intl. Conf. on Knowledge Discovery and Data Mining, págs. 121–128, New York, NY, Agosto 1998.

[326] G. I. Webb. Preliminary investigations into statistically valid exploratory rule discovery. In Proc. of the Australasian Data Mining Workshop (AusDM03),Canberra, Austrália, Dezembro 2003.

[327] H. Xiong, X. He, C. Ding, Y. Zhang, V. Kumar, e S. R. Holbrook. Identification of Functional Modules in Protein Complexes via Hyperclique Pattern Discovery. In Proc. of thePacific Symposium onBiocomputing,(PSB2005), Maui, Janeiro2005.

[328] H. Xiong, S. Shekhar, P. N. Tan, e V. Kumar. Exploiting a Support-based Upper Bound of Pearson's Correlation Coefficient for Efficiently Identifying Strongly

CorrelatedPairs.In Proc. of the 10th Intl. Conf. on Knowledge Discovery and Data Mining, págs. 334–343, Seattle, WA, Agosto 2004.

[329] H. Xiong, M. Steinbach, P. N. Tan, e V. Kumar. HICAP: Hierarchial Clustering with Pattern Preservation. In Proc. of the SIAM Intl. Conf. on Data Mining, págs. 279–290, Orlando, FL, Abril 2004.

[330] H. Xiong, P. N. Tan, e V. Kumar. Mining Strong Affinity Association Patterns in Data Sets with Skewed Support Distribution. In Proc. of the 2003 IEEE Intl. Conf. On Data Mining, págs. 387–394, Melbourne, FL, 2003.

[331] X. Yan e J. Han. gSpan: Graph-based Substructure Pattern Mining. In Proc. of the 2002 IEEE Intl. Conf. on Data Mining, págs. 721–724, Maebashi City, Japão, Dezembro 2002.

[332] C.Yang, U.M. Fayyad, e P. S. Bradley. Efficient discovery of error-tolerant frequent itemsets in high dimensions. In Proc. of the 7th Intl. Conf. on Knowledge Discovery and DataMining, págs. 194–203, San Francisco, CA, Agosto 2001.

[333] M.J.Zaki. Parallel and Distributed Association Mining: A Survey. IEEE Concurrency, special issue on Parallel Mechanisms for Data Mining, 7(4):14–25, Dezembro 1999.

[334] M. J. Zaki. Generating Non-Redundant Association Rules. In Proc. of the 6th Intl. Conf. on Knowledge Discovery and Data Mining, págs. 34–43, Boston, MA, Agosto 2000.

[335] M. J. Zaki. Efficiently mining frequent trees in a forest. In Proc. of the 8th Intl. Conf. on Knowledge Discovery and Data Mining, págs. 71–80, Edmonton, Canadá, Julho 2002.

[336] M. J. Zaki e M. Orihara. Theoretical foundations of association rules. In Proc. of the 1998 ACM SIGMOD Workshop on Research Issues in Data Mining and Knowledge Discovery, Seattle, WA, Junho 1998.

[337] M. J. Zaki, S. Parthasarathy, M. Ogihara, e W. Li. New Algorithms for Fast Discovery of Association Rules.In Proc. of the 3rd Intl. Conf. on Knowledge Discovery and DataMining, págs. 283–286, Newport Beach, CA, Agosto 1997.

[338] H. Zhang, B. Padmanabhan, e A. Tuzhilin. On the Discovery of Significant Statistical Quantitative Rules. In Proc. of the 10th Intl. Conf. on Knowledge Discovery and Data Mining, págs. 374–383, Seattle, WA, Agosto 2004.

[339] Z. Zhang, Y. Lu, e B. Zhang. An Effective Partioning-Combining Algorithm for Discovering Quantitative Association Rules. In Proc. of the 1st Pacific-Asia Conf. on Knowledge Discovery and Data Mining, Singapura, 1997.

[340] N. Zhong, Y. Y. Yao, e S. Ohsuga. Peculiarity Oriented Multi-database Mining. In Proc. of the 3rd European Conf. of Principles and Practice of Knowledge Discovery in Databases, págs. 136–146, Praga, República Tcheca, 1999.

6.10 Exercícios

1. Para cada uma das questões a seguir, forneça um exemplo de uma regra de associação do domínio da cesta de compras que satisfaça às condições a seguir. Além disso, descreva se tais regras são subjetivamente interessantes.
   (a) Uma regra que tenha alto suporte e alta confiança.
   (b) Uma regra que tenha suporte razoavelmente alto porém baixa confiança.
   (c) Uma regra que tenha baixo suporte e baixa confiança.
   (d) Uma regra que tenha baixo suporte e alta confiança.
2. Analise o conjunto de dados mostrados na Tabela 6.22.

Tabela 6.22. Exemplo de transações de cestas de compras.

Cliente ID	Transação ID	Itens Comprados
1	0001	{a, d, e}
1	0024	{a, b, c, e}
2	0012	{a, b, d, e}
2	0031	{a, c, d, e}
3	0015	{b, c, e}
3	0022	{b, d, e}
4	0029	{c, d}
4	0040	{a, b, c}
5	0033	{a, d, e}
5	0038	{a, b, e}

(a) Calcule o suporte para conjuntos de itens {e}, {b,d} e {b,d,e}, tratando cada ID de transação como uma cesta de compras.

(b) Use os resultados na parte (a) para calcular a confiança para as regras de associação {b,d} → {e} e {e} → {b,d}. A confiança é uma medida simétrica?

(c) Repita a parte (a) tratando cada ID de cliente como um cesta de compras. Cada item deve ser tratado como uma variável binária (1 se um item aparecer em pelo menos uma transação comprada pelo cliente e 0 em caso contrário).

(d) Use os resultados da parte (c) para calcular a confiança para as regras de associação {b,d}→{e} e {e}→{b,d}.

(e) Suponha que s1 e c1 sejam os valores de suporte e confiança de uma regra de associação r ao tratar cada ID de transação como uma cesta de compras. Além disso, suponha que s2 e c2 sejam os valores de suporte e confiança de r ao tratar cada ID de cliente como uma cesta de compras. Discuta se existem relacionamentos entre s1 e s2 ou c1 e c2.

3. (a) Qual a confiança para as regras $\phi \to A$ e $A \to \phi$?

(b) Suponha que c1, c2 e c3 sejam os valores de confiança das regras {p}→{q}, {p}→{q,r} e {p,r}→{q} respectivamente. Se supusermos que c1, c2 e c3 têm valores diferentes, quais são os relacionamentos possíveis que podem existir entre c1, c2 e c3? Qual regra possui a confiança mais baixa?

(c) Repita a análise da parte (b) supondo que as regras tenham suporte idêntico. Qual regra possui a confiança mais alta?

(d) Transitividade: Suponha que a confiança das regras $A \to B$ e $B \to C$ sejam maiores que algum limite, minconf. É possível que $A \to C$ tenha uma confiança menor que minconf?

4. Para cada uma das medidas a seguir, determine se ela é monotônica, anti-monotônica ou não monotônica (i.e., nem monotônica e nem anti-monotônica).

Exemplo: Suporte, $s = \frac{\sigma(X)}{|T|}$ é anti-monotônica porque $s(X) \geq s(Y)$ sempre que $X \subset Y$.

(a) Uma regra característica é uma regra na forma {p}→{q1,q2,...,qn}, onde a regra antecedente contém apenas um único item. Um conjunto de itens de tamanho k pode produzir até k regras características. Suponha que ζ seja a confiança mínima de todas as regras de características geradas de um determinado conjunto de itens:

$$\zeta(\{p_1, p_2, \ldots, p_k\}) = \min \; [\; c(\{p_1\} \to \{p_2, p_3, \ldots, p_k\}), \ldots$$
$$c(\{p_k\} \to \{p_1, p_3, \ldots, p_{k-1}\}) \;]$$

ζ é monotônica, anti-monotônica ou não monotônica?

(b) Uma regra discriminante é uma na forma $\{p1,p2,...,pn\} \rightarrow \{q\}$, onde a regra conseqüente contém apenas um único item. Um conjunto de itens de tamanho k pode produzir até k regras discriminantes. Suponha que η seja a confiança mínima de todas as regras discriminantes geradas a partir de um conjunto de dados:

$$\eta(\{p_1,p_2,\ldots,p_k\}) = \min \left[c(\{p_2,p_3,\ldots,p_k\} \rightarrow \{p_1\}), \ldots \right.$$
$$\left. c(\{p_1,p_2,\ldots p_{k-1}\} \rightarrow \{p_k\}) \right]$$

η é monotônica, anti-monotônica ou não monotônica?

(c) Repita a análise nas partes (a) e (b) substituindo a função min por uma função max.

5. Prove a Equação 6.3. (Dica: Primeiro, conte o número de formas para criar um conjunto de itens que forme o lado esquerdo da regra. A seguir, para cada conjunto de k itens selecionado para a esquerda, conte o número de formas para escolher os restantes d-k itens para formar o lado direito da regra.)

Tabela 6.23. Transações de cestas de compras.

ID da Transação	Itens Comprados
1	{Leite, Cerveja, Fraldas}
2	{Pão, Manteiga, Leite}
3	{Leite, Fraldas, Biscoitos}
4	{Pão, Manteiga, Biscoitos}
5	{Cerveja, Biscoitos, Fraldas}
6	{Leite, Fraldas, Pão, Manteiga}
7	{Pão, Manteiga, Fraldas}
8	{Cerveja, Fraldas}
9	{Leite, Fraldas, Pão, Manteiga}
10	{Cerveja, Biscoitos}

6. Analise as transações de cestas de transação mostradas na Tabela 6.23.

(a) Qual o número máximo de regras de associação que podem ser extraídas destes dados (incluindo regras que tenham suporte zero)?

(b) Qual o tamanho máximo de conjuntos de itens freqüentes que podem ser extraídos (supondo minsup > 0)?
(c) Escreva uma expressão para o número máximo de conjuntos de 3 itens que podem ser derivados deste conjunto de dados.
(d) Encontre um conjunto de itens (de tamanho maior ou igual a 2) que tenha o maior suporte.
(e) Encontre um par de itens, a e b, de modo que as regras {a}→{b} e {b}→{a} tenham a mesma confiança.

7. Analise o seguinte conjunto de conjuntos de 3 itens freqüentes:

{1,2,3},{1,2,4},{1,2,5},{1,3,4},{1,3,5},{2,3,4},{2,3,5}.{3,4,5}.

Suponha que existam apenas cinco itens no conjunto de dados.
(a) Liste todos os conjuntos de 4 itens candidatos obtidos por um procedimento de geração de candidatos usando a estratégia de fusão $F_{k-1} \times F_1$.
(b) Liste todos os conjuntos de 4 itens candidatos obtidos pelo procedimento de geração de candidatos em Apriori.
(c) Liste todos os conjuntos de 4 itens candidatos que sobrevivem ao passo de poda do algoritmo Apriori.

8. O algoritmo Apriori usa uma estratégia de gerar e contar para derivar conjuntos de itens freqüentes. Conjuntos de itens candidatos de tamanho k+1 são criados pela junção de um par de conjuntos de itens freqüentes de tamanho k (isto é conhecido como a etapa da geração de candidatos). Um candidato é descartado se for descoberto que algum de seus subconjuntos é infreqüente durante a etapa da poda de candidatos. Suponha que ao algoritmo Apriori seja aplicado um conjunto de dados mostrado na Tabela 6.24 com minsup=30%, i.e., qualquer conjunto de itens que ocorra em menos de 3 transações é considerado infreqüente.

Análise Associativa: Algoritmos e Conceitos Básicos

Tabela 6.24. Exemplo de transações de cestas de compras.

ID da Transação	Itens Comprados
1	{a, b, d, e}
2	{b, c, d}
3	{a, b, d, e}
4	{a, c, d, e}
5	{b, c, d, e}
6	{b, d, e}
7	{c, d}
8	{a, b, c}
9	{a, d, e}
10	{b, d}

(a) desenhe uma rede de conjuntos de dados representando o conjunto de dados apresentado na Tabela 6.24. Rotule cada nodo da rede com a(s) seguinte(s) letra(s):
  - **N:** Se o conjunto de itens não for considerado um candidato pelo algoritmo Apriori. Há dois motivos para um conjunto de dados não ser considerado um candidato: (1) não é gerado durante a etapa da geração de candidatos ou (2) é gerado durante a etapa de geração de candidatos mas é subseqüentemente removido durante a etapa de poda de candidatos porque um dos seus subconjuntos é infreqüente.
  - **F:** Se o conjunto de itens candidatos for considerado freqüente pelo algoritmo Apriori.
  - **I:** Se o conjunto de itens for considerado infreqüente pelo algoritmo Apriori.

(b) Qual a porcentagem de conjuntos de itens freqüentes (com relação a todos os conjuntos de itens na rede)?

(c) Qual a taxa de poda do algoritmo Apriori neste conjunto de dados (a taxa de poda é definida como a porcentagem de itens não considerados candidatos porque (1) não são gerados durante a geração de candidatos ou (2) são podados durante a etapa da poda de candidatos)?

(d) Qual a taxa de alarme falso (i.e., porcentagem de conjuntos de itens candidatos que são considerados infreqüentes após a execução da contagem de suporte)?

9. O algoritmo Apriori usa uma estrutura de dados de árvore hash para contar eficientemente o suporte de conjuntos de dados candidatos. Analise a árvore hash para conjuntos de 3 itens candidatos mostrados na Figura 6.32.

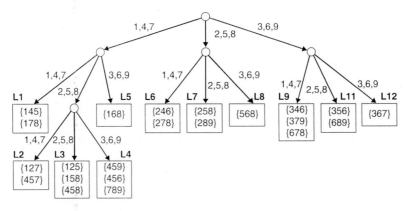

Figura 6.32. *Um exemplo de estrutura de árvore hash.*

(a) Dada uma transação que contenha os itens {1,3,4,5,8}, quais dos nodos folhas da árvore hash serão visitados ao se descobrir os candidatos da transação?

(b) Use os nodos folhas visitados na parte (b) para determinar os conjuntos de itens candidatos que são restritos na transação {1,3,4,5,8}.

10. Analise o seguinte conjunto de conjuntos de 3 itens candidatos:

{1,2,3}, {1,2,6}, {1,3,4}, {2,3,4},{2,4,5},{3,4,6},{4,5,6}

(a) Construa uma árvore hash para os conjuntos de 3 itens candidatos acima. Suponha que a árvore use uma função hash onde todos os números ímpares sofram hash para o filho esquerdo de um nodo, enquanto que todos os números pares sofram hash para o filho direito. Um conjunto de k itens candidatos é inserido na árvore executando hash em cada item sucessivo no candidato e depois seguindo a ramificação apropriada na árvore de acordo com o valor hash. Uma vez que um nodo folha seja alcançado, o candidato é inserido baseado em uma das seguintes condições:

Condição 1: Se a profundidade do nodo folha for igual a k (o raiz está no nível 0), então o candidato é inserido independentemente do número de conjuntos de itens já armazenados no nodo.

Condição 2: Se a profundidade do nodo folha for menor que k, então o candidato pode ser inserido desde que o número de conjuntos de itens armazenados no nodo seja menor que maxsize. Suponha maxsize = 2 para esta questão

Condição 3: Se a profundidade do nodo folha for menor que k e o número de conjuntos de itens armazenados no nodo for igual a maxsize, então o nodo folha é convertido em um nodo interno. Novos nodos folhas são criados como filhos do nodo folha antigo. Conjuntos de itens candidatos armazenados anteriormente no nodo folha antigo são distribuídos para os filhos, baseados nos seus valores hash. O novo candidato também sofre hash para o seu nodo folha apropriado.

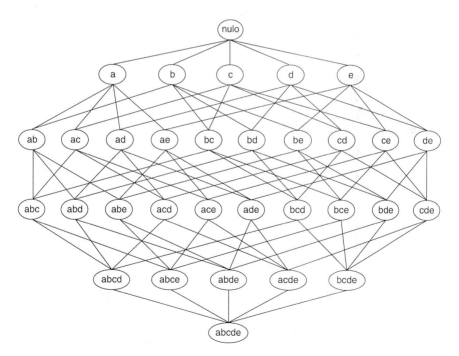

Figura 6.33. *Uma rede de conjuntos de itens.*

(b) Quantos nodos folhas existem na árvore hash candidata? Quantos nodos internos existem?

(c) Analise uma transação que contenha os seguintes itens: {1,2,3,5,6}. Usando a árvore hash construída na parte (a), quais nodos folhas serão verificados na transação? Quais são os conjuntos de 3 itens candidatos contidos na transação?

11. Dada a estrutura de rede mostrada na Figura 6.33 e as transações apresentadas na Tabela 6.24, rotule cada nodo com a(s) seguinte(s) letra(s):
    - M se o nodo for um conjunto máximo de itens freqüentes.
    - C se for um conjunto fechado de itens freqüentes.
    - N se não for nem máximo e nem fechado e
    - I se for infreqüente.

    Suponha que o limite de suporte seja 30%.

12. A formulação de mineração de regras de associação original usa as medidas de suporte e confiança para podar regras que não sejam interessantes.

    (a) Desenhe uma tabela de contingência para cada uma das regras a seguir usando as transações mostradas na Tabela 6.25.

Tabela 6.25. Exemplo de transações de cestas de compras.

ID da Transação	Itens Comprados
1	{a, b, d, e}
2	{b, c, d}
3	{a, b, d, e}
4	{a, c, d, e}
5	{b, c, d, e}
6	{b, d, e}
7	{c, d}
8	{a, b, c}
9	{a, d, e}
10	{b, d}

Regras {b}→{c}, {a}→{d}, {b}→{d}, {e}→{c}, {c}→{a}.

Análise Associativa: Algoritmos e Conceitos Básicos

(b) Use as tabelas de contingência da parte (a) para calcular e classificar as regras de ordem decrescente de acordo com as seguintes medidas:
  i. Suporte.
  ii. Confiança.
  iii. Interesse $(X \longrightarrow Y) = \frac{P(X,Y)}{P(X)} P(Y)$.
  iv. $IS(X \to Y) = \frac{P(X,Y)}{\sqrt{P(X)P(Y)}}$.
  v. Klosgen $(X \to Y) = \sqrt{P(X,Y)} \times (P(Y|X) - P(Y))$, onde $P(X|Y) = \frac{P(X,Y)}{P(X)}$.
  vi. Reação das Probabilidades $(X \longrightarrow Y) = \frac{P(X,Y)P(\overline{X},\overline{Y})}{P(X,\overline{Y})P(\overline{X},Y)}$.

13. Dadas as classificações que você havia obtido no Exercício 12, calcule a correlação entre as classificações de confiança e as outras cinco medidas. Qual medida está mais altamente correlacionada com a confiança? Qual medida está menos correlacionada com a confiança?

14. Responda as questões a seguir usando os conjuntos de dados mostrados na Figura 6.34. Observe que cada conjunto de dados contém 1.000 itens e 10.000 transações. As células escuras indicam a presença de itens e as brancas a sua ausência. Aplicaremos o algoritmo Apriori para extrair conjuntos de itens freqüentes com minsup=10% (i.e., os conjuntos de itens devem estar contidos em pelo menos 1.000 transações)

    (a) Qual(is) conjunto(s) de dados produzirá(ão) o maior número de conjuntos de itens freqüentes?
    (b) Qual(is) conjunto(s) de dados produzirá(ão) o menor número de conjuntos de itens freqüentes?
    (c) Qual(is) conjunto(s) de dados produzirá(ão) o mais longo conjunto de itens freqüentes?
    (d) Qual(is) conjunto(s) de dados produzirá(ão) conjuntos de itens freqüentes com o suporte máximo mais alto?
    (e) Qual(is) conjunto(s) de dados produzirá(ão) conjuntos de itens freqüentes contendo itens com grande variedade de níveis de suporte (i.e., itens com suporte misturado, variando de menos de 20% a mais de 70%).

15. (a) Prove que o coeficiente ϕ é igual a 1 se e somente se $f_{11} = f_{1+} = f_{+1}$.
    (b) Mostre que, se A e B são independentes, então $P(A, B) \times P(A, \bar{B}) = P(A, \bar{B}) \times P(\bar{A}, B)$.
    (c) Mostre que os coeficientes Q e Y de Yule

    $$Q = \left[\frac{f_{11} f_{00} - f_{10} f_{01}}{f_{11} f_{00} + f_{10} f_{01}} \right]$$

    $$Y = \left[\frac{\sqrt{f_{11} f_{00}} - \sqrt{f_{10} f_{01}}}{\sqrt{f_{11} f_{00}} + \sqrt{f_{10} f_{01}}} \right]$$

    são versões normalizadas da taxa de probabilidade.
    (d) Escreva uma expressão simplificada do valor de cada medida mostrada nas Tabelas 6.11 e 6.12 quando as variáveis forem estatisticamente independentes.

16. Analise a medida de interesse $M = \frac{P(B|A) - P(B)}{1 - P(B)}$, para uma regra de associação A → B.
    (a) Quais a faixa desta medida? Quando a medida obtém seus valores máximo e mínimo?
    (b) Como se comporta quando P(A,B) é aumentada enquanto que P(A) e P(B) permanecem inalteradas?
    (c) Como se comporta quando P(A) é aumentada enquanto que P(A,B) e P(B) permanecem inalteradas?
    (d) Como se comporta quando P(B) é aumentada enquanto que P(A,B) e P(A) permanecem inalteradas?
    (e) A medida é simétrica sob permutação de variáveis?
    (f) Qual o valor da medida quando A e B forem estatisticamente independentes?
    (g) A medida é invariante com nulo?
    (h) A medida permanece invariante sob operações de escala de linha e coluna?
    (i) Como a medida se comporta sob a operação de inversão?

Análise Associativa: Algoritmos e Conceitos Básicos 491

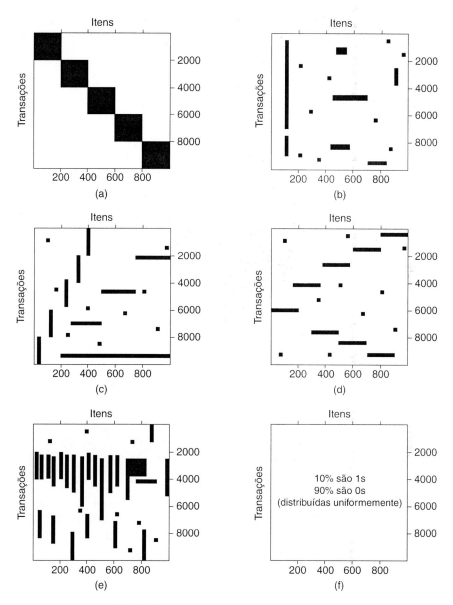

Figura 6.34. *Figuras para o Exercício 14.*

17. Suponha que tenhamos dados de cestas de compras de 100 transações e 20 itens. Se o suporte para o item a for 25%, o suporte para o item b é 90% e o suporte para o conjunto de itens {a,b} é 20%. Suponha que os limites de suporte e confiança sejam 10 e 60%, respectivamente.
    (a) Calcule a confiança da regra de associação {a}→{b}. A regra é interessante de acordo com a medida de confiança?
    (b) Calcule a medida de interesse para o padrão de associação {a,b}. Descreva a natureza do relacionamento entre o item a e o item b em termos da medida de interesse.
    (c) Que conclusões você pode obter a partir dos resultados das partes (a) e (b)?
    (d) Prove que se a confiança da regra {a}→ {b} for menor que o suporte de {b}, então:
        i. $c(\{\overline{a}\}\rightarrow\{b\}) > c(\{\overline{a}\}\rightarrow \{b\})$,
        ii. $c(\{\overline{a}\}\rightarrow \{b\}) > s(\{b\})$,

18. A Tabela 6.26 mostra uma tabela de contingência 2x2x2 para as variáveis binárias A e B em diferentes valores da variável de controle C.

Tabela 6.26. Uma Tabela de Contingência.

			A	
			1	0
C = 0	B	1	0	15
		0	15	30
C = 1	B	1	5	0
		0	0	15

(a) Calcule o coeficiente φ para A e B quando C =0, C=1 e C=0 ou 1. Observe que $\phi(\{A, B\}) = \dfrac{P(A,B) - P(A)P(B)}{\sqrt{P(A)P(B)(1-P(A))(1-P(B))}}$.
(b) Quais conclusões você pode tirar do resultado acima?

19. Considere as tabelas de contingência mostradas na Tabela 6.27.
    (a) Para a Tabela I, calcule o suporte, a medida de interesse e o coeficiente φ para o padrão de associação {A,B}. Além disso, calcule a confiança das regras A → B e B → A.

Análise Associativa: Algoritmos e Conceitos Básicos 493

Tabela 6.27. Tabelas de contingência para o Exercício 19.

	B	$\overline{B}$
A	9	1
$\overline{A}$	1	89

	B	$\overline{B}$
A	89	1
$\overline{A}$	1	9

(a) Tabela I.   (b) Tabela II.

(b) para a Tabela II, calcule o suporte, a medida de interesse e o coeficiente ϕ para o padrão de associação {A,B}. Além disso, calcule a confiança das regras A → B e B → A.

(c) Quais conclusões você pode tirar dos resultados de (a) e (b)?

20. Analise o relacionamento entre os clientes que compram televisões de alta definição e aparelhos de ginástica, conforme mostrado nas Tabelas 6.19 e 6.20.

(a) Calcule as taxas de probabilidade para ambas as tabelas.

(b) Calcule o coeficiente ϕ para ambas as tabelas.

(c) Calcule o fator de interesse para ambas as tabelas.

Para cada uma das medidas apresentadas acima, descreva como a direção da associação muda quando os dados são compartilhados juntos em vez de serem estratificados.

capítulo 7

Análise de Associação: Conceitos Avançados

A FORMULAÇÃO DE MINERAÇÃO DE REGRAS de associação descrita no capítulo anterior supõe que os dados de entrada consistem de atributos binários chamados itens. A presença de um item em uma transação também é considerada como sendo mais importante do que sua ausência. Como conseqüência disto, um item é tratado como um atributo binário assimétrico e apenas padrões freqüentes são considerados como de interesse.

Este capítulo estende a formulação para conjuntos de dados com atributos contínuos, categorizados e binários simétricos. A formulação também será estendida para incorporar entidades mais complexas como seqüências e grafos. Embora a estrutura geral dos algoritmos de análise de associação permaneça inalterada, certos aspectos dos algoritmos devem ser modificados para lidar com as entidades não tradicionais.

7.1 Lidando com Atributos Categorizados

Há muitas aplicações que contêm atributos binários simétricos e nominais. Os dados de pesquisa na Internet mostrados na Tabela 7.1 contêm atributos binários simétricos como Sexo, Computador em Casa, Conversa On-line, Compra On-line e Preocupações de Privacidade; assim como atributos nominais como Nível de Escolaridade e Estado. Usando a análise de associação, podemos descobrir informações interessantes sobre as características de usuários da Internet como:

{Compra On-line = Sim} → {Preocupações com Privacidade = Sim}.

Esta regra sugere que a maioria dos usuários de Internet que compra on-line se preocupa com sua privacidade pessoal.

Tabela 7.1. Dados de pesquisa na Internet com atributos categorizados.

Sexo	Nível de Escolaridade	Estado	Computador em Casa	Conversa On-line	Compra On-line	Preocupações com Privacidade
Feminino	Pós-graduação	Illinois	Sim	Sim	Sim	Sim
Masculino	Superior	Califórnia	Não	Não	Não	Não
Masculino	Pós-gradução	Michigan	Sim	Sim	Sim	Sim
Feminino	Superior	Virgínia	Não	Não	Sim	Sim
Feminino	Pós-graduação	Califórnia	Sim	Não	Não	Sim
Masculino	Superior	Minnesota	Sim	Sim	Sim	Sim
Masculino	Superior	Alasca	Sim	Sim	Sim	Não
Masculino	Segundo grau	Oregon	Sim	Não	Não	Não
Feminino	Pós-graduação	Texas	Não	Sim	Não	Não
...	...	...	...	...	...	...

Para extrair tais padrões, os atributos binários simétricos e categorizados são transformados primeiro em "itens", de forma que algoritmos de mineração de regras de associação existentes possam ser aplicados. Este tipo de transformação pode ser executado pela criação de um novo item para cada par distinto de atributo-valor. Por exemplo, o atributo nominal Nível de Escolaridade pode ser substituído por três itens binários: Educação = Superior, Educação = Pós-Graduação e Educação = Segundo Grau. De forma semelhante, atributos binários simétricos como Sexo podem ser convertidos em um par de itens binários, Masculino e Feminino. A Tabela 7.2 mostra o resultado da binarização dos dados da pesquisa na Internet.

Análise de Associação: Conceitos Avançados

Tabela 7.2 Dados da pesquisa na Internet após a binarização dos atributos binários simétricos e categorizados.

Masculino	Feminino	Educação = Superior	Educação = Pós-Graduação	...	Privacidade = Sim	Privacidade = Não
0	1	1	0	...	1	0
1	0	0	1	...	0	1
1	0	1	0	...	1	0
0	1	0	1	...	1	0
0	1	1	0	...	1	0
1	0	0	1	...	1	0
1	0	0	1	...	0	1
1	0	0	0	...	0	1
0	1	1	0	...	0	1
...	...	...	...	...	...	...

Há diversas questões a serem consideradas durante a aplicação da análise de associação a dados binarizados:

1. Alguns valores de atributos podem não ser suficientemente freqüentes para fazerem parte de um padrão freqüente. Este problema é mais evidente para atributos nominais que tenham muitos valores possíveis, e.g., nomes de estados. Baixar o limite de suporte não ajuda porque aumenta exponencialmente o número de padrões freqüentes encontrados (muitos dos quais podem não ser legítimos) e torna a computação mais custosa. Uma solução mais prática é agrupar atributos relacionados em um número menor de categorias. Por exemplo, cada nome de estado pode ser substituído pela sua região geográfica correspondente, como Meio-Oeste, Sudoeste, Noroeste do Pacífico e Costa Leste. Outra possibilidade é agregar os valores de atributos menos freqüentes em uma única categoria chamada Outros, conforme mostrado na Figura 7.1.

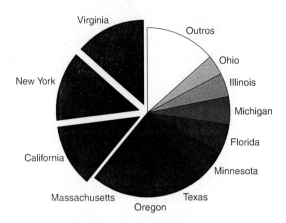

Figura 7.1. *Um gráfico de torta com uma categoria fundida chamada Outros.*

2. Alguns valores de atributos podem ter freqüências consideravelmente maiores do que outros. Por exemplo, suponha que 85% dos participantes da pesquisa possuam um computador em casa. Criando um item binário para cada valor de atributo que apareça freqüentemente nos dados, podemos potencialmente gerar muitos padrões redundantes, conforme ilustrado pelo exemplo a seguir:

{Computador em Casa = Sim, Compra On-line = Sim}

→ {Preocupações com Privacidade = Sim}

A regra é redundante porque é incluída pela regra mais geral apresentada no início desta seção. Devido a itens de alta freqüência corresponderem aos valores típicos de um atributo, eles raramente carregam alguma informação nova que possa nos ajudar a entender melhor o padrão. Pode portanto ser útil remover tais itens antes de aplicar algoritmos padrão de análise de associação. Outra possibilidade é a aplicação das técnicas apresentadas na Seção 6.8 para lidar com conjuntos de dados com uma faixa grande de valores suportados.

3. Embora a extensão de cada transação seja o mesmo do número de atributos nos dados originais, o tempo de computação pode aumentar especialmente quando muitos dos itens recém-criados se

tornam freqüentes. Isto ocorre porque é necessário mais tempo para lidar com os conjuntos de itens candidatos gerados por esses itens (veja o exercício 1 na seção anterior). Uma forma de reduzir o tempo de computação é evitar a geração de conjuntos de itens candidatos que contenham mais de um item do mesmo atributo. Por exemplo, não temos que gerar um conjunto de itens candidatos como {Estado = x, Estado = y, ...} porque o contador de suporte do conjunto de itens é zero.

7.2 Lidando com Atributos Contínuos

Os dados da pesquisa na Internet da seção anterior também podem conter atributos contínuos como os mostrados na Tabela 7.3. Minerar os atributos contínuos pode revelar informações úteis sobre os dados como "os usuários cuja renda anual é maior que 129K dólares pertencem ao da faixa etária de 45 a 60 anos" ou "os usuários que têm mais de 3 contas de e-mail e gastam mais de 15 horas on-line por semana freqüentemente se preocupam com sua privacidade pessoal". Regras de associação que contêm atributos contínuos são conhecidas comumente como **regras de associação quantitativa**.

Esta seção descreve as diversas metodologias para a aplicação de análise de associação em dados contínuos. Discutiremos especificamente três tipos de métodos: (1) métodos baseados em discretização, (2) métodos baseados em estatísticas e (3) métodos sem discretização. As regras de associação quantitativas derivadas usando estes métodos são de natureza bastante diferente.

7.2.1 Métodos Baseados em Discretização

A discretização é a abordagem mais comum para lidar com atributos contínuos. Esta abordagem agrupa os valores adjacentes de um atributo contínuo em um número finito de intervalos. Por exemplo, o atributo Idade pode ser dividido nos seguintes intervalos:

Tabela 7.3. Dados de pesquisa na Internet com atributos contínuos.

Sexo	...	Idade	Renda Anual	Número de Horas Gastas On-line por Semana	Número de Contas de E-mail	Preocupação com Privacidade
Feminino	...	26	90K	20	4	Yes
Masculino	...	51	135K	10	2	No
Masculino	...	29	80K	10	3	Yes
Feminino	...	45	120K	15	3	Yes
Feminino	...	31	95K	20	5	Yes
Masculino	...	25	55K	25	5	Yes
Masculino	...	37	100K	10	1	No
Masculino	...	41	65K	8	2	No
Feminino	...	26	85K	12	1	No
...	...	...	...	...	...	...

Idade ∈ [12, 16), Idade ∈ [16,20), Idade ∈ [20, 24), ..., Idade ∈ [56, 60),

onde [a, b) representa um intervalo que inclui a mas não b. A discretização pode ser executada usando qualquer uma das técnicas descritas na Seção 2.3.6 (extensão igual de intervalos, freqüência igual, baseada em entropia ou agrupamento). Os intervalos discretos são então mapeados em atributos binários assimétricos de forma que algoritmos de análise de associação existentes possam ser aplicados. A Tabela 7.4 mostra os dados da pesquisa na Internet após a discretização e binarização.

Tabela 7.4. Dados da pesquisa na Internet após a binarização de atributos categorizados e contínuos.

Masc.	Feminino	...	Idade < 13	Idade ∈ [13, 21)	Idade ∈ [21, 30)	...	Privacidade = Sim	Privacidade = Não
0	1	...	0	0	1	...	1	0
1	0	...	0	0	0	...	0	1
1	0	...	0	0	1	...	1	0
0	1	...	0	0	0	...	1	0
0	1	...	0	0	0	...	1	0
1	0	...	0	0	1	...	1	0
1	0	...	0	0	0	...	0	1
1	0	...	0	0	0	...	0	1
0	1	...	0	0	1	...	0	1
...	...	...	...	...	...	...	...	...

Análise de Associação: Conceitos Avançados 501

Tabela 7.5. Uma divisão de usuários da Internet que participaram de conversas on-line de acordo com sua faixa etária.

Faixa Etária	Conversam On-line = Sim	Conversam On-line =Não
[12, 16)	12	13
[16, 20)	11	2
[20, 24)	11	3
[24, 28)	12	13
[28, 32)	14	12
[32, 36)	15	12
[36, 40)	16	14
[40, 44)	16	14
[44, 48)	4	10
[48, 52)	5	11
[52, 56)	5	10
[56, 60)	4	11

Um parâmetro-chave na discretização de atributos usados para particionar cada atributo. Este parâmetro geralmente é fornecido pelos usuários e pode ser expresso em termo da extensão do intervalo (para a abordagem de freqüência igual). A dificuldade em determinar o número correto de intervalos pode ser ilustrada usando o conjunto de dados mostrado na Tabela 7.5, que resume as respostas de 250 usuários que participaram da pesquisa. Há duas regras fortes inseridas nos dados:

R_1: Idade ∈ [16,24) → Conversa On-line = Sim (s=8,8%, c = 81,5%).

R_2: Idade ∈ [44,60) → Conversa On-line = Não (s=16,8%, c=70%).

Estas regras sugerem que a maioria dos usuários da faixa etária de 16-24 anos participa freqüentemente de conversas on-line, enquanto que aqueles da faixa etária de 44-60 anos têm menor probabilidade de fazê-lo. Neste exemplo, consideramos uma regra interessante apenas se o seu suporte (s) for maior que 5% e sua confiança (c) for maior que 65%. Um dos problemas encontrados durante a discretização do atributo Idade é como determinar a extensão do intervalo.

1. Se o intervalo for grande amplo demais, então podemos perder alguns padrões por causa da sua falta de confiança. Por exemplo, quando a extensão do intervalo for de 24 anos, *R1* e *R2* são substituídas pelas seguintes regras:

R'_1: Idade ∈ [12,36) → Conversa On-line = Sim (s=30%, c=57,7%).

R'_2: Idade ∈ [36,60) → Conversa On-line = Não (s=28%, c=58,3%).

Apesar dos seus suportes mais altos, os intervalos mais largos fizeram com que a confiança de ambas as regras caísse abaixo do limite mínimo de confiança.

2. Se o intervalo for estreito demais, podemos perder alguns padrões por falta de suporte. Por exemplo, se a extensão do intervalo for de 4 anos, então R_1 é dividida nas seguintes quatro regras:

$R_{11}^{(4)}$: Idade ∈ [16,20) → Conversa On-line = Sim (s=4,4%, c=84,6%).

$R_{12}^{(4)}$: Idade ∈ [20,24) → Conversa On-line = Sim (s=4,4%, c=78,6%).

Já que os suportes a sub-regras são menores que o limite mínimo de suporte, $R1$ é perdida após a discretização. De forma semelhante, a regra $R2$, que é dividida em quatro sub-regras, também será perdida por causa do suporte de cada sub-regra ser menor que o limite mínimo de suporte.

3. Se a extensão do intervalo for 8 anos, então a regra $R2$ é dividida nas duas sub-regras seguintes:

$R_{21}^{(8)}$: Idade ∈ [44,52) → Conversa On-line = Não (s=8,4%, c=70%).

$R_{22}^{(8)}$: Idade ∈ [52,60) → Conversa On-line = Não (s=8,4%, c=70%).

Já que $R21^{(8)}$ e $R22^{(8)}$ têm suporte e confiança suficientes, $R2$ pode ser recuperada agregando-se ambas as sub-regras. Enquanto isso, R_1 é dividida nas duas sub-regras seguintes:

$R_{11}^{(8)}$: Idade ∈ [12,20) → Conversa On-line = Sim (s=9,2%, c=60,5%).

$R_{12}^{(8)}$: Idade ∈ [20,28) → Conversa On-line = Sim (s=9,2%, c=60,0%).

Diferentemente de R_2, não podemos recuperar a regra R_1 agregando as sub-regras porque ambas as sub-regras falham no limite de confiança.

Uma forma de abordar estas questões é considerar cada agrupamento possível de intervalos adjacentes. Por exemplo, podemos começar com uma extensão de intervalo de 4 anos e depois fundir os intervalos adjacentes em um intervalos maiores, Idade ∈ [12,16), Idade ∈ [12,20), ..., Idade ∈ [12,60), Idade ∈ [1,24), etc. Esta abordagem permite a detecção de tanto R_1 quanto R_2 como regras fortes. Todavia, também leva às seguintes questões computacionais:

1. **A computação se Torna Extremamente Custosa.** Se a faixa for dividida inicialmente em k intervalos, então $k(k-1)/2$ itens binários devem ser gerados para representar todos os intervalos possíveis. Além disso, se um item correspondente ao intervalo [a,] for freqüente, então todos os outros itens correspondentes a intervalos que incluam [a,b) devem ser freqüentes também. Esta abordagem pode gerar então conjuntos de itens freqüentes e candidatos demais. Para abordar estes problemas, um limite máximo de suporte pode ser aplicado para evitar a criação de itens correspondendo a intervalos amplos demais e para reduzir o número de conjuntos de itens.

2. **São Extraídas Muitas Regras Redundantes.** Por exemplo, analise o seguinte par de regras:

R_3: {Idade ∈ [16,20), Sexo = Masculino} → {Conversa On-line = Sim}

R_4: {Idade ∈ [16,24), Sexo = Masculino} → {Conversa On-line = Sim}

R_4 é uma generalização de R_3 (e R_3 é uma especialização de $R4$) porque R_4 possui um intervalo maior para o atributo Idade. Se os valores de confiança para ambas as regras forem os mesmos, então R_4 deve ser mais interessante porque cobre mais exemplos – incluindo aqueles para R_3. R_3 é portanto uma regra redundante.

7.2.2 Métodos Baseados em Estatísticas

Regras de associação quantitativas podem ser usadas para inferir propriedades estatísticas de uma população. Por exemplo, suponha que estejamos interessados em encontrar a idade média de determinados grupos de usuários da Internet baseado nos dados fornecidos pelas Tabelas 7.1 7.3. Usando o método baseado em estatísticas descrito nesta seção, regras de associação quantitativas como a seguinte podem ser extraídas:

{Renda Anual > $100K, Compra On-line = Sim} → Idade : Média = 38.

Geração de Regras

Para gerar as regras de associação quantitativas, o atributo alvo usado para caracterizar segmentos estatísticos interessantes da população deve ser especificado. Retendo o atributo alvo, os atributos contínuos e categorizados restantes nos dados podem ser binarizados usando os métodos descritos na seção anterior. Algoritmos existentes como o *Apriori* ou o FP-growth são então aplicados para extrair conjuntos de dados freqüentes dos dados binarizados. Cada conjunto de itens freqüentes identifica um segmento interessante da população. A distribuição do atributo alvo em cada segmento pode resumida usando estatísticas descritivas como média, mediana, variância ou desvio absoluto. Por exemplo, a regra antecedente é obtida pela média de idade dos usuários da Internet que suportam os conjuntos de dados freqüentes {Renda Anual > $100K, Compram On-line = Sim}.

O número de regras de associação quantitativas descobertas usando este método é o mesmo número dos conjuntos de dados freqüentes extraídos. Devido à forma pela qual regras de associação quantitativas são definidas, a noção de confiança não é aplicável a tais regras. Um método alternativo para validar as regras de associação quantitativas é apresentado a seguir.

Análise de Associação: Conceitos Avançados 505

Validação de Regras

Uma regra de associação quantitativa é interessante apenas se as estatísticas calculadas das transações cobertas pela regra forem diferentes das calculadas das transações não cobertas pela mesma. Por exemplo, a regra apresentada no início desta seção é interessante apenas se a idade média dos usuários da Internet que não suportam o conjunto de dados freqüentes {Renda Anual > 100K, Compram On-line = Sim} for significativamente maior ou menor que 38 anos. Para determinar se a diferença nas suas idades médias é estatisticamente significativa, hipóteses estatísticas testando métodos devem ser aplicadas.

Analise a regra de associação quantitativa, $A \rightarrow t{:}\mu$, onde A é um conjunto de dados freqüentes, t é o atributo contínuo alvo e μ é o valor médio de t entre as transações cobertas por A. Além disso, suponhamos que μ' denote o valor médio de t entre transações não cobertas por A. O objetivo é testar se a diferença entre μ e μ' é maior do que algum limite especificado pelo usuário, Δ. Em testes estatísticos de hipóteses, duas proposições contrárias, conhecidas com a hipótese nula e a hipótese alternativa, são apresentadas. Um teste de hipótese é executado para determinar qual dessas duas hipóteses deve ser aceita, baseado na evidência colhida dos dados (veja o Apêndice C).

Neste caso, supondo que $\mu < \mu'$, a hipótese nula é H_0: $\mu' = \mu + \Delta$, enquanto que a hipótese alternativa é H_1: $\mu' > \mu + \Delta$. Para determinar qual hipótese deve ser aceita, a seguinte estatística-Z é calculada:

$$Z = \frac{\mu' - \mu - \Delta}{\sqrt{\frac{s_1^2}{n_1} + \frac{s_2^2}{n_2}}},$$

(7.1)

onde $n1$ é o número de transações suportando A, $n2$ é o número de transação não suportando A, $s1$ é o desvio padrão para t entre as transações que suportam A e $s2$ é o desvio padrão para T entre as transações que não suportam A. S as hipóteses nulas, Z possui uma distribuição normal com média 0 e variância 1. O valor de Z calculado usando a Equação 7.1 é então comparado com um valor crítico, $Z\alpha$, que é um limite que depende do nível de confiança desejado. Se $Z > Z\alpha$, então a hipótese nula é rejeitada e podemos concluir que a regra de associação quantitativa é interessante.

Caso contrário, não há evidência suficiente nos dados para mostrar que a diferença na média é estatisticamente significativa.

Exemplo 7.1. Analise a regra de associação quantitativa

{*Renda* > 100K, *Compra On-line* = *Sim*} → *Idade* : μ= 38.

Suponha que existam 50 usuários de Internet que tenham suportado a regra antecedente. O desvio padrão das suas idades é 3,5. Por outro lado, a idade média dos 200 usuários que não suportam a regra ante é 30 e seu desvio padrão é 6,5. Suponha que uma regra de associação quantitativa seja considerada interessante apenas se a diferença entre μ e μ' seja maior que 5 anos. Usando a Equação 7.1, obtemos

$$Z = \frac{38 - 30 - 5}{\sqrt{\frac{3.5^2}{50} + \frac{6.5^2}{200}}} = 4.4414.$$

Para um teste de hipótese de um lado com um nível de confiança de 95%, o valor crítico para rejeitar a hipótese na é 1, 64. Já que $Z > 1,64$, a hipótese nula pode ser rejeitada. Concluímos portanto que a regra de associação quantitativa é interessante porque a diferença entre as idades médias de usuários que suportam e não suportam a regra antecedente é de mais de 5 anos.

7.2.3 Métodos sem Discretização

Existem determinadas aplicações nas quais os analistas estão mais interessados em encontrar associações entre os atributos contínuos, em vez de associações entre intervalos discretos dos atributos contínuos. Por exemplo, analise o problema de encontrar associações de palavras em documentos de texto, conforme mostrado na Tabela 7.6. Cada entrada na matriz de documento-palavra representa o contador de freqüência normalizado de uma palavra aparecendo em um determinado documento. Os dados são normalizados dividindo a freqüência de cada palavra pela soma da freqüência da palavra por todos os documentos. Um motivo para esta normalização é assegurar que o valor de suporte resultante seja um número entre 0 e 1. Entretanto, um motivo mais importante é assegurar que os dados este-

Análise de Associação: Conceitos Avançados

jam na mesma escala de forma que conjuntos de palavras que variem da mesma forma tenham valores de suporte semelhantes.

Tabela 7.6. Matriz de documento-palavra normalizada.

Documento	$palavra_1$	$palavra_2$	$palavra_3$	$palavra_4$	$palavra_5$	$palavra_6$
d_1	0.3	0.6	0	0	0	0.2
d_2	0.1	0.2	0	0	0	0.2
d_3	0.4	0.2	0.7	0	0	0.2
d_4	0.2	0	0.3	0	0	0.1
d_5	0	0	0	1.0	1.0	0.3

Na mineração de texto, os analistas estão mais interessados em encontrar associações entre palavras (e.g., *dados* e *mineração*) em vez de associações entre faixas de freqüências de palavras (e.g.,*dados* ∈ [1,4] e *mineração* ∈ [2,3]). Uma forma de fazer isso é transformar os dados em uma matriz 0/1, onde a entrada é 1 se o contador de freqüência normalizada exceder algum limite t e 0 em caso contrário. Embora esta abordagem permita aos analistas aplicar algoritmos existentes de geração de conjuntos de dados freqüentes para o conjunto de dados binarizados, encontrar o limite correto para a binarização pode ser bastante complicado. Se o limite for estabelecido alto demais, é possível que se perca algumas associações interessantes. De forma oposta, se o limite for configurado baixo demais, há possibilidade de geração de um grande número de associações falsas.

Esta seção apresenta outra metodologia para encontrar associações de palavras conhecidas como min-*Apriori*. Análogo à análise de associações tradicional, um conjunto de dados é considerado uma coleção de palavras, enquanto que seu suporte mede o grau de associação entre as palavras. O suporte de um conjunto de itens pode ser calculado baseado na freqüência normalizada das suas palavras correspondentes. Por exemplo, analise o documento *d1* mostrado na Tabela 7.6. As freqüências normalizadas para *palavra1* e *palavra2* neste documento são 0,3 e 0,6, respectivamente. Poderia-se pensar que uma abordagem tradicional para calcular a associação entre ambas às palavras é pegar o valor médio das suas freqüências normalizadas, i.e., (0,3 + 0,6)/2 = 0,45. O suporte de um conjunto de itens pode então ser calculado pela soma das freqüências médias normalizadas por todos os documentos:

$$s(\{palavra_1, palavra_2\}) = \frac{0.3 + 0.6}{2} + \frac{0.1 + 0.2}{2} + \frac{0.4 + 0.2}{2} + \frac{0.2 + 0}{2} = 1$$

Este resultado não é acidental. Devido a cada freqüência de palavra ser normalizada em 1, calcular a média das freqüências normalizadas torna o suporte cada conjunto de itens igual a 1. Todos os conjuntos de itens são portanto freqüentes usando esta abordagem, tornando-a inútil para identificar padrões interessantes.

Em min-*Apriori*, a associação entre palavras em um determinado documento é obtida pegando-se o valor mínimo das suas freqüências normalizadas, i.e., min(*palavra1, palavra2*) = min (0,3 , 0,6) = 0,3. O suporte de um conjunto de dados é calculado agregando-se sua associação por todos os documentos.

$$s(\{palavra_1, palavra_2\}) = \min(0,3\ ,\ 0,6) + \min(0,1\ ,\ 0,2)$$
$$+ \min(0,4\ ,\ 0,2) + \min(0,2, 0)$$
$$= 0,6.$$

A medida de suporte definida em um min-*Apriori* possui as seguintes propriedades desejadas, o que a torna apropriada para encontrar associações de palavras em documentos:

1. O suporte aumenta monotonicamente à medida que a freqüência normalizada de uma palavra aumenta.
2. O suporte aumenta monotonicamente à medida que o número de documentos que contêm a palavra aumenta.
3. O suporte possui uma propriedade anti-monotônica. Por exemplo, analise um par de conjuntos de itens {*A, B*} e {*A, B, C*}. Já que min({*A, B*}) ≥ min({*A, B, C*}), s({*A, B*}) ≥ s({*A, B, C*}). Portanto, o suporte diminui monotonicamente medida em que o número de palavras em um conjunto de itens diminui.

O algoritmo *Apriori* padrão pode ser definido para encontrar associações entre palavras usando a nova definição de suporte.

7.3 Lidando com uma Hierarquia de Conceitos

Uma hierarquia de conceitos organização multiníveis das diversas entidades ou conceitos definidos em um determinado domínio. Por exemplo, na análise da cesta de compras, uma hierarquia de conceitos possui a forma de uma taxonomia de itens descrevendo os relacionamentos "é um" entre itens de um armazém – e.g., leite é um tipo de comida e DVD é um tipo de equipamento eletrodoméstico (veja a Figura 7.2). Hierarquias de conceitos são muitas vezes definidas de acordo com o conceito de domínio ou baseadas em um esquema de classificação padrão definido por determinadas organizações (e.g., o esquema de classificação da Biblioteca do Congresso dos EUA é usado para organizar materiais de bibliotecas baseados nas suas categorias de assunto).

Uma hierarquia de conceitos pode ser representada usando um **grafo acíclico direcionado** conforme mostrado na Figura 7.2. Se houver um arco no grafo de um nodo p para outro nodo c, chamamos p de **pai** de c e c de **filho** de p. Por exemplo,

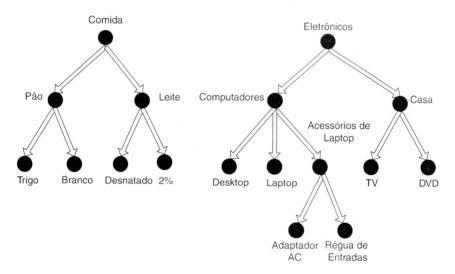

Figura 7.2. *Exemplo de uma taxonomia de itens.*

leite é o pai de leite desnatado porque há um arco direcionado do nodo leite para o nodo leite desnatado. ^X é chamado de **ancestral** de X (e X um **descendente** de ^X) se houver um caminho do nodo ^X para o nodo X no grafo acíclico direcionado. No diagrama mostrado na Figura 7.2, comida é um ancestral de leite desnatado e adaptador AC é um descendente de eletrônicos.

As principais vantagens de incorporar hierarquias de conceitos na análise de associações são as seguintes:

1. Itens que estejam em níveis inferiores de uma hierarquia podem não ter suporte suficiente para aparecer em algum conjunto de dados freqüentes. Por exemplo, embora as vendas de adaptadores AC e réguas de entrada possam estar baixas, a venda de acessórios de laptops, que é seu nodo pai na hierarquia de conceitos, pode ser alta. A menos que a hierarquia de conceitos seja usada, há uma possibilidade de se perder padrões interessantes envolvendo acessórios de laptops.

2. Regras encontradas em níveis inferiores de uma hierarquia de conceitos tendem a ser excessivamente específicas e podem não ser tão interessantes quanto regras nos níveis superiores. Por exemplo, itens de demanda constante, como leite e pão tendem a produzir muitas regras de nível mais baixo como leite desnatado → pão branco, leite 2% → pão de trigo e leite desnatado → pão branco. Usando uma hierarquia de conceitos, elas podem ser resumidas em uma única regra, leite → pão. Considerar apenas itens que estejam no nível superior das suas hierarquias pode não ser bom o suficiente porque tais regras podem não ter uso prático. Por exemplo, embora a regra eletrônicos → comida possa satisfazer os limites suporte e confiança, não é informativa o suficiente porque a combinação de itens eletrônicos e de comida que sejam freqüentemente comprados por clientes não é conhecida. Se leite e baterias forem os únicos itens vendidos juntos freqüentemente, então o padrão {comida, eletrônicos} podem ter generalizado a situação em excesso.

A análise de associações padrão pode ser estendida para incorporar hierarquias de conceitos da seguinte forma. Cada transação *t* é substituída inicialmente por esta **transação estendida** *t'*, que contém todos os itens *t* junto com seus ancestrais correspondentes. Por exemplo, a transação

{DVD, pão de trigo} pode ser estendida para {DVD, pão branco, eletrodomésticos, eletrônicos, pão, comida}, onde eletrodomésticos e eletrônicos são os ancestrais de DVD, enquanto que pão e comida são os ancestrais de pão branco. Com esta abordagem, algoritmos existentes como *Apriori* podem ser aplicados aos bancos de dados estendidos para encontrar regras que se espalhem por diferentes níveis da hierarquia de conceitos. Esta abordagem tem diversas limitações óbvias:

1. Itens localizados nos níveis superiores tendem a ter contadores de suporte mais altos do que os localizados nos níveis inferiores de uma hierarquia de conceitos. Como resultado, se o limite de suporte for estabelecido muito alto, então apenas padrões envolvendo os itens de alto nível são extraídos. Por outro lado, se o limite for estabelecido baixo demais, então o algoritmo gera padrões demais (a maioria dos quais pode ser falsa) e se torna computacionalmente ineficiente.
2. A introdução de uma hierarquia de conceito tende a aumentar o tempo de computação de algoritmos de análise de associações por causa do número maior de itens e transações mais amplas. O número de padrões candidatos e padrões freqüentes gerados por estes algoritmos também pode crescer exponencialmente com transações maiores.
3. A introdução de uma hierarquia de conceitos pode produzir regras redundantes. Uma regra X → Y é redundante se houver uma regra mais geral $\hat{X} \to \hat{Y}$, onde $\hat{X}$ é um ancestral de X, $\hat{Y}$ é um ancestral de Y e ambas as regras têm confiança muito semelhante. Por exemplo, suponha que {pão} → {leite}, {pão branco} → {leite 2%}, {pão branco} → {leite desnatado} e {pão branco} → {leite desnatado} têm confiança muito semelhante. As regras envolvendo itens do nível mais baixo da hierarquia são consideradas redundantes porque podem ser resumidas por uma regra envolvendo os itens ancestrais. Um conjunto de dados como {leite desnatado, leite, comida} também é redundante porque comida e leite são ancestrais de leite desnatado. Felizmente, é fácil eliminar tais conjuntos de dados redundantes durante a geração de conjuntos de dados freqüentes, dado o conhecimento da hierarquia.

Banco de Dados de Seqüência:

Objeto	*Timestamp*	Eventos
A	10	2, 3, 5
A	20	6, 1
A	23	1
B	11	4, 5, 6
B	17	2
B	21	7, 8, 1, 2
B	28	1, 6
C	14	1, 8, 7

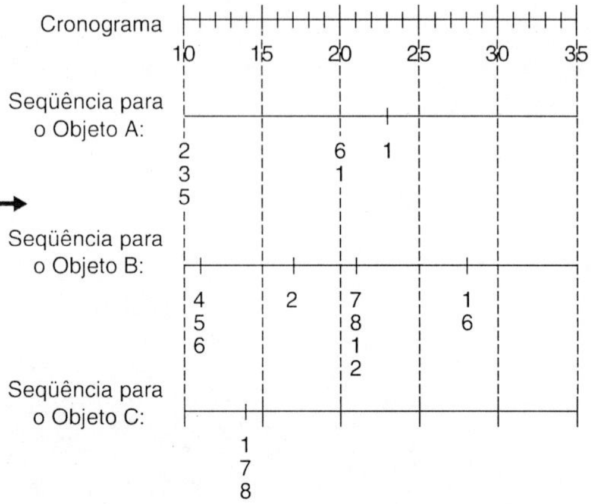

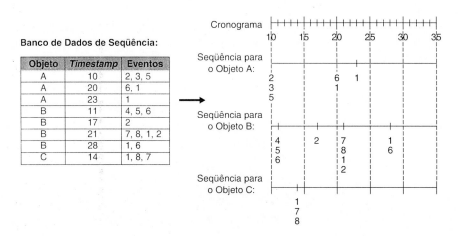

Figura 7.3. *Exemplo de um banco de dados de seqüência.*

7.4 Padrões Seqüenciais

Dados de cestas de compras contêm informações temporais sobre quando um item foi comprado por clientes. Tais informações podem ser usadas para juntar a seqüência de transações feitas por um cliente por um determinado período de tempo. De forma semelhante, dados baseados em eventos coletados de experimentos científicos ou o monitoramento de sistemas físicos como redes de telecomunicações, redes computacionais e redes de sensores sem fios, têm uma natureza seqüencial inerente a eles. Isto significa que uma relação comum, geralmente baseada em precedência temporal ou espacial, existe entre eventos que ocorram em tais dados. Todavia, os conceitos de padrões de associação discutidos até agora enfatizam apenas relacionamentos co-ocorrentes e desconsidera ocorrências futuras de determinados eventos. Esta seção apresenta o conceito básico de padrões seqüenciais e os algoritmos desenvolvidos para descobri-los.

7.4.1 Formulação de Problemas

A entrada para o problema de descobrir padrões seqüenciais é um conjunto de dados seqüenciais, que é mostrado no lado esquerdo da Figura 7.3. Cada linha registra as ocorrências de eventos associados a um determinado ob-

Análise de Associação: Conceitos Avançados   513

jeto em um determinado tempo. Por exemplo, a primeira linha contém o conjunto de eventos que ocorrem no *timestamp* $t = 10$ para o objeto A. Ordenando todos os eventos associados ao objeto A em ordem crescente dos seus *timestamps*, uma **seqüência** para o objeto A é obtida, conforme mostrado no lado direito da Figura 7.3.

Falando de modo geral, uma seqüência é uma lista ordenada de **elementos**. Uma seqüência pode ser denotada como $s = \{e1e2e3...e_n\}$, onde cada elemento e_j é um conjunto de um ou mais eventos, i.e., $e_j = \{i_1, i_2, ... i_k\}$. A seguir está uma lista de exemplos de seqüências:

- Seqüência de páginas Web visualizadas por um visitante de Web site:
<{Homepage}{Eletrônicos}{Câmeras e Camcorders} {Câmeras Digitais}{Carrinho de compras}{Confirmação de Pedido}{Retorno à Loja}>
- Seqüência de eventos levando ao acidente nuclear de Three-Mile Island:
<{resina entupida} {fechamento de válvula de descarga} {perda de água de alimentação} {válvula de dispositivo de polidor condensador fechado} {bombas de impulsão falham} {bombeador de água falha} {turbina principal falha} pressão do reator aumenta}>
- Seqüência de disciplinas feitas por um graduando em ciência da computação:
<{Algoritmos e Estruturas de Dados, Introdução aos Sistemas Operacionais} {Sistemas de Bancos de Dados, Arquitetura de Computadores} {Redes de Computadores, Engenharia de Software} {Computação Gráfica, Programação Paralela}>

Uma seqüência pode ser caracterizada pela sua extensão e o número de eventos ocorrentes. A extensão de uma seqüência corresponde ao número de elementos presentes na seqüência, enquanto que uma seqüência k é uma que contém k eventos. A seqüência Web no exemplo anterior contém 7 elementos e 7 eventos; a seqüência de eventos na Three-Mile Island contém 8 elementos e 8 eventos; e a seqüência de disciplinas contém 4 elementos e 8 eventos.

A Figura 7.4 fornece exemplos de seqüências, elementos e eventos definidos para uma diversidade de domínios de aplicações. Exceto pela última linha, o atributo ordinal associado a cada um dos três primeiros domínios corresponde ao local das bases (A, C, G,) na seqüência de genes. Embora a discussão sobre padrões seqüenciais seja focada principalmente em eventos temporais, pode ser estendida ao caso onde os eventos têm ordenação espacial.

Subseqüências

Uma seqüência t é uma **subseqüência** de outra seqüência s se cada elemento ordenado em t for um elemento ordenado em s. Formalmente, a seqüência $t = <t1t2...t_m>$

Banco de Dados de Seqüência	Seqüência	Elemento (Transação)	Evento (Item)
Cliente	Histórico de compras de um determinado cliente	Um conjunto de itens comprados por um cliente em um tempo t	Livros, produtos laticínios, CDs, etc
Dados Web	Atividade de navegação de um determinado visitante Web	O conjunto de arquivos visualizados por um visitante Web após um único clique de mouse	Homepage, página de índice, informações de contato, etc
Dados do Evento	Histórico de eventos gerados por um determinado sensor	Eventos disparados por um sensor em um tempo t	Bases A, T, G, C
Seqüências de Genoma	Seqüencia de DNA de uma determinada espécie	Um elemento da seqüência de DNA	

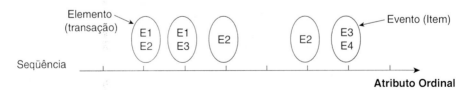

Figura 7.4. *Exemplos de elementos e eventos em conjuntos de dados de seqüências.*

é uma subsequência de $s = <s1s2...sn>$ se existir inteiros $1 \leq j1 < j2 < ... < j_m \leq n$ tal que $t_1 \subseteq s_{j1}$, $t_2 \subseteq s_{j2}$, ..., $t_m \subseteq s_{jm}$. Se t for uma subseqüência de s, então dizemos que t está **contido** em s. A tabela a seguir apresenta exemplos ilustrando a idéia de subseqüências para diversas seqüências.

Seqüência, s	Seqüência, t	t é uma seqüência de s?
< {2,4} {3,5,6} {8} >	< {2} {3,6} {8} >	Sim
< {2,4} {3,5,6} {8} >	< {2} {8} >	Sim
< {1,2} {3,4} >	< {1} {2} >	Não
< {2,4} {2,4} {2,5} >	< {2} {4} >	Sim

7.4.1 Descoberta de Padrões Seqüenciais

Suponha que D seja um conjunto de dados que contenha uma ou mais **seqüências de dados**. O termo seqüência de dados se refere a uma lista ordenada de eventos associada a um único objeto de dados. Por exemplo, o conjunto de dados mostrado na Figura 7.3 contém três seqüências de dados, uma para cada objeto A, B e C.

O suporte de uma seqüência s é a fração de todas as seqüências de dados que contenham s. Se o suporte para s for maior ou igual a um limite *minsup* especificado pelo usuário, então s é declarado como um padrão seqüencial (ou seqüência freqüente).

Objeto	Timestamp	Eventos
A	1	1, 2, 4
A	2	2, 3
A	3	5
B	1	1, 2
B	2	2, 3, 4
C	1	1, 2
C	2	2, 3, 4
C	3	2, 4, 5
D	1	2
D	2	3, 4
D	3	4, 5
E	1	1, 3
E	2	2, 4, 5

Minsup = 50%

Exemplos de Padrões Seqüenciais:

<{1,2}>	s=60%
<{2,3}>	s=60%
<{2,4}>	s=80%
<{3} {5}>	s=80%
<{1} {2}>	s=80%
<{2} {2}>	s=60%
<{1} {2,3}>	s=60%
<{2} {2,3}>	s=60%
<{1,2} {2,3}>	s=60%

Figura 7.5. *Padrões seqüenciais derivados de um conjunto de dados que contém cinco seqüências de dados.*

Definição 7.1 (Descoberta de Padrões Seqüenciais). Dado um conjunto de dados seqüenciais D e um limite mínimo de suporte especificado pelo usuário *minsup*, a tarefa da descoberta de padrões seqüenciais é encontrar todas as seqüências com suporte $\geq$ *minsup*.

A Figura 7.5 ilustra um exemplo de um conjunto de dados que contém cinco seqüências de dados. O suporte para a seqüência <{1}{2}> é igual a 80% porque ocorre em quatro das cinco seqüências de dados (todos os objetos exceto D). Supondo que o limite mínimo de suporte seja de 50%, qualquer seqüência que apareça em pelo menos três seqüências de dados é considerada um padrão seqüencial. Exemplos de padrões seqüenciais extraídos do conjunto de dados apresentado incluem <{1}{2}>, <{1,2}>, <{2,3}>, <{1,2}{2,3}>, etc.

A descoberta de padrões seqüenciais é uma tarefa computacionalmente desafiadora porque há exponencialmente muitas seqüências contidas em uma determinada seqüência de dados. Por exemplo, a seqüência de dados <{a,b}>{c,d,e}<f}{g,h,i}> contém seqüências como <{a}{c,d}{f}{g}>, <{c,d,e}>, <{b}{g}>, etc. Pode ser facilmente demonstrado que o número total de seqüências k presentes em uma seqüência de dados com n eventos é $\binom{n}{k}$. Uma seqüência de dados com nove eventos contém portanto

$$\binom{9}{1} + \binom{9}{2} + \ldots + \binom{9}{9} = 2^9 - 1 = 511$$

seqüências distintas.

Uma abordagem de força bruta para gerar padrões seqüenciais é enumerar todas as seqüências possíveis e contar seus respectivos suportes. Dada uma coleção de n eventos, seqüências candidatas 1 são geradas primeiro, seguidas por seqüências candidatas 2, seqüências candidatas 3 e assim por diante.

Seqüência 1: $<i_1>, <i_2>, \ldots, <i_n>$
Seqüência 2: $<\{i_1, i_2\}>, <\{i_1, i_3\}>, \ldots, <\{i_{n-1}, i_n\}>,$
$<\{i_1\}\{i_1\}>, <\{i_1\}\{i_2\}>, \ldots, <\{i_{n-1}\}\{i_n\}>$
Seqüência 3: $<\{i_1, i_2, i_3\}>, <\{i_1, i_2, i_4\}>, \ldots, <\{i_1, i_2\}\{i_1\}>, \ldots,$
$<\{i_1\}\{i_1, i_2\}>, \ldots, <\{i_1\}\{i_1\}\{i_1\}>, \ldots, <\{i_n\}\{i_n\}\{i_n\}>$

Observe que o número de seqüências candidatas é substancialmente maior que o de conjuntos de itens candidatos. Há dois motivos para o número extra de candidatos:

1. Um item pode aparecer no máximo uma vez em um conjunto de itens, mas um evento pode aparecer mais de uma vez em uma seqüência. Dado um par de itens, *i1* e *i2*, apenas um conjunto de

Análise de Associação: Conceitos Avançados

itens candidatos 2, {*i1, i2*}, pode ser gerado. Por outro lado, há muitas seqüências candidatas 2, como <{*i1, i2*}>, <{*i1*}{*i2*}>, <{*i2*}{*i1*}> e <{*i1,i1*}>, que podem ser geradas.
2. A ordem importa em seqüências, mas não para conjuntos de itens. Por exemplo, {1,2} e {2,1} se refere ao mesmo conjunto de itens, enquanto que <{*i1*}{*i2*}> e <{*i2*}{*i1*}> correspondem a seqüências diferentes e devem ser então geradas separadamente.

O princípio *Apriori* é verdadeiro para dados seqüenciais porque qualquer seqüência de dados que contenha uma determinada seqüência k também deve conter todas as suas $(k-1)$ subseqüências. Um algoritmo do tipo *Apriori* pode ser desenvolvido para extrair padrões seqüenciais a partir de um conjunto de dados de seqüência. A estrutura básica do algoritmo é mostrada no Algoritmo 7.1.

Observe que a estrutura do algoritmo é quase idêntica ao Algoritmo 6.1 apresentado no capítulo anterior. O algoritmo geraria interativamente novas seqüências k, podaria candidatas cujas seqüências $(k-1)$ sejam infreqüentes e depois contaria os suportes para as candidatas restantes para identificar os padrões seqüenciais. Os aspectos em detalhes destes passos são apresentados a seguir.

Geração de Candidatas Um par de seqüências $(k-1)$ é fundido para produzir uma seqüência k candidata. Para evitar a geração de candidatas duplicadas, lembre-se de que o algoritmo *Apriori* tradicional funde um par de conjuntos de itens k freqüentes apenas se os seus primeiros $k-1$ itens forem idênticos. Uma abordagem semelhante pode ser usada

---

Algoritmo 7.1 Algoritmo do tipo *Apriori* para descoberta de padrões seqüenciais.

1:   k = 1.
2:   $F_k = \{i \mid i \in I \land \frac{\sigma(\{i\})}{N} \geq minsup\}$.   {Encontrar todas as subseqüências 1 freqüentes.}
3:   **repita**
4:     $k = k + 1$.
5:     C_k = apriori-gen (F_{k-1}).   {Gerar subseqüências k candidatas.}
6:     **por seqüência de dados** $t \in T$ **feito**

7:     C_t = subseqüência (Ck, t)   {Identificar todas as candidatas contidas em t}
8:     por candidato k-subseqüência c ∈ C_t feito
9:     σ (c) = σ (c) + 1.   {Increment the support count = Incrementar o contador de suporte.}
10:    **fim para**
11:    **fim para**
12:    $F_k = \{c \mid c \in C_k \wedge \frac{\sigma(c)}{N} \geq minsup\}$ {Extrair as sub-seqüências k freqüentes.}
13:    até $F_k = 0$
14:    Resposta = ∪ F_k.

---

para seqüências. Os critérios para fundir seqüências são declarados na forma do procedimento a seguir.

Procedimento de Fusão de Seqüências

Uma seqüência $s^{(1)}$ é fundida com outra seqüência $s^{(2)}$ apenas se a subseqüência obtida largando-se o primeiro evento em $s^{(1)}$ for idêntica à subseqüência obtida largando-se o último evento em $s^{(2)}$. A candidata resultante é a seqüência $s^{(1)}$, concatenada com o último evento de $s^{(2)}$. O último evento de $s^{(2)}$ pode ser fundido no mesmo elemento do último evento de $s^{(1)}$ ou em elementos diferentes dependendo das seguintes condições:

1. Se os dois últimos eventos em $s^{(2)}$ pertencerem ao mesmo elemento, então o último elemento em $s^{(2)}$ é parte do último elemento em $s^{(1)}$ na seqüência fundida.

2. Se os dois últimos eventos de $s^{(2)}$ pertencerem a diferentes elementos, então o último evento em $s^{(2)}$ se torna um elemento separado inserido no final de $s^{(1)}$ na seqüência fundida.

A Figura 7.6 ilustra exemplos de seqüências 4 candidatas obtidas pela fusão de pares de seqüências 3 freqüentes. A primeira candidata <{1} {2}{3}{4}> é obtida pela fusão de <(1)(2)(3)> com <(2)(3)(4)>. Já que os eventos 3 e 4 pertencem a elementos diferentes da segunda seqüência, também pertencem a elementos separados na seqüência fundida. Por outro lado, fundir <{1}{3}{5}> com <{5}{3,4}> produz a seqüência 4 candidata

<{1}{5}{3,4}>. Neste caso, já que os eventos 3 e 4 pertencem ao mesmo elemento da segunda seqüência, são combinados no mesmo elemento na seqüência fundida. Finalmente, as seqüências <{1}{2}{3}> e <{1}{2,5}> não têm que ser fundidas porque remover o primeiro evento da primeira seqüência não dá a mesma subseqüência que removendo-se o último evento da segunda seqüência. Embora <{1}, {2,5}{3}> seja uma candidata viável, é gerada pela fusão de um par diferente de seqüências, <{1}{2,5}> e <{2,5}{3}>. este exemplo mostra que o procedimento de fusão de seqüências é completo; i.e., não haverá falta de nenhuma candidata viável, enquanto que, ao mesmo tempo, evita a geração de seqüências candidatas duplicadas.

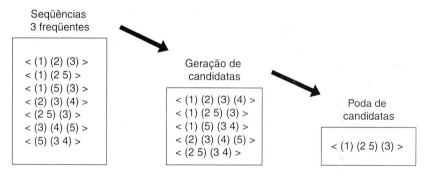

Figura 7.6. *Exemplo das etapas de geração e poda de candidatas de um algoritmo de mineração de padrões seqüenciais.*

Poda de Duplicatas Uma seqüência k candidata é podada se pelo menos uma das suas $(k - 1)$ seqüências for infreqüente. Por exemplo, suponha que <{1}{2}{3}{4}> seja uma seqüência 4 candidata. Precisamos verificar se <{1}{2}{4}> e <{1}{3}{4}> são seqüências de 3 freqüentes. Já que ambas são infreqüentes, a candidata <{1}{2}{3}{4}> pode ser eliminada. Os leitores devem poder verificar que a única seqüência 4 candidata que sobrevive à etapa da poda na Figura 7.6 é <{1]{2 5}{3}>.

Contagem de Suporte Durante a contagem de suporte, o algoritmo irá enumerar todas as seqüências k candidatas a uma determinada seqüência de dados. O suporte destas candidatas será incrementado. Após contar seus suportes, o algoritmo pode identificar as seqüências k e *podem* descartar todas as candidatas cujos contadores de suporte são menores do que o limite *minsup*.

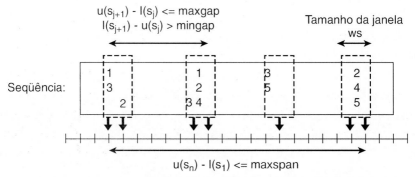

Figura 7.7. Restrições de tempo de um padrão seqüencial.

7.4.3 Restrições de Tempo

Esta seção apresenta uma formulação de padrões seqüenciais onde as restrições de tempo são impostas sobre os eventos e elementos de um padrão. Para motivar a necessidade de restrições de tempo, analise a seguinte seqüência de disciplinas feitas por dois alunos que se matricularam em uma disciplina de mineração de dados:

Aluno A: <{Estatística}{Sistemas de Bancos de Dados}{Mineração de Dados}>.

Aluno B:<{Sistemas de Bancos de Dados}{Estatística}{Mineração de Dados}>.

O padrão seqüencial de interesse é <{Estatística, Sistemas de Bancos de Dados}{Mineração de Dados}>, o que significa que alunos que estiverem matriculados na disciplina de mineração de dados devem ter feito anteriormente um curso de estatística e sistemas de bancos de dados. É claro que o padrão é suportado por ambos os alunos embora eles não cursem

Análise de Associação: Conceitos Avançados

estatística e sistemas de bancos de dados ao mesmo tempo. Em comparação, um aluno que tenha feito um curso de estatística há dez anos antes não deve ser considerado como suportando o padrão porque a diferença de tempo entre os cursos é grande demais. Devido à formulação apresentada na seção anterior não incorporar estas restrições de tempo, uma nova definição de padrão seqüencial é necessária.

A Figura 7.7 ilustra algumas das restrições de tempo que podem ser impostas sobre um padrão. A definição destas restrições e o impacto que elas têm sobre algoritmos de descoberta de padrões seqüenciais serão discutidos nas próximas seções. Observe que cada elemento do padrão seqüencial está associado com uma janela de tempo $[l,u]$, onde l é a primeira ocorrência de um evento dentro da janela de tempo e u é a última ocorrência de um evento dentro da janela de tempo.

A Restrição maxspan

A restrição *maxspan* especifica a maior diferença de tempo permitida entre a última e a primeira ocorrência de eventos na seqüência inteira. Por exemplo, suponha que as seguintes seqüências de dados contenham eventos que ocorram em tempos consecutivos (1,2,3,...). Supondo que *maxspan* = 3, a tabela a seguir contém padrões seqüenciais que são suportados e não suportados por uma determinada seqüência de dados.

Seqüência de Dados, s	Padrão Seqüencial, t	s suporta t?
< {1,3} {3,4} {4} {5} {6,7} {8} >	< {3} {4} >	Sim
< {1,3} {3,4} {4} {5} {6,7} {8} >	< {3} {6} >	Sim
< {1,3} {3,4} {4} {5} {6,7} {8} >	< {1,3} {6} >	Não

De modo geral, quanto maior o *maxspan*, mais provável será detectar um padrão em uma seqüência de dados. Entretanto, um *maxspan* maior também pode capturar padrões falsos porque aumenta a chance de dois eventos não relacionados serem relacionados temporariamente. Além disso, o padrão pode envolver eventos que já sejam obsoletos.

A restrição *maxspan* afeta a etapa de contagem de suporte de algoritmos de descoberta de padrões seqüenciais. Conforme mostrado nos exemplos anteriores, algumas seqüências de dados não suportam mais um padrão candidato quando a restrição *maxspan* for imposta. Se simplesmente aplicarmos o Algoritmo 7.1, os contadores de suporte para alguns padrões podem ser superestimados. Para evitar este problema, o algoritmo deve ser modificado para ignorar casos onde o intervalo entre a primeira e a última ocorrência de eventos em um determinado padrão é maior que *maxspan*.

As Restrições mingap e maxgap

As restrições de tempo também podem ser especificadas para restringir a diferença de tempo entre dois elementos consecutivos de uma seqüência. Se a diferença mínima de tempo (*maxgap*) for uma semana, então eventos em um elemento devem ocorrer dentro de uma semana dos eventos ocorrendo no elemento anterior. Se a diferença mínima de tempo (*mingap*) for zero, então eventos em um elemento devem ocorrer imediatamente após os eventos ocorrendo no elemento anterior. A tabela a seguir mostra exemplos de padrões q passam ou falham nas restrições *maxgap* e *mingap*, supondo que *maxgap* = 3 e *mingap* = 1.

Seqüência de Dados, s	Padrão Seqüencial, t	*maxgap*	*mingap*
< {1,3} {3,4} {4} {5} {6,7} {8} >	< {3} {6} >	Passa	Passa
< {1,3} {3,4} {4} {5} {6,7} {8} >	< {6} {8} >	Passa	Falha
< {1,3} {3,4} {4} {5} {6,7} {8} >	< {1,3} {6} >	Falha	Passa
< {1,3} {3,4} {4} {5} {6,7} {8} >	< {1} {3} {8} >	Falha	Falha

Da mesma forma que com *maxspan*, estas restrições afetarão a etapa da contagem de suporte de algoritmos de descoberta de padrões seqüenciais porque algumas seqüências de dados não suportam mais um padrão candidato quando as restrições *mingap* e *maxgap* estiverem presentes. Estes algoritmos devem ser modificados para assegurar que as restrições de tempo não sejam violadas ao se contar o suporte de um padrão. Caso contrário, algumas seqüências infreqüentes podem ser equivocadamente declaradas como padrões freqüentes.

Um efeito colateral do uso da restrição *maxgap* é que o princípio *Apriori* poderia ser violado. Para ilustrar isso, analise o conjunto de dados mostrado na Figura 7.5. Sem as restrições *mingap* ou *maxgap*, o suporte de <{2}{5}> e <{2}{3}{5}> são ambos iguais a 60%. Entretanto, se *mingap* = 0 e *maxgap* = 1, então o suporte para <{2}{5}> se reduz a 40%, enquanto que o suporte para <{2}{3}{5}> ainda é 60%. Em outras palavras, o suporte aumentou quando o número de eventos em uma seqüência aumenta – o que contradiz o princípio *Apriori*. A violação ocorre porque o objeto D não suporta o padrão <{2}{5}> já que a diferença de tempo entre os eventos 2 e 5 é maior que *maxgap*. Este problema pode ser evitado usando-se o conceito de uma subseqüência contígua.

Definição 7.2 (Subseqüência Contígua). Uma seqüência é uma subseqüência contígua de $w = <e_1 e_2 ... e_k>$ se qualquer uma das seguintes condições for verdadeira:
1. s é obtido de w após a exclusão de um evento de e_1 ou de e_k,
2. s é obtido de w após a exclusão de um evento de qualquer elemento $e_i \in w$ que contenha pelo menos dois eventos ou
3. s é uma subseqüência de t e t é uma subseqüência de w.

Os exemplos a seguir ilustram o conceito de uma subseqüência contígua:

Seqüência de Dados, s	Padrão Sequencial, t	t é uma sub-sequência contígua de s ?
< {1} {2,3}>	< {1} {2} >	Sim
<{1,2} {2} {3} >	< {1} {2} >	Sim
< {3,4} {1,2} {2,3} {4} >	< {1} {2} >	Sim
< {1} {3} {2} >	< {1} {2} >	Não
< {1,2} {1} {3} {2} >	< {1} {2} >	Não

Usando o conceito de subseqüências contíguas, o princípio *Apriori* pode ser modificado para lidar com restrições da seguinte forma:

Definição 7.3 (Princípio *Apriori* Modificado). Se uma seqüência k for freqüente, então todas as suas subseqüências $k - 1$ também devem ser freqüentes.

O princípio *Apriori* modificado pode ser aplicado ao algoritmo de descoberta de padrões seqüenciais com poucas modificações. Durante a poda de candidatas, nem todas as seqüências k precisam ser verificadas, já que algumas delas podem violar a restrição *maxgap*. Por exemplo, se *maxgap* = 1, não é necessário verificar se a subseqüência <{1}{2,3}{5}> da candidata <{1}{2,3}{4}{5}> é freqüente, já que a diferença de tempo entre os elementos {2,3} e {5} é maior que uma unidade de tempo. Em vez disso, apenas as subseqüências contíguas de <{1}{2,3}{4}{5}>

precisam ser examinadas. Estas subseqüências incluem <{1}{2,3}{4}>, <{2,3}{4}{5}>, <{1}{2}{4}{5}> e <{1}{3}{4}{5}>.

A Restrição do Tamanho da Janela

Finalmente, eventos dentro de um elemento s_j não têm que ocorrer ao mesmo tempo. Um limite de **tamanho de janela** (ws) pode ser definido para especificar a máxima diferença de tempo permitida entre a primeira e a última ocorrência de eventos em qualquer elemento de um padrão seqüencial. Um tamanho de janela 0 significa que todos os eventos no mesmo elemento de um padrão devem ocorrer simultaneamente.

O exemplo a seguir usa $ws = 2$ para determinar se uma seqüência de dados suporta uma determinada seqüência (supondo $mingap = 0$, $maxgap = 3$ e $maxspan = \infty$).

Seqüência de Dados, s	Padrão Sequencial, t	s suporta t ?
< {1,3} {3,4} {4} {5} {6,7} {8} >	< {3,4} {5} >	Yes
< {1,3} {3,4} {4} {5} {6,7} {8} >	< {4,6} {8} >	Yes
< {1,3} {3,4} {4} {5} {6,7} {8} >	< {3, 4, 6} {8} >	No
< {1,3} {3,4} {4} {5} {6,7} {8} >	< {1,3,4} {6,7,8} >	No

No último exemplo, embora o padrão <{1,3,4}{6,7,8}> satisfaça a restrição do tamanho da janela, ele viola a restrição *maxgap* porque a diferença máxima de tempo nos dois elementos é de 5 unidades. A restrição de tamanho da janela também afeta a etapa de contagem de suporte de algoritmos de descoberta de padrões seqüenciais. Se o Algoritmo 7.1 for aplicado sem a imposição da restrição do tamanho da janela, as contagens de suporte de alguns dos padrões candidatos poderiam ser subestimadas e assim alguns padrões interessantes podem ser perdidos.

7.4.4 Esquemas Alternativos de Contagem

Há diversos métodos disponíveis para contar o suporte de uma seqüência k de um banco de dados de seqüências. Para ilustração, analise o problema da contagem do suporte para a seqüência <{p}{q}>, conforme mostrado na Figura 7.8. Suponha que $ws = 0$, $mingap = 0$, $maxgap = 1$ e $maxspan = 2$.

Análise de Associação: Conceitos Avançados 525

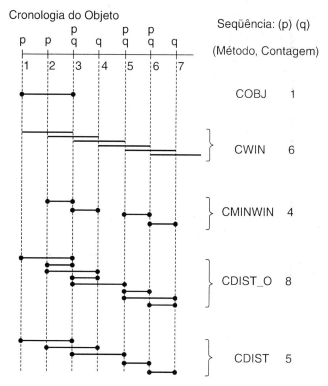

Figura 7.8. *Comparando diferentes métodos de contagem de suporte.*

- **COBJ:** Uma ocorrência por objeto.

  Este método procura pelo menos uma ocorrência de uma determinada seqüência em uma cronologia de um objeto. Na Figura 7.8, embora a seqüência <(p)(q)> apareça diversas vezes na cronologia do objeto, é contada apenas uma vez – com p ocorrendo em t = 1 e q ocorrendo em t = 3.

- **CWIN:** Uma ocorrência por janela móvel.

  Nesta abordagem, uma janela de tempo móvel de comprimento fixo (*maxspan*) é movida pela cronologia do objeto, uma unidade por vez. O contador de suporte é incrementado cada vez que a seqüência é encontrada na janela móvel. Na Figura 7.8, a seqüência <{p}{q}> é observada seis vezes usando este método.

- **CMINWIN:** Número de ocorrências de janelas mínimas.

Uma janela mínima de ocorrência é a menor janela na qual a seqüência ocorre dadas as restrições de tempo. Em outras palavras, uma janela mínima é o intervalo de tempo tal que a seqüência ocorre nesse intervalo, mas não corre em quaisquer outros dos subintervalos próprios dela. Esta definição pode ser considerada uma versão restritiva de CWIN, porque seu efeito é encolher e fechar algumas das janelas que são contadas por CWIN. Por exemplo, a seqüência <{p}{q}> possui quatro ocorrências de janela mínima: (1) o par (p:t = 2, q: t = 3), (2) o par (p:t = 3, q:t = 4), (3) o par (p:t = 5, q:t = 6), (4) o par (p:t = 6, q:t = 7). A ocorrência do evento p em t = 1 e do evento q em t = 3 não é uma ocorrência de janela mínima porque contém uma janela menor com (p:t = 2, q:t = 3), que é de fato uma ocorrência de janela mínima.

- **CDIST_O:** Ocorrências distintas com possibilidade de sobreposição de *timestamps* de eventos.

  Uma ocorrência distinta de uma seqüência é definida como o conjunto de pares evento-*timestamp* de modo que tenha que haver pelo menos um novo par evento-*timestamp* que seja diferente de uma ocorrência contada anteriormente. Se o tempo da ocorrência dos eventos p e q for denotada como uma dupla (t(p),t(q)), então este método produz oito ocorrências distintas da seqüência <{p}{q}> nos tempos (1,3), (2,3), (2,4), (3,4), (3,5), (5,6), (5,7) e (6,7).

- **CDIST:** Ocorrências distintas sem sobreposição de *timestamps* de eventos são permitidas. No CDIST_O anterior, duas ocorrências de uma seqüência podiam ter pares evento-*timestamp* sobrepostos, e.g., a sobreposição entre (1,3) e (2,3). No método CDIST, sobreposição não é permita. Efetivamente, quando um par evento-*timestamp* é analisado para contagem, é marcado como usado e não é mais usado novamente para contagens subseqüentes da mesma seqüência. Como exemplo, há cinco ocorrências sem sobreposição da seqüência <{p}{q}> no diagrama mostrado na Figura 7.8. Estas ocorrências acontecem nos tempos (1,3), (2,4), (3,5), (5,6) e (6,7). Observe que estas ocorrências são subconjuntos das ocorrências observadas em CDIST_O.

Uma questão final a respeito dos métodos de contagem é a necessidade de se determinar a base para calcular a medida de suporte. Para a mineração de itens de conjuntos freqüentes, a base é dada pelo número total de transações. Para a mineração de padrões seqüenciais, a base depende do método de contagem usado. Para o método COBJ, o número total de objetos nos dados de entrada pode ser usado como base. Para os métodos CWIN e CMINWIN, a base é dada pela soma do número de janelas de tempo possíveis em todos os objetos. Para métodos como CDIST e CDIST_O, a base é dada pela soma do número de *timestamps* distintos presentes nos dados de entrada de cada objeto.

7.5 Padrões de Subgrafos

Esta seção descreve a aplicação de métodos de análise de associações em entidades mais complexas além conjuntos de itens e seqüências. Os exemplos incluem componentes químicos, estruturas 3-D de proteínas, topologias de rede e documentos XML estruturados como árvores. Estas entidades podem ser modeladas usando uma representação de grafo, conforme mostrado na Figura 7.7.

Tabela 7.7. Representação em grafo de entidades em diversos domínios de aplicações.

Aplicação	Grafos	Vértices	Arestas
Mineração na Web	Padrões de navegação Web	Páginas Web	Hiperlinks entre páginas
Química Computacional	Estrutura de componentes químicos	Átomos ou íons	Ligação entre átomos ou íons
Computação em Redes	Redes de computadores	Computadores e servidores	Interconexão entre máquinas
Web Semântica	Coleção de documentos XML	Elementos XML	Relacionamento pai-filho entre elementos
Bio-informática	Estruturas de proteínas	Aminoácidos	Resíduo de contato

Uma tarefa de mineração de dados útil a se executar neste tipo de dados é derivar um conjunto de subestruturas comuns entre a coleção de grafos. Tal tarefa é conhecida como **mineração de subgrafos freqüentes**. Uma aplicação potencial de mineração de subgrafos freqüentes pode ser vista no contexto da química computacional. A cada ano novos componentes químicos são projetados para o desenvolvimento de remédio, pesticidas, fertilizantes, etc. Embora a estrutura um composto seja conhecida por desempenhar um papel importante na determinação das suas propriedades químicas, é difícil estabelecer seu relacionamento exato. A mineração de subgrafos freqüentes pode auxiliar nesta tarefa identificando as subestruturas comumente associadas a determinadas propriedades de componentes conhecidos. Tais informações podem ajudar os cientistas e desenvolver novos componentes químicos que tenham determinadas propriedades desejadas.

Esta seção apresenta uma metodologia para aplicação de análise de associações a dados baseados em grafos. A seção começa com uma revisão de alguns conceitos e definições básicas relacionadas a grafos. O problema da mineração de subgrafos freqüentes é então introduzido, seguido por uma descrição de como o tradicional algoritmo *Apriori* pode ser estendido para descobrir tais padrões.

7.5.1 Grafos e Subgrafos

Um grafo é uma estrutura de dados que pode ser usada para representar os relacionamentos entre um conjunto de entidades. Matematicamente, um grafo é composto de um conjunto de vértices V e um conjunto de arestas E conectando pares de vértices. Cada aresta é denotada por um par de vértices (v_i, v_j) onde $v_i, v_j \in V$. Um rótulo $l(v_i)$ pode ser atribuído a cada vértice v_i representando o nome de uma entidade. De forma semelhante, cada aresta (v_i, v_j) também pode ser associada a um rótulo $l(v_i, v_j)$ descrevendo o relacionamento entre um par de entidades. A Tabela 7.7 mostra os vértices e arestas associadas a diferentes tipos de grafos. Por exemplo, em um grafo Web, os vértices correspondem a páginas Web e as arestas representam os hiperlinks entre as páginas Web.

Definição 7.4 (Subgrafo). Um grafo $G' = (V', E')$ é um subgrafo de outro grafo $G = (V, E)$ se o seu conjunto de vértices V' for um subconjunto de V e seu conjunto de arestas E' for um subconjunto de E. O relacionamento de subgrafos é denotado como $G' \subseteq_s G$.

A Figura 7.9 mostra um grafo que contém 6 vértices e 11 arestas junto com um de seus subgrafos possíveis. O subgrafo, que é mostrado na Figura 7.9(b), contém apenas 4 dos 6 vértices e 4 das 11 arestas no grafo original.

Análise de Associação: Conceitos Avançados

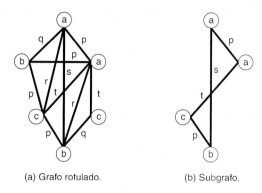

(a) Grafo rotulado. (b) Subgrafo.

Figura 7.9. *Exemplo de um subgrafo.*

Definição 7.5 (Suporte). Dada uma coleção de grafos $\mathcal{G}$, o suporte para um subgrafo g é definido como a fração de todos os grafos que contenham g como seu subgrafo, i.e.:

$$s(g) = \frac{|\{G_i | g \subseteq s\, G_i,\ G_i \in \mathcal{G}\}|}{|\mathcal{G}|}. \tag{7.2}$$

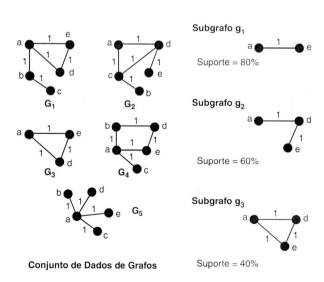

Figura 7.10. *Calculando o suporte de um subgrafo a partir de um conjunto de grafos.*

Exemplo 7.2. Analise os cinco grafos, G_1 a G_5, mostrado na Figura 7.10. O grafo g_1 mostrado no diagrama superior à direita é um subgrafo de G1, G3, G4 e G5. Assim, $s(g_1) = 4/5 = 80\%$. De forma semelhante, podemos mostrar que $s(g_2) = 60\%$ porque g_2 é um subgrafo de G_1, G_2 e G_3, enquanto que $s(g_3) = 40\%$ porque g_3 é um subgrafo de G_1 e G_3.

7.5.2 Mineração de Subgrafos Freqüentes

Esta seção apresenta uma definição formal do problema de mineração de subgrafos freqüentes e ilustra a complexidade desta tarefa.

Definição 7.6 (Mineração de Subgrafos Freqüentes). Dado um conjunto de grafos $\mathcal{G}$ e um limite de suporte, *minsup*, o objetivo da mineração de grafos é encontrar todos os subgrafos g tal que $s(g) \geq minsup$.

Embora esta formulação seja geralmente aplicável a qualquer tipo de grafo, a discussão apresentada neste capítulo enfoca principalmente grafos **conectados não direcionados**. As definições destes grafos são dadas a seguir:

1. Um grafo é conectado se existir um caminho entre cada par de vértices no mesmo, no qual um caminho é uma seqüência de vértices $<v1v2...vk>$ de modo que exista uma aresta conectando cada par de vértices adjacentes (v_i, V_{i+1}) na seqüência.
2. Um grafo é não direcionado se contiver apenas arestas não direcionadas. Uma aresta (vi, vj) é não direcionada se for indistinguível de (vj,vi).

Métodos para lidar com outros tipos de subgrafos (direcionados ou desconectados) são deixados como um exercício para os leitores (veja o Exercício 15).

Minerar subgrafos freqüentes é uma tarefa computacionalmente custosa por causa da escala exponencial do espaço de pesquisa. Para ilustrar a complexidade desta tarefa, analise um conjunto de dados que contenha d entidades. Na mineração de itens de itens freqüentes, cada entidade é um item e o tamanho do espaço de pesquisa a ser explorado é 2^d, que é o número de conjuntos de itens candidatos que podem ser gerados. Na mineração de subgrafos freqüentes, cada entidade é um vértice e pode ter até $d-1$ arestas para outros vértices. Supondo que os rótulos dos vértices sejam únicos, o número total de subgrafos é

Análise de Associação: Conceitos Avançados 531

$$\sum_{i=1}^{d} \binom{d}{i} \times 2^{i(i-1)/2},$$

onde $\binom{d}{i}$ é o número de caminhos a escolher para formar um subgrafo e $2^{i(i-1)/2}$ é o número máximo de arestas entre vértices. A Tabela 7.8 compara o número de conjuntos de itens e subgrafos para diferentes valores de d.

Tabela 7.8. Uma comparação entre o número de conjuntos de itens e subgrafos para dimensionalidade diferente, d.

Número de entidades, d	1	2	3	4	5	6	7	8
Número de conjuntos de itens	2	4	8	16	32	64	128	256
Número de subgrafos	2	5	18	113	1,450	40,069	2,350,602	28,619,2513

O número de subgrafos candidatos é na verdade muito menor porque o número apresentado na Tabela 7.8 inclui subgrafos que são desconectados. Subgrafos desconectados geralmente são ignorados porque não são tão interessantes quanto subgrafos conectados.

Um método de força bruta para fazer isso é gerar todos os subgrafos conectados como candidatos e contar seus respectivos suportes. Por exemplo, analise os grafos mostrados na Figura 7.11(a). Supondo que os rótulos dos vértices sejam escolhidos do conjunto $\{a,b\}$ e os rótulos das arestas sejam escolhidos do conjunto $\{p,q\}$, a lista de subgrafos conectados com um vértice até três vértices é mostrada na Figura 7.11(b). O número de subgrafos candidatos é consideravelmente maior do que o número de conjuntos de itens candidatos em mineração de regras de associações tradicional pelos seguintes motivos:

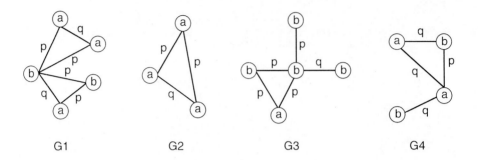

(a) Exemplo de um conjunto de dados de grafo.

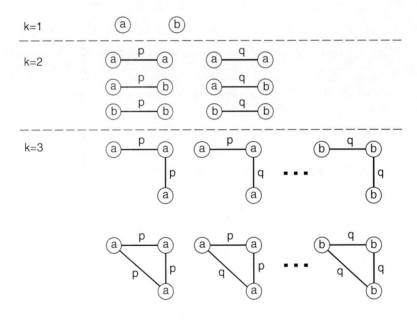

(b) Lista de subgrafos conectados.

Figura 7.11. *Método de força bruta para minerar subgrafos freqüentes.*

1. Um item pode aparecer no máximo uma vez por conjunto de itens, enquanto que um rótulo de vértice pode aparecer mais de uma vez em um grafo.

Análise de Associação: Conceitos Avançados

2. O mesmo par de rótulos de vértices pode ter múltiplas escolhas de rótulos de arestas.

Dado o grande número de subgrafos candidatos, um método de força bruta pode falhar mesmo em grafos de tamanho moderado.

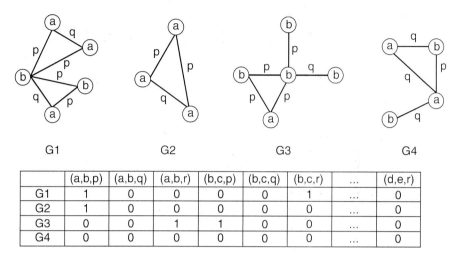

Figura 7.12. *Mapeando uma coleção de estruturas de grafos em transações de cesta de compras.*

7.5.3 Método do tipo Apriori

Esta seção examina como um algoritmo do tipo *Apriori* pode ser desenvolvido para encontrar subgrafos freqüentes.

Transformação de Dados

Uma abordagem possível é transformar cada grafo em um formato do tipo transação de modo que algoritmos existentes como *Apriori* possam ser aplicados. A Figura 7.12 ilustra como transformar uma coleção de grafos em sua representação equivalente como cesta de compras. Nesta representação, cada combinação de rótulo de arestas $l(e)$ com seus rótulos de vértices correspondentes, $(l(v_i), l(v_j))$, é mapeada para um "item". A extensão da "transação" é dada pelo número de arestas no grafo. Apesar da sua simplicidade, esta abordagem funciona apenas se cada aresta em um grafo possuir uma combinação única de rótulos de vértice e aresta. Caso contrário, tais grafos não podem ser modelados de forma precisa usando esta representação.

Estrutura Geral do Algoritmo de Mineração de Subgrafos Freqüentes

Um algoritmo do tipo *Apriori* para minerar subgrafos freqüentes consiste dos seguintes passos:

1. **Geração de candidatos**, que é o processo de fusão de pares de subgrafos (k-1) freqüentes para obter um subgrafo k candidato.
2. **Poda de candidatos**, que é o processo de descartar todos os subgrafos k candidatos que contenham subgrafos (k-1) infreqüentes.
3. **Contagem de suporte**, que é o processo de contar o número de grafos em G que contenha cada candidato,
4. **Eliminação de candidatos**, que descarta todos os subgrafos candidatos cujas contagens de suporte sejam menores que *minsup*.

Os detalhes específicos destas etapas são discutidos no restante desta seção.

7.5.4 Geração de Candidatas

Durante a geração de candidatas, um par de subgrafos (k-1) freqüentes são fundidos para formar um subgrafo k candidato. A primeira questão é como definir k, o tamanho de um subgrafo. No exemplo mostrado na Figura 7.11, k se refere ao número de vértices no grafo. Esta abordagem de expandir iterativamente um subgrafo acrescentando um vértice extra é conhecida como **crescimento do vértice**. Alternativamente, k pode se referir ao número de arestas no grafo. Esta abordagem de adicionar uma aresta extra aos subgrafos existentes é conhecida como **crescimento da aresta**.

Para evitar a geração de candidatos duplicados, podemos impor uma condição adicional para fusão de que os dois (k-1) subgrafos devam compartilhar um subgrafo (k-2) comum. O subgrafo (k-2) comum é conhecido como seu **núcleo**. A seguir, descrevemos brevemente o procedimento de geração de candidatos tanto para estratégias de crescimento de vértice quanto de crescimento de aresta.

Geração de Candidatos através de Crescimento de Vértice

O crescimento de vértice é o processo de gerar um novo candidato adicionando um novo vértice a um subgrafo freqüente existente. Antes de descrever esta abordagem, primeiro consideraremos a representação da matriz de adjacência de um grafo. Cada entrada M(i,j) na matriz contém o rótulo da aresta conectando os vértices vi e vj, ou zero, se não houver aresta entre eles. A abordagem de crescimento de vértice pode ser vista como o processo de gerar uma matriz de adjacência k x k combinando um par de matrizes de adjacência (k-1) x (k-1), conforme ilustrado na Figura 7.13. G1 e G2 são dois grafos cujas matrizes de adjacência são dadas por M(G1) e M(G2), respectivamente. O núcleo dos grafos é indicado por linhas tracejadas no diagrama. O procedimento para gerar subgrafos candidatos através do crescimento de vértice é apresentado a seguir.

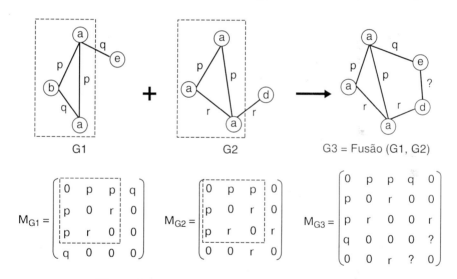

Figura 7.13. *Estratégia de crescimento de vértice.*

Procedimento de Fusão de Subgrafos através de Crescimento de Vértice

Uma matriz de adjacência $M^{(1)}$ é fundida com outra matriz $M^{(2)}$ se as submatrizes obtidas pela remoção da última linha e da última coluna de $M^{(1)}$ e $M^{(2)}$ forem idênticas entre si. A matriz resultante é a matriz $M^{(1)}$, com a inserção da última linha e da última coluna da matriz $M^{(2)}$. As entradas restantes da nova matriz são zero ou substituídas por todos os rótulos de arestas válidos conectando os pares de vértices.

O grafo resultante contém uma ou duas arestas a mais do que o grafo original. Na Figura 7.13, tanto G1 quanto G2 contêm quatro vértices e quatro arestas. Após a fusão, o grafo resultante G3 possui cinco vértices. O número de arestas em G3 depende de se os vértices d e e estiverem conectados. Se d e e estiverem desconectados, então G3 possui cinco arestas e a entrada correspondente da matriz para (d,e) é zero. Caso contrário, G3 possui seis arestas e a entrada da matriz para (d,e) corresponde ao rótulo da aresta recém-criada. Já que o rótulo da aresta é desconhecido, precisamos analisar todos os rótulos de arestas possíveis para (d,e), aumentando assim substancialmente o número de subgrafos candidatos.

Geração de Candidatos Através de Crescimento de Aresta

O crescimento de aresta insere uma nova aresta em um subgrafo freqüente existente durante a geração de candidato. Diferentemente do crescimento de vértice, o subgrafo resultante não necessariamente aumenta o número de vértices nos grafos originais. A Figura 7.14 mostra dois subgrafos candidatos possíveis obtidos pela fusão de G1 e G2 através da estratégia de crescimento de aresta. O primeiro subgrafo candidato, G3, possui um vértice extra, enquanto que o segundo subgrafo candidato, G4, possui o mesmo número de vértices que os grafos originais. O núcleo dos grafos é indicado pelas linhas tracejadas no diagrama.

O procedimento para geração de subgrafos candidatos através de crescimento de aresta pode ser resumido da seguinte maneira.

Análise de Associação: Conceitos Avançados 537

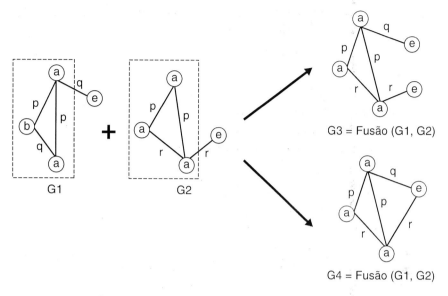

Figura 7.14. *Estratégia de crescimento de aresta.*

Procedimento de Fusão de Subgrafos Através de Crescimento de Aresta

Um subgrafo freqüente $g^{(1)}$ e fundido com outro subgrafo freqüente $g^{(2)}$ apenas se o subgrafo obtido pela remoção de uma aresta de $g^{(1)}$ é topologicamente equivalente ao subgrafo obtido pela remoção de uma aresta de $g^{(2)}$. Após a fusão, o candidato resultante é o subgrafo $g^{(1)}$, inserido com a aresta adicional de $g^{(2)}$.

Os grafos a serem fundidos podem conter diversos vértices que sejam **topologicamente equivalentes** entre si. Para ilustrar o conceito de vértices topologicamente equivalentes, analise os grafos mostrados na Figura 7.15. O grafo G1 contém quatro vértices, com rótulos de vértices idênticos, "a". Se uma nova aresta for adicionada a qualquer um dos quatro vértices, o grafo resultante parecerá o mesmo. Os vértices em G2 são portanto topologicamente equivalentes entre si.

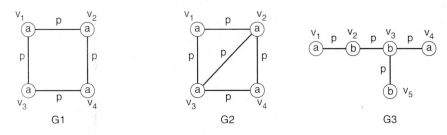

Figura 7.15. *Ilustração de vértices topologicamente equivalentes.*

O grafo G2 possui dois pares de vértices topologicamente equivalentes, v1 com v4 e v2 com v3, embora os rótulos das arestas e vértices sejam idênticos. É fácil ver que v1 não é topologicamente equivalente a v2 porque o número de arestas incidentes nos vértices é diferente. Portanto, adicionar uma nova aresta a v1 resulta em um grafo diferente de adicionar a mesma aresta a v2. Enquanto isso, o grafo G3 não tem algum vértice equivalente topologicamente. Embora v1 e v4 tenham os mesmos rótulos de vértices e número de arestas incidentes, inserir uma nova aresta a v1 resulta em um grafo diferente de inserir a mesma aresta a v4.

A noção de vértices topologicamente equivalentes pode nos auxiliar a entender por quê múltiplos grafos candidatos poderem ser gerados durante o crescimento de aresta. Analise os subgrafos (*k*-1) G1 e G2 mostrados na Figura 7.16. Para simplificar a notação, seu núcleo, que contém k-2 arestas comuns entre os dois grafos, é desenhado como um retângulo. A aresta remanescente em G1 que não esteja incluída no núcleo é mostrada como uma aresta pendente conectando os vértices *a* e *b*. De forma semelhante, a aresta remanescente em G2 que não é parte do núcleo é mostrada como uma aresta pendente conectando os vértices *c* e *d*. Embora os núcleos para G1 e G2 sejam idênticos, *a* e *c* podem ou não ser topologicamente equivalentes uma à outra. Se *a* e *c* forem equivalentes topologicamente, os denotamos como *a* = *c*. Para vértices fora do núcleo, os denotamos como *a* = *d* se seus rótulos forem idênticos.

Análise de Associação: Conceitos Avançados 539

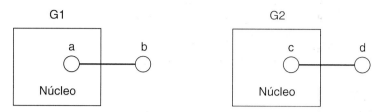

Figura 7.16. *Abordagem geral para fundir um par de subgrafos através de crescimento de aresta.*

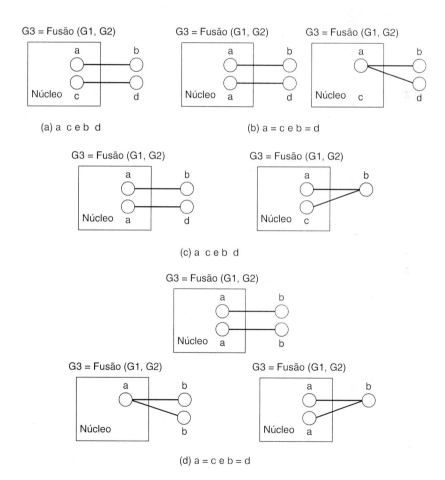

Figura 7.17. *Subgrafos candidatos gerados através de crescimento de aresta.*

A regra básica a seguir pode ser usada para determinar os subgrafos candidatos obtidos durante a geração de candidatos:
1. Se $a \neq c$ e $b \neq d$, então há apenas um subgrafo resultante possível, conforme mostrado na Figura 7.17 (a).
2. Se $a = c$ mas $b \neq d$, então há dois subgrafos resultantes possíveis, conforme mostrado na Figura 7.17(b).

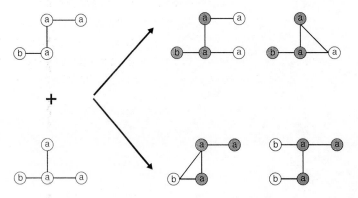

Figura 7.18. *Multiplicidade de candidatos durante a geração de candidatos.*

3. Se $a \neq c$ mas $b = d$, então há dois subgrafos resultantes possíveis, conforme mostrado na Figura 7.17(c).
4. Se $a = c$ e $b = d$, então há três subgrafos resultantes possíveis, conforme mostrado na Figura 7.17(d).

Múltiplos subgrafos candidatos também podem ser gerados quando houver mais de um núcleo associado ao par de subgrafos (k-1), conforme mostrado na Figura 7.18. Os vértices escurecidos correspondem àqueles vértices cujas arestas formam um núcleo durante a operação de fusão. Cada núcleo pode levar a um conjunto diferente de subgrafos candidatos. A princípio, se um par de subgrafos (k-1) freqüentes for fundido, pode haver no máximo k-2 núcleos, cada um dos quais é obtido pela remoção de uma aresta de um dos grafos fundidos. Embora o procedimento de crescimento de aresta possa produzir múltiplos subgrafos candidatos, o número de subgrafos candidatos tende a ser menor do que aqueles produzidos pela estratégia de crescimento de vértice.

7.5.5 Poda de Candidatos

Após os subgrafos k candidatos serem gerados, os candidatos cujos subgrafos (k-1) forem infreqüentes precisam ser podados. O passo de poda pode ser executado pela remoção sucessiva de uma aresta do subgrafo k candidato e verificando se o subgrafo (k-1) correspondente for conectado e freqüente. Se não, o subgrafo k candidato pode ser descartado.

Para verificar se o subgrafo (k-1) for freqüente, deve ser correspondente com outros subgrafos (k-1) freqüentes. Determinar se dois grafos são topologicamente equivalentes (ou isomórficos) é conhecido como o problema do **isomorfismo de grafos**. Para ilustrar a dificuldade de resolver o problema de isomorfismo de grafos, analise os dois grafos mostrados na Figura 7.19. Embora ambos os grafos se pareçam diferentes, são na verdade isomórficos entre si porque há um mapeamento um para um entre vértices em ambos os grafos.

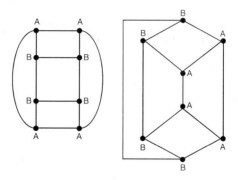

Figura 7.19. *Isomorfismo de grafos*

Lidando com Isomorfismo de Grafos

Uma abordagem padrão para lidar com o problema do isomorfismo de grafos é mapear cada grafo em uma única representação de string conhecida como seu **código** ou **rótulo canônico**. Um rótulo canônico possui a propriedade de que se dois grafos forem isomórficos, então seus códigos devem ser o mesmo. Esta propriedade nos permite testar o isomorfismo de um grafo comparando-o com rótulos canônicos de outros grafos.

O primeiro passo na direção da construção do rótulo canônico de um grafo é encontrar uma representação de matriz de adjacência para o grafo. A Figura 7.20 mostra um exemplo de tal matriz para o dado grafo. A princípio, um grafo pode ter mais de uma representação de matriz de adjacência porque há múltiplas formas de ordenar os vértices na matriz de adjacência. No exemplo mostrado na Figura 7.20, a primeira linha e coluna correspondem ao vértice a que possui três arestas, a segunda linha e coluna correspondem a outro vértice a que tenha 2 arestas, e assim por diante. Para derivar todas as representações de matrizes de adjacência para um grafo, precisamos analisar todas as permutações possíveis de linhas (e suas colunas correspondentes) da matriz.

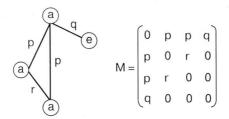

Figura 7.10. *Representação de matriz de adjacência de um grafo.*

Matematicamente, cada permutação corresponde a uma multiplicação da matriz de adjacência inicial com uma matriz de permutação correspondente, conforme ilustrado no exemplo a seguir.

Exemplo 7.3. Analise a seguinte matriz:

$$M = \begin{pmatrix} 1 & 2 & 3 & 4 \\ 5 & 6 & 7 & 8 \\ 9 & 10 & 11 & 12 \\ 13 & 14 & 15 & 16 \end{pmatrix}$$

A matriz de permutação a seguir pode ser usada para alterar a primeira linha (e coluna) com a terceira linha (e coluna) de M:

Análise de Associação: Conceitos Avançados

$$P_{13} = \begin{pmatrix} 0 & 0 & 1 & 0 \\ 0 & 1 & 0 & 0 \\ 1 & 0 & 0 & 0 \\ 0 & 0 & 0 & 1 \end{pmatrix},$$

onde P13 é obtido pela troca da primeira e terceira linhas da matriz de identidade. Para alterar a primeira e a terceira linhas (e colunas), a matriz de permutação é multiplicada por M:

$$M' = P_{13}^T \times M \times P_{13} = \begin{pmatrix} 11 & 10 & 9 & 12 \\ 7 & 6 & 5 & 8 \\ 3 & 2 & 1 & 4 \\ 15 & 14 & 13 & 16 \end{pmatrix}.$$

Observe que multiplicar M da direita com P13 troca a primeira e a terceira coluna de M, enquanto que multiplicar M da esquerda com P^T_{13} troca a primeira e a terceira linhas de M. Se todas as três matrizes forem multiplicadas, isto produzirá uma matriz M' cujas primeira e terceira linhas e colunas foram trocadas.

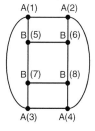

	A(1)	A(2)	A(3)	A(4)	B(5)	B(6)	B(7)	B(8)
A(1)	0	1	1	0	1	0	0	0
A(2)	1	0	0	1	0	1	0	0
A(3)	1	0	0	1	0	0	1	0
A(4)	0	1	1	0	0	0	0	1
B(5)	1	0	0	0	0	1	1	0
B(6)	0	1	0	0	1	0	0	1
B(7)	0	0	1	0	1	0	0	1
B(8)	0	0	0	1	0	1	1	0

Código = 1100111000010010010100001011

	A(1)	A(2)	A(3)	A(4)	B(5)	B(6)	B(7)	B(8)
A(1)	0	1	0	1	0	1	0	0
A(2)	1	0	1	0	0	0	1	0
A(3)	0	1	0	1	1	0	0	0
A(4)	1	0	1	0	0	0	0	1
B(5)	0	0	1	0	0	0	1	1
B(6)	1	0	0	0	0	0	1	1
B(7)	0	1	0	0	1	1	0	0
B(8)	0	0	0	1	1	1	0	0

Código = 1011010010100000100110001110

Figura 7.21. *Representação em string de matrizes de adjacência.*

O segundo passo é determinar a representação de string para cada matriz de adjacência. Já que a matriz de adjacência é simétrica, é suficiente construir a representação de string baseada na parte triangular superior da matriz. No exemplo mostrado na Figura 7.21, o código é obtido concatenando as entradas da matriz triangular superior em forma de colunas. A etapa final é comparar todas as representações de strings do grafo e escolher a que tenha o menor (ou maior) valor lexicográfico.

A abordagem anterior parece custosa porque requer que examinemos todas as matrizes de adjacência possíveis de um grafo e calculemos cada uma das suas representações de string para encontrarmos o rótulo canônico. Mais especificamente, há k! Permutações que devem ser consideradas para cada grafo que contiver k vértices. Alguns dos métodos desenvolvidos para reduzir a complexidade desta tarefa incluem a captura do rótulo canônico calculado anteriormente (de modo que não tenhamos que recalculá-lo novamente ao executarmos um teste de isomorfismo no mesmo grafo) e a redução do número de permutações necessárias para determinar o rótulo canônico incorporando informações adicionais como rótulos de vértices e o grau de um vértice. Esta última abordagem está além do escopo deste livro, mas leitores que se interessarem podem consultar as notas bibliográficas no final deste capítulo

7.5.6 Contagem de Suporte

A contagem de suporte também é uma operação potencialmente custosa porque todos os subgrafos candidatos contidos em cada grafo $G \in \mathcal{G}$ devem ser determinados. Uma forma de acelerar esta operação é manter uma lista de IDs de grafos associados a cada subgrafo (k-1) freqüente. Sempre que um novo subgrafo k candidato for gerado a partir da fusão de um par de subgrafos (k-1) freqüentes, suas listas correspondes de IDs de grafos são cruzadas. Finalmente, os testes de isomorfismo de subgrafos são executados sobre grafos na lista cruzada para determinar se eles contêm um determinado subgrafo candidato.

7.6 Padrões Infreqüentes

A formulação de análise de associações descrita até aqui é baseada na premissa de que a presença de um item em uma transação é mais importante do que sua ausência. Como conseqüência, padrões que sejam raramente encontrados em um banco de dados muitas vezes são considerados não interessantes e são eliminados usando medida de suporte. Tais padrões são conhecidos como padrões infreqüentes.

Definição 7.7 (Padrão Infreqüente). Um padrão infreqüente é um conjunto de itens ou uma regra cujo suporte seja menor que o limite *minsup*.

Embora uma ampla maioria dos padrões infreqüentes seja desinteressante, alguns deles poderiam ser úteis aos analistas, especialmente aqueles que correspondem a correlações negativas nos dados. Por exemplo, as vendas de DVD e videocassetes juntas estão baixas porque qualquer cliente que compra um DVD provavelmente não comprará um videocassete e vice-versa. Tais padrões de correlação negativa são úteis para auxiliar a identificar **itens competidores**, que são aqueles que podem ser substituídos um pelo outro. Exemplos de itens competidores incluem chá e café, manteiga e margarina, refrigerante comum e diet, e computadores desktop e laptop.

Alguns padrões infreqüentes também podem sugerir a ocorrência de eventos interessantes raros ou situações excepcionais nos dados. Por exemplo, se {Fogo = Sim} for freqüente mas {Fogo = Sim, Alarme = Ligado} for infreqüente, então este último é um padrão infreqüente interessante porque pode indicar sistemas de alarme defeituosos. Para detectar tais situações incomuns, o suporte esperado deve ser determinado, de modo que, se um padrão acabar tendo um suporte consideravelmente mais baixo do que o esperado, ele é declarado como padrão infreqüente interessante.

Padrões infreqüentes de mineração são um empreendimento desafiador porque há um número enorme de tais padrões que podem ser derivados de um determinado conjunto de dados. Mais especificamente, as questões-chaves na mineração de padrões infreqüentes são: (1) como identificar padrões infreqüentes interessantes e (2) como descobri-los de forma eficiente em grandes conjuntos de dados. Para se obter uma perspectiva diferente sobre diversos tipos de padrões infreqüentes interessante, dois conceitos relacionados = padrões negativos e padrões correlacionados negativamente = são introduzidos nas Seções 7.6.1 e 7.6.2, respectivamente. Os relacionamentos entre estes padrões são elucidados na Seção 7.6.3. Finalmente, duas classes de técnicas desenvolvidas para minerar padrões infreqüentes interessantes são apresentadas nas Seções 7.6.5 e 7.6.6.

7.6.1 Padrões Negativos

Suponha que $I = \{i_1, i_2, ..., i_d\}$ seja um conjunto de itens. Um **item negativo**, $\overline{i_k}$, denota a ausência do item ik de uma determinada transação. Por exemplo, $\overline{café}$ é um item negativo cujo valor é 1 se uma transação não contiver café.

Definição 7.8 (Conjuntos de Itens Negativos). Um conjunto de itens X negativo é um conjunto de itens que possui as seguintes propriedades: (1) $X = A \cup \overline{B}$, onde A é um conjunto de itens positivos, $\overline{B}$ é um conjunto de itens negativos, $|\overline{B}| \geq 1$ e (2) $s(X) \geq minsup$.

Definição 7.9 (Regra de Associação Negativa). Uma regra de associação negativa é uma regra de associação que possui as seguintes propriedades: (1) a regra é extraída de um conjunto de itens negativo,(2) o suporte da regra é maior ou igual a *minsup* e (3) a confiança da regra é maior ou igual a minconf.

Os conjuntos de itens negativos e as regras de associação negativas são conhecidos coletivamente como **padrões negativos** por todo este capítulo. Um exemplo de uma regra de associação negativa é chá → $\overline{café}$, que pode sugerir que as pessoas que bebem chá tendem a não beber café.

7.6.2 Padrões Correlacionados Negativamente

As seções 6.7.1 na página 371 descreveram como a análise de correlação pode ser usada para analisar os relacionamentos entre um par de variáveis categóricas. Medidas como o fator de interesse (Equação 6.5) e o coeficiente ϕ(Equação 6.8) foram mostradas como sendo úteis para a descoberta de conjunto de itens que sejam correlacionados positivamente. Esta seção estende a discussão para padrões correlacionados negativamente.

Análise de Associação: Conceitos Avançados

Suponha que X = {$x1, x2, ...xk$} denote um conjunto de itens k e P(X) denote a probabilidade de que uma transação contenha X. Em análise de associação, a probabilidade é muitas vezes avaliada usando o suporte de conjunto de itens, s(X).

Definição 7.10 (Conjunto de Itens Correlacionados Negativamente). Um conjunto de itens é correlacionado negativamente se

$$s(X) < \prod_{j=1}^{k} s(x_j) = s(x_1) \times s(x_2) \times \ldots \times s(x_k),$$

O lado direito da expressão anterior, $\prod_{j}^{k} s(x_j)$, representa uma estimativa da probabilidade de que todos os itens em X sejam estatisticamente independentes. A Definição 7.10 sugere que um conjunto de itens está correlacionado negativamente se o seu suporte estiver abaixo do suporte esperado calculado através do uso da suposição de independência estatística. Quanto menor for s(X), mais negativamente correlacionado é o padrão.

Definição 7.11 (Regra de Associação Correlacionada Negativamente). Uma associação X → Y está correlacionada negativamente se

$$s(X \cup Y) < s(X)s(Y),$$

onde X e Y são conjuntos de itens disjuntos; i.e., X ∪ Y = ∅.

A definição anterior fornece apenas uma condição pacial para correlação negativa entre itens em X e tens em Y. Uma condição completa para a correlação negativa pode ser declarada da seguinte maneira

$$s(X \cup Y) < \prod_{i} s(x_i) \prod_{j} s(y_j),$$

onde $xi \in X$ e $yi \in Y$. Devido ao fato dos itens em X (e em Y) serem muitas vezes correlacionados positivamente, é mais prático usar a condição parcial para definir uma regra de associação correlacionada negativamente do que a condição inteira. Por exemplo, embora a regra {óculos, limpador de lentes} → {lentes de contato, solução salina}

seja correlacionada negativamente de acordo com a Desigualdade 7.4, óculos é positivamente correlacionado com limpador de lentes e lentes de contato é correlacionado positivamente com solução salina. Se Desigualdade 7.5 for aplicada em vez disso, tal regra poderia ser perdida porque pode não satisfazer a condição integral da correlação negativa.

A condição para correlação negativa também pode ser expressa em termos do suporte a conjuntos de dados positivos e negativos. Suponha que $\overline{X}$ e $\overline{Y}$ denotem os conjuntos de itens negativos correspondentes para X e Y, respectivamente. Já que

$$s(X \cup Y) - s(X)s(Y)$$
$$= s(X \cup Y) - \left[s(X \cup Y) + s(X \cup \overline{Y})\right]\left[s(X \cup Y) + s(\overline{X} \cup Y)\right]$$
$$= s(X \cup Y)\left[1 - s(X \cup Y) - s(X \cup \overline{Y}) - s(\overline{X} \cup Y)\right] - s(X \cup \overline{Y})s(\overline{X} \cup Y)$$
$$= s(X \cup Y)s(\overline{X} \cup \overline{Y}) - s(X \cup \overline{Y})s(\overline{X} \cup Y),$$

a condição para correlação negativa pode ser declarada da seguinte forma:

$$s(X \cup Y)s(\overline{X} \cup \overline{Y}) < s(X \cup \overline{Y})s(\overline{X} \cup Y). \tag{7.6}$$

Os conjuntos de itens e as regras de associação correlacionados negativamente são conhecidos como **padrões correlacionados negativamente** por todo este capítulo.

7.6.3 Comparações Entre Padrões Infreqüentes, Padrões Negativis e Padrões Correlacionados Negativamente

Padrões infreqüentes, padrões negativos e padrões correlacionados negativamente são três conceitos intimamente relacionados. Embora padrões infreqüentes e padrões correlacionados negativamente se refiram apenas a conjuntos de itens ou regras que contenham itens positivos, enquanto que padrões negativos se referem a conjuntos de itens ou regras que contenham tanto itens positivos quanto negativos, há certas coisas em comum entre estes conceitos, conforme ilustrado na Figura 7.22.

Primeiro, observe que muitos padrões infreqüentes têm padrões negativos correspondentes. Para entender o porquê deste ser o caso, analise a tabela de contingência mostrada na Tabela 7.9. Se $X \cup Y$ for infreqüente, então é provável que tenha conjunto de itens negativos correspondente a menos que *minsup* seja alto demais. Por exemplo, supondo que $minsup \leq 0{,}25$, se $X \cup Y$ for infreqüente, então o suporte para pelo menos um dos seguintes conjuntos de itens, $X \cup \overline{Y}, \overline{X} \cup Y,$ ou $\overline{X} \cup \overline{Y}$, deve ser maior que *minsup*, já que a soma os suportes em uma tabela de contingência é 1.

Em segundo lugar, observe que muitos padrões correlacionados negativamente também têm padrões negativos correspondentes. Analise a tabela de contingência mostrada na Tabela .9 e a condição para a correlação negativa declarada na Desigualdade 7.6. Se X e Y tiverem correlação negativa forte, então

$$s(X \cup \overline{Y}) \times s(\overline{X} \cup Y) \gg s(X \cup Y) \times s(\overline{X} \cup \overline{Y}).$$

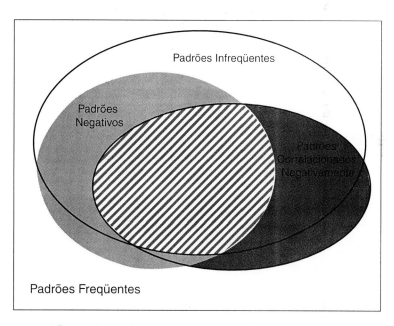

Figura 7.22. *Comparações entre padrões infreqüentes, padrões negativos e padrões correlacionados negativamente.*

Tabela 7.9. Uma tabela de contingência de duas mãos para a regra de associação X → Y.

	Y	$\overline{Y}$	
X	$s(X \cup Y)$	$s(X \cup \overline{Y})$	$s(X)$
$\overline{X}$	$s(\overline{X} \cup Y)$	$s(\overline{X} \cup \overline{Y})$	$s(\overline{X})$
	$s(Y)$	$s(\overline{Y})$	1

Portanto, se ou $X \cup \overline{Y}$ ou $\overline{X} \cup Y$, ou ambos, devem ter suporte relativamente alto quando X e Y forem correlacionados negativamente. Estes conjuntos de itens correspondem aos padrões negativos.

Finalmente, devido ao faro de que quanto menor o suporte de $X \cup Y$, mais negativamente correlacionado é o padrão, padrões correlacionados negativamente que sejam infreqüentes tendem a ser mais interessantes do que os padrões correlacionados negativamente que sejam freqüentes. Os padrões correlacionados negativamente e infreqüentes são ilustrados pela região de intersecção na Figura 7.22 entre ambos os tipos de padrões.

7.6.4 Técnicas para Minerar Padrões Infreqüentes Interessantes

A princípio, conjuntos de itens infreqüentes são dados por todos os conjuntos de itens que não sejam extraídos por algoritmos padrão de geração de conjuntos de itens freqüentes como o *Apriori* e FP-growth. Estes conjuntos de itens correspondem àqueles localizados abaixo do limite de conjuntos de item freqüentes mostrado na Figura 7.23.

Já que o número de padrões infreqüentes pode ser exponencialmente grande, especialmente para dados esparsos e de alta dimensionalidade, técnicas desenvolvidas para minerar padrões infreqüentes enfocam a pesquisa apenas de padrões infreqüentes interessantes. Um exemplo de tais padrões inclui os padrões correlacionados negativamente discutidos na Seção 7.6.2. Estes padrões são obtidos pela eliminação de todos os conjuntos de dados infreqüentes que falham na condição de correlação negativa fornecida na Desigualdade 7.3. Esta abordagem pode ser computacionalmente intensa porque os suportes de todos os conjuntos de itens infreqüentes devem ser calculados para determinar se são correlacionados negativamente. Diferentemente da medida de suporte usada para minerar conjuntos de itens freqüentes, medidas baseadas em correlação usadas para minerar conjuntos de itens correlacionados negativamente não possuem propriedades anti-monotonicidade que possam ser exploradas para podar o espaço de pesquisa exponencial. Embora uma solução eficiente permaneça difícil, diversos métodos inovadores têm sido desenvolvidos, conforme mencionado nas notas bibliográficas no final deste capítulo.

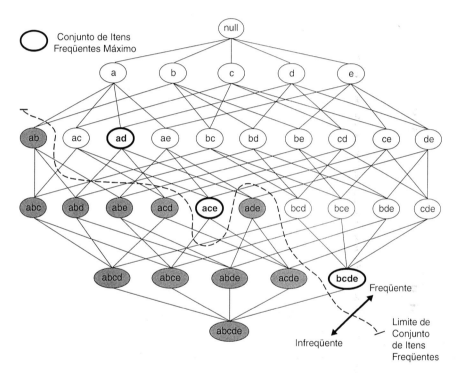

Figura 7.23. *Conjuntos de itens freqüentes e infreqüentes.*

O restante deste capítulo apresenta duas classes de técnicas de mineração de padrões infreqüentes interessantes. A Seção .6.5 descreve métodos para minerar Padrões negativos em dados, enquanto que a Seção 7.6.6 descreve métodos para encontrar padrões infreqüentes interessantes baseados na expectativa de suporte.

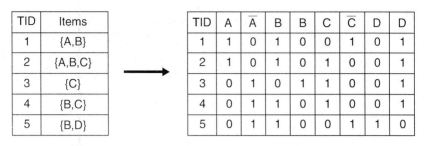

Figura 7.24. *Aumentando um conjunto de dados com itens negativos.*

7.6.5 Técnicas Baseadas em Mineração de Padrões Negativos

A primeira classe de técnicas desenvolvidas para minerar padrões infreqüentes trata cada item como uma variável binária simétrica. Usando a abordagem descrita na Seção 7.1, os dados da transação podem ser binarizados aumentando-os com itens negativos. A Figura 7.24 mostra um exemplo de transformação dos dados originais em transações tendo itens positivos e negativos. Aplicando algoritmos existentes de geração de conjuntos de itens freqüentes como o *Apriori* nas transações aumentadas, todos os conjuntos de itens negativos podem ser derivados.

Tal abordagem é viável apenas se algumas variáveis forem tratadas como binárias simétricas (i.e., procuramos padrões negativos envolvendo a negação de apenas um pequeno número de itens). Se cada item dever ser tratado como binário simétrico, o problema se torna computacionalmente intratável devido às seguintes razões.

1. O número de itens duplicados quando cada item for aumentado com seu item negativo correspondente. Em vez de explorar um entrelaçamento de conjunto de dados de tamanho 2^d, onde d é o número de itens no conjunto de itens originais, o entrelaçamento se torna consideravelmente maior, conforme mostrado no Exercício 21 na seção anterior.

2. A poda baseada em suporte não é mais efetiva quando itens negativos forem aumentados. Para cada variável x, x ou $\bar{x}$ tiverem supor-

Análise de Associação: Conceitos Avançados

te maior ou igual a 50%. Assim, mesmo se o limite de suporte for 50%, metade dos itens permanecerá freqüente. Para limites mais baixos, muito mais itens e possivelmente conjuntos de itens os contendo serão freqüentes. A estratégia de poda baseada em suporte empregada por *Apriori* é efetiva apenas quando o suporte para a maioria dos conjuntos de itens for baixa; caso contrário, o número de conjuntos de itens freqüentes cresce exponencialmente.

3. A extensão de cada transação aumenta quando itens negativos forem aumentados. Suponha que existam *d* itens disponíveis no conjunto original de dados. Para conjuntos de dados esparsos como transações de cestas de compras, a extensão de cada transação tende a ser muito menor que d. Como resultado, o tamanho máximo de um conjunto de itens freqüentes, que é limitado pela extensão máxima da transação, w_{max}, tende a ser relativamente pequeno. Quando itens negativos são incluídos, a extensão da transação aumenta para *d* porque um item está presente na transação ou ausente da mesma, mas não ambos. Já que a extensão máxima da transação aumentou de w_{max} para *d*, isto aumentará o número de conjuntos de itens freqüentes exponencialmente. Como resultado, muitos algoritmos existentes tendem a falhar quando aplicados ao conjunto estendido de dados.

A abordagem de força bruta anterior é computacionalmente custosa porque nos força a determinar o suporte para um número grande de padrões positivos e negativos. Em vez de aumentar o conjunto de dados com itens negativos, outra abordagem é determinar o suporte dos conjuntos de itens negativos baseado no suporte dos seus itens positivos correspondentes. Por exemplo, o suporte para $\{p,\overline{q},\overline{r}\}$ pode ser calculado da seguinte forma:

$$s(\{p,\overline{q},\overline{r}\}) = s(\{p\}) - s(\{p,q\}) - s(\{p,r\}) + s(\{p,q,r\}).$$

De modo mais geral, o suporte para qualquer conjunto de itens $X \cup \overline{Y}$ pode ser obtido da seguinte forma:

$$s(X \cup \overline{Y}) = s(X) + \sum_{i=1}^{n} \sum_{Z \subset Y, |Z|=i} \{(-1)^i \times s(X \cup Z)\}. \quad (7.7)$$

Para aplicar a Equação 7.7, s (X∪Z) deve ser determinada para cada Z que seja um subconjunto de Y. O suporte para qualquer combinação de X e Z que exceda o limite *minsup* pode ser encontrada no algoritmo *Apriori*. Paratodas as outras combinações, os suportes devem ser determinados explicitamente, e.g., examinando o conjunto inteiro de transações. Outra abordagem possível é ignorar o suporte a qualquer conjunto de itens infreqüentes X ∪ Z ou aproximá-lo com o limite *minsup*.

Diversas estratégias de otimização estão disponíveis para mais melhorias do desempenho dos algoritmos de mineração. Primeiro, o número de variáveis consideradas como binárias simétricas pode ser restrito. Mais especificamente, um item negativo $\bar{y}$ é considerado interessante apenas se y for um item freqüente. A razão para esta estratégia é que itens raros tendem a produzir um grande número de padrões infreqüentes e muitos dos quais são não interessantes. Restringindo o conjunto $\bar{Y}$ apresentado na Equação 7.7 a variáveis cujos itens positivos sejam freqüentes, o número de conjuntos de itens candidatos negativos analisados pelo algoritmo de mineração pode ser reduzido substancialmente. Outra estratégia é restringir o tipo de padrões negativos. Por exemplo, o algoritmo pode considerar apenas um padrão negativo $X \cup \bar{Y}$ se contiver pelo menos um item positivo (i.e., $|X| \geq 1$). A razão para esta estratégia é que se o conjunto de dados contiver muito poucos itens positivos com suporte maior que 50%, então a maioria dos padrões negativos na forma $\bar{X} \cup \bar{Y}$ se tornará freqüente, degradando assim o desempenho do algoritmo de mineração.

7.6.6 Técnicas Baseadas em Expectativa de Suporte

Outra classe de técnicas considera um padrão infreqüente interessante apenas se o seu suporte real for consideravelmente menor do que o seu suporte esperado. Para padrões correlacionados negativamente, o suporte esperado é calculado com base na suposição de independência estatística. Esta seção descreve duas abordagens alternativas para determinar o suporte esperado de um padrão usando (1) uma hierarquia de conceitos e (2) uma abordagem baseada em vizinhança conhecida como **associação indireta**.

Expectativa de Suporte Baseada em Hierarquia de Conceitos

Medidas objetivas sozinhas podem não ser suficientes para eliminar padrões infreqüentes não interessantes. Por exemplo, suponha que pão e computador laptop sejam itens freqüentes. Embora o conjunto de itens {pão, computador laptop} seja infreqüente e talvez correlacionados negativamente, não é interessante porque sua falta de suporte parece óbvia para especialistas do domínio. Portanto, uma abordagem subjetiva para determinar o suporte esperado é necessária para evitar a geração de tais padrões infreqüentes.

No exemplo anterior, pão e computador laptop pertencem a duas categorias de produtos completamente diferentes, e é por isso que não surpreende que seu suporte seja baixo. Este exemplo também ilustra a vantagem de usar conhecimento do domínio para podar padrões não interessantes. Para dados da cesta de compras, o conhecimento do domínio pode ser inferido a partir de uma hierarquia de conceitos como a mostrada na Figura 7.25. A suposição básica desta abordagem é que espera-se que itens da mesma família de produtos tenham tipos semelhantes de interação com outros itens. Por exemplo, já que presunto e bacon pertencem à mesma família de produtos, esperamos que a associação entre presunto e batatas fritas seja um pouco semelhante à associação entre bacon e batata frita. Se o suporte real para algum destes pares for menor que o esperado, então o padrão infreqüente é interessante.

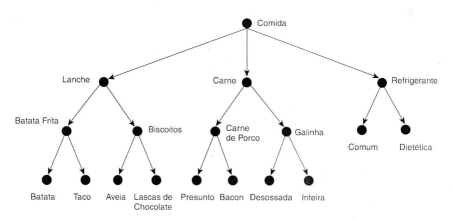

Figura 7.25. *Exemplo de uma hierarquia de conceitos.*

Para ilustrar como calcular o suporte esperado, analise o diagrama mostrado na Figura 7.26. Suponha que o conjunto de itens {C,G} seja freqüente. Que s(·) denote o suporte real de um padrão e ∈(·)denote seu suporte esperado. O suporte esperado para quaisquer filhos ou irmãos de C e G pode ser calculado usando a fórmula mostrada a seguir:

$$\epsilon(s(E, J)) = s(C, G) \times \frac{s(E)}{s(C)} \times \frac{s(J)}{s(G)} \qquad (7.8)$$

$$\epsilon(s(C, J)) = s(C, G) \times \frac{s(J)}{s(G)} \qquad (7.9)$$

$$\epsilon(s(C, H)) = s(C, G) \times \frac{s(H)}{s(G)} \qquad (7.10)$$

Por exemplo, se refrigerante e lanche forem freqüentes, então o suporte esperado entre refrigerante dietético e batata frita pode ser calculado usando a Equação 7.8 porque estes itens são filhos de refrigerante e lanche, respectivamente. Se o suporte real para refrigerante dietético e batata frita for consideravelmente menor do que seu valor esperado, então refrigerante dietético e batata frita formam um padrão infreqüente interessante.

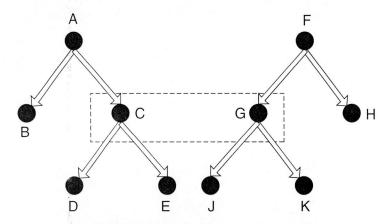

Figura 7.26. *Minerando padrões negativos interessantes usando uma hierarquia de conceitos.*

Expectativa de Suporte Baseada em Associação Indireta

Analise um par de itens (a,b) que sejam raramente comprados juntos pelos clientes. Se a e b forem itens não relacionados, como pão e DVD, então espera-se que seu suporte seja baixo. Por outro lado, se a e b forem itens relacionados, então espera-se que seu suporte seja alto. O suporte esperado foi calculado anteriormente usando uma hierarquia de conceitos. Esta seção apresenta uma abordagem para determinar o suporte esperado entre um par de itens examinando-se outros itens comumente comprados junto com estes dois itens.

Por exemplo, suponha que os clientes que compram um saco de dormir também tendam a comprar outros equipamentos de camping, enquanto que aqueles que compram um computador desktop também tendam a comprar outros acessórios de informática como um mouse ótico ou uma impressora. Supondo que não exista outro item freqüentemente comprado junto com tanto um saco de dormir quanto um computador desktop, espera-se que o suporte para estes itens não relacionados seja baixo. Por outro lado, suponha que refrigerante normal e refrigerante dietético sejam comprados junto com batatas fritas e biscoitos. Embora sem usar uma hierarquia de conceitos, espera-se que ambos os itens sejam um pouco relacionados e que seu suporte deva ser alto. Devido ao seu suporte real ser baixo, refrigerante dietético e normal formam um padrão infreqüente interessante. Tais padrões são conhecidos como padrões de **associação indireta**.

Uma ilustração de alto nível da associação indireta é mostrada na Figura 7.27. Os itens a e b correspondem a refrigerante dietético e normal, enquanto que Y, que é conhecido como o **conjunto mediador**, contém itens como batata frita e biscoitos. Uma definição formal da associação indireta é apresentada a seguir.

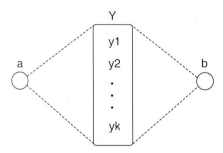

Figura 7.27. *Uma associação indireta entre um par de itens.*

Definição 7.12. (Associação Indireta). Um par de itens a,b está associado indiretamente através de um conjunto mediador Y se as seguintes condições forem verdadeiras:
1. s({a,b}) < ts (Condição de suporte a par de itens).
2. ∃Y ≠ ∅ de modo que
    (a) s({a} ∪ Y) ≥ tf e s({b} ∪ Y) ≥ tf (Condição de suporte do mediador).
    (b) d({a}, Y) ≥ td, d({b},Y) ≥ td, onde d(X,Z) é uma medida objetiva da associação entre X e Z (Condição de dependência do mediador).

Observe que as condições de suporte e dependência do mediador são usadas para assegurar que itens em Y formem uma vizinhança próxima tanto de a quanto de b. Algumas das medidas de dependência que podem ser usadas incluem interesse, coseno ou IS, Jaccard e outras medidas previamente descritas na Seção 7.6.1 na página 371.

A associação indireta possui muitas aplicações potenciais. No domínio da cesta de compras, a e b podem se referir a itens competidores como computadores desktop e laptop. Na mineração de texto, a associação indireta pode ser usada para identificar sinônimos, antônimos ou palavras que sejam usadas em contextos diferentes. Por exemplo, dada uma coleção de documentos, a palavra dados pode ser associada indiretamente a ouro através do mediador mineração. Este padrão sugere que a palavra mineração pode ser usada em dois contextos diferentes – mineração de dados versus mineração de ouro.

Associações indiretas podem ser geradas da seguinte forma. Primeiro, o conjunto de conjuntos de itens freqüentes é gerado usando algoritmos padrão como *Apriori* ou FP-growth. Cada par de conjuntos de itens k freqüentes serão então fundidos para se obter uma associação indireta candidata (a,b,Y), onde a e b são um par de itens e Y é seu mediador comum. Por exemplo, se {p,q,r} e {p,q,s} são são conjuntos de 3 itens freqüentes, então a associação indireta candidata (r,s,{p,q}) é obtida pela fusão do par de conjuntos de itens frequentes. Assim que as candidatas tiverem sido geradas, é necessário verificar se satisfazem as condições de dependência de mediador e suporte de par de itens fornecidas na Definição 7.12. Todavia, a condição de mediador de suporte não tem que ser verificada porque a associação indireta candidata é obtida pela fusão de um par de conjuntos de itens freqüente. Um resumo do algoritmo é mostrado no Algoritmo 7.2.

Algoritmo 7.2 Algoritmo para minerar associações indiretas.

1:   Gerar F_k, o conjunto de conjuntos de itens frequentes
2:   **para** k = 2 para kmax **faça**
3:       $C_k = \{(a, b, Y) | \{a\} \cup Y \in F_k, \{b\} \cup Y \in F_k, a \neq b\}$
4:       **cada** candidato $(a, b, Y) \in C_K$ **faça**
5:          **se** $s(\{a, b\}) < t_s \wedge d(\{a\}, Y) \geq t_d \wedge d(\{b\}, Y) \geq t_d$ **então**
6:             $I_K = I_K \cup \{a, b, Y)\}$
7:          **fim se**
8:       **fim para**
9:   **fim para**
10: Resultado = $\cup\ I_K$.

7.7 Notas Bibliográficas

O problema de minerar regras de associação de dados categorizados e contínuos foi introduzidos por Srikant e Agrawal em [363]. Sua estratégia era binarizar os atributos categorizados e aplicar discretização de freqüências iguais aos atributos contínuos. Uma medida de **completeza parcial** também foi proposta para determinar a quantidade de perda de informações como resultado da discretização. Esta medida foi então usada para determinar o número de intervalos discretos necessários para assegurar que a quantidade de perda de informações possa ser mantida em um determinado nível desejado. Seguindo este trabalho, diversas outras formulações têm sido propostas para minerar regras de associação quantitativa. A abordagem baseada em estatística foi desenvolvida por Aumann e Lindell [343] para identificar segmentos da população que exibem comportamento interessante caracterizado por alguns atributos quantitativos. Esta formulação foi estendida mais tarde por outros autores incluindo Webb [368] e Zhang et al. [372]. O algoritmo min-*Apriori* foi desenvolvido por Han et al. [349] para encontrar regras de associação em dados contínuos sem discretização de dados. O problema de minerar regras de associação em dados contínuos também tem sido investigado por numerosos outros pesquisadores incluindo Fukuda et al. [347], Lent et al. [355], Wang et al. [367] e Miller e Yang [357].

O método descrito na Seção 7.3 para lidar com a hierarquia de conceitos usando transações estendidas foi desenvolvido Srikant e Agrawal [362]. Um algoritmo alternativo foi proposto por Han e Fu [350], onde conjuntos de itens freqüentes são gerados um nível de cada vez. Mais especificamente, seu algoritmo inicialmente gera todos os conjuntos de itens freqüentes 1 no nível superior da hierarquia de conceitos. O conjunto de conjuntos de item 1 é denotado como L(1,1). Usando os conjuntos de itens 1 freqüentes, em L(1,1), o algoritmo prossegue para gerar todos os conjuntos de itens 2 freqüentes no nível 1, L(1,2). Este procedimento é repetido até que todos os conjuntos de itens envolvendo itens do nível mais alto da hierarquia, L(1,k) (k>1) sejam extraídos. O algoritmo então continua para extrair conjuntos de itens freqüentes no próximo nível da hierarquia L(2,1), baseado nos conjuntos de itens freqüentes em L(1,1). O procedimento é repetido até que termine no nível mais baixo da hierarquia de conceitos solicitada pelo usuário.

A formulação e algoritmo de padrão seqüencial descritos na Seção 7.4 foi proposta por Agrawal e Srikant em [341, 364]. De forma semelhante, Mannila et al. [356] introduziram o conceito de episódio freqüente, que é útil para minerar padrões seqüenciais a partir de um fluxo longo de eventos. Outra formulação de mineração de padrões seqüenciais baseada em expressões regulares foi proposta por Garofalakis et al. em [348]. Joshi et al. têm tentado harmonizar as diferenças entre diversas formulações de padrões seqüenciais [352]. O resultado foi uma formulação universal de

Análise de Associação: Conceitos Avançados

padrões seqüenciais com diferentes esquemas de contagem descritos na Seção 7.4.4. Algoritmos alternativos para minerar padrões seqüenciais também foram propostos por Pei et al. [359], Ayres et al. [344], Cheng et al. [346] e Seno et al. [361].

O problema de mineração de subgrafos freqüentes foi introduzido inicialmente por Inokuchi et al. em [351]. Eles usaram uma abordagem de crescimento de vértice para gerar subgrafos induzidos freqüentes a partir de um conjunto de dados de grafos. A estratégia de crescimento de arestas foi desenvolvida por Kuramochi e Karypis em [353], onde eles também apresentaram um algoritmo do tipo *Apriori* chamado FSG que aborda questões como multiplicidade de candidatos, rotulagem canônica e esquemas invariantes de vértices. Outro algoritmo de mineração de subgrafos freqüentes conhecido como gSpan foi desenvolvido por Yan e Han em [370]. Os autores propuseram o uso de um código DFS mínimo para codificar os diversos subgrafos. Outras variantes dos problemas de mineração de subgrafos freqüentes foram propostas por Zaki em [371], Parthasarathy e Coatney em [358] e Kuramichi e Karypis em [354].

O problema de mineração de padrões infreqüentes tem sido investigado por muitos autores. Savasere et al. [360] examinaram o problema de mineração de regras de associação negativas usando uma hierarquia de conceitos. Tan et al. [365] propuseram a idéia de minerar associações indiretas para dados seqüenciais e não seqüenciais. Algoritmos eficientes para minerar padrões negativos também foram propostos por Boulicaut et al. [345], Teng et al. [366], Wu et al. [369] e Antonie e Zaïane [342].

Bibliografia

[341] R. Agrawal e R. Srikant. Mining Sequential Patterns. In Proc. of Intl. Conf. on Data Engineering, pag 3–14, Taipei, Taiwan, 1995.

[342] M.-L. Antonie e O. R. Zaïane. Mining Positive and Negative Association Rules: An Approach for Confined Rules. In Proc. of the 8th European Conf. of Principles and Practice of Knowledge Discovery in Databases, pags 27–38, Pisa, Itália, Setembro 2004.

[343] Y.Aumann e Y. Lindell. A Statistical Theory for Quantitative Association Rules. In KDD99, pags 261–270, San Diego, CA, Agosto 1999.

[344] J. Ayres, J. Flannick, J. Gehrke, e T. Yiu. Sequential Pattern mining using a bitmap representation. In Proc.of the 8th Intl. Conf. On Knowledge Discovery and Data Mining, pags 429–435, Edmonton, Canadá, Julho 2002.

[345] J.-F. Boulicaut, A. Bykowski, e B. Jeudy. Towards the Tractable Discovery of Association Rules with Negations. In Proc. of the 4th Intl. Conf on Flexible Query Answering Systems FQAS'00, pags 425–434, Warsaw, Polônia, Outubro 2000.

[346] H. Cheng, X. Yan, e J. Han. IncSpan: incremental mining of sequential patterns in large database. In Proc. of the 10th Intl. Conf. on Knowledge Discovery and Data Mining, pags 527–532, Seattle, WA, Agosto 2004.

[347] T. Fukuda, Y. Morimoto, S. Morishita, e T. Tokuyama. Mining Optimized Association Rules for Numeric Attributes. In Proc. of the 15th Symp. on Principles of Database Systems, pags 182–191, Montreal, Canadá, Junho 1996.

[348] M. N. Garofalakis, R. Rastogi, e K. Shim. SPIRIT: Sequential Pattern Mining with Regular Expression Constraints. In Proc. of the 25th VLDB Conf., pags 223–234, Edinburgh, Escócia, 1999.

[349] E.-H. Han, G. Karypis, e V. Kumar. Min-Apriori: An Algorithm for Finding Association Rules in Data with Continuous Attributes. http://www.cs.umn.edu/~han, 1997.

[350] J. Han e Y. Fu. Mining Multiple-Level Association Rules in Large Databases. IEEE Trans. on Knowledge and Data Engineering, 11(5):798–804, 1999.

[351] A. Inokuchi, T. Washio, e H. Motoda. An Apriori-based Algorithm for Mining Frequent Substructures from Graph Data. In Proc. of the 4th European Conf. of Principles and Practice of Knowledge Discovery in Databases, pags 13–23, Lyon, França, 2000.

[352] M. V. Joshi, G. Karypis, e V. Kumar. A Universal Formulation of Sequential Patterns. In Proc. of the KDD'2001 workshop on Temporal Data Mining, São Francisco, CA, Agosto 2001.

[353] M. Kuramochi e G. Karypis. Frequent Subgraph Discovery. In Proc. of the 2001 IEEE Intl. Conf. on Data Mining, pags 313–320, San Jose, CA, Novembro 2001.

[354] M. Kuramochi e G. Karypis. Discovering Frequent Geometric Subgraphs. In Proc. of the 2002 IEEE Intl. Conf. on Data Mining, pags 258–265, Maebashi City, Japão, Dezembro 2002.

[355] B. Lent, A. Swami, e J. Widom. Clustering Association Rules. In Proc. of the 13th Intl. Conf. on Data Engineering, pags 220–231, Birmingham, Reino Unido, Abril 1997.

[356] H. Mannila, H. Toivonen, e A. I. Verkamo. Discovery of Frequent Episodes in Event Sequences. Data Mining and Knowledge Discovery, 1(3):259–289, Novembro 1997.

[357] R. J. Miller e Y. Yang. Association Rules over Interval Data. In Proc. of 1997 ACM-SIGMOD Intl. Conf. on Management of Data, pags 452–461, Tucson, AZ, Maio 1997.
[358] S. Parthasarathy e M. Coatney. Efficient Discovery of Common Substructures in Macromolecules. In Proc. of the 2002 IEEE Intl. Conf. on Data Mining, pags 362–369, Maebashi City, Japão, Dezembro 2002.
[359] J. Pei, J. Han, B. Mortazavi-Asl Q. Chen, U. Dayal, e M. Hsu. PrefixSpan: Mining Sequential Patterns efficiently by prefix-projected pattern growth. In Proc of the 17th Intl. Conf. on Data Engineering, Heidelberg, Alemanha, Abril 2001.
[360] A. Savasere, E. Omiecinski, e S. Navathe. Mining for Strong Negative Associations in a Large Database of Customer Transactions. In Proc. of the 14th Intl. Conf. on Data Engineering, pags 494–502, Orlando, Flórida, Fevereiro 1998.
[361] M. Seno e G. Karypis. SLPMiner: An Algorithm for Finding Frequent Sequential PatternsUsing Length-Decreasing SupportConstraint. In Proc. of the 2002 IEEE Intl. Conf. on Data Mining, pags 418–425, Maebashi City, Japão, Dezembro 2002.
[362] R. Srikant e R. Agrawal. Mining Generalized Association Rules. In Proc. of the 21stVLDBConf., pags 407–419, Zurich, Suíça, 1995.
[363] R. Srikant e R. Agrawal. Mining Quantitative Association Rules in Large Relational Tables. In Proc. of 1996 ACM-SIGMOD Intl. Conf. on Management of Data, pags 1–12, Montreal, Canadá, 1996.
[364] R. Srikant e R. Agrawal. Mining Sequential Patterns: Generalizations and Performance Improvements. In Proc. of the 5th Intl Conf. on Extending Database Technology (EDBT'96), pags 18–32, Avignon, França, 1996.
[365] P. N. Tan, V. Kumar, e J. Srivastava. Indirect Association: Mining Higher Order Dependencies in Data. In Proc. of the 4th European Conf. of Principles and Practice of Knowledge Discovery in Databases, pags 632–637, Lyon, França, 2000.
[366] W. G. Teng, M. J. Hsieh, e M.-S. Chen. On the Mining of Substitution Rules for Statistically Dependent Items. In Proc. of the 2002 IEEE Intl. Conf. on Data Mining, pags 442–449, Maebashi City, Japão, Dezembro 2002.
[367] K. Wang, S. H. Tay, e B. Liu. Interestingness-Based Interval Merger for Numeric Association Rules. In Proc. of the 4th Intl. Conf. on Knowledge Discovery and Data Mining, pags 121–128, Nova Iorque, NY, Agosto 1998.
[368] G. I. Webb. Discovering associations with numeric variables. In Proc. of the 7th Intl. Conf. on Knowledge Discovery and Data Mining, pags 383–388, São Francisco, CA, Agosto 2001.
[369] X. Wu, C. Zhang, e S. Zhang. Mining Both Positive and Negative Association Rules. ACM Trans. on Information Systems, 22(3):381–405, 2004.

[370] X. Yan e J. Han. gSpan: Graph-based Substructure Pattern Mining. In Proc. of the 2002 IEEE Intl. Conf. on Data Mining, pags 721–724, Maebashi City, Japão, Dezembro 2002.

[371] M. J. Zaki. Efficiently mining frequent trees in a forest. In Proc. of the 8th Intl. Conf. on Knowledge Discovery and Data Mining, pags 71–80, Edmonton, Canadá, Julho 2002.

[372] H. Zhang, B. Padmanabhan, e A. Tuzhilin. On the Discovery of Significant StatisticalQuantitativeRules. In Proc. of the 10th Intl. Conf. on Knowledge Discovery and Data Mining, pags 374–383, Seattle, WA, Agosto 2004.

7.8 Exercícios

1. Analise os dados de acidentes de tráfego mostrados na Tabela 7.10.

Tabela 7.10. Conjunto de dados de acidentes de tráfego.

Condições do Tempo	Condição do Motorista	Violação de Trânsito	Cinto de Segurança	Gravidade do Choque
Boa	Debilitado pelo álcool	Limite de velocidade excedido	Não	Alta
Ruim	Sóbrio	Nenhuma	Sim	Baixa
Boa	Sóbrio	Desobediência de sinal de pare	Sim	Baixa
Boa	Sóbrio	Limite de velocidade excedido	Sim	Alta
Ruim	Sóbrio	Desobediência de sinal de Trânsito	Não	Alta
Boa	Debilitado pelo álcool	Desobediência de sinal de pare	Sim	Baixa
Ruim	Debilitado pelo álcool	Nenhuma	Sim	Alta
Boa	Sóbrio	Desobediência de sinal de Trânsito	Sim	Alta
Boa	Debilitado pelo álcool	Nenhuma	Não	Alta
Ruim	Sóbrio	Desobediência de sinal de Trânsito	Não	Alta
Boa	Debilitado pelo álcool	Limite de velocidade excedido	Sim	Alta
Ruim	Sóbrio	Desobediência de sinal de pare	Sim	Baixa

Análise de Associação: Conceitos Avançados   565

(a) Mostrar uma versão binarizada do conjunto de dados.
(b) Qual é a extensão máxima de cada transação nos dados binarizados?
(c) Supondo que o limite de suporte seja 30%, quantos conjuntos de dados candidatos e freqüentes serão gerados?
(d) Crie um conjunto de dados que contenha apenas os seguintes atributos binários assimétricos: (Tempo = Ruim, Condição do Tempo=Debilitado pelo álcool, Violação de Trânsito=Sim, Cinto de Segurança=Não, Gravidade da Batida=Alta). Para Violação de Trânsito, apenas Nenhuma possui um valor igual a 0. O resto dos valores dos atributos recebem 1. Supondo que o limite do suporte seja 30%, quantos candidatos e conjuntos de itens serão gerados?
(e) Compare o número de candidatos e conjuntos de itens gerados nas partes (c) e (d).

2. (a) Analise o conjunto de dados mostrado na Tabela 7.11. Suponha que apliquemos as seguintes estratégias de discretização nos atributos contínuos do conjunto de dados.

D1: Partição da faixa de cada atributo contínuo em 3 bins de tamanhos iguais.

D2: Partição da faixa de cada atributo contínuo em 3 bins; onde cada bin contém um número igual de transações

Tabela 7.11. Conjunto de dados para o Exercício 2.

TID	Temperatura	Pressão	Alarme 1	Alarme 2	Alarme 3
1	95	1105	0	0	1
2	85	1040	1	1	0
3	103	1090	1	1	1
4	97	1084	1	0	0
5	80	1038	0	1	1
6	100	1080	1	1	0
7	83	1025	1	0	1
8	86	1030	1	0	0
9	101	1100	1	1	1

Para cada estratégia, responda as seguintes questões:
   i.   Construa uma versão binarizada do conjunto de dados.

ii. Derive todos os conjuntos de dados freqüentes tendo suporte ≥ 30%.
(b) O atributo contínuo também pode ser discretizado usando uma abordagem de agrupamento.
  i. Desenhe um grafo de temperatura versus pressão para os pontos de dados mostrados na Tabela 7.11.
  ii. Quantos grupos naturais você observa no grafo? Atribua um rótulo (C1, C2, etc) a cada grupo no grafo.
  iii. Que tipo de algoritmo de agrupamento você acha que pode ser usado para identificar os grupos? Declare seus motivos claramente.
  iv. Substitua os atributos de temperatura e pressão na Tabela 7.11 por atributos binários assimétricos C1, C2, etc. Construa uma matriz de transação usando os novos atributos (junto com os atributos Alarme1, Alerme2 e Alerme3.)
  v. Derive todos os conjuntos de itens freqüentes com suporte ≥ 30% a partir dos dados binarizados.
3. Analise o conjunto de dados mostrado na Tabela 7.12. O primeiro atributo é contínuo, enquanto que os dois atributos restantes são binários assimétricos. Uma regra é considerada forte se o seu suporte exceder 15% e sua confiança exceder 60%. Os dados apresentados na Tabela 7.12 suportam as seguintes regras fortes:
   (i) $\{(1 \le A \le 2), B = 1\} \rightarrow \{C = 1\}$
   (ii) $\{(5 \le A \le 8), B = 1\} \rightarrow \{C = 1\}$

   (a) Calcule o suporte e a confiança para ambas as regras.
   (b) Para encontrar as regras usando o algoritmo *Apriori* tradicional, precisamos discretizar o atributo contínuo A. Suponha que apliquemos a abordagem de *binning* de extensão igual para discretizar os dados, com *bin-width* = 2,3,4. Para cada *bin-width*, declare se as duas regras anteriores são descobertas pelo Algoritmo *Apriori*. (Observe que as regras podem não estar na forma exata de antes porque podem conter intervalos maiores ou menores para A). Para cada regra que corresponda a uma das duas regras anteriores, calcule seu suporte e confiança.

Análise de Associação: Conceitos Avançados

Tabela 7.12. Conjunto de dados para o exercício 3.

A	B	C
1	1	1
2	1	1
3	1	0
4	1	0
5	1	1
6	0	1
7	0	0
8	1	1
9	0	0
10	0	0
11	0	0
12	0	1

(c) Comente a efetividade de se usar uma abordagem de extensão igual para classificar o conjunto de dados anterior. Existe um *bin-width* que permita a você encontrar ambas as regras satisfatoriamente? Se não, que abordagem alternativa você pode usar para assegurar que encontrará ambas as regras?

4. Analise o conjunto de dados mostrado na Tabela 7.13.

Tabela 7.13. Conjunto de dados para o Exercício 4.

Idade (A)	Número de horas on-line por semana (B)				
	0 – 5	5 – 10	10 – 20	20 – 30	30 – 40
10 – 15	2	3	5	3	2
15 – 25	2	5	10	10	3
25 – 35	10	15	5	3	2
35 – 50	4	6	5	3	2

(a) Para cada combinação de regras apresentadas a seguir, especifique a regra que tenha a maior confiança.

  i. $15 < A < 25 \rightarrow 10 < B < 20$, $10 < A < 25 \rightarrow 10 < B < 20$, e $15 < A < 35 \rightarrow 10 < B < 20$.

  ii. $15 < A < 25 \rightarrow 10 < B < 20$, $15 < A < 25 \rightarrow 5 < B < 20$, e $15 < A < 25 \rightarrow 5 < B < 30$.

  iii. $15 < A < 25 \rightarrow 10 < B < 20$ e $10 < A < 35 \rightarrow 5 < B < 30$.

(b) Suponha que você esteja interessado em encontrar a média do número de horas gastas online por semana por usuários da Internet com idades entre 15 e 35 anos. Escrevemos a correspondente regra de associação baseada em estatísticas para caracterizar o segmento de usuários. Para calcular o número médio de horas gastas online, aproxime cada intervalo pelo seu valor do ponto central (e.g., use B = 7,5 para representar o intervalo 5 < B < 10).

(c) Teste se a regra de associação quantitativa apresentada na parte (b) é estatisticamente significante comparando sua média com o número médio de horas gastas online por outros usuários que não pertençam a esse grupo etário.

5. Para o conjunto de dados com os atributos apresentados a seguir, descreva como você os converteria em um conjunto de dados de transação binária apropriado para análise de associações. Especificamente, indique para cada atributo no conjunto de dados original

   (a) a quantos atributos binários corresponderia no conjunto de dados de transação,

   (b) como os valores do atributo original seriam mapeados para valores dos atributos binários e

   (c) teste se alguma estrutura hierárquica nos valores dos dados de um atributo que pudesse ser útil para agrupar os dados em menos atributos binários.

   A seguir está uma lista de atributos para o conjunto de dados junto com seus valores possíveis. Suponha que todos os atributos são coletados por aluno:

   - **Ano:** Novato, Calouro, Júnior, Sênior, Pós-Graduado: Mestrado, Pós-Graduado: PhD, Profissional
   - **Código Postal:** código postal para o endereço de um aluno dos EUA, código postal para o endereço de um aluno que não seja dos EUA
   - **Faculdade:** Agricultura, Arquitetura, Educação Contínua, Educação, Artes, Engenharia, Ciências Naturais, Negócios, Direito, Medicina. Odontologia, Farmácia, Enfermagem, Veterinária.
   - **No Campus:** 1 se o estudante residir no campus, 0 caso contrário

Análise de Associação: Conceitos Avançados

- Cada um dos atributos a seguir que tenha um valor de 1 se a pessoa falar a linguagem e 0 em caso contrário.
  - Árabe
  - Bengali
  - Mandarim
  - Inglês
  - Português
  - Russo
  - Espanhol

6. Analise o conjunto de dados mostrado na Tabela 7.14. Suponha que estejamos interessados na extração da seguinte regra de associação:

$\{\alpha_1 \leq \alpha_2,$ Toca Piano = Sim$\} \rightarrow \{$Aprecia Música Clássica = Sim$\}$

Tabela 7.14. Conjunto de dados para o Exercício 6.

Idade	Toca Piano	Aprecia Música Clássica
9	Sim	Sim
11	Sim	Sim
14	Sim	Não
17	Sim	Não
19	Sim	Sim
21	Não	Não
25	Não	Não
29	Sim	Sim
33	Não	Não
39	Não	Sim
41	Não	Não
47	Não	Sim

Para lidar com os atributos contínuos, aplicamos a abordagem de freqüência igual com intervalos 3, 4 e 6. Atributos categorizados são manipulados pela introdução de tantos atributos binários assimétricos novos quanto o número de valores categorizados. Suponha que o limite de suporte seja de 10% e que o limite de confiança seja de 70%.

(a) Suponha que discretizemos o atributo Idade em 3 intervalos de freqüência igual. Encontre um par de valores para α1 e α2 que satisfaça os requisitos mínimos de suporte e de confiança.

(b) Repita a parte (a) discretizando o atributo idade em 4 intervalos de freqüência igual. Compare as regras extraídas com as que você havia obtida na parte (a).

(c) Repita a parte (a) discretizando o atributo A em intervalos de freqüência igual. Compare as regras extraídas com as que você havia obtido na parte (a).

(d) Dos resultados na parte (a), (b) e (c), discuta como a escolha de intervalos de discretização afetarão as regras extraídas por algoritmos de mineração de regras de associação.

7. Analise as transações mostradas na Tabela 7.15, com uma taxonomia de itens apresentada na Figura 7.25.

Tabela 7.15. Exemplo de transações de cesta de compras.

ID da Transação	Itens Comprados
1	Batata Frita, Biscoitos, Refrigerante Normal, Presunto
2	Batata Frita, Presunto, Galinha Desossada, Refrigerante Dietético
3	Ham, Bacon, Galinha Inteira, Refrigerante Normal
4	Batata Frita, Presunto, Galinha Desossada, Refrigerante Dietético
5	Batata Frita, Bacon, Galinha Desossada
6	Batata Frita, Presunto, Bacon, Galinha Inteira, Refrigerante Normal
7	Batata Frita, Biscoitos, Galinha Desossada, Refrigerante Dietético

(a) Quais são os principais desafios da mineração de regras de associação por uma taxonomia de itens?

(b) Analise a abordagem onde cada transação t é substituída por uma transação estendida t' que contenha todos os itens em t assim como seus respectivos ancestrais. Por exemplo, a transação t = {Batata Frita, Biscoito} será substituída por t'= {Batata Frita, Biscoito, Lanches, Comida}. Use esta abordagem para derivar todos os conjuntos de itens freqüentes (até tamanho 4) com suporte ≥ %.

(c) Analise uma abordagem alternativa onde os conjuntos de itens freqüentes sejam gerados um nível por vez. Inicialmente, são gerados todos os conjuntos de itens freqüentes envolvendo itens no nível mais alto da hierarquia. A seguir, usamos os conjuntos de itens freqüentes descobertos no nível mais alto da hierarquia para gerar conjuntos de itens candidatos envolvendo itens nos níveis inferiores da hierarquia. Por exemplo, geramos o conjunto de itens candidato {Bata Frita, Refrigerante Dietético} apenas se {Lanche, Refrigerante} for freqüente. Use esta abordagem para derivar todos os conjuntos de itens freqüentes (até tamanho 4) com suporte $\geq 70\%$.

(d) Compare os conjuntos de itens freqüentes nas partes (b) e (c. Comente sobre a eficiência e completeza dos algoritmos.

8. As questões a seguir examinam como o suporte e a confiança de uma regra de associação podem variar na presença de um hierarquia de conceitos.

(a) Analise um item x em uma determinada hierarquia de conceitos. Suponha que $\overline{x}_1, \overline{x}_2, ..., \overline{x}_k$ denotem os k filhos de x na hierarquia de conceitos. Mostre que $s(x) \leq \sum_{i=1}^{k} s(\overline{x}_i)$, onde $s(\cdot)$ é o suporte de um item. Sob que condições a diferença se tornará uma igualdade?

(b) Suponha que p e q denotem um par de itens, enquanto que ^p e ^q sejam seus pais correspondentes na hierarquia de conceitos. Se s ({p,q})>minsup, qual dos conjuntos de itens a seguir serão seguramente freqüentes? (i) s({^p,q}), (ii) s({p,^q}) e (iii) s({^p, ^q}).

(c) Analise a regra de associação {p} → {q}. Suponha que a confiança da regra exceda minconf. Quais das seguintes regras seguramente têm confiança maior que minconf? (i) {p} → {^q}, (ii) {^p}→{q} e (iii) {^p} → {^q}.

9. (a) Liste todas as 4 subseqüências contidas na seguinte seqüência de dados:

<{1,3}{2}{2,3}{4}>,

supondo que não haja nenhuma restrição de tempo.

(b) Liste todas as subseqüências de 3 elementos contidas na seqüência de dados para a parte (a) supondo que nenhuma restrição de tempo seja imposta.

(c) Liste todas as subseqüências de 4 elementos contidas na seqüência de dados para a parte (a) (supondo que as restrições de tempo sejam flexíveis).

(d) Liste todas as subseqüências de 3 elementos contidas na seqüência de dados para a parte (a) (supondo que as restrições de tempo sejam flexíveis).

10. Encontre todas as freqüências com suporte 50% dado o banco de dados de seqüências mostrado na Tabela 7.16. Suponha que não existam restrições de tempo impostas sobre as seqüências.

Tabela 7.16. Exemplo de seqüências de eventos geradas por diversos sensores.

Sensor	Timestamp	Eventos
S1	1	A, B
	2	C
	3	D, E
	4	C
S2	1	A, B
	2	C, D
	3	E
S3	1	B
	2	A
	3	B
	4	D, E
S4	1	C
	2	D, E
	3	C
	4	E
S5	1	B
	2	A
	3	B, C
	4	A, D

11. (a) Para cada uma das seqüências $w = <e_1 e_2 .. e_i .. e_{i+1} .. e_{último}>$ apresentadas a seguir, determine se são subseqüências da seqüência

$$<\{1,2,3\}\{2,4\}\{2,4,5\}\{3,5\}\{6\}>$$

sujeitas às seguintes restrições de tempo:

mingap = 0 (intervalo entre o último evento em e_i e o primeiro evento em e_{i+1} é > 0)

maxgap = 3 (intervalo entre o primeiro evento em ei e o último evento em ei+1 é ≤ 3)

maxspan = 5 (intervalo entre o primeiro evento em ei e o último evento em eúltimo é ≤ 5)

ws = 1 (tempo entre o primeiro e o último evento em e_i é ≤ 1)

• w = <{1}{2}{3}>
• w = <{1,2,3,4}{5,6}>

Análise de Associação: Conceitos Avançados

- w = <{2,4} {2,4} {6}>
- w = <{1,2} {3,4} {5,6}>

(b) Determine se cada uma das subseqüências w apresentadas na questão anterior são subseqüências contíguas das seguintes seqüências s.
- s = <{1,2,3,4,5,6} {1,2,3,4,5,6} {1,2,3,4,5,6}>
- s = <{1,2,3,4} {1,2,3,4,5,6} {3,4,5,6}>
- s = <{1,2} {1,2,3,4} {3,4,5,6} {5,6}>
- s = <{1,2,3} {2,3,4,5} {4,5,6}>

12. Para cada da seqüência w = <e_1, ..., $e_{último}$> a seguir, determine se são subseqüências da seguinte seqüência de dados:

<{A,B} {C,D} {A,B} {C,D} {A,B} {C,D}>

sujeita às seguintes restrições de tempo:

mingap = 0 (intervalo entre o último evento em ei e o primeiro evento em ei+1 é > 0)

maxgap = 2 (intervalo entre o primeiro evento em ei e o último evento em ei+1 é ≤ 2)

maxspan = 6 (intervalo entre o primeiro evento em ei e o último evento em eúltimo é ≤ 6)

ws = 1 (tempo entre o primeiro e o último evento em ei é ≤ 1)

(a) w = <{A} {B} {C} {D}>
(b) w = <{A} {B,C,D} {A}>
(c) w = <{A} {B,C,D} {A}>
(d) w = <{B,C} {A,D} {B,C}>
(e) w = <{A,B,C,D} {A,B,C,D}>

13. Analise as seguintes seqüências freqüentes de 3:
<{1,2,3}>, <{1,2} {3}>, <{1}, {2,3}>, <{1,2} {4}>,
<{1,3} {4}>, <{1,2,4}>, <{2,3} {3}>, <{2,3} {4}>,
<{2} {3} {3}> e <{2} {3} {4}>.

(a) Liste todas as seqüências de 4 candidatas produzidas pelo passo de geração de candidatas do algoritmo GSP.
(b) Liste todas as seqüências de 4 candidatas podadas durante o passo de poda de candidatas do algoritmo GSP (supondo que não existam restrições de tempo).

(c) Liste todas as seqüências de 4 candidatas podadas durante a etapa de poda de candidatas do algoritmo GSP (supondo maxgap = 1).

14. Analise a seqüência de dados mostrada na Tabela 7.17 para um determinado objeto. Conte o número de ocorrências para a seqüência <{p} {q} {r}> de acordo com os seguintes métodos de contagem:
    (a) COBJ (uma ocorrência por objeto).
    (b) CWIN (uma ocorrência por janela móvel).
    (c) CMINWIN (número de janelas mínimas de ocorrência).
    (d) CDIST_O (ocorrências distintas com possibilidade de intersecção de timestamps de eventos).
    (e) CDIST (ocorrências distintas sem intersecção de timestamps de eventos).

Tabela 7.17. Exemplo de dados de sequências de eventos para o Exercício 14.

Timestamp	Eventos
1	p, q
2	r
3	s
4	p, q
5	r, s
6	p
7	q, r
8	q, s
9	p
10	q, r, s

15. Descreva os tipos de modificações necessárias para adaptar o algoritmo de mineração de subgrafos freqüentes para lidar com:
    (a) Grafos diretos
    (b) Grafos sem rótulos
    (c) Grafos acíclicos
    (d) Grafos desconectados

    Para cada tipo de grafo apresentado anteriormente, descreva qual passo do algoritmo será afetado (geração de candidatas, poda de candidatas e contagem de suporte) e qualquer otimização adicional que possa ajudar a melhorar a eficiência do algoritmo.

16. Desenhe todos os subgrafos candidatos obtidos da junção do par de grafos mostrado na Figura 7.28. Suponha que o método de desenvolvimento de arestas seja usado para expandir os subgrafos.

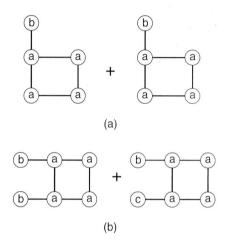

Figura 7.28. *Grafos para o Exercício 16.*

17. Desenhe todos os subgrafos candidatos obtidos pela junção dos grafos mostrados na Figura 7.29. Suponha que o método de desenvolvimento de aresta seja usado para expandir os subgrafos.

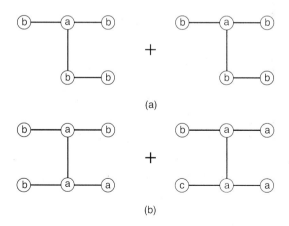

Figura 7.29. *Grafos para o Exercício 17.*

18. (a) Se o suporte for definido em termos de relacionamento de subgrafos induzido, mostre que a confiança da regra g1→g2 pode ser maior que 1 se g1 e g2 puderem ter conjuntos de vértices interseccionados.
    (b) Qual a complexidade de tempo necessária para determinar o rótulo canônico de um grafo que contenha conjuntos de vértices?
    (c) O núcleo de um subgrafo pode ter múltiplos automorfismos. Isto aumentará o número de subgrafos candidatos obtidos após a fusão de dois subgrafos freqüentes que compartilhem o mesmo núcleo. Determine o número máximo de subgrafos candidatos obtidos devido ao automorfismo de um núcleo de tamanho k.
    (d) Dois subgrafos freqüentes de tamanho k podem ser compartilhados pelos dois subgrafos freqüentes.
19. (a) Analise um algoritmo de mineração de dados que use o método de desenvolvimento de arestas para juntar os dois subgrafos não direcionados e sem peso mostrados na Figura 19a.

   i. Desenhe todas os núcleos distintos ao se fundir os dois subgrafos.
   ii. Quantos candidatos são gerados usando o seguinte núcleo?

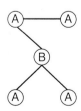

20. O framework de mineração de regras de associações original analisa apenas a presença de itens juntos na mesma transação. Há situações nas quais conjuntos de itens que sejam infreqüentes também podem ser informativos. Por exemplo, o conjunto de dados TV, DVD, ¬ vide-

ocassete sugere que muitos clientes que compram Tvs e DVDs não compram videocassetes. Neste problema, você é solicitado a estender o framework de regras de associação para conjuntos de itens negativos (i.e., conjuntos de itens que contenham tanto a presença quanto a ausência de itens). Usaremos o símbolo de negação (¬)para nos referir à ausência de itens.

(a) Uma forma simples para derivar conjuntos de itens negativos é estender cada transação para que inclua a ausência de itens conforme mostrado na Tabela 7.18.

Tabela 7.18. Exemplo de conjunto de dados numéricos.

TID	TV	¬TV	DVD	¬DVD	VCR	¬VCR	...
1	1	0	0	1	0	1	...
2	1	0	0	1	0	1	...

 i. Suponha que o banco de dados da transação contenha 1.000 itens distintos. Qual o número total de conjuntos de itens positivos que podem ser gerados a partir destes itens? (Nota: Um conjunto de itens positivo não contém itens negados.)

 ii. Qual o número máximo de conjuntos de itens freqüentes que pode ser gerados a partir destas transações? (Suponha que um conjunto de itens freqüentes possa conter tipos de itens positivos, negativos ou ambos)

 iii. Explique por que um método simples de extensão de cada transação com itens negativos não é prático para derivar conjuntos de itens negativos.

(b) Analise o banco de dados mostrado na Tabela 7.15. Quais os valores de suporte e confiança para as seguintes regras de associação negativa envolvendo refrigerante normal e dietético?

 i. ¬ Normal → Dietético.
 ii. Normal → ¬ Dietético
 ii. ¬ Dietético → Normal.
 iii. Dietético → ¬ Normal.

21. Suponha que gostaríamos de extrair conjuntos de itens positivos e negativos de um conjunto de dados que contenha d itens.
    (a) Analise uma abordagem onde introduzimos uma nova variável para representar cada item negativo. Com esta abordagem, o número de itens cresce de d para 2d. Qual o tamanho total do emaranhado de conjuntos de itens, supondo que um conjunto de itens possa conter tanto itens positivo quanto negativos da mesma variável?
    (b) Suponha que um conjunto de itens deva conter itens positivos e negativos de variáveis diferentes. Por exemplo, o conjunto de itens $\{a, \overline{a}, b, \overline{c}\}$ é válido porque contém tanto itens positivos quanto negativos para a variável a. Qual o tamanho total do emaranhado de conjuntos de itens?
22. Para cada tipo de padrão definido a seguir, determine se a medida de suporte é monotônica, anti-monotônica ou não monotônica (i.e., sem monotônica nem anti-monotôica) como respeito ao aumento do tamanho do conjunto de itens.
    (a) Conjuntos de itens que contenham tanto itens negativos quanto positivos como $\{a, b, \overline{c}, \overline{d}\}$. A medida de suporte é monotônica, anti-monotônica ou não monotônica quando aplicada a tais padrões?
    (b) Padrões lógicos boleanos como {(a ∨ b ∨ c), d, e}, que possam conter tanto disjunções e conjunções de itens. A medida de suporte é monotônica, anti-monotônica ou não monotônica quando aplicada a tais padrões?
23. Muitos algoritmos de análise de associações se baseiam na abordagem *Apriori* para encontrar padrões freqüentes. A estrutura geral do algoritmo é apresentada a seguir.

Algoritmo 7.3 Algoritmo do tipo *Apriori*.

1:    $k = 1$
2:    $F_k = \{ i \mid i \in I \wedge \frac{\sigma(\{i\})}{N} \geq minsup \}$.   {Encontrar padrões 1 freqüentes}
3:    **Repita**
4:      $k = k + 1$
5:      $C_k = $ genCandidate (F_{k-1}).   {Geração de Candidatos}

Análise de Associação: Conceitos Avançados 579

6:     C_k = pruneCandidate (C_k, F_{k-1}).   {Poda de Candidatos}
7:     C_k = count(C_k, D).   {Contagem de Suporte}
8:     $F_k = \{ c \mid c \in C_k \ ? \ \frac{\sigma(c)}{N} \geq minsup \}$.   {Extração de padrões freqüentes}
9:     **até** Fk = 0
10:    Resposta = $\cup$ F_k.

Suponha que estejamos interessados em encontrar regras boleanas lógicas como

$$\{a \vee b\} \rightarrow \{c, d\},$$

que pode conter tanto disjunções quanto conjunções de itens. O conjunto de itens correspondente pode ser escrito como $\{(a \vee b), \{c, d\}$.

(a) O princípio *Apriori* ainda é verdadeiro para tais conjuntos de itens?

(b) Como o passo de geração de candidatos deve ser modificado para encontrar tais padrões?

(c) Como o passo da poda de candidatos deve ser modificado para encontrar tais padrões?

(d) Como o passo de contagem de suporte deve ser modificado para encontrar tais padrões?

capítulo 8

Análise de Grupos: Conceitos Básicos e Algoritmos

ANÁLISE DE GRUPOS DIVIDE OS grupos de dados em grupo (clusters) que tenham significado, sejam úteis, ou ambas as coisas. Se grupos com significados forem o objetivo, então os clusters devem capturar a estrutura natural dos dados. Em alguns casos, entretanto, a análise de grupos é apenas um ponto inicial útil para outros propósitos, como resumo de dados. Seja para compreensão ou utilidade, a análise de grupos tem há muito desempenhado um papel importante em uma ampla variedade de campos: psicologia e outras ciências sociais, biologia, estatística, reconhecimento de padrões, recuperação de informações, aprendizagem de máquina e mineração de dados.

Tem havido aplicações de análise de grupos para problemas práticos. Fornecemos alguns exemplos específicos, organizados por se o propósito do agrupamento seja a compreensão ou utilidade.

Agrupamento para Compreensão Classes, ou grupos conceitualmente significativos de objetos que compartilhem características comuns, desempenham um papel importante em como as pessoas analisam e descrevem o mundo. De fato, seres humanos têm habilidade na divisão de objetos em grupos (agrupamento) e atribuir objetos particulares a esses grupos (classificação). Por exemplo, mesmo crianças relativamente jovens podem rotular rapidamente os objetos em uma fotografia como prédios, veículos, pessoas, animais, plantas, etc. No contexto da compreensão de dados, grupos são potenciais classes e a análise de grupos é o estudo de técnicas para automatizar a descoberta de classes. A seguir estão alguns exemplos:

- **Biologia:** Biólogos gastaram muitos anos criando uma taxonomia (classificação hierárquica) de todas as coisas vivas: reino, filo, classe, ordem, família, gênero e espécie. Assim, talvez não seja surpreendente que muito do trabalho inicial de análise de grupos procurou criar uma disciplina de taxonomia matemática que pudesse encontrar automaticamente tais estruturas de classificação. Mais recentemente, biólogos aplicaram o agrupamento para analisar as grandes quantidades de informações genéticas que agora estão disponíveis. Por exemplo, o agrupamento tem sido usado para encontrar grupos de genes que tenham funções semelhantes.
- **Recuperação de Informações.** A World Wide Web consiste de bilhões de páginas Web e os resultados de uma consulta a um mecanismo de pesquisa pode retornar milhares de páginas. O agrupamento pode ser usado para agrupar estes resultados de pesquisas em um número pequeno de grupos, cada um dos quais captura um determinado aspecto da consulta. Por exemplo, uma consulta de um "filme" poderia retornar páginas Web agrupadas em categorias como resenha, trailers, estrelas e cinemas. Cada categoria (grupo) pode ser dividida em subcategorias (subgrupos_, produzindo uma estrutura hierárquica que auxilie mais a exploração de um usuário nos resultados da consultas.
- **Clima.** Compreender o clima da Terra requer encontrar padrões na atmosfera e no oceano. Para este fim, a análise de grupos tem sido aplicada para encontrar padrões na pressão atmosférica de regiões polares e áreas do oceano que tenham um impacto significativo sobre o clima da terra.
- **Psicologia e Medicina.** Uma doença ou condição possui freqüentemente uma quantidade de variantes, e a análise de agrupamentos pode ser usada para identificar essas diferentes subcategorias. Por exemplo, o agrupamento tem sido usado para identificar diferentes tipos de depressão. A análise de agrupamentos também pode

ser usado para detectar padrões na distribuição espacial ou temporal de uma doença.
- **Negócios.** Negócios juntam imensas quantidades de informações sobre clientes atuais e potenciais. O agrupamento pode ser usado para segmentar clientes em um número menor de grupos para análise adicional e atividades de marketing.

Agrupamento por Utilidade A análise de agrupamentos fornece uma abstração de objetos individuais de dados para os grupos nos quais esses objetos de dados residem. Além disso, algumas técnicas de agrupamento caracterizam cada grupo em termos de um protótipo de grupo; i.e., um objeto de dados que seja representativo dos outros objetos do grupo. Estes protótipos de grupos podem ser usados como a base para uma quantidade de técnicas de análise de dados ou de processamento de dados. Portanto, no contexto da utilidade, a análise de grupos é o estudo de técnicas para encontrar os protótipos de grupos mais representativos.

- **Resumo.** Muitas técnicas de análise de dados, como a regressão ou PCA, têm uma complexidade de tempo ou espaço de $O(m^2)$ ou maior (onde m é o número de objetos) e, assim, não são práticas para conjuntos grandes de dados. Entretanto, em vez de aplicar o algoritmo ao conjunto de dados inteiro, ele pode ser aplicado a um conjunto de dados reduzido consistindo de apenas protótipos de grupos. Dependendo do tipo da análise, do número de protótipos e da precisão com a qual os protótipos representam os dados, os resultados podem ser comparáveis àqueles que teriam sido obtidos se todos os dados tivessem sido usados.
- **Compactação.** Protótipos de grupos também podem ser usados para a compactação de dados. Particularmente, uma tabela é criada consistindo de protótipos para cada grupo; i.e., cada protótipo recebe um valor inteiro que é sua partição (índice na tabela. Cada objeto é representado pelo índice do protótipo associado ao seu grupo. Este tipo de compactação é conhecida como **quantização de vetor** e é aplicada com freqüência a dados de imagem, som e vídeo, onde (1) muitos dos objetos de dados são altamente seme-

lhantes entre si, (2) alguma perda de informação é aceitável e (3) uma redução substancial no tamanho dos dados é desejada.
- **Encontrando Eficientemente os Vizinhos mais Próximos.** Encontrar os vizinhos mais próximos pode requerer o cálculo da distância entre pares de todos os pontos. Muitas vezes os grupos e seus protótipos de grupos podem, ser encontrados de forma muito mas eficiente. Se os objetos estiverem relativamente próximos do protótipo dos seus grupos, então podemos usar os protótipos para reduzir o número de cálculos de distâncias que são necessários para se encontrar os vizinhos mais próximos de um objeto. Intuitivamente, se dois protótipos de grupos estiverem longe, então os objetos nos grupos correspondentes não podem ser vizinhos mais próximos entre si. Conseqüentemente, para encontrar os vizinhos mais próximos de um objeto, só é necessário calcular a distância para os objetos nos grupos próximos, onde a proximidade de dois grupos é medida pela distância entre seus protótipos. Esta idéia é tornada mais precisa no Exercício 25.

Este capítulo fornece uma introdução à análise de grupos. Começamos com uma visão geral de alto nível do agrupamento, incluindo uma discussão de diversas abordagens de divisão de objetos em conjuntos de grupos e os diferentes tipos de grupos. A seguir descrevemos três técnicas específicas de agrupamento que representam categorias amplas de algoritmos e ilustramos uma diversidade de conceitos: *K-means*, agrupamento hierárquico aglomerativo e DBSCAN. A seção final deste capítulo é dedicado à validação de grupos – métodos para avaliar a qualidade dos grupos produzidos por um algoritmo de agrupamento. Conceitos e algoritmos de agrupamento mais avançados serão discutidos no Capítulo 9. Sempre que possível, discutimos os pontos fortes fracos de diferentes esquemas. Além disso, as notas bibliográficas fornecem referências a livros e artigos relevantes que exploram a análise de grupos em maior profundidade.

8.1 Visão Geral

Antes de discutirmos técnicas específicas de agrupamento, fornecemos algum fundamento necessário. Primeiro, definimos melhor a análise de grupos, ilustrando por que ela é difícil e explicando seu relacionamento com outras técnicas que agrupam dados. A seguir exploramos dois tópicos importantes: (1) diferentes formas de agrupar um conjunto de objetos em um conjunto de grupos e (2) tipos de grupos.

8.1.1 O Que é Análise de Grupos?

A análise de grupos agrupa objetos baseada apenas em informações encontradas nos dados que descrevem os objetos e seus relacionamentos. O objetivo é que os objetos dentro de um grupo sejam semelhantes (ou relacionados) entre si e diferentes de (ou não relacionados aos) outros objetos de outros grupos. Quanto maior a semelhança (ou homogeneidade) dentro de um grupo e maior a diferença entre grupos, melhor ou mais distinto será o agrupamento.

Em muitas aplicações, a noção de um grupo não é bem definida. Para se entender melhor a dificuldade em se decidir o que constitui um grupo, analise a Figura 8.1, que mostra vinte pontos e três formas diferentes de dividi-los em grupos. Os formatos dos marcadores indicam o relacionamento entre os grupos. As Figuras 8.1(b) e 8.1(d) dividem os dados em duas e seis partes, respectivamente. Entretanto, a aparente divisão de cada um dos dois grupos maiores em três subgrupos pode simplesmente ser um artefato do sistema visual humano. Além disso, pode não ser exagero dizer que os pontos formam quatro grupos, conforme mostrado na Figura 8.1(c). Esta figura ilustra que a definição de um grupo é imprecisa e que a melhor definição depende da natureza dos dados e dos resultados desejados.

A análise de grupos está relacionada a outras técnicas que são usadas para dividir objetos de dados em grupos. Por exemplo, o agrupamento pode ser considerado uma forma de classificação pelo fato de criar uma rotulagem de objetos com rótulos de classes (grupos). Entretanto, ela deriva estes rótulos apenas dos dados. Em comparação, a classificação no sentido do Capítulo 4 é a **classificação supervisionada**; i.e., a novos objetos não rotulados são atribuídos um rótulo de classe usando um modelo desenvolvido a partir de objetos com rótulos de classe conhecidos. Por este motivo, a análise de grupos é às vezes chamada de **classificação não supervisionada**. Quando o termo classificação é usado sem alguma qualificação dentro da mineração de dados, ele simplesmente se refere à classificação supervisionada.

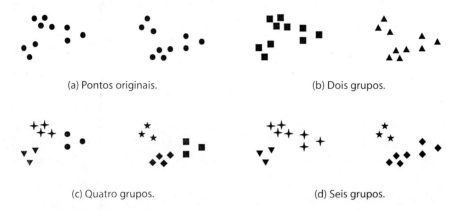

Figura 8.1. *Formas diferentes de agrupamento do mesmo conjunto de pontos.*

Além disso, embora os termos **segmentação** e **particionamento** sejam às vezes usados como sinônimos de agrupamento, estes termos são freqüentemente usados para abordagens fora dos limites tradicionais da análise de grupos. Por exemplo, o termo particionamento é muitas vezes usado para a divisão de dados em grupos usando técnicas simples; i.e., uma imagem pode ser dividida em grupos baseada em apenas na intensidade e cor dos pixels, ou as pessoas podem ser divididas em grupos baseadas na sua renda, Apesar disso, algum trabalho sem particionamento gráfico e em segmentação de imagem e mercado está relacionado à análise de grupos.

8.1.2 Diferentes Tipos de Grupos

Um conjunto inteiro de grupos é chamado comumente de **agrupamento** e, nesta seção, distinguimos diversos tipos de agrupamentos: hierárquicos (aninhados) versus particional (não aninhado), exclusivo versus difuso, e completo versus parcial.

Hierárquico versus Particional A distinção mais comumente discutida entre diferentes tipos de agrupamentos é se o conjunto de grupos está

Análise de Grupos: Conceitos Básicos e Algoritmos   587

aninhado ou não ou ainda, em terminologia mais tradicional, hierárquico ou particional. Um **agrupamento particional** é simplesmente uma divisão do conjunto de objetos de dados em subconjuntos (grupos) não interseccionados de modo que cada objeto de dado esteja exatamente em um subconjunto. Pego individualmente, cada conjunto de grupos nas Figuras 8.1 (b-d) é um agrupamento particional.

Se permitirmos que os grupos tenham subgrupos, então obtemos um **agrupamento hierárquico**, que é um conjunto de grupos aninhados organizados como uma árvore. Cada nodo (grupo) na árvore (exceto pelos nodos folha) é a união dos seus filhos (subgrupos) e o raiz da árvore é o grupo contendo todos os objetos. Muitas vezes, mas nem sempre, as folhas da árvore são grupos únicos de objetos de dados individuais. Se permitirmos que grupos sejam aninhados, então uma interpretação da Figura 8.1(a) é que ele possui dois subgrupos (Figura 8.1(b)), cada uma das quais, por sua vez, possui três subgrupos (Figura 8.1(d)). Os grupos mostrados nas Figuras 8.1 (a-d), quando pegas nessa ordem, também formam um agrupamento hierárquico (aninhado) com, respectivamente, 1, 2, 4 e 6 grupos em cada nível. Finalmente, observe que um agrupamento hierárquico pode ser visto como uma seqüência de agrupamentos particionais e um agrupamento particionais pode ser obtido pegando-se qualquer membro dessa seqüência; i. e., cortando-se a árvore hierárquica em um determinado nível.

Exclusivo versus Interseccionado versus Difuso   Os agrupamentos mostrados na Figura 8.1 são todos **exclusivos**, já que atribuem cada objeto a um único grupo. Há muitas situações nas quais um ponto poderia ser colocado em mais de um grupo, e estas situações são melhor abordadas pelo agrupamento não exclusivo. No sentido mais geral, um **agrupamento não exclusivo** ou **interseccionado** é usado para refletir o fato de que um objeto pode pertencer *simultaneamente* a mais de um grupo (classe). Por exemplo, uma pessoa em uma universidade pode ser tanto um aluno matriculado quanto um funcionário da universidade. Um agrupamento não exclusivo também é muitas vezes usado quando, por exemplo, um objeto está "entre" dois ou mais grupos e pode ser atribuído a qualquer um desses grupos. Imagine um ponto entre dois dos grupos da Figura 8.1. Em vez de fazer uma atribuição um pouco arbitrária do objeto a um único grupo, ele é colocado em todos os grupos "igualmente bons".

No **agrupamento difuso**, cada objeto pertence a cada grupo com um peso de ser membro do mesmo que fica entre 0 (não pertence totalmente) e 1 (pertence totalmente). Em outras palavras, os grupos são tratados como conjuntos difusos. (Matematicamente, um conjunto difuso é um no qual um objeto pertence a qualquer conjunto com um peso que fica entre 0 e 1. No agrupamento difuso, muitas vezes impomos a restrição adicional de que a soma dos pesos de cada objeto deve ser igual a 1.) De forma semelhante, técnicas de agrupamento probabilísticas calcular a probabilidade com a qual cada ponto pertence a cada grupo e estas probabilidades também devem somar 1. Devido às probabilidades ou pesos de ser membro de um objeto somarem 1, um agrupamento probabilístico ou difuso não aborda verdadeiras situações multiclasses, como no caso de um funcionário aluno, onde um objeto pertence a múltiplas classes. Em vez disso, estas abordagens são as mais apropriadas para evitar a arbitrariedade de atribuir um objeto a apenas um grupo quando pode estar próximo de vários. Na prática, um agrupamento muitas vezes é convertido em um agrupamento exclusivo atribuindo-se cada objeto ao grupo no qual sua probabilidade ou seu peso de ser membro for mais alto.

Completa versus Parcial Um **agrupamento completo** atribui cada objeto a um grupo, enquanto que um **agrupamento parcial** não. A motivação para um agrupamento parcial é que alguns objetos no conjunto de dados podem não pertencer a grupos bem definidos. Muitas vezes objetos no conjunto de dados podem representar ruídos, elementos externos ou "fundamentos desinteressantes". Por exemplo, algumas histórias de jornais podem compartilhar uma técnica comum, como o aquecimento global, enquanto que outras histórias são mais genéricas ou únicas. Assim, para descobrir os tópicos importantes que sejam altamente relacionados, podemos querer pesquisar apenas grupos de documentos que estejam altamente relacionados por um tema comum. Em outros casos, um agrupamento completo dos objetos é desejado. Por exemplo, uma aplicação que use agrupamentos para organizar documentos para navegação precisa garantir que todos os documentos possam ser navegados.

8.1.3 Diferentes Tipos de Agrupamentos

O agrupamento objetiva encontrar grupos úteis de objetos, onde a utilidade seja definida pelos objetivos da análise de dados. De forma não surpreendente, há diversas noções diferentes de um grupo que se provam úteis na prática. Para ilustrarmos visualmente as diferenças entre estes tipos de grupos, usamos pontos bidimensionais, conforme mostrado na Figura 8.2, como nossos objetos de dados. Enfatizamos, entretanto, que os tipos de grupos descritos aqui são igualmente válidos para outros tipos de dados.

Bem Separados Um grupo é um conjunto de objetos no qual cada objeto está mais próximo (ou é mais semelhante) a cada um dos outros objetos no grupo do que de qualquer outro objeto que não esteja nesse grupo. Às vezes um limite é usado para especificar que todos os objetos em um grupos devem estar suficientemente próximos (ou serem semelhantes) entre si. Esta definição idealista de um grupo é satisfeita apenas quando os dados contêm grupos naturais que sejam bastante distantes entre si. A distância entre dois pontos quaisquer em grupos diferentes é maior do que a distância entre dois pontos quaisquer dentro de um grupo. Grupos bem separados não precisam ser globulares, mas podem ter qualquer formato.

Baseados em Protótipos Um grupo é um conjunto de objetos no qual cada objeto está mais próximo (é mais semelhante) do protótipo que define o grupo do que do protótipo de qualquer outro grupo. Para dados com atributos contínuos, o protótipo de um grupo é muitas vezes um centróide, i.e., a média de todos os pontos no grupo. Quando um centróide não é significativo, como quando os dados possuem atributos categorizados, o protótipo é muitas vezes um medóide, i.e., o ponto mais representativo de um grupo. Para muitos tipos de dados, o protótipo pode ser considerado como o ponto mais central e, em tais instâncias, nos referimos comumente a grupos baseados em protótipos como **grupos baseados em centro**. De forma não surpreendente, tais grupos tendem a ser globulares. A Figura 8.2(b) mostra um exemplo de grupos baseados em centro.

Baseados em Gráfico Se os dados forem representados como um grafo, onde os nodos são os objetos e os links representam as conexões entre eles (veja a Seção 2.1.2), então um grupo pode ser definido como um **componente conectado**; i.e., um grupo de objetos que sejam conectados entre si, mas que não tenham conexão com objetos fora do grupo. Um exemplo importante de grupos baseados em grafos são **grupos baseados em contigüidade**, onde dois objetos estão conectados apenas se estiverem dentro de uma distância especificada. Isto implica que cada objeto em um grupo baseado em contigüidade está mais próximo de algum outro objeto no grupo do que de qualquer ponto em um grupo diferente. A Figura 8.2(c) mostra um exemplo de tais grupos para pontos bidimensionais. Esta definição de um grupo é útil quando os grupos são irregulares ou entrelaçados, mas pode ter problemas quando ruído estiver presente já que, conforme ilustrado pelos dois grupos esféricos da Figura 8.2(c), uma pequena ponte de pontos pode fundir dois grupos distintos.

Outros tipos de grupos baseados em grafos também são possíveis. Uma abordagem assim (Seção 8.3.2) define um grupo como um **grupo exclusivo**; i.e., um conjunto de nodos em um grafo que estejam completamente conectados entre si. Especificamente, se adicionarmos conexões entre objetos na ordem das suas distâncias entre si, um grupo é formado quando um conjunto de objetos forma um grupo exclusivo. Da mesma forma que grupos baseados em protótipos, tais grupos tendem a ser globulares.

Baseados em Densidade Um grupo é uma região densa de objetos que seja rodeada por uma região de baixa densidade. A Figura 8.2(d) mostra alguns grupos baseados em densidade para dados criados pela adição de ruídos aos dados da Figura 8.2(c). Os dois grupos circulares não estão fundidos, como na Figura 8.2(c), porque a ponte entre eles enfraquece na direção do ruído. Da mesma forma, a curva que está presente na Figura 8.2(c) também enfraquece na direção do ruído e não forma um grupo na Figura 8.2(d). Uma definição baseada em densidade de um grupo muitas vezes é empregada quando os grupos são irregulares ou entrelaçados e, quando há ruídos ou elementos externos. Em comparação, uma definição baseada em contigüidade de um grupo não funcionaria bem para os dados da Figura 8.2(d), já que o ruído tenderia a formar pontes entre os grupos.

Análise de Grupos: Conceitos Básicos e Algoritmos

Propriedades Compartilhadas (Grupos Conceituais) De modo mais geral, podemos definir um grupo como um conjunto de objetos que compartilham alguma propriedade. Esta definição engloba todas as definições prévias de um grupo; e.g., objetos em um grupo baseado no centro compartilham a propriedade de que são todos mais próximos do mesmo centróide ou medóide. Entretanto, a abordagem da propriedade compartilhada também inclui novos tipos de grupos. Analise os grupos mostrados na Figura 8.2(e). Uma área triangular (grupo) é adjacente a uma retangular e há dois círculos entrelaçados (grupos). Em ambos os casos, um algoritmo de agrupamento precisaria de um conceito muito específico de um grupo para detectar com sucesso estes grupos. O processo de encontrar tais grupos é chamado agrupamento conceitual. Entretanto, uma noção sofisticada demais de um grupo nos levaria à área do reconhecimento de padrões e, assim, analisamos apenas tipos mais simples de grupos neste livro.

Guia

Neste capítulo, usamos as seguintes três técnicas simples, porém importantes para introduzir muitos dos conceitos envolvidos na análise de grupos.

- **K-means.** Esta é uma técnica particional de agrupamento baseada em protótipos que tenta encontrar m número especificado pelo usuário de grupos (K), que são representados pelos seus centróides.
- **Agrupamento Hierárquico Aglomerativo.** Esta abordagem de agrupamento se refere a um conjunto de técnicas de agrupamento intimamente relacionadas que produzem um agrupamento hierárquico iniciando com cada ponto como um grupo único e depois fundindo repetidamente os dois grupos mais próximos até que reste um único grupo englobando tudo. Algumas destas técnicas têm uma interpretação natural em termos de um agrupamento baseado em grafos, enquanto que outros têm uma interpretação em termos de uma abordagem baseada em protótipo.
- **DBSCAN.** Este é um algoritmo de agrupamento baseado em densidade que produz um agrupamento particional, no qual o número de grupos é determinado automaticamente pelo algoritmo. Pontos em regiões de densidade baixa são classificadas como ruído e omitidas; assim, DBSCAN não produz um agrupamento completo.

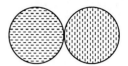

(a) Grupos bem separados. Cada ponto fica mais próximo de todos os pontos no seu grupo do que de qualquer ponto em outro grupo.

(b) Grupos baseados no centro. Cada ponto fica mais próximo do centro do seu grupo do que do centro de qualquer outro grupo.

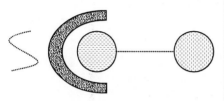 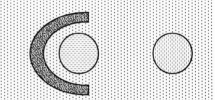

(c) Grupos baseados em contigüidade. Cada ponto fica mais próximo de pelo menos um ponto no seu grupo do que de qualquer ponto em outro grupo.

(d) Agrupamentos baseados em densidade. Os grupos são regiões de alta densidade separados por regiões de densidade baixa.

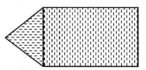 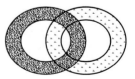

(e) Grupos conceituais. Os pontos em um grupo compartilham alguma propriedade geral que derivam do conjunto inteiro de pontos. (Pontos na intersecção dos círculos pertencem a ambos.)

Figura 8.2. *Diferentes tipos de grupos conforme ilustrado pelos conjuntos de pontos bidimensionais.*

8.2 K-means

Técnicas de agrupamento baseadas em protótipos criam um particionamento de um nível dos objetos de dados. Há um número de tais técnicas, mas duas das mais proeminentes são K-means e K-medoid. K-means define um protótipo em termos de um centróide, que é geralmente a média de um grupo de pontos, e é geralmente aplicada a objetos em um espaço n-dimensional contínuo. K-medoid define um protótipo em termos de um medóide, que é o ponto mais representativo para um grupo de pontos e pode ser aplicada a uma ampla faixa de dados, já que requer apenas uma medida de proximidade para um par de objetos. Embora um centróide quase nunca corresponda a um ponto real de dados, um medóide, pela sua definição, deve ser um ponto real de dados. Nesta seção, enfocaremos apenas K-means, que é um dos algoritmos de agrupamento mais antigos e amplamente usados.

8.2.1 O Algoritmo K-means Básico

A técnica de agrupamento K-means é simples, e começamos com uma descrição do algoritmo básico. Primeiro escolhemos K centróides iniciais, onde K é um parâmetro especificado pelo usuário, a saber, o número de grupos desejado. Cada ponto é atribuído a seguir ao centróide mais próximo, e cada coleção de pontos atribuídos a um centróide é um grupo. O centróide de cada grupo é então atualizado baseado nos pontos atribuídos ao grupo. Repetimos os passos de atribuição e atualização até que nenhum ponto mude de grupo ou, equivalentemente até que os centróides permaneçam os mesmos.

K-means é formalmente descrito pelo Algoritmo 8.1. A operação de K-means é ilustrada na Figura 8.3, que mostra como, começando de três centróides, os grupos finais são encontrados em quatro passos de atualização. Nestas e em outras figuras exibindo agrupamento K-means, cada subfigura mostra (1) os centróides no início da iteração e (2) a atribuição dos pontos a esses centróides. Os centróides são indicados pelo símbolo "+"; todos os pontos que pertencem ao mesmo grupo têm a mesma forma de marcador.

Algoritmo 8.1 Algoritmo K-means básico.

1: Selecione K pontos como centróides iniciais.
2: **repita**
3: Forme K grupos atribuindo cada ponto ao seu centróide mais próximo.
4: Recalcule o centróide de cada grupo/
5: **até que** os centróides não mudem.

No primeiro passo, mostrado na Figura 8.3(1), os pontos são atribuídos aos centróides iniciais, que estão todos no grupos maior de pontos. Para este exemplo, usamos a média como o centróide. Após os pontos serem atribuídos a um centróide, ele é atualizado. Novamente, a figura para cada passo mostra o centróide no início do passo e a atribuição de pontos àqueles centróides. No segundo passo, os pontos são atribuídos aos centróides atualizados e os centróides são atualizados novamente. Nos passos 2, 3 e 4, que são mostrado nas Figuras 8.3(b), (c) e (d), respectivamente, dois dos centróides se movem para os dois grupos pequeno de pontos na parte inferior das figuras. Quando o algoritmo K-means termina na Figura 8.3(d), porque não há mais mudanças, os centróides identificaram os agrupamentos naturais dos pontos.

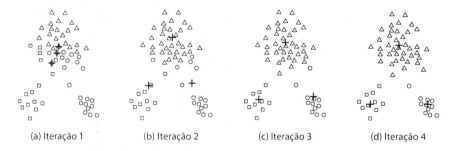

Figura 8.3. *Usando o algoritmo K-means para encontrar três grupos nos dados de exemplo.*

Para algumas combinações de funções de proximidade e tipos de centróides, K-means sempre converge para uma solução; i.e., K-means atinge um estado no qual nenhum ponto mudam de um grupo para outro e, assim, os centróides não mudam. Devido ao fato da maioria da convergência ocorrer nos primeiros passos, entretanto, a condição na linha 5 do Algoritmo 8.1 é muitas vezes substituída por uma condição mais fraca, e.g., repetir até que apenas 1% dos pontos mudem de grupo.

Analisamos cada um dos passos no algoritmo K-means em maiores detalhes e depois fornecemos uma análise do espaço e da complexidade de tempo do algoritmo.

Atribuindo Pontos ao Centróide mais Próximo

Para atribuir um ponto ao centróide mais próximo, precisamos de uma medida de proximidade que quantifique a noção de "mais próximo" para os dados específicos em consideração. A distância Euclidiana (L_2) é usada freqüentemente para pontos de dados no espaço Euclidiano, enquanto que a semelhança de coseno é mais apropriado para documentos. Todavia, pode haver diversos tipos de medidas de proximidade que sejam apropriadas para um determinado tipo de dados. Por exemplo, a distância de Manhattan (L_1) pode ser usada para dados Euclidianos, enquanto que a medida de Jaccard é empregada freqüentemente para documentos.

Geralmente, as medidas de semelhança usadas para K-means são relativamente simples, já que o algoritmo calcula repetidamente a semelhança de cada ponto com cada centróide. Em alguns casos, contudo, como quando os dados estão em espaço Euclidiano de baixa dimensionalidade, é possível evitar o cálculo de muitas das semelhanças, acelerando assim significativamente o algoritmo K-means. Dividir K-means ao meio (descrito na Seção 8.2.3) é outra abordagem que acelera K-means reduzindo o número de semelhanças calculadas.

Tabela 8.1. Tabela de notação.

Símbolo	Descrição
x	Um objeto.
C_i	O grupo de índice i.
c_i	O centróide do grupo Ci.
c	O centróide de todos os pontos.
m_i	O número de objetos no grupo de índice i.
m	O número de objetos no conjunto de dados.
K	O número de grupos.

Centróides e Funções Objetivas

O passo 4 do algoritmo K-means foi declarado de forma bastante geral como "recalcular o centróide de cada grupo", já que o centróide pode variar, dependendo da medida de proximidade para os dados e o objetivo do agrupamento. O objetivo do agrupamento geralmente é expresso por uma função objetiva que depende das proximidades dos pontos entre si ou dos centróides do grupo; e.g., minimizar a distância quadrada de cada ponto com o seu centróide mais próximo. Ilustramos isso com dois exemplos. Entretanto, o ponto chave é este: assim que tivermos especificado uma medida de proximidade e uma função objetiva, o centróide que devemos escolher pode muitas vezes ser determinado matematicamente. Fornecemos detalhes matemáticos na Seção 8.2.6 e fornecemos uma discussão não matemática desta observação aqui.

Dados em Espaço Euclidiano Analise dados cuja medida de proximidade seja a distância Euclidiana. Para a nossa função objetiva, que mede a qualidade de um agrupamento, usamos a **soma do erro quadrado (SSE)**, que também é conhecida como dispersar. Em outras palavras, calculamos o erro de cada ponto de dados, i.e., sua distância Euclidiana até aqueles centróides mais próximos e depois calculamos a soma total dos erros quadrados. Dados dos dois conjuntos diferentes de grupos que são produzidos pelas duas execuções diferentes de K-means, preferimos a com o menor erro quadrado, já que isto significa que os protótipos (centróides) deste agrupamento são uma representação melhor dos pontos do seu grupo. Usando a notação da Tabela 8.1, a SSE é definida formalmente da seguinte forma:

$$\text{SSE} = \sum_{i=1}^{K} \sum_{x \in C_i} dist\,(c_i, x)^2 \qquad (8.1)$$

onde *dist* é a distância Euclidiana padrão (L_2) entre dois objetos no espaço Euclidiano.

Dadas essas suposições, pode ser mostrado (veja a Seção 8.2.6) que o centróide que minimiza o SSE do grupo é a média. Usando a notação da Tabela 8.1, o centróide (média) do grupo de índice *i* é definido pela Equação 8.2.

Análise de Grupos: Conceitos Básicos e Algoritmos 597

$$c_i = \frac{1}{m_i} \sum_{x \in C_i} x \qquad (8.2)$$

Para ilustrar o centróide de um grupo contendo os três pontos bidimensionais, (1,1), (2,3) e (6,2) e ((1+2+6)/3, ((1+3+2)/3)=(3,2).

Os passos 3 e 4 do algoritmo K-means tentam minimizar diretamente a SSE (ou, mais geralmente, a função objetiva). O passo 3 forma grupos atribuindo pontos ao seu centróide mais próximo, o que minimiza a SSE para o conjunto de centróides dado. O passo 4 recalcula os centróides de modo a minimizar mais a SSE. Todavia, as ações de K-means nos Passos 3 e 4 só encontrarão com certeza um mínimo local com respeito à SSE, já que são baseadas na otimização da SSE para escolhas específicas dos centróides e grupos, em vez de para todas as escolhas possíveis. Veremos mais tarde um exemplo no qual isto leva a um agrupamento que não é o ideal.

Dados de Documentos Para ilustrar que K-means não está restrito a dados no espaço Euclidiano, analisamos dados de documentos e a medida de semelhança de coseno. Aqui supomos que os dados dos documentos sejam representados como uma matriz de termos de documentos conforme descrito na página 31. Nosso objetivo é maximizar a semelhança dos documentos em um grupo com o centróide do grupo; esta quantidade é conhecida como a **coesão** do grupo. Para este propósito, pode ser mostrado que o centróide do grupo é, assim como para dados Euclidianos, a média. A quantidade análoga para a SSE total é a coesão total, que é dada pela Equação 8.3.

$$\text{Coesão Total} = \sum_{i=1}^{K} \sum_{x \in C_i} coseno\,(x, c_i) \qquad (8,3)$$

O Caso Geral Há uma quantidade de escolhas para a função de proximidade, centróide e função objetiva que podem ser usadas no algoritmo K-means básico e que com certeza convergirão. A Tabela 8.2 mostra algumas escolhas possíveis, incluindo as duas que acabamos de discutir. Observe que, para a distância Manhattan (L_1) e o objetivo de minimizar a soma das distâncias, o centróide apropriado é a mediana dos pontos de um grupo.

Tabela 8.2. K-means: Escolhas comuns para proximidade, centróides e funções objetivas.

Função de Proximidade	Centróide	Função Objetiva
Manhattan (L_1)	Mediana	Minimizar a soma da distância L_1 de um objeto ao seu centróide de grupo
Euclidiana Quadrada (L^2_2)	Média	Minimizar a soma da distância L_2 quadrada de um objeto ao seu centróide de grupo.
Coseno	Média	Maximizar a soma da semelhança de coseno de um objeto ao seu centróide de grupo.
Divergência de Bregman	Média	Minimizar a soma da divergência de Bregman de um objeto ao seu centróide de grupo.

A última entrada da tabela, a divergência de Bregman (Seção 2.4.5) é, na verdade, uma classe de medidas de proximidade que inclui a distância Euclidiana quadrada, L^2_2, a distância Mahalanobis e a semelhança de coseno. A importância das funções de divergência de Bregman é que qualquer função desse tipo pode ser usada como a base de um algoritmo de agrupamento do estilo de K-means com a média como centróide Especificamente, se usarmos uma divergência de Bregman como nossa função de proximidade, então ao algoritmo de agrupamento resultante possui as propriedades costumeiras de K-means com respeito a convergência, mínimo local, etc. Além disso, as propriedades de tal algoritmo de agrupamento podem ser desenvolvidas para todas as divergências de Bregman possíveis. De fato, os algoritmos K-means que usam semelhança de coseno ou distância Euclidiana quadrada são instâncias específicas de um algoritmo de agrupamento geral baseado nas divergências de Bregman.

Pelo resto da nossa discussão sobre K-means, usamos dados bidimensionais, já que é fácil explicar K-means e suas propriedades para este tipo de dados. Contudo, conforme sugerido pelos últimos parágrafos, K-means é um algoritmo de agrupamento muito geral e pode ser usado com uma ampla variedade de tipos de dados, como documentos e séries de tempos.

Escolhendo Centróides Iniciais

Quando a inicialização aleatória de centróides é usada, diferentes execuções de K-means geralmente produzem SSEs totais. Ilustramos isto com o conjunto de pontos bidimensionais mostrado na Figura 8.3, que possui três grupos naturais de pontos. A Figura 8.4(1) mostra uma solução de agrupamento que é o mínimo global da SSE para três grupos, enquanto que a Figura 8.4(b) mostra um agrupamento não ideal que é apenas um mínimo local.

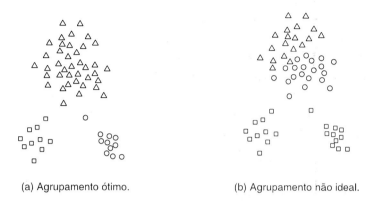

(a) Agrupamento ótimo.   (b) Agrupamento não ideal.

Figura 8.4. *Três grupos ótimos e não ótimos.*

Escolher os centróides iniciais apropriados é a etapa chave do procedimento K-means básico. Uma abordagem comum é escolher os centróides iniciais aleatoriamente, mas os grupos resultantes são freqüentemente pobres.

Exemplo 8.1 (Centróides Iniciais Pobres). Centróides iniciais selecionados aleatoriamente podem ser pobres. Fornecemos um exemplo disto usando o mesmo conjunto de dados usado nas Figuras 8.3 e 8.4. As Figuras 8.3 e 8.5 mostram os grupos que resultem de duas escolhas particulares de centróides iniciais. (Para ambas as figuras, as posições dos centróides do grupo nas várias iterações são indicadas pelas cruzes.) Na Figura 8.3, embora todos os centróides iniciais sejam de um grupo natural, o agrupamento de SSE mínima ainda é encontrado. Na Figura 8.5, entretanto, embora os centróides iniciais pareçam estar melhor distribuídos, obtemos um agrupamento não ideal, com erro quadrado maior.

Exemplo 8.2 (Limites de Inicialização Aleatória). Uma técnica que é usada comumente para abordar o problema de escolher centróides iniciais é executar múltiplas execuções, cada uma com um conjunto diferente de centróides iniciais escolhidos aleatoriamente e depois selecionar o conjunto de grupos com a SSE mínima. Embora simples, esta estratégia pode não funcionar muito bem, dependendo do conjunto de dados e do número de grupos procurados. Demonstramos isto usando o conjunto de dados de exemplo mostrado na Figura 8.6(1). Os dados consistem de dois pares de grupos, onde os grupos em cada par (topo-fundo) estão mais próximos entre si do que dos grupos no outro par. A Figura 8.6(b-d) mostra que, se começarmos com dois centróides iniciais por par de grupos, então mesmo quando ambos os centróides estiverem em um único grupo, os centróides redistribuirão a si próprios de modo que os grupos "verdadeiros" sejam encontrados. Entretanto, a Figura 8.7 mostra que, se um par de grupos possui apenas um centróide inicial e o outro par possuir três, então dois dos grupos verdadeiros serão combinados e um grupo verdadeiro será dividido.

Observe que um agrupamento ótimo será obtido desde que dois centróides iniciais caiam em algum lugar em um par de grupos, já que os centróides se redistribuirão a si próprios, um para cada grupo. Infelizmente, à medida em que o número de grupos se tornar maior, é cada vez mais provável que pelo menos um par de grupos terá apenas um centróide inicial. (Veja o Exercício 4 na página 559) Neste caso, devido ao fato dos pares de grupos estarem mais longe do que os grupos dentro de um par, o algoritmo K-means não redistribuirá os centróides entre pares de grupos e, assim, apenas um mínimo local será alcançado.

Devido aos problemas com o uso de centróides iniciais selecionados aleatoriamente, que mesmo execuções repetidas podem não superar, outras técnicas são freqüentemente empregados para a inicialização. Uma abordagem efetiva é pegar uma amostra de pontos e agrupá-los usando uma técnica de agrupamento hierárquico. K grupos são extraídos do agrupamento hierárquico e os centróides desses grupos são usados como centróides iniciais. Esta abordagem muitas vezes funciona bem, mas é prática apenas se (1) a amostra for relativamente pequena e (2) K for relativamente pequeno comparado com o tamanho da amostra.

O procedimento a seguir é outra abordagem para selecionar centróides iniciais. Selecione o primeiro ponto aleatoriamente ou pegue o centróide de todos os pontos. A seguir, para cada centróide inicial sucessivo, selecione o ponto que estiver mais distante de qualquer um dos centróides iniciais já selecionados. Desta forma, obtemos um conjunto de centróides iniciais que certamente sejam não apenas selecionados aleatoriamente mas

Análise de Grupos: Conceitos Básicos e Algoritmos   601

também bem separados. Infelizmente, tal abordagem pode selecionar elementos externos, em vez de pontos em regiões densas (grupos). Além disso, é custoso calcular o ponto mais distante do conjunto corrente de centróides iniciais. Para superar estes problemas, esta abordagem é muitas vezes aplicada a uma amostra dos pontos. Já que os elementos externos são raros, tendem a não aparecer em uma amostra aleatória. Em comparação, pontos de cada região densa provavelmente serão incluídos, a menos que o tamanho da amostra seja muito pequeno. Além disso, o cálculo envolvido na descoberta dos centróides iniciais é muito reduzido porque o tamanho da amostra é geralmente muito menor do que o número de pontos.

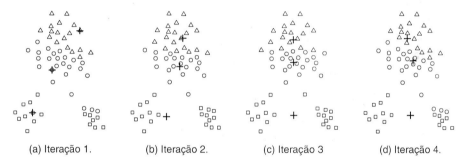

(a) Iteração 1.   (b) Iteração 2.   (c) Iteração 3   (d) Iteração 4.

Figura 8.5. *Centróides iniciais pobres para K-means.*

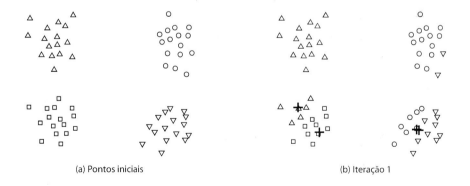

(a) Pontos iniciais   (b) Iteração 1

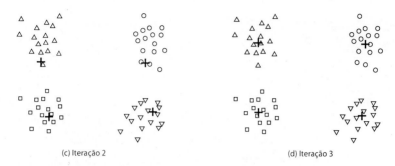

(c) Iteração 2   (d) Iteração 3

Figura 8.6. *Dois pares de grupos com um par de centróides iniciais dentro de cada par de grupos.*

Mais adiante discutiremos duas outras abordagens que são úteis para produzir agrupamentos de melhor qualidade (SSE mais baixa): usando uma variante de K-means que seja menos susceptível para problemas de inicialização (dividindo K-means) e usando pós-processamento para "consertar" o conjunto de grupos produzidos.

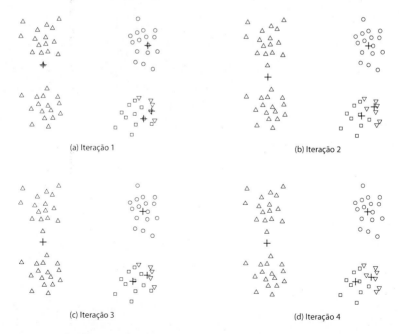

(a) Iteração 1   (b) Iteração 2

(c) Iteração 3   (d) Iteração 4

Figura 8.7. *Dois pares de grupos com mais ou menos do que dois centróides iniciais dentro de um par de grupos.*

Complexidade de Espaço e Tempo

Os requisitos de espaço para K-means são modestos porque apenas os pontos de dados e centróides são armazenados. Epecificamente, o armazenamento requrerido é $O((m+K)n)$, onde m é o número de pontos e n é o número de atributos. Os requisitos de tempo para K-means também são moderados – basicamente linear no número de pontos de dados. Em especial, o tempo necessário é $O(I*K*m*n)$, onde I é o número de iterações necessárias para convergência. Conforme mencionado, I é freqüentemente pequeno e pode geralmente ser limitado com segurança, já que a maioria das mudanças geralmente ocorre nas primeiras iterações. Portanto, K-means é linear em m, o número de pontos e é eficiente assim como simples desde que K, o número de grupos, seja significativamente menor que m.

8.2.2 K-means: Questões Adicionais

Lidando com Grupos Vazios

Um dos problemas com o algoritmo K-means básico apresentado anteriormente é que grupos vazios podem ser obtidos se nenhum ponto for alocado a um grupo durante a etapa de atribuição. Se isto acontecer, então uma estratégia é necessária para escolher um centróide de substituição já quem, caso contrário, o erro quadrado será maior do que o necessário. Uma abordagem é escolher o ponto que estiver mais distante de qualquer centróide corrente. Se não houver mais nada, isto elimina a questão que atualmente contribui para a maior parte do erro quadrado total. Outra abordagem é escolher o centróide de substituição do grupo que possua maior SSE. Isto geralmente dividirá o grupo e reduzirá as SSE gerais do agrupamento. Se houver diversos grupos vazios, então este processo pode ser repetido diversas vezes.

Elementos Externos

Quando o critério do erro quadrado é usado, elementos externos podem influenciar indevidamente os grupos que são encontrados. Em especial, quando elementos externos estão presentes, os centróides de grupos resultantes (protótipos) podem não ser tão representativos quando seriam em caso contrário e, assim, a SSE será maior também. Por causa disso, muitas vezes é útil descobrir elementos externos e eliminá-los antecipadamente. É importante, entretanto, perceber que há determinadas aplicações de agrupamento para as quais os elementos externos não devem ser eliminados. Quando o agrupamento é usado para compactação de dados, cada ponto deve ser agrupado e, em alguns casos, como análise financeira, elementos externos aparentes, e.g., clientes que raramente são lucrativos, podem ser os pontos mais interessantes.

Um problema óbvio é como identificar elementos externos. Uma quantidade de técnicas para identificar elementos externos serão discutidas no Capítulo 10. Se usarmos abordagens que removam elementos externos antes de agrupar, evitamos agrupar pontos que não se agruparão bem. Alternativamente, elementos externos também podem ser identificados em uma etapa de pós-processamento. Por exemplo, podemos registrar a SSE contribuída por cada ponto e eliminar aqueles pontos com contribuições incomumente altas, especialmente em múltiplas execuções. Além disso, podemos querer eliminar grupos pequenos, já que eles freqüentemente representam grupos de elementos externos.

Reduzindo a SSE com Pós-Processamento

Uma forma óbvia de reduzir a SSE é encontrar mais grupos, i.e., para usar um K maior. Entretanto, em muitos casos, gostaríamos de melhorar a SSE, mas não queremos aumentar o número de grupos. Isto é muitas vezes possível porque K-means geralmente converge para um mínimo local. Diversas técnicas são usadas para "consertar" os grupos resultantes para produzir um agrupamento que tenha SSE menor. A estratégia é enfocar grupos individuais já que a SSE total é simplesmente a soma da SSE contribuída por cada grupo. (Usaremos a terminologia *SSE total* e *SSE de grupo*, respectivamente, para evitar alguma potencial confusão.) Podemos alterar a SSE total executando diversas operações sobre os grupos, como dividir ou fundir grupos. Uma abordagem usada comumente é usar fases de divisão e fusão alternativas de grupos. Durante uma fase de divisão, os grupos são divididos, enquanto que, na fase de fusão, os grupos são combinados. Desta forma, muitas vezes é possível escapar da SSE mínima e ainda produzir uma solução de agrupamento com o número desejado de grupos. A seguir estão algumas técnicas usadas nas fases de divisão e fusão.

Duas estratégias que diminui a SSE total aumentando o número de grupos são as seguintes:

Dividir um Grupo: O grupo com a maior SSE é geralmente escolhida, mas também poderíamos dividir o grupo com o maior desvio padrão para um determinado atributo.

Introduzir um Novo Centróide de Grupo: Muitas vezes o ponto que está mais longe de qualquer centro de grupo é escolhido. Podemos determinar facilmente isto se registrarmos a SSE contribuída por cada ponto. Outra abordagem é escolher aleatoriamente entre todos os pontos ou entre os pontos com a maior SSE.

Duas estratégias que diminuem o número de grupos, enquanto tenta minimizar a SSE total, são as seguintes:

Dispersar um Grupo: Isto é obtido removendo-se o centróide que corresponda ao grupo e reatribuir os pontos a outros grupos. De modo ideal, o grupo que será disperso deve ser o que aumentar ao máximo a SSE total.

Fundir Dois Grupos: Os grupos com os centróides mais próximos geralmente são escolhidas, embora outra abordagem, talvez melhor, seja fundir os dois grupos que resultem no menor aumento na SSE total. Estas duas estratégias de fusão são as mesmas que usadas nas técnicas de agrupamento hierárquico conhecidas como método centróide e método de Ward, respectivamente. Ambos os métodos são discutidos na Seção 8.3.

Atualizando Centróides Incrementalmente

Em vez de atualizar os centróides de grupos após todos os pontos terem sido atribuídos a um grupo, os centróides podem ser atualizados incrementalmente, após cada atribuição de um ponto a um grupo. Observe que isto requer zero ou duas atualizações nos centróides de grupos em cada etapa, já que um ponto se move para um novo grupo (duas atualizações) ou permanece no seu grupo (zero atualizações). Usar uma estratégia de atualização incremental garante que grupos vazios não sejam produzidos, já que todos os grupos começam com um único ponto e, se um grupo tiver apenas um ponto, então esse ponto sempre será reatribuído ao mesmo grupo.

Além disso, se a atualização incremental for usada, o peso relativo do ponto sendo adicionado pode ser ajustado; e.g., o peso de pontos é muitas vezes diminuído à medida em que o agrupamento prossegue. Embora isto possa resultar em uma maior precisão e convergência mais rápida, pode ser difícil fazer uma boa escolha para o peso relativo, especialmente em uma grande diversidade de situações. Estas questões de atualização são semelhantes àquelas envolvidas na atualização de pesos para redes neurais artificiais.

Outro benefício das atualizações incrementais tem a ver com o uso de objetivos outros que "minimizar a SSE". Suponha que tenhamos recebido uma função objetiva arbitrária para medir a qualidade de um conjunto de grupos. Quando processamos um ponto individual, podemos calcular o valor da função objetiva para cada atribuição possível de grupos e depois escolhemos uma que otimiza a objetiva. Exemplos específicos de funções objetivas alternativas são apresentados na Seção 8.5.2.

O lado negativo é que atualizar centróides incrementalmente introduz uma dependência de ordem. Em outras palavras, os grupos produzidos podem depender da ordem na qual os pontos são processados. Embora isto possa ser abordado tornando-se aleatória a ordem na qual os pontos são processados, a abordagem K-means básica de atualizar os centróides após todos os pontos terem sido atribuídos a grupos não tem ordem de dependência. Além disso, atualizações incrementais são ligeiramente mais custosas. Entretanto, K-means converge bastante rapidamente e, portanto, o número de pontos mudando de grupos se torna relativamente pequena.

8.2.3 Dividindo K-means

O algoritmo de divisão de K-means é uma extensão direta do algoritmo K-means básico que é baseado em uma idéia simples: para obtermos K grupos, dividimos o conjunto de todos os pontos em dois grupos, selecionamos um desses grupos para dividir e assim por diante, até que K grupos tenham sido produzidos. Os detalhes da divisão de K-means são apresentados pelo Algoritmo 8.2.

Análise de Grupos: Conceitos Básicos e Algoritmos **607**

Algoritmo 8.2 Algoritmo de divisão de K-means

1: Inicializar a lista de grupos para que contenham o grupo consistindo de todos os pontos.
2: **Repita**
3:    Remover um grupo da lista de grupos.
4:    {Executar diversas divisões "de teste" do grupos escolhido.}
5:    **para** i=1 até o número de testes **faça**
6:       Divida o grupo selecionado usando K-means básico.
7:    **fim do para**
8:    Selecionar os dois grupos da divisão com a menor SSE total.
9:    Adicionar estes dois grupos à lista de grupos.
10: **Até que** a lista de grupos contenha K grupos.

Existe uma quantidade de diferentes formas para escolher qual grupo dividir. Podemos escolher o grupo maior em cada etapa, escolher o que tiver a maior SSE ou usar um critério baseado tanto em tamanho quanto SSE. Escolhas diferentes resultam em grupos diferentes.

Muitas vezes refinamos os grupos resultantes usando seus centróides como os centróides iniciais para o algoritmo K-means básico. Isto é necessário porque, embora o algoritmo K-means seguramente encontre um agrupamento que represente um mínimo local com respeito à SSE, na divisão do K-means estamos usando o algoritmo K-means "localmente", i.e., para dividir grupos individuais, portanto, o conjunto final não representa um agrupamento que seja um mínimo local com respeito à SSE total.

Exemplo 8.3 (Dividindo K-means e Inicialização). Para ilustrar que dividir K-means é menos susceptível a problemas de inicialização, mostramos na Figura 8.8, como dividir K-means encontra quatro grupos no conjunto de dados originalmente mostrado na Figura 8.6(a). Na iteração 1, dois pares de grupos são encontrados; na iteração 2, o par mais à direita dos grupos é dividido; e, na iteração, o par mais à esquerda dos grupos é dividido. Dividir K-means significa menos problemas com a inicialização porque executa diversas divisões de teste e pega a que tiver menor SSE e, devido ao fato há apenas dois centróides em cada etapa.

Finalmente, gravando a seqüência de agrupamentos produzidos como grupos da divisão de K-means, também podemos usar a divisão de K-means para produzir um agrupamento hierárquico.

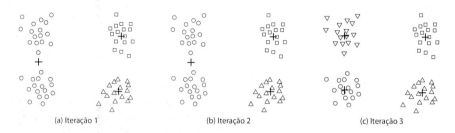

Figura 8.8. *Dividindo K-means no exemplo de quatro grupos.*

8.2.4 K-means e Diferentes Tipos de Grupos

K-means e suas variações têm um número de limitações com respeito a encontrar diferentes tipos de grupos. Em especial, K-means possui dificuldade para detectar os grupos "naturais", quando grupos têm formas não esféricas ou tamanhos ou densidades muito diferentes. Isto é ilustrado pelas Figuras 8.9, 8.10 e 8.11. Na Figura 8.9, K-means não consegue encontrar os três grupos naturais porque um dos grupos é muito maior do que os outros dois e, assim, o grupo maior é dividido, enquanto que um dos grupos menores é combinado com uma parte do grupo maior. Na Figura 8.10, K-means não encontra os três grupos naturais porque os dois grupos menores são muito mais densos do que o grupo maior. Finalmente, na Figura 8.11, K-means descobre dois grupos que misturam partes dos dois grupos naturais porque o formato dos grupos naturais não é globular.

A dificuldade nestas três situações é que a função objetiva de K-means está em desacordo com os tipos de grupos que estamos tentando encontrar, já que é minimizada por grupos globulares de tamanho e densidade igual ou por grupos que estejam bem separados. Todavia, estas limitações podem ser superadas, em algum sentido, se o usuário estiver disposto a aceitar um agrupamento que divida os grupos naturais em um número de subgrupos. A Figura 8.12 mostra o que acontece aos três conjuntos de dados anteriores se encontrarmos seis grupos de dois ou três. Cada grupo menor é puro no sentido de que contém apenas pontos de um dos grupos naturais.

8.2.5 Pontos Fortes e Fracos

K-means é simples e pode ser usado para uma ampla variedade de tipos de dados. Também é bastante eficiente, embora múltiplas execuções sejam executadas com freqüência. Algumas variantes, incluindo a divisão de K-means, são mais eficientes ainda e são menos susceptíveis a problemas de inicialização. K-means não é apropriado para todos os tipos de dados, todavia.

(a) Pontos originais.   (b) Três grupos de K-means.

Figura 8.9. *K-means com grupos de tamanhos diferentes.*

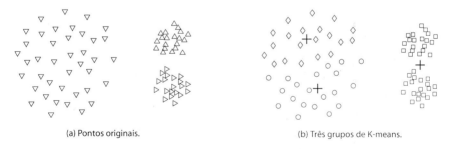

(a) Pontos originais.   (b) Três grupos de K-means.

Figura 8.10. *K-means com grupos de densidade diferentes.*

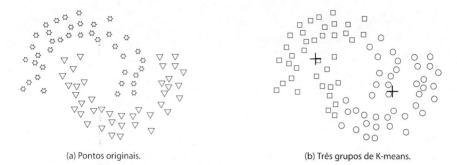

(a) Pontos originais. (b) Três grupos de K-means.

Figura 8.11. *K-means com grupos não globulares.*

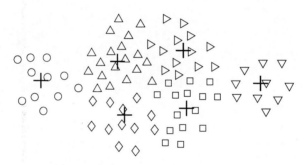

(a) Tamanhos diferentes.

(b) Densidades diferentes.

Análise de Grupos: Conceitos Básicos e Algoritmos

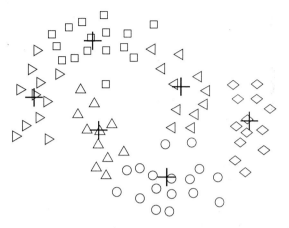

(c) Formas não espirais.

Figura 8.12. *Usando K-means para encontrar grupos que sejam subgrupos dos grupos naturais.*

Ele não pode lidar com grupos não globulares ou de tamanhos e densidades diferentes, embora geralmente consiga encontrar subgrupos puros se um número grande o suficiente de grupos for especificado. A detecção e remoção de elementos externos pode auxiliar significativamente em tais situações. Finalmente, K-means é restrito a dados para os quais exista uma noção de um centro (centróide). Uma técnica relacionada, o agrupamento K-medóide, não tem esta restrição, mas é mais custoso.

8.2.6 K-means como um Problema de Otimização

Aqui mergulhamos na matemática por trás de K-means. Esta seção, que pode ser pulada sem perda de continuidade, requer o conhecimento de cálculo através de derivadas parciais. Familiaridade com técnicas de otimização, especialmente aquelas baseadas em gradiente descendente, também pode ser útil.

Conforme mencionado anteriormente, dada uma função objetiva como "minimizar SSE", o agrupamento pode ser tratado como um problema de otimização. Uma forma de resolver este problema – para encontrar um ótimo global – é enumerar todas as formas possíveis de dividir os pontos em grupos e depois escolher o conjunto o conjunto de grupos que melhor satisfaça à função objetiva, e.g., que minimize a SSE total. É claro que esta estratégia completa é computacionalmente inviável e, como conseqüência, uma abordagem mais prática é necessária, mesmo se tal abordagem encontre soluções que não sejam seguramente ótimas. Uma técnica, que é conhecida como **gradiente descendente**, é baseada em pegar uma solução inicial e depois repetir os seguintes dois passos: calcular a mudança na solução que melhor otimize a função objetiva e depois atualizar a solução.

Supomos que os dados seja unidimensional, i.e., *dist(x,y) = (x-y)²*. Isto não muda nada essencial, mas simplifica grandemente a notação.

Derivação de K-means como um Algoritmo para Minimizar a SSE

Nesta seção, mostramos como o centróide para o algoritmo K-means pode ser derivado matematicamente quando a função de proximidade dor a distância Euclidiana e o objetivo seja minimizar SSE. Especificamente, investigamos como podemos melhor atualizar um centróide de grupo de forma que a SSE do grupo seja minimizada. Em termos matemáticos, procuramos minimizar a Equação 8.1, que repetimos aqui, especializados para dados unidimensionais.

$$\text{SSE} = \sum_{i=1}^{K} \sum_{x \in C_i} (c_i - x)^2 \qquad (8.4)$$

Aqui, C_i é o grupo de índice i, x é um ponto em C_i e c_i é a média do grupo de índice i. Veja na Tabela 8.1 uma lista completa da notação.

Podemos resolver para o centróide de índice k, o que minimiza a Equação 8.4, diferenciando a SSE, estabelecendo-a como igual a 0 e resolvendo conforme indicado a seguir.

$$\frac{\partial}{\partial c_k} \text{SSE} = \frac{\partial}{\partial c_k} \sum_{i=1}^{K} \sum_{x \in C_i} (c_i - x)^2$$

$$= \sum_{i=1}^{K} \sum_{x \in C_i} \frac{\partial}{\partial c_k}(c_i - x)^2$$

Análise de Grupos: Conceitos Básicos e Algoritmos

$$= \sum_{x \in C_k} 2 * (c_k - x_k) = 0$$

$$\sum_{x \in C_k} 2 * (c_k - x_k) = 0 \Rightarrow m_k c_k = \sum_{x \in C_k} x_k \Rightarrow c_k = \frac{1}{m_k} \sum_{x \in C_k} x_k$$

Assim, conforme indicado anteriormente, o melhor centróide para minimizar a SSE de um cluster é a média dos pontos do grupo.

Derivadas de K-means para SAE

Para demonstrar que o algoritmo K-means pode ser aplicado a uma variedade de funções objetivas diferentes, analisamos agora como particionar os dados em K grupos de forma que a soma das distâncias de Manhattan (L_1) de pontos do centro de seus grupos seja minimizada. Estamos procurando minimizar a soma dos erros absolutos L_1 (SAE) conforme apresentada pela seguinte equação, onde $dist_{L1}$ é a distância L_1. Novamente, por simplicidade notacional, usamos dados unidimensionais, i.e., $dist_{L1} = |c_i - x|$.

$$\text{SAE} = \sum_{i=1}^{K} \sum_{x \in C_i} dist_{L1}(c_i, x) \qquad (8.5)$$

Podemos resolver para o centróide c_k de índice k, que minimize a Equação 8.5, diferenciando a SAE, estabelecendo-o como igual a 0 e resolvendo.

$$\begin{aligned}
\frac{\partial}{\partial c_k}\text{SAE} &= \frac{\partial}{\partial c_k}\sum_{i=1}^{K}\sum_{x \in C_i} |c_i - x| \\
&= \sum_{i=1}^{K}\sum_{x \in C_i} \frac{\partial}{\partial c_k}|c_i - x| \\
&= \sum_{x \in C_k} \frac{\partial}{\partial c_k}|c_k - x| = 0
\end{aligned}$$

$$\sum_{x \in C_k} \frac{\partial}{\partial c_k} |c_k - x| = 0 \Rightarrow \sum_{x \in C_k} \text{sign}(x - c_k) = 0$$

Resolvemos para c_k, descobrimos que c_k = mediana $\{x \in C_k\}$, a mediana dos pontos do grupo. A mediana de um grupo de pontos é direta para calcular e menos susceptível a distorções por elementos externos.

8.3 Agrupamento Hierárquico Aglomerativo

Técnicas de agrupamento hierárquico são uma segunda categoria importante de métodos de agrupamento. Da mesma forma que com K-means, estas abordagens são relativamente antiga comparadas com muitos algoritmos de agrupamento, mas ainda têm amplo uso. Há duas abordagens básicas para gerar um agrupamento hierárquico:

Aglomerativa: Comece com os pontos como grupos individuais e, em cada etapa, funda os pares mais próximos de grupos. Isto requer a definição de uma noção de proximidade de grupos.

Divisiva: Comece com um grupo inclusivo com tudo e, a cada etapa, divida um grupo até que restem apenas grupos únicos de pontos individuais. Neste caso, precisamos decidir qual grupo dividir em cada etapa e como fazer a divisão.

Técnicas de agrupamento hierárquico aglomerativo são de longe as mais comuns e, nesta seção, enfocaremos exclusivamente estes métodos. Uma técnica de agrupamento hierárquico divisivo é descrita na Seção 9.4.2.

Um agrupamento hierárquico é exibido freqüentemente usando um diagrama do tipo árvore chamado **dendrograma**, que exibe tanto os relacionamentos grupo-subgrupo quanto a ordem na qual os grupos são fundidos (visão aglomerativo) u divididos (visão divisiva). Para conjuntos de pontos bidimensionais, como aqueles que usaremos como exemplos, um agrupamento hierárquico também pode ser representado graficamente usando um diagrama de grupos aninhados. A Figura 8.13 mostra um exemplo destes dois tipos de figuras para um conjunto de quatro pontos bidimensionais. Estes pontos foram agrupados usando a técnica de conexão única que é descrita na Seção 8.3.2.

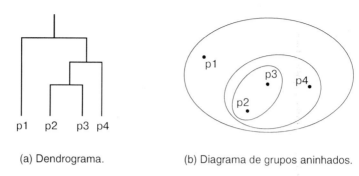

(a) Dendrograma. (b) Diagrama de grupos aninhados.

Figura 8.13. *Um agrupamento hierárquico de quatro pontos mostrado coo um dendrograma e como grupos aninhados.*

8.3.1 Algoritmo de Agrupamento Hierárquico Aglomerativo Básico

Muitas técnicas de agrupamento hierárquico aglomerativo são variações sobre uma abordagem única: iniciando com pontos individuais como grupos, funde sucessivamente os dois grupos mais próximos até que reste apenas um grupo. Esta abordagem é expressada mais formalmente no Algoritmo 8.3.

Algoritmo 8.3 Algoritmo de agrupamento hierárquico aglomerativo básico.

1: Calcule a matriz de proximidade, caso necessário.
2: **repita**
3:   Funda os dois grupos mais próximos.
4:   Atualize a matriz de proximidade para refletir a proximidade entre o novo grupo e os grupos originais.
5: **até que** Reste apenas um grupo.

Definindo a Proximidade entre Grupos

A operação chave do Algoritmo 8.3 é o cálculo da proximidade entre dois grupos e é a definição da proximidade de grupos que diferencia as várias técnicas hierárquicas aglomerativas que discutiremos. A proximidade de grupos é geralmente definida com um tipo específico de grupo em mente –

veja a Seção 8.1.2. Por exemplo, muitas técnicas de agrupamento hierárquico aglomerativo, como MIN, MAX e Média do Grupo, vêm de uma visão baseada em grafos dos grupos. MIN define proximidade de grupos como a proximidade entre os dois pontos mais próximos que estejam em grupos diferentes ou, usando termos de grafos, a aresta mais curta entre dois nodos em diferentes subconjuntos de nodos. Isto produz grupos baseados em contigüidade conforme mostrado já Figura 8.2(c). De forma alternativa, **MAX** pega a proximidade entre os dois pontos mais distantes em diferentes grupos como a proximidade de grupo ou, usando termos de grafos, a aresta mais longa entre dois nodos em diferentes subconjuntos de nodos. (Se nossas proximidades forem distâncias, então os nomes MIN e MAX são curtos e sugestivos. Para semelhanças, entretanto, onde valores mais altos indicam pontos mais próximos, os nomes parecem contrários. Por este motivo, geralmente preferimos usar os nomes alternativos, **conexão única** e **conexão completa**, respectivamente.) Outra abordagem baseada em grafos, a técnica da **média do grupo**, define proximidade de grupos como as proximidades médias entre pares (comprimento médio de arestas) de todos os pares de pontos de grupos diferentes. A Figura 8.14 ilustra estas três abordagens.

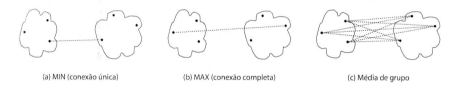

(a) MIN (conexão única)　　　(b) MAX (conexão completa)　　　(c) Média de grupo

Figura 8.14. *Definições baseadas em grafos de proximidade de grupos.*

Se, em vez de pegarmos uma visão baseada em protótipo, na qual cada grupo é representado por um centróide, diferentes definições de proximidade de grupos são mais naturais. Ao usar centróides, a proximidade de grupos é comumente definida como a proximidade entre centróides de grupos. Uma técnica alternativa, o método de **Ward**, também supõe que um grupo seja representado pelo seu centróide, mas mede a proximidade entre dois grupos em termos do aumento na SSE que resulta da fusão dos dois grupos. Da mesma forma que K-means, o método de Ward tenta minimizar a soma das distâncias de pontos dos seus centróides de grupos.

Complexidade de Tempo e Espaço

O algoritmo hierárquico aglomerativo básico recém- apresentado usa uma matriz de proximidade. Isto requer o armazenamento de ½ m^2 proximidades (supondo que a matriz de proximidade seja simétrica), onde m é o número de pontos de dados. O espaço necessário para registrar os grupos é proporcional ao número de grupos, que é m-1, excluindo grupos únicos. Assim, a complexidade do espaço total é O (m^2).

A análise do algoritmo de agrupamento hierárquico aglomerativo também é direta com respeito a complexidade computacional. O (m^2) tempo é necessário para calcular a matriz de proximidade. Após esse passo, há m-1 iterações envolvendo os passos 3 e 4 porque há m grupos no início e dois grupos são fundidos durante cada iteração. Se executado como uma pesquisa linear da matriz de proximidade, então para a iteração de índice i, o passo 3 requer o((m-1+1)^2) tempo, que é proporcional ao número corrente de grupos quadrados. O passo 4 requer O(m-1+1) tempo para atualizar a matriz de proximidade após a fusão de dois grupos. (Uma fusão de grupos afeta apenas O)m-i+1) proximidades para as técnicas que analisamos.) Sem modificação, isto produziria uma complexidade de tempo de O(m^3). Se as distâncias de cada grupo até todos os outros grupos forem armazenadas como uma lista ordenada (ou pilha), é possível reduzir o custo de encontrar os dois grupos mais próximos a O(m-i+1). Entretanto, devido à complexidade adicional de manter dados em uma lista ou pilha ordenada, o tempo geral necessário para um agrupamento hierárquico baseado no Algoritmo 8.3 é O (m^2 log m).

A complexidade de espaço e tempo do agrupamento hierárquico limita severamente o tamanho dos conjuntos de dados que podem ser processados. Discutimos abordagens de escalabilidade para algoritmos de agrupamento, incluindo técnicas de agrupamento hierárquico, na Seção 9.5.

8.3.2 Técnicas Específicas

Dados de Amostra

Para ilustrar o comportamento de diversos algoritmos de agrupamento hierárquico, usaremos dados de amostra que consistem de 6 pontos bidimensionais, que são mostrados na Figura 8.15. As coordenadas x e y dos pontos e as distâncias Euclidiana entre elas são mostradas nas Tabela 8.3 e 8.4, respectivamente.

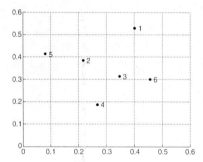

Ponto	x Coordenadas	y Coordenadas
p1	0.40	0.53
p2	0.22	0.38
p3	0.35	0.32
p4	0.26	0.19
p5	0.08	0.41
p6	0.45	0.30

Figura 8.15. *Conjunto de 6 pontos bidimensionais.*

Tabela 8.3. *Coordenadas xy de 6 pontos.*

	p1	p2	p3	p4	p5	p6
p1	0.00	0.24	0.22	0.37	0.34	0.23
p2	0.24	0.00	0.15	0.20	0.14	0.25
p3	0.22	0.15	0.00	0.15	0.28	0.11
p4	0.37	0.20	0.15	0.00	0.29	0.22
p5	0.34	0.14	0.28	0.29	0.00	0.39
p6	0.23	0.25	0.11	0.22	0.39	0.00

Tabela 8.4. *Matriz de distância Euclidiana para 6 pontos.*

Conexão Única ou MIN

Para a versão de conexão única ou MIN do agrupamento hierárquico, a proximidade de dois grupos é definida como o mínimo da distância (máximo de semelhanças) entre dois pontos quaisquer nos dois grupos diferentes. Usando a terminologia de grafos, se você iniciar com todos os pontos como grupos únicos e adicionar conexões entre pontos um de cada vez, conexões mais curtas primeiro, então estas conexões únicas combinam os pontos em grupos. A técnica da conexão única é boa para lidar com formas não elípticas, mas é sensível a ruídos e elementos externos.

Exemplo 8.4 (Conexão Única). A Figura 8.16 mostra o resultado da aplicação da técnica ao nosso conjunto de dados de exemplo de seis pontos. A Figura 8.16(a) mostra os grupos aninhados como uma seqüência de elipses aninhadas, onde os números associados com as elipses indicam a ordem do agrupamento. A Figura 8.16(b) mostra as mesmas informações, mas como um dendrograma. A altura na qual dois grupos são fundidos no dendrograma reflete a distância dos dois grupos. Por exemplo, da Tabela 8.4, vemos que a distância entre os pontos 3 e 6 é 0,11 e que a altura na qual

$$\begin{aligned}\text{dist}(\{3,6\},\{2,5\}) &= \min(\text{dist}(3,2), \text{dist}(6,2), \text{dist}(3,5), \text{dist}(6,5)) \\ &= \min(0{,}15\,,\,0{,}25\,,\,0{,}28\,,\,0{,}39) \\ &= 0{,}15.\end{aligned}$$

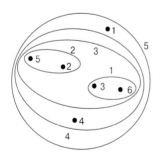
(a) Agrupamento de conexão única.

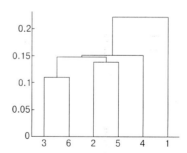
(b) Dendrograma de conexão única.

Figura 8.16. *Agrupamento de conexão única dos seis pontos mostrados na Figura 8.15.*

Conexão Completa ou MAX ou GRUPO EXCLUSIVO

Para a conexão completa ou MAX de agrupamento hierárquico, a proximidade de dois grupos é definida como o máximo da distância (mínimo da semelhança) entre quaisquer dois pontos nos dois grupos diferentes. Usando a terminologia de grafos, se você começar com todos os pontos como grupos únicos e adicionar conexões entre pontos um de cada vez, conexões mais curtas primeiro, então um grupo de pontos não é um grupo um grupo até que todos os pontos nele estejam completamente conectados, i.e., formam um *grupo exclusivo*. A conexão completa é menos susceptível a ruídos e elementos externos, mas pode dividir grupos grandes e favorece formatos globulares.

Exemplo 8.5 (Conexão Completa). A Figura 8.17 mostra os resultados da aplicação de MAX ao conjunto de dados de exemplo de seis pontos. Da mesma forma que a conexão única, os pontos 3 e 6 são fundidos primeiro. Entretanto, {3,6} é fundido com {4} em vez de {2,5} ou {1} porque

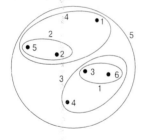
(a) Agrupamento de conexão completa.

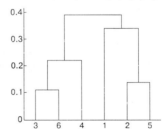
(b) Dendrograma de conexão completa.

Figura 8.17. *Agrupamento de conexão completa dos seis pontos mostrados na Figura 8.15.*

dist({3,6},{4}) = max(dist(3,4), dist(6,4))
          = max(0,15 , 0,22)
          = 0,22.

dist({3,6},{2,5}) = max(dist(3,2), dist(6,2), dist(3,5), dist(6,5))
          = max(0,15 , 0,25 , 0,28 , 0,39)
          = 0,39.

Análise de Grupos: Conceitos Básicos e Algoritmos

$$\text{dist}(\{3,6\},\{1\}) = \max(\text{dist}(3,1), \text{dist}(6,1))$$
$$= \max(0{,}22\,,\,0{,}23)$$
$$= 0{,}23.$$

Média do Grupo

Para a versão da média do grupo do agrupamento hierárquico, a proximidade de dois grupos é definida como a proximidade média de pares entre todos os pares de pontos nos diferentes grupos. Esta é uma abordagem intermediária entre as abordagens de conexão única e completa. Assim, para a média do grupo, a proximidade de grupo *proximidade(C_i, C_j)* de grupos C_i e C_j, que são de tamanho m_i e m_j, respectivamente, é expressa pela seguinte equação:

$$\text{proximity}\,(C_i, C_j) = \frac{\sum_{\substack{x \in C_i \\ y \in C_j}} \text{proximity}\,(x, y)}{m_i * m_j}.$$

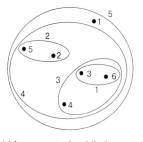 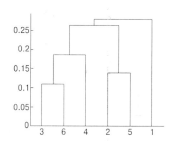

(a) Agrupamento da média do grupo.   (b) Dendrograma de média de grupo.

Figura 8.18. *Agrupamento de média de grupo dos seis pontos mostrados na Figura 8.15.*

Exemplo 8.6 (Média do Grupo). A Figura 8.18 mostra os resultados da aplicação da abordagem de média de grupo ao conjunto de dados de amostra de seis pontos. Para ilustrar como a média de grupo funciona, calculamos a distância entre alguns grupos:

$$\text{dist}(\{3,6,4\},\{1\}) = (0{,}22 + 0{,}37 + 0{,}23)/(3*1)$$
$$= 0{,}28$$
$$\text{dist}(\{2,5\},\{1\}) = (0{,}2357 + 0{,}3421)/(2*1)$$
$$= 0{,}2889$$
$$\text{dist}(\{3,6,4\},\{2,5\}) = (0{,}15 + 0{,}28 + 0{,}25 + 0{,}39 + 0{,}20 + 0{,}29)/(6*2)$$
$$= 0{,}26$$

Devido ao fato de dist({3,6,4}, {2,5}) é menor que dist({3,6,4},{1}) e dist({2,5},{1}), grupos {3,6,4} e {2,5} são fundidos no quarto estágio.

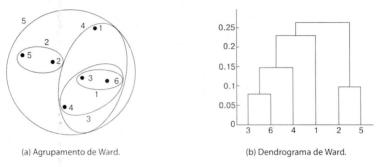

(a) Agrupamento de Ward. (b) Dendrograma de Ward.

Figura 8.19. *O agrupamento de Ward dos seis pontos mostrados na Figura 8.15.*

Método de Ward e Métodos Centróides

Para o método de Ward, a proximidade entre dois grupos é definida como o aumento no erro quadrado que resulta quando dois grupos são fundidos. Assim, este método usa a mesma função objetiva que o agrupamento K-means. Embora possa parecer que esta característica torne o método de Ward um pouco distinto de outras técnicas hierárquicas, pode ser mostrado matematicamente que o método de Ward é muito semelhante ao método de média de grupo quando a proximidade entre dois pontos é pega como o quadrado da distância entre eles.

Exemplo 8.7 (Método de Ward). A Figura mostra os resultados da aplicação do método de Ward ao conjunto de dados de amostra de seis pontos. O agrupamento que é produzido é diferente daqueles produzidos pela conexão única, conexão completa e média de grupo.

Os métodos de centróides calculam a proximidade entre dois grupos calculando a distância entre os centróides dos grupos. Estas técnicas podem parecer semelhantes a K-means mas, como observamos, o método de Ward é o análogo hierárquico correto.

Métodos de centróides também têm características – muitas vezes consideradas ruins – que não existem em outras técnicas de agrupamento hierárquico que discutimos: a possibilidade de **inversões**. Especificamente, dois grupos que sejam fundidos podem ser mais semelhantes (menos distantes) do que o par de grupos que foram fundidos em um passo anterior. Para os outros métodos, a distância entre grupos fundidos monotonicamente aumenta (ou, no pior dos casos, não aumenta) à medida em que prosseguimos de de grupos únicos para grupos que incluam tudo.

Tabela 8.5. Tabela de coeficientes Lance-Williams para abordagens de agrupamento hierárquico.

Método de Agrupamento	α_A	α_B	β	γ
Conexão Única	1/2	1/2	0	$-1/2$
Conexão Completa	1/2	1/2	0	1/2
Média de Grupo	$\frac{m_A}{m_A+m_B}$	$\frac{m_B}{m_A+m_B}$	0	0
Centróide	$\frac{m_A}{m_A+m_B}$	$\frac{m_B}{m_A+m_B}$	$\frac{-m_A m_B}{(m_A+m_B)^2}$	0
de Ward	$\frac{m_A+m_Q}{m_A+m_B+m_Q}$	$\frac{m_B+m_Q}{m_A+m_B+m_Q}$	$\frac{-m_Q}{m_A+m_B+m_Q}$	0

8.3.3 A Fórmula Lance-Williams para Proximidade de Grupos

Qualquer uma das proximidades de grupos que discutimos nesta seção pode ser vista como uma escolha de parâmetros diferentes (na fórmula Lance-Williams mostrada a seguir na Equação 8.7) para a proximidade entre os grupos Q e R, onde R é formado pela fusão dos grupos A e B. Nesta equação, p(.,.) é a função de proximidade, enquanto que m_A, m_B e m_Q são o número de pontos nos grupos A, B e Q, respectivamente. Em outras palavras, após fundirmos os grupos A e B para formar o grupo R, a proximidade do novo grupo, R, para um grupo existente, Q, é uma função linear das proximidades de Q com relação aos grupos originais A e B. A Tabela 8.5 mostra os valores destes coeficientes para as técnicas que discutimos.

$$p(R, Q) = \alpha_A\, p(A, Q) + \alpha_B\, p(B, Q) + \beta\, \pi(A, B) + \gamma\, |p(A, Q) - p(B, Q)|$$

Qualquer técnica de agrupamento hierárquico que possa ser expressa usando a fórmula de Lance-Williams não precisa manter os pontos de dados originais. Em vez disso, a matriz de proximidade é atualizada quando o agrupamento ocorrer. Embora uma fórmula geral seja interessante, especialmente para implementação, é mais fácil entender os métodos hierárquicos diferentes examinando diretamente a definição de proximidade de grupos que cada método usa.

8.3.4 Questões Chave no Agrupamento Hierárquico

Falta de uma Função Objetiva Global

Mencionamos previamente que o agrupamento hierárquico aglomerativo não pode ser visto como otimizando globalmente uma função objetiva. Em vez disso, técnicas de agrupamento hierárquico aglomerativo usam vários critérios para decidir localmente, em cada etapa, quais grupos devem ser fundidos (ou divididos para abordagens divisivas). Esta abordagem produz algoritmos de agrupamento que evitam a dificuldade de se tentar resolver um problema de otimização combinatorial difícil. (Pode ser mostrado que o problema de agrupamento geral para uma função objetiva como "minimizar SSE" é computacionalmente inviável.) Além disso, tais abordagens não têm problemas com o mínimo local ou dificuldades na escolha de pontos iniciais. É claro que a complexidade de tempo de O (m^2 log m) e a complexidade de espaço de O (m^2) são proibitivas em muitos casos.

Capacidade de Lidar com Diferentes Tamanhos de Grupos

Um aspecto do agrupamento hierárquico aglomerativo que ainda não discutimos é como tratar os tamanhos relativos dos pares de grupos que são fundidos. (Esta discussão se aplica apenas a esquemas de proximidade de grupos que envolvam somas, o centróide, de Ward e média de grupo.) Há duas abordagens: **com peso**, que trata todos os grupos de forma igual, e **sem peso**, que leva em consideração o número de pontos em cada grupo. Observe que a terminologia de com peso ou sem peso se refere aos pontos de dados, não aos grupos. Em outras palavras, tratar os grupos de tamanhos diferentes de forma igual dá diferentes pesos aos pontos de diferentes grupos, enquanto que levar em consideração o tamanho do grupo dá aos pontos de grupos diferentes o mesmo peso.

Ilustraremos isto usando a técnica de média de grupo discutida na Seção 8.3.2, que é a versão sem peso da técnica de média do grupo. Na literatura de grupos, o nome completo desta abordagem é Unweighted Pair Group Method using Arithmetic averages (UPGMA). Na Tabela 8.5, que apresenta a fórmula para adaptar semelhança de grupos, os coeficientes para UPGMA envolvem o tamanho de cada grupo que foram fundidos: $\alpha_A = \frac{m_A}{m_A+m_B}$, $\alpha_B = \frac{m_B}{m_A+m_B}$, $\beta = 0$, $\gamma = 0$. Para a versão com peso da média de grupo – conhecida como WPGMA – os coeficientes são constantes: $\alpha_A = 1/2$, $\alpha_B = 1/2$, $\beta = 0$, $\gamma = 0$. De modo geral, abordagens sem peso são preferidas a menos que haja motivo para se acreditar que pontos individuais devam ter pesos diferentes; e.g., talvez classes de objetos tenham sido amostradas de forma desigual.

Decisões de Fusão São Finais

Algoritmos de agrupamento hierárquico aglomerativo tendem a tomar boas decisões locais sobre a combinação de dois grupos, já que podem usar informações sobre a semelhança dos pares de todos os pontos. Todavia, uma vez que uma decisão tenha sido tomada para fundir dois grupos, não pode ser desfeita posteriormente. Esta abordagem evita que um critério de otimização local se torne um critério de otimização global.

Por exemplo, embora o critério "minimizar o erro quadrado" de K-means seja usado na decisão de quais grupos fundir no método de Ward, os grupos em cada nível não representam a mínima local com relação à SSE total. De fato, os grupos não são nem mesmo estáveis, no sentido de que um ponto em um grupo pode estar mais próximo do centróide de algum outro grupo do que do centróide do seu grupo corrente. Apesar disso, o método de Ward é freqüentemente usado como um método robusto de inicialização de um agrupamento K-means, indicando que uma função objetiva "minimizar o erro quadrado" local não tem uma conexão com uma função objetiva "minimizar o erro quadrado" global.

Há algumas técnicas que tentam superar a limitação de que as fusões são finais. Uma abordagem tenta consertar o agrupamento hierárquico movendo ramificações da árvore de forma a melhorar uma função objetiva global. Outra abordagem usa uma técnica de agrupamento particional como K-means para criar muitos grupos pequenos e depois executar agrupamento hierárquico usando estes grupos pequenos como ponto de partida.

8.3.5 Pontos Fortes e Fracos

Os pontos fortes e fracos de algoritmos de agrupamento hierárquico aglomerativo foram discutidos anteriormente. De modo mais geral, tais algoritmos são usados geralmente porque a aplicação correspondente, e.g., a criação de uma taxonomia, requer uma hierarquia. Além disso, tem havido estudos que sugerem que estes algoritmos podem produzir grupos de melhor qualidade. Todavia, algoritmos de agrupamento hierárquico aglomerativo são custosos em termos de seus requisitos computacionais e de armazenamento. O fato de que todas as fusões são finais também pode causar problemas para dados de alta dimensionalidade com ruído, como dados de documentos. Por sua vez, estes dois problemas podem ser abordados em algum grau primeiro agrupando-se parcialmente os dados usando outra técnica, como K-means.

8.4 DBSCAN

Agrupamentos baseados em densidade localizam regiões de alta densidade que estejam separadas entre si por regiões de baixa densidade. DBSCAN é um algoritmo de agrupamento baseado em densidade simples e eficaz que ilustra uma quantidade de conceitos importantes que são importantes para qualquer abordagem de agrupamento baseada em densidade. Nesta seção enfocamos apenas DBSCAN após considerarmos primeiro a noção chave de densidade. Outros algoritmos para encontrar grupos baseados em densidade são descritos no próximo capítulo.

8.4.1 Densidade Tradicional: Abordagem Baseada em Centro

Embora não existam tantas abordagens para definir densidade como para definir similaridade, há diversos métodos distintos. Nesta seção discutimos a bordagem baseada em centro na qual DBSCAN é baseada. Outras definições de densidade serão apresentadas no Capítulo 9.

Na abordagem baseada em centro, a densidade é avaliada para um determinado ponto no conjunto de dados contado-se o número de pontos dentro de um determinado raio, Eps, daquele ponto. Isto inclui o próprio ponto. Esta técnica é graficamente ilustrada pela Figura 8.20. O número de pontos dentro de um raio de Eps do ponto A é 7, incluindo o próprio A.

Este método é simples de se implementar, mas a densidade de qualquer ponto dependerá do raio especificado. Por exemplo, se o raio suficientemente grande, então todos os pontos terão uma densidade de m, o número de pontos no conjunto de dados. Da mesma forma, se o raio for pequeno demais, então todos os pontos terão uma densidade de 1. Uma abordagem para decidir sobre o raio apropriado para dados de baixa dimensionalidade é apresentado na próxima seção no contexto da nossa discussão de DBSCAN.

Classificação de Pontos de Acordo com a Densidade Baseada em Centro

A abordagem da densidade baseada em centro nos permite classificar um ponto como estando (1) no interior de uma região densa (um ponto central), (2) no limite de uma região densa (um ponto no limite) ou (3) em uma região ocupada esparsamente (um ruído ou ponto de segundo plano). A Figura 8,21 ilustra graficamente os conceitos de pontos de centro, limite e ruído usando um conjunto de pontos bidimensionais. O texto a seguir fornece uma descrição mais precisa.

Pontos Centrais. Estes pontos estão no interior de um grupo baseado em densidade. Um ponto é central se o número de pontos dentro de uma determinada vizinhança em torno do ponto conforme determinado pela função de distância e um parâmetro de distância especificada pelo usuário, Eps, exceder um determinado limite, MinPts, que também é um parâmetro especificado pelo usuário. Na Figura 8.21, o ponto A é um ponto central, para o raio indicado (Eps) se MinPts ≤ 7.

Pontos de Limite: Um ponto de limite não é um ponto central, mas fica dentro da vizinhança de um ponto central. Na Figura 8.21, o ponto B é um ponto de limite. Um ponto de limite pode cair dentro das vizinhanças de diversos pontos centrais.

Pontos de Ruído: Um ponto de ruído é qualquer ponto que não seja nem um ponto central nem um de limite. Na Figura 8.21, o ponto C é um ponto de ruído.

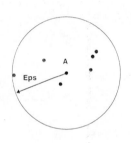

Figura 8.20. *Densidade baseada em centro.*

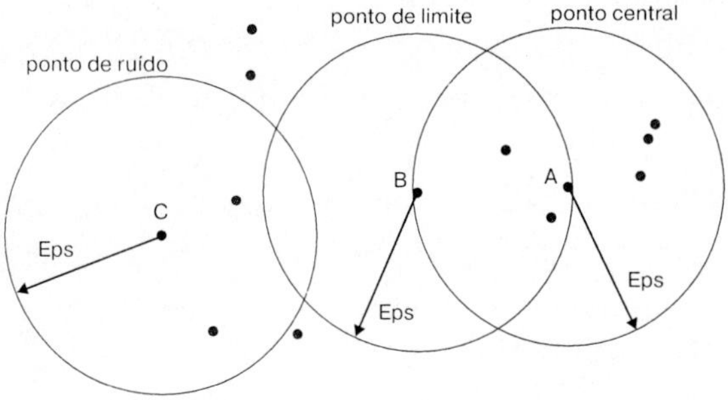

Figura 8.21. *Pontos de centro, de limite de ruído.*

8.4.2 O Algoritmo DBSCAN

Dadas as definições anteriores de pontos de centro, de limite e de ruído, o algoritmo DBSCAN pode ser descrito informalmente da seguinte maneira. Quaisquer dois pontos de centro que estejam suficientemente próximos – dentro de uma distância Eps entre si – são colocados no mesmo grupo. Da mesma forma, qualquer ponto de limite que esteja suficientemente próximo de um ponto de centro é colocado no mesmo grupo do ponto de centro. (Conexões podem precisar ser resolvidas se um ponto de limite estiver suficientemente próximo de pontos de centro de grupos diferentes.) Pontos de ruído são descartados. Os detalhes formais apresentados no Algoritmo 8.4. Este algoritmo usa os mesmos conceitos e encontra os mesmos grupos do DBSCAN original, mas é otimizado por motivo de simplicidade, não eficiência.

Algoritmo 8.4 Algoritmo DBSCAN.

1: Rotular todos os pontos como de centro, de limite ou de ruído.
2: Eliminar os pontos de ruído.
3: Colocar uma aresta entre todos os pontos de centro que estejam dentro da Eps uns dos outros.
4: Tornar cada grupo de pontos de centro conectados um grupo separado.
5: Atribuir cada ponto de limite a um dos grupos dos seus pontos de centro associados.

Complexidade de Espaço e Tempo

A complexidade de tempo básica do algoritmo DBSCAN é O (m x tempo para encontrar pontos na vizinhança Eps), onde m é o número de pontos. No pior caso, esta complexidade é O (m^2). Entretanto, em espaços de dimensionalidade baixa, há estruturas de dados, como árvores kd, que permitem a recuperação eficiente de todos os pontos dentro de uma determinada distância de um ponto especificado e a complexidade de tempo pode ser tão baixa quanto O(m log m). O requisito de espaço de DBSCAN, mesmo para dados de alta dimensionalidade, é O(m) porque só é necessário guardar uma pequena quantidade de dados para cada ponto, i.e., o rótulo do grupo e a identificação de cada ponto como de centro, de limite ou de ruído.

Seleção de Parâmetros DBSCAN

Existe, é claro, a questão de como determinar os parâmetros Eps e MinPts. A abordagem básica é examinar o comportamento da distância de um ponto até seu vizinho de índice k mais próximo, que chamaremos de dist-k. Para pontos que pertençam a algum grupo, o valor de dist-k será pequena se k não for maior que o tamanho do grupo. Observe que haverá alguma variação, dependendo da densidade do grupo e a distribuição aleatória de pontos, mas em média a faixa de variação não será grande se as densidades do grupo não forem radicalmente diferentes. Entretanto, para pontos que não estejam em um grupo, como pontos de ruído, a dist-k será relativamente grande. Portanto, se calcularmos a dist-k para todos os pontos de dados para algum k, os ordenarmos em ordem crescente e depois colocarmos os valores ordenados, esperamos uma mudança grande no valor de dist-k que corresponda a um valor apropriado de Eps. Se selecionarmos esta distância como o parâmetro Eps e pegarmos o valor de k como o parâmetro MinPts, então pontos para os quais a dist-k seja menor que Eps serão rotulados como pontos de centro, enquanto que outros pontos serão rotulados como pontos de ruído ou de limite.

A Figura 8.22 mostra um conjunto de dados de exemplo, enquanto que o grafo dist-k para os dados é apresentado na Figura 8.23. O valor de Eps que é determinado desta forma depende de k, mas não muda dramaticamente quando k muda. Se o valor de k for pequeno demais, então até um número pequeno de pontos com espaçamento pequeno que sejam ruído ou elementos externos serão rotulados incorretamente como grupos. Se o valor de k for grande demais. Então grupos pequenos (de tamanho menor que k) provavelmente serão rotulados como ruído. O algoritmo DBSCAN original usava um valor de k = 4, que parece ser um valor razoável para a maioria dos conjuntos de dados bidimensionais.

Grupos de Densidade Variável

DBSCAN pode ter problemas com densidade se a densidade de grupos variar muito. Analise a Figura 8.24, que mostra quatro grupos dentro de ruído. A densidade dos grupos e regiões de ruído é indicada pela sua escuridão. O ruído em torno do par de grupos mais densos, A e B, possui a mesma densidade como grupos C e D. Se o limite de Eps for baixo suficiente para DBSCAN encontrar C e D como grupos, então A e B e os pontos em torno deles se tornarão um único grupo. Se o limite Eps for alto o suficiente para que DBSCAN encontre A e B como grupos separados e os pontos em torno deles forem marcados como ruído, então os pontos ao redor deles também são marcados como ruído.

Análise de Grupos: Conceitos Básicos e Algoritmos 631

Figura 8.22. *Dados de amostra.*

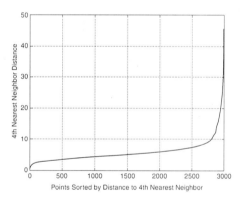

Figura 8.23. *Colocação dist-k dos dados de amostra.*

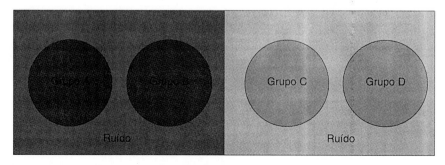

Figura 8.24. *Quatro grupos inseridos em ruído.*

Um Exemplo

Para ilustrar o uso de DBSCAN, mostramos os grupos que ele encontra no conjunto de dados bidimensionais relativamente complicado mostrado na Figura 8.22. Este conjunto de dados consiste de 300 pontos bidimensionais. O limite Eps para estes dados foi encontrado colocando-se as distâncias ordenadas do quarto vizinho mais próximo de cada ponto (Figura 8.23) e identificando o valor no qual há um aumento sensível. Selecionamos Eps = 10, que corresponde ao joelho da curva. Os grupos encontrados por DBSCAN usando estes parâmetros, i.e., MinPts = 4 e Eps = 10, são mostrados na Figura 8.25(a). Os pontos de centro, pontos de limite e pontos de ruído são exibidos na Figura 8.25(b).

8.4.3 Pontos Fortes e Fracos

Devido ao fato de DBSCAN usar uma definição de grupo baseada em densidade, é relativamente imune a ruídos e pode lidar com grupos de tamanhos e formas arbitrárias. Assim, DBSCAN consegue encontrar muitos grupos que não poderiam ser encontrados usando K-means, como aqueles da Figura 8.22. Conforme indicado anteriormente, entretanto, DBSCAN tem problemas quando os grupos têm densidades muito variadas. Ele também tem problemas com dados de alta dimensionalidade porque a densidade é mais difícil de definir para tais dados. Uma abordagem possível para lidar com tais questões é apresentada na Seção 9.4.8. Finalmente, DBSCAN pode ser custoso quando calcular os vizinhos mais próximos requer o cálculo de proximidades entre pares, como geralmente é o caso de dados de alta dimensionalidade.

Análise de Grupos: Conceitos Básicos e Algoritmos

(a) Grupos encontrados por DBSCAN.

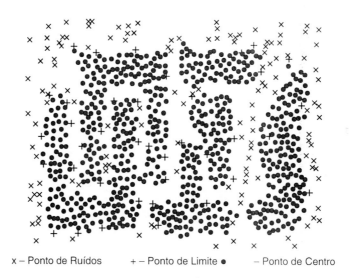

x – Ponto de Ruídos   + – Ponto de Limite • – Ponto de Centro

Figura 8.25. *Agrupamento DBSCAN para 3.000 pontos bidimensionais.*

8.5 Avaliação de Grupos

Na classificação supervisionada, a avaliação do modelo de classificação resultante é uma parte integral do processo de desenvolvimento de um modelo de classificação e há medidas e procedimentos de avaliação bem aceitos, e.g., precisão e validação cruzada, respectivamente. Entretanto, devido a sua natureza, a avaliação de grupos não é uma parte bem desenvolvida ou comumente usada da análise de grupos. Apesar disso, a avaliação de grupos, ou **validação de grupos** como é mais tradicionalmente chamada, é importante e esta seção revisará algumas das abordagens mais comuns e facilmente aplicadas.

Pode haver alguma confusão sobre por que a avaliação é necessária. Muitas vezes, a análise de grupos é executada como uma parte de uma análise exploratória de dados. Assim, a avaliação parece como uma adição desnecessariamente complicada ao que se acredita ser um processo informal. Além disso, já que não há uma quantidade de tipos diferentes de grupos – de alguma forma, cada algoritmo de agrupamento de define seu próprio tipo de grupo – pode parecer que cada situação pode requerer uma medida de avaliação diferente. Por exemplo, grupos K-means poderiam ser avaliados em termos da SSE mas, para grupos baseados em densidade, que não precisam ser globulares, a SSE não funcionaria bem.

Apesar disso, a avaliação de grupos deve ser parte de qualquer análise de grupos. Uma motivação chave é que quase que todos os algoritmos de agrupamento encontrarão grupos em um conjunto de dados, mesmo se esse conjunto não tenha uma estrutura natural de grupos. Por exemplo, analise a Figura 8.26(a), que mostra o resultado do agrupamento de 100 pontos que estão distribuídos aleatoriamente no quadrado de unidade. Os pontos originais são mostrados na Figura 8.26(a), enquanto que os grupos encontrados por DBSCAN, K-means e conexão completa são mostrados nas Figuras 8.26(b), 8.26(c) e 8.26(d), respectivamente. Já que DBSCAN entrou três grupos (após estabelecermos Eps examinando as distâncias dos quartos vizinhos mais próximos), configuramos K-means e a conexão completa para encontrar tês grupos também. (Na Figura 8.26(b), o ruído é mostrado pelos marcadores pequenos). Entretanto, os grupos não parecem atrativos para qualquer um dos três métodos. Em dimensões maiores, tais problemas não podem ser detectados tão facilmente.

8.5.1 Visão Geral

Ser capaz de distinguir se há uma estrutura não aleatória nos dados é apenas um aspecto importante da validação de grupos. A seguir está uma lista de diversas questões importantes para a validação de grupos.
1. Determinar a **tendência de agrupamento** de um conjunto de dados, i.e., distinguir se existem estruturas não aleatórias nos dados.
2. Determinar o número correto de grupos.
3. Avaliar o quão bem os resultados de uma análise de grupos se encaixam nos dados *sem* referências a informações externas.
4. Comparar os resultados de uma análise de grupos com resultados conhecidos externamente, como rótulos de classes fornecidos externamente.
5. Comparar dois conjuntos de grupos para determinar qual é melhor.

Observe que os itens 1, 2 e 3 não fazem uso de qualquer informação externa – eles são técnicas não supervisionadas – enquanto que o item 4 requer informação externa. O item 5 pode ser executado de forma supervisionada ou não. Uma distinção maior pode ser feita com relação aos itens 3, 4 e 5: Queremos avaliar o agrupamento inteiro ou apenas grupos individuais?

Embora seja possível desenvolver diversas medidas numéricas para avaliar os diferentes aspectos da validação de grupos citada anteriormente, existe uma quantidade de desafios. Primeiro, uma medida de validação de grupos pode ser bastante limitada no escopo da sua aplicabilidade. Por exemplo, a maioria do trabalho sobre medidas de tendências de agrupamento foi feito para dados espaciais bi ou tridimensionais. Em segundo lugar, precisamos de um framework para interpretar alguma medida. Se obtivermos um valor de 10 para uma medida que avalie o quão bem rótulos de grupos correspondem rótulos de classes fornecidos externamente, este valor representa uma correspondência boa, razoável ou ruim? A qualidade de uma correspondência muitas vezes pode ser medida examinando-se a distribuição estatística deste valor, i.e., a probabilidade de que tal valor ocorra ao acaso. Finalmente, se uma medida for complicada demais de se aplicar ou entender, então poucos a usarão.

As medidas de avaliação, ou índices, que são aplicadas para julgar diversos aspectos da validade de grupos são classificadas tradicionalmente nos seguintes três tipos.

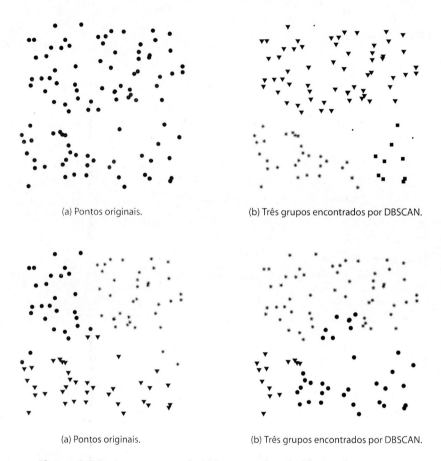

Figura 8.26. *Agrupamento de 100 pontos distribuídos uniformemente.*

Não supervisionada. Mede a qualidade de uma estrutura de agrupamento sem relação a informações externas. Um exemplo disto é a SSE. Medidas não supervisionadas de validade de grupos são freqüentemente divididas mais em duas classes: medias de **coesão de grupos** (compactação, força), que determinam o quão intimamente relacionados são os objetos de um grupo e medidas de **separação de grupos** (isolamento), que determina o quão distinto ou bem separado um grupo está de outros. Medidas não supervisionadas são freqüentemente chamadas de **índice interno** só usam informações não presentes no conjunto de dados.

Supervisionado. Mede a extensão na qual a estrutura de agrupamento descoberta por um algoritmo de agrupamento corresponde a alguma estrutura externa. Um exemplo de um índice supervisionado é a entropia, que mede o quão bem o os rótulos de grupos correspondem a rótulos de classes fornecidas externamente. Medidas supervisionadas são mutas vezes chamadas de **índices externos** porque usam informações que não estão presentes no conjunto de dados.

Relativa. Compara diferentes agrupamentos ou grupos. Uma medida relativa de avaliação de grupos é uma medida de avaliação supervisionada ou não usada para o propósito de comparação. Assim, medidas relativas não são na verdade um tipo separado de medida de avaliação de grupos, mas sim um uso específico de tais medidas. Como exemplo, dois agrupamento K-means podem ser comparados usando a SSE ou entropia.

No restante desta seção, fornecemos detalhes específicos relacionados a validade de grupos. Primeiro descrevemos tópicos relacionados a avaliação de grupos não supervisionada, começando com (1) medidas baseadas em coesão e separação e (2) duas técnicas baseadas na matriz de proximidade. Já que estas abordagens são úteis apenas para conjuntos parciais de dados, também descrevemos o popular coeficiente de correlação cofenética, que pode ser usado para a avaliação não supervisionada de um agrupamento hierárquico. Terminamos nossa discussão de avaliação não supervisionada com breves discussões sobre o descobrimento do número correto de grupos e a avaliação da tendência de agrupamentos. A seguir analisamos abordagens supervisionadas da validação de grupos, como entropia, pureza e a medida de Jaccard. Concluímos esta seção com uma discussão breve sobre como interpretar os valores de medidas de validade (não supervisionadas ou supervisionadas).

8.5.2 Avaliação de Grupos não Supervisionados Usando Coesão e Separação

Muitas medidas internas de validade de grupos para esquemas de agrupamento particional são baseadas nas noções de coesão ou separação. Nesta seção, usamos medidas de validade de grupos para técnicas de agrupamento baseadas em grafos e em protótipo para explorar estas noções em algum detalhe. No processo, também veremos alguns relacionamentos interessantes entre agrupamento baseado em grafo e em protótipo.

De modo geral, podemos considerar a expressão da validade geral de grupos para um conjunto de K grupos como uma soma com peso da validade de grupos individuais.

$$validade\ geral = \sum_{i=1}^{K} w_i\ validade\ (C_i). \qquad (8.8)$$

A função *validade* pode ser coesão, separação ou alguma combinação destas quantidades. Os pesos dependerão da medida de validade do grupo. Em alguns casos, os pesos são simplesmente 1 ou o tamanho do grupo, enquanto que em outros casos eles refletem uma propriedade mais complicada, como a raiz quadrada da coesão. Veja a Tabela 8.6. Se a função de validade for a coesão, então valores mais altos são melhores. Se for a separação, então valores mais baixos são melhores.

Visão Baseada em Grafos de Coesão e Separação

Para grupos baseados em grafos, a coesão de um grupo pode ser definida como a soma dos pesos das conexões no grafo de proximidade que conectam pontos dentro do grupo. Veja a Figura 8.27(a). (Lembre-se de que o grafo de proximidade possui objetos de dados como nodos, uma conexão entre cada par de objetos de dados e um peso atribuído a cada conexão que seja a proximidade entre os dois objetos de dados conectados pela conexão.) Da mesma forma, a separação entre dois grupos pode ser medida pela soma dos pesos das conexões de pontos em um grupo para pontos no outro grupo. Isto é ilustrado na Figura 8.27(b).

Matematicamente, a coesão e a separação para um grupo baseado em grafo pode ser expressa usando as Equações 8.9 e 8.10, respectivamente. A função *proximidade* pode ser uma semelhança, uma diferença ou uma função simples destas quantidades.

$$coesão(C_i) = \sum_{\substack{x \in C_i \\ y \in C_i}} Proximidade\ (x,y) \qquad (8.9)$$

$$\text{separação}(C_i) = \sum_{\substack{x \in C_j \\ y \in C_j}} \text{Proximidade}(x, y)$$

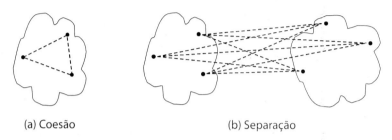

(a) Coesão   (b) Separação

Figura 8.27. *Visão baseada em grafo da coesão e separação de grupos.*

Visão Baseada em Protótipo de Coesão e Separação

Para grupos baseados em protótipos, a coesão de um grupo pode ser definida como a soma das proximidades com relação ao protótipo (centróide ou medóide) do grupo. De forma semelhante, a separação entre dois grupos pode ser medida pela proximidade dos dois protótipos de grupos. Isto é ilustrado na Figura 8.28, onde o centróide de um grupo é indicado por um "+".

A coesão de um grupo baseado em protótipo é apresentada na Equação 8.11, enquanto que duas medidas para separação são apresentadas na Equação 8.12 e 8.13, respectivamente, onde C_i é o protótipo (centróide) do grupo C_i e $\mathbf{c}$ é o protótipo geral (centróide). Há duas medidas de separação porque, como veremos em breve, a separação de protótipos de grupos de um protótipo geral está às vezes relacionado à separação de protótipos de grupos entre si. Observe que a Equação 8.11 é a SSE do grupo se deixarmos a proximidade ser a distância Euclidiana quadrada.

$$\text{coesão}(C_i) = \sum_{x \in C_i} \text{proximidade}(x, c_i) \tag{8.11}$$

$$\text{separação}(C_i, C_j) = \text{proximidade}(c_i, c_j) \tag{8.12}$$

$$\text{separação } (C_i) = \text{proximidade } (c_i, c) \qquad (8.13)$$

Medida Geral de Coesão e Separação

As definições anteriores de coesão e separação de grupos nos deram algumas medidas simples e bem definidas de validade que podem ser combinadas em uma medida geral de validade de grupos usando uma soma com peso, conforme indicado na Equação 8.8. Entretanto, precisamos decidir quais pesos usar. Não é surpreendente que os pesos usados possam variar bastante, embora geralmente sejam alguma medida de tamanho de grupo.

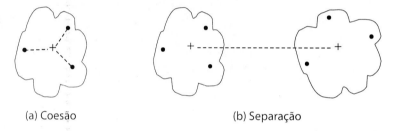

(a) Coesão (b) Separação

Figura 8.28. *Visão baseada em protótipo da coesão e separação de grupos.*

A Tabela 8.6 fornece exemplos de medidas de validade baseadas em coesão e separação $\mathcal{I}_1$ e uma medida de coesão em termos da proximidade entre pares de objetos do grupo dividida pelo tamanho do grupo. $\mathcal{I}_2$ é uma medida de coesão baseada na soma das proximidades de objetos no grupo até o centróide do grupo. $\mathcal{E}_1$ é uma medida de separação definida como a proximidade de um centróide de grupo ao centróide geral multiplicada pelo número de objetos no grupo. $\mathcal{G}_1$, que é uma medida baseada tanto em coesão quanto em separação, é a soma da proximidade de pares de todos os objetos no grupo com todos os objetos fora do grupo – o peso total das arestas do grafo de proximidade que devem ser cortadas para separar o grupo de todos os outros grupos – dividida pela soma da proximidade de pares de objetos no grupo.

Análise de Grupos: Conceitos Básicos e Algoritmos

Tabela 8.6. Tabela de medidas de avaliação de grupos baseados em grafos.

Nome	Medida de Grupo	Peso de Grupo	Tipo
I_1	$\sum_{\substack{x \in C_i \\ y \in C_i}}$ proximidade (x,y)	$\frac{1}{m_i}$	Coesão baseada em grafo
I_2	$\sum_{x \in C_i}$ proximidade (x, c_i)	1	Coesão baseada em protótipo
E_1	proximidade (c_i, c)	m_i	Separação baseada em protótipo
G_1	$\sum_{\substack{j=1 \\ j \neq i}}^{k} \sum_{\substack{x \in C_i \\ y \in C_j}}$ proximidade (x,y)	$\frac{1}{\sum_{\substack{x \in C_i \\ y \in C_j}} \text{proximity}(x,y)}$	Coesão e separação baseadas em grafo

Observe que qualquer medida não supervisionada de validade de grupo pode potencialmente ser usada como uma função objetiva para um algoritmo de agrupamento e vice-versa. A CLUstering Toolkit (CLUTO) (veja as notas bibliográficas) usa as medidas de avaliação de grupo descritas na Tabela 8.6, assim como algumas outras medidas de avaliação não mencionadas aqui, para dirigir o processo de agrupamento. Ela faz isso usando um algoritmo que é semelhante ao algoritmo de K-means incremental discutido na Seção 8.2.2. Especificamente, cada ponto é atribuído ao grupo que produzir o melhor valor para a função de avaliação de grupo. A medida $\mathcal{I}_2$ de avaliação de grupo corresponde a K-means tradicional e produz grupos que tenham bons valores de SSE. As outra medidas produzem grupos que não são tão bons com relação a SSE, mas que são mais otimizados com relação à medida de validade de grupo especificada.

Relacionamento entre Coesão Baseada em Protótipo e Coesão Baseada em Grafo

Embora as abordagens baseadas em grafo e em protótipo para medir a coesão e separação de um grupo pareçam distintas, para algumas medidas de proximidade elas são equivalentes. Por exemplo, para a SSE e pontos no espaço Euclidiano, pode ser mostrado (Equação 8.14) que a distância média de pares entre dois pontos em um grupo é equivalente à SSE do grupo. Veja o Exercício 27 na página 566.

$$\text{Grupos SSE} = \sum_{x \in C_i} dist(c_i, x)^2 = \frac{1}{2m_i} \sum_{x \in C_i} \sum_{y \in C_i} dist(x, y)^2 \quad (8.14)$$

Quando a proximidade é medida pela distância Euclidiana a medida tradicional de separação entre grupos é a soma de quadrados do grupo intermediário (SSB), que é a soma da distância quadrada de um centróide de grupo, c_i, até a média geral, **c**, de todos os pontos de dados. Somando as SSB de todos os grupos, obtemos a SSB total, que é apresentada pela Equação 8.15, onde c_i é a média do grupo de índice i e **c** é a média geral. Quanto maior a SSB total de um agrupamento, mais separados estão os grupos entre si.

$$\text{SSB Total} = \sum_{i=1}^{K} m_i \, dist(c_i, c)^2$$

É simples mostrar que a SSB total está relacionada diretamente com distâncias de pares entre os centróides. De modo especial, se os tamanhos dos grupos forem iguais, i.e., $m_i = m/K$, então este relacionamento toma a forma apresentada pela Equação 8.16 (veja o Exercício 28 na página 566). É este tipo de equivalência que motiva a definição de separação de protótipos em termos das Equações 8.12 e 8.13.

$$\text{SSB Total} = \frac{1}{2K} \sum_{i=1}^{K} \sum_{j=1}^{K} \frac{m}{K} \, dist(c_i, c_j)^2$$

Relacionamento entre Coesão e Separação

Em alguns casos, também há um relacionamento forte entre coesão e separação. Especificamente, é possível mostrar que a soma da SSE total e a SSB total é uma constante; i.e., que é igual à soma total dos quadrados (TSS), que é a soma de quadrados da distância de cada ponto até a média geral dos dados. A importância deste resultado é que minimizar a SSE (coesão) é equivalente a maximizar a SSB (separação).

Fornecemos a prova deste fato a seguir, já que a abordagem ilustra técnicas que também são aplicáveis à prova dos relacionamentos declarados nas duas últimas seções. Para simplificar a notação, supomos que os dados sejam unidimensionais, i.e., $dist(x, y) = (x-y)^2$. Além disso, usamos fato de que o termo cruzado $\sum_{i=1}^{K} \sum_{x \in C_i} (x - c_i)(c - c_i)$ é 0. (Veja o Exercício 29).

$$\begin{aligned}
TSS &= \sum_{i=1}^{K} \sum_{x \in C_i} (x - c)^2 \\
&= \sum_{i=1}^{K} \sum_{x \in C_i} ((x - c_i) - (c - c_i))^2 \\
&= \sum_{i=1}^{K} \sum_{x \in C_i} (x - c_i)^2 - 2 \sum_{i=1}^{K} \sum_{x \in C_i} (x - c_i)(c - c_i) + \sum_{i=1}^{K} \sum_{x \in C_i} (c - c_i)^2 \\
&= \sum_{i=1}^{K} \sum_{x \in C_i} (x - c_i)^2 + \sum_{i=1}^{K} \sum_{x \in C_i} (c - c_i)^2 \\
&= \sum_{i=1}^{K} \sum_{x \in C_i} (x - c_i)^2 + \sum_{i=1}^{K} |C_i|(c - c_i)^2 \\
&= SSE + SSB
\end{aligned}$$

Avaliando Objetos e Grupos Individuais

Até agora, enfocamos o uso da coesão e da separação na avaliação geral de um grupo de grupos. Muitas destas medidas de validade de grupos também podem ser usadas para avaliar objetos e grupos individuais. Por exemplo, podemos classificar grupos individuais de acordo com seu valor específico de validade de grupo, i.e., separação ou coesão de grupo. Um grupo que tenha um valor alto de coesão pode ser considerado melhor do que um tenha um valor mais baixo. Se, por exemplo, um grupo não for muito coeso, então podemos querer dividi-lo em diversos subgrupos. Por outro lado, se dois grupos forem relativamente coesos, mas não bem separados, podemos querer fundi-los em um único grupo.

Também podemos avaliar os objetos dentro de um grupo em termos da sua contribuição para a separação ou coesão geral do grupo. Objetos que contribuam mais para a coesão e separação ficam próximos do "interior" do grupo. Aqueles objetos para os quais o contrário for verdadeiro provavelmente ficam próximos do "limite" do grupo. Na próxima seção, analisamos uma medida de avaliação de grupos que usa uma abordagem baseada nestas idéias para avaliar pontos, grupos e o conjunto inteiro de grupos.

O Coeficiente de Silhueta

O popular método dos coeficientes de silhuetas combina tanto coesão quanto separação. Os passos a seguir explicam como calcular o coeficiente de silhueta para um ponto individual, um processo que consiste dos seguintes três passos:

1. .Para o objeto de índice i, calcule sua distância média até todos os outros objetos no seu grupo. Chame este valor de a_i.
2. Para o objeto de índice i e qualquer grupo que não contenha esse objeto, calcule a distância média do objeto até todos os objetos nesse grupo. Encontre o menor entre esses valores com relação a todos os grupos; chame este valor de b_i.
3. Para o objeto de índice i, o coeficiente de silhueta é $s_i = (b_i - a_i)/\max(a_i, b_i)$.

O valor do coeficiente de silhueta pode variar entre -1 e 1. Um valor negativo não é desejável porque isto corresponde a um caso no qual a_i, a distância média até os pontos no grupo, é maior que b_i, a distância média mínima até os pontos em outro grupo. Queremos que o coeficiente de silhueta seja positivo ($a_i < b_i$) e que a_i seja o mais próximo possível de 0, já que o coeficiente assume seu valor máximo de 1 quando $a_i = 0$.

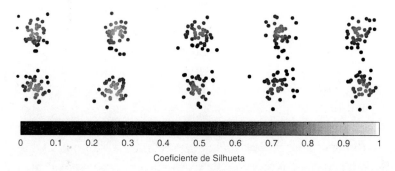

Figura 8.29. *Coeficientes de silhueta para pontos em dez grupos.*

Podemos calcular a silhueta média de um grupo simplesmente pegando a média dos coeficientes de silhueta de pontos que pertençam ao grupo. Uma medida geral da qualidade de um agrupamento pode ser obtida pelo cálculo do coeficiente de silhueta de todos os pontos.

Exemplo 8.8 (Coeficiente de Silhueta). A Figura 8.29 mostra um gráfico dos coeficientes de silhueta para pontos em 10 grupos. Os tons mais escuros indicam coeficientes de silhueta menores.

8.5.3 Avaliação de Grupos não Supervisionada Usando a Matriz de Proximidade

Nesta seção, examinamos duas abordagens não supervisionadas para avaliar a validade de grupos que são baseadas na matriz de proximidade. A primeira compara uma matriz de proximidade idealizada e uma real, enquanto que a segunda usa a visualização.

Medindo Validade de Grupo via Correlação

Se recebermos a matriz de similaridade de um conjunto de dados e os rótulos de grupo de uma análise de grupo do conjunto de dados, então podemos avaliar a "qualidade" do agrupamento examinando a correlação entre a matriz de semelhança e a versão ideal da mesma baseada nos rótulos de grupos. (Com poucas alterações, o seguinte se aplica a matrizes de proximidade mas, por simplicidade, discutimos apenas matrizes de semelhança.) De forma mais específica, um grupo ideal é um cujos os pontos têm uma semelhança de 1 para todos os pontos no grupo e uma semelhança de 0 para todos os pontos em outros grupos. Assim, se ordenarmos as linhas colunas da matriz de semelhança de modo que todos os objetos pertencentes à mesma classe fiquem juntos, então uma matriz de semelhança ideal possui uma estrutura de **diagonal em bloco**. Em outras palavras, a semelhança é não zero, i.e., 1, dentro dos blocos da matriz de semelhança cujas entradas representarem semelhança intragrupo, e 0 nos outros lugares. A matriz de semelhança ideal é construída através da criação de uma matriz que possua uma linha e uma coluna para cada ponto de dado – da mesma forma que uma matriz de semelhança – e pela atribuição de um 1 a uma entrada se o par de pontos associados pertencer ao mesmo grupo. Todas as outras entradas são 0.

Uma alta correlação entre as matrizes de semelhança real e ideal indica que pontos que pertencem ao mesmo grupo estão próximos entre si, enquanto que uma correlação baixa indica o contrário. (Já que as matrizes de semelhança real e ideal são simétricas, a correlação; e calculada apenas entre as entradas n(n-1)/2 abaixo ou acima da diagonal das matrizes.) Conseqüentemente, esta não é uma boa medida para muitos grupos baseados em densidade ou contigüidade, porque não são globulares e podem estar intimamente intercalados com outros grupos.

Exemplo 8.9 (Correlação de Matrizes de Semelhança Real e Ideal). Para ilustrar esta medida, calculamos a correlação entre as matrizes de semelhança ideal e real para os grupos K-means mostrados na Figura 8.26 (c) (dados aleatórios) e a Figura 8.30 (a) (dados com três grupos bem separados). As correlações foram 0,5810 e 0,9235, respectivamente, o que reflete o resultado esperado de que os grupos encontrados por K-means nos dados aleatórios sejam piores do que os encontrados por K-means em dados com grupos bem separados.

Avaliando um Agrupamento Visualmente pela sua Matriz de Semelhança

A técnica anterior sugere uma abordagem mais geral, qualitativa para se analisar um conjunto de grupos: Ordenar a matriz de semelhança com relação aos rótulos de grupos e depois desenhá-la. Na teoria, se tivermos grupos bem separados, então a matriz de semelhança deve ser aproximadamente diagonal de blocos. Se não, então os padrões exibidos na matriz de semelhança podem revelar os relacionamentos entre grupos. Novamente, tudo isso pode ser aplicado a matrizes de diferença mas, por simplicidade, só discutiremos matrizes de semelhança.

Exemplo 8.10 (Visualizando uma Matriz de Semelhança). Analise os pontos na Figura 8.30 (a), os quais formam três grupos bem separados. Se usarmos K-means para agrupar estes pontos em três grupos, então podemos não ter dificuldade para encontrar estes grupos, já que eles estão bem separados. A separação destes grupos é ilustrada pela matriz de semelhança reordenada mostrada na Figura 8.30 (b). (Por uniformidade, transformamos as distâncias em semelhanças usando a fórmula s = 1 − (d-min_d)/(max_d-min_d).) A Figura 8.31 mostra as matrizes de semelhança reordenadas para grupos encontrados no conjunto de dados aleatórios da Figura 8.26 por DBSCAN, K-means ou conexão completa.

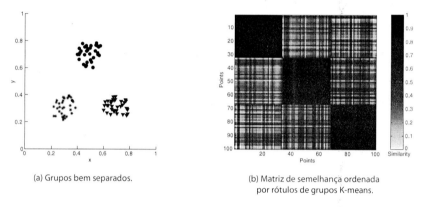

(a) Grupos bem separados.

(b) Matriz de semelhança ordenada por rótulos de grupos K-means.

Figura 8.30. *Matriz de semelhança para grupos bem separados.*

Os grupos bem separados na Figura 8.30 mostram um padrão de diagonal de blocos muito forte na matriz de semelhança reordenada. Entretanto, também há padrões muito fracos de diagonais de blocos – veja a Figura 8.31 – nas matrizes de semelhança reordenadas dos agrupamentos encontrados por K-means, DBSCAN e conexão completa nos dados aleatórios. Da mesma forma que as pessoas podem encontrar padrões em nuvens, algoritmos de mineração de dados podem encontrar grupos em dados aleatórios. Embora seja divertido encontrar padrões em nuvens, não tem motivo e talvez seja embaraçoso encontrar grupos em ruídos.

Esta abordagem pode parecer custosa demais para conjunto de dados muito grandes, já que o cálculo da matriz de proximidade leva $O(m^2)$, onde m é o número de objetos mas, com amostragem, este método ainda pode ser usado. Podemos pegar uma amostra de pontos de dados de cada grupo, calcular a semelhança entre estes pontos e desenhar o resultado. Pode ser necessário amostrar demais grupos pequenos e de menos grupos grandes para se obter uma representação adeqüada de todos os grupos.

8.5.4 Avaliação Não Supervisionada de Agrupamentos Hierárquicos

As abordagens anteriores para avaliação de grupos são para agrupamentos particionais. Aqui discutimos a correlação cofenética, uma medida de avaliação popular para agrupamentos hierárquicos. A **distância cofenética** entre dois objetos é a proximidade na qual uma técnica de agrupamento hierárquico aglomerativo coloca os objetos no mesmo grupo pela primeira vez. Por exemplo, se em algum ponto do processo de agrupamento hierárquico aglomerativo a menor distância entre dois grupos que forem fundidos for 0,1, então todos os pontos em um grupo têm uma distância cofenética de 0,1 com relação aos pontos no outro grupo. Em uma matriz de distâncias cofenéticas, as entradas são distâncias cofenéticas entre cada par de objetos. A distância cofenética é diferente para cada agrupamento hierárquico de um conjunto de pontos.

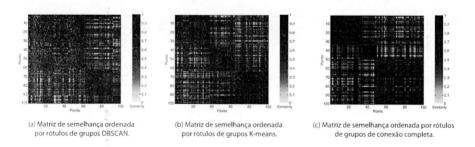

(a) Matriz de semelhança ordenada por rótulos de grupos DBSCAN.
(b) Matriz de semelhança ordenada por rótulos de grupos K-means.
(c) Matriz de semelhança ordenada por rótulos de grupos de conexão completa.

Figura 8.31. *Matrizes de semelhança para grupos de dados aleatórios.*

Exemplo 8.11 (Matriz de Distância Cofenética). A Tabela 8.7 mostra a matriz de distâncias cofenéticas para o agrupamento de conexão única mostrado na Figura 8.16. (Os dados para esta figura consistem dos 6 pontos bidimensionais apresentados na Tabela 8.3)

Análise de Grupos: Conceitos Básicos e Algoritmos   **649**

Tabela 8.7. Matriz de distâncias cofenéticas para conexão única e dados na tabela 8.3

Point	P1	P2	P3	P4	P5	P6
P1	0	0.222	0.222	0.222	0.222	0.222
P2	0.222	0	0.148	0.151	0.139	0.148
P3	0.222	0.148	0	0.151	0.148	0.110
P4	0.222	0.151	0.151	0	0.151	0.151
P5	0.222	0.139	0.148	0.151	0	0.148
P6	0.222	0.148	0.110	0.151	0.148	0

O **Coeficiente de Correlação Cofenética** (CPCC) é a correlação entre as entradas desta matriz e a matriz de diferença original e é uma medida padrão do quão bem um agrupamento hierárquico (de um determinado tipo) se adapta aos dados. Um dos usos mais comuns desta medida é para avaliar que tipo de agrupamento hierárquico é melhor para um determinado tipo de dados.

Exemplo 8.12 (Coeficiente de Correlação Cofenética). Calculamos o CPCC para os agrupamentos hierárquicos mostrados nas Figuras 8.16-8.19. Estes valores são mostrados na Tabela 8.8. O agrupamento hierárquico produzido pela técnica de conexão única parece se adaptar aos dados de forma pior que os agrupamentos produzidos por conexão completa, média de grupos e pelo método de Ward.

Tabela 8.8. Coeficiente de correlação cofenética para dados da Tabela 8.3 e quatro técnicas de agrupamento hierárquico aglomerativo.

Técnica	CPCC
Conexão Única	0.44
Conexão Completa	0.63
Média de Grupo	0.66
Ward	0.64

8.5.5 Determinando o Número Correto de Grupos

Diversas medidas de avaliação de grupos não supervisionadas podem ser usadas para determinar aproximadamente o número coreto ou natural de grupos.

Exemplo 8.13 (Número de Grupos). O conjunto de dados da Figura 8.29 possui 10 grupos naturais. A Figura 8.32 mostra um desenho da SSE *versus* o número de grupos de um agrupamento K-means (dividindo ao meio) do conjunto de dados, enquanto que a Figura 8.33 mostra o coeficiente de silhueta média versis o número de grupos para os mesmos dados. Há um jeolho distinto na SSE e um pico distinto no coeficiente de silhueta quando o número de grupos é igual a 10.

Assim, podemos tentar encontrar o número natural de grupos no conjunto de dados procurando o número de grupos no qual exista um joelho, pico ou queda no desenho da medida de avaliação quando for desenhada contra o número de grupos. É claro que tal abordagem nem sempre funciona bem. Os grupos podem ser consideravelmente mais entrelaçados ou com superposições do que aqueles mostrados na Figura 8.29. Além disso, os dados podem consistir de grupos aninhados. Na verdade, os grupos da Figura 8.29 são um pouco aninhados; i.e., há 5 pares de grupos, já que os grupos estão mais próximos da parte superior para a inferior do que da esquerda para a direita. Há um joelho que indica isto na curva SSE, mas a curva do coeficiente de silhueta não está tão clara. Em resumo, embora seja necessário cautela, a técnica que acabamos de descrever pode fornecer informações a respeito do número de grupos nos dados.

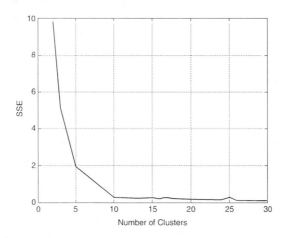

Figura 8.32. *SSE versus número de grupos para os dados da Figura 8.29.*

Análise de Grupos: Conceitos Básicos e Algoritmos   651

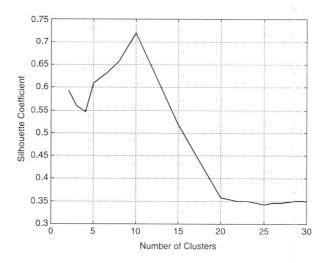

Figura 8.33. *Coeficiente de silhueta média versus número de grupos para os dados da Figura 8.29.*

8.5.6 Tendência de Agrupamento

Uma forma óbvia de se determinar se um conjunto de dados possui grupos é tentando agrupá-lo. Todavia, quase que todos os algoritmos de agrupamento encontrarão grupos quando receberem dados. Para lidarmos com este problema, poderíamos avaliar os grupos resultantes e só alegarmos que um conjunto de dados possui grupos se pelo menos alguns dos grupos forem de boa qualidade. Contudo, esta abordagem não lida com o fato de que os grupos nos dados podem ser de um tipo diferente daqueles pesquisados pelo nosso algoritmo de agrupamento. Para lidar com este tradicional problema, poderíamos usar múltiplos algoritmos e avaliar novamente a qualidade dos grupos resultantes. Se os grupos forem uniformemente fracos, então isto pode de fato indicar que não há grupos nos dados.

De forma alternativa, e este é o foco de medidas de tendência de agrupamento, podemos tentar avaliar se o conjunto de dados possui grupos sem agrupamento. A abordagem mais comum, especialmente para dados em espaço Euclidiano, tem sido usar testes estatísticos para aleatoriedade espacial. Infelizmente, escolher o modelo correto, avaliar os parâmetros e analisar a significância estatística da hipótese de que os dados sejam não aleatórios pode ser bastante desafiador. Apesar disso, muitas abordagens têm sido desenvolvidas, a maioria das quais para pontos em espaço Euclidiano de baixa dimensionalidade.

Exemplo 8.14 (Estatística de Hopkins). Para esta abordagem, geramos p pontos que estejam distribuídos aleatoriamente pelo espaço dos dados e também amostramos p pontos de dados reais. Para ambos os conjuntos de dados, encontramos a distância até o vizinho mais próximo no conjunto de dados original. Suponha que u_i sejam as distâncias dos vizinhos mais próximos dos pontos gerados artificialmente, enquanto que w_i sejam as distâncias dos pontos da amostra do conjunto de dados original. A estatística de Hopkins H é então definida pela Equação 8.17.

$$H = \frac{\sum_{i=1}^{p} w_i}{\sum_{i=1}^{p} u_i + \sum_{i=1}^{p} w_i} \qquad (8.17)$$

Se os pontos gerados aleatoriamente e a amostragem dos pontos de dados tiverem aproximadamente as mesmas distâncias dos vizinhos mais próximos, então H estará próximo de 0,5. Valores de H próximos a 0 e 1 indicam, respectivamente, dados que estão altamente agrupados e dados que estão distribuídos regularmente pelo espaço de dados. Para dar um exemplo, a estatística de Hopkins para os dados da Figura 8.26 foi calculada para p = 20 e 100 testes diferentes. O valor médio de H foi 0,56 com um desvio padrão de 0,03. O mesmo experimento foi executado para os pontos bem separados da Figura 8.30. O valor médio de H foi 0,95 com um desvio padrão de 0,006.

8.5.7 Medidas Supervisionadas de Validade de Grupos

Quando temos informações externas sobre os dados, elas geralmente estão na forma de rótulos de classes derivadas externamente para os objetos de dados. Em tais casos, o procedimento habitual é medir o grau de correspondência entre os rótulos de grupos e os rótulos de classes. Mas por que isto é interessante? Afinal, se tivermos os rótulos das classes, então para quê executar uma análise de grupos? A motivação para tal análise são as comparações de técnicas de agrupamento com a "verdade" ou avaliar até quanto do processo de classificação manual pode ser produzido automaticamente pela análise de grupos.

Analisamos dois tipos diferentes de abordagens. O primeiro conjunto de técnicas usa medidas de classificação, como entropia, pureza e a medida F. Estas medidas avaliam o quanto um grupo contém objetos de uma única classe. O segundo grupo de métodos está relacionado com as medidas de similaridade para dados binários, como a medida de Jaccard que vimos no Capítulo 2. Estas abordagens medem o quanto dois objetos que estão na mesma classe estão no mesmo grupo e vice-versa Por conveniência, iremos nos referir a estes dois tipos de medidas como **orientadas a classificação** e **orientada a semelhança**, respectivamente.

Médias de Validade de Grupos Orientadas a Classificação

Há uma quantidade de medidas – entropia, pureza, precisão, lembrança e medida F – que são usadas comumente para avaliar o desempenho de um modelo de classificação. No caso da classificação, medimos o grau no qual rótulos de classes previstas correspondem a rótulos de classes reais, mas para as medidas recém mencionadas, nada fundamental é alterado pelo uso de rótulos de grupos em vez de rótulos de classes previstos. A seguir, revisamos rapidamente as definições destas medidas que foram discutidas no Capítulo 4.

Entropia: O grau no qual cada grupo consiste de objetos de uma única classe. Para cada grupo, a distribuição de classes dos dados é calculada primeiro, i.e., para o grupo j calculamos p_{ij}, a probabilidade de que um membro do grupo i pertença à classe j como $p_{ij}=m_{ij}/m_i$, onde m_i é o número de objetos no grupo i e m_{ij} é o número de objetos da classe j no grupo i. Usando esta distribuição de classes, a entropia de cada grupo i é calculada usando a fórmula padrão, $e_i = - \sum_{j=1}^{L} p_{ij} \log_2 p_{ij}$, onde L é o número de classes. A entropia total para um conjunto de grupos é calculada usando como a soma de entropias de cada grupo pesado pelo pelo tamanho de cada grupo, i.e., $e = \sum_{i=1}^{K} \frac{m_i}{m} e_i$, onde K é o número de grupos e m é o número total de pontos de dados.

Pureza: Outra medida de até quanto um grupo contém objetos de uma única classe. Usando a terminologia anterior, a pureza de um grupo i é, a pureza geral de um agrupamento é $pureza = \sum_{i=1}^{K} \frac{m_i}{m} p_i$.

Precisão: A fração de um grupo que consiste de objetos de uma classe especificada. A precisão do grupo i com relação à classe j é precisão(i,j)=p_{ij}.

Lembrança: A extensão na qual um grupo contém todos os objetos de uma classe especificada. A lembrança de um grupo i com relação à classe j é lembrança(i,j) = m_{ik}/m_j, onde m_j é o número de objetos na classe j.

Medida F Uma combinação de precisão e lembrança que mede a extensão na qual um grupo contém *apenas* objetos de uma determinada classe e *todos* os objetos dessa classe. A medida F do grupo i com relação à classe j é F(i,j)=(2 × precisão(i,j) × lembrança(i,j))/precisão(i,j) + lembrança(i,j)).

Exemplo 8.15 (Medidas de Avaliação Supervisionadas). Apresentamos um exemplo para ilustrar estas medidas. Especificamente, usamos K-means com medida de semelhança de coseno para agrupar 3.204 artigos de jornal do Los Angeles Times. Estes artigos vêm de seis classes diferentes: Variedades, Exterior, Financeiro, Metropolitano, Nacional e Esportes. A Tabela 8.9 mostra os resultados de um agrupamento K-means para encontrar seis grupos. A primeira coluna indica o grupo, enquanto que as próximas seis colunas juntas formam a matriz de confusão; i.e., estas colunas indicam como os documentos de cada categoria estão distribuídos entre os grupos. As duas últimas colunas são a entropia e a pureza de cada grupo, respectivamente.

Tabela 8.9. Resultados de agrupamento K-means para o conjunto de dados do LA Times.

Grupo	Variedades	Financeiro	Exterior	Metropolitano	Nacional	Esportes	Entropia	Pureza
1	3	5	40	506	96	27	1.2270	0.7474
2	4	7	280	29	39	2	1.1472	0.7756
3	1	1	1	7	4	671	0.1813	0.9796
4	10	162	3	119	73	2	1.7487	0.4390
5	331	22	5	70	13	23	1.3976	0.7134
6	5	358	12	212	48	13	1.5523	0.5525
Total	354	555	341	943	273	738	1.1450	0.7203

Análise de Grupos: Conceitos Básicos e Algoritmos   655

De forma ideal, cada grupo conterá documentos de apenas uma classe. Na realidade, cada grupo contém documentos de muitas classes. Apesar disso, o grupo 3, que contém na sua maioria documentos da seção de Esportes, é excepcionalmente bom, tanto em termos de pureza quanto de entropia. A pureza e a entropia dos outros grupos não são tão boas, mas podem normalmente ser bastante melhoradas se os dados forem particionados número maior de grupos.

Precisão, lembrança e a medida F podem ser calculadas para cada grupo. Para dar um exemplo concreto, analisamos o grupo 1 e a classe Metropolitano da Tabela 8.9. A precisão é 506/677=0,75, a lembrança é 506/943=0,26 e, assim, o valor F é 0,39. Em comparação, o valor F para o grupo 3 e Esportes é 9,94.

Medidas de Validade de Grupos Orientadas a Semelhança

As medidas que discutimos nesta seção são todas baseadas na premissa de que quaisquer dois objetos que estiverem no mesmo grupo devem estar na mesma classe e vice-versa. Podemos ver esta abordagem à validade de grupos como envolvendo a comparação de duas matrizes: (1) a **matriz de semelhança de grupos ideal** discutida anteriormente, que possui um 1 como entrada de índice ij se dois objetos, i e j, estiverem no mesmo grupo e 0 em caso contrário, e (2) uma **matriz de semelhança de classes ideal** definida em relação a rótulos de classes, que possui um 1 como entrada de índice ij se dois objetos, i e j, pertencerem à mesma classe, e 0 em caso contrário. Assim como antes, podemos pegar a correlação destas duas matrizes como a medida da validade de grupos. Esta medida é conhecida como a estatística Γ na literatura de validação de grupos.

Exemplo 8.16 (Correlação entre Matrizes de Grupos e de Classes). Para demonstrar esta idéia mais concretamente, damos um exemplo envolvendo cinco pontos de dados, p1, p2, p3, p4, p5, dois grupos, C1={p1,p2,p3} e C2={p4,p5} e duas classes L1={p1,p2} e L2={p3,p4,p5}. As matrizes matrizes de semelhança de grupo e de classe ideais são apresentadas nas Tabelas 8.10 e 8.11. A correlação entre as entradas destas duas matrizes é 0,359.

Ponto	p1	p2	p3	p4	p5
p1	1	1	1	0	0
p2	1	1	1	0	0
p3	1	1	1	0	0
p4	0	0	0	1	1
p5	0	0	0	1	1

Tabela 8.10. Matriz de semelhança de grupo ideal.

Ponto	p1	p2	p3	p4	p5
p1	1	1	0	0	0
p2	1	1	0	0	0
p3	0	0	1	1	1
p4	0	0	1	1	1
p5	0	0	1	1	1

Tabela 8.11. Matriz de semelhança de classe ideal.

De forma mais geral, podemos usar qualquer das medidas para semelhança binária que vimos na Seção 2.4.5 (Por exemplo, podemos converter estas duas matrizes em vetores binários inserindo as linhas.) Repetimos as definições das quatro quantidades usadas para definir essas medidas de semelhança, mas modificamos nosso texto descritivo para que se adapte ao contexto corrente. Especificamente, precisamos calcular as seguintes quatro quantidades para todos os pares de objetos distintos. (Há m(m-1)/2 de tais pares, se m for o número de objetos.)

f_{00} = número de pares de objetos tendo uma classe diferente e um grupo diferente

f_{01} = número de pares de objetos tendo uma classe diferente e o mesmo grupo

f_{10} = número de pares de objetos tendo a mesma classe e um grupo diferente

f_{11} = número de pares de objetos tendo a mesma classe e o mesmo grupo

Em especial, este coeficiente simples de correspondência, que é conhecido como a medida de validade de grupos mais freqüentemente usada.

$$\text{Estatística aleatória} = \frac{f_{00} + f_{11}}{f_{00} + f_{01} + f_{10} + f_{11}}$$

$$\text{Coeficiente de Jaccard} = \frac{f_{11}}{f_{01} + f_{10} + f_{11}}$$

Exemplo 8.17 (Medidas Aleatória e de Jaccard). Baseados nestas fórmulas, podemos calcular rapidamente a estatística Aleatória e o coeficiente de Jaccard para o exemplo baseado nas Tabelas 8.10 e 8.11. Observando que f00 = 4, f01 = 2, f10 = 2 e f11 = 2, a estatística Aleatória = (2 + 4)/10 = 0,6 e o coeficiente de Jaccard = 2/(2 + 2 + 2) = 0,33.

Análise de Grupos: Conceitos Básicos e Algoritmos

Também observamos que as quatro quantidades f00, f01, f10 e f11, definem uma tabela de *contingência* conforme mostrado na Tabela 8.12.

Tabela 8.12. Tabela de contingência de duas vias para determinar se pares de objetos estão na mesma classe e no mesmo grupo.

	Mesmo Grupo	Grupo Diferente
Mesma Classe	f_{11}	f_{10}
Classe Diferente	f_{01}	f_{00}

Anteriormente, no contexto da análise de associação – veja a Seção 6.7.1 – apresentamos uma discussão extensiva sobre medidas de associação que podem ser usadas para este tipo de tabela de contingência. (Compare a Tabela 8.12 com a Tabela 6.7). Essas medidas também podem ser aplicadas à validade de grupos.

Validade de Grupos para Agrupamentos Hierárquicos

Até aqui nesta seção discutimos medidas supervisionadas de validade de grupos apenas para agrupamentos particionais. A avaliação supervisionada de um agrupamento hierárquico é mais difícil por uma diversidade de motivos, incluindo o fato de que uma estrutura hierárquica pré-existente muitas vezes não existe. Aqui, daremos um exemplo de uma abordagem para avaliar um agrupamento hierárquico em termos de um conjunto (plano) de rótulos de classes, que provavelmente estarão mais disponíveis do que uma estrutura hierárquica pré-existente.

A idéia chave desta abordagem é avaliar se um agrupamento hierárquico contém, para cada classe, pelo menos um grupo que seja relativamente puro e inclua a maioria dos objetos dessa classe. Para avaliar um agrupamento hierárquico com relação a este objetivo, calculamos, para cada classe, a medida F para cada grupo na hierarquia de grupos. Para cada classe, pegamos a medida F máxima obtida para qualquer grupo. Finalmente, calculamos uma medida F geral para o agrupamento hierárquico calculando a média ponderada de todas as medidas F por classe, onde os pesos são baseados nos tamanhos das classes. Mais formalmente, esta medida F hierárquica e definida da seguinte forma:

$$F = \sum_j \frac{m_j}{m} \max_i F(i,j)$$

onde o máximo é obtido em todos os grupos i em todos os níveis, m_j é o número de objetos na classe j e m é o número total de objetos.

8.5.8 Avaliando a Significância de Medidas de Validade de Grupos

Medidas de validade de grupos devem nos ajudar a medir a qualidade dos grupos que obtivemos. De fato, elas geralmente nos dão um único número como medida dessa qualidade. Entretanto, nos deparamos então com o problema de interpretar o significado deste número, uma tarefa que pode ser ainda mais difícil.

Os valores mínimo e máximo das medidas de avaliação de grupos podem fornecer algumas diretrizes em muitos casos. Por exemplo, por definição, uma pureza de 0 é ruim, enquanto que uma pureza de 1 é boa, pelo menos se confiarmos nos nossos rótulos de classes e quisermos que nossa estrutura de grupos reflita a estrutura de classes. Da mesma forma, uma entropia de 0 é boa, assim como uma SSE de 0.

Às vezes, entretanto, pode não haver um valor mínimo ou máximo, ou a escala dos dados pode afetar a interpretação. Além disso, mesmo se houver valores mínimos e máximos com interpretações óbvias, valores intermediários ainda precisam ser interpretados. Em alguns casos, podemos usar um padrão absoluto. Se, por exemplo, estivermos agrupando por utilidade, podemos desejar tolerar apenas um determinado nível de erro na aproximação dos nossos pontos por um centróide de grupo.

Contudo, se este não for o caso, então devemos fazer outra coisa. Uma abordagem comum é interpretar o valor da nossa medida de validade em termos estatísticos. De modo específico, tentamos avaliar a probabilidade de que nosso valor observado possa ser obtido aleatoriamente. O valor é bom se for incomum; i.e., se for improvável que seja o resultado aleatório. O motivo para esta abordagem é que só estamos interessados em grupos que reflitam estruturas não aleatórias nos dados, e tais estruturas devem gerar valores incomumente altos (baixos) da nossa medida de validade de grupos, pelo menos se as medidas de validade forem projetadas para refletir a presença de estruturas fortes de grupos.

Exemplo 8.18 (Significância da SSE). Para mostrar como isto funciona, apresentamos um exemplo baseado em K-means e na SSE. Suponha que queiramos uma medida da qualidade dos grupos bem separados da Figura 8.30 com relação a dados aleatórios. Geramos muitos conjuntos aleatórios de 100 pontos tendo a mesma faixa dos pontos nos três grupos, encontramos três grupos em cada conjunto de dados usando K-means e acumulamos a distribuição de valores SSE para estes agrupamentos. Usando esta distribuição dos valores SSE, podemos então avaliar a probabilidade da SSE a partir de 500 execuções aleatórias. A menor SSE mostrada na Figura 8.34 é 0,0173. Para os três grupos da Figura 8.30, a SE é 0,0050. Poderíamos portanto alegar de forma conservadora que há menos de 1% de chance de que um agrupamento como esse da Figura 8.30 pudesse ocorrer ao acaso.

Para concluir, enfatizamos que há mais na avaliação de grupos – supervisionada ou não – do que a obtenção de uma medida numérica de validade de grupo. A menos que esse valor tenha uma interpretação natural baseada na definição da medida, precisamos interpretá-lo de alguma forma. Se a nossa medida de avaliação de grupos for definida de forma que valores menores indiquem grupos mais fortes, então podemos usar estatísticas para avaliar se o valor que obtivemos é incomumente baixo, desde que tenhamos uma distribuição para a medida de avaliação. Apresentamos um exemplo de como encontrar tal distribuição, mas há muito mais neste tópico e indicamos ao leitor as notas bibliográficas.

Finalmente, mesmo quando uma medida de avaliação for usada como uma medida relativa, i.e., para comparar dois agrupamentos, ainda precisamos avaliar a significância na diferença entre as medidas de avaliação dos dois agrupamentos. Embora um valor quase sempre vá ser melhor do que o outro, pode ser difícil determinar se a diferença é significante. Observe que há dois aspectos desta significância: se a diferença é estatisticamente significante (repetível) e se a magnitude da diferença é tem algum significado com relação à aplicação. Muitos não considerariam uma diferença de 0,1% como significante, mesmo se fosse consistentemente repetível.

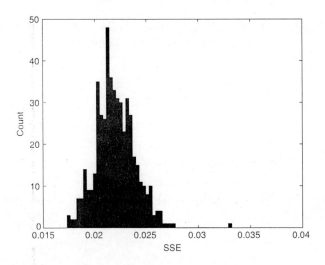

Figura 8.34. *Histograma da SSE para 500 conjuntos de dados aleatórios.*

8.6 Notas Bibliográficas

A discussão neste capítulo foi mais influenciada pelos livros sobre análise de grupos escritos por Jain e Dubes [396], Anderberg [374] e Kaufman e Rousseeuw [400]. Outros livros sobre agrupamento que também podem ser de interesse incluem os de Aldenderfer e Blashfield [373], Everitt et al. [388], Hartigan [394], Mirkin [405], Murtagh [407], Romesburg [409] e Späth [413]. Uma abordagem ao agrupamento mais orientada a estatística é apresentada pelo livro de reconhecimento de padrões de Duda et al. [385], o livro de aprendizagem de máquina de Mitchell [406] e o livro sobre aprendizagem estatística de Hastie et al. [395]. Uma pesquisa geral sobre agrupamentos é apresentada por Jain et al. [397], enquanto uma pesquisa sobre técnicas de mineração de dados espaciais é fornecida por Han et al. [393]. Behrkin [379] fornece uma pesquisa sobre técnicas de agrupamento para mineração de dados. Uma boa fonte de referências sobre agrupamento fora da mineração de dados é o artigo de Arabie e Hubert [376]. Um artigo de Kleinberg [401] fornece uma discussão sobre alguns dos balanceamentos que os algoritmos de agrupamento fazem e prova que é impossível para um algoritmo de agrupamento possuir simultaneamente três propriedades simples.

O algoritmo K-means possui uma longa história, mas ainda é assunto de pesquisa corrente. O algoritmo K-means original foi proposto por Mac-Queen [403]. O algoritmo ISODATA de Ball e Hall [377 foi uma versão inicial, porém sofisticada, de K-means que empregava diversas técnicas de pré e pós-processamento para melhorar o algoritmo básico. O algoritmo K-means e muitas das suas variações são descritas em detalhes nos livros de Anderberg [374] e Jain e Dubes [396]. O algoritmo de particionamento de K-means discutido neste capítulo foi descrito em um artigo por Steinbach et al. [414] e uma implementação desta e de outras abordagens de agrupamento estão disponíveis livremente para uso acadêmico no pacote CLUTO (CLUstering Toolkit) criado por Karypis [382]. Boley [380] criou um algoritmo de agrupamento de particionamento divisivo (PDDP) baseado no encontro da primeira direção (componente) principal dos dados, e Savaresi e Boley [411] exploraram seu relacionamento com K-means particionador. Variações recentes de K-means são uma nova versão incremental de K-means (Dhillon et al., [383]), X-means (Pelleg e Moore [408]) e K-harmonic means (Zhang et al [416]). Hamerly e Elkan [392] discutem alguns algoritmos de agrupamento que produzem melhores resultados do que K-means. Enquanto que algumas das abordagens mencionadas anteriormente lidem com o problema de inicialização de K-means de alguma maneira, outras abordagens para melhorar a inicialização de K-means também podem ser encontradas no trabalho de Bradley e Fayyad [381]. Dhillon e Modha [384] apresentam uma generalização de K-means, chamada K-means esférico, que funciona com funções de semelhança comumente usadas. Um framework geral para agrupamento K-means que usa funções de diferença baseadas em divergências de Bregman foi construído por Banerjee et al[378].

As técnicas de agrupamento hierárquico também têm uma longa história. Muita da atividade inicial foi na área da taxonomia e é coberta em livros de Jardine e Sibson [398] e Sneath e Sokal [412]. Discussões de propósito geral sobre agrupamentos hierárquicos também estão disponíveis na maioria dos livros sobre agrupamento mencionados antecipadamente. O agrupamento hierárquico aglomerativo é o foco da maioria do trabalho na área de agrupamento hierárquico, mas abordagens divisivas também têm recebido alguma atenção. Por exemplo, Zahn [415] descreve uma técnica hierárquica divisiva que usa a árvore de difusão mínima de um grafo. Embora tanto as abordagens divisivas quanto aglomerativas geralmente usam uma visão que decisões de fusão (divisão) são finais, há trabalhos de Fisher [389] e Karypis et al. [399] para superar estas limitações.

Ester et al. propuseram o DBSCAN [387], que foi posteriormente generalizado para o algoritmo GDBSCAN de Sander et al. [410] para lidar com tipos mais gerais de medidas de dados e distâncias, como polígonos cuja proximidade é medida pelo grau de intersecção. Uma versão incremental de DBSCAN é OPTICS (Ordenar Pontos para Identificar a Estrutura de Agrupamento) (Ankerst et al. [375]), que permite a visualização da estrutura de agrupamento e também pode ser usada para agrupamento hierárquico.

Uma discussão oficial da validade de grupos, que influenciou muito a discussão neste capítulo, é fornecida no Capítulo 4 do livro de agrupamentos de Jain e Dubes [396]. Revisões mais recentes de validade de grupos são as de Halkidi et al. [390, 391] e Milligan [404]. Coeficientes de silhueta são descritos no livro sobre agrupamentos de Kaufman e Rousseeuw [400]. A fonte das medidas de coesão e separação na Tabela 8.6 é um artigo de Zhao e Karypis [417], que também contém uma discussão sobre entropia, pureza e a medida F hierárquica. A fonte original da medida F hierárquica é um artigo de Larsen e Aaone [402].

Bibliografia

[373] M. S. Aldenderfer e R. K. Blashfield. Cluster Analysis. Sage Publications, Los Angeles, 1985.

[374] M. R. Anderberg. Cluster Analysis for Applications. Academic Press, Nova Iorque, Dezembro 1973.

[375] M. Ankerst, M. M. Breunig, H.-P. Kriegel, e J. Sander. OPTICS: Ordering Points To Identify the Clustering Structure. In Proc. of 1999 ACM-SIGMOD Intl. Conf. on Management of Data, pags. 49–60, Philadelphia, Pennsylvania, Junho 1999. ACMPress.

[376] P. Arabie, L. Hubert, e G. D. Soete. An overview of combinatorial data analysis. In P. Arabie, L. Hubert, e G. D. Soete, editores, Clustering and Classification, pags.188–217. World Scientific, Singapore, Janeiro 1996.

[377] G. Ball e D. Hall. A Clustering Technique for Summarizing Multivariate Data. Behavior Science, 12:153–155, March 1967.

[378] A. Banerjee, S. Merugu, I. S. Dhillon, e J. Ghosh. Clustering with Bregman Divergences. In Proc. of the 2004 SIAM Intl. Conf. on Data Mining, pages 234–245, Lake Buena Vista, FL, Abril 2004.

[379] P. Berkhin. Survey Of Clustering Data Mining Techniques. Technical report, Accrue Software, San Jose, CA, 2002.
[380] D. Boley. Principal Direction Divisive Partitioning. Data Mining and Knowledge Discovery, 2(4):325–344, 1998.
[381] P. S. Bradley e U. M. Fayyad. Refining Initial Points for K-Means Clustering. In Proc. of the 15th Intl. Conf. on Machine Learning, pages 91–99, Madison, WI, Julho 1998.Morgan Kaufmann Publishers Inc.
[382] CLUTO 2.1.1: Software for Clustering High-Dimensional Datasets. /www.cs.umn.edu/663karypis, Novembro 2003.
[383] I. S. Dhillon, Y. Guan, e J. Kogan. Iterative Clustering of High Dimensional Text Data Augmented by Local Search. In Proc. of the 2002 IEEE Intl. Conf. on Data Mining, pags 131–138. IEEE Computer Society, 2002.
[384] I. S. Dhillon e D. S. Modha. Concept Decompositions for Large Sparse Text Data Using Clustering. Machine Learning, 42(1/2):143–175, 2001.
[385] R. O. Duda, P. E. Hart, e D. G. Stork. Pattern Classification. John Wiley & Sons, Inc., New York, segunda edição, 2001.
[386] M. Ester, H.-P. Kriegel, J. Sander, M. Wimmer, e X. Xu. Incremental Clustering for Mining in a Data Warehousing Environment. In Proc. of the 24th VLDB Conf., pags 323–333, New York City, Agosto 1998. Morgan Kaufmann.
[387] M. Ester, H.-P. Kriegel, J. Sander, e X. Xu. A Density-Based Algorithm for Discovering Clusters in Large Spatial Databases with Noise. In Proc. of the 2nd Intl. Conf. on Knowledge Discovery and Data Mining, pags 226–231, Portland, Oregon, Agosto 1996. AAAI Press.
[388] B. S. Everitt, S. Landau, e M. Leese. Cluster Analysis. Arnold Publishers, Londres, quarta edição, Maio 2001.
[389] D. Fisher. Iterative Optimization and Simplification of Hierarchical Clusterings. Journal of Artificial Intelligence Research, 4:147–179, 1996.
[390] M. Halkidi, Y. Batistakis, e M. Vazirgiannis. Cluster validity methods: part I. SIGMOD Record(ACM Special Interest Group on Management of Data), 31(2):40–45, Junho 2002.
[391] M. Halkidi, Y. Batistakis, e M. Vazirgiannis. Clustering validity checking methods: part II. SIGMOD Record (ACM Special Interest Group on Management of Data), 31 (3):19–27, Setembro 2002.
[392] G. Hamerly e C. Elkan. Alternatives to the k-means algorithm that find better clusterings. In Proc.of the 11th Intl. Conf. On Information and Knowledge Management, pags 600–607, McLean, Virgínia, 2002. ACM Press.
[393] J. Han, M. Kamber, e A. Tung. Spatial Clustering Methods in Data Mining: A review. In H. J. Miller e J. Han, editors, Geographic Data Mining and Knowledge Discovery, pages 188–217. Taylor e Francis, Londres, Dezembro 2001.

[394] J. Hartigan. ClusteringAlgorithms. Wiley, Nova Iorque, 1975.
[395] T. Hastie, R. Tibshirani, e J. H. Friedman. The Elements of Statistical Learning: Data Mining, Inference, Prediction. Springer, Nova Iorque, 2001.
[396] A. K. Jain e R. C. Dubes. Algorithms for Clustering Data. Prentice Hall Advanced Reference Series. Prentice Hall, Março 1988. Livro disponível online em http://www.cse.msu.edu/~jain/Clustering Jain Dubes.pdf.
[397] A. K. Jain, M. N. Murty, e P. J. Flynn. Data clustering: A review. ACM Computing Surveys, 31(3):264–323, Setembro 1999.
[398] N. Jardine e R. Sibson. Mathematical Taxonomy. Wiley, Nova Iorque, 1971.
[399] G. Karypis, E.-H. Han, e V. Kumar. Multilevel Refinement for Hierarchical Clustering. Technical Report TR 99-020, University of Minnesota, Minneapolis, MN, 1999.
[400] L. Kaufman e P. J. Rousseeuw. Finding Groups in Data: An Introduction to Cluster Analysis. Wiley Series in Probability and Statistics. John Wiley and Sons, Nova Iorque, Novembro 1990.
[401] J. M. Kleinberg. An Impossibility Theorem for Clustering. In Proc. of the 16th Annual Conf. on Neural Information Processing Systems, Dezembro, 9–14 2002.
[402] B. Larsen e C. Aone. Fast and Effective Text Mining Using Linear-Time Document Clustering. In Proc. of the 5th Intl. Conf. on Knowledge Discovery and Data Mining, pags 16–22, San Diego, Califórnia, 1999. ACM Press.
[403] J. MacQueen. Some methods for classification and analysis of multivariate observations. In Proc. of the 5th Berkeley Symp. on Mathematical Statistics and Probability, pags 281–297. University of California Press, 1967.
[404] G. W. Milligan. Clustering Validation: Results and Implications for Applied Analyses. In P. Arabie, L. Hubert, e G. D. Soete, editores, Clustering and Classification,pags 345–375. World Scientific, Singapura, Janeiro 1996.
[405] B. Mirkin. Mathematical Classification and Clustering, volume 11 of Nonconvex Optimization and Its Applications. Kluwer Academic Publishers, Agosto 1996.
[406] T. Mitchell. MachineLearning. McGraw-Hill, Boston, MA, 1997.
[407] F. Murtagh. Multidimensional Clustering Algorithms. Physica-Verlag, Heidelberg e Vienna, 1985.
[408] D. Pelleg e A. W. Moore. X-means: Extending K-means with Efficient Estimation of the Number of Clusters. In Proc. of the 17th Intl. Conf. on Machine Learning, pags 727–734. Morgan Kaufmann, San Francisco, CA, 2000.
[409] C. Romesburg. Cluster Analysis for Researchers. Life Time Learning, Belmont, CA, 1984.

[410] J. Sander, M. Ester, H.-P. Kriegel, e X. Xu. Density-Based Clustering in Spatial Databases: The Algorithm GDBSCAN and its Applications. Data Mining and Knowledge Discovery, 2(2):169–194, 1998.

[411] S. M. Savaresi e D. Boley. A comparative analysis on the bisecting K-means and the PDDP clustering algorithms. Intelligent Data Analysis, 8(4):345–362, 2004.

[412] P. H. A. Sneath e R. R. Sokal. Numerical Taxonomy. Freeman, São Francisco, 1971.

[413] H. Späth. Cluster Analysis Algorithms for Data Reduction and Classification of Objects, volume 4 of Computers and Their Application. Ellis Horwood Publishers, Chichester, 1980. ISBN 0-85312-141-9.

[414] M. Steinbach, G. Karypis, e V. Kumar. A Comparison of Document Clustering Techniques. In Proc. of KDD Workshop on Text Mining, Proc. of the 6th Intl. Conf. on Knowledge Discovery and Data Mining, Boston, MA, Agosto 2000.

[415] C. T. Zahn. Graph-Theoretical Methods for Detecting and Describing Gestalt Clusters. IEEE Transactions on Computers, C-20(1):68–86, Jan. 1971.

[416] B. Zhang, M. Hsu, e U. Dayal. K-Harmonic Means — A Data Clustering Algorithm. Technical Report HPL-1999-124, Hewlett Packard Laboratories, 29 Outubro 1999.

[417] Y. Zhao e G. Karypis. Empirical and theoretical comparisons of selected criterion functions for document clustering. Machine Learning, 55(3):311–331, 2004.

8.7 Exercícios

1. Analise um conjunto consistindo de 2^{20} vetores de dados, onde cada vetor possui 32 componentes e cada componente é um valor de 4 bytes. Suponha que seja usada quantização do vetor para compressão e que 2^{16} vetores de protótipos sejam usados. Quantos bytes de armazenamento o conjunto de dados usa antes e depois da compressão e o qual a taxa de compressão?

2. Encontre todos os grupos bem separados no conjunto de pontos mostrado na Figura 8.35.

Figura 8.35. *Pontos para o Exercício 2.*

3. Muitos algoritmos de particionamento que determinam automaticamente o número de grupos alegam que isto é uma vantagem. Liste duas situações nas quais este não é o caso.

4. Dado K grupos de tamanho igual, a probabilidade de que um centróide inicial escolhido aleatoriamente venha de algum dado grupo é 1/K, mas a probabilidade de que cada grupo tenha exatamente um centróide inicial é muito menor. (Deve estar claro que ter um centróide inicial em cada grupo é uma boa situação inicial para K-means.). De modo geral, se houver K grupos e cada grupo tiver n pontos, então a probabilidade, p, de selecionar, em uma amostra de tamanho K, um centróide inicial de cada grupo é dada pela Equação 8.20. (Isto supõe amostragem com substituição.)desta fórmula podemos calcular, por exemplo, que a chance de ter um centróide inicial de cada um dos quatro grupos é $4!4^4=0,0938$.

$$p = \frac{\text{número de formas para selecionar um centróide de cada grupo}}{\text{número de formas de selecionar } K \text{ centróides}} = \frac{K!n^K}{(Kn)^K} = \frac{K!}{K^K} \quad (8.20)$$

(a) Ache a probabilidade de se obter um ponto de cada grupo em uma amostra de tamanho K para valores de K entre 2 e 1000.

(b) Para K grupos, K=10, 100 e 1.000, encontre a probabilidade de que uma amostra de tamanho 2K contenha pelo menos um ponto de cada grupo. Você pode usar métodos matemáticos ou simulação estatística para determinar a resposta.

5. Identifique os grupos na Figura 8.36 usando definições baseadas em centro, contigüidade e densidade. Indique também o número de grupos para cada caso e apresente uma breve indicação do seu raciocínio/ Se

Análise de Grupos: Conceitos Básicos e Algoritmos 667

ajudar, suponha K-means baseado em centro, baseado em contigüidade, DBSCAN baseado em densidade e conexão única.

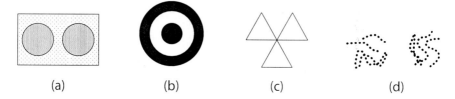

(a)　　　　　(b)　　　　　(c)　　　　　(d)

Figura 8.36. *Grupos para o Exercício 5.*

6. Para os seguintes conjuntos de pontos bidimensionais, (1) forneça um esboço de como eles seriam dividos em grupos por K-means para o dado número de grupos e (2) indique aproximadamente onde os centróides resultantes ficarão. Suponha que estejamos usando a função objetiva de erro quadrado. Se você achar que há mais de uma solução possível, então por favor indique se cada solução é um mínimo local ou global. Observe que o rótulo de cada diagrama na Figura 8.37 corresponde à parte desta questão, e.g., A Figura 8.37 (a) vai com a parte (a).

(a) K=2. Supondo que os pontos estejam distribuídos uniformemente no círculo, quantas formas possíveis existem (na teoria) para particionar os pontos em dois grupos? O que você pode dizer sobre as posições dos dois centróides? (Novamente, você não precisa fornecer localizações exatas de centróides, apenas uma descrição qualitativa.)

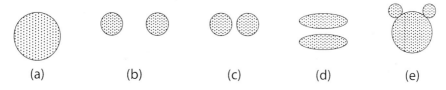

(a)　　　(b)　　　(c)　　　(d)　　　(e)

Figura 8.37. *Diagramas para o Exercício 6.*

(b) K = 3. A distância entre os limites do círculo é ligeiramente maior que os raios dos mesmos.

(c) K = 3. A distância entre os limites dos círculos é muito menor do que os raios dos círculos.
(d) K = 2.
(e) K = 3. Dica: Use a simetria da situação e lembre-se de que estamos procurando um esboço do que seria o resultado.

7. Suponha que para um conjunto de dados
   - há m pontos e K grupos,
   - metade dos pontos e grupos estão em regiões "mais densas",
   - metade dos pontos e grupos estão em regiões "menos densas" e
   - as duas regiões estão bem separadas entre si.

   Para o conjunto de dados apresentado, o que deve ocorrer para minimizar o erro quadrado ao se encontrar K grupos:
   (a) Os centróides devem ser alocados na região menos densa/
   (b) Mais centróides devem ser alocados à região menos densa.
   (c) Mais centróides devem ser alocados à região mais densa.

   Nota: Não se distraia com casos especiais ou traga fatores outros que não a densidade. Entretanto, se você achar que a resposta certa é diferente da apresentada anteriormente, justifique sua resposta.

8. Analise a média de um grupo de objetos de um conjunto de dados de transações binárias. Quais são os valores máximo e mínimo dos componentes da média? Qual a interpretação de componentes da média do grupos? Quais componentes caracterizam de forma mais precisa os objetos do grupo?

9. Dê um exemplo de um conjunto de dados consistindo de três grupos naturais, para os quais (quase sempre) K-means provavelmente encontraria os grupos corretos, mas particionar K-means não.

10. A medida do coseno seria a medida de semelhança apropriada para usar com agrupamentos K-means para dados de séries de tempo? Por quê ou por que não? Se não, qual medida de semelhança seria mais apropriada?

11. A SSE total é a soma da SSE de cada atributo separado. O que significa se a SSE de uma variável for baixa em todos os grupos? Baixa para apenas um grupo? Alta para todos os grupos? Alta para apenas um grupo? Como você usaria informações SSE por variável para melhorar seu agrupamento?

Análise de Grupos: Conceitos Básicos e Algoritmos   669

12. O algoritmo líder (Hartigan [394]) representa cada grupo usando um ponto, conhecido como *líder*, e atribui cada ponto ao grupo correspondente ao líder mais próximo, a menos que esta distância esteja acima de um limite especificado pelo usuário. Neste caso, o ponto se torna o líder de um novo grupo.
    (a) Quais são as vantagens e desvantagens do algoritmo líder comparado com K-means?
    (b) Sugira duas formas nas quais o algoritmo líder poderia ser melhorado.
13. O diagrama de Voronoi para um conjunto K pontos no plano é uma partição de todos os pontos do plano em K regiões, de modo que cada ponto (do plano) seja atribuído ao ponto mais próximo entre os K pontos especificados. (Veja a Figura 8.38). Qual o relacionamento entre diagramas Voronoi e grupos K-means? O que os diagramas Voronoi nos dizem sobre os possíveis formatos de grupos K-means?

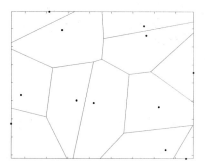

Figura 8.38. *Diagrama Voronoi para o Exercício 13.*

14. Você recebeu um conjunto de dados com 100 registros e é solicitado a agrupar os dados. Você usa K-means para agrupar os dados, mas para todos os valores de K, $1 \leq K \leq 100$, o algoritmo K-means retorna apenas um grupo não vazio. Você aplica então uma versão incremental de K-means, mas obtém exatamente o mesmo resultado. Como isto é possível? Como a conexão única ou DBSCAN lidariam com tais dados?
15. Rotinas tradicionais de agrupamento hierárquico aglomerativo fundem dois grupos em cada etapa. Parece provável que tal abordagem capture

com precisão a estrutura (aninhada) de grupos de um conjunto de pontos de dados? Se não, explique como você poderia pós-processar os dados para obter uma visão mais precisa da estrutura de grupos.

16. Use a matriz de semelhança da Tabela 8.13 para executar agrupamento hierárquico de conexão completa e única. Mostre seus resultados desenhando um dendrograma. O dendrograma deve mostrar claramente a m na qual os pontos são fundidos.

Tabela 8.13. Matriz de semelhança para o Exercício 16.

	p1	p2	p3	p4	p5
p1	1.00	0.10	0.41	0.55	0.35
p2	0.10	1.00	0.64	0.47	0.98
p3	0.41	0.64	1.00	0.44	0.85
p4	0.55	0.47	0.44	1.00	0.76
p5	0.35	0.98	0.85	0.76	1.00

17. O agrupamento hierárquico é às vezes usado para gerar K grupos, K > 1 pegando os grupos no nível de índice K do dendrograma. (O raiz está no nível 1.) Examinando os grupos produzidos desta forma, podemos avaliar o agrupamento do agrupamento hierárquico em diferentes tipos de dados e grupos e compare também abordagens hierárquicas com K-means.

(a) para cada um dos seguintes conjuntos inicial de centróides, crie dois grupos atribuindo cada ponto ao centróide mais próximo e depois calcule o erro quadrado total para cada conjunto de dois grupos. Mostre tanto os grupos quanto o erro quadrado total para cada grupo de centróides i. {18,45} ii. {15,40}

(b) Ambos os grupos de centróides representa, soluções estáveis; i.e., se o algoritmo K-means foi executado sobre este conjunto de pontos usando somente centróides apresentados como os centróides iniciais, teria havido alguma mudança nos grupos gerados?

(c) Quais são os dois grupos produzidos por conexão única?

(d) Qual técnica, K-means ou conexão única, parece produzir o agrupamento "mais natural" nesta situação? (Para o K-means, pegue o agrupamento com o menor erro quadrado.)

Análise de Grupos: Conceitos Básicos e Algoritmos

(e) A qual(is) definição(ões) de agrupamento este agrupamento natural corresponde? (Bem-separado, baseado no centro, contíguo ou densidade).

(f) Qual característica bem conhecida do algoritmo K-means explica o comportamento anterior?

18. Suponha que encontremos K grupos usando o método de Ward, K-means particionantes e K-means comum. Quais destas soluções representa um mínimo global e local? Explique.

19. Algoritmo de agrupamento hierárquico requerem O (m^2 log(m)) de tempo e, conseqüentemente, não são práticos para usar diretamente conjuntos maiores de dados. Uma técnica possível para reduzir o tempo requerido é amostrar o conjunto de dados. Por exemplo, se K grupos são desejados e $\sqrt{m}$ pontos são amostrados de m pontos, então um algoritmo de agrupamento hierárquico produzirá um agrupamento hierárquico em aproximadamente O (m) tempo. K grupos podem ser extraídos deste agrupamento hierárquicos pegando-se os grupos no nível K do dendrograma. Os pontos restantes podem então ser atribuídos a um grupo em tempo linear, usando diversas estratégias. Para dar um exemplo específico, os centróides dos K grupos podem ser calculados e então cada um dos $m - \sqrt{m}$ pontos restantes pode ser atribuído ao grupo associado ao centróide mais próximo.

Para cada um dos seguintes tipos de dados ou grupos, discuta brevemente se (1) a amostragem pode causar problemas para esta abordagem e (2) quais são estes problemas. Suponha que a técnica de amostragem escolha aleatoriamente pontos do conjunto total de m pontos e que quaisquer características não mencionadas dos dados ou grupos são tão ótimos quanto possível. Em outras palavras, enfoque apenas problemas gerados pela característica específica mencionada. Finalmente, suponha que K seja muito menos que m.

(a) Dados com grupos de tamanho muito diferentes.
(b) Dados de alta dimensionalidade.
(c) Dados com elementos externos, i.e., pontos atípicos.
(d) Dados com regiões altamente irregulares.
(e) Dados com grupos globulares.

(f) Dados com densidades muito diferentes.
(g) Dados com uma pequena porcentagem de pontos de ruídos.
(h) Dados não Euclidianos.
(i) Dados Euclidianos.
(j) Dados com muitos tipos misturados de atributos.
20. Analise as seguintes quatro faces mostradas na Figura 8.39. Novamente, a escuridão ou o número de pontos representa a densidade. Retas são usadas apenas para distinguir regiões e não representam pontos.
   (a) Para cada figura, você poderia usar conexão única para encontrar os padrões representados pelo nariz, olhos e boca? Explique.
   (b) Para cada figura, você poderia usar K-means para encontrar os padrões representados pelo nariz, olhos e boca? Explique.

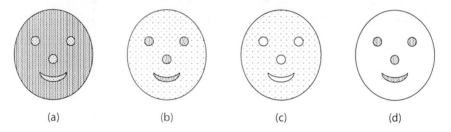

Figura 8.39. *Figura para o Exercício 20.*

   (c) Qual limitação o agrupamento tem na detecção de todos os padrões formados pelos pontos da Figura 8.39 (c)?
21. Calcule a entropia e pureza para a matriz de confusão na Tabela 8.14.

Tabela 8.14. Matriz de confusão para o Exercício 21.

Grupo	Variedades	Financeiro	Exterior	Metropolitano	Nacional	Esportes	Total
#1	1	1	0	11	4	676	693
#2	27	89	333	827	253	33	1562
#3	326	465	8	105	16	29	949
Total	354	555	341	943	273	738	3204

22. Você recebe dois grupos de 100 pontos que caem dentro do quadrado de unidade. Um conjunto de pontos é organizado de forma que os pontos

estejam espaçados uniformemente. O outro conjunto de pontos é gerado a partir de uma distribuição uniforme pelo quadrado de unidade.
(a) Existe uma diferença entre os dois conjuntos de pontos?
(b) Se este for o caso, qual conjunto de pontos geralmente terá uma SSE menor para K=10 grupos?
(c) Qual será o comportamento de DBSCAN no conjunto de dados uniformes? E o conjunto de dados aleatórios?

23. Usando os dados do Exercício 24, calcule o coeficiente de silhueta para cada ponto, cada um dos dois grupos e o agrupamento geral.

24. Dado o conjunto de rótulos de grupos e matriz de semelhança mostrados nas Tabelas 8.15 e 8.16, respectivamente, calcule a correlação entre a matriz de semelhança e a matriz de semelhança ideal, i.e., a matriz cuja entrada de índice ij é 1 se dois objetos pertencerem ao mesmo grupo, ou 0 em caso contrário.

Tabela 8.15. Tabela de rótulos de grupos para o Exercício 24.

Ponto	Rótulo do Grupo
P1	1
P2	1
P3	2
P4	2

Tabela 8.16. Matriz de semelhança para o Exercício 24.

Ponto	P1	P2	P3	P4
P1	1	0.8	0.65	0.55
P2	0.8	1	0.7	0.6
P3	0.65	0.7	1	0.9
P4	0.55	0.6	0.9	1

25. Calcule a medida F hierárquica para os oito objetos {p1,p2,p3,p4,p5,p6,p7,p8} e agrupamento hierárquico mostrado na Figura 8.40. A classe A contém os pontos p1, p2 e p3, enquanto que p4, p5, p6, p7 e p8 pertencem à classe B.

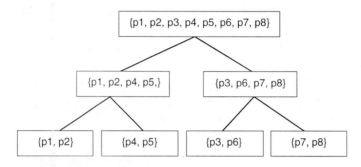

Figura 8.40. *Agrupamento hierárquico para o Exercício 25.*

26. Calcule o coeficiente de correlação cofenética para os agrupamentos hierárquicos do Exercício 16. (Você precisará converter as semelhanças em diferenças.)
27. Prove a Equação 8.14.
28. Prove a Equação 8.16.
29. Prove que $\sum_{i=1}^{K} \sum_{x \in C_i} (x - m_i)(m - m_i)$. Este fato foi usado na prova de que TSS = SSE + SSB na Seção 8.5.2.
30. Grupos de documentos podem ser resumidos encontrando-se os termos (palavras) mais usados para os documentos do grupo, e.g., pegando os k termos mais freqüentes, onde k é uma constante, digamos 10, ou pegando todos os termos que ocorrem mais freqüentemente do que um limite especificado. Suponha que K-means seja usado para encontrar grupos de documentos e palavras para um conjunto de dados de documentos.
    (a) Como um conjunto de termos definido pelos termos mais usados em um grupo de documentos poderia diferir de grupos de palavras encontradas por agrupamento de termos com K-means?
    (b) Com o agrupamento de termos poderia ser usado para definir grupos de documentos?

31. Podemos representar um conjunto de dados como uma coleção de nodos de objetos e uma coleção de modos de atributos, onde exista uma conexão entre cada objeto e cada atributo, e onde o peso dessa conexão seja o valor do objeto para aquele atributo. Para dados esparsos, se o valor for 0, a conexão é omitida. Agrupamentos bipartidos tentam particionar este grafo em grupos disjuntos, onde cada grupo consiste de um conjunto de nodos de objetos e um conjunto de nodos de atributos. O objetivo é maximizar o peso das conexões entre os nodos de atributos e objetos em grupos diferentes. Este tipo de agrupamento também é conhecido como **co-agrupamento**, já que os objetos e os atributos são agrupados ao mesmo tempo.

    (a) Como o agrupamento bipartido (co-agrupamento) é diferente do agrupar de conjuntos de objetos e atributos separadamente?

    (b) Existem casos nos quais estas abordagens produzem os mesmos grupos?

    (c) Quais são os pontos fortes e fracos do co-agrupamento comparado com o agrupamento comum?

32. Na Figura 8.41, faça a correspondência entre as matrizes de semelhança, que estão ordenadas de acordo com os rótulos de grupos, com os conjuntos de pontos. Diferenças de tom e formato de marcador distinguem entre grupos, e cada conjunto de pontos contém 100 pontos e três grupos. No conjunto de pontos rotulado como 2, há três grupos de igual tamanho muito compactos.

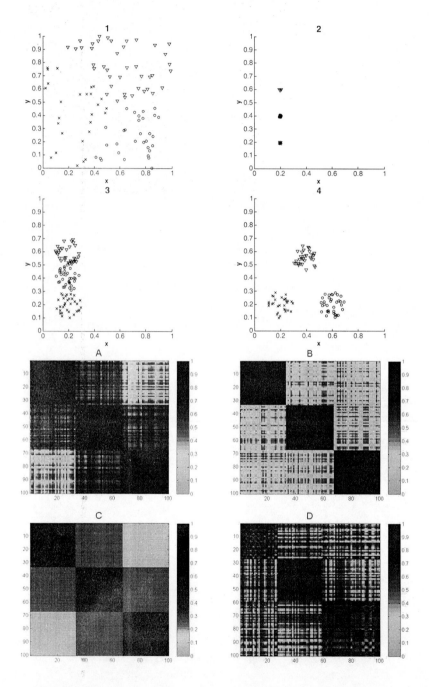

Figura 8.41. *Pontos e matrizes de semelhança para o Exercício 32.*

capítulo 9

Análise de Grupos: Questões Adicionais e Algoritmos

UM GRANDE NÚMERO DE ALGORITMOS têm sido desenvolvido em uma diversidade de domínios para diferentes tipos de aplicações. Nenhum desses algoritmos é apropriado para todos os tipos de dados, grupos e aplicações. Na verdade, parece que sempre há espaço para um novo algoritmo de agrupamento que seja mais eficiente ou mais apropriado para um determinado tipo de dados, grupos ou aplicações. Em vez disso, só podemos alegar que temos técnicas que funcionam bem em algumas situações. O motivo é que, em muitos casos, o que constitui um bom conjunto de grupos está aberto a interpretação subjetiva. Além disso, quando uma medida objetiva é empregada para dar uma definição precisa de um grupo, o problema de encontrar o agrupamento ótimo é muitas vezes computacionalmente inviável.

Este capítulo enfoca questões importantes na análise de grupos e explora os conceitos e abordagens que têm sido desenvolvidas para abordá-las. Começamos com uma discussão das questões chaves da análise de grupos, a saber, as características dos dados, grupos e algoritmos que têm muito impacto sobre o agrupamento. Estas questões são importantes para a compreensão, descrição e comparação das técnicas de agrupamento e fornecem a base para a decisão de qual técnica usar em uma determinada situação. Por exemplo, muitos algoritmos de agrupamento têm uma complexidade de tempo ou espaço de O(m²) (m sendo o número de objetos) e, assim, não são apropriados para conjuntos de dados grandes. A seguir discutimos técnicas adicionais de agrupamentos. Para cada técnica, descrevemos o algoritmo, incluindo as questões que ele aborda e os métodos que ele usa para abordá-las. Concluímos este capítulo fornecendo algumas diretrizes gerais para selecionar um algoritmo de agrupamento para uma determinada aplicação.

9.1 Características de Dados, Grupos e Algoritmos de Agrupamento

Esta seção explora questões relacionadas a características dos dados, grupos e algoritmos que sejam importante para uma ampla compreensão de análise de grupos. Algumas destas questões representam desafios, como lidar com ruídos e elementos externos. Outras questões envolvem uma característica desejada de um algoritmo, como a capacidade de produzir o mesmo resultado independentemente da ordem na qual os objetos de dados sejam processados. A discussão nesta seção, junto com a discussão sobre diferentes tipos de agrupamentos na Seção 8.1.2 e sobre diferentes tipos de grupos na Seção 8.1.3, identifica um número de "dimensões" que podem ser usadas para descrever e comparar diversos algoritmos de agrupamento e os resultados dos agrupamentos que eles produzem. Para ilustrar isto, começamos esta seção com um exemplo que compara dois algoritmos de agrupamento que foram descritos no capítulo anterior, DBSCAN e K-means. Isto é seguido por uma descrição mais detalhada das características dos dados, grupos e algoritmos que influenciam a análise de grupos.

9.1.1 Exemplo: Comparando K-means com DBSCAN

Para simplificar a comparação, supomos que não existam ligações em distâncias para K-means ou DBSCAN e que DBSCAN sempre atribua um ponto limite que está associado a diversos pontos centrais ao ponto central mais próximo.

- Tanto DBSCAN quanto K-means são algoritmos de agrupamento particional que atribuem cada objeto a um único grupo, mas K-means geralmente agrupa todos os objetos, enquanto que DBSCAN descarta objetos que classifique como ruído.

- K-means usa uma noção baseada em protótipos de um grupo; DBSCAN usa um conceito baseado em densidade.
- DBSCAN pode lidar com grupos de diferentes tamanhos e formatos e não é fortemente afetado por ruído ou elementos externos. K-means tem dificuldade com grupos não globulares e grupos de tamanhos diferentes. Ambos os algoritmos podem ter desempenho ruim quando os grupos tiverem densidades muito variadas.
- K-means só pode ser usado para dados que tenham um centróide bem definido, como uma média ou mediana. DBSCAN requer que sua definição de densidade, que é baseada na noção Euclidiana tradicional de densidade, tenha significado para os dados.
- K-means pode ser aplicado a dados esparsos e de alta dimensionalidade, como dados de documentos. DBSCAN geralmente tem desempenho ruim em tais dados porque a definição Euclidiana tradicional de densidade não funciona bem para dados de alta dimensionalidade.
- As versões originais de K-means e DBSCAN foram projetadas para dados Euclidianos, mas ambas foram estendidas para lidar com outros tipos de dados.
- DBSCAN não faz suposições sobre a distribuição dos dados. O algoritmo K-means básico é equivalente a uma abordagem de agrupamento estatística (modelos de misturas) que supõe que todos os grupos vêm de distribuições Gaussianas esféricas com diferentes médias mas com a mesma matriz de co-variância. Veja a Seção 9.2.2.
- DBSCAN e K-means procuram ambas por grupos que usem todos os atributos, ou seja, não procuram grupos que possam envolver apenas um subconjunto dos atributos.
- K-means pode encontrar grupos que não estejam bem separados, mesmo se houver intersecção entre eles (veja a Figura 8.2(b)), mas DBSCAN funde grupos que possuam intersecção.
- O algoritmo K-means possui uma complexidade de tempo de $O(m)$, enquanto que DBSCAN gasta $O(m^2)$ tempo, exceto em casos especiais como dados Euclidianos de baixa dimensionalidade.

- DBSCAN produz o mesmo conjunto de grupos de uma execução para outra, enquanto que K-means, que é geralmente usado com inicialização aleatória de centróide, não.
- DBSCAN determina automaticamente o número de grupos; para K-means, o número de grupos precisa ser especificado como um parâmetro. Todavia, DBSCAN possui dois outros parâmetros que devem ser especificados, Eps e MinPts.
- O agrupamento K-means pode ser visto como um problema de otimização; i.e., minimizar a soma do erro quadrado de cada ponto até seu centróide mais próximo e como um caso específico de uma abordagem de agrupamento estatística (modelos de misturas). DBSCAN não é baseado em algum modelo formal.

9.1.2 Características de Dados

A seguir estão algumas características de dados que podem afetar bastante a análise de grupos.

Alta Dimensionalidade   Em conjuntos de dados de alta dimensionalidade, a noção Euclidiana tradicional de densidade, que é o número de pontos por unidade de volume, fica sem significado. Para ver isto, analise que à medida em que o número de dimensões aumenta, o volume aumenta rapidamente e, a menos que o número de pontos cresça exponencialmente com o número de dimensões, a densidade tende a 0. (O volume é exponencial no número de dimensões. Por exemplo, uma hiperesfera com raio r e dimensão d possui volume proporcional a r^d.) Além disso, a proximidade tende a se tornar mais uniforme em espaços de dimensionalidades altas. Outra forma de ver este fato é que há mais dimensões (atributos) que contribuem com a proximidade entre dois pontos e isto tende a tornar a proximidade mais uniforme. Já que a maioria das técnicas de agrupamento é baseada em proximidade ou densidade, elas podem muitas vezes ter dificuldade com dados de dimensionalidade alta. Uma abordagem para lidar com tais problemas é empregar técnicas de redução de dimensionalidade. Oura abordagem, conforme discutido nas Seções 9.4.5 e 9.4.7, é redefinir as noções de proximidade e densidade.

Tamanho   Muitos algoritmos de agrupamento que funcionam bem para conjuntos de dados pequenos ou médios não conseguem lidar com conjuntos de dados maiores. Isto é mais abordado na discussão sobre as características de algoritmos de agrupamento – escalabilidade é uma dessas características – e na seção 9.5, que discute algoritmos de agrupamento escaláveis.

Dispersão   Dados esparsos muitas vezes consistem de atributos assimétricos, onde valores zero não são tão importantes quanto não zeros. Portanto, medidas de semelhança apropriadas para atributos assimétricos são comumente usadas. Todavia, outras questões relacionadas também surgem. Por exemplo, as magnitudes de entradas não zero são importantes ou distorcem o agrupamento? Em outras palavras, o agrupamento funciona melhor quando há apenas dois valores, 0 e 1?

Ruídos e Elementos Externos   Um ponto atípico (elemento externo) pode muitas vezes degradar severamente o desempenho de algoritmos de agrupamento, especialmente algoritmos como K-means que são baseados em protótipos. Por outro lado, ruídos podem fazer com que técnicas, como a conexão única, junte grupos que não devam ser juntados. Em alguns casos, algoritmos para remoção de ruídos e elementos externos são aplicados antes que um algoritmo de agrupamento seja usado. De forma alternativa, alguns algoritmos podem detectar pontos que representam ruídos e elementos externos durante o processo de agrupamento e depois os apagam ou eliminam seus efeitos negativos. No capítulo anterior, por exemplo, vimos que DBSCAN classifica automaticamente pontos de baixa densidade como ruídos e os remove do processo de agrupamento. Chameleon (Seção 9.4.4), agrupamento SNN baseado em densidade (Seção 9.4.8) e CURE (Seção 9.5.3) são três dos algoritmos neste capítulo que lidam explicitamente com ruídos e elementos externos durante o processo de agrupamento.

Tipos de Atributos e Conjunto de Dados   Conforme discutido no Capítulo 2, conjuntos de dados podem ser de diversos tipos, como estruturados, grafos ou ordenados, enquanto que atributos podem ser categorizados (nominais ou ordinais) ou quantitativos (intervalo ou taxa) e serem binários, discretos ou contínuos. Diferentes medidas de proximidade e densidade são apropriadas para diferentes tipos de dados. Em algumas situações, os dados podem precisar ser discretizados ou binarizados de modo que uma medida de proximidade desejada ou algoritmo de agrupamento possa ser usado. Outra complicação ocorre quando atributos são de tipos que variam muito, e.g., contínuos e nominais. Em tais casos, a proximidade e a densidade são mais difíceis de definir e muitas vezes mais ad hoc. Finalmente, estruturas de dados e algoritmos especiais podem ser necessários para lidar com determinados tipos de dados de maneira eficiente.

Escala Diferentes atributos, e.g., altura e peso, podem ser medidos em diferentes escalas. Estas diferenças podem afetar muito a distância ou semelhança entre dois objetos e, conseqüentemente, os resultados de uma análise de grupos. Analise o agrupamento de pessoas baseado nas suas alturas, que são medidas em metros e em seus pesos, que são medidos em quilos. Se usarmos a distância Euclidiana como nossa medida de proximidade, então a altura terá pouco impacto e as pessoas serão agrupadas na sua maioria baseadas no atributo do peso. Se, entretanto, padronizarmos cada atributo subtraindo sua média e dividindo pelo seu desvio padrão, então teremos eliminado efeitos causados pela diferença na escala. De forma mais geral, técnicas de normalização, como as discutidas na Seção 2.3.7, são usadas geralmente para lidar com estas questões.

Propriedades Matemáticas do Espaço dos Dados Algumas técnicas de agrupamento calculam a média de um conjunto de pontos ou usam outras operações matemáticas que só fazem sentido no espaço Euclidiano ou em outros espaços específicos de dados. Outros algoritmos requerem que a definição de densidade seja significante para os dados.

9.1.3 Características de Grupos

Os diferentes tipos de grupos, como os baseados em protótipos, grafos e densidade, foram descritos na Seção 8.1.3. Aqui, descrevemos outras características importantes de grupos.

Distribuição de Dados Algumas técnicas de agrupamento supõem um determinado tipo de distribuição dos dados. De forma mais específica, eles muitas vezes supõem que os dados possam ser modelados de forma a surgir de uma mistura de distribuições, onde cada grupo corresponde a uma distribuição. O agrupamento baseado em modelos de misturas é discutido na Seção 9.2.2.

Formato Alguns grupos têm formato regular, e.g., retangular ou globular mas, de forma geral, os grupos podem ser de formato arbitrário. Técnicas como DBSCAN e conexão única podem lidar com grupos de formato arbitrário, mas esquemas baseados em protótipos e algumas técnicas hierárquicas, como a conexão completa e média de grupo, não podem. Chameleon (Seção 9.4.4) e CURE (Seção 9.5.3) são exemplos de técnicas que foram projetadas especificamente para abordar este problema.

Tamanhos Diferentes Muitos métodos de agrupamento, com K-means, não funcionam bem quando os grupos têm tamanhos diferentes. (Veja a Seção 8.2.4). Este tópico é discutido mais na Seção 9.6.

Densidades Diferentes Grupos que tenham densidades muito variadas podem causar problemas para métodos como DBSCAN e K-means. A técnica baseada em densidade SNN apresentada na Seção 9.4.8 aborda esta questão.

Grupos Mal Separados Quando grupos se tocam ou interseccionam, algumas técnicas de agrupamento combinam grupos que devem ser mantidos separados. Mesmo técnicas que encontram grupos distintos de forma arbitrária atribuem pontos a um grupo ou outro. Agrupamentos difusos, que são descritos na Seção 9.2.1, são uma técnica para lidar com dados que não formam grupos bem separados.

Relacionamentos Entre Grupos Na maioria das técnicas de agrupamento, não há análise explícita dos relacionamentos entre grupos, como suas posições relativas. Mapas auto-organizados (SOM), que são descritos na Seção 9.2.3, são uma técnica de agrupamento que analisa diretamente os relacionamentos entre grupos durante o processo de agrupamento. Especificamente, a atribuição de um ponto a um grupo afeta as definições de grupos próximos.

Grupos de Sub-espaço Grupos só podem existir em um subconjunto de dimensões (atributos) e os grupos determinados usando um conjunto de dimensões podem ser bastante diferentes dos determinados pelo uso de outro conjunto. Embora esta questão possa surgir com apenas duas dimensões, se torna mais aguda à medida em que a dimensionalidade aumenta, já que o número de subconjuntos possíveis de dimensões é exponencial no número total de dimensões. Por este motivo, não é viável procurar por grupos em todos os subconjuntos possíveis de dimensões a menos que o número de dimensões seja relativamente baixo.

Uma abordagem é aplicar a seleção de características, que foi discutida na Seção 2.3.4. Todavia, esta abordagem supõe que exista apenas um subconjunto de dimensões na qual os grupos os grupos existem. Na verdade, os grupos podem existir em muitos sub-espaços distintos (conjuntos de dimensões), algumas das quais se interseccionam. A Seção 9.3.2 analisa técnicas que abordam o problema geral de agrupamento de sub-espaços, i.e., de encontrar tanto os grupos quanto as dimensões nas quais eles se difundem.

9.1.4 Características Gerais de Algoritmos de Agrupamento

Algoritmos de agrupamento são bastante variados. Fornecemos uma discussão geral de características importantes de algoritmos de agrupamento aqui e fazemos comentários mais específicos durante nossa discussão de técnicas específicas.

Dependência de Ordem Para alguns algoritmos a qualidade e o número de grupos produzidos podem variar, talvez dramaticamente, dependendo da ordem na qual os dados são processados. Embora parecesse desejável evitar tais algoritmos, às vezes a dependência de ordem é relativamente menos importante ou o algoritmo pode ter outras características desejáveis. SOM (Seção 9.2.3) é um exemplo de um algoritmo que depende da ordem.

Não determinismo Algoritmos de agrupamento, como K-means, são dependentes de ordem mas produzem resultados diferentes para cada execução já que se baseiam em uma etapa de inicialização que requer uma escolha aleatória. Devido à qualidade dos grupos poder variar de uma execução para outra, múltiplas execuções podem ser necessárias.

Escalabilidade Não é incomum que um conjunto de dados contenham milhões de objetos e os algoritmos de agrupamento usados para tais dados dever ter complexidade de espaço e tempo linear ou próxima de linear. Mesmo algoritmos que tenham uma complexidade de $O(m^2)$ não são práticos para conjuntos grandes de dados. Além disso, técnicas de agrupamentos para conjuntos de dados não podem sempre supor que todos os dados caberão na memória principal ou que os elementos dos dados possam ser acessados aleatoriamente. Tais algoritmos são inviáveis para conjuntos grandes de dados. A Seção 9.5 é dedicada à questão da escalabilidade.

Seleção de Parâmetros A maioria dos algoritmos de agrupamento tem um ou mais parâmetros que precisam ser configurados pelo usuário. Pode ser difícil escolher os valores apropriados; assim, a atitude é geralmente "quanto menos parâmetros melhor". Escolher valores de parâmetros se torna ainda mais desafiados se uma pequena alteração nos parâmetros alterar dramaticamente os resultados do agrupamento. Finalmente, a menos que um procedimento (que pode envolver a entrada de informações por parte do usuário) seja fornecido para determinar valores de parâmetros, um usuário do algoritmo é reduzido a usar teste e erro para encontrar valores apropriados de parâmetros.

Talvez o problema de seleção de parâmetros mais conhecidos é o de "escolher o número correto de grupos" para algoritmos de agrupamento particionais, como K-means. Uma abordagem possível a essa questão é apresentada na Seção 8.5.5, enquanto que referências a outras são fornecidas nas notas bibliográficas.

Transformando o Problema de Agrupamento para Outro Domínio Uma abordagem utilizada por algumas técnicas de agrupamento é mapear o problema do agrupamento para um problema em um um domínio diferente. O agrupamento baseado em grafos, por exemplo, mapeia a tarefa de encontrar grupos para a tarefa de particionar um grafo de proximidade em componentes conectados.

Tratando Agrupamentos como um Problema de Otimização Agrupamentos são muitas vezes vistos como um problema de otimização: dividir os pontos em grupos de uma forma que maximize a qualidade do conjunto resultante de grupos conforme medida por uma função objetiva definida pelo usuário. Por exemplo, o algoritmo de agrupamento K-means (Seção 8.2) tenta encontrar o conjunto de grupos que minimize a soma da distância quadrada de cada ponto desde seu centróide de grupo mais próximo. Em teoria, tais problemas podem ser resolvidos enumerando-se todos os conjuntos possíveis de grupos e selecionando-se o que tiver o melhor valor da função objetiva, mas esta abordagem exaustiva é computacionalmente inviável. Por este motivo, muitas técnicas são baseadas em abordagens heurísticas que produzem agrupamentos bons porém não ótimos. Outra abordagem é usar funções objetivas de forma local ou ávida. De modo especial, as técnicas de agrupamento hierárquicas discutidas na Seção 8.3 procedem tomando decisões localmente ótimas (ávidas) em cada etapa do processo de agrupamento.

Instruções

Organizamos nossa discussão de algoritmos de agrupamento de uma forma semelhante àquela do capítulo anterior, agrupando técnicas principalmente de acordo com se são baseadas em protótipos, densidade ou grafo. Há, contudo, uma discussão separada para técnicas de agrupamento escaláveis. Concluímos este capítulo com uma discussão de como escolher um algoritmo de agrupamento.

9.2 Agrupamentos Baseados em Protótipos

Nos agrupamentos baseados em protótipos, um grupo é um conjunto de objetos no qual qualquer objeto está mais próximo do protótipo que define

Análise de Grupos: Questões Adicionais e Algoritmos

o grupo do que do protótipo de qualquer outro grupo. A Seção 8.2 descreveu K-means, um algoritmo simples de agrupamento baseado em protótipos que usa o centróide dos objetos em um grupo como o protótipo do mesmo. Esta seção discute abordagens de agrupamento que expandem o conceito de agrupamento baseado em protótipo de uma ou mais formas, conforme discutido a seguir:

- Objetos podem pertencer a mais de um grupo. Mais especificamente, um objeto pertence a cada grupo com algum peso. Tal abordagem lida com fato de que alguns objetos estão igualmente próximos de diversos protótipos de grupos.
- Um grupo é modelado como uma distribuição estatística, i.e., objetos são gerados por um processo aleatório a partir de uma distribuição estatística que é caracterizada por um número de parâmetros estatísticos, como a média e a variância. Este ponto de vista generaliza a noção de um protótipo e permite o uso de técnicas estatística bem estabelecidas.
- Grupos são restritos a relacionamentos fixos. Mais comumente, estes relacionamentos são restrições que especificam relacionamentos de vizinhança; i.e., o grau no qual dois grupos são vizinhos um do outro. Restringir os relacionamentos entre grupos pode simplificar a interpretação e visualização dos dados.

Analisamos três algoritmos específicos de agrupamentos para ilustrar estas extensões de agrupamentos baseados em protótipos. C-means difuso usa conceitos do campo da lógica fuzzy e a teoria de conjuntos fuzzy para propor um esquema de agrupamentos, que é muito semelhante a K-means, mas que não requer uma atribuição explícita de um ponto a apenas um grupo. O agrupamento de modelo de misturas usa a abordagem na qual um conjunto de grupos pode ser modelado como uma mistura de distribuições, uma para cada grupo. O esquema de agrupamento baseado nos mapas auto-organizados (SOM) executa o agrupamento dentro de um framework que requer que os grupos tenham um relacionamento pré-especificado entre si, e.g., uma estrutura de grade bidimensional.

9.2.1 Agrupamento Difuso

Se objetos de dados estiverem distribuídos em grupos bem separados, então uma classificação dos objetos em grupos disjuntos parece uma abordagem ideal. Todavia, na maioria dos casos, os objetos em um conjunto de dados não podem ser particionados em grupos bem separados e haverá uma certa arbitrariedade na atribuição de um objeto a um determinado grupo. Analise um objeto que esteja próximo do limite de dois grupos mas que esteja ligeiramente mais próximo de um deles. Em muitos casos assim, pode ser mais apropriado atribuir um peso a cada objeto e a cada grupo que indique o grau no qual objeto pertence ao grupo. Matematicamente, w_{ij} é o peso com o qual o objeto x_i pertence ao grupo c_j.

Conforme mostrado na próxima seção, abordagens probabilísticas também podem fornecer tais pesos. Embora abordagens probabilísticas sejam úteis em muitas situações, há vezes em que é difícil determinar um modelo estatístico apropriado. Em tais casos, técnicas de agrupamento não probabilísticas são necessárias para fornecer capacidades semelhantes. Técnicas de agrupamento difusas são baseadas na teoria de conjuntos fuzzy e fornecem uma técnica natural para produzir um agrupamento no qual pesos dos participantes (o w_{ij}) têm uma interpretação natural (mas não probabilística). Esta seção descreve a abordagem geral do agrupamento difuso e fornece um exemplo específico em termos de c-means difuso (K-means difuso).

Conjuntos dispersos

Lofti Zadeh introduziu a **teoria dos conjuntos dispersos** e a **lógica dispersa (fuzzy)** em 1965 como uma forma de lidar com imprecisões e incertezas. Resumidamente, a teoria fuzzy permite que um objeto pertença a um conjunto com um grau de pertinência entre 0 e 1, enquanto que a lógica fuzzy permite que uma declaração seja verdadeira com um grau de certeza entre 0 e 1. A lógica e a teoria tradicional dos conjuntos são casos especiais das suas contrapartidas difusas que restringem o grau de pertinência a um conjunto ou o grau de certeza como sendo 0 ou 1. Conceitos fuzzy têm sido aplicados a muitas áreas diferentes, incluindo sistemas de controle, reconhecimento de padrões e análise de dados (classificação e agrupamento).

Analise o seguinte exemplo de lógica fuzzy. O grau de verdade da declaração "Está nublado" pode ser definido como a porcentagem de cobertura de nuvens no céu, e.g., se o céu estiver 50% coberto por nuvens, então atribuiríamos a "Está nublado" um grau de verdade igual a 0,5. Se tivermos dois conjuntos, "dias nublados" e "dias não nublados", então podemos de forma semelhante atribuir a cada dia um grau de pertinência nos dois conjuntos. Assim, se um dia estivesse 25% nublado, teríamos um grau de 25% de pertinência em "dias nublados" e um grau de 75% de pertinência em "dias não nublados".

Grupos Difusos

Suponha que um conjunto de pontos de dados x = {x1, ..., xm}, onde cada ponto, xi, é um ponto de n dimensões, i.e., xi = {xi1, ..., xin}. Um conjunto de grupos difusos, C1, C2, ..., Ck é um subconjunto de todos os subconjuntos difuso possíveis de X. (Isto significa simplesmente que aos pesos de pertinência (graus), wij, foram atribuídos valores entre 0 e 1 para cada ponto, Xi, e cada grupo, Cj). Todavia, também queremos impor as seguintes condições razoáveis sobre os grupos para assegurar que estes formem o que é chamado de **pseudo-partição difusa**.

1. Todos os pesos de um determinado ponto, X1, somam 1.

$$\sum_{j=1}^{k} w_{ij} = 1$$

2. Cada grupo, Cj, contém pelo menos um ponto com peso diferente de zero, mas não contém todos os pontos com um peso igual a um.

$$0 < \sum_{i=1}^{m} w_{ij} = m$$

Conjuntos Difusos

Embora existam muitos tipos de agrupamento difuso – de fato, muitos algoritmos de análise de dados podem ser tornados difusos – só consideramos a versão fuzzy da K-means, que e chamada de c-means difusa. Na literatura de agrupamentos, a versão de K-means que não usa atualizações incrementais de centróides de grupos e às vezes chamada de **c-means** e este foi o termo adaptado pela comunidade fuzzy para a versão fuzzy de K-means. O algoritmo c-means difuso, às vezes também conhecido como FCM, é apresentado pelo Algoritmo 9.1.

Algoritmo 9.1 Algoritmo c-means difuso básico

1:    Selecione uma pseudo-partição fuzzy inicial, i.e., atribua valores a todos os w_{ij}.
2:    **repita**
3:       Calcule o centróide de cada grupo usando a pseudo-partição fuzzy.
4:       Recalcule a pseudo-partição fuzzy, i.e., o w_{ij}.
5:    **até** que Os centróides não mudem.
(Condições alternativas de parada são "se a mudança no erro estiver abaixo de um limite especificado" ou "se a mudança absoluta em algum w_{ij} estiver abaixo de um determinado limite".)

Após a inicialização, FCM calcula repetidamente os centróides de cada grupo e da pseudo-partição fuzzy até que a partição não mude. FCM é semelhante em estrutura ao algoritmo K-means o qual, após a inicialização, alterna entre um passo que atualiza os centróides e um passo que atribui cada objeto ao centróide mais próximo. Especificamente, calcular uma pseudo-partição fuzzy é equivalente ao passo da atribuição. Da mesma forma que com K-means, FCM pode ser interpretado como uma tentativa de minimizar a soma do erro quadrado (SSE), embora FCM seja baseado em uma versão fuzzy da SSE. De fato, K-means pode ser considerado um caso especial de FCM e o comportamento dos dois algoritmos é bastante semelhante. Os detalhes de FCM são descritos a seguir.

Calculando SSE   A definição da soma do erro quadrado (SSE) e modificada da seguinte maneira:

$$\text{SSE}(C_1, C_2, \ldots, C_k) = \sum_{j=1}^{k} \sum_{i=1}^{m} w_{ij}^p \, dist(x_i, c_j)^2 \qquad (9.1)$$

onde c_j é o centróide do grupo de índice j e p, que é o expoente que determina a influência dos pesos, possui um valor entre 1 e infinito. Observe que esta SSE é apenas uma versão com peso da SSE do K-means tradicional apresentada na Equação 8.1.

Inicialização   A inicialização aleatória é usada freqüentemente. Em especial, pesos são escolhidos aleatoriamente, sujeitos à restrição de que os pesos associados com qualquer objeto devem somar 1. Da mesma forma que com K-means, a inicialização aleatória é simples, mas muitas vezes resulta em um agrupamento que representa um mínimo local em termos da SSE. A Seção 8.2.1, que contém uma discussão sobre a escolha de centróides iniciais para K-means, possui considerável relevância para FCM também.

Calculando Centróides   A definição do centróide apresentada na Equação 9.2 pode ser derivada encontrando-se o centróide que minimize a SSE fuzzy conforme apresentado pela Equação 9.1. (Veja a abordagem na Seção 8.2.6). Para um grupo C_j, o centróide correspondente, c_j, é definido pela seguinte equação:

$$c_j = \sum_{i=1}^{m} w_{ij}^p x_i / \sum_{i=1}^{m} w_{ij}^p \qquad (9.2)$$

A definição de centróide fuzzy é semelhante à definição tradicional, exceto que todos os pontos são considerados (qualquer ponto pode pertencer a qualquer grupo, pelo menos um pouco) e a contribuição de cada ponto para o centróide é pesada pelo seu grau de participação. No caso dos conjuntos tradicionais, onde todos os w_{ij} são 0 ou 1, esta definição se reduz à definição tradicional de um centróide.

Há algumas considerações ao se escolher o valor de p. Escolher p = 2 simplifica a fórmula de atualização de peso – veja a Equação 9.4. Todavia, se escolhermos que p seja 1, então c-means difuso se comportará como K-means tradicional. Indo na outra direção, à medida em que p fica maior, todos os centróides de grupo se aproximam do centróide global de todos os pontos de dados. Em outras palavras, a partição se torna mais difusa à medida em que p aumenta.

Atualizando a Pseudo-Partição Fuzzy Já que a pseudo-partição fuzzy é definida pelo peso, este passo envolve a atualização dos pesos w_{ij} associados ao ponto de índice i e ao grupo de índice j. A fórmula de atualização de peso apresentada na Equação 9.3 pode ser derivada pela minimização da SSE da Equação sujeita à restrição de que a soma dos pesos seja 1.

$$w_{ij} = \left(1/dist\ (x_i, c_j)^2\right)^{\frac{1}{p-1}} \Big/ \sum_{q=1}^{k} \left(1/dist\ (x_i, c_q)^2\right)^{\frac{1}{p-1}} \quad (9.3)$$

Esta fórmula pode parecer um pouco misteriosa. Todavia, observe que se p = 2, então obtemos a Equação 9.4, que é um pouco mais simples. Fornecemos uma explicação intuitiva da Equação 9.4 a qual, com uma leve modificação, também se aplica à Equação 9.3.

$$w_{ij} = 1/dist\ (x_i, c_j)^2 \Big/ \sum_{q=1}^{k} 1/dist\ (x_i, c_q)^2 \quad (9.4)$$

Intuitivamente, o peso w_{ij}, que indica o grau de participação do ponto x_i no grupo C_j, deve ser relativamente alto se x_i estiver próximo do centróide c_j (se a dist(x_i, c_j) for baixa) e relativamente baixa se x_i estiver longe do centróide c_j (se dist(x_i,c_j) for alta). Se w_{ij} = 1/dist(x_i,c_j)2, que é o numerador da Equação 9.4, então este será de fato o caso. Entretanto, o peso da participação de um ponto não somará um a menos que eles estiverem normalizados; i.e., divididos pela soma de todos os pesos como na Equação 9.4. Para resumir, o peso da participação de um ponto em um grupo é apenas o recíproco do quadrado da distância entre o ponto e o centróide do grupo dividida pela soma de todos os pesos de participação do ponto.

Agora analise o impacto do expoente 1/(p-1) na Equação 9.3. Se p > 2, então este expoente diminui o peso atribuído aos grupos que estiverem próximos ao ponto. De fato, quando p vai para o infinito, o expoente tende a 0 e os pesos tendem ao valor 1/k. Por outro lado, quando p se aproxima de 1, o expoente aumenta os pesos de participação de pontos dos quais o grupo está próximo. Quando p vai para 1, o peso da participação vai para 1 para o grupo mais próximo e para 0 para todos os outros grupos. Isto corresponde a K-means.

Análise de Grupos: Questões Adicionais e Algoritmos

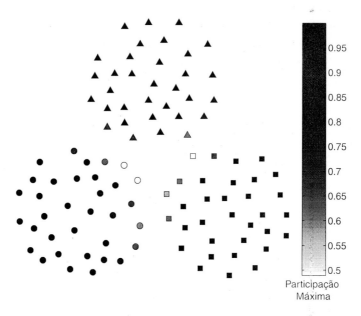

Figura 9.1. *Agrupamento c-means difuso de um conjunto de pontos bidimensionais.*

Exemplo 9.1 (C-means difuso em Três Grupos Circulares). A Figura 9.1 mostra o resultado da aplicação de c-means difuso para encontrar três grupos para um conjunto de dados bidimensionais de 100 pontos. Cada ponto foi atribuído ao grupo no qual ele teve o maior peso de participação. Os pontos pertencentes a cada grupo são mostrados por diferentes formatos de marcadores, enquanto que o grau de participação no grupo é mostrado pelo sombreamento. Quanto mais escuros os pontos, mais forte sua participação no grupo ao qual foram atribuídos. A participação em um grupo é mais forte na direção do centro do mesmo e mais menor para os pontos que estiverem entre grupos.

Pontos Fortes e Limitações

Uma característica positiva de FCM é que ela produz um agrupamento que fornece uma indicação do grau no qual algum ponto pertence a algum grupo. Caso contrário, ele tem os mesmos pontos fortes e fraquezas de K-means, embora seja um pouco mais intensivo computacionalmente.

9.2.2 Agrupamentos Usando Modelos de Mistura

Esta seção analisa o agrupamento baseado em modelos estatísticos. Muitas vezes é conveniente e eficaz supor que os dados tenham sido gerados como resultado de um processo estatístico e para descrever os dados encontrando o modelo estatístico que melhor se adapta aos dados, onde o modelo estatístico é descrito em termos de uma distribuição e um conjunto de parâmetros para essa distribuição. Em alto nível, este processo envolve a decisão sobre um modelo estatístico para os dados e a avaliação dos parâmetros desse modelo a partir dos dados. Esta seção descreve um tipo específico de modelo estatístico, **modelos de mistura**, que modelam os dados usando um número de distribuições estatísticas. Cada distribuição corresponde a um grupo e os parâmetros de cada distribuição fornecem uma descrição do grupo correspondente, especialmente e termos do seu centro e difusão.

A discussão nesta seção prossegue da seguinte forma. Após fornecer uma descrição de modelos de misturas, analisamos como os parâmetros podem ser avaliados para modelos de dados estatísticos. Primeiro descrevemos como um procedimento conhecido como **avaliação de probabilidade máxima (MLE)** pode ser usado para avaliar parâmetros para modelos estatísticos simples e depois discutir como podemos estender esta abordagem para avaliar os parâmetros de modelos de misturas. Especificamente, descrevemos o bem conhecido **algoritmo de Maximização de Expectativas (EM)**, que faz uma previsão inicial para os parâmetros, e depois melhora interativamente as mesmas. Apresentamos exemplos de como o algoritmo EM pode se usado para agrupar dados avaliando os parâmetros de um modelo de mistura e discutimos seus pontos fortes e limitações.

Uma forte compreensão de estatística e probabilidade, conforme cobertas no Apêndice C, é essencial para compreender esta seção. Além disso, por conveniência na discussão a seguir, usamos o termo probabilidade para nos referir tanto a probabilidade quanto a densidade de probabilidade.

Modelos de Misturas

Modelos de misturas visualizam os dados como um conjunto de observações a partir de uma mistura de diferentes distribuições de probabilidades. As distribuições de probabilidades podem ser qualquer coisa, mas muitas vezes são pegas como normais multivariadas, já que este tipo de distribuição é bem compreendida, matematicamente fácil de se trabalhar e tem mostrado produzir bons resultados em muitas distâncias. Estes tipos de distribuição pode modelar grupos elipsoidais.

Conceituamente, modelos de misturas correspondem ao seguinte processo de geração de dados. Dadas diversas distribuições, geralmente do mesmo tipo mas com diferentes parâmetros, selecione aleatoriamente uma destas distribuições e gere um objeto a partir de um objeto. Repita o processo m vezes, onde m é o número de objetos.

Mais formalmente, suponha que existam K distribuições e m objetos, $\mathcal{X} = \{x_1, \ldots, x_m\}$ Suponha que a distribuição de índice j tenha parâmetros θ e Θ seja o conjunto de todos os parâmetros, i.e, Θ={ θ1, ..., θk}. Então, prob($x_i|\theta_j$) é a probabilidade do objeto de índice i se ele vier da distribuição de índice j. A probabilidade de que a distribuição de índice j seja escolhida para gerar um objeto é dada pelo peso w_j, $1 \leq j \leq K$, onde estes pesos (probabilidades) estão sujeitos à restrição de que somam um, i.e., $\sum_{j=1}^{K} w_j = 1$. Então, a probabilidade de um objeto x é dada pela Equação 9.5.

$$prob(x/\Theta) = \sum_{j=1}^{K} w_j p_j(x/\theta_j) \qquad (9.5)$$

Se os objetos forem gerados de uma forma independente, então a probabilidade do conjunto inteiro de objetos é apenas o produto da probabilidade cada x_i individual.

$$prob(\mathcal{X}/\Theta) = \prod_{i=1}^{m} prob(x_i/\Theta) = \prod_{i=1}^{m} \sum_{j=1}^{K} w_j p_j(x_i/\theta_j) \qquad (9.6)$$

Para modelos de misturas, cada distribuição descreve um grupo diferente, i.e., um grupo diferente. Usando métodos estatísticos, podemos avaliar os parâmetros destas distribuições a partir dos dados e assim descrever as distribuições (grupos). Também podemos identificar quais objetos pertencem a quais grupos. Entretanto, a modelagem de misturas não produz uma atribuição de objetos a grupos, mas dá a probabilidade com a qual um determinado objeto pertence a um determinado grupo.

Exemplo 9.2 (Mistura Gaussiana Univariada). Fornecemos uma ilustração concreta de um modelo de mistura em termos de distribuições Gaussianas. A função da densidade da probabilidade para uma distribuição Gaussiana unidimensional em um ponto x é

$$prob(x_i/\Theta) = \frac{1}{\sqrt{2\pi}\sigma} e^{-\frac{(x-\mu)^2}{2\sigma^2}}. \tag{9.7}$$

Os parâmetros da distribuição Gaussiana são dadas por $\theta = (\mu, \sigma)$, onde μ é a média da distribuição e σ é o desvio padrão. Suponha que existam duas distribuições Gaussianas, com um desvio padrão comum de 2 e média de -4 e 4, respectivamente. Suponha também que cada uma das duas distribuições seja selecionada com probabilidade igual, i.e., $w1 = w2 = 0,5$. Então a Equação 9.5 se torna a seguinte:

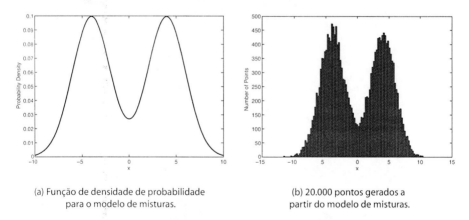

(a) Função de densidade de probabilidade para o modelo de misturas.

(b) 20.000 pontos gerados a partir do modelo de misturas.

Figura 9.2. *Modelo de misturas consistindo de duas distribuições normais com média de -4 e 4, respectivamente. Ambas as distribuições têm um desvio padrão de 2.*

Análise de Grupos: Questões Adicionais e Algoritmos 697

$$prob(x|\Theta) = \frac{1}{2\sqrt{2\pi}} e^{-\frac{(x+4)^2}{8}} + \frac{1}{2\sqrt{2\pi}} e^{-\frac{(x-4)^2}{8}}. \quad (9.8)$$

A Figura 9.2(a) mostra um desenho da função de densidade de probabilidade deste modelo de misturas, enquanto que a Figura .2(b) mostra o histograma de 20.000 pontos gerados a partir de modelos de misturas.

Avaliando Parâmetros de Modelos Usando Probabilidade Máxima

Dado um modelo estatísticos dos dados, é necessário avaliar os parâmetros desse modelo. Um abordagem padrão usada para esta tarefa é uma avaliação de probabilidade máxima, a qual explicamos agora.

Para começar, analise um conjunto de m pontos que sejam gerados a partir de uma distribuição Gaussiana unidimensional. Supondo que os pontos sejam gerados independentemente, a probabilidade destes pontos é apenas o produto das suas probabilidades individuais. (Novamente, estamos lidando com densidades de probabilidade, mas para manter nossa terminologia simples, iremos nos referir a probabilidades.) Usando Equação 9.7, podemos escrever esta probabilidade conforme mostrado na Equação 9.9. Já que esta probabilidade seria um número muito pequeno, geralmente trabalharemos com a probabilidade de registro, conforme mostrado na Equação 9.10.

$$prob(\mathcal{X}|\Theta) = \prod_{i=1}^{m} \frac{1}{\sqrt{2\pi}\sigma} e^{-\frac{(x_i - u)^2}{2\sigma^2}} \quad (9.9)$$

$$log\ prob(\mathcal{X}|\Theta) = -\sum_{i=1}^{m} \frac{(x_i - u)^2}{2\sigma^2} - 0.5m\ log\ 2\pi - m\ log\ \sigma \quad (9.10)$$

Gostaríamos de encontrar um procedimento para avaliar μ e σ se forem desconhecidos. Uma abordagem é escolher os valores dos parâmetros para os quais os dados sejam mais prováveis. Em outras palavras, escolhemos μ e σ que maximizem a Equação 9.9. Esta abordagem é conhecida em estatística como o **princípio da probabilidade máxima** e o processo de aplicação deste princípio para avaliar os parâmetros de uma distribuição estatística a partir dos dados é conhecida como **avaliação de probabilidade máxima (MLE)**.

O princípio é chamado de princípio de probabilidade máxima porque, dado um conjunto de dados, a probabilidade dos dados, considerada como uma função dos parâmetros, é chamada de **função de probabilidade**. Para ilustrar, rescrevemos a Equação 9.9 como Equação 9.11 para enfatizar que visualizamos os parâmetros estatísticos μ e σ como nossas variáveis e que os dados são considerados como constante. Por motivos práticos, a probabilidade de log é mais comumente usada. A função de probabilidade de log derivada da probabilidade de log da Equação 9.10 é mostrada na Equação 9.12. Observe que os valores de parâmetros que maximiza a probabilidade de log também maximizam a probabilidade já que o log é uma função que aumenta monotonicamente.

$$likelihood\ (\Theta|\mathcal{X}) = L(\Theta|\mathcal{X}) = \prod_{i=1}^{m} \frac{1}{\sqrt{2\pi}\sigma} e^{-\frac{(x_i - \mu)^2}{2\sigma^2}} \quad (9.11)$$

$$log\ likelihood\ (\Theta|\mathcal{X}) = \ell(\Theta|\mathcal{X}) = -\sum_{i=1}^{m} \frac{(x_i - \mu)^2}{2\sigma^2} - 0.5m \log 2\pi - m \log \sigma \quad (9.12)$$

Exemplo 9.3 (Avaliação de Parâmetro de Probabilidade Máxima). Fornecemos uma ilustração concreta do uso de MLE para encontrar valores de parâmetros. Suponha que tenhamos o conjunto de 200 pontos cujo histograma é mostrado na Figura 9.3(a). A Figura 9.3(b) mostra desenho da probabilidade de log máxima para os 200 pontos em consideração. Os valores dos parâmetros para os quais a probabilidade de log é um máximo são $\mu = -4,1$ e $\sigma = 2,1$, que estão próximos dos valores de parâmetros da distribuição Gaussiana correspondente, $\mu = -4,0$ e $\sigma = 2,0$.

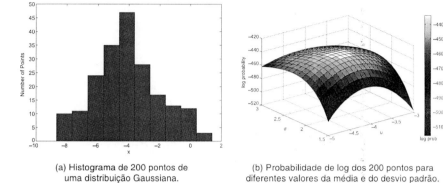

(a) Histograma de 200 pontos de uma distribuição Gaussiana.

(b) Probabilidade de log dos 200 pontos para diferentes valores da média e do desvio padrão.

Figura 9.3 *200 pontos de destribuição de Gaussian e suas probalbilidades com valores de diferentes parâmetros*

Colocar em um gráfico a probabilidade dos dados para diferentes valores não é prático, pelo menos se houver mais de dois parâmetros. Assim, o procedimento estatístico padrão é derivar as maiores estimativas de probabilidade de um parâmetro estatístico pegando a derivada da função de probabilidade com relação a esse parâmetro, estabelecendo o resultado como 0 e resolvendo. Em especial, para uma distribuição Gaussiana, pode ser demonstrado que a média e o desvio padrão dos pontos simples são as estimativas máximas de probabilidade dos parâmetros correspondentes da distribuição. (Veja o Exercício 9 na seção anterior). De fato, para os 200 pontos considerados no nosso exemplo, os valores dos parâmetros que maximizaram a probabilidade de log foram exatamente a média e o desvio padrão dos 200 pontos, i.e, $\mu = -4{,}1$ e $\sigma = 2{,}1$.

Avaliando Parâmetros de Modelos de Misturas Usando Probabilidade Máxima: O Algoritmo EM

Também podemos usar a abordagem da probabilidade máxima para avaliar os parâmetros de modelo para um modelo de misturas. No caso mais simples, sabemos quais objetos de dados vêm de quais distribuições e a situação se reduz a avaliar os parâmetros de uma única distribuição dados os dados dessa distribuição. Para a maioria das distribuições comuns, as avaliações da probabilidade máxima dos parâmetros são calculadas a partir de fórmulas simples envolvendo os dados.

De uma situação mais geral (e mais realística), não sabemos quais pontos foram gerados por qual distribuição. Assim, não podemos calcular diretamente a probabilidade de cada ponto de dado e, assim, pareceria que não podemos usar o princípio da probabilidade máxima para avaliar parâmetros. A solução para este problema é o algoritmo EM, que é mostrado no Algoritmo 9.2. Brevemente, dada uma estimativa para os valores de parâmetros, o algoritmo EM calcula estas probabilidades para computar uma nova avaliação para os parâmetros. (Estes parâmetros são os que maximizam a probabilidade.) Sua iteração continua até que as estimativas dos parâmetros não mudem ou mudem muito pouco. Assim, ainda empregamos a avaliação de probabilidade máxima, mas através de uma pesquisa iterativa.

Algoritmo 9.2 Algoritmo EM

1: Selecione um conjunto inicial de parâmetros de modelos.
(Assim como em K-means, isto pode ser feito aleatoriamente, em uma diversidade de formas.)
2: **repita**
3: **Etapa da Expectativa** Para cada objeto, calcule a probabilidade de que cada objeto pertença a cada distribuição, i.e., calcule prob(distribuição $j|x_i,\Theta$).
4: **Etapa da Maximização** Dadas as probabilidades da etapa da expectativa, encontre as novas expectativas dos parâmetros que maximizem a probabilidade esperada.
5: **até que** Os parâmetros não mudem.
(De forma alternativa, pare se a mudança nos parâmetros estiver abaixo de um limite especificado.)

O algoritmo EM é semelhante ao K-means apresentado na Seção 8.2.1. De fato, o algoritmo K-means para dados Euclidianos é um caso especial do algoritmo EM para distribuições Gaussianas esféricas com matrizes de covariância iguais, mas médias diferentes. A etapa da expectativa corresponde ao passo de K-means de atribuir cada objeto a um grupo. Em vez disso, cada objeto é atribuído a cada grupo (distribuição) com alguma probabilidade. A etapa de maximização corresponde ao cálculo dos centróides de

Análise de Grupos: Questões Adicionais e Algoritmos

grupos. Em vez disso, todos os parâmetros das distribuições, assim como os parâmetros de peso, são selecionados para maximizar a probabilidade. Este processo é muitas vezes direto, já que os parâmetros são geralmente calculados usando fórmulas derivadas da avaliação de probabilidade máxima. Por exemplo, para uma distribuição Gaussiana, a avaliação da média de MLE é a média dos objetos na distribuição. No contexto dos modelos de misturas e do algoritmo EM, o cálculo da média é modificado para contabilizar o fato de que cada objeto pertence a uma distribuição com uma determinada probabilidade. Isto é ilustrado no exemplo a seguir.

Exemplo 9.4 (Exemplo Simples de Algoritmo EM). Este exemplo ilustra como EM opera quando aplicado sobre os dados da Figura 9.2. Para manter o exemplo tão simples quanto possível, supomos que saibamos que o desvio padrão de ambas as distribuições é 2,0 e que os pontos foram gerados com a mesma probabilidade a partir de ambas as distribuições. Iremos nos referir às distribuições à esquerda e à direita como distribuições 1 e 2, respectivamente.

Começamos o algoritmo EM fazendo previsões iniciais para $\mu 1$ e $\mu 2$ de, digamos $\mu 1 = -2$ e $\mu 2 = 3$. Assim, os parâmetros iniciais, $\theta = (\mu, \sigma)$ para as duas distribuições são, respectivamente, $\theta 1 = (-2,2)$ e $\theta 2 = (3,2)$. O conjunto de parâmetros para o modelo de misturas inteiro é $\Theta = \{\theta 1, \theta 2\}$. Para a etapa da expectativa do EM, queremos calcular a probabilidade de que um ponto venha de uma determinada distribuição; i.e., queremos calcular a prob(distribuição $1|x_i, \Theta$) e prob(distribuição$2|x_i, \Theta$). Estes valores podem ser expressos pela seguinte equação, que é uma aplicação direta da regra de Bayes (veja o Apêndice C):

$$prob(distribution\ j\ |x_i, \theta) = \frac{0.5\ prob(x_i|\theta_j)}{0.5\ prob(x_i|\theta_1) + 0.5\ prob(x_i|\theta_2)}, \quad (9.13)$$

onde 0,5 é a probabilidade (peso) de cada distribuição e j é 1 ou 2.

Por exemplo, suponha que um dos pontos seja 0. Usando a função de densidade Gaussiana apresentada na Equação 9.7, calculamos que prob($0|\theta 1$) = 0,12 e prob($0|\theta 2$) = 0,06. (Novamente, estamos na verdade calculando densidades de probabilidades.) Usando estes valores e a Equação 9.13, encontramos que prob($1|0,\Theta$) = 0,12/(0,12+0,06) = 0,66 e prob($2|0,\Theta$) =

0,06/(0,12+0,06) = 0,33. Isto significa que o ponto 0 tem duas vezes mais probabilidade de pertencer à distribuição 1 do que à distribuição 2 baseado nas suposições correntes para os valores de parâmetros.

Após calcular as probabilidades de participação no grupo de todos os 20.000 pontos, calculamos novas estimativas para µ1 e µ2 (usando as Equações 9.14 e 9.15) na etapa de maximização do algoritmo EM. Observe que a nova avaliação para a média de uma distribuição é apenas a média pesada dos pontos, onde os pesos são as probabilidades de que os pontos pertençam à distribuição. i.e., os valor de prob(distribuição j|x_i).

$$\mu_1 = \sum_{i=1}^{20,000} x_i \frac{prob(distribution\ 1|x_i, \Theta)}{\sum_{i=1}^{20,000} prob(distribution\ 1|x_i, \Theta)} \qquad (9.14)$$

Tabela 9.1. Primeiras iterações do algoritmo EM para o exemplo simples.

Iteração	μ_1	μ_2
0	− 2.00	3.00
1	− 3.74	4.10
2	− 3.94	4.07
3	− 3.97	4.04
4	− 3.98	4.03
5	− 3.98	4.03

$$\mu_2 = \sum_{i=1}^{20,000} x_i \frac{prob(distribution\ 2|x_i, \Theta)}{\sum_{i=1}^{20,000} prob(distribution\ 2|x_i, \Theta)} \qquad (9.15)$$

Repetimos estas duas etapas até que as avaliações de µ1 e µ2 não mudem ou mudem pouco. A Tabela 9.1 apresenta as primeiras iterações do algoritmo EM quando ele é aplicado ao conjunto de 20.000 pontos. Para estes dados, sabemos qual distribuição gerou qual ponto, de modo que também podemos calcular a média dos pontos de cada distribuição. As médias são μ_1 = -3,98 e μ_2 = 4,03.

Exemplo 9.5 (O Algoritmo EM em Conjuntos de Dados de Exemplo). Apresentamos três exemplos que ilustram o uso do algoritmo EM para encontrar grupos usando modelos de misturas. O primeiro exemplo é base-

Análise de Grupos: Questões Adicionais e Algoritmos 703

ados no conjunto de dados usado para ilustrar o algoritmo c-means difuso – veja a Figura 9.1. Modelamos estes dados como uma mistura de três distribuições Gaussianas bidimensionais com diferentes médias e matrizes de co-variância idênticas. A seguir agrupamos os dados usando os algoritmos EM. Os resultados são mostrados na Figura 9.4. Cada ponto foi atribuído ao grupo no qual ele teve maior peso de participação. Os pontos que pertencem a cada grupo são mostrados por diferentes formas de marcador, enquanto que o grau de participação no grupo é mostrado pelo sombreamento. A participação em um grupo é relativamente fraca para aqueles pontos que estão nos limites dos dois grupos, mas forte nos outros lugares. É interessante comparar os pesos de participação e probabilidades das Figuras 9.4 e 9.1. (Veja o Exercício 11).

Para o nosso segundo exemplo, aplicamos agrupamento de modelo de misturas aos dados que contêm grupos com diferentes densidades. Os dados consistem de dois grupos naturais, cada um com aproximadamente 500 pontos. Estes dados foram criados pela combinação de dois conjuntos e dados Gaussianos, um com um centro em (-4,1) e um desvio padrão de 2 e um com um centro m (0,0) e um desvio padrão de 0,5. A Figura 9.5 mostra o agrupamento produzido pelo algoritmo EM. Apesar das diferenças nas densidades, o algoritmo EM é bem sucedido na identificação dos grupos originais.

Para o nosso terceiro exemplo, usamos agrupamento de modelo de misturas sobre um conjunto de dados que K-means não consegue manipular apropriadamente. A Figura 9.6(a) mostra o agrupamento produzido por um algoritmo de modelo de misturas, enquanto que a Figura 9.6(b) mostra o agrupamento K-means do mesmo conjunto de 1.000 pontos. Para o agrupamento de modelo de misturas, cada ponto foi atribuído ao grupo para o qual tinha maior probabilidade. Em ambas as figuras, marcadores diferentes são usados para distinguir grupos diferentes. Não confunda os marcadores '+' e 'x' da Figura 9.6(a).

Vantagens e Limitações do Agrupamento de Modelo de Misturas Usando o Algoritmo EM

Encontrar grupos modelando os dados usando modelos de misturas e aplicando o algoritmo EM para avaliar os parâmetros desses modelos tem uma diversidade de vantagens e desvantagens. No lado negativo, o algoritmo EM pode ser lento, não é prático para modelos com grande número de componentes e não funciona bem quando os grupos contêm apenas alguns pontos de dados ou se os pontos de dados forem quase co-lineares. Também há um problema na avaliação do número de grupos ou, mais geralmente, na escolha da forma exata do modelo a ser usado. Este problema geralmente é enfrentado com a aplicação de uma abordagem Bayesiana a qual, a grosso modo, apresenta as probabilidades de um modelo e do outro, baseado em uma avaliação derivada dos dados. Modelos de misturas também podem ter dificuldade com ruídos e elementos externos, embora trabalho tenha sido feito no sentido de lidar com este problema.

No lado positivo, modelos de misturas são mais gerais do que K-means ou c-means difuso porque podem usar distribuições de diversos tipos. Como conseqüência, modelos misturados (baseados em distribuições Gaussianas) podem encontrar grupos de tamanhos diferentes e formatos elípticos. Além disso, uma abordagem baseada em modelos fornece uma forma disciplinada de eliminar um pouco da complexidade associada aos dados. Para ver os padrões nos dados, muitas vezes é necessário simplificar os dados e adaptá-los a um modelo é uma boa forma de fazer isso se o modelo for uma boa correspondência para os dados. Além disso, é fácil caracterizar os grupos produzidos, já que eles podem ser descritos com um pequeno número de parâmetros. Finalmente, muitos conjuntos de dados são de fato o resultado de processos aleatórios e, assim, devem satisfazer às suposições estatísticas destes modelos.

Análise de Grupos: Questões Adicionais e Algoritmos

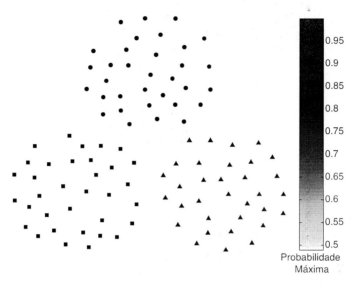

Figura 9.4. *Agrupamento EM de um conjunto de pontos bidimensionais com três grupos.*

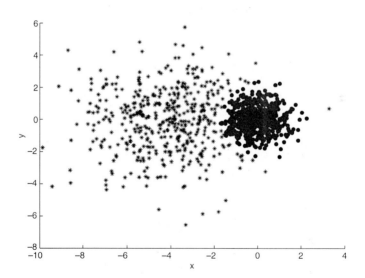

Figura 9.5. *Agrupamento EM com um conjunto de ponto bidimensionais com dois grupos com densidades diferentes.*

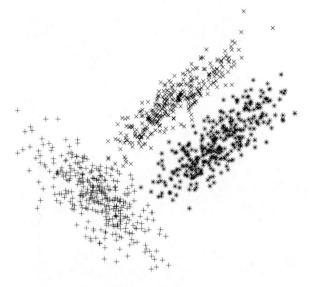

(a) Grupos produzidos por agrupamento de modelos de misturas.

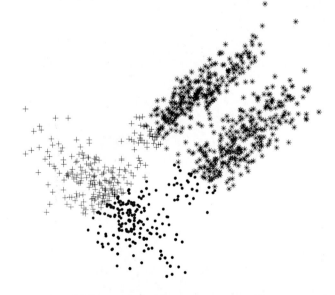

(b) Grupos produzidos por agrupamento K-means.

Figura 9.6. *Modelo de misturas e agrupamento K-means de um conjunto de pontos bidimensionais.*

9.2.3 Mapas Auto-Organizados (SOM)

O Kohonen Self-Organizing Feature Map (SOFM ou SOM) é uma técnica de agrupamento e visualização de dados baseada em um ponto de vista de redes neurais. Apesar das origens de redes neurais de SOM, eles são apresentados mais facilmente – pelo menos no contexto deste capítulo – como uma variação do agrupamento baseado em protótipos. Assim como em outros tipos de agrupamento baseado em centróides, o objetivo de SOM é encontrar um conjunto de centróides (**vetores de referência** na terminologia de SOM) e atribuir cada objeto no conjunto de dados ao centróide que fornece a melhor aproximação desse objeto. Na terminologia de redes neurais, há um neurônio associado a cada centróide.

Da mesma forma que com K-means incremental, objetos de dados são processados um de cada vez e o centróide mais próximo é atualizado. Diferentemente de K-means, SOM impõe uma ordenação topográfica sobre os centróides e os centróides próximos também são atualizados. Além disso, SOM não registram a participação no grupo corrente de um objeto e, diferentemente de K-means, se um objeto mudar de grupo, não há atualização explícita do centróide do grupo antigo. É claro que o grupo antigo pode estar na vizinhança do grupo novo e assim por ser atualizado por este motivo. O processamento de pontos continua até que algum limite pré-determinado seja alcançado ou os centróides não mudem muito. O resultado final da técnica de SOM é um conjunto e centróides que definem grupos implicitamente. Cada grupo consiste dos pontos mais próximos de um centróide específico. A seção a seguir explora os detalhes deste processo.

O Algoritmo SOM

Uma característica que distingue o SOM é que ele impõem uma organização topográfica (espacial) sobre os centróides (neurônios). A Figura 9.7 mostra um exemplo de um SOM bidimensional no qual os centróides são representados por nodos que estão organizados em um formato retangular. Cada centróide recebe um par de coordenadas (i,j). Às vezes, tal rede é desenhada com conexões entre nodos adjacentes, mas isso pode ser enganador porque a influência de um centróide sobre outros ocorre através de uma vizinhança que é definida em termos de coordenadas, não conexões. Há muitos tipos de redes neurais SOM, nas restringimos nossa discussão às SOMs bidimensionais com uma organização retangular ou hexagonal dos centróides.

Embora SOM seja semelhante a K-means ou outra abordagem baseada em protótipos, há uma diferença fundamental. Os centróides usados em SOM têm um relacionamento de ordenação topográfica pré-determinado. Durante o processo de treinamento, SOM usa cada ponto de dado para atualizar o centróide mais próximo e os centróides que estiverem próximos na ordenação topográfica. Assim, SOM produz um conjunto ordenado de centróides para qualquer determinado conjunto de dados. Em outras palavras, os centróides que estiverem próximos entre si na grade de SOM estão mais proximamente relacionado entre si do que com os centróides que estejam mais distantes. Devido a esta restrição, os centróides de um SOM bidimensional podem ser vistos como estando em uma superfície bidimensional que tenta ajustar os dados n-dimensionais tão bem quanto possível. Os centróides SOM também podem ser vistos como o resultado de uma regressão não linear com relação aos pontos de dados.

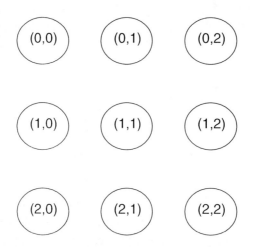

Figura 9.7. *Rede neural bidimensional 3x3 retangular.*

Em um nível alto, agrupamentos usando a técnica SOM consistem dos passos descritos no Algoritmo 9.3.

Algoritmo 9.3 Algoritmo SOM Básico.

1:    Inicialize os centróides.
2:    **repita**
3:       Selecione o próximo objeto.
4:       Determine o centróide mais próximo do objeto.
5:       Atualize este centróide e os centróides que estiverem próximos, i.e., em uma vizinhança especificada.
6:    **até que** Os Centróides não mudem muito ou um limite seja atingindo.
7:    Atribua cada objeto ao seu centróide mais próximo e retorne os centróides e grupos.

Inicialização Esta etapa (1) pode ser executada de uma diversidade de formas. Uma abordagem é escolher cada componente de um centróide aleatoriamente a partir da faixa de valores observadas nos dados para aquele componente. Embora esta abordagem funcione, não é necessariamente a melhor, especialmente para produzir convergência rápida. Outra abordagem é escolher aleatoriamente os centróides iniciais a partir dos pontos de dados disponíveis. Isto é muito semelhante a selecionar aleatoriamente centróides para K-means.

Seleção de um Objeto A primeira etapa no laço (linha 3) é a seleção do próximo objeto. Isto é razoavelmente direto, mas há algumas dificuldades. Já que a convergência pode requerer muitas etapas, cada objeto de dados pode ser usados múltiplas vezes, especialmente se o número de objetos for pequeno. Entretanto, se o número de objetos for grande, então nem todos os objetos precisam ser usados. Também é possível aumentar a influência de determinados grupos de objetos incrementando sua freqüência no conjunto de treinamento.

Atribuição A determinação do centróide mais próximo (linha 4) também é direta, embora requeira a especificação de uma métrica de distância. A métrica de distância Euclidiana é usada com freqüência, assim como a métrica de produto de pontos. Ao usar a distância do produto de pontos, os vetores de dados geralmente são normalizados de antemão e os vetores de referência são normalizados em cada etapa. Em tais casos, usar a métrica de produto de pontos é equivalente a r a medida do coseno.

Atualização A etapa da atualização (linha 5) é a mais complicada. Suponha que $m_1, ..., m_k$ sejam os centróides. (Para uma grade retangular, observe que k é o produto do número de linhas pelo de colunas). Para a etapa de tempo t, suponha que **p**(t) seja o objeto (ponto) corrente e que o centróide mais próximo a **p**(t) seja m_j. Então, para o tempo t + 1, o centróide de índice j é atualizado pelo uso da equação a seguir. (Veremos brevemente que a atualização é na verdade restrita a centróides cujos neurônios estejam em uma vizinhança pequena de m_j.)

$$\mathbf{m}_j(t+1) = \mathbf{m}_j(t) + h_j(t)(\mathbf{p}(t) - \mathbf{m}_j(t)) \qquad (9.16)$$

Assim, no tempo t, um centróide $m_j(t)$ é atualizado pela adição de um termo, $h_j(t)$ ($p(t) - m_j(t)$), que é proporcional à diferença, $p(t) - m_j(t)$, entre o centróide, $m_j(t)$ e o objeto corrente, $p(t)$. $h_j(t)$ determina o efeito que a diferença, $p(t) - m_j(t)$, terá e é escolhido de forma que (1) diminua com o tempo e (2) reforce um efeito de vizinhança, i.e., o efeito de um objeto é mais forte sobre os centróides mais próximos do centróide m_j. Aqui estamos nos referindo à distância na grade, não à distância no espaço de dados. Geralmente, $h_j(t)$ é escolhido para ser uma das seguintes funções:

$h_j(t) = \alpha(t) exp(-dist(\mathbf{r}_j, \mathbf{r}_k)^2 / (2\sigma^2(t)))$ (Função Gaussiana)

$h_j(t) = \alpha(t)$ if $dist(\mathbf{r}_j, \mathbf{r}_k)$? $limite$, 0 em caso contrário (função da etapa)

Estas funções requerem mais explicações. $\alpha(t)$ é um parâmetro de taxa de aprendizagem, $0 < \alpha(t) < 1$, que diminui monotonicamente com o tempo e controla a taxa de convergência. $\mathbf{r}_k = (x_k, y_k)$ é o ponto bidimensional que dá as coordenadas do centróide de índice k. $dist(\mathbf{r}_j, \mathbf{r}_k)$ é a distância Euclidiana entre a localização na grade dos dois centróides, i.e., $\sqrt{(x_j - x_x)^2 + (y_j - y_k)^2}$. Conseqüentemente, para centróides cujas localizações na grade estejam distantes da localização na grade do centróide m_j, a influência do objeto p(t) será muito diminuída ou inexistente. Finalmente, observe que σ é o parâmetro de variância Gaussiana típico e controla a largura da vizinhança, i.e., um σ pequeno produzirá uma vizinhança pequena, enquanto que um σ grande produzirá uma vizinhança ampla. O limite usado para a função da etapa também controla o tamanho da vizinhança.

Lembre-se de que é a técnica de atualização da vizinhança que impõe um relacionamento (ordenação) entre centróides associados com neurônios vizinhos.

Terminação Decidir quando estamos suficientemente próximos de um conjunto estável de centróides é uma questão importante. Da maneira ideal, a iteração deve continuar até que ocorra a convergência, ou seja, até que os vetores de referência não mudem ou mudem muito pouco. A taxa de convergência dependerá de um número de fatores, como os dados e $\alpha(t)$. Não discutiremos estas questões mais, exceto para mencionar que, de modo geral, a convergência pode ser lenta e não é garantida.

Exemplo 9.6 (Dados de Documentos). Apresentamos dois exemplos. No primeiro caso, aplicamos SOM com uma grade hexagonal 4 por 4 a dados de documentos. Agrupamos 3.204 artigos de jornais do *Los Angeles Times*, provenientes de 6 seções diferentes: Variedades, Financeiro, Exterior, Metropolitano, Nacional e Esportes. A Figura 9.8 mostra a grade de SOM. Usamos uma grade hexagonal, o que permite a cada centróide ter seis vizinhos imediatos em vez de quatro. Cada célula de grade SOM (grupo) foi rotulada com o rótulo da classe majoritária dos pontos associados. Os grupos de cada categoria específica formam grupos contíguos e suas posições relativas às outras categorias de grupos nos dá informações adicionais, e.g., que a seção Metropolitano contém histórias relacionadas a todas as outras seções.

Exemplo 9.7 (Pontos Bidimensionais. No segundo caso, usamos um SOM retangular e um conjunto de pontos de dado bidimensionais. A Figura 9.9(a) mostra os pontos e as posições dos 36 vetores de referência (mostrados como x's) produzidos por SOM. Os pontos estão ordenados em um padrão de tabuleiro e divididos em cinco classes: círculos, triângulos, quadrados, diamantes e hexágonos (estrelas). Uma grade retangular 6 por 6 de centróides foi usada com inicialização aleatória. Conforme a Figura 9.9(a) mostra, os centróides tendem a se distribuir mas áreas mais densas. A Figura 9.9(b) indica a classe majoritária dos pontos associados com esse centróide. Os grupos associados aos pontos de triângulos estão em uma área contígua, assim como os centróides associados aos pontos de triângulos estão em uma área contígua, assim como os centróides associados aos outros quatro tipos de pontos. Este é um resultado das restrições de vizinhança impostas pelo SOM. Embora exista o mesmo número de pontos em cada um dos cinco grupos, observe também que os centróides não estão divididos de forma uniforme. Isto ocorre em parte devido à distribuição geral dos pontos e em parte a um artefato de colocação de cada centróide em um único grupo.

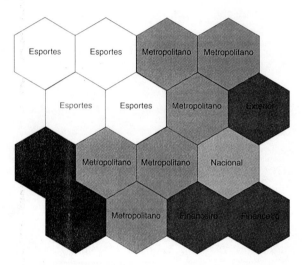

Figura 9.8. *Visualização dos relacionamentos entre grupos de SOM do conjunto de dados de documentos do Los Angeles Times.*

Aplicações

Uma vez que os vetores de SOM tenham sido encontrados, podem ser usados para muitos propósitos além de agrupamento. Por exemplo, com um SOM bidimensional, é possível associar diversas quantidades aos pontos da grade associados a cada centróide (grupo) e para visualizar os resultados através de diversos tipos de gráficos. Por exemplo, desenhar o número de pontos associados a cada grupo produz um gráfico que revela a distribuição de pontos entre grupos. Um SOM bidimensional é uma projeção não linear da função original de distribuição de probabilidade em duas dimensões. Esta projeção tenta preservar características topológicas; assim, usar SOM para capturar a estrutura dos dados tem sido comparado ao processo de "pressionar uma flor".

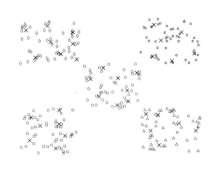

(a) Distribuição de vetores de referência de SOM (X's) para um conjunto de pontos bi-dimensionais.

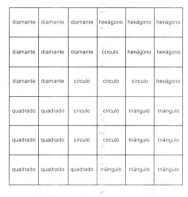

(b) Classes dos centróides de SOM.

Figura 9.9. *SOM aplicado a pontos de dados bidimensionais.*

Pontos e Limites

SOM é uma técnica de agrupamento que impõe relacionamentos de vizinhança sobre os centróides resultantes dos grupos. Devido a isto, os grupos que sejam vizinhos são mais relacionados entre si do que grupos que não o sejam. Tais relacionamentos facilitam a interpretação e visualização dos resultados do agrupamento. E fato, este aspecto do SOM tem sido explorado em muitas áreas, como visualização de documentos Web ou dados de matrizes de gens.

SOM também possui uma quantidade de limitações, que são listadas a seguir. Algumas das limitações listadas só são válidas se considerarmos SOM uma técnica padrão de agrupamento que tem como objetivo encontrar os grupos verdadeiros nos dados, em vez de uma técnica que usa agrupamentos para ajudar a descobrir a estrutura dos dados. Além disso, algumas das limitações têm sido abordadas por extensões de SOM ou por algoritmos de agrupamento inspirados em SOM. (Veja as notas bibliográficas.)

- O usuário deve escolher as configurações de parâmetros, a função de vizinhança, o tipo de grade e o número de centróides.

- Um grupo de SOM muitas vezes não corresponde a um único grupo natural. Em alguns casos, um grupo SOM pode englobar diversos grupos naturais, enquanto que em outros casos um único grupo natural é dividido em diversos grupos SOM. Este problema é em parte devido ao uso de uma grade de centróides e em parte devido ao fato de que SOM, como outras técnicas de agrupamento baseadas em protótipos, tende a dividir ou combinar grupos naturais quando eles são de tamanhos, formatos e densidades variáveis.
- SOM tem falta de uma função objetiva específica. SOM tenta encontrar um conjunto de centróides que melhor se aproxime dos dados, sujeitos às restrições topográficas entre os centróides, mas o sucesso de SOM ao fazer isso não pode ser expresso por uma função. Isto pode tornar difícil comparar diferentes resultados de agrupamentos SOM.
- SOM não garante convergir, embora, na prática, geralmente o faça.

9.3 Agrupamentos Baseados em Densidade

Na Seção 8.4, analisamos DBSCAN, um algoritmo simples porém efetivo para encontrar grupos baseados em densidade, i.e., regiões densas de objetos que sejam cercadas por regiões de baixa densidade. Esta seção examina técnicas adicionais de agrupamento baseadas em densidade que abordam questões de eficiência, encontrando grupos em subespaços e modelagem mais precisa de densidades. Primeiro, analisamos agrupamentos baseados em grades, que dividem os espaço de dados em células de grade e depois forma grupos a partir das células que sejam suficientemente densas. Tal abordagem pode ser eficiente e efetiva, pelo menos para dados de baixa dimensionalidade. A seguir, analisamos agrupamentos de subespaços, que procura grupos (regiões densas) em subconjuntos de todas as dimensões. Para um espaço de dados de n dimensões, potencialmente $2^n - 1$ subespaços precisam ser pesquisados e assim uma técnica eficiente é necessária para fazer isso. CLIQUE é um algoritmo de agrupamento baseado em grade que fornece uma abordagem eficiente para o agrupamento de subespaços baseado na observação de que áreas densas em um espaço de dimensionalidade alta implica na existência de áreas densas em espaços de dimensionalidades menores. Finalmente, descrevemos DENCLUE, uma técnica de agrupamento que usa funções de densidade de centro para modelar densidade como a soma das influências de objetos individuais de dados. Embora DENCLUE não seja fundamentalmente uma técnica baseada em grades, emprega uma abordagem baseada em grades para melhorar a eficiência.

9.3.1 Agrupamentos Baseados em Grades

Uma grade é uma forma eficiente de organizar um conjunto de dados, pelo menos em dimensões pequenas. A idéia é dividir os valores possíveis de cada atributo em um número de intervalos contíguos, criando um conjunto de células de grades. (Estamos supondo, para esta discussão e no restante desta seção, que nossos atributos sejam ordinais, intervalares ou contínuos.) Cada objeto cai em uma célula de grade cujos intervalos de atributos correspondentes contêm os valores do objeto. Objetos podem ser atribuídos a células de grades em uma passagem pelos dados e as informações sobre cada célula, como o número de pontos na célula, também podem ser coletadas ao mesmo tempo.

Há uma quantidade de formas para se executar agrupamentos usando uma grade, mas a maioria das abordagens se baseia em densidade, pelo menos em parte e, assim, nesta seção usaremos agrupamentos baseados em grades significando agrupamentos baseados em densidade usando uma grade. O Algoritmo 9.4 descreve uma abordagem básica para o agrupamento baseado em grades. Diversos aspectos desta abordagem são explorados a seguir.

Algoritmo 9.4 Algoritmo básico de agrupamento baseado em grade.

1:    Defina um conjunto de células de grade.
2:    Atribua objetos às células apropriadas e calcule a densidade de cada célula.
3:    Elimine células que tenham uma densidade abaixo de um limite especificado, τ.
4:    Forme grupos a partir de grupos contíguos de células densas.

Definindo Células de Grades

Esta é uma etapa chave no processo, mas também a menos definida, já que há diversas formas de dividir os valores possíveis de cada atributo em um número de intervalos contíguos. Para atributos contínuos, uma abordagem comum é dividir os valores em intervalos de larguras iguais. Se esta abordagem for aplicada a cada atributo, então as células de grade resultantes terão todas o mesmo volume e a densidade de uma célula é convenientemente definida como o número de pontos na célula.

Todavia, abordagens mais sofisticadas também podem ser usadas. De modo especial, para atributos contínuos quaisquer das técnicas que sejam usadas comumente para discretizar atributos que podem ser aplicados. (Veja a Seção 2.3.6.) Além da abordagem de largura igual já mencionada, isto inclui (1) dividir os valores de um atributo em intervalos de modo que cada intervalo contenha um número igual de pontos, i.e., discretização de freqüências iguais, ou (2) usando agrupamentos. Outra abordagem, que é usada pelo algoritmo de agrupamento em subespaços MAFIA, inicialmente divide o conjunto de valores de um atributo em um número maior de intervalos de larguras iguais e então combina os intervalos de densidades semelhantes.

Independentemente da abordagem empregada, a definição da grade tem um impacto forte nos resultados do agrupamento. Analisaremos aspectos específicos disto posteriormente.

A Densidade das Células de Grade

Uma forma natural de definir a densidade de uma célula de grade (ou uma região de formato mais geral) é como o número de pontos dividido pelo volume da região. Em outras palavras, a densidade é o número de pontos por espaço, independentemente da dimensionalidade do mesmo. Exemplos específicos e de dimensionalidade baixa de densidades são o número de sinais de estrada por milha (uma dimensão), o número de águias por quilômetro quadrado de habitat (duas dimensões) e o número de moléculas de gás por centímetro cúbico (três dimensões). Conforme mencionado, entretanto, uma abordagem comum é usar as células de grades que tenham o mesmo volume, de modo que o número de pontos por célula é uma medida direta da densidade da mesma.

Análise de Grupos: Questões Adicionais e Algoritmos   717

Exemplo 9.8 (Densidade Baseada em Grade). A Figura 9.10 mostra dois conjuntos de pontos bidimensionais dividido em 49 células usando uma grade 7 por 7. O primeiro conjunto contém 200 pontos gerados a partir de uma distribuição uniforme sobre um círculo centrado em (2,3) de raio 2, enquanto que o segundo conjunto possui 100 pontos gerados a partir de uma distribuição uniforme sobre um círculo centrado em (6,3) de raio 1. Os contadores para as células de grade são mostrados na Tabela 9.2. Já que as células têm volume igual (área), podemos considerar estes valores como sendo as densidades das células.

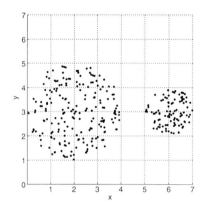

0	0	0	0	0	0	0
0	0	0	0	0	0	0
4	17	18	6	0	0	0
14	14	13	13	0	18	27
11	18	10	21	0	24	31
3	20	14	4	0	0	0
0	0	0	0	0	0	0

Figura 9.10. *Densidade baseada em grade.*

Tabela 9.2. *Contadores de pontos para células de grade.*

Formando Grupos a Partir de Células Densas de Grade

Formar grupos a partir de grupos adjacentes de células densas é relativamente direto. (Na Figura 9.10, por exemplo, fica claro que haveria dois grupos.) Há, entretanto, alguns problemas. Precisamos definir o que queremos dizer por células adjacentes. Por exemplo, uma célula de grade bidimensional tem 4 ou 8 células adjacentes? Além disso, precisamos de uma técnica eficiente para encontrar as células adjacentes, especialmente quando apenas células ocupadas são armazenadas.

A abordagem de agrupamento definida pelo Algoritmo 9.4 possui algumas limitações que poderiam ser abordadas tornando-se o algoritmo levemente mais sofisticado. Por exemplo, há células que provavelmente estarão parcialmente vazias nos limites de um grupo. Muitas vezes, estas células não são densas. Se este for o caso, elas serão descartadas e partes de um grupo serão perdidas. A Figura 9.10 e a Tabela 9.2 mostram que quatro partes do grupo maior seriam perdidas o limite de densidade for 9. O processo de agrupamento poderia ser modificado para evitar o descarte de tais células, embora isto requeresse processamento adicional.

Também é possível melhorar o agrupamento básico baseado em grade usando mais do que apenas informações de densidade. Em muitos casos, os dados são atributos especiais e não espaciais. Em outras palavras, alguns dos atributos descrevem a localização dos objetos no tempo ou no espaço, enquanto que outros atributos descrevem outros aspectos dos objetos. Um exemplo comum são casas, que têm tanto uma localização quanto um número de outras características, como preço ou área. Devido à autocorrelação espacial (ou temporal), os objetos de uma determinada célula muitas vezes têm valores semelhantes para seus outros atributos. Nestes casos, é possível filtrar as células baseado nas propriedades estatísticas de um ou mais atributos não espaciais, e.g., preço médio da casa, e depois formar grupos baseados na densidade dos pontos restantes.

Pontos Fortes e Limitações

No lado positivo, agrupamentos baseados em grades podem ser muito eficientes e efetivos. Dado um particionamento de cada atributo, uma única passagem pelos dados pode determinar a célula de grade de cada objeto e o contador de cada grade. Além disso, embora o número de potenciais células de grade possa ser alto, células de grade precisam ser criadas apenas para células não vazias. Assim, a complexidade de tempo e espaço para se definir uma grade, atribuindo cada objeto a uma célula, e o cálculo da densidade de cada célula é apenas $O(m)$, onde m é o número de pontos. Se células adjacentes ocupadas puderem ser acessadas eficientemente, por exemplo, usando uma árvore de pesquisa, então o processo inteiro de agrupamento será altamente eficiente, e.g., com a complexidade de tempo de $O(m \log m)$. Por este motivo, a abordagem baseada em grade ao agrupamento por densidade forma a base de um número de algoritmos de agrupamento, como STING, GRIDCLUS,WaveCluster, Bang-Clustering, CLIQUE e MAFIA.

No lado negativo, agrupamentos baseados em grades, como a maioria dos esquemas de agrupamentos baseados em densidade, é muito dependente da escolha do limite de densidade τ. Se τ for muito alto, então grupos serão perdidos. Se τ for baixo demais, dois grupos que deveriam estar separados podem ser juntados. Além disso, se houver grupos e ruídos de diferentes densidades, então pode não ser possível encontrar um valor único de τ que funcione para todas as partes do espaço de dados.

Também existe um número de questões relacionadas à abordagem relacionada às grades. Na Figura 9.10, por exemplo, as células de grade retangular não capturam com precisão a densidade das áreas de limite circular. Poderíamos tentar diminuir este problema tornando a grade mais fina, mas o número de pontos nas células de grade associadas a um grupo provavelmente mostrariam mais flutuação, já que pontos no grupo não estão distribuídos homogeneamente. De fato, algumas células de grade, incluindo as no interior do grupo, poderiam até estar vazias. Outra questão é que, dependendo da localização ou tamanho da célula, um grupo de pontos pode aparecer em apenas uma célula ou estar dividido entre diversas células diferentes. O mesmo grupo de pontos poderia fazer parte de um grupo no primeiro caso, mas ser descartado no segundo. Finalmente, à medida em que a dimensionalidade aumenta, o número de potenciais células de grade aumenta rapidamente – exponencialmente no número de dimensões. Embora não seja necessário analisar explicitamente células vazias de grade, pode acontecer que a maioria das células de grade contenham um único objeto. Em outras palavras, agrupamentos baseados em grade tendem a funcionar mal com dados de dimensionalidade alta.

9.3.2 Agrupamento de Subespaços

As técnicas de agrupamento analisadas até agora encontraram grupos usando todos os atributos. Todavia, se apenas subconjuntos das características forem considerados, i.e., subespaços de dados, então os grupos que encontramos podem ser bastante diferentes de um subespaço para outro. Há dois motivos pelos quais grupos de subespaços podem se interessantes.

Primeiro, os dados podem ser agrupados com relação a um pequeno conjunto de atributos, mas distribuídos aleatoriamente com relação aos atributos restantes. Em segundo lugar, há casos nos quais grupos diferentes existem em conjuntos diferentes de dimensões. Analise um conjunto de dados que registra as vendas de diversos itens diversas vezes. (Às vezes são as dimensões e os itens são os objetos.) Alguns itens poderiam mostrar comportamento semelhante (agrupados juntos) para determinados grupos de meses, e.g., verão, mas diferentes grupos provavelmente seriam caracterizados por diferentes meses (dimensões).

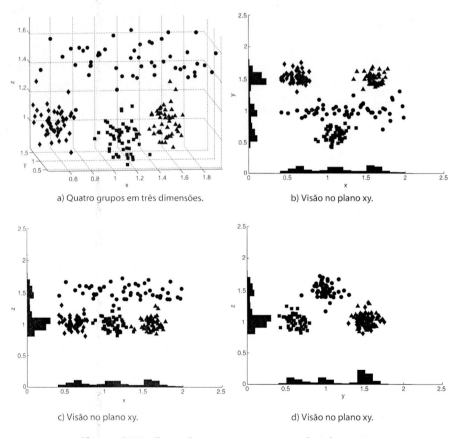

Figura 9.11. *Exemplo para agrupamento de subespaços.*

Análise de Grupos: Questões Adicionais e Algoritmos   721

Exemplo 9.9 (Grupos de Subespaços). A Figuras 9.11(a) mostra um conjunto de pontos em espaço tridimensional. Há três grupos de pontos no espaço inteiro, os quais são representados por quadrados, diamantes e triângulos. Além disso, há um conjunto de pontos, representado por círculos, que não é um grupo no espaço tridimensional. Cada dimensão (atributo) do conjunto de dados de exemplo é dividida em um número fixo (η) de intervalos de larguras iguais. Há $\eta = 20$ intervalos, cada um de tamanho 0,1. Isto particiona o espaço de dados em células retangulares de volumes iguais e, assim, a densidade de cada unidade é a fração de pontos que ela contém. Os grupos são contíguos de células densas. Para ilustrar, se o limite para uma célula densa é $\xi = 0{,}006$ ou 6% dos pontos, então três grupos unidimensionais podem ser identificados na Figura 9.12, que mostra um histograma dos pontos de dados da Figura 9.11(a) para o atributo x.

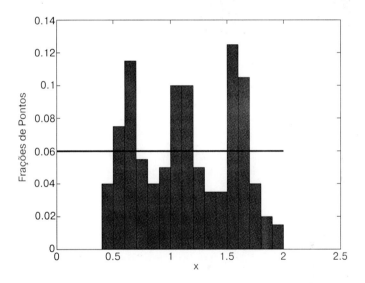

Figura 9.12. *Histograma mostrando a distribuição dos pontos para o atributo x.*

A Figura 9.11(b) mostra os pontos desenhados no plano xy. (O atributo z é ignorado). Esta figura também contém histogramas pelos eixos x e y que mostram a distribuição dos pontos com relação às suas coordenadas x e y, respectivamente. (Uma barra maior indica que o intervalo correspondente contém relativamente mais pontos e vice-versa.) Quando analisamos o eixo y, vemos três grupos. Um é dos pontos círculos que não formam um grupo no espaço inteiro, um consiste dos pontos quadrados e um consiste dos dos pontos de diamantes e triângulos. Também há três grupos na dimensão x; eles correspondem aos três grupos – diamantes, triângulos e quadrados – no espaço inteiro. Estes pontos também formam grupos distintos no plano xy. A Figura 9.11 (c) mostra os pontos desenhados no plano xy. Há dois grupos, se analisarmos apenas o atributo z. Um grupo corresponde aos pontos representados por círculos, enquanto que o outro consiste dos pontos de diamantes, triângulos e quadrados. Estes pontos formam grupos distintos no plano xz. Na Figura 9.11(d), há três grupos quando analisamos tanto as coordenadas y quanto z. Um destes grupos consiste dos círculos; outro consiste dos pontos marcados por quadrados. Os diamantes e triângulos formam um único grupo no plano yz.

E figuras ilustram alguns fatos importantes. Primeiro, um conjunto de pontos – os círculos – podem não formar um grupo no espaço de dados inteiro, mas podem formar um grupo em um subespaço. Segundo, grupos que existem no espaço de dados inteiro (ou até mesmo em um subespaço) aparecem como grupos em espaços de dimensões mais baixas. O primeiro fato nos informa que podemos precisar olhar em subconjuntos de dimensões para encontrar grupos, enquanto que o segundo fato nos informa que muitos dos grupos que encontramos em subespaços podem ser apenas "sombras" (projeções) de grupos de dimensões maiores. O objetivo é encontrar os grupos e as dimensões nas quais eles existem, mas geralmente não estamos interessados em grupos que sejam projeções de grupos de dimensões maiores.

CLIQUE

CLIQUE (Clustering In QUEst) é um algoritmo de agrupamento baseados em grades que encontra metodicamente grupos de subespaços. É impraticável verificar os grupos em cada subespaço, já que o número de tais subespaços é exponencial no número de dimensões. Em vez disso, CLIQUE se baseia na seguinte propriedade:

Propriedade de Monotonicidade de grupos baseados em densidade Se um conjunto de pontos formar um grupo baseado em densidade em k dimensões (atributos), então o mesmo conjunto de pontos também é parte de

Análise de Grupos: Questões Adicionais e Algoritmos

um grupo baseado em densidade em todos os possíveis subconjuntos dessas dimensões.

Analise um conjunto de células adjacentes de k dimensões que formam um grupo; i.e., há uma coleção de células adjacentes que têm uma densidade acima do limite especificado ξ. Um conjunto correspondente de células em k-1 dimensões pode ser encontrado omitindo-se uma das k dimensões (atributos.) As células de menor dimensão ainda são adjacentes e cada célula de dimensão baixa contém todos os pontos da célula correspondente de dimensão alta. Ela pode conter pontos adicionais também. Assim, uma célula de dimensão baixa possui uma densidade maior ou igual àquela da sua célula de alta dimensão correspondente. Conseqüentemente, as células de dimensão baixa formam um grupo; i.e., os pontos formam um grupo com o conjunto reduzido de atributos.

O algoritmo 9.5 apresenta uma versão simplificada dos passos envolvidos no CLIQUE. Conceitualmente, o algoritmo CLIQUE é semelhante ao algoritmo a *priori* para encontrar conjuntos de itens freqüentes. Veja o Capítulo 6.

Pontos Fortes e Limitações de CLIQUE

A característica mais útil de CLIQUE é que ele fornece uma técnica eficiente para pesquisar grupos em subespaços. Já que esta abordagem é baseada no princípio a *priori* bem conhecido da análise de associação, suas propriedades são bem compreendidas. Outra característica útil é a capacidade de CLIQUE de resumir a lista de células que englobam um grupo com um pequeno conjunto de diferenças.

Algoritmo 9.5 CLIQUE

1: Encontre todas as áreas densas nos espaços unidimensionais correspondentes a cada atributo. Este é o conjunto de células unidimensionais densas.
2: $k \leftarrow 2$.
3: **repita**

4: Gere todas as células candidatas densas de k dimensões a partir de células densas de (k-1) dimensões.
5: Elimine células que tenham menos ξ de pontos.
6: $k \leftarrow k + 1$.
7: **até que** Não existam células candidatas densas de k dimensões.
8: Encontre grupos pegando a união de todas as células adjacentes de alta densidade.
9: Resume cada grupo usando um pequeno conjunto de diferenças que descrevam as faixas dos atributos das células do grupo.

Muitas limitações de CLIQUE são idênticas às limitações discutidas anteriormente dos esquemas de densidade baseados em grades. Outras limitações são semelhantes àquelas do algoritmo a *priori*. Especificamente, assim como conjuntos de itens freqüentes podem compartilhar itens, os grupos encontrados por CLIQUE podem compartilhar objetos. Permitir que grupos se interseccionem podem aumentar muito o número de grupos e tornar a interpretação difícil. Outra questão é que a *priori* (e CLIQUE) têm potencialmente complexidade exponencial de tempo. Em especial, CLIQUE terá dificuldade se células demais densas forem geradas em valores menores de k. Aumentar o limite de densidade ξ pode diminuir este problema. Outra potencial limitação de CLIQUE é explorada no Exercício 20 na seção anterior.

9.3.3 DENCLUE: Um Esquema Baseada no Núcleo para Agrupamentos Baseados em Densidade

DENCLUE (DENsity CLUstering) é uma abordagem de agrupam baseada em densidade que modela a densidade geral de um conjunto de pontos como a soma das funções de influência associadas a cada ponto. A função de densidade geral resultante terá picos locais, i.e., máxima densidade local, e estes picos locais podem ser usados para definir grupos de uma forma natural. Especificamente, Para cada ponto de dado, um procedimento encontra o pico mais próximo associado àquele ponto e o conjunto de todos os pontos de dados associados a um determinado pico (chamado **atrator de densidade local**) se torna um grupo. Entretanto, se a densidade em um pico local for baixa demais, então os pontos no grupo associado são classificados como ruído e são descartados. Além disso, se um pico local puder ser conectado a um segundo pico local por um caminho de pontos de dados e a densidade de cada ponto no caminho estiver acima do limite de densidade mínimo, então os grupos associados a estes picos locais são fundidos. Portanto, grupos de qualquer formato podem ser descobertos.

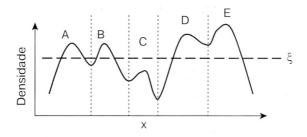

Figura 9.13. *Ilustração de conceitos de densidade de DENCLUE em uma dimensão.*

Exemplo 9.10 (Densidade DENCLUE). Ilustramos estes conceitos com a Figura 9.13, que mostra uma possível função de densidade para um conjunto de dados unidimensionais. Os pontos A-E são os picos desta função de densidade e representam atratores de densidades locais. Pontos nestas regiões se tornarão grupos definidos por centros. A linha tracejada horizontal mostra um limite de densidade, ξ. Todos os pontos associados a um atrator de densidade local que tem uma densidade menor que ξ, como os associados a C, serão descartados. Todos os outros grupos são mantidos. Observe que isto pode incluir pontos cujas densidades sejam menores que ξ, desde que estejam associados com atratores de densidades locais cuja densidade seja maior que ξ. Finalmente, grupos que estejam conectados por um caminho de pontos com uma densidade acima de ξ são combinados. Os grupos A e B permaneceriam separados, enquanto que os grupos D e E seriam combinados.

Os detalhes em alto nível do algoritmo DENCLUE são resumidos no Algoritmo 9.6. A seguir, exploramos diversos aspectos de DENCLUE em maiores detalhes. Primeiro, fornecemos uma breve visão geral da avaliação de densidade de núcleo e então apresentamos a abordagem baseada em grade que DENCLUE usa para aproximar a densidade.

Avaliação de Densidade de Núcleo

DENCLUE é baseado em uma área bem desenvolvida de reconhecimento de padrões e estatísticas que é conhecida como **avaliação de densidade de núcleo**. O objetivo desta coleção de técnicas (e muitas outras técnicas estatísticas também) é descrever a distribuição dos dados por uma função. Para a avaliação de densidade de núcleo, a contribuição de cada ponto para a função de densidade geral é expressa por uma influência ou **função de núcleo**. A função de densidade geral é simplesmente a soma das funções de influência associadas a cada ponto.

Algoritmo 9.6 Algoritmo DENCLUE.

1: Derive uma função de densidade para o espaço ocupado pelos pontos de dados.
2: Identifique os pontos que sejam máximas locais. (Estes sõ os atratores de densidade.)
3: Associe cada ponto com um atrator de densidade movendo na direção do aumento máximo na densidade.
4: Defina grupos consistindo de pontos associados com um determinado atrator de densidade.
5: Descarte grupos cujo atrator de densidade tenha uma densidade menor que um limite especificado pelo usuário de ξ.
6: Combine grupos que estejam conectados por um caminho de pontos que tenham todos a densidade de ξ ou maior.

Geralmente, a função de núcleo ou influência é simétrica (a mesma em todas as direções) e seu valor (contribuição) diminui à medida em que a distância do ponto aumenta. Por exemplo, para um determinado ponto, x, a função Gaussiana, $K(y) = e^{-distance\ (x,y)^2 / 2\sigma^2}$ é muitas vezes usadas como uma função de núcleo. (σ é um parâmetro, o que é análogo ao desvio padrão) que governa o quão rapidamente a influência de um ponto diminui.

A Figura 9.14(1) mostra como uma função de densidade Gaussiana se pareceria para um único ponto em duas dimensões, enquanto que as Figuras 9.14(c) e 9.14(d) mostra a função de densidade geral produzida pela aplicação da função de influência Gaussiana ao conjunto de pontos mostrados na Figura 9.14(b).

Questões de Implementação

O cálculo da densidade de núcleo pode ser bastante custoso, e DENCLUE usa um número de aproximações para implementar sua abordagem básica de modo eficiente. Primeiro, uma etapa de pré-processamento cria um conjunto de células de grade. Apenas células ocupadas são criadas e estas células e suas informações relacionadas podem ser acessadas eficientemente através de uma árvore de pesquisa. A seguir, ao calcularmos a densidade de um ponto e encontramos seu atrator de densidade mais próximo, DENCLUE analisa considera apenas os pontos na vizinhança; i.e., pontos na mesma célula e em células que estejam conectadas a células do ponto. Embora esta abordagem possa sacrificar um pouco da precisão com relação à avaliação de densidade, a complexidade computacional é grandemente reduzida.

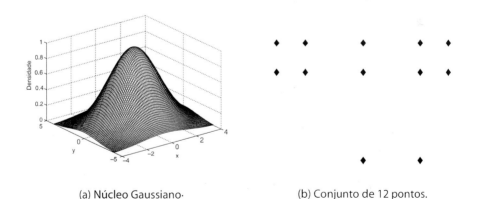

(a) Núcleo Gaussiano.   (b) Conjunto de 12 pontos.

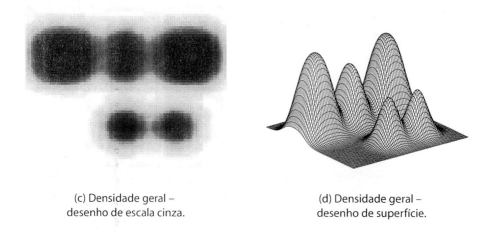

(c) Densidade geral – desenho de escala cinza.

(d) Densidade geral – desenho de superfície.

Figura 9.14. *Exemplo da função de influência (núcleo) Gaussiana e uma função densidade geral.*

Pontos Fortes e Limitações de DENCLUE

DENCLUE possui uma fundamentação teórica forte porque é baseado em funções de densidades centrais e na noção de avaliação de densidade central, que é uma área bem desenvolvida da estatística. Por este motivo, DENCLUE fornece uma forma mais flexível e potencialmente mais precisa de se calcular a densidade do que outras técnicas de agrupamento baseadas em grade e DBSCAN. (DBSCAN e um caso específico de DENCLUE). Uma abordagem baseada em funções de densidades centrais é inerentemente custosa computacionalmente, mas DENCLUE emprega técnicas baseadas em grade para abordar estas questões. Apesar disso, DENCLUE pode ser mais custosa computacionalmente do que outras técnicas de agrupamento baseadas em grades. Além disso, o uso de uma grade pode ter efeito adverso sobre a precisão da avaliação de densidade e isto torna DENCLUE susceptível a problemas comuns a abordagens baseadas em grade; e.g., a dificuldade de escolher a dificuldade de escolha do tamanho apropriado para a grade. De forma mais geral, DENCLUE compartilha muitos dos pontos fortes e limitações de outras abordagens baseadas em densidade. Por exemplo, DENCLUE é bom para lidar com a manipulação de ruídos e elementos externos e pode encontrar grupos de tamanhos e formatos diferentes, mas tem problemas com dados de alta dimensionalidade e dados que contenham grupos de densidades muito variadas.

9.4 Agrupamento Baseado em Grafos

A Seção 8.3 discutiu uma quantidade de técnicas de agrupamento que deram uma visão dos dados baseada em grafos, nos quais os objetos de dados são representados por nodos e a proximidade entre dois objetos de dados é representada pelo peso do limite entre os nodos correspondentes. Esta seção analisa alguns algoritmos de agrupamento baseados em grafos adicionais que usam um número de características propriedades chaves de grafos. A seguir estão algumas abordagens chaves, subconjuntos diferentes das quais são empregados por estes algoritmos.

1. Disperse o grafo de proximidade mantendo apenas as conexões de um objeto com seus vizinhos mais próximos. Esta especificação é útil para lidar com ruídos e elementos externos. Também permite o uso de algoritmos de particionamento de grafos altamente eficientes que têm sido desenvolvidos pra grafos esparsos.
2. Defina uma medida de semelhança entre dois objetos baseada no número de vizinhos mais próximos que eles compartilham. Esta abordagem, que é baseada na observação que um objeto e seus vizinhos mais próximos geralmente pertencem à mesma classe, é útil para contornar problemas com alta dimensionalidade e grupos de densidades variáveis.
3. Defina objetos centrais e crie grupos em torno deles. Para fazer isto para agrupamentos baseados em grafos, é necessário introduzir uma noção de baseado em densidade em um grafo de proximidade ou um grafo de proximidade disperso. Da mesma forma que com DBSCAN, criar grupos em torno de objetos centrais leva a uma técnica de agrupamento que pode encontrar grupos de diferentes formatos e tamanhos.
4. Use as informações no grafo de proximidade para fornecer uma avaliação mais sofisticada de se dois grupos devem sofrer fusão.

Especificamente, dois grupos sofrem fusão apenas se o grupo resultante terá características semelhantes às dos dois grupos originais.

Começamos discutindo a dispersão de grafos de proximidade, fornecendo dois exemplos de técnicas cuja abordagem ao agrupamento é baseada apenas nesta técnica: MST, que é equivalente ao algoritmo de agrupamento de conexão única, e Opossum. A seguir discutimos Chameleon, um algoritmo de agrupamento hierárquico que usa uma noção de auto-semelhança para determinar se os grupos devem sofrer fusão. Depois definimos a semelhança do Vizinho Compartilhado mais Próximo (SNN), uma nova medida de semelhança, e introduzimos o algoritmo de agrupamento de Jarvis-Patrick, que usa esta semelhança. Finalmente, discutimos como definir densidade e objetos centrais baseados na semelhança SNN e introduzimos um algoritmo de agrupamento baseado em densidade SNN, que pode ser visto como DBSCAN com uma nova medida de semelhança.

9.4.1 Dispersão

A matriz de proximidade m por m para m pontos de dados pode ser representada como um grafo denso no qual cada nodo é conectado a todos os outros e o peso do limite entre qualquer par de nodos reflete sua proximidade. Embora cada objeto tenha algum nível de semelhança com cada outro, para a maioria dos conjuntos de dados, os objetos são altamente semelhantes a um pequeno número de objetos e fracamente semelhantes à maioria dos outros. Esta propriedade pode ser usada para dispersar o grafo (matriz) de proximidade, estabelecendo muitos destes valores de baixa semelhança (alta diferença) com 0 antes de começar o processo real de agrupamento. A dispersão pode ser executada, por exemplo, dividindo todas as conexões que tenham uma semelhança (diferença) abaixo (acima) de um limite especificado ou mantendo apenas conexões com os k vizinhos mais próximos do ponto. Esta última abordagem cria o que é chamado de **grafo de k vizinhos mais próximos**.

A dispersão possui diversos efeitos benéficos:
- **O tamanho dos dados é reduzido.** A quantidade de dados que precisam ser processados para agrupá-los é drasticamente reduzi-

do. A dispersão muitas vezes pode eliminar mais de 99% das entradas de uma matriz de proximidade. Como resultado, o tamanho dos problemas que podem ser lidados é aumentado.
- **O agrupamento pode funcionar melhor.** As técnicas de dispersão mantêm as conexões com os vizinhos mais próximos de um objeto enquanto que quebra as conexões com objetos mais distantes. Isto é para estar de acordo com o **princípio do vizinho mais próximo** que diz que os vizinhos mais próximos de um objeto tendem a pertencer à mesma classe (grupo) que o próprio objeto. Isto reduz o impacto de ruídos e elementos externos e melhora a distinção entre grupos.

Figura 9.15. *Processo ideal de agrupamento usando dispersão.*

- **Podem ser usados algoritmos de particionamento de grafos.** Tem havido uma considerável quantidade de trabalho sobre algoritmos heurísticos para encontrar particionamentos "min-cut" de grafos esparsos, especialmente nas áreas da computação paralela e do projeto de circuitos integrados. A dispersão do grafo de proximidade possibilita usar algoritmos de particionamento de grafos para o processo de agrupamento. Por exemplo, Opossum e Chameleon usam particionamento de grafos.

A dispersão do grafo de proximidade deve ser considerada como uma etapa inicial antes do uso de algoritmos de agrupamento reais. Na teoria, uma dispersão perfeita poderia deixar a matriz de proximidade dividida em componentes conectados correspondendo aos grupos desejados mas, na prática, isto raramente acontece. É fácil que un único limite conecte dois grupos ou que um único grupo seja dividido em diversos subgrupos desconectados. De fato, como veremos quando discutirmos os agrupamentos baseados em densidade de Jarvis-Patrick e SNN, o grafo de proximidade disperso muitas vezes é modificado para produzir um novo grafo de proximidade. Este novo grafo de proximidade pode ser disperso novamente. Algoritmos de agrupamento funcionam com o grafo de proximidade que é o resultado de todas estas etapas de processamento. Este processo está resumido na Figura 9.15.

9.4.2 Agrupamento de Árvore de Dispersão Mínima (MST)

Na Seção 8.3, onde descrevemos técnicas de agrupamento hierárquico aglomerativo, mencionamos que também existem algoritmos de agrupamento hierárquico divisivos. Vimos um exemplo de tal técnica, K-means bipartido, na Seção 8.2.3. Outra técnica hierárquica divisiva, **MST**, começa com a árvore de dispersão mínima do grafo de proximidade e pode ser vista como uma aplicação da dispersão para encontrar grupos. Descrevemos brevemente este algoritmo. De modo interessante, este algoritmo também produz o mesmo agrupamento que o agrupamento aglomerativo de conexão única.

Uma **árvore de dispersão mínima** de um grafo é um subgrafo que (1) não possui ciclos, i.e., é uma árvore, (2) contém todos os nodos do grafo e (3) possui o peso de limite total mínimo de todas as árvores dispersas possíveis. A terminologia árvore de dispersão mínima, supõe que estejamos trabalhando apenas com diferenças ou distâncias e seguiremos esta convenção. Isto não é uma limitação, entretanto, já que poderíamos converter semelhanças em diferenças ou modificar a noção de uma árvore de dispersão mínima para trabalhar com semelhanças. Um exemplo de uma árvore de dispersão mínima para alguns pontos bidimensionais é mostrado na Figura 9.16.

O algoritmo hierárquico divisivo MST é mostrado no Algoritmo 9.7. O primeiro passo é encontrar o MST do grafo de diferenças original. Observe que uma árvore de dispersão mínima pode ser vista como um tipo especial de grafo disperso. A etapa 3 também pode ser vista como uma dispersão de grafo. Assim, MST pode ser visto como um algoritmo de agrupamento baseado na dispersão do grafo de diferenças.

Análise de Grupos: Questões Adicionais e Algoritmos

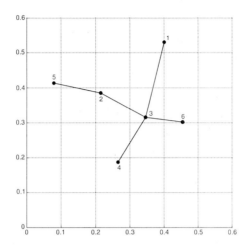

Figura 9.16. *Árvore de dispersão mínima para um conjunto de seis pontos bidimensionais.*

Algoritmo 9.7 Algoritmo de agrupamento hierárquico divisivo MST.

1:    Calcule uma árvore de dispersão mínima para o grafo de diferenças.
2:    **repita**
3:       Crie um novo grupo para dividir a conexão correspondente à maior diferença.
4:    **até que** Restem apenas grupos únicos.

9.4.3 OPOSSUM: Particionamento Ótimo de Semelhanças Usando METIS

OPOSSUM é uma técnica de agrupamento que foi projetada especificamente para agrupar dados esparsos e de alta dimensionalidade, como dados de documentos ou de cestas de compras. Da mesma forma que o MST, ele executa agrupamentos baseado na dispersão de um grafo de proximidade. Entretanto, OPOSSUM usa o algoritmo METIS, que foi criado especificamente para particionar grafos esparsos. Os passos de OPOSSUM são apresentados no Algoritmo 9.8.

Algoritmo 9.8 Algoritmo de agrupamento OPOSSUM.

1: Calcular um grafo de semelhança disperso.
2: Particione o grafo de semelhança em k componentes (grupos) distintos usando METIS.

As medidas de semelhança usadas são aquelas apropriadas para dados esparsos e de alta dimensionalidade, como a medida Jaccard estendido ou a medida de coseno. O programa de particionamento de grafos METIS particiona um grafo esparso em k componentes distintos, onde k é um parâmetro especificado pelo usuário, para (1) minimizar o peso dos limites (a semelhança) entre componentes e (2) satisfazer a uma restrição de equilíbrio. OPOSSUM usa uma das duas seguintes restrições de de equilíbrio: (1) o número de objetos em cada grupo deve ser aproximadamente o mesmo ou (2) a soma dos valores de atributos deve ser aproximadamente a mesma. A segunda restrição é útil quando, por exemplo, os valores de atributos representam o custo de cada item.

Pontos Fortes e Fracos

OPOSSUM é simples e rápido. Ele particiona os dados em grupos de aproximadamente mesmo tamanho, o que, dependendo do objetivo do agrupamento, podem ser vistos como uma vantagem ou desvantagem. Devido ao fato de serem restritos a um mesmo tamanho aproximado, os grupos podem ser divididos ou combinados. Entretanto, se OPOSSUM for usado para gerar um grande número de grupos, então estes grupos são geralmente relativamente partes puras de grupos grandes. De fato, OPOSSUM é semelhante ao passo inicial da rotina de agrupamento Chameleon, que é discutida a seguir:

9.4.4 Chameleon: Agrupamento Hierárquico com Modelagem Dinâmica

Técnicas de agrupamento hierárquico aglomerativo operam realizando a fusão os dois grupos mais semelhantes, onde a definição de semelhança de grupos depende do algoritmo específico. Alguns algoritmos aglomerativos, como médias de grupos, baseiam sua noção de semelhança na força das conexões entre os dois grupos (e.g., a semelhança de pares entre pontos nos dois grupos), enquanto que outras técnicas, como o método da conexão única, usam a proximidade dos grupos (e.g., a distância mínima entre pontos em grupos diferentes) para medir a semelhança dos grupos. Embora existam duas abordagens básicas, usar apenas uma delas pode levar a erros na fusão de grupos. Analise a Figura 9.17, que mostra quatro grupos. Se usarmos a proximidade de grupos (conforme medida pelos dois pontos mais próximos em grupos diferentes) como nosso critério de fusão, então realizaríamos a fusão dos dois grupos circulares, (c) e (d), que quase se tocam, em vez dos grupos retangulares, (a) e (b), que são separados por uma pequena distância. Entretanto, de forma intuitiva, deveríamos ter executado a fusão dos grupos retangulares, (a) e (b). O Exercício 15 na página 649 pede um exemplo de situação na qual a força de conexões leva da mesma forma a um resultado não intuitivo.

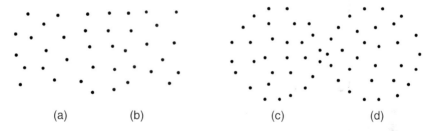

Figura 9.17. *Situação na qual a proximidade não é o critério de fusão apropriado.* © 1999, IEEE.

Outro problema é que a maioria das técnicas de agrupamento tem um modelo global (estático) de grupos. Por exemplo, K-means supõe que os grupos serão globulares, enquanto que DBSCAN define grupos baseado em um único limite de densidade. Esquemas de agrupamentos que usam um modelo global não podem lidar com casos nos quais características de grupos, como tamanho, formato e densidade, variam muito entre os grupos. Como exemplo da importância da modelagem local (dinâmica) dos grupos, analise a Figura 9.18. Se usarmos a proximidade dos grupos para determinar qual par de grupos devem sofrer fusão, como seria o caso se usássemos, por exemplo, o algoritmo de agrupamento de conexão única, então realizaríamos a fusão dos grupos (a) e (b). Todavia, não levamos em conta as características de cada grupo individual. Especificamente, ignoramos a densidade dos grupos individuais. Para os grupos (a) e (b), que são relativamente densos, a distância entre os dois grupos é significativamente maior do que a distância entre um ponto e seus vizinhos mais próximos dentro do mesmo grupo. Este não é o caso para os grupos (c) e (d), que são relativamente dispersos. De fato, quando os grupos (c) e (d) sofrem fusão, eles produzem um grupo que parece mais semelhante aos grupos originais do que os grupos que resultam da fusão dos grupos (a) e (b).

Chameleon é um algoritmo de agrupamento aglomerativo que aborda as questões dos últimos dois parágrafos. Ele combina um particionamento inicial dos dados, usando um algoritmo de particionamento de grafos eficiente, com um esquema de agrupamento hierárquico novo que usa as noções de proximidade e interconectividade, à modelagem local de grupos. A idéia chave é que dois grupos devem sofrer fusão apenas se o grupo resultante for semelhante aos grupos originais. A auto-semelhança é descrita primeiro e depois os detalhes restantes do algoritmo Chameleon são apresentados.

Decidindo Quais Grupos Fundir

As técnicas de agrupamento hierárquico aglomerativo analisadas na Seção 8.3 combinam repetidamente os dois grupos mais próximos e são distintas entre si principalmente pela forma que eles definem a proximidade de grupos. Em contraste, Chameleon tem como objetivo realizar a fusão do par de grupos que resulte em um grupo que seja o mais semelhante ao par original de grupos, conforme medido pela proximidade e interconectividade. Devido a esta abordagem depender apenas do par de grupos e não de um modelo global, Chameleon pode lidar com dados que contenham grupos com características muito diferentes.

A seguir estão explicações mais detalhadas das propriedades de proximidade e interconectividade. Para entender estas propriedades, é necessário usar um ponto de vista de grafo de proximidade e analisar o número das conexões e a força dessas conexões entre pontos dentro de um grupo e entre grupos.

- A **Proximidade Relativa (RC)** é a proximidade absoluta de dois grupos normalizados pela proximidade interna dos grupos. Dois grupos são combinados apenas se os pontos no grupo resultante estiverem quase tão próximos entre si como em cada um dos grupos originais. Matematicamente,

$$RC = \frac{\bar{S}_{EC}(C_i, C_j)}{\frac{m_i}{m_i+m_j}\bar{S}_{EC}(C_i) + \frac{m_j}{m_i+m_j}\bar{S}_{EC}(C_j)}, \quad (9.17)$$

onde mi e mj são os tamanhos dos grupos Ci e Cjm respectivamente, Sec(Ci,Cj) é o peso médio das arestas (do grafo dos k vizinhos mais próximos) que conectam os grupos Ci e Cj; Sec(Ci) é o peso médio das arestas se particionarmos ao meio o grupo Ci e Sec(Cj) é o peso médio das arestas se particionarmos ao meio o grupo Cj. (EC significa "*edge cut*", corte na aresta.) A Figura 9.18 ilustra a noção de proximidade relativa Conforme discutido anteriormente, embora os grupos

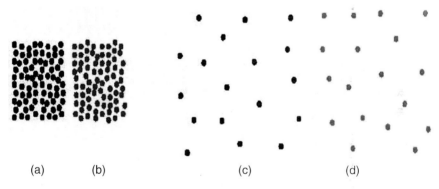

Figura 9.18. *Ilustração da noção de proximidade relativa.* ©*1999, IEEE.*

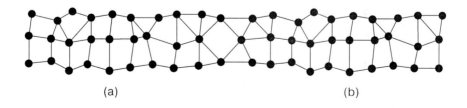

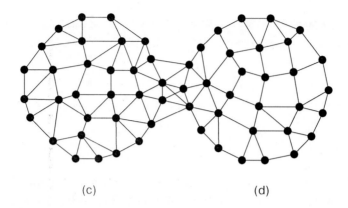

(c)   (d)

Figura 9.19. *Ilustração da noção de interconectividade relativa.* ©*1999, IEEE.*

(a) e (b) estejam mais próximos em termos absolutos do que os grupos (c) e (d), isto não é verdade se a natureza dos grupos for levada em consideração.

- A **Interconectividade Relativa (RI)** é a interconectividade absoluta de dois grupos normalizados pela conectividade interna dos grupos. Dois grupos são combinados se os pontos no grupo resultante estiverem quase tão fortemente conectados quanto os pontos em cada um dos grupos originais. Matematicamente,

$$RI = \frac{EC(C_i, C_j)}{\frac{1}{2}(EC(C_i) + EC(C_j))}, \quad (9.18)$$

onde EC(Ci,Cj) é a soma das arestas (do grafo de k vizinhs mais próximos) que conectam os grupos Ci e Cj; EC(Ci) é a soma mínima das arestas do corte se particionarmos ao meio Ci; e EX(Cj) é a soma mínima das arestas de corte se particionarmos ao meio o grupo Cj. A Figura 9.19 ilustra a noção de interconectividade relativa. Os dois grupos circulares, (c) e (d), têm mais conexões do que os retangulares, (a) e (b). Contudo, realizar a fusão de (c) e (d) produz um grupo que possui conectividade bastante diferente daquela de (c) e (d). Em contraste, realizar a fusão de (a) e (b) produz um grupo com conectividade muito semelhante àquela de (a) e (b).

RI e RC podem ser combinados de muitas formas diferentes para produzir uma medida geral de auto-semelhança. Uma abordagem usada em Chameleon é realizar a fusão do par de grupos que maximizar RI(Ci,Cj) * RC(Ci,Cj)$^\alpha$, onde α é um parâmetro especificado pelo usuário que geralmente é maior que 1.

O Algoritmo Chameleon

Chameleon consiste de três passos chaves: a dispersão, o particionamento do grafo e o agrupamento hierárquico. O Algoritmo 9.9 e a Figura 9.20 descrevem estas etapas.

Algoritmo 9.9 Algoritmo Chameleon.

1: Crie um grafo de k vizinhos mais próximos.
2: Particione o grafo usando algoritmo de particionamento de grafo de múltiplos níveis.
3: **repita**
4: Realize a fusão dos grupos que melhor preservarem a auto-semelhança com relação à interconectividade relativa e à proximidade relativa.
5: **Até que** Mais nenhum grafo possa ser particionado.

Figura 9.20. *Processo geral pelo qual Chameleon executa o agrupamento.* © *1999, IEEE.*

Dispersão O primeiro passo no Chameleon é gerar um grafo de k vizinhos mais próximos. Conceitualmente, tal grafo é derivado do grafo de proximidade e contém conexões apenas entre um ponto e seus k vizinhos mais próximos, i.e., os pontos dos quais é mais próximo. Conforme mencionado, trabalhar com um grafo de proximidade disperso em vez do grafo de proximidade inteiro pode reduzir significativamente os efeitos de ruídos e de elementos externos e melhorar a eficiência computacional.

Particionamento de Grafos

Uma vez que o grafo disperso tiver sido obtido, um algoritmo de particionamento de grafo em múltiplos níveis eficiente, como METIS (veja as notas bibliográficas) pode ser usado para particionar o conjunto de dados. Chameleon começa com um grafo inclusivo (grupo) e depois particiona ao meio o maior subgrafo corrente (grupo) até que nenhum grupo tenha mais do que MIN_SIZE pontos, onde MIN_SIZE é um parâmetro especificado pelo usuário. Este processo resulta em um grande número de grupos de tamanho aproximadamente igual de vértices bem conectados (pontos de dados altamente semelhantes). O objetivo é assegurar que cada partição contenha objetos na sua maioria de um grupo verdadeiro.

Agrupamento Hierárquico Aglomerativo Conforme discutido anteriormente, Chameleon realiza a fusão de grupos baseado na noção de autossemelhança. Chameleon pode ser parametrizado para realizar a fusão de mais de um par de grupos em um único passo e parar antes que todos os objetos tenham sofrido fusão em um único grupo.

Complexidade Suponha que m seja o número de pontos de dados e p o número de partições. Executar um agrupamento hierárquico aglomerativo das p partições obtidas do particionamento do grafo requer tempo o(p^2 log p). (Veja a Seção 8.3.1). A quantidade de tempo requerida para o particionamento do grafo é O (mp + m log m). A complexidade de tempo da dispersão do grafo depende de quanto tempo demora para se criar o grafo de k vizinhos mais próximos. Para dados de baixa dimensionalidade, leva O (m log m) tempo se uma árvore k-d ou tipo semelhante de dado for usada. Infelizmente, tais estruturas de dados só funcionam bem e, assim, para conjuntos de dados de dimensionalidade alta, a complexidade de tempo da dispersão se torna o (m^2). Já que apenas a lista dos k vizinhos mais próximos precisa ser armazenada, a complexidade de espaço é O (km) mais o espaço necessário para armazenar os dados.

Análise de Grupos: Questões Adicionais e Algoritmos   741

Exemplo 9.11. Chameleon foi aplicado em dois conjuntos de dados que algoritmos de agrupamento como K-means e DBSCAN tiveram dificuldade para agrupar. Os resultados deste agrupamento são mostrados na Figura 9.21. Os grupos são identificados pelo sombreamento dos pontos. Na Figura 9.21 (a), os dois grupos têm formato irregular e estão bastante próximos entre si. Além disso, há ruído presente. Na Figura 9.21 (b), os dois grupos estão conectados por uma ponte e, novamente, há ruído presente. Apesar disso, Chameleon identifica o que a maioria das pessoas identificaria como grupos naturais. Chameleon tem mostrado especificamente ser bastante efetivo para agrupar dados espaciais. Finalmente, perceba que Chameleon não descarta pontos de ruído, como fazem outros esquemas de agrupamento, mas os atribui aos grupos.

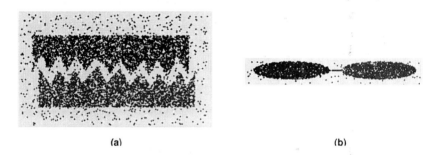

Figura 9.21. *Chameleon aplicado para agrupar um par de conjuntos de pontos bidimensionais.* ©1999, IEEE.

Pontos Fortes e Fracos

Chameleon pode efetivamente agrupar dados espaciais, embora ruídos e elementos externos estejam presentes e os grupos sejam de diferentes formatos, tamanhos e densidade. Chameleon supõe que os grupos de objetos produzidos pelo processo de dispersão e particionamento de grafos sejam subgrupos; i.e., que a maioria dos pontos em uma partição pertencem ao mesmo grupo verdadeiro. Caso contrário, então o agrupamento hierárquico aglomerativo só englobará os erros, já que não consegue separar objetos que tenham sido colocados juntos erroneamente. (Veja a discussão na Seção 8.3.4). Assim, Chameleon tem problemas quando o processo de particionamento não produz subgrupos, como é muitas vezes o caso de dados de dimensionalidade alta.

9.4.5 Semelhança de Vizinhos Compartilhados Mais Próximos

Em alguns casos, técnicas de agrupamento que se baseiam em abordagens padrão de semelhança e densidade não produzem os resultados de agrupamentos desejados. Esta seção examina os motivos disso e introduz uma abordagem indireta de semelhança que se baseia no seguinte princípio:

> Se dois pontos forem semelhantes a muitos dos mesmos pontos, então são semelhantes entre si, mesmo se uma medida direta de semelhança não indique isto.

Motivamos a discussão explicando primeiro dois problemas que uma versão de SNN de semelhança aborda: baixa semelhança e diferenças em densidade.

Problemas com Semelhança Tradicional em Dados de Alta Dimensionalidade

Em espaços de alta dimensionalidade, não é incomum que a semelhança seja baixa. Analise, por exemplo, um conjunto de documentos como uma coleção de artigos de jornal que vêm de uma diversidade de seções do jornal: Variedades, Financeiro, Exterior, Metropolitano, Nacional e Esportes. Conforme explicado no Capítulo 2, estes documentos podem ser vistos como vetores em um espaço de alta dimensionalidade, onde cada componente do vetor (atributo) registra o número de vezes que cada palavra em um vocabulário ocorre em um documento. A medida de semelhança de coseno muitas vezes é usada para avaliar a semelhança entre documentos. Para este exemplo, que vem de uma coleção de artigos do Los Angeles Times, a Tabela 9.3 apresenta a semelhança de média de coseno em cada seção e entre o conjunto inteiro de documentos.

Tabela 9.3. Semelhança entre documentos em diferentes seções de um jornal.

Seção	Média de Semelhança de Coseno
Variedades	0.032
Financeiro	0.030
Exterior	0.030
Metropolitano	0.021
Nacional	0.027
Esportes	0.036
Todas as Seções	0.014

A semelhança de cada documento com seu documento mais semelhante (o primeiro vizinho mais próximo) é melhor, 0,39 em média. Todavia, uma conseqüência da baixa semelhança entre objetos da mesma classe e que seus vizinhos mais próximos muitas vezes não são da mesma classe. Na coleção de documentos a partir da qual a Tabela 9.3 foi gerada, em torno de 20% dos documentos têm um vizinho mais próximo de uma classe diferente. De modo geral, se a semelhança direta for baixa, então se torna um guia não confiável para o agrupamento de objetos, especialmente para o agrupamento hierárquico aglomerativo, onde os pontos mais próximos são colocados juntos e não podem ser separados depois. Apesar disso, este ainda é geralmente o caso que a grande maioria dos vizinhos mais próximos de um objeto pertença à mesma classe; este fato pode ser usado para definir uma medida de proximidade que seja mais apropriada para agrupamentos.

Problemas com Diferenças em Densidade

Outro problema se refere a diferenças em densidades entre grupos. A Figura 9.22 mostra um par de grupos de pontos bidimensionais com densidades diferentes. A densidade menor do grupo mais à direita é refletida em uma menor distância média entre os pontos. Embora os pontos no grupo menos denso formem um grupo igualmente válido, técnicas de agrupamento típicas terão mais dificuldade de encontrar tais grupos. Além disso, medidas normais de coesão, como SSE, indicarão que estes grupos são menos coesos. Para ilustrar com um exemplo real, as estrelas de uma galáxia não são grupos menos reais de objetos estelares do que os planetas de um sistema solar, embora os planetas de um sistema solar estejam consideravelmente mais próximos entre si em média, do que as estrelas de uma galáxia.

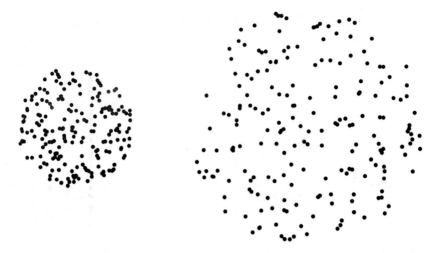

Figura 9.22. *Dois grupos circulares de 200 pontos distribuídos uniformemente.*

Cálculo de Semelhança de SNN

Em ambas as situações, a idéia chave é levar em consideração o contexto dos pontos na definição da medida de semelhança. Esta idéia pode ser tornada quantitativa usando uma definição de semelhança de **vizinho mais próximo compartilhado** da maneira indicada pelo Algoritmo 9.10. Essencialmente, a semelhança SNN é o número de vizinhos compartilhados desde que os dois objetos estejam nas listas de vizinhos mais próximos um do outro. Observe que a medida de proximidade correspondente pode ser qualquer medida de semelhança ou diferença significativa.

Algoritmo 9.10 Calculando a semelhança de vizinho mais próximo compartilhado.

1:    Encontre os k vizinhos mais próximos de todos os pontos.
2:    **se** dois pontos, x e y não estiverem entre os k vizinhos mais próximos um do outro **então**
3:       semelhança (x,y) ← 0
4:    **senão**
5:       semelhança (x,y) ← número de vizinhos compartilhados
6:    **fim se**

O cálculo da semelhança SNN é descrito pelo Algoritmo 9.10 e ilustrado graficamente pela Figura 9.23. Cada um dos dois pontos pretos possui oito vizinhos mais próximos, incluindo um ao outro. Quatro desses vizinhos mais próximos – os pontos em cinza – são compartilhados. Assim, a semelhança de vizinho mais próximo entre os dois pontos é 4.

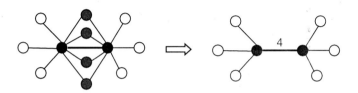

Figura 9.23. *Cálculo de semelhança SNN entre dois pontos.*

O grafo de semelhança das semelhanças SNN entre objetos é chamado de **grafo de semelhança SNN**. Já que muitos pares de objetos terão uma semelhança SNN igual a 0, este é um grafo muito disperso.

Semelhança SNN versus Semelhança Direta

A semelhança SNN é útil porque aborda alguns dos problemas que ocorrem com semelhança direta. Primeiro, já que ela considera o contexto de um objeto usando o número de vizinhos mais próximos, a semelhança SNN lida com a situação na qual um objeto está relativamente próximo de outro, porém pertence a uma classe diferente. Em tais casos, os objetos geralmente não compartilham muitos vizinhos próximos e sua semelhança SNN é baixa.

A semelhança SNN também aborda problemas com grupos de densidades variadas. Em uma região de baixa densidade, os objetos estão mais distantes dos outros do que em regiões mais densas. Entretanto, a semelhança SNN de um par de pontos só depende do número de vizinhos mais próximos que os dois objetos compartilham, não do quão distantes estes vizinhos estão uns dos outros. Assim, a semelhança SNN executa uma escala automática com relação à densidade dos pontos.

9.4.6 O Algoritmo de Agrupamento de Jarvis-Patrick

O Algoritmo 9.11 expressa o algoritmo de agrupamento Jarvis-Patrick usando os conceitos da última seção. O algoritmo de agrupamento JP substitui a proximidade entre dois pontos pela semelhança SNN, que é calculada conforme descrito no Algoritmo 9.10. Um limite é usado então para dispersar esta matriz de semelhanças SNN. Em termos de grafos, um grafo de semelhança SNN é criado e disperso. Grupos são simplesmente os componentes conectados do grafo SNN.

Algoritmo 9.11 Algoritmo de agrupamento Jarvis-Patrick
1: Calcule o grafo de semelhança SNN.
2: Especifique o grafo de semelhança SNN aplicando um limite de semelhança.
3: Encontre os componentes conectados (grupos) do grado de semelhança SNN disperso.

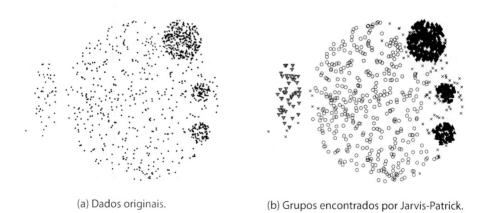

(a) Dados originais.   (b) Grupos encontrados por Jarvis-Patrick.

Figura 9.24. *Agrupamento de Jarvis-Patrick de um conjunto de pontos bidimensionais.*

Os requisitos de armazenamento do algoritmo de agrupamento JP são apenas O (km), já que não é necessário armazenar a matriz de semelhança inteiro, nem inicialmente. A complexidade de tempo básico de agrupamento JP é O (m^2), já que a criação da lista de k vizinhos mais próximos pode

Análise de Grupos: Questões Adicionais e Algoritmos   747

requerer o cálculo de O(m^2) proximidades. Entretanto, para determinados tipos de dados, como os dados Euclidianos de baixa dimensionalidade, técnicas especiais, e.g., uma árvore k-d, podem ser usadas para encontrar de forma mais eficiente os k vizinhos mais próximos sem calcular a matriz de semelhança inteira. Isto pode reduzir a complexidade de tempo de O (m^2) para O (m log m).

Exemplo 9.12 (Agrupamento de um Conjunto de Dados Bidimensionais). Aplicamos o agrupamento JP ao conjunto de dados "fish" mostrado na Figura 9.24(a) para encontrar os grupos mostrados na Figura 9.24(b). O tamanho da lista de vizinhos mais próximos foi 20 e os dois pontos eram colocados no mesmo grupo se compartilhassem pelo menos 10 pontos. Os grupos diferentes são mostrados pelos marcadores diferentes e pelo sombreamento diferente. Os pontos cujo marcador é um "x" foram classificados como ruído por Jarvis-Patrick. Eles são na maioria em grupos em regiões de transição de densidades diferentes.

Pontos Fortes e Fracos

Devido ao agrupamento JP ser baseado na noção de semelhança SNN, é bom lidar com ruídos e elementos externos e poder lidar com grupos de tamanhos, formatos e densidades diferentes. O algoritmo funciona bem com dados de alta dimensionalidade e é especialmente bom para encontrar grupos compactos de objetos altamente relacionados.

Entretanto, o agrupamento JP define um grupo como um componente conectado no grafo de semelhança SNN. Assim, se um conjunto de objetos é dividido em dois grupos ou deixado como pode depender de uma única conexão. Desta forma, o agrupamento JP é um pouco frágil; i.e., pode dividir grupos verdadeiros ou juntar grupos que deveriam ser mantidos juntos.

Outra potencial limitação é que nem todos os objetos são agrupados. Todavia, estes objetos podem ser adicionados a grupos existentes e, em alguns casos, não há requisito de um agrupamento completo. O agrupamento JP possui uma complexidade de tempo básica de O(m^2), que é o tempo requerido para se calcular a lista de vizinhos mais próximos de um conjunto de objetos no caso geral. Em determinados casos, e.g., dados de baixa dimensionalidade, técnicas especiais podem ser usadas para reduzir a complexidade de tempo para se encontrar os vizinhos mais próximos de O (m log m). Finalmente, da mesma forma que com outros algoritmos de agrupamento, escolher os melhores valores para os parâmetros pode ser desafiador.

9.4.7 Densidade SNN

Conforme discutido na introdução deste capítulo, a densidade Euclidiana tradicional se torna sem significado em altas dimensões. Isto é verdadeiro se usarmos uma visão baseada em grade, como o usado por CLIQUE, uma visão baseada em centro, como a usada por DBSCAN ou uma abordagem de avaliação de densidade do núcleo, como a usada por DENCLUE. É possível usar a definição de densidade baseada em centro com uma medida de semelhança que funcione vem para altas dimensões, e.g., coseno ou Jaccard mas, conforme descrito na Seção 9.4.5, tais medidas ainda têm problemas. Todavia, já que a medida de semelhança SNN reflete a configuração local dos pontos no espaço de dados, é relativamente insensível a variações na densidade e na dimensionalidade do espaço e é uma candidata promissora para uma nova medida de densidade.

Esta seção explica como definir um conceito de densidade SNN usando a semelhança SNN e seguindo a abordagem DBSCAN descrita na Seção 8.4. Por motivo de clareza, as definições dessa seção são repetidas, com modificações apropriadas para considerar o fato de que estamos usando semelhança SNN.

Pontos Centrais. Um ponto é central se o número de pontos dentro de uma determinada vizinhança em torno do ponto, conforme determinado pela semelhança SNN e um parâmetro fornecido Eps exceder um certo limite MinPts, que também é um parâmetro fornecido.

 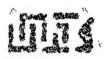  

(a) Todos os pontos.　　(b) Densidade SNN alta.　　(c) Densidade SNN média.　　(d) Densidade SNN baixa.

Figura 9.25. *Densidade SNN de pontos bidimensionais.*

Análise de Grupos: Questões Adicionais e Algoritmos   749

Pontos de Limites. Um ponto de limite é um que não seja central, i.e., existem pontos suficientes na sua vizinhança para que ele seja um ponto central, mas ele está dentro da vizinhança de um ponto central.

Pontos de Ruídos. Um ponto de ruído é qualquer ponto que não seja nem um ponto central e nem um de limite.

A densidade SNN mede o grau no qual um ponto é cercado por pontos semelhantes (com relação aos vizinhos mais próximos). Assim, pontos em regiões de alta e baixa densidades geralmente terão densidade SNN relativamente alta, enquanto que pontos nas regiões onde existe uma transição de baixa para alta densidade – pontos que estejam entre grupos – tenderão a ter baixa densidade SNN. Tal abordagem pode ser mais apropriada para conjuntos de dados nos quais existam grandes variações na densidade, mas grupos de baixa densidade ainda sejam interessantes.

Exemplo 9.13 (Pontos Centrais, de Limite e de Ruído). Para tornar a discussão precedente sobre densidade SNN mais concreta, fornecemos um exemplo de como a densidade SNN pode ser usada para encontrar pontos centrais e remover ruídos e elementos externos. Há 10.000 pontos no conjunto de dados 2D mostrado na Figura 9.25(a). As Figuras 9.25(b-d) distinguem entre estes pontos baseadas nas suas densidades SNN. A Figura 9.25(b) mostra os pontos com as densidades SNN mais altas, enquanto que a Figura 9.25(c) mostra pontos de densidade SNN intermediária e a Figura 9.25(d) mostra dados de densidade SNN mais baixa. Destas figuras vemos que os pontos que têm densidade alta (i.e., alta conectividade no grafo SNN) são candidatos a serem pontos centrais ou representativos, já que tendem a estar localizados bem dentro do grupo, enquanto que os pontos que têm baixa conectividade são candidatos a serem pontos de ruído e elementos externos, já que estão na sua maior parte nas regiões ao redor dos grupos.

9.4.8 Agrupamento Baseado em Densidade SNN

A densidade SNN definida anteriormente pode ser combinada com o algoritmo DBSCAN para criar um novo algoritmo de agrupamento. Este algoritmo é semelhante ao algoritmo de agrupamento JP no sentido em que ele começa com o grafo de semelhança SNN. Entretanto, em vez de usar um limite para dispersar o grafo de semelhança SNN e depois pegar componentes conectados como grupos, o algoritmo de agrupamento baseado em densidade SNN simplesmente aplica DBSCAN.

O Algoritmo de Agrupamento Baseado em Densidade SNN

Os passos do algoritmo de agrupamento baseado em densidade SNN são mostrados no Algoritmo 9.12.

Algoritmo 9.12 Algoritmo de agrupamento baseado em densidade SNN.

1: Calcule o grafo de semelhança SNN.
2: Aplique DBSCAN com parâmetros especificados pelo usuário para Eps e MinPts.

O algoritmo determina automaticamente o número de grupos nos dados. Observe que nem todos os pontos são agrupados. Os pontos descartados incluem ruídos e elementos externos, assim como pontos que não estejam fortemente conectados com um grupo de pontos. O agrupamento baseado em densidade SNN encontra grupos nos quais os pontos estão fortemente relacionados entre si. Dependendo da aplicação, poderemos querer descartar muitos dos pontos. Por exemplo, o agrupamento baseado em densidade SNN é bom para encontrar tópicos em grupos de documentos.

Exemplo 9.14 (Agrupamento Baseado em Densidade SNN de Séries de Tempo). O algoritmo de agrupamento baseado em densidade SNN apresentado nesta seção é mais flexível que o agrupamento de Jarvis-Patrick ou DBSCAN. Diferentemente de DBSCAN, ele pode ser usado para dados de alta dimensionalidade e em situações nas quais os grupos têm diferentes densidades. Diferentemente de Jarvis-Patrick, que executa um limite simples e depois toma os elementos conectados como grupos, o agrupamento baseado em densidade SNN usa uma abordagem menos frágil que se baseia nos conceitos de densidade SNN e pontos centrais.

Para demonstrar as capacidades do agrupamento baseado em densidade em dados de alta dimensionalidade, o aplicamos em dados de séries de tempos mensais de pressão atmosférica em diversos pontos da Terra. Mais especificamente, os dados consistem da pressão mensal ao nível do mar (SLP) de um período de 41 anos em cada ponto em uma grade de longitude-latitude de 2,5⁰. O algoritmo de agrupamento baseado em densidade SNN encontrou os grupos (regiões cinzas) indicados na Figura 9.26. Observe que estes são grupos de série de tempo de 492 meses, embora sejam visualizados como regiões bidimensionais. As áreas brancas são regiões nas quais a pressão não foi tão uniforme. Os grupos próximos dos pólos são alongados por causa da distorção do mapeamento de uma superfície esférica para um retângulo.

Usando SLP, cientistas definiram séries de tempo, chamados **índices de clima**, que são úteis para capturar o comportamento do fenômeno envolvendo o clima da Terra. Por exemplo, anomalias nos índices de clima estão relacionados com precipitações ou temperaturas anormalmente baixas ou altas em diversas partes do mundo. Alguns dos grupos encontrados pelo agrupamento baseado em densidade SNN têm uma conexão forte com alguns dos índices de clima conhecidos dos cientistas.

A Figura 9.27 mostra a estrutura de densidade SNN dos dados a partir da qual os grupos foram extraídos. A densidade foi normalizada para ficar numa escala entre 0 e 1. A densidade de uma série de tempos pode parecer um conceito incomum, mas mede o grau no qual a série de tempos e seus vizinhos mais próximos têm os mesmos vizinhos mais próximos. Já que cada série de tempo está associada a um local, se é possível desenhar estas densidades em um gráfico bidimensional. Devido à correlação temporal, estas densidades formam padrões sem significado, e.g., é possível identificar visualmente os grupos da Figura 9.27.

Pontos Fortes e Limitações

Os pontos fortes e limitações do agrupamento baseado em densidade SNN são semelhantes àqueles do agrupamento JP. Entretanto, o uso de pontos centrais e densidade SNN adiciona considerável poder e flexibilidade a esta abordagem.

9.5 Algoritmos de Agrupamento Escalável

Mesmo o melhor algoritmo de agrupamento tem pouca valia se levar um tempo inaceitavelmente longo ou requerer memória demais. Esta seção analisa técnicas de agrupamento que colocam ênfase significativa na escalabilidade para conjuntos de dados grandes e que estão se tornando cada vez mais comum. Começamos discutindo algumas estratégias gerais para escalabilidade, incluindo abordagens para reduzir o número de cálculos de proximidade, amostragem dos dados, particionamento de dados e agrupamento de uma representação resumida dos dados. A seguir discutimos dois exemplos específicos de algoritmos de agrupamento escalável: CURE e BIRCH.

9.5.1 Escalabilidade: Abordagens e Questões Gerais

A quantidade de armazenamento necessária para muitos algoritmos de agrupamento é mais do que linear; e.g., com agrupamento hierárquico, os requisitos de memória são geralmente $O(m^2)$, onde m é o número de objetos. Para 10.000.000 objetos, por exemplo, a quantidade de memória necessária é proporcional a 10^{14}, um número ainda bem além das capacidades dos sistemas correntes. Observe que, por causa dos requisitos para acesso aleatório a dados, muitos algoritmos de agrupamento não podem ser modificados facilmente para usar com eficiência armazenamento secundário (disco), para os quais o acesso aleatório a dados é lento. Da mesma forma, a quantidade de computação necessária para alguns algoritmos de agrupamento é mais do que linear. No restante desta seção, discutimos uma diversidade de técnicas para redução da quantidade de computação e armazenamento necessária para um algoritmo de agrupamento. CURE e BIRCH usam algumas destas técnicas.

Análise de Grupos: Questões Adicionais e Algoritmos 753

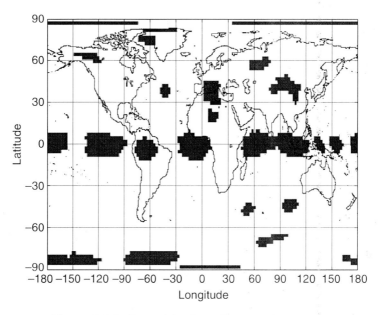

Figura 9.26. *Grupos de séries de tempo de pressões encontrados usando o agrupamento baseado em densidade SNN.*

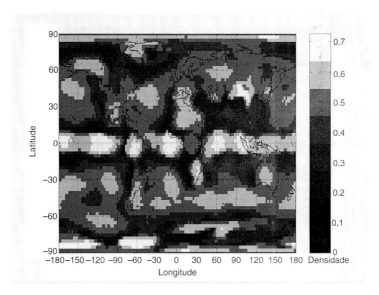

Figura 9.27. *Densidade SNN para séries de tempo de pressões.*

Métodos de Acesso Espacial e Multidimensional Muitas técnicas – K-means, agrupamento de Jarvis-Patrick e DBSCAN – precisam encontrar o centróide mais próximo, os vizinhos mais próximos de um ponto ou todos os pontos dentro de uma distância especificada. É possível usar técnicas especiais chamadas métodos de acesso espacial ou multidimensional para executar mais eficientemente estas tarefas, pelo menos para dados de baixa dimensionalidade. Estas técnicas, como a árvore k-d ou árvore R*, geralmente produzem uma partição hierárquica do espaço de dados que pode ser usada para reduzir o tempo necessário para encontrar os vizinhos mais próximos de um ponto. Observe que esquemas de agrupamento baseados em grade também particionam o espaço de dados.

Limites nas Proximidades Outra abordagem para evitar cálculos de proximidade é usar limites nas proximidades. Por exemplo, ao usar a distância Euclidiana, é possível usar a diferença do triângulo para evitar muitos cálculos de distâncias. Para ilustrar, em cada etapa do K-means tradicional, é necessário avaliar se um ponto deve ficar no seu grupo corrente ou ser movido para um novo grupo. Se conhecermos a distância entre os centróides e a distância de um ponto do centróide (recém-atualizado) do grupo ao qual pertence correntemente, então podemos usar a diferença de triângulo para evitar o cálculo da distância do ponto a qualquer um dos outros centróides. Veja o Exercício 21 na página 650.

Amostragem Outra abordagem para reduzir a complexidade de tempo é a amostragem. Nesta abordagem, uma amostra de pontos é pega, estes pontos são agrupados e então os pontos restantes são atribuídos aos grupos existentes- geralmente para o grupo mais próximo. Se o número de pontos amostrados for $\sqrt{m}$, então a complexidade de tempo de um algoritmo $O(m^2)$ for reduzida a $O(m)$. Um problema chave com a amostragem, entretanto, é que grupos pequenos podem ser perdidos. Quando discutirmos CURE, forneceremos uma técnica para investigar a freqüência na qual estes problemas ocorrem.

Análise de Grupos: Questões Adicionais e Algoritmos   **755**

Particionamento dos Objetos de Dados Outra abordagem comum para reduzir a complexidade de tempo é usar alguma técnica eficiente para particionar os dados em conjuntos disjuntos e depois agrupar estes conjuntos separadamente. O conjunto final de grupos é a união destes conjuntos separados de grupos ou é obtido pela combinação e/ou refinamento dos conjuntos separados de grupos. Apenas discutimos o particionamento ao meio de K-means nesta seção (Seção 8.2.3), embora muitas outras abordagens baseadas em particionamento sejam possível. Uma dessas abordagens será descrita em CURE mais adiante nesta seção.

Se K-means for usado para encontrar K grupos, então a distância de cada ponto a cada centróide de grupo é calculada em cada iteração. Quando K for grande, isto pode ser muito custoso. Particionar ao meio K-means começa com o conjunto inteiro de pontos e usa K-means para particionar repetidamente um grupo existente até que tenhamos obtido K grupos. Em cada etapa, a distância de pontos aos centróides é calculado. Exceto pela primeira etapa, na qual o grupo sendo particionado consiste de todos os pontos, só calculamos a distância de um subconjunto de pontos até os dois centróides sendo analisados. Devido a este fato, particionar K-means pode ser executado significativamente mais rápido do que K-means comum.

Resumo Outra abordagem ao agrupamento é para resumir os dados, geralmente em um único passo e depois agrupar os dados resumidos. Em especial, o algoritmo líder (veja o Exercício 12 na página 562) coloca um objeto de dados no grupo mais próximo (se esse grupo estiver suficientemente próximo) ou inicia um grupo novo que contenha o objeto corrente. Este algoritmo é linear no número de objetos e pode ser usado para resumir os dados de forma que outras técnicas de agrupamento possam ser usadas. O algoritmo BIRCH usa um conceito semelhante.

Cálculo Distribuído e Paralelo Se não for possível tirar vantagem das técnicas descritas anteriormente, ou se estas abordagens não produzirem as desejadas precisão ou redução no cálculo, então outras abordagens são necessárias. Uma abordagem altamente efetiva é distribuir o cálculo entre múltiplos processadores.

9.5.2 BIRCH

BIRCH (Balanced Iterative Reducing and Clustering using Hierarquies) é uma técnica de agrupamento altamente eficiente para dados em vetores de espaços Euclidianos, i.e., dados para os quais médias fazem sentido. BIRCH pode agrupar eficientemente tais dados com uma passagem e pode melhorar esse agrupamento com passagens adicionais. VIRCH também pode lidar de forma efetiva com elementos externos.

BIRCH é baseado na noção de um Recurso de Agrupamento (CF) e árvore CF. A idéia é que um grupo de pontos de dados (vetores) pode ser representado por uma tripla de números (N, LS, SS), onde N é o número de pontos do grupo, LS é a soma linear dos pontos e SS é a soma de quadrados dos pontos. Estas são quantidades estatísticas comuns que podem ser atualizadas incrementalmente e que podem ser usadas para calcular um número de quantidades importantes, como o centróide de um grupo e sua variância (desvio padrão). A variância é usada como uma medida do diâmetro de um grupo.

Estas quantidades também podem ser usadas para calcular a distância entre grupos. A abordagem mais simples é calcular uma distância L1 (quadra de cidade) ou L2 (Euclidiana) entre centróides. Também podemos usar o diâmetro (variância) do grupo que sofreu fusão como uma distância. Um número de diferentes medidas de distâncias para grupos é definido por BIRCH, mas todas podem ser calculadas usando as estatísticas de resumo.

Uma árvore CF é uma árvore de altura balanceada. Cada nodo interior possui entradas da forma [CF_i, $filho_i$], onde $filho_i$ é um ponteiro para o nodo filho de índice i/ O espaço que cada entrada ocupa é, por sua vez, determinado pelo número de atributos de cada ponto.

Nodos folhas consistem de uma seqüência de recurso de agrupamentos, Cf_i, onde cada recurso de agrupamento representa um número de pontos que foram varridos anteriormente. Nodos folhas estão sujeitos à restrição de que cada folha nodo deve ter um diâmetro que seja menor do que um limite parametrizado, T. O espaço que cada entrada ocupa, junto com o tamanho da página, determina o número de entradas em uma folha.

Ajustando o parâmetro de limite T, a altura da árvore pode ser controlada. T controla a granularidade do agrupamento, i.e., a extensão na qual os dados no conjunto original de dados são reduzidos. O objetivo é manter a árvore CF na memória ajustando o parâmetro T conforme necessário.

Uma árvore CF é construída à medida em que os dados são varridos. Quando cada ponto de dados é encontrado, a árvore CF é percorrida, começando pela raiz e escolhendo o nodo mais próximo em cada nível. Quando o grupo folha mais próximo para o ponto de dados corrente for finalmente identificado, um teste é realizado para ver se a adição do item de dados ao grupo candidato resultará em um novo grupo com um diâmetro maior do que o limite dado, T. Se não, então o ponto de dados é adicionado ao grupo candidato atualizando a informação CF. A informação do grupo para todos os nodos a da folha até o raiz também é atualizada.

Se o novo grupo possuir um diâmetro maior do que T, então uma nova entrada é criada se o nodo folha não estiver cheio. Caso contrário, o nodo folha deve ser dividido. As duas entradas (grupos) que estão mais distantes são selecionadas como sementes e as entradas restantes são distribuídas para um dos dois nodos folhas, baseado em qual nodo folha contém o grupo semente mais próximo. Uma vez que o nodo folha tenha sido dividido, o nodo pai é atualizado e dividido caso necessário; i.e., se o nodo pai estiver cheio. Este processo pode continuar até o nodo raiz.

BIRCH segue cada divisão com um passo de fusão. No nodo interior onde a divisão parar, as duas entradas mais próximas são encontradas. Se estas entradas não corresponderem às duas entradas que recém resultaram da divisão, então uma tentativa é feita para realizar a fusão destas entradas e seus nodos filhos correspondentes. Este passo serve para aumentar a utilização de espaço e evitar problemas com a ordem distorcida de entradas de dados.

BIRCH também possui um procedimento para remover elementos externos. Quando a árvore precisa ser reconstruída porque ficou sem memória, então elementos externos podem opcionalmente ser gravados em disco. (Um elemento externo é definido como um nodo que possui muito menos pontos de dados do que a média.) Em determinados pontos no processo, elementos externos são varridos para ver se podem ser absorvidos de volta para a árvore sem fazer com que esta cresça. Caso possível, eles são reabsorvidos. Senão, são excluídos.

BIRCH consiste de um número de fases além da criação inicial da árvore CF. Todas as fases de BIRCH são descritas brevemente no Algoritmo 9.13.

9.5.3 CURE

CURE (Clustering Using REpresentatives) é um algoritmo de agrupamento que usa uma diversidade de técnicas diferente para criar uma abordagem que possa lidar com conjuntos grandes de dados, elementos externos e grupos com formatos não esféricos e tamanhos não uniformes. CURE representa um grupo usando múltiplos pontos representativos do grupo. Estes pontos capturarão, em teoria, a geometria e o formato do grupo. O primeiro ponto representativo é escolhido como o mais longe do centro do grupo, enquanto que os pontos restantes são escolhidos de modo que estejam mais longe dos pontos escolhidos anteriormente. Desta forma, os pontos representativos são natural e relativamente bem distribuídos. O número de pontos escolhidos é um parâmetro, mas foi descoberto que um valor de 10 ou mais funcionava bem.

Uma vez que os pontos representativos sejam escolhidos, podem se aproximar do centro por um fator, α. Isto ajuda a moderar o efeito de elementos externos, que geralmente estão mais longe do centro e, assim, sofrem maior aproximação. Por exemplo, um ponto representativo que estivesse a uma distância de 10 unidades do centro se moveria 3 unidades (para $\alpha = 0,7$), enquanto que um ponto representativo em uma distância de 1 unidade se moveria apenas 0,3 unidade.

Algoritmo 9.13 BIRCH.

1: **Carregue os dados para a memória criando uma árvore CF que resuma os dados.**
2: **Construa uma árvore CF menor se for necessário para a fase 3.** T é aumentado e as entradas (grupos) do nodo folha são reinseridas. Já que T foi aumentado, alguns grupo sofrerão fusão.
3: **Execute agrupamento global.** Diferentes formas de agrupamento global (agrupamento que use as distâncias entre os pares entre todos os grupos) podem ser usadas. Entretanto, uma técnica aglomerativa e hierárquica foi selecionada. Devido a características de agrupamentos armazenarem informações resumidas que sejam importantes a determinados tipos de agrupamento, o algoritmo de agrupamento global pode ser aplicado como se estivesse sido aplicado a todos os pontos em um grupo representado por CF.

4: **Redistribua os pontos de dados usando os centróides de grupos descobertos no passo 3 e, assim, descubra um novo conjunto de grupos.** Isto supera certos problemas que podem ocorrer na primeira fase de BIRCH. Devido às restrições de tamanho da página e do parâmetro T, os pontos que deveriam estar em um grupo e às vezes se dividem e os pontos que deveriam estar em grupos diferentes às vezes são combinados. Além disso, se o conjunto de dados contiver pontos duplicados, estes pontos podem às vezes ser agrupados de forma diferente, dependendo da ordem na qual forem encontrados. Repetindo esta fase múltiplas vezes, o processo converge para uma solução localmente ótima.

CURE usa um esquema hierárquico aglomerativo para executar o agrupamento real. A distância entre dois grupos é a mínima entre quaisquer dois pontos representativos (após terem sido aproximados dos seus respectivos centros). Embora este esquema não seja exatamente como algum outro esquema hierárquico que vimos, é equivalente ao agrupamento hierárquico baseado em centróides se $\alpha = 0$ e aproximadamente o mesmo do agrupamento hierárquico de conexão única se $\alpha = 1$. Observe que, embora um esquema de agrupamento hierárquico seja usado, o objetivo de CURE é encontrar um determinado número de grupos conforme especificado pelo usuário.

CURE aproveita determinadas características do processo de agrupamento hierárquico para eliminar elementos externos em dois pontos diferentes do processo de agrupamento. Primeiro, se um grupo estiver crescendo devagar, isto pode significar que consiste na sua maioria de elementos externos já que, por definição, elementos externos que estão longe dos outros não sofrerão fusão com outros pontos com muita freqüência. Em CURE, a primeira fase da eliminação de elementos externos geralmente ocorre quando o número de grupos é 1/3 do número original de pontos. A segunda fase da eliminação de elementos externos ocorre quando o número de grupos estiver na ordem de K, o número de grupos desejados. Neste ponto, grupos pequenos são eliminados novamente.

Já que o pior caso de complexidade de CURE é $O(m^2 \log m)$, não pode ser aplicado diretamente a grupos grandes de dados. Por este motivo, CURE usa duas técnicas para acelerar o processo de agrupamento. A primeira técnica recebe uma amostra aleatória e executa agrupamento hierárquico sobre os pontos de dados amostrados. Isto é seguido por uma passagem final que atribui cada ponto restante no conjunto de dados a um dos grupos escolhendo o grupo com o ponto representativo próximo. Discutimos a abordagem de amostra de CURE em maiores detalhes posteriormente.

Em alguns casos, a amostra requerida para agrupamento ainda é grande demais e uma segunda técnica adicional é necessária. Nesta situação, CURE particiona os dados de amostra e depois agrupa os pontos em cada partição. Este passo de pré-agrupamento é seguido por um agrupamento dos grupos intermediários e uma passagem final que atribua cada ponto no conjunto de dados a um dos grupos. O esquema de particionamento de CURE também é discutido em maiores detalhes posteriormente.

O Algoritmo 9.14 resume CURE. Observe que K é o número desejado de grupos, m é o número de pontos, p é o número de partições e q é a redução desejada de pontos em uma partição, i.e., o número de grupos em uma partição é $\frac{m}{pq}$. Por exemplo, se m = 10.000, p = 10 e q = 100, então cada partição contém 10.000/10 = 1.000 pontos e haveria 1.000/100 = 10 grupo em cada partição e 10.000/100 = 100 grupos no geral.

Algoritmo 9.14 CURE

1: **Desenhe uma amostra aleatória a partir do conjunto de dados.** O artigo CURE é notável por derivar explicitamente uma fórmula para que tamanho esta amostra deve ter para garantir, com alta probabilidade, que todos os grupos estejam representados por um número mínimo de pontos.
2: **Particione a amostra em p partições de tamanho igual.**
3: **Agrupe os pontos em cada partição em $\frac{m}{pq}$ grupos usando o algoritmo de agrupamento hierárquico de CURE para obter um total de $\frac{m}{q}$ grupos.** Observe que alguma eliminação de elementos externos ocorre durante este processo.
4: **Use o algoritmo de agrupamento hierárquico de CURE para agrupar os $\frac{m}{q}$ grupos encontrados no passo anterior até que restem apenas K grupos.**
5: **Elimine os elementos externos.** Esta é a segunda fase da eliminação de elementos externos.
6: **Atribua todos os pontos de dados restantes ao grupo mais próximo para obter um agrupamento completo.**

Amostragem em CURE

Uma questão chave no uso de amostras é se ela é representativa, ou seja, se ela captura as características de interesse. Para agrupamento, a questão é se podemos encontrar os mesmos grupos na amostra que no conjunto inteiro de objetos. De forma ideal, gostaríamos que a amostra contivesse alguns objeto para cada grupo e que houvesse um grupo separado na amostra para aqueles objetos que pertençam a grupos separados no conjunto de dados completo.

Um objetivo mais concreto e atingível é garantir que (com uma alta probabilidade) que tenhamos pelo menos alguns pontos de cada grupo. O número de pontos necessários para tal amostra varia de um conjunto de dados para outro e depende do número de objetos e tamanhos dos grupos. Os criadores de CURE derivaram um limite para o tamanho da amostra que seria necessária para assegurar (com alta probabilidade) que obtivéssemos pelo menos um certo número de pontos de um grupo. Usando a notação deste livro, este limite é apresentado pelo teorema a seguir

Teorema 9.1 Se f for uma fração, $0 \leq f \leq 1$. Para o conjunto C_i com tamanho m_i, obteremos pelo menos $f * m_i$ objetos do conjunto C_i com a probabilidade $1 - \delta$, $0 \leq \delta \leq 1$, se nosso tamanho s for dado pelo seguinte:

$$s = fm + \frac{m}{m_i} * \log\frac{1}{\delta} + \frac{m}{m_i}\sqrt{\log\frac{1}{\delta}^2 + 2 *f\ ?\ m_i * \log\frac{1}{?}}. \quad (9.19)$$

onde m é o número de objetos.

Embora esta expressão possa parecer ameaçadora, é razoavelmente fácil de usar. Suponha que existam 100.000 objetos e que o objetivo é ter 80% de chance de se obter 10% dos objetos no grupo Ci, que possui um tamanho de 1.000. Neste caso, $f= 0,1$, $\delta= 0,2$, m = 100.000, mi = 1.000 e assim s= 11,692. Se o objetivo for uma amostra de 5% de Ci, que é de 50 objetos, então um tamanho de amostra de 6.440 será suficiente.

Novamente, CURE usa amostragem da seguinte maneira. Primeiro uma amostra é desenhada e então CURE é usado para agrupar esta amostra. Após os grupos terem sido encontrados, cada ponto agrupado é atribuído ao grupo mais próximo.

Particionamento

Quando a amostragem não for suficiente, CURE também usa uma abordagem de particionamento. A idéia é dividir os pontos em p grupos de tamanho m/p e usar CURE para agrupar cada partição para reduzir o número de objetos por um fator de q > 1, onde q pode ser pensado aproximadamente como o tamanho médio de um grupo em uma partição.

De modo geral, $\frac{m}{pq}$ grupos são produzidos. (Observe que, já que CURE representa cada grupo por um número de pontos representativos, a redução no número de objetos não é pq.) Esta etapa de pré-agrupamento é então seguida por um agrupamento final dos m/pq grupos intermediários para produzir o número desejado de grupos (K). Ambas as etapas de agrupamento usam o algoritmo de agrupamento hierárquico de CURE e são seguidas por uma passagem final que atribui cada ponto no conjunto de dados a um dos grupos.

A questão chave é como p e q devem ser escolhidos. Algoritmos como CURE têm uma complexidade de tempo de O (m^2) ou maior e, além disso, requerem que todos os dados estejam na memória principal. Queremos portanto escolher p suficientemente pequeno de modo que uma partição inteira possa ser processada na memória principal e em uma quantidade de tempo 'razoável'. Atualmente, um computador desktop típico pode executar um agrupamento hierárquico de alguns milhares de objetos em alguns segundos.

Outro fator para se escolher p, e também q, diz respeito à qualidade do agrupamento. Especificamente, o objetivo é escolher os valores de p e q de modo que objetos do mesmo grupo correspondente terminem nos mesmos grupos. Para ilustrar, suponha que existam 1.000 objetos e um grupo de tamanho 100. Se gerarmos aleatoriamente 100 partições, então cada uma terá, em média, apenas ponto do nosso grupo. Estes pontos provavelmente serão colocados em grupos com pontos de outros grupos ou serão descartados como elementos externos. Se gerarmos apenas 10 partições de 100 objetos, mas q é 50, então os 10 pontos de cada grupo (em média) provavelmente ainda serão combinados com pontos de outros grupos, já que há apenas (em média) 10 pontos por grupo e precisamos produzir, para cada partição, dois grupos. Para evitar este último problema, que diz respeito à escolha apropriada de q, uma estratégia sugerida é não combinar grupos se eles forem diferentes demais.

9.6 Qual Algoritmo de Agrupamento?

Uma diversidade de fatores precisam ser considerados ao se decidir que tipo de técnica de agrupamento usar. Muitos, se não todos, desses fatores foram discutidos em alguma extensão no capítulo corrente e em anteriores. Nosso objetivo nesta seção é resumir sucintamente estes fatores de uma forma que esclareça um pouco qual algoritmo de agrupamento deve ser apropriado para uma determinada tarefa de agrupamento.

Tipos de Agrupamentos Um fator importante ao se assegurar que o tipo de agrupamento corresponda ao uso pretendido é o tipo de agrupamento produzido pelo algoritmo. Para algumas aplicações, como a criação de uma taxonomia lógica, uma hierarquia é preferida. No caso de agrupamento por resumo, um agrupamento particional é típico. Em outras aplicações, ambos podem se provar úteis.

A maioria das aplicações de agrupamento requer um agrupamento de todos (ou quase todos) os objetos. Por exemplo, se o agrupamento for usado para reconhecer um conjunto de documentos para navegação, então gostaríamos que a maioria dos documentos pertencesse a um grupo. Todavia, se quiséssemos encontrar os temas mais fortes em um conjunto de documentos, então poderíamos preferir ter um esquema de agrupamento que produza apenas grupos muito coesos, mesmo se muitos documentos forem deixados desagrupados.

Finalmente, a maioria das aplicações de agrupamento supõe que cada objeto seja atribuído a um grupo (ou um grupo em um nível para esquemas hierárquicos). Como vimos, entretanto, esquemas probabilísticos ou difusos fornecem pesos que indicam o grau ou probabilidade de participação em diversos grupos. Outras técnicas, como DBSCAN e o agrupamento baseado em densidade SNN, têm a noção de pontos centrais, que pertencem fortemente a um grupo. Tais conceitos podem ser úteis em determinadas aplicações.

Tipos de Grupos   Outro aspecto chave é se o tipo de grupo corresponde à aplicação pretendida. Há três tipos de grupos comumente encontrados: baseados em protótipos, grafos e densidade. Esquemas de agrupamento baseado em protótipos, assim como alguns esquemas de agrupamento baseados em grafos – ligação completa, centróides e de Ward – tendem a produzir grupos globulares nos quais cada objeto está suficientemente próximo do protótipo do grupo ou dos outros objetos no grupo. Se, por exemplo, queiramos resumir os dados para reduzir seu tamanho e queiramos fazê-lo com uma quantidade mínima de erros, então um destes tipos de técnicas seria mais apropriado. Em contraste, técnicas de agrupamento baseadas em densidade, assim como técnicas de agrupamento baseadas em grafos, como ligação única, tendem a produzir grupos que não sejam globulares e assim contêm muitos objetos que não sejam muito semelhantes entre si. Se o agrupamento for usado para segmentar uma área geográfica em regiões contíguas baseado no tipo de cobertura da área, então uma destas técnicas é mais apropriada do que um esquema baseada em protótipos como K-means.

Características de Grupos   Além do tipo geral do grupo, outras características de grupos são importantes. Se quisermos encontrar grupos em subespaços do espaço original dos dados, então devemos escolher um algoritmo como CLIQUE, que procura explicitamente por tais grupos. De forma semelhante, se estivermos interessados em impor relacionamentos espaciais entre grupos, então SOM ou alguma abordagem relacionada seria apropriada. Além disso, algoritmos de agrupamento diferem muito na sus capacidade de lidar com grupos de densidades, tamanhos e formato diferentes.

Características dos Conjuntos de Dados e Atributos   Conforme discutido na introdução, o tipo do conjunto de dados e atributos podem ditar o tipo de algoritmo a usar. Por exemplo, o algoritmo K-means só pode ser usado em dados para os quais uma medida de proximidade apropriada esteja disponível e que permita cálculos significativos de um centróide de grupo. Para outras técnicas de agrupamento, como muitas abordagens hierárquicas aglomerativas, a natureza correspondente dos conjuntos de dados e atributos é menos importante, desde que uma matriz de proximidade possa ser criada.

Ruídos e Elementos Externos Ruído e elementos externos são aspectos especialmente importantes dos dados. Tentamos indicar o efeito do ruído e elementos externos sobre diversos algoritmos de agrupamento que discutimos. Na prática, entretanto, pode ser difícil avaliar a quantidade de ruído no conjunto de dados ou o número de elementos externos. Mais do que isso, o que é ruído ou um elemento externo para uma pessoa pode ser interessante para outra. Por exemplo, se estivermos usando agrupamento para segmentar uma área em regiões de diferentes densidades populacionais, não queremos usar uma técnica de agrupamento baseada em densidades, como DBSCAN, que supõe que regiões ou pontos com densidade menor que um limite global são ruídos ou elementos externos. Como outro exemplo, esquemas de agrupamento hierárquico, com CURE, muitas vezes descartam grupos de pontos que estejam crescendo lentamente já que tais grupos tendem a representar elementos externos. Todavia, em algumas aplicações podemos estar mais interessados em grupos relativamente pequenos; e.g., na segmentação de mercado, tais grupos poderiam representar os clientes mais lucrativos.

Número de Objetos de Dados Analisamos como o agrupamento é afetado pelo número de objetos de dados em considerável detalhe nas seções anteriores. Reiteramos, contudo, que este fato muitas vezes desempenha um papel importante na determinação do tipo de algoritmo de agrupamento a ser usado. Suponha que queiramos criar um agrupamento hierárquico de um conjunto de dados, e que não estejamos interessados em uma hierarquia completa que se estenda até objetos individuais, mas apenas até o ponto no qual tenhamos dividido os dados em algumas centenas de grupos. Se os dados forem muito grandes, não podemos aplicar diretamente uma técnica de agrupamento hierárquico aglomerativo. Poderíamos, entretanto, usar uma técnica de agrupamento divisivo, como o algoritmo da árvore de dispersão mínima (MST), que é o análogo divisivo da conexão única, mas isto só funcionaria se o conjunto de dados não fosse muito grande. K-means com divisão ao meio também funcionaria para muitos conjuntos de dados, mas se o conjunto de dados for suficientemente grande de modo que não caiba completamente na memória, então este esquema também encontrará problemas. Nesta situação, uma técnica como BIRCH, que não requer todos os dados estejam na memória, se torna mais útil.

Número de Atributos   Também discutimos o impacto da dimensionalidade com algumas minúcias. Novamente, o ponto chave é perceber que um algoritmo que funciona bem em dimensões baixas ou moderadas pode não funcionar bem em altas dimensões. Assim como em muitos outros casos nos quais um algoritmo de agrupamento seja aplicado de forma inapropriada, o algoritmo de agrupamento pode ser executado e produzir grupos, mas os grupos podem não representar a verdadeira estrutura dos dados.

Descrição de Grupos   Um aspecto de técnicas de agrupamento que muitas vezes não é visto, é como os grupos resultantes são combinados. Grupos de protótipos são descritos sucintamente por um conjunto pequeno de protótipos de grupos. No caso de modelos misturados, os grupos são descritos em termos de grupos pequenos de parâmetros, como o vetor da média e a matriz de co-variância. Esta representação também é muito compacta compreensível. Para SOM, geralmente é possível visualizar os relacionamentos entre grupos em um gráfico bidimensional, como o da Figura 9.8. Para abordagens de agrupamentos baseados em densidade e em grafos, entretanto, os grupos geralmente são descritos como conjuntos membros de grupos. Apesar disso, os grupos podem ser descritos por um conjunto (relativamente) pequeno de pontos representativos. Para esquemas de agrupamentos baseados em grade, como CLIQUE, descrições mais compactas podem ser geradas em termos de condições sobre os valores de atributos que descrevem as células da grade no grupo.

Considerações Algorítmicas   Também há aspectos importantes de algoritmos que precisam ser considerados. O algoritmo é não determinístico ou dependente da ordem? O algoritmo determina automaticamente o número de grupos? Existe uma técnica para determinar os valores dos vários parâmetros? Muitos algoritmos de agrupamento tentam resolver o problema de agrupamento tentando otimizar uma função objetiva. O objetivo é uma boa correspondência para o objetivo da aplicação? Se não, então mesmo se o algoritmo faça um bom trabalho para encontrar um agrupamento que seja ótimo ou próximo de ótimo com relação à função objetiva, o resultado não será significativo. Além disso, a maioria das funções objetivas dá preferência a grupos maiores às custas de grupos menores.

Resumo A tarefa de escolher o algoritmo de agrupamento apropriado envolve a consideração de todas estas questões e questões de domínio específico também. Não existe uma fórmula para determinar a técnica apropriada. Apesar disso, um conhecimento geral dos tipos de técnicas de agrupamento que estão disponíveis e consideração sobre as questões mencionadas anteriormente, junto com um foco na aplicação pretendida, devem permitir ao analista de dados tomar uma decisão informada sobre qual abordagem (ou abordagens) de agrupamento experimentar.

9.7 Notas Bibliográficas

Uma discussão extensa sobre agrupamentos difusos, incluindo uma descrição de c-means difuso e derivações formais das fórmulas apresentadas na Seção 9.2.1 pode ser encontradas no livro sobre análise de grupos difusos de Höpper et al.[441]. Embora não discutido neste capítulo, o AutoClass de Cheeseman et al. [424] é um dos primeiros e mais proeminentes programas de agrupamento de modelo-mistura. Uma introdução a modelos de misturas pode ser encontrada no tutorial de Bilmes [420], no livro de Mitchel[450] (que também descreve como o algoritmo K-means pode ser derivado a partir de uma abordagem de modelo de misturas) e no artigo de Fraley e Raftery [429].

Além da exploração de dados, SOM e sua variante de aprendizagem supervisionada, Learning Vector Quantization (LQV), têm sido usadas para muitas tarefas: segmentação de imagem, organização de arquivos de documentos e processamento de falas. Nossa discussão sobre SOM foi moldada na terminologia de agrupamento baseado em protótipo. O livro sobre SOM de Kohonen et al. [447] contém uma introdução extensa a SOM que enfatiza suas origens de redes neurais, assim como uma discussão de algumas das suas variações e aplicações. Um desenvolvimento importante de agrupamentos relacionados a SOM é o algoritmo Generative Topographic Map (GTM) de Bishop et al. [421, que usa o algoritmo EM para encontrar modelos Gaussianos que satisfaçam restrições topográficas bidimensionais.

A descrição de Chameleon pode ser encontrada no artigo de Karypis et al [445], Capacidades semelhantes, embora não idênticas àquelas de Chameleon têm sido implementadas no pacote de agrupamento CLUTO de Karypis [425]. O pacote de particionamento de grafo METIS de Karypis e Kumar [446] é usado para executar particionamento de grafo em ambos os programas, assim como no algoritmo de agrupamento OPOSSUM de Strehl e Ghosh [459]. A noção de semelhança SNN foi introduzida por Jarvis e Patrick [442]. Um esquema de agrupamento hierárquico baseado em um conceito semelhante de vizinhos mais próximos mútuos foi proposta por Gowda e Krishna [434]. Guha et al. [437] criaram ROCK, um algoritmo de agrupamento baseado em grafos para agrupar dados de transações em vizinhos compartilhados que se assemelha bastante à semelhança SNN desenvolvida por Jarvis e Patrick. Uma descrição da técnica de agrupamento baseada em densidade SNN pode se encontrada nas publicações de Ertöz et al. [426, 427]. O agrupamento baseado em densidade SNN foi usado por Steinbach et al. [457] para encontrar índices climáticos.

Exemplos de algoritmos de agrupamento baseados em grade são OptiGrid (Hinneburg e Keim [440]), o sistema de agrupamento BANG (Schikuta e Erhart [455]) e WaveCluster (Sheikholeslami et al. [456].) O algoritmo CLIQUE é descrito no artigo de Guha et al. [418]. MAFIA (Nagesh et al. [452]) é uma modificação de CLIQUE cujo objetivo é melhorar a eficiência. Kailing et al. [444] desenvolveram o SUBCLU (density-connected SUBspace CLUstering), um algoritmo de agrupamento de subespaços baseado no DBSCAN. O algoritmo DENCLUR foi proposto por Hinneburg e Keim [439].

Nossa discussão de escalabilidade foi fortemente influenciada pelo artigo de Gosh [432]. Uma discussão ampla sobre técnicas específicas para agrupar conjuntos de dados massivos pode ser encontrada no artigo de Murtagh [451]. CURE é trabalho de Guha et al. [436], enquanto que detalhes de BIRCH estão no artigo de Zhang et al. [460]. CLARANS (Ng e Han [453]) é um algoritmo para escalar agrupamentos K-medoid para bancos de dados maiores. Uma discussão de escala de agrupamentos EM e K-means para conjuntos grandes de dados é fornecida por Bradley et al. [422, 423].

Há muitos aspectos de agrupamento que não cobrimos. Ponteiros adicionais são apresentados nos livros e pesquisas mencionados nas notas bibliográficas do capítulo anterior. Aqui, mencionamos quatro áreas – omitindo, infelizmente, muitas mais. O agrupamento de dados de transações

(Ganti et al. [430], Gibson et al. [433], Han et al. [438] e Peters e Zaki [454]) é uma área importante, já que dados de transações são comuns e de importância comercial. Dados em fluxos também estão se tornando cada vez mais comuns e importantes à medida em que redes de sensores e comunicações se difundem. Duas introduções ao agrupamento de fluxos de dados são apresentadas nos artigos por Barbará [419] e Guha et al. [435]. Agrupamentos conceituais (Fisher e Langley [428], Jonyer et al. [443], Mishra et al. [449], Michalski e Stepp [448], Stepp e Michalski [458], que usa definições mais complicadas de grupos que muitas vezes correspondem melhor a noções humanas de um grupo, é uma área de agrupamentos cujo potencial talvez não tenha sido completamente concretizada. Finalmente, tem havido uma grande quantidade de trabalhos de agrupamentos para compressão de dados na área da quantização de vetores. O livro de Gersho e Gray [431] é um texto padrão nesta área.

Bibliografia

[418] R. Agrawal, J. Gehrke, D. Gunopulos, e P. Raghavan. Automatic subspace clustering of high dimensional data for data mining applications. In Proc. of 1998 ACM-SIGMOD Intl. Conf. on Management of Data, págs. 94–105, Seattle, Washington, Junho 1998. ACMPress.

[419] D. Barbará. Requirements for clustering datas treams. SIGKDD Explorations Newsletter, 3(2):23–27, 2002.

[420] J. Bilmes. A Gentle Tutorial on the EM Algorithm and its Application to Parameter Estimation for Gaussian Mixture and Hidden Markov Models. Technical Report ICSITR-97-021, University of California at Berkeley, 1997.

[421] C. M. Bishop, M. Svensen, e C. K. I. Williams. GTM: A principled alternative to the self-organizing map. In C. von der Malsburg, W. von Seelen, J. C. Vorbruggen, e B. Sendhoff, editores, Artificial Neural Networks—ICANN96. Intl. Conf, Proc.,págs. 165–170. Springer-Verlag, Berlim, Alemanha, 1996.

[422] P. S. Bradley, U. M. Fayyad, e C. Reina. Scaling Clustering Algorithms to Large Databases. In Proc. of the 4th Intl. Conf. on Knowledge Discovery and Data Mining, págs. 9–15, New York City, Agosto 1998. AAAI Press.

[423] P. S. Bradley, U. M. Fayyad, e C.Reina. Scaling EM(Expectation Maximization) Clustering to Large Databases. Technical Report MSR-TR-98-35, Microsoft Research, Outubro1999.

[424] P. Cheeseman, J. Kelly, M. Self, J. Stutz, W. Taylor, e D. Freeman. AutoClass: a Bayesian classification system. In Readings in knowledge acquisition and learning: automating the construction and improvement of expert systems, págs. 431–441. Morgan Kaufmann Publishers Inc., 1993.

[425] CLUTO 2.1.1: Software for Clustering High-Dimensional Datasets. /www.cs. umn.edu/#karypis, November 2003.

[426] L. Ertöz, M. Steinbach, e V. Kumar. A New Shared Nearest Neighbor Clustering Algorithm and its Applications. In Workshop on Clustering High Dimensional Data and its Applications, Proc. of Text Mine'01, First SIAM Intl. Conf. on Data Mining, Chicago, IL, EUA, 2001.

[427] L. Ertöz, M. Steinbach, e V. Kumar. Finding Clusters of Different Sizes, Shapes, and Densities in Noisy, High Dimensional Data. In Proc. of the 2003 SIAM Intl. Conf. On Data Mining, São Francisco, Maio 2003. SIAM.

[428] D. Fisher e P. Langley. Conceptual clustering and its relation to numerical taxonomy. Artificial Intelligence and Statistics, págs. 77–116, 1986.

[429] C. Fraley e A. E. Raftery. How Many Clusters? Which Clustering Method? Answers Via Model-Based Cluster Analysis. The Computer Journal, 41(8):578–588, 1998.

[430] V. Ganti, J. Gehrke, e R. Ramakrishnan. CACTUS – Clustering Categorical Data Using Summaries. In Proc. of the 5th Intl. Conf. on Knowledge Discovery and Data Mining, págs. 73–83. ACM Press, 1999.

[431] A. Gersho e R. M. Gray. Vector Quantization and Signal Compression, volume 159 of Kluwer International Series in Engineering and Computer Science. Kluwer Academic Publishers, 1992.

[432] J. Ghosh. Scalable Clustering Methods for Data Mining. In N. Ye, editor, Handbook of Data Mining, págs. 247–277. Lawrence Ealbaum Assoc, 2003.

[433] D. Gibson, J. M. Kleinberg, e P. Raghavan. Clustering Categorical Data: An Approach Based on Dynamical Systems. VLDBJournal, 8(3–4):222–236, 2000.

[434] K. C. Gowda e G. Krishna. Agglomerative Clustering Using the Concept of Mutual Nearest Neighborhood. Pattern Recognition, 10(2):105–112, 1978.

[435] S. Guha, A. Meyerson, N. Mishra, R. Motwani, e L. O'Callaghan. Clustering Data Streams: Theory and Practice. IEEE Transactions on Knowledge and Data Engineering, 15(3):515–528, Maio/Junho 2003.

[436] S. Guha, R. Rastogi, e K. Shim. CURE: An Efficient Clustering Algorithm for Large Databases.In Proc. of 1998 ACM-SIGMOD Intl. Conf. on Management of Data,págs. 73–84. ACM Press, Junho 1998.

[437] S. Guha, R. Rastogi, e K. Shim. ROCK: A Robust Clustering Algorithm for CategoricalAttributes.In Proc. of the 15th Intl. Conf. on Data Engineering, págs. 512–521. IEEE Computer Society, Março 1999.

[438] E.-H. Han, G. Karypis, V. Kumar, e B. Mobasher. Hypergraph Based Clustering in High-Dimensional Data Sets: A Summary of Results. IEEE Data Eng. Bulletin, 21 (1):15–22, 1998.

[439] A. Hinneburg e D. A. Keim. An Efficient Approach to Clustering in Large Multimedia Databases with Noise. In Proc. of the 4th Intl. Conf. on Knowledge Discovery and DataMining, págs. 58–65, Nova Iorque, Agosto 1998. AAAI Press.

[440] A. Hinneburg e D. A. Keim.O ptimal Grid-Clustering: Towards Breaking the Curse of Dimensionality in High-Dimensional Clustering. In Proc. of the 25th VLDB Conf., págs. 506–517, Edinburgo, Escócia, Reino Unido, Setembro 1999. Morgan Kaufmann.

[441] F. Höppner, F. Klawonn, R. Kruse, e T. Runkler. Fuzzy Cluster Analysis: Methods for Classification, Data Analysis and Image Recognition. John Wiley & Sons, Nova Iorque, 2 Julho 1999.

[442] R. A. Jarvis e E. A. Patrick. Clustering Using a Similarity Measure Based on Shared Nearest Neighbors. IEEE Transactions on Computers, C-22(11):1025–1034, 1973.

[443] I. Jonyer, D. J. Cook, e L. B. Holder. Graph-based hierarchical conceptual clustering. Journal of Machine Learning Research, 2:19–43, 2002.

[444] K. Kailing, H.-P. Kriegel, e P. Kröger. Density-Connected Subspace Clustering for High-Dimensional Data. In Proc. of the 2004 SIAM Intl. Conf. on Data Mining, págs. 428–439, Lake Buena Vista, Flórida, Abril 2004. SIAM.

[445] G. Karypis, E.-H. Han, e V. Kumar. CHAMELEON: A Hierarchical Clustering Algorithm Using Dynamic Modeling. IEEE Computer, 32(8):68–75, Agosto 1999.

[446] G. Karypis e V. Kumar. Multilevel k-way Partitioning Scheme for Irregular Graphs. Journal of Parallel and Distributed Computing, 48(1):96–129, 1998.

[447] T. Kohonen, T. S. Huang, e M. R. Schroeder. Self-Organizing Maps. Springer-Verlag, Dezembro 2000.

[448] R. S. Michalski e R. E. Stepp. Automated Construction of Classifications: Conceptual Clustering Versus Numerical Taxonomy. IEEE Transactions on Pattern Analysis and MachineIntelligence, 5(4):396–409, 1983.

[449] N. Mishra, D. Ron, e R. Swaminathan. A New Conceptual Clustering Framework. Machine Learning Journal, 56(1–3):115–151, July/Agosto/Setembro 2004.

[450] T. Mitchell. Machine Learning. McGraw-Hill, Boston, MA, 1997.
[451] F. Murtagh. Clustering massive data sets. In J. Abello, P. M. Pardalos, e M. G. C. Reisende, editores, Handbook of Massive Data Sets. Kluwer, 2000.
[452] H. Nagesh, S. Goil, e A. Choudhary. Parallel Algorithms for Clustering High-Dimensional Large-Scale Datasets. In R. L. Grossman, C. Kamath, P. Kegelmeyer, V. Kumar, e R. Namburu, editores, Data Mining for Scientific and Engineering Applications, págs. 335–356. Kluwer Academic Publishers, Dordrecht, Holanda, Outubro 2001.
[453] R. T. Ng e J. Han. CLARANS: A Method for Clustering Objects for Spatial Data Mining. IEEE Transactions on Knowledge and Data Engineering, 14(5):1003–1016, 2002.
[454] M. Peters e M. J. Zaki. CLICKS: Clustering Categorical Data using K-partite Maximal Cliques. In Proc. of the 21st Intl. Conf. on Data Engineering, Tóquio, Japão, Abril 2005.
[455] E. Schikuta e M. Erhart. The BANG-Clustering System: Grid-Based Data Analysis. In Advances in Intelligent Data Analysis, Reasoning about Data, Second Intl. Symposium, IDA-97, Londres, volume 1280 of Lecture Notes in Computer Science, págs. 513–524. Springer, Agosto 1997.
[456] G. Sheikholeslami, S. Chatterjee, e A. Zhang. Wavecluster: A multi-resolution clustering approach for very large spatial databases. In Proc. of the 24th VLDB Conf., págs. 428–439, Nova Iorque, Agosto 1998. Morgan Kaufmann.
[457] M. Steinbach, P.-N. Tan, V. Kumar, S. Klooster, e C. Potter. Discovery of climate indices using clustering. In KDD '03: Proceedings of the ninth ACM SIGKDD international conference on Knowledge discovery and data mining, págs. 446–455, Nova Iorque, NY, EUA, 2003. ACM Press.
[458] R. E. Stepp e R. S. Michalski. Conceptual clustering of structured objects: A goal-oriented approach. Artificial Intelligence, 28(1):43–69, 1986.
[459] A. Strehl e J. Ghosh. A Scalable Approach to Balanced, High-dimensional Clustering of Market-Baskets. In Proc. of the 7th Intl. Conf. on High Performance Computing (HiPC2000), volume 1970 of Lecture Notes in Computer Science, págs. 525–536, Bangalore, Índia, Dezembro 2000. Springer.
[460] T. Zhang, R. Ramakrishnan, e M. Livny. BIRCH: an efficient data clustering method for very large databases. In Proc. of 1996 ACM-SIGMOD Intl. Conf. on Management of Data, págs. 103–114, Montreal, Quebec, Canadá, Junho 1996. ACM Press.

9.8 Exercícios

1. Para dados esparsos, discuta por que considerar apenas a presença de valores diferentes de zero poderia apresentar uma visão mais precisa dos objetos do que considerar as magnitudes reais dos valores. Quando tal abordagem não seria desejável?
2. Descreva as mudanças na complexidade de tempo de K-means quando o número de grupos a serem encontrados aumenta.
3. Analise um conjunto de documentos. Suponha que todos os documentos tenham sido normalizados para terem comprimento de unidade 1. Qual o "formato" de um grupo que consista de todos os documentos cuja semelhança de coseno com um centróide seja maior do que alguma constante especificada? Em outras palavras, $\cos(d,c) \geq \delta$, onde $0 < \delta < 1$.
4. Discuta as vantagens e desvantagens de tratar agrupamentos como um problema de otimização. Entre outros fatores, analise a eficiência, não determinismo e se uma abordagem baseada em otimização captura todos os tipos de agrupamentos que sejam de interesse.
5. Qual a complexidade de tempo e espaço de c-means difuso? E SOM? Como estas complexidades se comparam com as de K-means?
6. K-means tradicional tem um número de limitações, como ser sensível a elementos externos e dificuldade em lidar com grupos de densidades e tamanhos diferentes, ou com formatos não globulares. Comente sobre a capacidade de c-means difuso em lidar com estas situações.
7. Para o algoritmo c-means difuso descrito neste livro, a soma do grau de participação de qualquer ponto em todos os grupos é 1. Em vez disso, poderíamos apenas requerer que o grau de participação de um ponto em um grupo estivesse entre 0 e 1. Quais as vantagens e desvantagens de tal abordagem?
8. Explique a diferença entre possibilidade e probabilidade.
9. A Equação 9.12 apresenta a possibilidade de um conjunto de pontos de uma distribuição Gaussiana como uma função da média μ e o desvio padrão σ. Mostre matematicamente que a possibilidade máxima avaliada de μ e σ são a média de amostra e o desvio padrão de amostra, respectivamente.

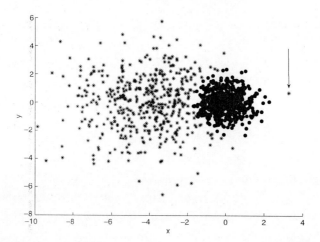

Figura 9.28. *Conjunto de dados para o Exercício 12. Agrupamento EM de um conjunto de dados bidimensional com dois grupos de densidades diferentes.*

10. Pegamos uma amostra de adultos e medimos suas alas. Se registrarmos o sexo de cada pessoa, podemos calcular a altura média e a variância de altura, separadamente, para homens e mulheres. Suponha, entretanto, que estas informações não tenham sido registradas. Ainda seria possível obter tais informações? Explique.

11. Compare os pesos de participação e probabilidade das Figuras 9.1 e 9.4 que vêm, respectivamente, da aplicação de agrupamento difuso e EM aos mesmos conjuntos de pontos de dados. Que diferenças você detecta e como você poderia explicar estas diferenças?

12. A Figura 9.28 mostra um agrupamento de um conjunto de dados de pontos bidimensionais com dois grupos: O grupo mais à esquerda, cujos pontos estão marcados com asteriscos, é um pouco difuso, enquanto que o grupo mais à direita, cujos pontos são marcados com círculos, é compacto. À direita do grupo compacto, há um único ponto (marcado com uma flecha) que pertence ao grupo difuso, cujo centro está mais longe do que o do grupo compacto. Explique o porquê disto ser possível com agrupamentos EM mas não com K-means.

13. Mostre que a técnica de agrupamento MST da Seção 9.4.2 produz os mesmos grupos da conexão única. Para evitar complicações e caos especiais, suponha que todas as semelhanças de pares sejam distintas.

14. Uma forma de dispersar uma matriz de proximidade é a seguinte: Para cada objeto (linha da matriz), configure todas as entradas como 0 exceto aquelas correspondentes aos k objetos vizinhos mais próximos. Entretanto, a matriz de proximidade dispersa geralmente não é simétrica.
    (a) Se o objeto a estiver entre os k vizinhos mais próximos do objeto b, por que não é garantido que b esteja entre os k vizinhos mais próximos de a?
    (b) Sugira pelo menos duas abordagens que poderiam ser usadas para tornar a matriz de proximidade dispersa simétrica?
15. Dê um exemplo de um conjunto de grupos no qual a fusão baseada na proximidade de grupos leve a um conjunto mais natural de grupos do que a fusão baseada na força de conexão (interconectividade) de grupos.
16. A Tabela 9.4 lista os dois vizinhos mais próximos de quatro pontos.

    Tabela 9.4. Dois vizinhos mais próximos de quatro pontos.

Ponto	Primeiro Vizinho	Segundo Vizinho
1	4	3
2	3	4
3	4	2
4	3	1

    Calcule a semelhança SNN entre cada par de pontos usando a definição de semelhança SNN definida no Algoritmo 9.10.
17. Para a definição de semelhança SNN fornecida pelo Algoritmo 9.10, o cálculo da distância não considera a posição de vizinhos compartilhados nas duas listas de vizinhos mais próximos. Em outras palavras, poderia ser desejável dar semelhança maior aos dois pontos que compartilham os mesmos vizinhos mais próximos na mesma ordem ou aproximadamente na mesma ordem.
    (a) Descreva como você poderia modificar a definição de semelhança SNN para dar semelhança maior a pontos cujos vizinhos estejam aproximadamente na mesma ordem.
    (b) Discuta as vantagens e desvantagens de tal modificação.
18. Mencione pelo menos uma situação na qual você *não* quereria usar agrupamentos baseados em densidade ou semelhança SNN.

19. Técnicas de agrupamento em grade são diferentes de outras técnicas de agrupamento por particionarem espaço em vez de conjuntos de pontos.
    (a) Como isto afeta tais técnicas em termos da descrição dos grupos resultantes e os tipos de grupos que podem ser encontrados.
    (b) Que tipo de grupo pode ser encontrado com grupos baseados em grade que não possam ser encontrados por outros tipos de abordagens de agrupamento? (Dica: Veja o Exercício 20 no Capítulo 8, página 564.)
20. Em CLIQUE, o limite usado para encontrar a densidade de grupos permanece constante, mesmo quando o número de dimensões aumenta. Este é um problema potencial, já que a densidade diminui quando a dimensionalidade aumenta; i.e., para encontrar em dimensões mais altas o limite tem que ser estabelecido em um nível que possa bem resultar na fusão de grupos de baixa dimensionalidade. Comente sobre se você acha que este é realmente um problema e, se for, como você poderia modificar CLIQUE para abordar este problema.
21. Dado um conjunto de pontos no espaço Euclidiano, que estão sendo agrupados usando o algoritmo K-means com distância Euclidiana, a diferença de triângulo pode ser usada na etapa da atribuição para evitar o cálculo todas as distâncias de cada ponto a cada centróide de grupo. Forneça uma discussão geral de como isto poderia funcionar.
22. Em vez de usar a fórmula derivada em CURE – veja a Equação 9.19 – poderíamos executar uma simulação Monte Carlo para avaliar diretamente a probabilidade de que uma amostra de tamanho s contivesse pelo menos uma determinada fração dos pontos de um grupo. Usando uma simulação de Monte Carlo, calcule a probabilidade de que uma amostra de tamanho s contenha 5% dos elementos de um grupo de tamanho 100, onde o número total de pontos seja 1.000 e onde s pode receber os valores 100, 200 ou 500.

capítulo 10

Detecção de Anomalias

NA DETECÇÃO DE ANOMALIAS, o objetivo é encontrar objetos que sejam diferentes da maioria dos outros objetos. Muitas vezes, objetos anômalos são conhecidos como **fatores elementos estranhos**, já que, em um desenho disperso dos dados, eles ficam longe dos outros pontos de dados. A detecção de anomalias também é conhecida como **detecção de desvios**, porque objetos anômalos têm atributos que se desviam significativamente dos valores de atributos esperados ou típicos ou, como **mineração de exceções**, porque as anomalias são excepcionais em algum sentido. Neste capítulo, usaremos mais os termos *anomalia* ou *fator estranho*.

Existe uma diversidade de abordagens de detecção de anomalias de diversas áreas, incluindo estatística, aprendizado de máquina e mineração de dados. Todas tentam capturar a idéia de que um objeto de dados anômalo é diferente ou de alguma forma inconsistente com outros objetos. Embora objetos ou eventos diferentes sejam, por definição, relativamente raros, isto não significa que eles não ocorram com freqüência em termos absolutos. Por exemplo, um evento que seja "um em um milhão" pode ocorrer milhões de vezes quando bilhões de eventos são considerados.

No mundo natural, na sociedade humana, ou no domínio de conjuntos de dados, a maioria dos eventos e objetos são, por definição, trivial ou comum. Entretanto, temos uma percepção aguda da possibilidade de objetos que sejam diferentes ou extraordinários. Isto inclui estações excepcionalmente secas ou chuvosas, atletas famosos ou um valor de atributo que seja muito menor ou maior do que todos os outros. Nosso interesse em eventos e objetos anômalos origina-se do fato de que eles são freqüentemente de importância incomum: uma seca ameaça as colheitas, a habilidade excepcional de um atleta pode levar à vitória e valores anômalos em resultados experimentais podem indicar um problema com o experimento ou um novo fenômeno a ser investigado.

Os exemplos a seguir ilustram aplicações para as quais as anomalias são de considerável interesse.

- **Detecção de Fraudes.** O comportamento de compra de alguém que rouba um cartão de crédito é provavelmente diferente daquele do proprietário original. Empresas de cartão de crédito tentam detectar um roubo procurando padrões de compra que o caracterizem ou percebendo uma mudança no comportamento típico. Abordagens semelhantes são usadas para outros tipos de fraudes.
- **Detecção de Intrusão.** Infelizmente, ataques em sistemas computacionais e redes de computadores são comuns. Embora alguns desses ataques, como os projetados para desabilitar ou sobrecarregar computadores e redes, sejam óbvios, aqueles projetados para coletar informações secretamente são difíceis de se detectar. Muitas dessas intrusões só podem ser detectadas por sistemas e redes de monitoração de comportamento incomum.
- **Distúrbios no Ecossistema.** No mundo natural há eventos atípicos que podem ter um efeito significativo sobre os seres humanos. Exemplos incluem furacões, inundações, secas, ondas de calor e incêndios. O objetivo é freqüentemente prever a probabilidade desses eventos e suas causas.
- **Saúde Pública.** Em muitos países, hospitais e clínicas médicas relatam diversas estatísticas a organizações nacionais para análises mais aprofundadas. Por exemplo, se todas as crianças de uma cidade forem vacinadas contra uma determinada doença, e.g., sarampo, então a ocorrência de alguns casos espalhados por diversos hospitais de uma cidade é um evento anômalo que pode indicar um problema com os programas de vacinação da cidade.

- **Medicina.** Para um determinado paciente, sintomas incomuns ou resultados de testes podem indicar potenciais problemas de saúde. Entretanto, se um determinado resultado de teste é anômalo pode depender de outras características do paciente, como idade e sexo. Além disso, a categorização de um resultado como anômalo ou não incorre em um custo – testes adicionais desnecessários se um paciente estiver saudável e potencial danos ao paciente se uma condição não for diagnosticada ou tratada.

Embora muito do recente interesse na detecção de anomalias tenha sido dirigido por aplicações nas quais anomalias sejam o foco, historicamente, a detecção (e remoção) de anomalias tem sido vista como uma técnica para melhorar a análise de objetos de dados típicos. Por exemplo, um número relativamente pequeno de elementos estranhos podem distorcer a média e o desvio padrão de um conjunto de valores ou alterar o conjunto de grupos produzidos por um algoritmo de agrupamento. Portanto, a detecção (e remoção) de anomalias é freqüentemente uma parte do pré-processamento de dados.

Neste capítulo, enfocaremos a detecção de anomalias. Após algumas preliminares, fornecemos uma discussão detalhada de algumas abordagens importantes para a detecção de anomalia, ilustrando-os com exemplos de técnicas específicas.

10.1 Preliminares

Antes de começar uma discussão sobre algoritmos específicos de detecção de anomalias, fornecemos alguns fundamentos adicionais. Especificamente, (1) exploramos as causas das anomalias, (2) analisamos diversas abordagens de detecção de anomalias, (3) fazemos distinções entre as abordagens baseados em se elas usam informações sobre rótulos de classes e (4) descrevemos questões comuns a técnicas de detecção de anomalias.

10.1.1 Causas de Anomalias

A seguir estão algumas causas comuns de anomalias: dados de classes diferentes, variação natural e medidas de dados ou erros de coleta.

Dados de Classes Diferentes Um objeto pode ser diferente de outros objetos, i.e., anômalo, porque é de um tipo ou classe diferente. Para ilustrar, alguém cometendo uma fraude de cartão de crédito pertence a uma classe diferente dos usuários de cartões de crédito daquelas pessoas que usam cartões de crédito legitimamente. A maioria dos exemplos apresentados no início do capítulo, a saber, fraude, intrusão, surtos de doenças e resultados anormais de testes são exemplos de anomalias que representam uma classe diferente de objetos. Tais anomalias são muitas vezes de considerável interesse e são o foco de detecção de anomalias no campo da mineração de dados.

A idéia de que objetos anômalos vêm de uma fonte (classe) diferente da maioria dos objetos de dados é declarada na freqüentemente citada definição de um elemento estranho do estatístico Douglas Hawkins.

Definição 10.1 (Definição de Hawkins de um Estranho). Um elemento estranho é uma observação que difere tanto das outras que gera suspeita de que tenha sido gerada por um mecanismo diferente.

Variação Natural Muitos conjuntos de dados podem ser modelados por distribuições estatísticas, como uma distribuição normal (Gaussiana), onde a probabilidade de um objeto de dados decresce rapidamente à medida em que a distância do objeto em relação ao centro da distribuição aumenta. Em outras palavras, a maioria dos objetos está próxima de um centro (objeto médio) e a probabilidade de que um objeto difira significativamente deste objeto médio é pequena. Por exemplo, uma pessoa excepcionalmente alta não é anômala no sentido de ser de uma classe separada de objetos, mas apenas no sentido de ter um valor extremo para uma característica (altura) possuída por todos os objetos. Anomalias que representem variações extremas ou improváveis são freqüentemente interessantes.

Medidas de Erro e Erros de Coleta Erros no processo de coleta de dados ou de medição são outra fonte de anomalias. Por exemplo, uma medição pode ser registrada incorretamente por causa de um erro humano, um problema com o dispositivo de medição ou a presença de ruído. O objetivo é eliminar tais anomalias, já que elas não fornecem informações interessantes mas só reduzem a qualidade dos dados e da subseqüente análise de mesmos. De fato, a remoção deste tipo de anomalia é o foco do pré-processamento de dados, especificamente da limpeza dos dados.

Resumo Uma anomalia pode ser resultado das causas apresentadas anteriormente ou de outras causas que não consideramos. De fato, as anomalias em um conjunto de dados podem ter diversas origens e a causa relacionada de alguma anomalia específica muitas vezes é desconhecida. Na prática, técnicas de detecção de anomalias buscam encontrar objetos que difiram substancialmente da maioria dos outros e as próprias técnicas não são afetadas pela fonte de uma anomalia. Assim, a causa relacionada da anomalia só é importante no que diz respeito à aplicação pretendida.

10.1.2 Abordagens para a Detecção de Anomalias

Aqui, fornecemos uma descrição em alto nível de algumas técnicas de detecção de anomalias e suas definições associadas de uma anomalia. Há alguma sobreposição entre estas técnicas e os relacionamentos entre elas são explorados mais no Exercício 1.

Técnicas Baseadas em Modelos Muitas técnicas de detecção de anomalias primeiro constroem um modelo dos dados. Anomalias são objetos que não se enquadram muito bem dentro do modelo. Por exemplo, um modelo da distribuição dos dados pode ser criado usando os mesmos para avaliar os parâmetros de uma distribuição de probabilidade. Um objeto não se enquadra muito bem dentro do modelo; i.e., é uma anomalia, se não for muito provável sob a distribuição. Se o modelo for um conjunto de agrupamentos, então uma anomalia é um objeto que não pertence convincentemente a algum grupo. Quando um modelo de regressão é usado, uma anomalia é um objeto que esteja relativamente distante do seu valor previsto.

Devido às anomalias e os objetos normais poderem ser vistos como definindo duas classes distintas, técnicas de classificação podem ser usadas para construir modelos destas duas classes. É claro que técnicas de classificação só podem ser usadas se rótulos de classes estiverem disponíveis para alguns dos objetos de modo que um conjunto de treinamento possa ser criado. Além disso, as anomalias são relativamente raras e isto precisa ser levado em consideração ao se escolher tanto uma técnica de classificação quanto as medidas a serem usadas para a avaliação. (Veja a Seção 5.7.)

Em alguns casos, é difícil construir um modelo; i.e., devido à distribuição estatística dos dados ser desconhecida ou nenhum dado de treinamento estar disponível. Nestas situações, técnicas que não requeiram um modelo, como as descritas a seguir, podem ser usadas.

Técnicas Baseadas em Proximidade Muitas vezes é possível definir uma medida de proximidade entre os objetos e um número de abordagens de detecção de anomalias são baseadas em proximidades. Objetos anômalos são aqueles que estejam distantes da maioria dos outros. Muitas das técnicas nesta área são baseadas em distâncias e são chamadas de **técnicas de detecção de elementos estranhos baseadas em distância**. Quando os dados podem ser exibidos como um desenho bi ou tridimensional, elementos estranhos baseados em distância podem ser detectados visualmente, procurando-se pontos que estejam separados da maioria dos outros.

Técnicas Baseadas em Densidade Avaliações da densidade dos objetos são relativamente diretas de se calcular, especialmente se uma medida de proximidade entre os objetos estiver disponível. Objetos que estejam em regiões de baixa densidade estão relativamente distantes dos seus vizinhos e podem ser considerados anômalos. Uma abordagem mais sofisticada se ajusta ao fato de que os conjuntos de dados podem ter regiões com densidades muito diferentes e classifica um ponto como um elemento estranho apenas se ele tiver uma densidade local significativamente menor do que a da maioria dos seus vizinhos.

10.1.3 O Uso de Rótulos de Classes

Há três abordagens básicas para a detecção de anomalias: não supervisionada, supervisionada e semi-supervisionada. A principal diferença é o grau no qual os rótulos de classes (anômala ou normal) estão disponíveis para pelo menos alguns dos dados.

Detecção Supervisionada de Anomalias Técnicas para detecção supervisionada de anomalias requerem a existência de um conjunto de treinamento com objetos anômalos e normais. (Observe que pode haver mais de uma classe normal ou anômala.) Conforme mencionado anteriormente, técnicas de classificação que abordem o assim chamado problema da classe rara são especialmente relevantes porque anomalias são relativamente raras no que diz respeito a objetos normais. Veja a Seção 5.7.

Detecção Não Supervisionada de Anomalias Em muitas situações práticas, rótulos de classes não estão disponíveis. Em tais casos, o objetivo é atribuir um valor (ou um rótulo) a cada instância que reflita o grau no qual a mesma é anômala. Observe que a presença de muitas anomalias que sejam semelhantes entre si pode fazer com que todas elas sejam rotuladas como normais ou tenham um valor de elemento estranho baixo. Assim, para que a detecção de anomalias não supervisionada seja bem sucedida, as anomalias devem ser distintas entre si, assim como os objetos normais.

Detecção Semi-Supervisionada de Anomalias Às vezes, os dados de treinamento contêm dados normais rotulados, mas não informações sobre os objetos anômalos. Na configuração semi-supervisionada, o objetivo é encontrar um rótulo ou valor de anomalia para um conjunto de objetos usando as informações de objetos normais rotulados. Observe que, neste caso, a presença de muitos elementos estranhos no conjunto de objetos a receberem valores não tem impacto sobre a avaliação do estranho. Entretanto, em muitas situações práticas, pode ser difícil encontrar um conjunto pequeno de objetos normais representativos.

Todos os esquemas de detecção de anomalias descritos neste capítulo podem ser usados no modo supervisionado ou não. Esquemas supervisionados são basicamente os mesmos esquemas de classificação para classes raras discutidos na Seção 5.7.

10.1.4 Questões

Existe uma diversidade de questões importantes que precisam ser abordadas ao se lidar com anomalias.

Número de Atributos Usados para Definir uma Anomalia   A questão de se um objeto é anômalo baseado em um único atributo é se o valor do objeto para esse atributo é anômalo. Entretanto, já que um objeto pode ter muitos atributos, ele pode ter valores anômalos para alguns atributos, mas valores normais para outros. Além disso, um objeto pode ser anômalo mesmo se nenhum de seus valores de atributo for individualmente anômalo. Por exemplo, é comum existirem pessoas que tenham a altura de 60 cm. (crianças) ou terem mais de 130 Kg. de peso, mas incomum terem 60 cm. e 130 Kg. Uma definição geral de uma anomalia deve especificar como os valores de múltiplos atributos são usados para determinar se um objeto é uma anomalia. Esta é uma questão especialmente importante quando a dimensionalidade dos dados for alta.

Perspectiva Local ou Global   Um objeto pode parecer diferente quanto a todos os objetos, mas não quanto a objetos na sua vizinhança. Por exemplo, uma pessoa cuja altura seja 1,90 é incomumente alta quanto à população geral, mas não quanto a jogadores profissionais de basquete.

Grau no Qual um Ponto é Uma Anomalia   A avaliação de se um objeto é uma anomalia é feita por algumas técnicas de um modo binário: um objeto é uma anomalia ou não. Freqüentemente, isto não reflete a realidade relacionada de que alguns objetos são anomalias mais extremas do que outros. Assim, é desejável se ter alguma avaliação do grau no qual um objeto é anômalo. Esta avaliação é conhecida como **grau de elemento estranho ou anomalia**.

Identificar Uma ou Muitas Anomalia de Cada Vez   Em algumas técnicas, as anomalias são removidas uma por vez; i.e., a instância mais anômala é identificada e removida e então o processe se repete. Em outras técnicas, um conjunto de anomalias é identificado junto. Técnicas que tentam identificar uma anomalia por vez estão muitas sujeitas a um problema conhecido como **mascaramento**, onde a presença de diversas anomalias mascara a presença de todas. Por outro lado, técnicas que detectam múltiplos elementos estranhos de uma vez podem sofrer **sobrecarga**, onde objetos normais são classificados como elementos estranhos. Em abordagens baseadas em modelos, estes efeitos podem ocorrer porque as anomalias destorcem o modelo de dados.

Avaliação Se rótulos de classes estiverem disponíveis para identificar anomalias, então a eficácia de um esquema de detecção de anomalias pode ser avaliada usando medidas de desempenho de classificação discutidos na Seção 5.7. Contudo, já que a classe anômala geralmente é muito menor do que a normal, medidas como precisão, lembrança e taxa de positivos falsos são mais apropriadas do que exatidão. Se rótulos de classes não estiverem disponíveis, então a avaliação é difícil. Todavia, para abordagens baseadas em modelos, a eficácia da detecção de elementos estranhos pode ser julgada quanto à melhoria no modelo assim que as anomalias forem eliminadas.

Eficiência Há diferenças significativas no custo computacional de diversos esquemas de detecção de anomalia. Esquemas baseados em classificação podem requerer recursos significativos para criar o modelo de classificação, mas são geralmente pouco custosos de se aplicar. Da mesma forma, abordagens estatísticas criam um modelo estatístico e podem então categorizar um objeto em tempo constante. Abordagens baseadas em proximidade têm naturalmente um complexidade de tempo de $O(m^2)$, onde m é o número de objetos, porque as informações que eles requerem geralmente só podem ser obtidas através do cálculo da matriz de proximidade. Esta complexidade de tempo pode ser reduzida em casos específicos, como dados de baixa dimensionalidade, pelo uso de algoritmos e estruturas de dados especiais. A complexidade de tempo de outras abordagens é analisada no Exercício 6 da página 681.

Roteiro

As próximas quatro seções descrevem diversas categorias importantes de abordagens de detecção de anomalias: estatísticas, baseadas em proximidade, baseadas em densidade e baseadas em agrupamentos. Uma ou mais técnicas específicas são consideradas dentro de cada uma destas categorias. Nestas seções, seguiremos a prática comum e usaremos o termo elemento estranho em vez de anomalia.

10.2 Abordagens Estatísticas

Abordagens estatísticas são baseadas em modelos; i.e., um modelo é criado para os dados e objetos são avaliados quanto à sua adaptação ao mesmo. A maioria das abordagens estatísticas de detecção de elementos estranhos é baseadas na construção de um modelo de distribuição de probabilidades e na análise da probabilidade dos objetos estarem sob este modelo. Esta idéia é expressa na Definição 10.2.

Definição 10.2 (Definição Probabilística de um Estranho). Um elemento estranho é um objeto que possui uma baixa probabilidade quanto ao modelo de distribuição de probabilidades dos dados.

Um modelo de distribuição de probabilidades é criado a partir dos dados avaliando-se os parâmetros de uma distribuição especificada pelo usuário. Se supusermos que os dados tenham uma distribuição Gaussiana, então a média e o desvio padrão da distribuição correspondente podem ser avaliados através do cálculo da média e do desvio padrão dos dados. A probabilidade de cada objeto sob a distribuição pode então ser avaliada.

Uma ampla variedade de testes estatísticos baseados na Definição 10.2 tem sido planejada para detectar elementos estranhos, ou **observações discordantes**, como elas são muitas vezes chamadas na literatura de estatística. Muitos destes testes de discordância são altamente especializados e supõem um nível de conhecimento estatístico além do escopo deste livro. Assim, ilustramos as idéias básicas com alguns exemplos e encaminhamos o leitor às notas bibliográficas para obter mais indicadores.

Questões

Entre as questões importantes relacionadas a esta abordagem à detecção de elementos estranhos estão as seguintes:

Identificar a Distribuição Específica de um Conjunto de Dados. Embora muitos tipos de dados possam ser descritos por um pequeno número de distribuições comuns, como Gaussiana, de Poisson ou binomial, conjuntos de dados com distribuições não padrão são relativamente comuns. É claro que, se o modelo errado for escolhido, então um objeto pode ser identificado erroneamente como um estranho. Por exemplo, os dados podem estar modelados como provenientes de uma distribuição Gaussiana, mas podem na verdade vir de uma que possui uma probabilidade maior (do que a Gaussiana) de ter valores longe da média. Distribuições estatísticas com este tipo de comportamento são comuns na prática e são conhecidas como **distribuições *heavy-tailed*** [1].

O Número de Atributos Usados. A maioria das técnicas de detecção de elementos estranhos se aplica a um único atributo, mas algumas têm sido definidas para dados multivariáveis.

Misturas de Distribuições. Os dados podem estar modelados como uma mistura de distribuições e esquemas de detecção de elementos estranhos podem ser desenvolvidos baseados em tais modelos. Embora potencialmente mais poderosos, tais modelos são mais complicados, tanto para entender quanto para usar. Por exemplo, as distribuições precisam ser identificadas antes que os objetos sejam classificados como elementos estranhos. Veja a discussão de modelos misturados e o algoritmo EM na Seção 9.2.2.

10.2.1 Detectar Elementos Estranhos em uma Distribuição Normal Univariada

A distribuição Gaussiana (normal) é uma das mais freqüentemente usadas em estatística e a usaremos para descrever uma abordagem simples à detecção estatística de elementos estranhos. Esta distribuição possui dois parâmetros, μ e σ, que são a média e o desvio padrão, respectivamente, e é representada usando a notação (μ,σ). A Figura 10.1 mostra a função de densidade de $N(0,1)$.

Há pouca chance de que um objeto (valor) de uma distribuição $N(0,1)$ ocorra nas laterais da distribuição. Por exemplo, existe apenas uma probabilidade de 0,0027 de que um objeto esteja fora da área central entre ±3 desvios padrão. De modo mais geral, se c for uma constante e x for o valor

---

[1] N. do T.: algo como "distribuições com grandes caudas"

de atributo de um objeto, então a probabilidade de que $|x| \geq c$ diminui rapidamente quando c aumenta. Suponha que $\alpha = prob\ (|x| \geq c)$. A Tabela 10.1 mostra alguns valores de amostras de c e os valores correspondentes para α quando a distribuição for $N(0,1)$. Observe que um valor que seja mais de 4 desvios padrão a partir da média é uma ocorrência em dez mil.

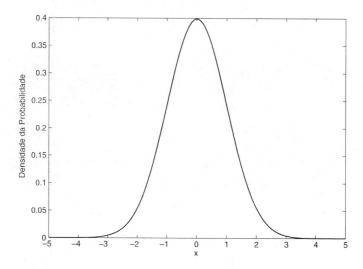

Figura 10.1. *Função da densidade da probabilidade de uma distribuição Gaussiana com uma média de 0 e um desvio padrão de 1.*

Tabela 10.1. Pares de amostras(c,α), $\alpha = prob\ (|x| \geq c)$
para uma distribuição Gaussiana com média 0 e desvio padrão 1.

c	α para $N(0, 1)$
1.00	0.3173
1.50	0.1336
2.00	0.0455
2.50	0.0124
3.00	0.0027
3.50	0.0005
4.00	0.0001

Devido a uma distância c de um valor do centro de uma distribuição $N(0,1)$ estar diretamente relacionada à probabilidade do valor, ela pode ser

Detecção de Anomalias

usada como base de um teste para ver se um objeto (valor) é um elemento estranho conforme indicado na Definição 10.3.

Definição 10.3 (Elemento Estranho para um Atributo Gaussiano Único N(0,1). Um objeto com um valor de atributo x de uma distribuição Gaussiana com média 0 e desvio padrão 1 é um elemento estranho se

$$|x| \geq c, \qquad (10.1)$$

onde c é uma constante escolhida de modo que $prob\ (|x|) \geq\ = \alpha$.

Para usar esta definição é necessário especificar um valor para α. Do ponto de vista de que valores (objetos) incomuns indicam um valor de uma distribuição diferente, α indica a probabilidade que classifiquemos erroneamente um valor de uma determinada distribuição como um estranho. Do ponto de vista de que um elemento estranho é um valor raro de uma distribuição $N(0,1)$, α especifica o grau de raridade.

Se a distribuição de um atributo de interesse (para os objetos normais) for Gaussiana com média μ e um desvio padrão σ, i.e., uma distribuição $N(\mu,\sigma)$, então, para usar a Definição 10.3, precisamos transformar o atributo x em um novo atributo z, que possui uma distribuição $N(0,1)$. Em especial, a abordagem é configurar $z = (x - \mu)/\sigma$. (z geralmente é chamado de grau z). Entretanto, μ e σ são geralmente desconhecidos e avaliados usando a média da amostra $\bar{x}$ e o desvio padrão da amostra s_x. Na prática, isto funciona bem quando o número de observações for grande. Entretanto, observamos que a distribuição de z não é realmente $N(0,1)$. Um procedimento estatístico mais sofisticado (teste de Grubb) é explorado no Exercício 7 na página 681.

10.2.2 Elementos Estranhos em uma Distribuição Normal Multivariável

Para observações Gaussianas multivariáveis, gostaríamos de usar uma abordagem semelhante àquela apresentada para uma distribuição Gaussiana univariável. Em especial, gostaríamos de classificar pontos como elementos estranhos se eles tiverem baixa probabilidade quanto à distribuição estimada dos dados. Além disso, gostaríamos de poder julgar isto com um teste simples, por exemplo, a distância de um ponto do centro da distribuição.

Entretanto, devido à correlação entre as diferentes variáveis (atributos), uma distribuição normal multivariável não é simétrica quanto ao seu centro. A Figura 10.2 mostra a densidade de probabilidades de uma distribuição Gaussiana multivariável bidimensional com média de (0,0) e uma matriz de co-variância de

$$\Sigma = \begin{pmatrix} 1.00 & 0.75 \\ 0.75 & 3.00 \end{pmatrix}.$$

Se formos usar um limite simples para se um objeto é um estranho, então precisaremos de uma medida de distância que leve em consideração o formato da distribuição de dados. A distância Mahalanobis é essa tal distância. Veja a Equação 2.14 na página 81. A distância Mahalanobis entre um ponto x e a média dos dados $\overline{x}$ é mostrada na Equação 10.2.

$$mahalanobis\ (x, \overline{x}) = (x - \overline{x})S^{-1}(x - \overline{x})^T, \qquad (10.2)$$

onde S é a matriz de covariância dos dados.

É fácil mostrar que a distância Mahalanobis de um ponto até a média da distribuição relacionada está relacionada diretamente com a probabilidade do ponto. Em especial, a distância Mahalanobis é igual ao log da densidade da probabilidade do ponto mais uma constante. Veja o Exercício 9 na página 682.

Exemplo 10.1 (Elementos Estranhos em uma Distribuição Normal Multivariável). A Figura 10.3 mostra a distância Mahalanobis (da média da distribuição) para pontos em um conjunto de dados bidimensional. Os pontos A (-4,4) e B(5,5) são elementos estranhos que foram adicionados ao conjunto de dados e sua distância Mahalanobis é indicada na figura. Os outros 2.000 pontos do conjunto de dados foram gerados aleatoriamente usando a distribuição usada para a Figura 10.2.

Tanto A quanto B têm distâncias Mahalanobis grandes. Entretanto, embora A esteja mais próximo do centro (o grande x preto em (0,0)) conforme medido pela distância Euclidiana, esta mais longe do que B em termos da distância Mahalanobis porque este considera o formato da distribuição. Em especial, o ponto B possui uma distância Euclidiana de $5\sqrt{2}$ e uma distância Mahalanobis de 24, enquanto que o ponto A possui uma distância Euclidiana de $4\sqrt{2}$ e uma distância Mahalanobis de 35.

10.2.3 Uma Abordagem de Mistura de Modelos para Detecção de Anomalias

Esta seção apresenta uma técnica de detecção de anomalias que usa uma abordagem de mistura de modelos. No agrupamento (veja a Seção 9.2.2), a abordagem de mistura de modelos supõe que os dados vêm de uma mistura de distribuições de probabilidades e que cada grupo possa ser identificado com uma destas distribuições. De forma semelhante, para detecção de anomalias, os dados são modelados como uma mistura de duas distribuições, uma para dados normais e uma para elementos estranhos.

Tanto para o agrupamento quanto para a detecção de anomalias, o objetivo é avaliar os parâmetros das distribuições para maximizar a probabilidade geral dos dados. No agrupamento, o algoritmo EM é usado para avaliar os parâmetros de cada distribuição de probabilidade. Entretanto, a técnica de detecção de anomalias apresentada aqui é uma abordagem mais simples. Inicialmente, todos os objetos são colocados em um conjunto de objetos normais e o conjunto de objetos anômalos fica vazio.

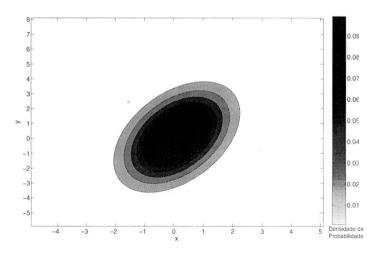

Figura 10.2. *Densidade da Probabilidade de pontos para a distribuição Gaussiana usada para gerar os pontos da Figura 10.3.*

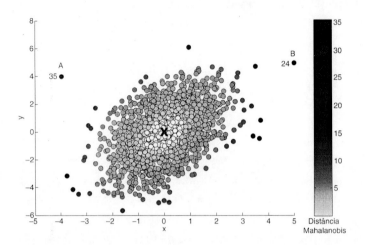

Figura 10.3. *A distância Mahalanobis de pontos do centro de um conjunto bidimensional de 2.002 pontos.*

Suponha que o conjunto de dados D contenha objetos de uma mistura de duas distribuições de probabilidade: M, a distribuição da maioria dos objetos (normais) e A, a distribuição dos objetos anômalos. A distribuição geral das probabilidades dos dados pode ser escrita como

$$D(\mathbf{x}) = (1 - \lambda)M(\mathbf{x}) + \lambda A(\mathbf{x}). \tag{10.3}$$

onde $\mathbf{x}$ é um objeto e λ é um número entre 0 e 1 que dá a fração de elementos estranhos. A distribuição M é avaliada a partir dos dados, enquanto que a distribuição A é muitas vezes considerada uniforme. Suponha que Mt e At sejam o conjunto de objetos normais e anômalos, respectivamente, no tempo t. Inicialmente, no tempo $t = 0$, $M0 = D$ e $A0$ está vazio. Em um tempo arbitrário t, a probabilidade e o log da probabilidade do conjunto inteiros de dados D são dadas pelas duas equações a seguir, respectivamente:

$$L_t = \prod_{x_i \in D} P_D(x_i) = \left((1-\lambda)^{|M_t|} \prod_{x_i \in M_t} P_{M_t}(x_i)\right) \left(\lambda^{|A_t|} \prod_{x_i \in A_t} P_{A_t}(x_i)\right) \tag{10.4}$$

$$LL_t(D) = |M_t|\log(1-\lambda) + \sum_{x_i \in M_t} \log P_{M_t}(x_i) + |A_t|\log \lambda + \sum_{x_i \in A_t} \log P_A(x_i) \tag{10.5}$$

onde *PD*, *PMt* e *PAt* são as funções de distribuição de probabilidade para *D*, *Mt* e *At*, respectivamente. Esta equação pode ser derivada da definição geral de um modelo misturado apresentada na Equação 9.6 (Seção 9.2.2). Para fazê-lo, é necessário fazer a suposição simplificadora de que a probabilidade é 0 para ambas as seguintes situações: (1) um objeto em *A* é um objeto normal e (2) um objeto em *M* é um estranho. O Algoritmo 10.1 apresenta os detalhes desta abordagem.

Devido ao número de objetos normais ser relativamente grande comparado com o número de anomalias, a distribuição dos objetos normais pode não mudar muito quando um objeto é movido para o conjunto de anomalias. Neste caso, a contribuição de cada objeto normal para a probabilidade geral dos objetos normais permanecerá relativamente constante. Além disso, se supusermos uma distribuição uniforme para as anomalias, então cada objeto movido para o conjunto de anomalias contribuirá de um valor fixo com a probabilidade das anomalias. Assim, a mudança geral na probabilidade total dos dados quando um objeto é movido para o conjunto de anomalias é aproximadamente igual à probabilidade do objeto sob uma distribuição uniforme (pesada por λ) menos a probabilidade do objeto sob a distribuição dos objetos de dados normais (pesados por 1 - λ). Conseqüentemente, o conjunto de anomalias tenderá a se constituir daqueles objetos que tiverem probabilidade significativamente maior sob uma distribuição uniforme em vez de sob a distribuição dos objetos normais.

Algoritmo 10.1 Detecção de elementos estranhos baseada em probabilidade.

1:   Inicialização: No tempo $t = 0$, suponha que *Mt* contenha todos os objetos, enquanto que *At* esteja vazio. Seja a probabilidade de registro de todos os dados.
2:   **para** cada objeto x que pertença à *Mt* **faça**
3:      Mova x de *Mt* para *At* para produzir os novos conjuntos de dados *At+1* e *Mt+1*.
4:      Calcule o novo log da probabilidade de *D*, $LL_{t+1}(D) = LL(M_{t+1}) + LL(A_{t+1})$
5:      Calcule a diferença, $\Delta = LL_t(D) - LL_{t+1}(D)$
6:      **se** $\Delta > c$, onde *c* é algum limite, **então**

7:     x é classificado como uma anomalia, i.e., *At+1* e *Mt+1* não são alterados e se tornam os conjuntos normal e de anomalias.
8:     **fim do se**
9:     **fim do para**

Na situação recém-discutida, a abordagem descrita pelo Algoritmo 10.1 é praticamente equivalente a classificar objetos com uma probabilidade baixa sob a distribuição de objetos normais como elementos estranhos. Por exemplo, quando aplicada aos pontos da Figura 10.3, esta técnica classificaria os pontos A e B (e outros pontos distantes da média) como elementos estranhos. Entretanto, se a distribuição dos objetos normais mudar significativamente quando anomalias são removidas ou a distribuição das anomalias puder ser modelada de uma forma mais sofisticada, então os resultados produzidos por esta abordagens serão diferentes dos resultados de simplesmente classificar objetos de baixa probabilidade como elementos estranhos. Além disso, esta abordagem pode funcionar mesmo quando a distribuição de objetos for multimodal.

10.2.4 Pontos Fortes e Fracos

Abordagens estatísticas para a detecção de elementos estranhos têm uma base sólida e são construídas sobre técnicas estatísticas padrão, como a avaliação dos parâmetros de uma distribuição. Quando houver conhecimento suficiente sobre os dados e o tipo de teste que deva ser aplicado, estes testes podem ser muito eficazes. Há uma ampla variedade de testes estatísticos de elementos estranhos para atributos únicos. Menos opções estão disponíveis para dados multivariáveis e estes testes podem ser executado de forma ruim em dados de dimensionalidade alta.

10.3   Detecção de Elementos Estranhos Baseada em Proximidade

Embora existam diversas variações da idéia de detecção de anomalias baseada em proximidade, a noção básica é direta. Um objeto é uma anomalia se estiver distante da maioria dos pontos. Esta abordagem é mais geral e mais facilmente aplicada do que abordagens estatísticas, já que é mais fácil determinar uma medida de proximidade significativa para um conjunto de dados do que determinar sua distribuição estatística.

Uma das formas mais simples de medir se um objeto está distante da maioria dos pontos é usar a distância para o vizinho k mais próximo. Isto é capturado pela Definição 10.4. O valor mais baixo do grau de elemento estranho é 0, enquanto que o mais alto é o máximo valor possível da função de distância – geralmente infinito.

Definição 10.4 (Distância até o Vizinho k Mais Próximo). O grau de elemento estranho de um objeto é dado pela distância do seu vizinho k mais próximo.

A Figura 10.4 mostra um conjunto de pontos bidimensionais. Os tons de cada ponto indicam seu grau de elemento estranho usando um valor de $k = 5$. Observe que o ponto C afastado recebeu corretamente um valor alto de estranho.

O grau de elemento estranho pode ser altamente sensível ao valor de k. Se k for pequeno demais, e.g., 1, então um número pequeno de elementos estranhos próximos pode causar um grau de elemento estranho baixo. Por exemplo, a Figura 10.5 mostra um conjunto de pontos bidimensionais nos quais outro ponto está próximo a C. O tom reflete o grau de elemento estranho usando um valor de $k = 1$. Observe que tanto C quanto seu vizinho possuem um grau baixo de elemento estranho. Se k for grande demais, então é possível que todos os objetos em um grupo que tenha menos objetos do que k se tornem elementos estranhos. Por exemplo, a Figura 10.6 mostra um conjunto de dados bidimensionais que possui um grupo natural de tamanho 5 além de um grupo maior de tamanho 30. Para $k = 5$, o grau do elemento estranho de todos os pontos no grupo menor é muito alto. Para tornar este esquema mais robusto à escolha de k, a Definição 10.4 pode ser modificada para usar a média das distâncias até os primeiros k vizinhos mais próximos.

10.3.1 Pontos Fortes e Fracos

O esquema de detecção de elementos estranhos baseado na distância descrito anteriormente, e outros esquemas relacionados, é simples. Todavia, abordagens baseadas em proximidade geralmente gastam $O(m^2)$ tempo. Para conjuntos de dados grandes isto pode ser custoso, embora algoritmos especializados possam ser usados para melhorar o desempenho no caso dos dados de baixa dimensionalidade. Além disso, a abordagem é sensível à escolha de parâmetros. Ela também não pode lidar com conjuntos de dados com regiões de densidades altamente diferentes porque usa limites globais que não podem levar em consideração tais variações de densidades.

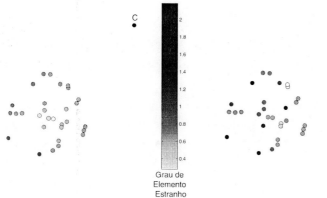

Figura 10.4. *Grau do elemento estranho baseado na distância até o quinto vizinho mais próximo.*

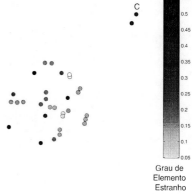

Figura 10.5. *Grau de elemento estranho baseado na distância até o primeiro vizinho mais próximo. Elementos estranhos próximos têm graus baixos.*

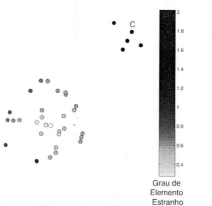

Figura 10.6. *Grau de elemento estranho baseado na distância até o quinto vizinho mais próximo. Um grupo pequeno se torna um estranho.*

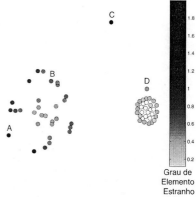

Figura 10.7. *Grau de elemento estranho baseado na distância até o quinto vizinho mais próximo. Grupos de densidades diferentes.*

Para ilustrar, analise o conjunto de pontos bidimensionais da Figura 10.7. Esta figura possui um grupo de pontos bastante soltos, outro grupo de pontos densos e dois pontos, C e D, que estão bastante longe destes dois grupos. Atribuir o grau de elemento estranho a pontos de acordo com a Definição 10.4 para $k = 5$ identifica corretamente o ponto C como um estranho, porém mostra um grau de elemento estranho baixo para o ponto D. Na verdade, o grau de elemento estranho para D é muito mais baixo do que muitos pontos que fazem parte do grupo solto.

10.4 Detecção de Elementos Estranhos Baseada em Densidade

A partir do ponto de vista baseado em densidade, elementos estranhos são objetos que estejam em regiões de baixa densidade.

Definição 10.5 (Elemento Estranho Baseado em Densidade). O grau de elemento estranho de um objeto é o inverso da densidade em torno dele.

A detecção de elementos estranhos baseada em densidade está intimamente relacionada com a detecção de fatores externo baseada em proximidade, já que a densidade geralmente é definida em termos de proximidade. Uma abordagem comum é definir a densidade como a recíproca da distância média a k vizinhos mais próximos. Se esta distância for pequena, a densidade é alta, e vice-versa. Isto é capturado pela Definição 10.6.

Definição 10.6 (Distância Inversa).

$$density(x, k) = \left(\frac{\sum_{y \in N(x,k)} distance(x, y)}{|N(x, k)|} \right)^{-1} \quad (10.6)$$

onde $N(\mathbf{x}, k)$ é o conjunto contendo os k vizinhos mais próximos de $\mathbf{x}$. $|N(\mathbf{x}, k)|$ é o tamanho desse conjunto e $\mathbf{y}$ é um vizinho mais próximo.

Outra definição de densidade é a usada pelo algoritmo de agrupamento DBSCAN. Veja a Seção 8.4.

Definição 10.7 (Contagem de Pontos Dentro de um Determinado Raio).
A densidade em torno de um objeto é igual ao número de objetos que estejam dentro de uma distância especificada d do objeto.

O parâmetro d precisa ser escolhido com cuidado. Se d for pequeno demais, então muitos pontos normais podem ter densidade baixa e, assim, um grau de elemento estranho algo. Se d escolhida for grande, então muitos elementos estranhos podem ter densidades (e graus de elemento estranho) que sejam semelhantes a pontos normais.

A detecção de elementos estranhos usando alguma das definições de densidade possui características e limitações semelhantes àquelas dos esquemas de elementos estranhos baseados em proximidade discutidos na Seção 10.3. Em especial, eles não conseguem identificar elementos estranhos corretamente quando os dados contêm regiões com diferentes densidades. (Veja a Figura 10.7) Para identificar corretamente elementos estranhos em tais dados, precisamos de uma noção de densidade que seja relativa à vizinhança do objeto. Por exemplo, o ponto D na Figura 10.7 possui uma densidade absoluta maior, de acordo com as Definições 10.6 e 10.7 do que o ponto A, mas sua densidade é menor relativamente a seus vizinhos mais próximos.

Há muitas formas de definir a densidade relativa de um objeto. Um método, que é usado pelo algoritmo de agrupamento baseado em densidade SNN, é discutido na Seção 9.4.8. Outro método é calcular a densidade relativa como a taxa da densidade de um ponto **x** e a densidade média dos seus vizinhos mais próximos **y** da seguinte maneira:

$$average\ relative\ density\ (x,k) = \frac{density\ (x,k)}{\sum_{y \in N(x,k)} density\ (y,k)/|N(x,k)|}. \quad (10.7)$$

10.4.1 Detecção de Elementos Estranhos Usando Densidade Relativa

Nesta seção, descrevemos uma técnica que é baseada na noção de densidade relativa. Esta técnica, que é uma versão simplificada da técnica de Local Outlier Factor (LOF) (veja as notas bibliográficas), é descrita no Algoritmo 10.2. Os detalhes do algoritmo são examinados em maiores detalhes a se-

Detecção de Anomalias

guir, mas em resumo, funciona da seguinte maneira. Calculamos o grau de elemento estranho para cada objeto para um número especificado de k vizinhos primeiro calculando a densidade de um objeto *densidade(x, y)* baseado nos seus vizinhos mais próximos. A densidade média dos vizinhos de um ponto é então calculada e usada para calcular a densidade relativa média do ponto conforme indicado na Equação 10.7. esta quantidade fornece uma indicação de se x está em uma região mais densa ou mais esparsa da vizinhança que seus vizinhos e é pego como o grau de elemento estranho de x.

Algoritmo 10.2 Algoritmo de grau de elemento estranho de densidade relativa.

1:   $\{k$ é o número de vizinhos mais próximos$\}$
2:   **para todos** os objetos x **faça**
3:       Determine $N(\mathbf{x}, k)$, os vizinhos mais próximos de x.
4:       Determine a *densidade(x, k)*, a densidade de x, usando seus vizinhos mais próximos, i.e., os objetos em $N(\mathbf{x}, k)$.
5:   **fim do para**
6:   **para todos** os objetos x **faça**
7:       Configure o *grau de elemento estranho*(x, k) = *densidade relativa média* (x, k) da Equação 10.7
8:   **fim do para**

Exemplo 10.2 (Detecção de Elementos Estranhos Usando Densidade Relativa). Ilustramos o desempenho do método de detecção de elementos estranhos usando densidade relativa usando o conjunto de dados exemplo mostrado na Figura 10.7. Aqui, $k = 10$. Os graus de elemento estranho para estes pontos são mostrados na figura 10.8.

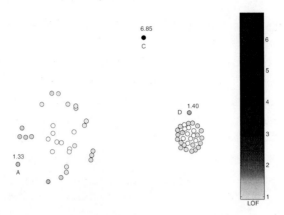

Figura 10.8. *Graus de elemento estranho usando densidade relativa (LOF) para dois pontos bidimensionais da Figura 10.7.*

10.4.2 Pontos Fortes e Fracos

Estes pontos são mostrados na Figura 10.8. A tonalidade de cada ponto é determinada pelo seu grau; i.e., pontos com um grau alto são mais escuros. Rotulamos A, C e D, que têm os maiores graus de elemento estranho, com estes valores. Respectivamente, estes pontos são o elemento estranho mais extremo, o ponto mais extremo quanto ao conjunto compacto de pontos e o ponto mais extremo no conjunto de pontos soltos.

A detecção de elementos estranhos baseado em densidade relativa dá uma medida quantitativa do grau no qual um objeto é um elemento estranho e pode funcionar bem até se os dados possuírem regiões de densidades diferentes. Da mesma forma que abordagens baseadas na distância, estas abordagens têm naturalmente complexidade de tempo $O(m^2)$ (onde m é o número de objetos), embora possa ser reduzida para $O(m \log m)$ para dados de baixa dimensionalidade usando estruturas de dados especiais. A seleção de parâmetros também pode ser difícil, embora o algoritmo LOF padrão aborde isto examinando uma diversidade de valores para k e então pegando os graus de elementos estranhos mais máximos. Contudo, os limites superior e inferior destes valores ainda precisam ser escolhidos.

10.5 Técnicas Baseadas em Agrupamento

A análise de grupos encontra grupos de objetos altamente relacionados, enquanto que a detecção de anomalias encontra objetos que não estejam altamente relacionados a outros objetos. Não deve ser surpreendente, então, que o agrupamento possa ser usado para a detecção de elementos estranhos. Nesta seção, discutiremos diversas técnicas como essa.

Uma abordagem para o uso de agrupamento para detecção de elementos estranhos é descartar grupos pequenos que estejam longe de outros grupos. Esta abordagem pode ser usada com qualquer técnica de agrupamento, mas requer limites para o menor tamanho de grupo e distância entre um grupo pequeno e outros grupos. Muitas vezes o processo é simplificado descartando-se todos os grupos menores que o tamanho mínimo. Este esquema é altamente sensível ao número de grupos escolhidos. Além disso, é difícil anexar um grau de elemento estranho a objetos usando este esquema. Observe que analisar grupos de objetos como elementos estranhos estende a noção das mesmas de objetos individuais para grupos de objetos, mas não muda nada essencial.

Uma abordagem mais sistemática é primeiro agrupar todos os objetos e então avaliar o grau no qual um objeto pertence a algum grupo. Para agrupamentos baseados em protótipos, a distância de um objeto até o centro do seu grupo pode ser usada para medir o grau no qual o objeto pertence a um grupo. De forma mais geral, para técnicas de agrupamento que sejam baseadas em uma função objetiva, podemos usar a função objetiva para avaliar o quanto um objeto pertence a algum grupo. Em especial, se a eliminação de um objeto resultar em uma melhoria substancial no objetivo, então classificaríamos o objeto como um estranho. Para ilustrar, para *k-means*, eliminar um objeto que esteja longe do centro do seu grupo associado pode melhorar substancialmente a soma do erro quadrado (SSE) do grupo. Em resumo, o agrupamento cria um modelo dos dados e anomalias distorcem esse modelo. Esta idéia é capturada na Definição 10.8.

Definição 10.8 (Elemento Estranho Baseado em Agrupamentos). Um objeto é um elemento estranho baseado em agrupamentos se o objeto não pertencer fortemente a algum agrupamento.

Quando usada com esquemas que tenham uma função objetiva, esta definição é um caso especial da definição de uma anomalia baseada em modelos. Embora a Definição 10.8 seja mais natural para esquemas baseados em modelos ou esquemas que tenham uma função objetiva, também pode englobar abordagens de detecção de elementos estranhos usando agrupamentos baseados em densidade e conectividade. Em particular, para agrupamentos baseados em densidade, um objeto não pertence fortemente a algum grupo se sua densidade for baixa demais, enquanto que, para agrupamentos baseados em conectividade, um objeto não pertence a algum grupo se não estiver fortemente conectado.

A seguir, discutiremos questões que precisam ser abordadas por alguma técnica de detecção de elementos estranhos baseados em agrupamento. Nossa discussão enfocará técnicas de agrupamento baseadas em protótipos, como K-means.

10.5.1 Avaliando a Extensão na Qual um Objeto Pertence a um Grupo

Para grupos baseados em protótipos, há diversas formas de avaliar a extensão na qual um objeto pertence a um grupo. Um método é medir a distância de um objeto até o protótipo do grupo e usá-la como o grau de elemento estranho do objeto. Entretanto, se os grupos forem de densidades diferentes, então podemos construir um grau de elemento estranho que meça a distância relativa de um objeto do seu protótipo de grupo com respeito às distâncias dos outros objetos no grupo. Outra possibilidade, desde que os grupos possam ser modelos com precisão em termos de distribuições Gaussianas, é usar a distância de Mahalanobis.

Para técnicas de agrupamento que tenham uma função objetiva, podemos atribuir um grau de elemento estranho a um objeto que reflita a melhoria na função objetiva quando esse objeto é eliminado. Entretanto, avaliar o grau no qual um ponto é um elemento estranho baseado na sua função objetiva pode ser computacionalmente intensivo. Por este motivo, as abordagens baseadas em distância do parágrafo anterior são muitas vezes preferidas.

Detecção de Anomalias

Exemplo 10.3 (Exemplo Baseado em Agrupamento). Este exemplo é baseado no conjunto de pontos mostrados na Figura 10.7. O agrupamento baseado em protótipos usa o algoritmo K-means e o grau de elemento estranho de um ponto é calculado de duas formas: (1) pela distância do ponto desde o seu centróide mais próximo e (2) pela distância relativa do seu centróide mais próximo, onde a distância relativa é a taxa da distância do ponto desde o centróide até a distância média de todos os pontos no grupamento desde o centróide. Esta última abordagem é usada para ajustar uma diferença grande em densidade entre os grupos compactos e soltos.

Os graus de elementos estranhos resultantes são mostrados nas Figuras 10.9 e 10.10. Como antes, o grau de elemento estranho, medido neste caso pela distância ou distância relativa, é indicado pela tonalidade. Usamos dois grupos em cada caso. A abordagem baseada na distância bruta tem problemas com as diferentes densidades dos grupos, e.g., D não é considerado um elemento estranho. Para a abordagem baseada em distâncias relativas, os pontos que tenham sido previamente identificados como elementos estranhos usando LOF (A, C e D) também aparecem como pontos estranhos aqui.

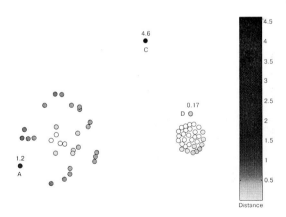

Figura 10.9. *Distância de pontos a partir do centróide mais próximo.*

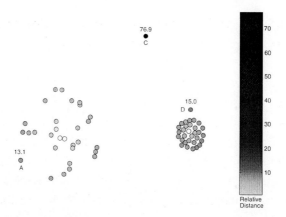

Figura 10.10. *Distância relativa de pontos a partir do centróide mais próximo.*

10.5.2 Impacto dos Elementos Estranhos sobre o Agrupamento Inicial

Se elementos estranhos forem detectados pelo agrupamento, existe uma questão sobre se os resultados são válidos, já que os elementos estranhos afetam o agrupamento. Para lidar com este assunto, a seguinte abordagem pode ser usada: os objetos são agrupados, os elementos estranhos são removidos e então os objetos são agrupados novamente. Embora não haja garantia de que esta abordagem produzirá resultados ótimos, ela é fácil de usar. Uma abordagem mais sofisticada é ter um grupo especial para objetos que não se adaptem bem correntemente a nenhum grupo. Este grupo representa elementos estranhos em potencial. À medida em que o agrupamento prossegue, os grupos mudam. Objetos que não pertençam mais fortemente a algum grupo são adicionados ao conjunto de elementos estranhos em potencial, enquanto que os objetos atualmente no conjunto são testados para ver se agora pertencem a um grupo e podem ser removidos do conjunto de elementos estranhos em potencial. Os objetos que permanecem no conjunto no final do agrupamento são classificados como elementos estranhos. Novamente, não há garantia de que uma solução ótima ou mesmo que esta abordagem vá funcionar melhor do que a mais simples descrita anteriormente. Por exemplo, um grupo de pontos com ruídos pode se parecer com um grupo real sem elementos estranhos. Este problema é especialmente sério se o grau do elemento estranho for calculado usando a distância relativa.

10.5.3 O Número de Grupos a Usar

Técnicas de agrupamento como K-means não determinam automaticamente o número de grupos. Este é um problema ao se usar agrupamentos na detecção de elementos estranhos, já que o fato de um objeto ser considerado um elemento estranho ou não depende do número de grupos. Por exemplo, em um grupo de 10 objetos os mesmos podem estar relativamente próximos entre si, mas podem ser incluídos como parte de um grupo maior se apenas alguns grupos grandes forem encontrados. Neste caso, cada um dos 10 pontos poderia ser considerado como um elemento estranho, embora tivessem formado um grupo se um número suficientemente grande de grupos tivesse sido especificado.

Da mesma forma que com outras questões, não existe uma resposta simples para este problema. Uma estratégia é repetir a análise para números diferentes de grupos. Outra abordagem é encontrar um número grande de grupos pequenos. A idéia aqui é que (1) grupos menores tendem a ser mais coesos e (2) se um objeto for um elemento estranho mesmo quando houver um número grande de grupos pequenos, então é provável que seja realmente um elemento estranho. A desvantagem é que grupos de elementos estranhos podem formar grupos pequenos e assim escaparem da detecção.

10.5.4 Pontos Fortes e Fracos

Algumas técnicas de agrupamento, como K-means, têm tempo linear ou não linear e complexidade de espaço e, assim, uma técnica de detecção de elementos estranhos baseada em tais algoritmos pode ser altamente eficiente. Além disso, a definição de um grupo é muitas vezes complementar àquela de um elemento estranho e, assim, geralmente é possível encontrar tanto grupos quanto elementos estranhos ao mesmo tempo. O lado negativo é que o conjunto de elementos estranhos produzido e seus graus podem ser altamente dependentes do número de grupos usados assim como da presença de elementos estranhos nos dados. Por exemplo, grupos produzidos por algoritmos baseados em protótipos podem ser distorcidos pela presença de elementos estranhos. A qualidade de elementos estranhos produzidos por um algoritmo de agrupamento é altamente impactado pela qualidade de grupos produzidos pelo algoritmo. Conforme discutidos nos Capítulos 8 e 9, cada algoritmo de agrupamento é apropriado apenas para um determinado tipo de dados; assim, precisa ser escolhido com cuidado.

10.6 Notas Bibliográficas

A detecção de anomalias tem uma longa história, especialmente em estatística, onde é conhecida como detecção de elementos estranhos. Livros relevantes sobre o tópico são os de Barnett e Lwis [464], Hawkins [483] e Rousseeuw e Leroy [513]. O artigo de Beckman e Cook [466] fornece uma visão geral de como os estatísticos vêem o assunto da detecção de elementos estranhos e fornece um histórico sobre o assunto desde os comentários de Bernoulli em 1777. Veja também os artigos relacionados [467, 484]. Outro artigo geral sobre detecção de elementos estranhos é o de Barnett [463]. Artigos sobre a descoberta de elementos estranhos em dados multivariáveis incluem os de Davies e Gather [474], Gnanadesikan e Kettenring [480], Rocke e Woodruff [511], Rousseeuw e van Zomeren [515] e Scott [516]. Rosner [512] fornece uma discussão sobre a descoberta de múltiplos elementos estranhos ao mesmo tempo.

Uma pesquisa extensiva sobre métodos de detecção de elementos estranhos é fornecida por Hodge e Austin [486]. Markou e Singh [506, 507] apresentam uma revisão em duas partes sobre técnicas de detecção de novidades que cobre técnicas estatísticas e de redes neurais, respectivamente. O procedimento de Grubb para detectar elementos estranhos foi descrita originalmente em [481]. A abordagem de elementos estranhos em modelos misturados discutida na Seção 10.2.3 vem de Eskin [476]. A noção de um elemento estranho baseado em distância e o fato de que esta definição pode incluir muitas definições estatísticas de um elemento estranho foi descrita por Knorr et al. [496-498]. A técnica de LOF (Breunig et al. [468, 469]) se desenvolveu de DBSCAN. Ramaswamy et al. [510] propõem um procedimento de detecção de elementos estranhos baseados em distância que dá a cada objeto um grau de elemento estranho baseado na distância do seu vizinho k mais próximo. Eficiência é alcançada particionando-se os dados usando a primeira fase de BIRCH (Seção 9.5.2). Chaudhary et al. [470] usam árvores k-d para melhorar a eficiência da detecção de elementos estranhos, enquanto que Bay e Schwabacher [465] usam aleatoriedade e cortes para melhorar o desempenho. Aggarwal e Yu [462] usam projeção para abordar a detecção de elementos estranhos para dados de alta dimensionalidade, enquanto que Shye et al. [518] usam uma abordagem baseada em componentes principais. Uma discussão teórica de remoção de elementos estranhos em espaços de alta dimensionalidade pode ser encontrada no artigo de Dunagan e Vempala [475]. O uso de medidas de informação na detecção de anomalias é descrita por Lee e Xiang [504], enquanto que uma abordagem baseada na medida χ^2 é apresentada por Ye e Chen [520].

Muitos tipos diferentes de técnicas de classificação podem se usados para detecção de anomalias. Uma discussão de abordagens na área de redes neurais pode ser encontrada em artigos de Hawkins et al. [485], Ghosh e Schwartzbard [479] e Sykacek [519]. Trabalhos recentes sobre detecção de classes raras incluem o de Joshi et al. [490-494]. O problema da classe rara também é chamado às vezes de problema do conjunto de dados desequilibrado. De relevância são um *workshop* AAAI (Japkowicz [488]), um *workshop* ICML (Chawla et al. [471]) e uma edição especial de SIGKDD Explorations (Chawla et al. [472]).

O agrupamento e a detecção de anomalias têm um longo relacionamento. Nos Capítulos 8 e 9, analisamos técnicas, como BIRCH, CURE, DENCLUE, DBSCAN e SNN de agrupamento baseado em densidades, que incluem especificamente técnicas para manipular anomalias. Abordagens estatísticas que discutem este relacionamento são descritas em artigos de Scott [516] e Hardin e Rocke [482].

Neste capítulo, enfocamos esquemas de detecção de anomalias básicos. Não analisamos esquemas que considerem a natureza espacial e temporal dos dados. Shekhar et al. [517] fornecem uma discussão detalhada do problema de elementos estranhos espaciais e apresentam uma abordagem unificada para a detecção de elementos estranho espaciais. A questão de elementos estranhos em séries de tempo foi considerada pela primeira vez de uma forma estatisticamente rigorosa por Fox [48]. Muirhead [508] fornece uma discussão de diferentes tipos de elementos estranhos em séries de tempo. Abraham e Chuang [461] propõem uma abordagem Bayesiana para elementos estranhos em séries de tempo, enquanto que Chen e Liu [461] consideram diferentes tipos de elementos estranhos em séries de tempo e propõem uma técnica para detectá-los e obter boas estimativas de parâmetros de séries de tempo. Trabalho na descoberta de padrões surpreendentes ou diferentes em bancos de dados de séries de tempo tem sido executado por Jagadish et al. [487], Liu et al. [505] e Rousseeuw et al. [514].

Uma área de aplicações importante para a detecção de anomalias é a detecção de intrusões. Pesquisas sobre as aplicações de mineração de dados na detecção de intrusões são apresentadas por Johnson et al. [489], Liu et al. [505] e Rousseeuw et al. [514].

Uma área de aplicação importante para a detecção de anomalias é a detecção de intrusões. Pesquisas sobre as aplicações de mineração de dados na detecção de intrusões são apresentadas por Lee e Stolfo [502] e Lazarevic et al. [501]. Em um artigo diferente, Lazarevic et al. [500] fornecem uma comparação de rotinas de detecção de anomalias específicas para intrusões em redes. Um framework para o uso de técnicas de mineração de dados para detecção de intrusões é fornecido por Lee et al. [503]. Abordagens baseadas em agrupamentos na área de detecção de intrusões incluem trabalhos de skin et al. [477], Lane e Brodley [499] e Portnoy et al. [509].

Bibliografia

[461] B. Abraham e A. Chuang. Outlier Detection and Time Series Modeling. Technometrics, 31(2):241–248, Maio de 1989.

[462] C. C. Aggarwal e P. S. Yu. Outlier detection for high dimensional data. In Proc. of 2001 ACM-SIGMOD Intl. Conf. on Management of Data, pags 37–46. ACM Press, 2001.

[463] V. Barnett. The Study of Outliers: Purpose and Model. Applied Statistics, 27(3): 242–250, 1978.

[464] V. Barnett e T. Lewis. Outliers in Statistical Data. Wiley Series in Probability and Statistics. John Wiley & Sons, 3rd edition, Abril de 1994.

[465] S.D.Bay e M.Schwabacher. Mining distance-based outliers in near linear time with randomization and a simple pruning rule. In Proc. of the 9th Intl. Conf. on Knowledge Discovery and Data Mining, pags 29–38. ACM Press, 2003.

[466] R. J. Beckman e R. D. Cook. 'Outlier..........s'. Technometrics, 25(2):119–149, Maio de 1983.
[467] R. J. Beckman e R. D. Cook. ['Outlier..........s']: Response. Technometrics, 25(2): 161–163, Maio de 1983.
[468] M. M. Breunig, H.-P. Kriegel, R. T. Ng, e J. Sander. OPTICS-OF: Identifying LocalOutliers. In Proceedings of the Third European Conference on Principles of Data Mining and Knowledge Discovery, pags 262–270. Springer-Verlag, 1999.
[469] M.M.Breunig, H.-P.Kriegel, R.T.Ng, e J. Sander. LOF: Identifying density-based local outliers. In Proc. of 2000 ACM-SIGMOD Intl. Conf. on Management of Data, pags 93–104. ACM Press, 2000.
[470] A. Chaudhary, A. S. Szalay, e A. W. Moore. Very fast outlier detection in large multidimensional data sets. In Proc. ACM SIGMOD Workshop on Research Issues in DataMining and Knowledge Discovery(DMKD), 2002.
[471] N. V. Chawla, N. Japkowicz, e A. Kolcz, editores. Workshop on Learning from Imbalanced Data Sets II, 20th Intl. Conf. on Machine Learning, 2000. AAAI Press.
[472] N.V.Chawla,N.Japkowicz, eA.Kolcz, editores. SIGKDD Explorations Newsletter, Edição especial sobre descoberta de conjuntos de dados desequilibrados, volume6(1),Junho de 2004. ACMPress.
[473] C. Chen e L.-M. Liu. Joint Estimation of Model Parameters and Outlier Effects in TimeSeries. Journal of the American Statistical Association, 88(421):284–297, Março de 1993.
[474] L. Davies e U. Gather. The Identification of Multiple Outliers. Journal of the American Statistical Association, 88(423):782–792, Setembro de 1993.
[475] J. Dunagan e S. Vempala. Optimal outlier removal in high-dimensional spaces. Journal of Computer and System Sciences, Special Issue on STOC 2001, 68(2):335–373, Março de 2004.
[476] E.Eskin. Anomaly Detection over Noisy Data using Learned Probability Distributions. In Proc. of the 17th Intl. Conf. on Machine Learning, [ags 255–262, 2000.
[477] E.Eskin, A.Arnold, M.Prerau, L.Portnoy, e S.J.Stolfo. A geometric framework for unsupervised anomaly detection. In Applications of Data Mining in Computer Security, pags 78–100. Kluwer Academics, 2002.
[478] A. J. Fox. Outliers in Time Series. Journal of the Royal Statistical Society. Series B (Methodological), 34(3):350–363, 1972.
[479] A. Ghosh e A. Schwartzbard. A Study in Using Neural Networks for Anomaly and Misuse Detection. In 8th USENIX Security Symposium, Agosto de 1999.

[480] R. Gnanadesikan e J. R. Kettenring. Robust Estimates, Residuals, and Outlier Detection with Multiresponse Data. Biometrics, 28(1):81–124, Março de 1972.

[481] F. Grubbs. Procedures for Testing Outlying Observations. Annal of Mathematical Statistics, 21(1):27–58, Março de 1950.

[482] J. Hardin e D. M. Rocke. Outlier Detection in the Multiple Cluster Setting using the Minimum Covariance Determinant Estimator. Computational Statistics and Data Analysis, 44:625–638, 2004.

[483] D. M. Hawkins. Identification of Outliers. Monographs on Applied Probability and Statistics. Chapman & Hall, Maio de 1980.

[484] D. M. Hawkins. '[Outlier..........s]': Discussion. Technometrics, 25(2):155–156, Maio de 1983.

[485] S. Hawkins, H. He, G. J. Williams, e R. A. Baxter. Outlier Detection Using Replicator Neural Networks. In DaWaK 2000: Proc. of the 4th Intnl. Conf. on Data Warehousing and Knowledge Discovery, Pags 170–180. Springer-Verlag, 2002.

[486] V. J. Hodge e J. Austin. A Survey of Outlier Detection Methodologies. Artificial Intelligence Review, 22:85–126, 2004.

[487] H. V. Jagadish, N. Koudas, e S. Muthukrishnan. Mining Deviants in a Time Series Database. In Proc. of the 25th VLDB Conf., pags 102–113, 1999.

[488] N.Japkowicz, editor. Workshop on Learning from Imbalanced Data Sets I, Seventeenth National Conference on Artificial Intelligence, Publicado como Technical Report WS-00-05, 2000.AAAIPress.

[489] T. Johnson, I. Kwok, e R. T. Ng. Fast Computation of 2-Dimensional Depth Contours. In KDD98, pages 224–228, 1998.

[490] M. V. Joshi. On Evaluating Performance of Classifiers for Rare Classes. In Proc. of the 2002 IEEE Intl. Conf. on Data Mining, pags 641–644, 2002.

[491] M. V. Joshi, R. C. Agarwal, e V. Kumar. Mining needle in a haystack: Classifying rare classes via two-phase rule induction. In Proc. of 2001 ACM-SIGMOD Intl. Conf. on Management of Data, pags 91–102. ACM Press, 2001.

[492] M.V.Joshi, R.C.Agarwal, e V.Kumar. Predicting rare classes: can boosting make any weak learner strong? In Proc. of 2002 ACM-SIGMOD Intl. Conf. on Management of Data, pags 297–306. ACM Press, 2002.

[493] M. V. Joshi, R. C. Agarwal, e V. Kumar. Predicting Rare Classes: Comparing Two-Phase Rule Induction to Cost-Sensitive Boosting. In Proc. of the 6th European Conf. of Principles and Practice of Knowledge Discovery in Databases, pags 237–249. Springer-Verlag, 2002.

[494] M.V.Joshi, V.Kumar, e R.C.Agarwal. Evaluating Boosting Algorithms to Classify Rare Classes: Comparison and Improvements. In Proc. of the 2001 IEEE Intl. Conf. On Data Mining, pags 257–264, 2001.

[495] E. Keogh, S. Lonardi, e B. Chiu. Finding Surprising Patterns in a Time Series Database in Linear Time and Space. In Proc. of the 8th Intl. Conf. on Knowledge Discovery and Data Mining, Edmonton, Alberta, Canadá, Julho de 2002.

[496] E. M. Knorr e R. T. Ng. A Unified Notion of Outliers: Properties and Computation. In Proc.of the 3rd Intl. Conf. On Knowledge Discovery and Data Mining, pags 219–222, 1997.

[497] E. M. Knorr e R. T. Ng. Algorithms for Mining Distance-Based Outliers in Large Datasets. In Proc. of the 24th VLDB Conf., pages 392–403, Agosto de 1998.

[498] E. M. Knorr, R. T. Ng, e V. Tucakov. Distance-based outliers: algorithms and applications. The VLDB Journal, 8(3-4):237–253, 2000.

[499] T.Lane e C.E.Brodley. An Application of Machine Learning to Anomaly Detection. In Proc. 20th NIST-NCSC National Information Systems Security Conf., pags 366–380, 1997.

[500] A. Lazarevic, L. Ertöz, V. Kumar, A. Ozgur, e J. Srivastava. A Comparative Study of Anomaly Detection Schemes in Network Intrusion Detection. In Proc. of the 2003 SIAM Intl. Conf. on Data Mining, 2003.

[501] A. Lazarevic, V. Kumar, e J. Srivastava. Intrusion Detection: A Survey. In Managing Cyber Threats: Issues, Approaches and Challenges, pags 19–80. Kluwer Academic Publisher, 2005.

[502] W. Lee e S. J. Stolfo. Data Mining Approaches for Intrusion Detection. In 7th USENIX Security Symposium, pags 26–29, Janeiro de 1998.

[503] W.Lee,S.J.Stolfo, e K. W. Mok. A Data Mining Framework for Building Intrusion Detection Models. In IEEE Symposium on Security and Privacy, pags 120–132, 1999.

[504] W. Lee e D. Xiang. Information-theoretic measures for anomaly detection. In Proc. of the 2001 IEEE Symposium on Security and Privacy, pages 130–143, Maio de 2001.

[505] R. Y. Liu, J. M. Parelius, e K. Singh. Multivariate analysis by data depth: descriptive statistics, graphics and inference. Anais de Statistics, 27(3):783–858, 1999.

[506] M. Markou e S. Singh. Novelty detection: A review–part 1: Statistical approaches. Signal Processing, 83 (12): 2481 – 2497, 2003.

[507] M. Markou e S. Singh. Novelty detection: A review–part 2: Neural network based approaches. Signal Processing, 83(12):2499–2521, 2003.

[508] C. R. Muirhead. Distinguishing Outlier Types in Time Series. Journal of the Royal Statistical Society. Series B (Methodological), 48(1):39–47, 1986.

[509] L. Portnoy, E. Eskin, e S. J. Stolfo. Intrusion detection with unlabeled data using clustering. In ACM Workshop on Data Mining Applied to Security, 2001.

[510] S.Ramaswamy, R.Rastogi, e K.Shim. Efficient algorithms for mining outliers from large data sets. In Proc. of 2000 ACM-SIGMOD Intl. Conf. on Management of Data, pags 427–438. ACM Press, 2000.

[511] D. M. Rocke e D. L. Woodruff. Identification of Outliers in Multivariate Data. Journal of the American Statistical Association, 91(435):1047–1061, Setembro de 1996.

[512] B. Rosner. On the Detection of Many Outliers. Technometrics, 17(3):221–227, 1975.

[513] P. J. Rousseeuw e A. M. Leroy. Robust Regression and Outlier Detection. Wiley Series in Probability and Statistics. John Wiley & Sons, Setembro de 2003.

[514] P. J. Rousseeuw, I. Ruts, e J. W. Tukey. The Bagplot: A Bivariate Boxplot. The American Statistician, 53(4):382–387, Novembro de 1999.

[515] P. J. Rousseeuw e B. C. van Zomeren. Unmasking Multivariate Outliers and LeveragePoints. Journal of theAmerican StatisticalAssociation, 85 (411) :633–639, Setembro de 1990.

[516] D. W. Scott. Partial Mixture Estimation and Outlier Detection in Data and Regression. In M. Hubert, G. Pison, A. Struyf, e S. V. Aelst, editors, Theory and Applications of Recent Robust Methods, Statistics for Industry and Technology. Birkhauser, 2003.

[517] S.Shekhar, C.-T.Lu, e P.Zhang. A Unified Approach to Detecting Spatial Outliers. GeoInformatica, 7(2):139–166, Junho de 2003.

[518] M.-L.Shyu, S.-C.Chen, K.Sarinnapakorn, e L.Chang. A Novel Anomaly Detection Scheme Based on Principal Component Classifier.In Proc. of the 2003 IEEE Intl. Conf. On Data Mining, pags 353–365, 2003.

[519] P. Sykacek. Equivalent error bars for neural network classifiers trained by bayesian inference. In Proc. of the European Symposium on Artificial Neural Networks, pags 121–126, 1997.

[520] N.Ye eQ.Chen. Chi-square Statistical Profiling for Anomaly Detection. In Proc. of the 2000 IEEE Workshop on Information Assurance and Security, pags 187–193, Junho de 2000.

10.7 Exercícios

1. Compare as diferentes técnicas de detecção de anomalias que foram apresentadas na Seção 10.1.2. Em especial, tente identificar circunstâncias nas quais as definições de anomalias usadas nas diferentes técnicas poderiam ser equivalentes ou situações nas quais uma poderia fazer sentido, mas a outra não. Assegure-se de analisar diferentes tipos de dados.
2. Analise a seguinte definição de uma anomalia: Uma anomalia é um objeto que é singularmente influente na criação de um modelo de dados.
   (a) Compare esta definição com a baseada em modelo padrão de uma anomalia.
   (b) Para quais tamanhos de conjuntos de dados (pequeno, médio ou grande) esta definição é apropriada?
3. Em uma abordagem à detecção de anomalias, objetos são representados como pontos em um espaço multidimensional e os pontos são agrupados em conchas sucessivas, onde cada uma representa uma camada em torno de um agrupamento de pontos, como um casco convexo. Um objeto é uma anomalia se estiver em uma das conchas externas.
   (a) A qual das definições de uma anomalia na Seção 10.1.2 é mais intimamente relacionada?
   (b) Cite dois problemas com esta definição de uma anomalia.
4. A análise de associações pode ser usada para encontrar anomalias da seguinte maneira. Encontre padrões fortes de associação, os quais envolvam algum número mínimo de objetos. Anomalias são aqueles objetos que não pertencem a algum desses padrões. Para tornar isso mais concreto, observamos que o padrão de associação hiperclique discutido na Seção 6.8 é especialmente apropriado para tal abordagem. Especificamente, dado um nível de confiança h selecionado pelo usuário, padrões de hiperclique máximo de objetos são encontrados. Todos os objetos que não aparecem em um padrão de hiperclique máximo de tamanho pelo menos igual a três são classificados como elementos estranhos.
   (a) Esta técnica fica em alguma das categorias discutidas neste capítulo?
   (b) Cite um potencial ponto forte e fraco nesta abordagem.

5. Discuta técnicas para combinar múltiplas técnicas de detecção de anomalias para melhorar a identificação de objeto anômalos. Analise tanto os casos supervisionados quanto os não supervisionados.
6. Descreva a potencial complexidade de tempo de abordagens de detecção de anomalias baseadas nas seguintes abordagens: baseada em modelos usando agrupamento, baseadas em proximidade e densidade. Nenhum conhecimento sobre técnicas específicas é requerido. Em vez disso, enfoque os requisitos computacionais básicos de cada abordagem, como o tempo necessário para calcular a densidade de cada objeto.
7. O teste de Grubb, que é descrito no Algoritmo 10.3, é um procedimento estatisticamente mais sofisticado para detectar elementos estranhos do que o da Definição 10.3. É iterativo e também considera o fato de que o grau z não tem uma distribuição normal. Este algoritmo calcula o grau z de cada valor baseado na média de amostra e desvio padrão do conjunto de valores corrente. O valor com a maior magnitude de grau z é descartado se o grau z for maior que g_c, o valor crítico do teste para um elemento estranho em grau de importância α. Este processo é repetido até que nenhum objeto seja eliminado. Observe que a média de amostra, desvio padrão e g_c são atualizados em cada iteração.

Algoritmo 10.3 Abordagem de Grubb para eliminação de elementos estranhos.

1: Entrada dos valores e α
{m é o número de valores, α é um parâmetro e t_c é um valor escolhido de forma que $\alpha = prob(x \geq t_c)$ para uma distribuição t com $m - 2$ graus de liberdade.}
2: **repita**
3:     Calcule a média de amostra ($\bar{x}$) e desvio padrão (s_x)
4:     Calcule um valor g_c de modo que $prob(|z| \geq g_c) = \alpha$. \
(Em termos de t_c e m, $g_c = \frac{m-1}{\sqrt{m}} \sqrt{\frac{t_c^2}{m-2+t_c^2}}$.
5:     Calcule o grau z de cada valor, i.e., $z = (x - \bar{x})$
6:     Suponha que $g = \max|z|$, i.e., encontre o grau z de maior magnitude e chame-o g.

Detecção de Anomalias

7:    **se** $g > g_c$ **then**
8:        Elimine o valor correspondente a g.
9:        $m \rightarrow m - 1$
10:   **fim se**
11:   **até que** Nenhum objeto seja eliminado.

(a) Qual o limite do valor $\frac{m-1}{\sqrt{m}} \sqrt{\frac{t^2}{m-2+t^2}}$ usado pelo teste de Grubb quando m se aproxima do infinito? Use um grau de importância de 0,05.

(b) Descreva, em palavras, o significado do resultado anterior.

8. Muitos testes estatísticos para elementos estranhos foram desenvolvidos em um ambiente nos quais algumas centenas de observações era um conjunto de dados grande. Exploramos as limitações de tais abordagens.

    (a) Para um conjunto de 1.000.000 de valores, qual a probabilidade de termos elementos estranhos de acordo com o teste que diz que um valor é um elemento estranho se ele for mais do que três desvios padrão da média? (Suponha uma distribuição normal.)

    (b) A abordagem que declara um elemento estranho como um objeto de probabilidade anormalmente baixa precisa ser adaptada ao se lidar com grandes conjuntos de dados? Caso positivo, como?

9. A densidade de probabilidade de um ponto x com respeito a uma distribuição normal multivariável tendo uma média μ e matriz de co-variância Σ é dada pela equação

$$prob(\mathbf{x}) = \frac{1}{(\sqrt{2\pi})^m |\Sigma|^{1/2}} e^{-\frac{(\mathbf{x}-\mu)\Sigma^{-1}(\mathbf{x}-\mu)}{2}}. \qquad (10.8)$$

Usando a média de amostra $\bar{\mathbf{x}}$ e matriz de co-variância $\mathbf{S}$ como estimativas da média μ e matriz de co-variância Σ, respectivamente, mostra que $\log(prob(\mathbf{x}))$ é igual à distância de Mahalanobis entre um ponto de dados x e a média de amostra $\bar{\mathbf{x}}$ mais uma constante que não depende de x.

10. Compare as duas seguintes medidas da extensão na qual um objeto pertence a um grupo: (1) a distância de um objeto do centróide do seu grupo mais próximo e (2) o coeficiente de silhueta descrito na Seção 8.5.2.

11. Analise o esquema K-means (distância relativa) para a detecção de elementos estranhos descrita na Seção 10.5 e a figura que a acompanha, a Figura 10.10.
    (a) Os pontos na parte inferior do grupo compacto da Figura 10.10 têm um grau de elemento estranho um pouco mais alto do que os de cima do mesmo. Por quê?
    (b) Suponha que tenhamos escolhido o número de grupos como muito maior, e.g., 10. A técnica proposta ainda seria eficaz para descobrir o elemento estranho mais extremo na parte superior da figura? Por que sim ou não?
    (c) O uso da distância relativa se adapta às diferenças de densidade. Dê um exemplo de onde tal abordagem poderia levar a conclusão errada.
12. Se a probabilidade de que um objeto normal seja classificado como uma anomalia for 0,01 e a probabilidade de que um objeto anômalo seja classificado como anômalo for 0,99, então qual a taxa de alarme falso e a taxa de detecção se 99% dos objetos forem normais? (Use as definições apresentadas a seguir.)

$$\text{taxa de detecção} = \frac{\text{número de anomalias detectadas}}{\text{número total de anomalias}} \quad (10.9)$$

$$\text{taxa de alarme falso} = \frac{\text{número de anomalias falsas}}{\text{número de objetos classificados como anomalias}} \quad (10.10)$$

13. Quando um conjunto de treinamento abrangente estiver disponível, uma técnica de detecção de anomalias supervisionada pode normalmente sobrepujar uma técnica de anomalias não supervisionada quando o desempenho for avaliado usando medidas como a taxa de alarme falso e detecção. Entretanto, em alguns casos, como na detecção de fraudes, novos tipos de anomalias estão sempre sendo desenvolvidos. O desempenho pode ser avaliado de acordo com as taxas de alarme falso e de detecção, porque geralmente é possível determinar sob investigação se um objeto (transação) é anômalo. Discuta os méritos relativos da detecção de anomalias supervisionada e não supervisionada sob tais condições.

14. Analise um grupo de documentos que tenha sido selecionado de um conjunto muito maior de diversos documentos de forma que os documentos selecionados sejam tão heterogêneos entre si quanto possível. Se considerarmos documentos que não estejam altamente relacionados (conectados, semelhantes) entre si como sendo anômalos, então todos os documentos que foram selecionados poderiam ser classificados como anomalias. É possível que um conjunto de dados consista apenas de objetos anômalos ou este é um abuso da terminologia?
15. Analise um conjunto de pontos, onde a maioria deles esteja em regiões de baixa densidade, mas alguns pontos estejam em regiões de alta densidade. Se definirmos uma anomalia como um ponto em uma região de baixa densidade, então a maioria dos pontos será classificada como anomalia. Este é um uso apropriado da definição baseada em densidade de uma anomalia ou ela deve ser modificada de alguma forma?
16. Analise um conjunto de pontos que estejam distribuídos uniformemente no intervalo [0,1]. A noção estatística de um elemento estranho como valor infreqüentemente observado significativa para estes dados?
17. Um analista aplica um algoritmo de detecção de anomalia em um conjunto de dados e encontra um conjunto de anomalias. Sendo curioso, o analista então aplica o algoritmo de detecção de anomalias ao conjunto de anomalias.
    (a) Discuta o comportamento de cada uma das técnicas de detecção de anomalias descrita neste capítulo. (Se possível, tente isto em conjuntos de dados reais e algoritmos.)
    (b) Qual você acha que deve ser o comportamento de um algoritmo de detecção de anomalias quando aplicado a um conjunto de objetos anômalos?

anexo A

Álgebra Linear

ESTE APÊNDICE FORNECE UMA BREVE introdução à álgebra linear com um foco em tópicos que sejam relevantes ao material deste texto. Começamos descrevendo vetores, que podem ser usados para representar tanto objetos de dados quanto atributos. A seguir, discutimos matrizes, que podem ser usadas para representar conjuntos de dados e para descrever transformações neles.

A.1 Vetores

A.1.1 Definição

Em espaço Euclidiano, como o espaço comum bi e tridimensional com os quais estamos familiarizados, um **vetor** é uma quantidade que possui **magnitude** e **direção**. Ele é representado tradicionalmente como uma flecha que possui comprimento igual à sua magnitude e uma orientação dada por sua direção. A Figura A.1(a) mostra dois vetores: o vetor **u**, que possui comprimento igual a 1 e é paralelo ao eixo y, e o vetor **v**, que possui comprimento igual a 2 e direção de 45^0 quanto ao eixo x. (Usaremos letras minúsculas em negrito, como **u** e **v**, para representar vetores. Eles também são muitas vezes representados por letras minúsculas em itálico, como u e v.) Já que um ponto pode ser representado por um vetor da origem ao ponto.

A.1.2 Adição de Vetores e Multiplicação por um Escalar

Diversas operações podem ser executadas sobre vetores. (No que se segue, supomos que os vetores sejam todos do mesmo espaço, i.e., têm a mesma dimensionalidade.) Por exemplo, vetores podem sofrer adição e subtração. Isto é melhor ilustrado de forma gráfica e a subtração e adição de vetores são mostradas nas Figuras A.1(b) e A.1(c), respectivamente. Da mesma forma que com números, a adição de vetores possui algumas propriedades familiares. Se **u**, **v** e **w** forem três vetores, então estas propriedades podem ser descritas da seguinte maneira:

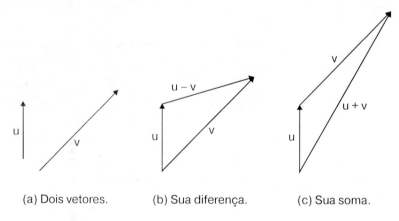

(a) Dois vetores.   (b) Sua diferença.   (c) Sua soma.

Figura A.1. *Dois vetores e sua soma e diferença.*

- **Comutatividade da adição de vetores.** A ordem da adição não importa. **U + v = v + u**.
- **Associatividade da adição de vetores.** O agrupamento de vetores durante a adição não importa. **(u + v) + w = u + (v + w)**.
- **Existência de um elemento identidade para adição de vetores.** Existe um **vetor zero**, denotado simplesmente como **0**, que é o elemento identidade. Para qualquer vetor **u**, **u + 0 = u**.
- **Existência de inversas aditivas para a adição de vetores.** Para cada vetor **u**, há um vetor inverso **-u** tal que **u + (-u) = 0**.

Outra operação importante é a multiplicação de um vetor por um número, o qual, no contexto da álgebra linear, é geralmente chamado de **esca-**

lar. A multiplicação escalar altera a magnitude do vetor; a direção é inalterada se o escalar for positivo e é revertida se o escalar for negativo. Se **u** e **v** forem vetores e α e β forem escalares (números), então as propriedades da multiplicação escalar de vetores podem ser descritas da seguinte forma:

- **Associatividade da multiplicação escalar.** A ordem da multiplicação por dois escalares não importa. $\alpha(\beta u) = (\alpha\beta)u$.
- **Distributividade da adição escalar sobre a multiplicação de um escalar por um vetor.** Somar dois escalares e depois multiplicar a soma resultante por um vetor é o mesmo que multiplicar cada escalar pelo vetor e depois somar os dois vetores resultantes. $(\alpha + \beta)\mathbf{u} = \alpha\mathbf{u} + \beta\mathbf{u}$.
- **Distributividade da multiplicação escalar sobre a soma de vetores.** Somar dois vetores e depois multiplicar a soma por um escalar é o mesmo que multiplicar cada vetor pelo escalar e depois somar. $\alpha(\mathbf{u} + \mathbf{v}) = \alpha\mathbf{u} + \alpha\mathbf{v}$.
- **Existência de identidade escalar.** Se $\alpha = 1$, então para qualquer vetor **u**, $\alpha\mathbf{u} = \mathbf{u}$.

A.1.3 Espaços de Vetores

Um **espaço de vetor** é um conjunto de vetores, junto com um conjunto associado de escalares (e.g., os números reais), que satisfaça as propriedades dadas anteriormente e que seja fechada sob a adição de vetores e multiplicação por um escalar. (Por fechado, queremos dizer que cada resultado da adição de vetores e/ou multiplicação escalar resulta em um vetor no conjunto original). Espaços de vetores têm a propriedade de que qualquer vetor pode ser representado como uma **combinação linear** de um pequeno conjunto de vetores, que são conhecidos como uma **base**. Mais especificamente, se U1, ..., Un forem o vetor base, então podemos encontrar um conjunto de n escalares { α1, ..., αn} para qualquer vetor **v**, de modo que $\mathbf{v} = \sum_{i=1}^{n} \alpha_i u_i$. Dizemos que os vetores base se **difundem** pelo espaço do vetor. A **dimensão** de um espaço de vetor é o número mínimo de vetores que são necessários para formar uma base. Geralmente, os vetores base são considerados como tendo comprimento de unidade.

Os vetores base são geralmente **ortogonais**. A ortogonalidade de vetores é uma extensão da noção bidimensional de retas perpendiculares e serão definidas mais precisamente mais adiante. Conceitualmente, vetores ortogonais são não relacionados ou independentes. Se vetores base forem mutuamente ortogonais, então expressar um vetor como uma combinação linear de vetores base efetivamente decompõe o vetor em um número de **componentes independentes**.

Assim, um vetor em um espaço n-dimensional pode ser considerado uma n tupla de escalares (números). Para fornecer uma ilustração concreta, analise o espaço Euclidiano bidimensional, onde cada ponto está associado a um vetor que representa o deslocamento do ponto em relação a origem. O vetor de deslocamento a qualquer ponto pode ser escrito como a soma de um deslocamento na direção x e um deslocamento na direção y, que são, respectivamente, as coordenadas x e y do ponto.

Iremos nos referir aos componentes de um vetor **v** usando a notação $\mathbf{v} = (v_1, v_2, ..., v_{n-1}, v_n)$. (Com referência à equação, $\mathbf{v} = \sum_{i=1}^{n} \alpha_i u_i$. Observe que v_i é um componente de **v**, enquanto que $\mathbf{v}_i$ é um de um conjunto de vetores.

Com um visão de componente de vetores, a soma de vetores se torna simples de se entender; para somar dois vetores, simplesmente adicionamos os componentes correspondentes. Por exemplo, $(2,3) + (4,2) = (6,5)$. Para multiplicar um vetor por um escalar, multiplicamos cada componente pelo escalar, e.g., $3*(2,3) = (6,9)$.

A.1.4 O Produto de Ponto, Ortogonalidade e Projeções Ortogonais

Agora definimos o que significa dois vetores serem ortogonais. Por motivo de simplicidade, nos restringimos a espaços de vetores Euclidianos, embora as definições e resultados sejam facilmente generalizados. Começamos definindo o **produto de ponto** de dois vetores.

Definição A.1 (Produto de Ponto). O produto de ponto $\mathbf{u} \cdot \mathbf{v}$ de dois vetores **u** e **v** é dado pela seguinte equação:

$$\mathbf{u}.\mathbf{v} = \sum_{i=1}^{n} u_i v_i \qquad (A.1)$$

Em palavras, o produto de ponto de dois vetores é calculado pela multiplicação de componentes de um vetor e pela adição posterior dos produtos resultantes. Por exemplo, $(2,3) \cdot (4,1) = 2 * 4 + 3 * 1 = 11$.

No espaço Euclidiano, pode ser demonstrado que o produto de ponto de dois vetores (não zero) é zero se e somente se eles forem perpendiculares. Geometricamente, dois vetores definem um plano e seu produto de ponto é 0 se e somente se o ângulo (no plano) entre os dois vetores for de 90^0. Dizemos que tais vetores são **ortogonais**.

O produto de ponto também pode ser usado para calcular o comprimento de um vetor no espaço Euclidiano, a saber, comprimento($\mathbf{u}$) = $\sqrt{\mathbf{u}.\mathbf{u}}$. O comprimento de um vetor também é conhecido como sua **norma** L_2 e é escrito como $\|\mathbf{u}\|$. Dado um vetor $\mathbf{u}$, podemos encontrar um vetor que esteja apontando na mesma direção que $\mathbf{u}$ mas que seja de comprimento de unidade, dividindo cada componente de $\mathbf{u}$ pelo seu comprimento; i.e., calculando $\mathbf{u}/\|\mathbf{u}\|$. Digamos que tenhamos normalizado o vetor para termos uma norma L_2 de 1.

Dada a notação para a norma de um vetor, o produto de ponto de um vetor pode ser escrito como

$$\mathbf{u}.\mathbf{v} = \|\mathbf{u}\| \|\mathbf{v}\| \cos(\theta), \qquad (A.2)$$

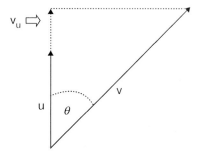

Figura A.2. *Projeção ortogonal do vetor v na direção do vetor u.*

onde θ é o ângulo entre os dois vetores. Agrupando termos e reordenando, isto pode ser reescrito como

$$\mathbf{u} \cdot \mathbf{v} = (\|\mathbf{v}\| \cos(\theta)) \|\mathbf{u}\| = \mathbf{v}_u \|\mathbf{u}\|, \quad (A.3)$$

onde $\mathbf{v}_u = \|\mathbf{v}\| \cos(\theta)$ representa o comprimento de **v** na direção de **u** conforme ilustrado na Figura A.2. Se **u** for um vetor de unidade, então o produto de ponto é o componente **v** na direção de **u**. Referimo-nos a isto como a **projeção ortogonal** de **v** em **u**. É claro que também é verdade que, se **v** for um vetor de unidade, então o produto de ponto é a projeção de **u** na direção de **v**.

Uma conseqüência importante disso é que, dado um conjunto de norma 1 que forma uma base de um espaço de vetores, podemos encontrar os componentes de qualquer vetor com respeito àquela base pegando o produto de ponto do vetor com cada vetor base.

Um conceito que está intimamente relacionado com o da ortogonalidade é a noção de **independência linear**.

Definição A.2 (Independência Linear). Um conjunto de vetores é linearmente independente se nenhum vetor do conjunto puder ser escrito como uma combinação dos outros vetores em outro conjunto.

Se um conjunto de vetores não for linearmente independente, então eles são **linearmente dependentes**. Observe que queremos que nossa base consista de um conjunto de vetores de modo que nenhum vetor seja linearmente dependente com respeito aos vetores base restantes, porque se este fosse o caso, então poderíamos eliminar esse vetor e ainda ter um conjunto de vetores que se espalha por todo o espaço de vetores. Se decidirmos que nossos vetores base sejam mutuamente ortogonais (independentes), então obtemos automaticamente um conjunto linearmente independente já que quaisquer dois vetores que sejam ortogonais são linearmente independentes.

A.1.5 Vetores e Análise de Dados

Embora os vetores tenham sido introduzidos originalmente para lidar com quantidades como força, velocidade e aceleração, eles se provaram úteis para representar e entender muitos outros tipos de dados. Em especial, podemos muitas vezes considerar um objeto de dado ou um atributo como um vetor. Por exemplo, o Capítulo 2 descreveu um conjunto de dados que consistia de 150 flores Íris que eram caracterizadas por quatro atributos: comprimento da sépala, largura da sépala, comprimento da pétala e largura da pétala. Cada flor pode ser considerada como um vetor de quatro dimensões e cada atributo um vetor de 150 dimensões. Como outro exemplo, um documento pode ser representado como um vetor, onde cada componente corresponde a um termo (palavra) e o valor de cada componente é o número de vezes que o termo aparece no documento. Isto produz um vetor muito esparso e de alta dimensionalidade, onde, por esparso, queremos dizer que a maioria das entradas do vetor é 0.

Uma vez que tenhamos representado nossos objetos de dados como vetores, podemos executar diversas operações sobre os dados que derivam de um ponto de visualização de vetor. Por exemplo, usando diversas operações de vetores, podemos calcular a semelhança ou distância de dois vetores. Em especial, a semelhança de coseno de dois vetores é definida como

$$\cos(\mathbf{u}.\mathbf{v}) = \frac{\mathbf{u}}{\|\mathbf{u}\|} \cdot \frac{\mathbf{v}}{\|\mathbf{u}\|}. \qquad (A.4)$$

A medida de semelhança não leva em consideração a magnitude (comprimento) dos vetores, mas só se preocupa com o grau no qual dois vetores apontam na mesma direção. Em termos de documentos, isto significa que dois documentos são o mesmo se contiverem os mesmos termos na mesma proporção. Termos que não apareçam em ambos os documentos não desempenham papel no cálculo de semelhança.

Também podemos simplesmente definir a distância entre dois vetores (pontos). Se **u** e **v** forem vetores, então a distância Euclidiana entre os dois vetores (pontos) é simplesmente

$$dist(\mathbf{u}.\mathbf{v}) = \sqrt{(\mathbf{u}-\mathbf{v}).(\mathbf{u}-\mathbf{v})}. \qquad (A.5)$$

Este tipo de medida é mais apropriada para os dados da íris, já que a magnitude dos diversos componentes dos vetores não faz diferença no fato deles serem considerados como semelhantes.

Além disso, para dados de vetores, é significativo calcular a média do conjunto de vetores, o que é alcançado pelo cálculo da média de cada componente. De fato, algumas abordagens de agrupamento, como K-means (Capítulo 8) funcionam dividindo os objetos de dados em grupos (clusters) e caracterizando cada cluster pela média dos objetos de dados no cluster que estejam próximos da média, onde a proximidade é medida pela distância Euclidiana de dados como os dados da Íris e pela semelhança do coseno para dados como dados de documentos.

Outras operações comuns que sejam executadas sobre dados também podem ser pensadas como operações sobre vetores. Analise a redução da dimensionalidade. Na abordagem mais simples, alguns dos componentes do vetor de dados são eliminados, enquanto que outros são deixados inalterados. Outras técnicas de redução de dimensionalidade produzem um novo conjunto de componentes (atributos) para o vetor de dados que são combinações lineares dos componentes anteriores. Outros métodos ainda alteram o vetor de formas mais complicadas. A redução de dimensionalidade é discutida mais no Apêndice B.

Para determinadas áreas da análise de dados, como estatística, as técnicas de análise são expressas matematicamente em termos de operações sobre vetores de dados e as matrizes de dados que contenham estes vetores de dados. Assim, uma representação de vetores traz com ela poderosas ferramentas matemáticas que podem ser usadas para representar, transformar e analisar os dados.

No restante deste apêndice completaremos esta história,, discutindo matrizes.

A.2 Matrizes

A.2.1 Matrizes: Definições

Uma **matriz** é uma representação tabular de um conjunto de números como uma coleção de linhas e colunas. Usaremos letras maiúsculas em negrito, como **A**, para representar matrizes. (Letras maiúsculas em itálico, com A, também são usadas.) O termo "matriz n por m" é usado comumente para se referir a uma matriz com m linhas e n colunas. Por exemplo, a matriz **A**, mostrada a seguir, é uma matriz 2 x 3. Se $m = n$, dizemos que a matriz é uma **matriz quadrada**. A transposta de **A** é escrita como $\mathbf{A}^T$ e é produzida pela permuta de linhas e colunas de **A**.

$$\mathbf{A} = \begin{bmatrix} 2 & 6 & 1 \\ 7 & 5 & 2 \end{bmatrix} \qquad \mathbf{A}^T = \begin{bmatrix} 2 & 7 \\ 6 & 5 \\ 1 & 2 \end{bmatrix}$$

As **entradas de matrizes** são representadas por letras em minúsculas e subscritas. Para a matriz **A**, por exemplo, a_{ij} é a entrada da linha de índice i e coluna de índice j. As linhas são numeradas de cima para baixo e as colunas da esquerda para a direita. Como uma ilustração específica, $a_{21} = 7$ é a entrada da segunda linha e da primeira coluna de **A**.

Cada linha ou coluna de uma matriz define um vetor. Para uma matriz **A**, o enésimo elemento **vetor de linha** pode ser representado usando a notação $\mathbf{a}_{i*}$ e o **vetor de coluna** de índice j usando a notação $\mathbf{a}_{*j}$. Usando o exemplo anterior, $\mathbf{a}_{2*} = [7\ 5\ 2]$, enquanto que $\mathbf{a}_{*3} = [1\ 2]^T$. Observe que vetores de linha e de coluna são matrizes e devem ser distintas; i.e., um vetor de linha e de coluna que tenham o mesmo número de entradas e os mesmos valores representam diferentes matrizes.

A.2.2 Matrizes: Adição e Multiplicação por um Escalar

Da mesma forma que vetores, matrizes podem ser somadas através da adição de suas entradas (componentes) correspondentes. (Aqui estamos supondo que as matrizes tenham o mesmo número de linhas e colunas.) Mais especificamente, se **A** e **B** forem duas matrizes com dimensões m por n, então a soma de **A** e **B** é definida da seguinte maneira:

Definição A.3 (Adição de Matrizes). A soma de duas matrizes m por n **A** e **B** é uma matriz **C** m por n, cujas entradas são dadas pela seguinte equação:

$$c_{ij} = a_{ij} + b_{ij}. \tag{A.6}$$

Por exemplo,

$$\begin{bmatrix} 3 & 1 \\ 1 & 2 \end{bmatrix} + \begin{bmatrix} 5 & 4 \\ 2 & 9 \end{bmatrix} = \begin{bmatrix} 8 & 5 \\ 3 & 11 \end{bmatrix}.$$

A adição de matrizes possui as seguintes propriedades:
- **Comutatividade da adição de matrizes.** A ordem da adição não importa. **A + B = B + A**.
- **Associatividade da adição de matrizes.** O agrupamento de matrizes durante a adição não importa. **(A + B) + C = A + (B + C)**.
- **Existência de um elemento identidade para a adição de matrizes.** Existe uma **matriz zero**, tendo todas as entradas 0 e simplesmente denotada como **0**, que é o elemento identidade. Para qualquer matriz **A, A + 0 = A**.
- **Existência de inversas aditivas para a soma de matrizes.** Para cada matriz **A** existe uma matriz **-A** tal que **A + (-A) = 0**. As entradas de **-A** são $-a_{ij}$.

Da mesma forma que com vetores, também podemos multiplicar uma matriz por um escalar.

Definição A.4 (Multiplicação Escalar de uma Matriz). O produto de uma escalar α e uma matriz **A** é a matriz $B = \alpha A$, cujas entradas são dadas pela equação a seguir.

$$b_{ij} = \alpha a_{ij} \quad (A.7)$$

A multiplicação escalar possui propriedades que são muito semelhantes àquelas da multiplicação de um vetor por um escalar.
- **Existência de multiplicação escalar.** A ordem da multiplicação por dois escalares não importa. $\alpha(\beta A) = (\alpha\beta)A$.
- **Distributividade da adição escalar sobre a multiplicação de um escalar por uma matriz.** Adicionar dois escalares e depois multiplicar a soma por uma matriz é o mesmo que multiplicar cada escalar pela matriz e depois somar as duas matrizes resultantes. $\alpha(\beta A) = (\alpha\ \beta)A$.
- **Distributividade da multiplicação escalar pela adição de matrizes.** Adicionar duas matrizes e depois multiplicar a soma por um escalar é o mesmo que multiplicar cada matriz pelo escalar e depois somá-las. $\alpha(A+B) = (\alpha A + \alpha B)$.
- **Existência de identidade escalar.** Se $\alpha=1$, então, para qualquer matriz **A**, $\alpha A = A$.

Nenhuma das propriedades anteriores deve ser surpreendente, já que podemos pensar em uma matriz como sendo composta por vetores de linhas e colunas e, assim, a adição de matrizes ou a multiplicação por um escalar equivale a adicionar vetores de linhas ou de colunas correspondentes ou multiplicá-los por um escalar.

A.2.3 Matrizes: Multiplicação

Podemos definir uma operação de multiplicação para matrizes. Começamos definindo multiplicação entre uma matriz e um vetor.

Definição A.5 (Multiplicação de uma Matriz por um Vetor de Colunas). O produto de uma matriz $\mathbf{A}$ m por n e uma matriz de colunas $\mathbf{u}$ n por 1 é a matriz de colunas m por 1 $\mathbf{v} = \mathbf{A}\mathbf{u}$, cujas entradas são dadas pela equação a seguir.

$$v_i = \mathbf{a}_{i*}\mathbf{u}^T \tag{A.8}$$

Em outras palavras, pegamos o produto de ponto da transposta $\mathbf{u}$ com cada vetor de linhas de $\mathbf{A}$. No exemplo a seguir, observe que o número de linhas em $\mathbf{u}$ deve ser o mesmo número de colunas de $\mathbf{A}$.

$$\begin{bmatrix} 3 & 1 \\ 1 & 2 \end{bmatrix} + \begin{bmatrix} 5 \\ 2 \end{bmatrix} = \begin{bmatrix} 17 \\ 9 \end{bmatrix}$$

Podemos, de forma semelhante, definir a multiplicação de uma matriz por um vetor de linhas no lado esquerdo.

Definição A.6 (Multiplicação de uma Matriz por um Vetor de Linhas). O produto de uma matriz de linhas 1 por m e uma matriz $\mathbf{A}$ m por m é a matriz $\mathbf{v}$ 1 por n $\mathbf{v} = \mathbf{u}\mathbf{A}$, cujas entradas são dadas pela equação a seguir.

$$v_i = \mathbf{a}_{*j}\mathbf{u}^T \tag{A.9}$$

Em outras palavras, pegamos o produto de ponto do vetor de linhas com a transposta de cada vetor de colunas de $\mathbf{A}$. Um exemplo é dado a seguir.

$$[1\ 2] + \begin{bmatrix} 5 & 4 \\ 2 & 9 \end{bmatrix} = [9\ 22]$$

Definimos o produto de duas matrizes como uma extensão da idéia anterior.

Definição A.7. O produto de uma matriz **A** *m* por *n* por uma matriz **B** *n* por *p* é a matriz **C**=**AB** *m* por *p*, cujas entradas são dadas pela equação

$$c_{ij} = \mathbf{a}_{i*}.(\mathbf{b}_{*j})^T \qquad (A.10)$$

Em palavras, a entrada de índice *ij* de **C** é o produto de ponto do vetor de linhas de índice *i* de **A** e a transposta do vetor de colunas de índice *j* de **B**.

$$\begin{bmatrix} 3 & 1 \\ 1 & 2 \end{bmatrix} + \begin{bmatrix} 5 & 4 \\ 2 & 9 \end{bmatrix} = \begin{bmatrix} 17 & 21 \\ 9 & 11 \end{bmatrix}$$

A multiplicação de matrizes possui as seguintes propriedades:
- **Associatividade da multiplicação de matrizes.** A ordem da multiplicação de matrizes não importa. (**AB**)**C** = **A**(**BC**).
- **Distributividade da multiplicação de matrizes.** A multiplicação de matrizes é distributiva com respeito à adição de matrizes. **A**(**B** + **C**) = **AB** + **AC** e (**B** + **C**)**A** = **BA** + **CA**.
- **Existência de um elemento identidade para a multiplicação de matrizes.** Se $\mathbf{I}_p$ for a matriz *p* por *p* com apenas elementos de valor 1 na diagonal e 0 nos outros lugares, então para qualquer matriz **A** *m* por *n*, $\mathbf{AI}_n = \mathbf{A}$ e $\mathbf{I}_m\mathbf{A}=\mathbf{A}$. (Observe que a matriz identidade é um exemplo de uma **matriz diagonal**, que é uma matriz cujas entradas diagonais são todas 0, i.e., $a_{ij} = 0$, se $i \neq j$.)

De modo geral, a multiplicação de matrizes não é comutativa, i.e., **AB** ≠ **BA**.

A.2.4 Transformações Lineares e Matrizes Inversas

Se tivermos um vetor de colunas **u** *n* por 1, então podemos visualizar a multiplicação de uma matriz **A** *m* por *n* pelo seu vetor à direita como uma transformação de **u** em um vetor de colunas de m dimensões **v**=**Au**. De forma semelhante, se multiplicarmos **A** por um vetor (de linhas) **u** = $\{u_1, ..., u_m\}$ à esquerda, então podemos visualizar isto como uma transformação de **u** em um vetor de linhas de n dimensões **v** = **uA**. Assim, podemos visualizar qualquer matriz **A** m por n como uma função que mapeia um espaço de vetor em outro.

Em muitos casos, a (matriz de) transformação pode ser descrita em termos facilmente compreensíveis.

- Uma **matriz de escalada** deixa a direção do vetor inalterada, mas altera seu comprimento. Isto é equivalente a multiplicar por uma matriz que seja a matriz identidade multiplicada por um escalar.
- Uma **matriz de rotação** altera a direção de um vetor, mas deixa a magnitude do mesmo inalterada. Isto equivale a uma alteração no sistema de coordenadas.
- Uma **matriz de reflexão** reflete um vetor através de um ou mais eixos de coordenadas. Isto seria equivalente a multiplicar algumas das entradas do vetor por -1, deixando as outras entradas inalteradas.
- Uma matriz de **projeção** leva vetores para um subespaço de menor dimensionalidade. O exemplo mais simples é a matriz identidade modificada onde um ou mais dos elementos 1 na diagonal foram alterados para 0. Tal matriz elimina os componentes do vetor correspondentes àquelas entradas zero, enquanto preserva os outros.

É claro que uma única matriz pode executar dois tipos de transformação de uma vez, e.g., escalar e rotação.

A seguir estão algumas das propriedades de matrizes quando visualizadas como funções que mapeiam vetores de um espaço de vetor para outro.

- Matrizes são **transformações lineares**, i.e., $A(\alpha u + \beta v) = \alpha Au + \beta Av$ e $(\alpha u + \beta v)A = \alpha uA + \beta vA$.
- O conjunto de todos os vetores de linhas transformados de uma matriz **A** é chamado de **espaço de linhas** de **A** porque os vetores de linhas da matriz, ou algum subconjunto deles, formam uma base para o subespaço de vetores de linhas transformados. Isto fica evidente a partir da equação a seguir, que expressa o produto de um vetor **u** 1 por $m = [u_1, ..., u_m]$ e uma matriz **A** n por n como uma combinação linear das linhas da matriz.

$$\mathbf{v} = \mathbf{uA} = \sum_{i=1}^{m} u_i \mathbf{a}_{i*} \qquad (A.11)$$

A dimensão do espaço de linhas nos informa sobre o número de linhas linearmente independentes de **A**.

- O conjunto de todos os vetores de colunas transformados é chamado de **espaço de colunas** de **A**. Os vetores de colunas da matriz, ou algum subconjunto deles, formam uma base para o subespaço de vetores de colunas transformados. Isto fica claro a partir da equação a seguir, que expressa o produto de um vetor de colunas **u** n por $1 = [u_1, ..., u_n]^T$ e uma matriz **A** como uma combinação linear das colunas da matriz.

$$\mathbf{v} = \mathbf{Au} = \sum_{j=1}^{n} u_j \mathbf{a}_{*j} \qquad (A.12)$$

A dimensão do espaço de colunas nos informa sobre o número de colunas linearmente independentes de **A**.

- O **espaço nulo à esquerda** é conjunto de vetores de linhas que a matriz mapeia para 0.
- O **espaço nulo à direita** (ou, mais comumente, apenas espaço nulo) é o conjunto de vetores de colunas que a matriz mapeia para 0.

Observe que a **ordem de uma matriz** é o mínimo da dimensionalidade dos espaços de linhas e de colunas e muitas vezes é usada para caracterizar uma matriz. Por exemplo, se pegarmos um único vetor de linhas 1 por n e o duplicarmos por m vezes para criar uma matriz m por n, só teríamos uma matriz de ordem 1.

Uma questão de importância prática e teórica é se as matrizes, como números reais, possuem inversas multiplicativas. Primeiro observamos que, por causa da natureza da multiplicação de matrizes (i.e., as dimensões devem corresponder), uma matriz deve se quadrada se tiver que ter uma **matriz inversa**. Assim, para uma matriz **A** m por m, perguntamos se podemos encontrar uma matriz $\mathbf{A}^{-1}$ tal que $\mathbf{AA}^{-1} = \mathbf{A}^{-1}\mathbf{A} = \mathbf{I}_m$. A resposta é que algumas matrizes quadradas possuem inversas e algumas não.

De forma mais abstrata, uma matriz m por m possui uma inversa apenas se ambos os seus espaços nulos contiverem apenas o vetor 0, ou se, equivalentemente, os espaços de linhas e de colunas forem ambos de dimensão m. (Isto é equivalente à ordem da matriz sendo m.) Conceitualmente, uma matriz m por m possui uma inversa e apenas se ela mapear unicamente cada vetor de linhas (colunas) não zero de m dimensões em um vetor de linhas (colunas) não zero de m dimensões.

A existência de uma matriz inversa é importante ao se resolver diversas equações de matrizes.

A.2.5 Eigenvalue e Decomposição de Valor Singular

Agora discutimos uma área muito importante da álgebra linear: *eigenvalues* e *eigenvectors*. E*igenvalues* e *eigenvectors*, junto com o conceito relacionado de valores únicos e vetores únicos, capturam a estrutura de matrizes permitindo que fatoremos e decompusemos matrizes e as expressemos em um formato padrão. Por este motivo, estes conceitos são úteis na solução de equações matemáticas e para redução de ruídos e dimensionalidade. Começamos com a definição d*eigenvalues* e *eigenvectors*.

Definição A.8 (Eigenvectors e Eigenvalues). Os eigenvalues e eigenvectors de uma matriz **A** m por n são, respectivamente, os valores escalares λ e os vetores **u** que sejam soluções para a seguinte equação.

$$A\mathbf{u} = \lambda \mathbf{u} \quad (A.13)$$

Em outras palavras, **eigenvectors** são os vetores que permanecem inalterados, exceto pela magnitude, quando multiplicados por **A**. Os **eigenvalues** são os fatores de escala. Esta equação também pode ser escrita como $(\mathbf{A} - \lambda \mathbf{I})\mathbf{u} = \mathbf{0}$.

Para matrizes quadradas, é possível decompor a matriz usando eigenvalues e eigenvectors.

Teorema A.1. *Suponha que* **A** *seja uma matriz n por n com n eigenvectors independentes (ortogonais), $u_1, ..., u_n$ e n eigenvalues correspondentes, $\lambda_1, ..., \lambda_n$. Suponha que* **U** *seja a matriz cujas colunas sejam estes ei-*

genvectors, i.e., $\mathbf{U} = [\mathbf{u}_1, ..., \mathbf{u}_n]$ *e seja* Λ *uma matriz diagonal, cujas entradas diagonais sejam os* λ_i, $1 \leq i \leq n$. *Então* $\mathbf{A}$ *pode ser expresso como*

$$\mathbf{A} = \mathbf{U} \Lambda \mathbf{U}^{-1}. \tag{A.14}$$

Assim, $\mathbf{A}$ pode ser decomposto em um produto de três matrizes. $\mathbf{u}$ é conhecido como a **matriz eigenvector** e Λ como a **matriz eigenvalue**.

De modo mais geral, uma matriz arbitrária pode ser decomposta de uma forma semelhante. Especificamente, qualquer matriz $\mathbf{A}$ *m* por *n* pode ser fatorada no produto de três matrizes conforme descrito pelo teorema a seguir.

Teorema A.2. *Suponha que* $\mathbf{A}$ *seja uma matriz m por n. Então A pode ser expressa da seguinte maneira*

$$\mathbf{A} = \mathbf{U} \Sigma \mathbf{V}^T. \tag{A.15}$$

Onde $\mathbf{U}$ *é m por m,* Σ *é m por n e* $\mathbf{V}$ *é n por n.* $\mathbf{U}$ *e* $\mathbf{V}$ *são matrizes ortonormais, i.e., suas colunas são de comprimento de unidade e são mutuamente ortogonais. Assim,* $\mathbf{U}\mathbf{U}^T = \mathbf{I}_m$ *e* $\mathbf{V}\mathbf{V}^T = \mathbf{I}_n$. Σ *é uma matriz diagonal cujas entradas diagonais são não negativas e ordenadas de forma que as entradas maiores apareçam primeiro, i.e.,* $\sigma_{i,i} \geq \sigma_{i+1,i+1}$

Os vetores de colunas de $\mathbf{V}$, $\mathbf{v}1, ..., \mathbf{v}n$ são os **vetores singulares da direita**, enquanto que as colunas de $\mathbf{U}$ são os **vetores singulares da esquerda**. Os elementos diagonais de Σ, a **matriz de valor singular**, são geralmente escritos como $\sigma 1, ..., \sigma n$ e são chamados de **valores singulares** de $\mathbf{A}$. (Este uso de σ não deve ser confundido com o uso de σ para representar o desvio padrão de uma variável.) Há no máximo $rank(A) \leq min(m,n)$ valores singulares não zero.

Pode ser mostrado que os eigenvectors de $A^T A$ são os vetores singulares da direita (i.e., as colunas de $\mathbf{V}$), enquanto que os eigenvectors de $\mathbf{A}\mathbf{A}^T$ são os vetores singulares da esquerda (i.e., as colunas de $\mathbf{U}$). Os eigenvalues não zero de $\mathbf{A}^T\mathbf{A}$ e $\mathbf{A}\mathbf{A}^T$ são os σ^2_i, i.e, os quadrados dos valores singulares. De fato, a decomposição do eigenvalue de uma matriz quadrada pode ser considerada como um caso especial de decomposição de valor singular.

A decomposição de valor singular (SVD) de uma matriz também pode ser expresso com a equação a seguir. Observe que, enquanto $\mathbf{u}_i\mathbf{v}_i^T$ poderia se parecer com um produto de ponto, não o é, e o resultado é uma matriz de ordem 1 m por n.

$$A = \sum_{i=1}^{rank(A)} \sigma_i u_i v_i^T \qquad (A.16)$$

A importância da representação anterior é que cada matriz pode ser expressa como uma soma de matrizes de ordem 1 que tenham sido pesadas por valores singulares. Já que valores singulares, que são ordenados em ordem não crescente, muitas vezes diminuem rapidamente de magnitude, é possível se obter uma boa aproximação de uma matriz usando apenas alguns valores singulares e vetores singulares. Isto é útil para redução de dimensionalidade e será mais discutida no Apêndice B.

A.2.6 Matrizes e Análises de Dados

Podemos representar um conjunto de dados como uma matriz de dados, onde cada linha é um objeto de dados e cada coluna um atributo. (Podemos, com igual validade, ter atributos como linhas e objetos como colunas.) A representação de matrizes fornece uma representação compacta e bem estruturada dos nossos dados e permite a fácil manipulação dos objetos ou atributos dos dados através de diversas operações de matrizes.

Sistemas de equações lineares são um exemplo muito comum da utilidade da representação dos dados como matrizes. Um sistema de equações lineares pode ser escrito como a equação da matriz $Ax = b$ e resolvido usando operações de matrizes.

$$a_{11}x_1 + a_{12}x_2 + ... + a_{1n}x_n = b_1$$

$$a_{21}x_1 + a_{22}x_2 + ... + a_{2n}x_n = b_2$$

$$\vdots$$

$$a_{m1}x_1 + a_{m2}x_2 + ... + a_{mn}x_n = b_m$$

Em especial, se A tiver uma inversa, o sistema de equações possui uma solução $x = A^{-1}b$. Senão, então o sistema de equações não possui solução ou possui um número infinito de soluções. Observe quem neste caso, nossas linhas (objetos de dados) eram equações e nossas colunas eram variáveis (atributos).

Para muitos problemas estatísticos e de análise de dados, queremos resolver sistemas de equações lineares, mas estas equações não podem ser resolvidas da maneira recém-descrita. Por exemplo, podemos ter uma matriz de dados onde as linhas representem pacientes e as colunas representem características dos mesmos – altura, peso e idade – e sua resposta a uma determinada medicação, e.g., uma alteração na pressão sangüínea. Queremos expressar a pressão sangüínea (a variável independente) como uma função linear das outras variáveis (dependentes) e podemos escrever equação de matrizes de forma bem semelhante a anterior. Entretanto, se tivermos mais pacientes do que variáveis – o caso habitual – a inversa da matriz não existe.

Neste caso, ainda queremos encontrar a melhor solução para o conjunto de equações. Isto significa que queremos encontrar a melhor combinação linear das variáveis independentes para prevermos as variáveis dependentes. Usando terminologia da álgebra linear, queremos encontrar o vetor **Ax** que seja tão próximo de **B** quanto possível; em outras palavras, queremos minimizar $\|b-Ax\|$, que é o comprimento do vetor **b-Ax**. Isto é conhecido como o problema de **menos quadrados**. Muitas técnicas estatísticas (e.g., **regressão linear**, que é discutida no Apêndice D) requerem a solução do problema de menos quadrados. Pode ser mostrado que a solução de menos quadrados da equação $\mathbf{Ax} = \mathbf{b}$ é $\mathbf{x}=(\mathbf{A}^T\mathbf{A})^{-1}\mathbf{A}^T\mathbf{b}$.

Valor singular e decomposição de eigenvalue também são muito úteis na análise de dados, especialmente na área da redução de dimensionalidade, que é discutida no Apêndice B. Observe que a redução de ruídos também pode ocorrer como um efeito colateral da redução de dimensionalidade.

Embora tenhamos dado alguns exemplos da aplicação da álgebra linear, omitimos muitos outros. Exemplos de outras áreas onde a álgebra linear é importante na formulação e solução de problemas incluem a resolução de sistemas de equações diferenciais, problemas de otimização (como programação linear) e particionamento gráfico.

A.3 Notas Bibliográficas

Existem muitos livros que fornecem boa cobertura de álgebra linear, incluindo os de Demmel[521], Golub e VanLoan[522], e Stramg[523].

Bibliografia

[521] J. W. Demmel. Applied Numerical Linear Algebra. SIAM Press, Setembro, 1997.

[522] G. H. Golub e C. F. Van Loan. Matrix Computations. Johns Hopkins University Press, 3a. edição, Novembro, 1996.

[523] G. Strang. Linear Algebra and Its Applications. Harcourt Brace & Company, Orlando, FL, 3a. edição, 1986.

anexo B

Redução da Dimensionalidade

STE APÊNDICE CONSIDERA DIVERSAS TÉCNICAS para redução de dimensionalidade. O objetivo é expor ao leitor as questões envolvidas e descrever algumas das abordagens mais comuns. Começamos com uma discussão sobre a Análise dos Principais Componentes (PCA) e a Decomposição de Valores Singulares (SVD). Estes métodos são descritos em algum detalhe, já que estão entre as abordagens mais comumente usadas e podemos construir sobre a discussão de álgebra linear do Apêndice A. Entretanto, há muitas outras abordagens que também são empregadas para redução de dimensionalidade e, assim, fornecemos uma rápida visão geral de diversas outras técnicas. Concluímos com uma breve revisão de questões importantes.

B.1 PCA e SVD

PCA e SVD são duas técnicas intimamente relacionadas. Para a PCA, a média dos dados é removida, enquanto que, para a SVD, não o é. Estas técnicas têm sido amplamente usadas há décadas em uma quantidade de campos. Na discussão a seguir, vamos supor que o leitor esteja familiarizado com a álgebra linear no nível apresentado no Apêndice A.

B.1.1 Análise dos Componentes Principais (PCA)

O objetivo da PCA é encontrar um novo conjunto de dimensões (atributos) que capture melhor a variabilidade dos dados. Mais especificamente, a primeira dimensão é escolhida para capturar tanto da variabilidade quanto possível. A segunda dimensão é ortogonal à primeira e, sujeita à esta restrição, captura tanto da variabilidade restante quanto possível, e assim por diante.

A PCA tem diversas características interessantes. Primeiro, ela tende a identificar os padrões mais fortes nos dados. Assim, a PCA pode ser usada como uma técnica de descoberta de padrões. Em segundo lugar, muitas vezes a maioria da variabilidade dos dados pode ser capturada por uma pequena fração do conjunto total de dimensões. Como resultado, a redução de dimensionalidade usando PCA pode resultar em dados de dimensões relativamente baixas e pode ser possível aplicar técnicas que não funcionam bem com dados de dimensionalidade alta. Em terceiro lugar, já que o ruído nos dados são (espera-se) mais fracos que os padrões, a redução da dimensionalidade pode eliminar muito desse ruído. Isto é benéfico tanto para a mineração de dados quanto para outros algoritmos de análise de dados.

Descrevemos brevemente a base matemática da PCA e então apresentamos um exemplo.

Detalhes Matemáticos

Os estatísticos resumem a variabilidade de uma coleção de dados multivariável; i.e., dados que possuem múltiplos atributos contínuos, calculando a matriz S de co-variância dos dados.

Definição B.1. Dada uma matriz de dados D m por n, cujas m linhas sejam objetos de dados e cujas n colunas sejam atributos, a matriz de co-variância D é a matriz S, que possui entradas s_{ij} definidas conforme definido como

$$s_{ij} = co\text{-}variância(\mathbf{d}_{*i}, \mathbf{d}_{*j}). \tag{B.1}$$

Anexo B — Redução da Dimensionalidade

Em palavras, s_{ij} é a co-variância dos atributos de índices *i* e *j* (colunas) dos dados.

A co-variância de dois atributos é definida no Apêndice C, e é uma medida do quão fortemente os atributos variam juntos. Se *i=j* i.e., os atributos são os mesmos, então a co-variância é a variância do atributo. Se a matriz de dados **D** for pré-processada de modo que a média de cada atributo seja 0, então $\mathbf{S}=\mathbf{D}^T\mathbf{D}$.

Um objetivo da PCA é encontrar uma transformação dos dados que satisfaça as seguintes propriedades:

1. Cada par de novos atributos possui co-variância 0 (para atributos distintos).
2. Os atributos estão ordenados com respeito a quanto da variância dos dados cada atributo captura.
3. O primeiro atributo captura tanto da variância dos dados quanto possível.
4. Sujeito ao requisito de ortogonalidade, cada atributo sucessivo captura tanto da variância restante quanto possível.

Uma transformação dos dados que possua estas propriedades pode ser obtida usando-se análise de eigenvalue da matriz de co-variância. Suponha que $\lambda 1$, ..., λn sejam os eigenvalues de **S**. Os eigenvalues são todos os não negativos e podem ser ordenados de modo que $\lambda 1 \geq \lambda 2 \geq ... \lambda m\text{-}1 \geq \lambda m$. (Matrizes de co-variância são exemplos do que são chamadas de **matrizes semidefinidas finitas** as quais, entre outras propriedades, possuem eigenvalues não negativos.) Suponha que $\mathbf{U}=[\mathbf{u}_1, ..., \mathbf{u}_n]$ seja a matriz de eigenvectors de **S**. Estes eigenvectors são ordenados de modo que o eigenvector de índice *i* corresponda ao i-nésimo maior eigenvector. Finalmente, suponha que a matriz de dados **D** tenha sido pré-processada de forma que a média de cada atributo (coluna) seja 0. Podemos fazer as seguintes declarações:

- A matriz de dados **D'**= **DU** é o conjunto de dados transformados que satisfaz à condição posta anteriormente.
- Cada novo atributo é uma combinação linear dos atributos originais. Especificamente, os pesos da combinação linear para o atributo de índice *i* são os componentes do eigenvector de índice i. Isto segue do fato de que a coluna de índice j de **D'** é dada por $\mathbf{Du}_j$

e a definição da multiplicação matriz-vetor apresentada na Equação A.12.
- A variância do novo atributo de índice i é λ_i.
- A soma da variância dos atributos originais é igual à soma da variância dos novos atributos.
- Os novos atributos são chamados de **componentes principais**; i.e., o primeiro atributo novo é o primeiro componente principal, o segundo atributo novo é o segundo componente principal, e assim por diante.

O eigenvector associado ao maior eigenvalue indica a direção na qual os dados possuem maior variância. Em outras palavras, se todos os vetores de dados forem projetados para a reta definida por este vetor, os valores resultantes teriam a máxima variância com respeito a todas as possíveis direções. O eigenvector associado ao segundo maior eigenvalue é a direção (ortogonal àquela do primeiro eigenvector) na qual os dados possuem a maior variância restante.

O eigenvectors de **S** definem um novo conjunto de eixos. De fato, a PCA pode ser vista como uma rotação do eixo de coordenadas original para um novo conjunto de eixos qe estão alinhados com a variabilidade dos dados. A variabilidade total dos dados é preservada, mas os novos atributos agora não estão correlacionados.

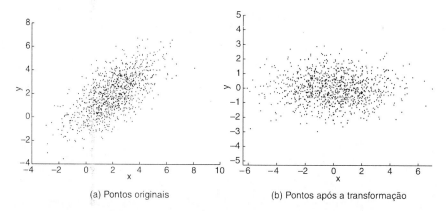

(a) Pontos originais   (b) Pontos após a transformação

Figura B.1. *Usando PCA para transformar os dados.*

Exemplo B.1 (Dados Bidimensionais). Ilustramos o uso da PCA para alinhar os eixos nas direções da variabilidade máxima dos dados. A Figura B.1 mostra um conjunto de 1.000 pontos de dados bidimensionais, antes e depois da transformação PCA. A variância total do conjunto de dados original é a soma da variância dos seus atributos x e y, que é igual a 2,84 + 2,95 = 5,79. Após a transformação, a variância é 4,81 + 0,98 = 5,79.

Exemplo B.2 (Dados da Íris). Este exemplo usa o conjunto de dados da Íris para demonstrar o uso da PCA para redução de dimensionalidade. Este conjunto de dados contém 150 objetos de dados (flores); há 50 flores de cada uma das três diferentes espécies de Íris: Setosa, Versicolor e Virgínica. Cada flor é descrita por quatro atributos: comprimento da sépala, largura da sépala, comprimento da pétala e largura da pétala. Veja mais detalhes no Capítulo 3.

A Figura B.2(a) mostra um gráfico da fração da variância geral contabilizada por cada eigenvalue (componente principal) da matriz de co-variância. Este tipo de gráfico é conhecido como **gráfico de *scree*** e é útil para determinar quantos componentes principais precisam ser mantidos para capturar a maioria da variabilidade dos dados. Para os dados da Íris, o primeiro componente principal responde pela maioria da variação (92,5%), o segundo por 5,3% e os dois últimos componentes por apenas 2,2%. Assim, manter apenas os dois componentes principais preserva a maioria da variabilidade do conjunto de dados. A Figura B.2(b) mostra um gráfico esparso dos dados da Íris baseado nos dois primeiros componentes principais. Observe que as flores Setosa estão bem separadas das Versicolor e Virgínica. Os dois últimos conjuntos de flores, embora muito mais próximos entre si, ainda estão relativamente bem separados.

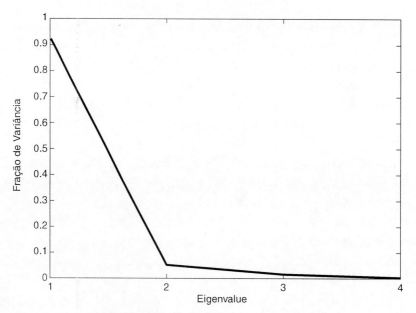

(a) Fração de variância de cada componente principal.

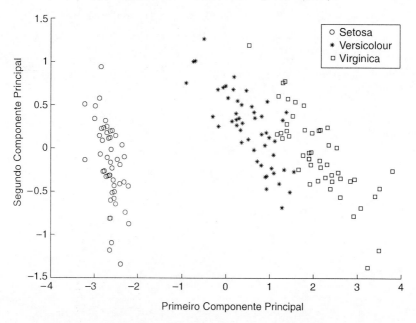

(b) Gráfico dos dois primeiros componentes principais dos dados da Íris.

Figura B.2. *PCA aplicada ao conjunto de dados da Íris.*

B.1.2 SVD

A PCA é equivalente a uma análise SVD da matriz de dados, assim que a média de cada variável tenha sido removida. Apesar disso, é informativo se observar a redução de dimensionalidade do ponto de vista da SVD, já que nem sempre é desejável se remover a média dos dados, especialmente se estes forem relativamente dispersos.

Detalhes Matemáticos

Do Apêndice A, sabemos que uma matriz A m por n pode ser escrita como

$$A = \sum_{i=1}^{rank\ (A)} \sigma_i \mathbf{u}_i \mathbf{v}_i^T = \mathbf{U}\Sigma\mathbf{V}^T. \qquad (B.2)$$

onde σ_i é o valor singular de índice i de $\mathbf{A}$ (a entrada diagonal de índice i de Σ) e $\mathbf{u}_i$ é o vetor singular de $\mathbf{A}$ pela esquerda de índice i (a coluna de índice i de $\mathbf{U}$) e $\mathbf{v}_i$ é o vetor singular de $\mathbf{A}$ pela direita de índice i (a coluna de índice i de $\mathbf{V}$). (Veja a Seção A.2.5.) Uma decomposição SVD de uma matriz de dados possui as seguintes propriedades.

- Padrões entre os atributos são capturados pelos vetores singulares pela direita, i.e., as colunas de $\mathbf{V}$.
- Padrões entre os objetos são capturados pelos vetores singulares pela esquerda, i.e., as colunas de $\mathbf{U}$.
- Uma matriz $\mathbf{A}$ pode ser sucessivamente aproximada de forma ótima pegando-se, em ordem, os termos da Equação B.2. Não explicamos o que queremos dizer por ótima, mas encaminhamos o leitor às notas bibliográficas. Informalmente, quanto maior um valor singular, maior a fração de uma matriz responsável pelo valor singular e seus vetores singulares associados.
- Para obtermos uma nova matriz de dados com k atributos, calculamos a matriz $\mathbf{D'}=\mathbf{D}*[v_1, v_2, ..., v_k]$. Pode parecer da discussão anterior que pegaríamos a matriz que resulta dos primeiros k termos da Equação A.12. Entretanto, embora a matriz resultante seja de ordem k, ainda possui n colunas (atributos).

Exemplo B.3 (Dados de Documentos). A decomposição SVD pode ser usada para analisar dados de documentos. Os dados para este exemplo consistem de 3.204 artigos de jornal do *Los Angeles Times*. Estes artigos vêm de 6 seções diferentes: Entretenimento, Financeiro, Exterior, Metropolitano, Nacional e Esportes. A matriz de dados é uma matriz de termos de documentos, onde cada linha representa um documento e cada coluna é um termo (palavra). O valor da entrada de índice *ij* é o número de vezes que o termo de índice j ocorre no documento de índice i. Os dados foram processados usando técnicas padrão para remoção de palavras comuns, para se ajustar às diferentes freqüências nas quais os termos aparecem e para ajustar os diferentes comprimentos dos documentos. (Veja mais detalhes na Seção 2.3.7).

Uma análise SVD dos dados foi executada para encontrar os primeiros 100 valores e vetores singulares. (Para muitos conjuntos de dados, é muito custoso encontrar uma uma decomposição PCA ou SVD completa e muitas vezes sem sentido, já que relativamente poucos dos valores singulares ou eigenvalues são requeridos para capturarmos a estrutura da matriz.) O maior valor singular está associado a termos comuns que são freqüentes, mas não eliminados pelo pré-processamento. (Pode acontecer que os padrões mais fortes representem ruído ou padrões que não sejam interessantes.)

Todavia, os padrões associados a outros valores singulares eram mais interessantes. Por exemplo, a seguir estão os 10 valores (palavras) mais altos associados aos componentes mais fortes no segundo vetor singular à direita:

```
jogo, placar, líder, time, jogar, rebote, temporada, treinador,
liga, gol
```

Estes são todos termos associados a esportes. Não é surpreendente que os documentos associados aos componentes mais fortes do segundo vetor singular à esquerda sejam predominantemente da seção de Esportes.

Os termos de valores mais altos associados aos componentes mais fortes no terceiro vetor singular à direita são os seguintes:

```
ganhar, milhão, um quarto, banco rosa, bilhão, ações, empresa,
corporação, receita
```

Estes são todos termos financeiros e não é surpresa que os documentos associados aos componentes mais fortes do terceiro vetor singular à esquerda sejam predominantemente da seção Financeira.

Reduzimos a dimensionalidade dos dados usando o segundo e o terceiro vetores singulares, i.e., **D'= D*[v2, v3]**. Em outras palavras, todos os documentos foram expressos em termos de dois atributos, um relacionado a Esportes e um relacionado a Finanças. Um gráfico disperso de documentos é apresentado na Figura B.3. Por motivo de clareza, documentos não relacionados a Esportes ou Finanças foram eliminados. Os documentos sobre Esportes são mostrado em um tom mais claro de cinza, enquanto que os documento Financeiros estão em um cinza mais forte. As duas diferentes categorias de documentos estão bem separadas por na maior parte. De fato, os documentos de Esportes não variam muito com respeito à variável Financeira (componente 3) e os documentos Financeiros não variam muito com respeito à variável Esportes (componente 2).

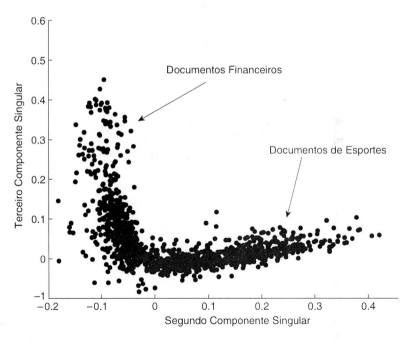

Figura B.3. *Gráfico de documentos de Esportes e Financeiros do LA Times usando o segundo e o terceiro valores singulares.*

B.2 Outras Técnicas de Redução de Dimensionalidade

Nesta seção, revisamos algumas outras técnicas de redução de dimensionalidade. Estas técnicas serão discutidas mais brevemente, com um foco na sua motivação geral e abordagem.

B.2.1 Análise de Fatores

Para a PCS e a SVD, os novos atributos que são produzidos são combinações lineares das variáveis originais. Com a análise de fatores, o objetivo é expressar as variáveis originais como combinações lineares de um número pequeno de **atributos escondidos** ou **latentes**. A motivação é baseada na seguinte observação. Muitas vezes há características dos objetos de dados que são difíceis de medir diretamente, mas que parecem estar relacionadas com características mensuráveis. Um exemplo comum é a inteligência e o desempenho em diversos tipos de testes de QI. Outro exemplo comum é a conexão entre o desempenho em diversos eventos atléticos a velocidade e a força de um atleta. Se um pequeno número de atributos puder ser encontrado agrupando e resumindo os atributos originais, então teremos obtido tanto uma redução de dimensionalidade quanto um aumento na nossa compreensão dos dados.

A motivação para a análise de fatores é às vezes explicada também em termos da co-variância ou matriz de correlação dos dados. Suponha que um grupo de atributos não esteja muito correlacionado a outros atributos, mas que estejam fortemente correlacionados entre si, talvez porque medem a mesma quantidade subjacente. Neste caso, pareceria desejável desenvolver técnicas que poderiam encontrar um único atributo que resuma cada grupo desses.

Por exemplo, analise um conjunto de dados que registre o desempenho de um grupo de atletas em dez eventos separados que compõem um decatlo. Poderíamos encontrar atletas que tendam a mostrar o mesmo desempenho em todos os eventos que enfatizam a velocidade; i.e., atletas lentos são consistentemente lentos e atletas rápidos são consistentemente rápidos. Da mesma forma, poderíamos descobrir que o comportamento de um atleta em um evento que requeira força indique como ele ou ela desem-

Anexo B — Redução da Dimensionalidade

penhará em outro evento que enfatize a força. Assim, poderíamos desenvolver uma hipótese de que o desempenho de um atleta em algum determinado evento é realmente determinado pela natureza desse evento e dois fatores subjacentes: velocidade e força. A análise de fatores tenta descobrir tais relacionamentos.

Mais formalmente, suponha que $\mathbf{f}_1, \mathbf{f}_2, ..., \mathbf{f}_p$ sejam os **fatores de latência**, i.e., os atributos subjacentes ou escondidos. Observe que estes são os novos atributos e têm um valor para cada objeto. Se a matriz de dados original for $\mathbf{D}$, uma matriz m por n, então a nova matriz de dados é $\mathbf{F} = [\mathbf{f}_1, \mathbf{f}_2, ..., \mathbf{f}_p]$, que é uma matriz m por p. (Observe que $\mathbf{f}_{*j}=\mathbf{f}_j$). A entrada de índice ij de $\mathbf{F}$ é f_{ij}, o componente de índice j de $\mathbf{f}_i$.

Suponha que a média de cada atributo seja 0. Se $\mathbf{d}_{i*}$ é a linha de índice i da matriz de dados original $\mathbf{D}$, então $\mathbf{f}_{*j}$ é a linha correspondente da nova matriz de dados $\mathbf{F}$. O modelo padrão de análise de fatores supõe que o seguinte relacionamento entre os objetos de dados antigos e novos:

$$\mathbf{d}_{i*}^T = \Lambda \mathbf{f}_{i*}^T + \epsilon \tag{B.3}$$

ou equivalente a

$$d_{ij} = \lambda_{j1}\mathbf{f}_{i1} + \lambda_{j2}\mathbf{f}_{i2}, \ldots, \lambda_{jp}\mathbf{f}_{ip} + \epsilon_i. \tag{B.4}$$

Λ, que possui entradas λ_{kl}, é uma matriz n por p de **cargas de fatores** que indicam, para cada um dos atributos originais, como o valor original depende dos fatores latentes, i.e., os novos atributos. Para ilustrar, no exemplo do decatlo, haveriam dois fatores latentes: velocidade e força. Estes correspondem a colunas de $\mathbf{F}$. Cada atleta seria representado por uma linha de $\mathbf{F}$ com entradas registrando a velocidade e força do atleta. Cada coluna de $\mathbf{D}$ corresponderia a um dos dez eventos do decatlo, enquanto que cada linha corresponde novamente a um atleta. A entrada de índice ij de $\mathbf{D}$ é o desempenho do atleta de índice i no evento de índice j. Λ seria uma matriz 10 por 2. Se a primeira coluna de $\mathbf{D}$ registra o desempenho dos atletas nos 100 metros rasos, então o desempenho do atleta i nos 100 metros rasos é registrado como $d_{i1} = \lambda_{11} f_{i1} + \lambda_{12} f_{i1}$ onde f_{i1} é o valor indicando a velocidade do atleta i e f_{i2} é um valor indicando a força do atleta i. λ_{11} e λ_{12} indicam como a velocidade e a força de um atleta, respectivamente, devem ser pesadas para prever o desempenho do mesmo nos 100 metros rasos. Esperaríamos que λ_{11} fosse relativamente grande comparado com λ_{12}. Observe que estes pesos são os mesmos por todos os objetos (atletas).

Já que todos os fatores latentes estão envolvidos na determinação do valor de qualquer atributo original, eles são conhecidos como **fatores comuns**. $\in$ é um termo de erro que responde pelos fatores comuns e, assim, os componentes de $\in$ são conhecidos como os **fatores específicos**.

Exemplo B.4 (Análise de Fatores dos Dados da Íris). Este exemplo é baseado no conjunto de dados da Íris. Para estes dados, apenas um único fator pode ser encontrado. As flores do conjunto de dados da Íris estão organizadas de modo que as 50 primeiras sejam da espécie Setosa, as segundas 50 sejam Versicolores e as últimas 50 Virgínicas. Este único fator (atributo) é desenhado na flor conforme mostrado na Figura B.4. Este fator parece capturar a distinção entre as três espécies.

B.2.2 Locally Linear Embedding (LLE)

A LLE é uma técnica de redução de dimensionalidade baseada na idéia de analisar vizinhanças locais que se interseccionem para determinar a estrutura local. O algoritmo LLE é apresentado a seguir:

Algoritmo B.1 Algoritmo LLE

1: Encontre os vizinhos mais próximos de cada ponto de dados.
2: Expresse cada ponto x_i como uma combinação linear dos outros pontos, i.e., $x_i = \Sigma_j w_{ij} x_j$, onde $\Sigma_j w_{ij} = 1$ e $w_{ij}=0$ se x_j não for um vizinho próximo de x_i.
3: Encontre as coordenadas de cada ponto em espaço de dimensão menor da dimensão especificada p usando os pesos encontrados no passo 2.

Anexo B — Redução da Dimensionalidade

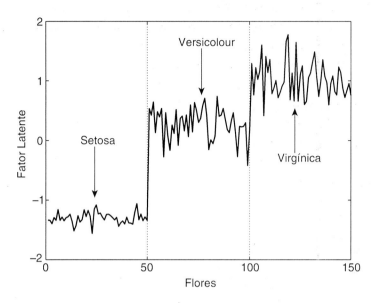

Figura B.4. *Gráfico da flor do conjunto de dados da Íris versus o único fator latente.*

No passo 2, o peso da matriz **W**, cujas entradas são w_{ij}, é encontrado pela minimização do quadrado do erro de aproximação conforme medido pela equação a seguir. W pode ser encontrado pela resolução um problema de menos quadrados. (Tais problemas foram discutidos no Apêndice A).

$$error(\mathbf{W}) = \sum_i \left(x_i - \sum_j w_{ij} x_j \right)^2 \qquad (B.5)$$

O passo 3 executa a verdadeira redução de dimensionalidade. Dada a matriz de pesos e um número de dimensões p, especificado pelo usuário, o algoritmo constrói uma "internalização preservando a vizinhança" dos dados em um espaço de dimensionalidade menor. Se $\mathbf{y}_i$ for o vetor no espaço de menor dimensão que corresponde a $\mathbf{x}_i$ e $\mathbf{Y}$ a nova matriz de dados cuja linha de índice i é $\mathbf{Y}_i$, então isto pode ser obtido encontrando-se u, m $\mathbf{Y}$ que minimize a equação a seguir.

$$error(\mathbf{Y}) = \sum_i \left(y_i - \sum_j w_{ij} y_j \right)^2 \qquad (B.6)$$

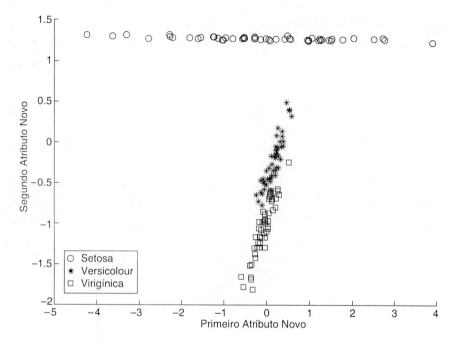

Figura B.5. *Gráfico das flores do conjunto de dados da Íris baseado nos dois novos atributos da LLE.*

Exemplo B.5. O uso da LLE para redução de dimensionalidade é ilustrado usando o conjunto de dados da Íris. Especificamente, os dados foram projetados para duas dimensões. Uma vizinhança de 30 pontos foi usada. Um gráfico difuso dos dados projetados é mostrado na Figura B.5. Os dados também podem ser projetados para uma dimensão. Nesse caso, ele se parece muito com a Figura B.4.

B.2.3 Escala Multidimensional, FastMap e ISOMAP

Escala multidimensional é uma técnica usada muitas vezes para redução de dimensionalidade. Um número de variações desta técnica foram propostas, nas a estratégia geral destas técnicas é a mesma: Encontrar uma projeção dos dados em um espaço de dimensão menor que preserve as distâncias dos pares tão bem quanto possível, conforme medidas por uma função objetiva. Devido a esta estratégia, MDS começa de uma matriz de diferença e, assim, pode ser usada para dados que não tenham originalmente uma representação de espaço de vetores, e.g., strings.

Técnicas MDS Padrão

Começamos descrevendo a abordagem MDS clássica para projetar dados em um espaço p-dimensional. Suponha que tenhamos recebido uma matriz de distâncias **D**, onde a entrada d_{ij} é a distância entre os objetos de índices i e j. Suponha que d'_{ij} seja a distância entre os objetos após eles terem sido transformados. MDS clássico tenta atribuir a cada objeto um ponto de p-dimensões tal que uma quantidade chamada **stress** seja minimizada, onde stress é definido como

$$stress = \sqrt{\frac{\sum_{ij}(d'_{ij} - d_{ij})^2}{\sum_{ij} d_{ij}^2}}. \qquad (B.7)$$

A versão clássica de MDS é um exemplo de técnicas de **MDS métrica**, que supõem que as diferenças sejam variáveis contínuas (intervalos ou taxas). Técnicas **MDS não métricas** supõem que os dados sejam categorizados (na melhor situação, na forma ordinal). Não iremos discutir os detalhes destes algoritmos, exceto para dizer que a abordagem típica é atribuir inicialmente objetos a pontos de p dimensões de alguma forma e depois tentar modificar os pontos para reduzir o stress.

Quando MDS clássico ou alguma das outras variantes padrão de MDS são aplicados ao conjunto de dados da Íris, eles produzem quase os mesmos resultados, conforme mostrado a Figura B.2. De fato, MDS clássico para a distância Euclidiana é equivalente a PCA.

FastMap

Um desenvolvimento recente na área de MDS é o algoritmo FastMap. Ele possui o mesmo objetivo das outras técnicas MDS, mas tem duas diferenças importantes:

- É mais rápido – complexidade linear.
- Pode operar de forma incremental.

O algoritmo FastMap identifica um par de objetos e então calcula a distância de cada objeto restante nesta direção. Isto pode ser executado usando-se apenas distâncias de pares empregando-se certos fatos de geometria, a saber, a lei de cosenos. Esta distância é usada como o valor do primeiro atributo. Os objetos são então projetados para um subespaço de (n – 1) dimensões. Novamente, isto pode ser executado usando-se apenas distâncias de pares. O processo é então repetido.

O algoritmo FastMap é inicialmente aplicado a um conjunto inteiro de dados. Entretanto, se registrarmos os pares de objetos que são escolhidos em cada passo, podemos aplicar incrementalmente o FastMap a um novo objeto. A única informação necessária é a distância do novo objeto aos pares selecionados.

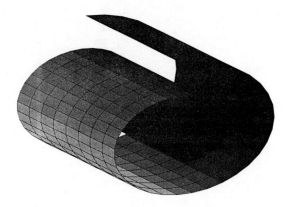

Figura B.6. *Gráfico de conjunto de dados de rolo suíço.*

ISOMAP

MDS e PCA não são bons na redução de dimensionalidade quando os pontos possuem um relacionamento complicado e não linear entre si. (Uma exceção é o *kernel* PCA - veja as notas bibliográficas). ISOMAP, que é uma extensão do MDS tradicional, foi desenvolvido para lidar com tais conjuntos de dados. Um exemplo do tipo de conjunto de dados que ele pode manusear é apresentado na Figura B.6, que mostra um gráfico da superfície do "rolo suíço". Um conjunto de dados com esta estrutura constitui um conjunto de dados bidimensional em um espaço tridimensional, mas um que não pode ser manuseado com sucesso por PCA ou MDS. Entretanto, ISOMAP pode analisar com sucesso este conjunto de dados.

O algoritmo B.2 destaca o algoritmo ISOMAP básico. Os vizinhos mais próximos

---
Algoritmo B.2 Algoritmo ISOMAP

1: Encontre os vizinhos mais próximos de cada ponto de dados e crie um gráfico com pesos conectando um ponto a seus vizinhos mais próximos. Os nodos são os pontos de dados e os pesos e as conexões são as distâncias entre os pontos.
2: Redefina as distâncias entre os pontos para serem o comprimento do caminho mais curto entre os dois pontos no gráfico de vizinhança.
3: Aplique o MDS clássico à nova matriz de distâncias.

Podem ser definidos, seja pegando os k *pontos* mais próximos, onde k é um parâmetro, ou pegando todos os pontos dentro de um determinado raio do ponto. O propósito do passo 2 é calcular a distância geodésica; i.e., a distância entre dois pontos que fique na superfície, em vez da distância Euclidiana. Como um exemplo, a distância Euclidiana entre duas cidades em lados opostos da Terra é o comprimento de um segmento de reta que passe através da Terra, enquanto que a distância geodésica entre duas cidades é o comprimento do arco mais curto na superfície da Terra.

Exemplo B.6. ISODATA foi usado para projetar os dados da Íris em duas dimensões. Veja a Figura B.7. O resultado é semelhante a técnicas anteriores.

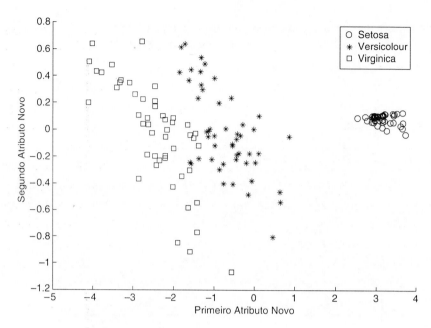

Figura B.7. *Gráfico da flor do conjunto de dados da Íris baseado em dois novos atributos de ISOMAP.*

B.2.4 Questões Comuns

Da mesma forma que com outras técnicas de análise de dados, podemos distinguir entre diferentes técnicas de dimensionalidade em um número de áreas. Uma questão chave é a qualidade do resultado: Uma técnica pode produzir uma representação razoavelmente fiel dos dados de um espaço com dimensionalidade mais baixa? Esta representação captura as características dos dados que sejam importantes para a aplicação pretendida (e.g., grupos), enquanto elimina aspectos que sejam irrelevantes ou até mesmo prejudiciais (e.g., ruídos)?

Em uma grande extensão, a resposta depende do tipo de dados e das distribuições dos dados que podem ser analisados pela abordagem de redução de dimensionalidade. Técnicas como PCA, SVD e a análise de fatores supõem que exista um relacionamento linear entre os conjuntos de atributos antigo e novo. Embora isto possa ser aproximadamente verdadeiro em muitos casos, há muitos casos onde uma abordagem não linear é necessária. Em especial, algoritmos com ISOMAP e LLE foram desenvolvidos para lidar com relacionamentos não lineares.

A complexidade de tempo e espaço dos algoritmos de redução de dimensionalidade é uma questão chave. A maioria dos algoritmos que discutimos tem complexidade de tempo e/ou espaço de $O(m^2)$ ou maior, onde m é o número de objetos. Isto limita sua aplicabilidade em conjuntos de dados maiores, embora a amostragem possa às vezes ser usada de forma bastante eficiente. FastMap é o único algoritmo apresentado aqui que possui complexidade linear de tempo e espaço.

Outro aspecto importante de algoritmos de redução de dimensionalidade é se eles produzem a mesma resposta toda vez que são executados. PCA, SVD e LLE produzem. A análise de fatores e as técnicas MDS podem produzir respostas diferentes em execuções diferentes. Muitas das técnicas que não discutimos também têm esta característica porque tentam otimizar algum objetivo e isto requer uma pesquisa que pode cair em uma armadilha em um local mínimo. Abordagens baseadas em pesquisas também podem ter complexidade pobre de tempo.

Finalmente, uma questão chave é a determinação do número de dimensões para a redução de dimensionalidade. As técnicas que analisamos normalmente podem executar uma redução de dimensionalidade para quase que qualquer número de dimensões. A qualidade da redução geralmente é medida por alguma quantidade que pode ser colocada em gráfico, como um gráfico de *scree*. Em alguns casos, esta curva fornece uma indicação clara da dimensionalidade intrínseca. Em muitas outras situações, uma escolha precisa ser feita entre um número pequeno de dimensões e um erro de aproximação maior, e um erro de aproximação menor e mais dimensões.

B.3 Notas Bibliográficas

A redução de dimensionalidade é um tópico amplo e as referências relevantes estão dispersas por muitos campos. Uma discussão abrangente de PCA pode ser encontrada no livro de Jolliffe[531], enquanto que uma introdução a SVD é apresentada por Demmel [527] e outros textos de álgebra linear. O Kernel PCA é descrito por Schölkopf et al. [524]. Muitos livros sobre análise estatística multivariáveis, como o de Anderson [524], também incluem discussões sobre PCA, assim como análise de fatores. Mais detalhes sobre MDS podem ser encontrados no livro de Kruskal eWish [532]. O algoritmo FastMap foi proposto por Faloutsos e Lin [529]. Os artigos para LLE (Roweis e Saul [535]) e ISOMAP (Tenenbaum et al. [533]) apareceram na mesma edição de *Science*. Código MATLAB para os algoritmos ISOMAP e LLE estão disponíveis na Web. Outros artigos que podem ser de interesse incluem aqueles de M. Belkin e P. Niyogi [525], Donoho e Grimes [528] e Ye et al. [536, 537].

Há muitas outras técnicas que são freqüentemente usadas para redução de dimensionalidade ou que estão fortemente relacionadas à ela. Estas áreas incluem superfícies e curvas principais, PCA não linear (incluindo abordagens de redes neurais), quantificação de vetores, projeções aleatórias, Análises de Componentes Independentes (ICA), Mapas Auto-Organizados (SOM), busca de projeção, abordagens baseadas em regressão, algoritmos genéticos e abordagens baseadas em otimização como soldagem determinística ou simulada. Descrições destas áreas e referências adicionais podem ser encontradas em duas pesquisas sobre redução de dimensionalidade de Fodor [530] e Carreira-Perpinan [526]. SOM é discutida na Seção 9.2.3.

Bibliografia

[524] T. W. Anderson. An Introduction to Multivariate Statistical Analysis. Wiley, 2a. Edição, Julho 2003.
[525] M. Belkin e P. Niyogi. Laplacian eigenmaps for dimensionality reduction and data representation. Technical Report TR 2002-01, Department of Computer Science and Statistics, University of Chicago, Janeiro 2002.
[526] M. A. Carreira-Perpinan. A Review of Dimension Reduction Techniques. Technical Report CS–96–09, Dept. of Computer Science, University of Sheffield, Janeiro 1997.
[527] J. W. Demmel. Applied Numerical Linear Algebra. SIAM Press, Setembro 1997.
[528] D.L.Donoho e C. Grimes. Hessian eigenmaps: Locally linear embedding techniques for high-dimensional data. PNAS, 100(10):5591–5596, 2003.
[529] C. Faloutsos e K.-I. Lin. FastMap: A Fast Algorithm for Indexing, Data-Mining and Visualization of Traditional and Multimedia Datasets. In Proc. of the 1995

ACM SIGMOD Intl. Conf. on Management of Data, pags, 163–174, San Jose, Califórnia, Junho 1995.

[530] I. K. Fodor. A survey of dimension reduction techniques. Technical Report UCRL-ID148494, LLNL, Junho 2002.

[531] I. T. Jolliffe. Principal Component Analysis. Springer-Verlag, 2a. edição, Outubro 2002.

[532] J. B. Kruskal e M. Wish. Multidimensional Scaling. SAGE Publications, Janeiro 1978.

[533] S. T. Roweis e L. K. Saul. Nonlinear Dimensionality Reduction by Locally Linear Embedding. Science, 290(5500):2323–2326, 2000.

[534] B. Schölkopf, A. J. Smola, e K.-R. Müller. Nonlinear Component Analysis as a Kernel Eigenvalue Problem. Neural Computation, 10(5):1299–1319, 1998.

[535] J. B. Tenenbaum, V. d. Silva, e J. C. Langford. A Global Geometric Framework for Nonlinear Dimensionality Reduction. Science, 290(5500):2319–2323, 2000.

[536] J. Ye, R. Janardan, e Q. Li. GPCA: an efficient dimension reduction scheme for imagecompression and retrieval. In Proc. of the 10th Intl. Conf. On Knowledge Discovery and DataMining, pags. 354–363, Seattle, Washington, Agosto 2004. ACM.

[537] J. Ye, Q. Li, H. Xiong, H. Park, R. Janardan, e V. Kumar. IDR/QR: an incremental dimension reduction algorithm via QR decomposition. In Proc. of the 10th Intl. Conf. on Knowledge Discovery and Data Mining, pags. 364–373, Seattle, Washington, 2004. ACM.

anexo C

Probabilidade e Estatística

ESTE APÊNDICE APRESENTA ALGUNS DOS conceitos básicos de probabilidade e estatística usados por todo este livro.

C.1 Probabilidade

Um **experimento aleatório** é o ato de medir um processo cujo resultado é incerto. Exemplos incluem atirar um dado, pegar uma carta de baralho de um monte e monitorar os tipos de tráfego em um roteador de rede. O conjunto de todas as saídas possíveis de um experimento aleatório é conhecido como **espaço de amostragem**, Ω. Por exemplo, $\Omega = \{1,2,3,4,5,6\}$ é o espaço de amostragem para a rolagem de um dado. Um **evento** E corresponde a um subconjunto destas saídas, i.e., $E \subseteq \Omega$. Por exemplo, $E = \{2,4,6\}$ é o evento de observar-se um número par ao se rolar um dado.

Uma probabilidade P é uma função de valor real definida no espaço de amostragem Ω que satisfaz as seguintes propriedades:
1. Para qualquer evento $E \subseteq \Omega$, $0 \leq P(E) \leq 1$.
2. $P(\Omega) = 1$.
3. Para qualquer conjunto de eventos disjuntos, $E_1, E_2, ..., E_k \in \Omega$,

$$P(\bigcup_{i=1}^{k} E_i) = \sum_{i=1}^{k} P(E_i).$$

A probabilidade de um evento E, que é escrita como $P(E)$, é a fração das vezes que o evento é observado em um número potencialmente ilimitado de experimentos.

Em um experimento aleatório, muitas vezes há uma quantidade de interesse que queremos medir; e.g., contar o número de vezes que uma moeda cai com o lado da coroa para cima em cinqüenta vezes ou medir a altura de uma pessoa que deseja ir na montanha russa de um parque de diversões. Já que o valor da quantidade depende da saída de um experimento aleatório, a quantidade de interesse é conhecida como **variável aleatória**. O valor de uma variável aleatória pode ser discreto ou contínuo. Uma variável aleatória de Bernoulli, por exemplo, é uma variável aleatória discreta cujos únicos valores possíveis são 0 e 1.

Para uma variável discreta X, a probabilidade X receber um valor v é dada pela probabilidade total de todas as saídas e nas quais $X(e)=v$:

$$P(X = v) = P(E = \{e|e \in \Omega, X(e) = v\}). \tag{C.1}$$

A distribuição de probabilidades de uma variável aleatória discreta X também é conhecida como sua **função de massa de probabilidade**.

Exemplo C.1. Analise um experimento aleatório onde uma moeda é atirada quadro vezes. Há 16 saídas possíveis para este experimento: HHHH, HHHT, HHTH, HTHH, THHH, HHTT, HTHT, THHT, HTTH, THTH, TTHH, HTTT, THTT, TTHT, TTTH e TTTT.=m onde H(T) indica que a face da cara caiu voltada para cima. Suponha que X seja uma variável aleatória que meça o número de vezes que uma cara é observada no experimento. Os cinco valores possíveis para X são 0, 1, 2, 3 e 4. A função de massa de probabilidade para X é apresentada pela tabela a seguir:

X	0	1	2	3	4
P(X)	1/16	4/16	6/16	4/16	1/16

Por exemplo, $P(X = 2) = 6/16$ porque há seis saídas nas quais a cara é observada duas vezes durante as quatro jogadas.

Por outro lado, se X for uma variável aleatória contínua, então a probabilidade de que X tenha um valor entre a e b é

$$P(a < x < b) = \int_a^b f(x)dx \qquad (C.2)$$

A função $f(x)$ é conhecida como a **função de densidade de probabilidade** (pdf). Devido ao fato de f ser uma distribuição contínua, a probabilidade de que X receba um determinado valor x é sempre zero.

Tabela C.1. Exemplos de funções de probabilidade. ($\Gamma(n+1) = n\Gamma(n)$ e $\Gamma(1) = 1$)

	Função de Probabilidade	Parâmetros
Gaussiano	$p(x) = \frac{1}{\sqrt{2\pi}\sigma} \exp^{-\frac{1}{2}\frac{(x-\mu)^2}{\sigma^2}}$	μ, σ
Binomial	$p(x) = \binom{n}{x} p^x (1-p)^{n-x}$	n, p
Poisson	$p(x) = \frac{1}{x!} \theta^x \exp^{-\theta}$	θ
Exponencial	$p(x) = \theta \exp^{-\theta x}$	θ
Gamma	$p(x) = \frac{\lambda^\alpha}{\Gamma(\alpha)} x^{\alpha-1} \exp^{-\lambda x}$	λ, α
Chi-quadrado	$p(x) = \frac{1}{2^{k/2}\Gamma(k/2)} x^{k/2-1} \exp^{-x/2}$	k

A Tabela C.1 mostra algumas das funções de probabilidade contínua e discreta. A noção de uma função de probabilidade (massa ou densidade) pode ser estendida para mais de uma variável aleatória. Por exemplo, se X e Y forem variáveis aleatórias, então $p(X,Y)$ denota sua função de probabilidade **junta**. As variáveis aleatórias são independentes entre si se $P(X,Y) = P(X) \times P(Y)$. Se duas variáveis aleatórias forem independentes, isto significa que o valor de uma variável não tem impacto sobre o valor da outra.

Probabilidade condicional é outro conceito útil para a compreensão das dependências entre variáveis aleatórias. A probabilidade condicional para a variável Y dado X, denotada por $P(Y|X)$, é definida como

$$P(Y|X) = \frac{P(X,Y)}{P(X)}. \tag{C.3}$$

Se X e Y forem independentes, então $P(Y|X) = P(Y)$. As probabilidades condicionais $P(Y|X)$ e $P(X|Y)$ podem ser expressas em termos uma da outra usando uma fórmula conhecida como **teorema de Bayes**:

$$P(Y|X) = \frac{P(X|Y)P(Y)}{P(X)}. \tag{C.4}$$

Se $\{X_1, X_2, ..., X_k\}$ for o conjunto de saídas mutuamente excludente e completo de uma variável aleatória X, então o denominador da equação anterior pode ser expresso da seguinte forma:

$$P(X) = \sum_{i=1}^{k} P(X, Y_i) = \sum_{i=1}^{k} P(X/Y_i)P(Y_i). \tag{C.5}$$

A Equação C.5 é chamada de **lei da probabilidade total**.

C.1.1 Valores Esperados

O **valor esperado** de uma função g de uma variável aleatória X, denotado como $E[g(X)]$, é o valor médio com peso de $g(X)$, onde os pesos dão dados pela função de probabilidade de X. Se X for uma variável aleatória discreta, então o valor esperado pode ser calculado da seguinte maneira:

$$E[g(X)] = \sum_{i} g(x_i)P(X = x_i). \tag{C.6}$$

Por outro lado, se X for uma variável aleatória contínua,

$$E[g(X)] = \int_{-\infty}^{\infty} g(X)f(X)dX, \tag{C.7}$$

onde $f(X)$ é a função de densidade de probabilidade para X. O restante desta seção considera apenas os valores esperados para variáveis aleatórias discretas. Os valores correspondentes para variáveis aleatórias contínuas são obtidos substituindo-se a adição por u, a integral.

Há diversos valores esperados especialmente úteis na teoria da probabilidade. Primeiro, se $g(X)=X$, então

$$\mu_X = E[X] = \sum_i x_i \, P(X = x_i). \quad (C.8)$$

Este valor esperado corresponde ao valor **médio** da variável aleatória X. Outro valor esperado útil é quando $g(X)=(X-\mu_X)$. O valor esperado desta função é

$$\sigma_X^2 = E[(X - \mu_X)^2] = \sum_i (x_i - \mu_X)^2 \, P(X = x_i). \quad (C.9)$$

Este valor esperado corresponde à **variância** da variável aleatória X. A raiz quadrada da variância corresponde ao **desvio padrão** da variável aleatória X.

Exemplo C.2. Analise o experimento aleatório descrito no Exemplo C.1. O número médio de coroas esperado quando uma moeda for atirada quatro vezes é

$$\mu_X = 0 \times 1/16 + 1 \times 4/16 + 2 \times 6/16 + 3 \times 4/16 + 4 \times 1/16 = 2. \quad (C.10)$$

A variância para o número de coroas esperadas é

$$\begin{aligned}\sigma_X^2 &= (0-2)^2 \times 1/16 + (1-2)^2 \times 4/16 + (2-2)^2 \times 6/16 \\ &\quad + (3-2)^2 \times 4/16 + (4-2)^2 \times 1/16 = 1.\end{aligned}$$

Para pares de variáveis aleatórias, um valor esperado útil de se calcular é a função da **co-variância**, Cov, que é definida da seguinte maneira:

$$Cov(X, Y) = E[(X - \mu_X)(Y - \mu_Y)] \quad (C.11)$$

Observe que a variância de uma variável aleatória X é equivalente a $Cov(X,X)$. O valor esperado de uma função também possui as seguintes propriedades:
1. $E[a] = a$, se a for uma constante.
2. $E[aX] = aE[X]$.
3. $E[aX + bY] = aE[X] + bE[Y]$.

Baseadas nestas propriedades, as Equações C.9 e C.11 podem ser rescritas da seguinte maneira:

$$\sigma_X^2 = E[(X - \mu_X)^2] = E[X^2] - E[X]^2 \quad \text{(C.12)}$$

$$Cov(X, Y) = E[XY] - E[X]E[Y] \quad \text{(C.13)}$$

C.2 Estatística

Para chegarmos a conclusões a respeito de uma população, geralmente não é viável colher dados dessa população inteira. Em vez disso, devemos chegar a conclusões razoáveis sobre a população baseados nas evidências colhidas dos dados de amostra. O processo de chegar a conclusões confiáveis sobre a população baseados em dados de amostra é conhecido como **inferência estatística**.

C.2.1 Avaliação de Ponto

O termo **estatística** se refere à quantidade numérica derivada de dados de amostragens. Dois exemplos de estatísticas úteis incluem a média da amostra (s_X^2) e a variância da amostra (s^2_X):

$$\bar{x} = \frac{1}{N} \sum_{i=1}^{N} X_i \quad \text{(C.14)}$$

$$s_X^2 = \frac{1}{N-1} \sum_{i=1}^{N} (X_i - \bar{x})^2 \quad \text{(C.15)}$$

O processo de avaliação de parâmetros de uma população usando amostras estatísticas é conhecido como **avaliação de ponto**.

Exemplo C.3. Suponha que $X_1, X_2, ..., X_3$ sejam uma amostra aleatória de N observações independentes e identicamente distribuídas colhidas de uma população com média μ_X e variância σ^2_X. Suponha que $\bar{x}$ seja a média da amostra. Então

$$E[\overline{X}] = E\left[\frac{1}{N}\sum_i X_i\right] = \frac{1}{N}\sum_i E[X_i] = \frac{1}{N} \times N\mu_X = \mu_X, \quad (C.16)$$

onde $E[X_i] = \mu_X$, já que todas as observações vêm da mesma distribuição com média μ_X. Este resultado sugere que a média da amostra $\overline{x}$ se aproxima da média da população μ_X, especialmente quando N for suficientemente grande. Em termos estatísticos, a média da amostra é chamada de avaliador **imparcial** da média da população. É possível mostrar que a variância da média da amostra é

$$E\left[(\overline{x} - E[\overline{x}])^2\right] = \sigma_X^2/N. \quad (C.17)$$

Devido ao fato da variância da população geralmente ser desconhecida, a variância da média da amostra é muitas vezes aproximada pela substituição de σ_X^2 pela variância de amostra s_X^2. A quantidade $s_X/\sqrt{N}$ é conhecida como **erro padrão** da média.

C.2.2 Teorema do Limite Central

A distribuição normal é talvez uma das distribuições de probabilidade mais amplamente usadas porque há muitos fenômenos aleatórios que podem ser modelados usando esta distribuição. Isto é uma conseqüência de um princípio estatístico conhecido como o **teorema do limite central**.

Teorema C.1 (Teorema do Limite Central). *Analise uma amostra aleatória de tamanho N retirada de uma distribuição de probabilidades com média μ_X e variância σ_X^2. Se $\overline{x}$ for a média da amostra, então a distribuição de $\overline{x}$ se aproxima de uma distribuição normal com média μ_X e variância σ_X^2/N quando o tamanho da amostra for grande.*

O teorema do limite central é verdadeiro independentemente da distribuição da qual a variável aleatória tenha sido extraída. Por exemplo, suponha que tenhamos pego aleatoriamente N exemplos independentes de um conjunto de dados com uma distribuição desconhecida. Suponha que X_i seja uma variável aleatória que denote se o exemplo de índice i seja previsto de modo correto por um determinado classificador; i.e., $X_i = 1$ se o exemplo for classificado corretamente e 0 em caso contrário. A média da amostra, $\overline{x}$, denota a precisão esperada da classificação. O teorema do limite central sugere que a precisão esperada (i.e., a média da amostra) tende a estar distribuída normalmente embora a distribuição da qual os exemplos tenham sido extraídos possa não estar distribuída normalmente.

C.2.3 Avaliação de Intervalo

Ao se avaliar os parâmetros de uma população, é útil indicar a confiabilidade da estimativa. Por exemplo, suponha que estejamos interessados em estimar a média μ_X da população a partir de um conjunto de observações extraídas aleatoriamente. Usar uma avaliação de ponto como a média da amostra, $\bar{x}$, pode não ser suficiente, especialmente quando o tamanho da amostra for pequeno. Em vez disso, pode ser útil fornecer um intervalo que contenha a média da população com alta probabilidade. A tarefa de avaliar um intervalo no qual o parâmetro da população pode ser encontrado é chamado de avaliação de intervalo. Suponha que θ seja o parâmetro da população a ser avaliada. Se

$$P(\theta_1 < \theta < \theta_2) = 1 - \alpha, \qquad (C.18)$$

então (θ_1, θ_2) é o intervalo de confiança para θ em um **nível de confiança** de $1 - \alpha$. A Figura C.1 mostra o intervalo de confiança de 95% para um parâmetro derivado de uma distribuição normal com média 0 e variância 1. A região sombreada sob a distribuição normal possui uma área igual a 0,95. Em outras palavras, se gerarmos uma amostra desta distribuição, há uma chance de 95% de que o parâmetro avaliado caia entre -2 e +2.

Analise a seqüência de observações extraídas aleatoriamente, $X_1, X_2, ..., X_N$. Gostaríamos de estimar a média da população, μ_X, baseado na média da amostra, $\bar{x}$, em um intervalo de confiança de 68%. De acordo com o teorema do limite central, $\bar{x}$ se aproxima de uma distribuição normal com média μ_X e variância σ^2_X/N quando N for suficientemente grande. Tal distribuição pode ser transformada em uma distribuição normal padrão (i.e., uma distribuição normal com média 0 e variância 1) da seguinte forma:

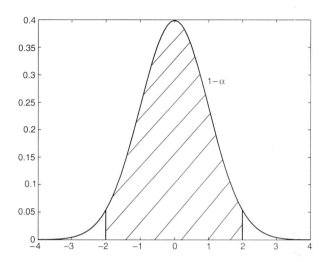

Figura C.1. *Intervalo de confiança de um parâmetro.*

$$Z = \frac{\overline{x} - \mu_X}{\sigma_X / \sqrt{N}} \approx \frac{\overline{x} - \mu}{s_X / \sqrt{N}} \approx \aleph(0,1), \tag{C.19}$$

onde o desvio padrão da população é aproximado pelo erro padrão da média da amostra. Da tabela de probabilidade de uma distribuição normal padrão, $P(-1 < Z < 1) = 0{,}68$. A probabilidade pode ser rescrita da seguinte forma:

$$P(-s_X/\sqrt{N} < \overline{x} - \mu_X < s_X/\sqrt{N}) = 0{\cdot}68,$$

ou, equivalentemente,

$$P(\overline{x} - s_X/\sqrt{N} < \mu_X < \overline{x} + s_X/\sqrt{N}) = 0{.}68.$$

Portanto, o intervalo de confiança de 68% para μ_X é $\overline{x} \pm s_X/\sqrt{N}$.

C.3 Teste de Hipóteses

O teste de hipóteses é um procedimento de inferência estatística para determinar se uma conjectura ou hipótese deve ser aceita ou rejeitada baseada na evidência colhida dos dados. Exemplos de testes de hipóteses incluem a verificação da qualidade dos padrões extraídos por algoritmos de mineração de dados e a validação da significância da diferença de desempenho entre dois modelos de classificação.

No teste de hipóteses, geralmente somos apresentados a duas hipóteses contrastantes, que são conhecidas, respectivamente, como a **hipótese nula** e a **hipótese alternativa**. O procedimento geral para o teste de hipóteses consiste dos quatro passos seguintes:

1. Formular as hipóteses nula e alternativa a serem testadas.
2. Definir uma estatística de teste θ que determine se a hipótese nula deve ser aceita ou rejeitada. A distribuição de probabilidades associada à estatística de teste deve ser conhecida.
3. Calcular o valor de θ dos dados observados. Use o conhecimento da distribuição de probabilidades para determinar uma quantidade conhecida como o valor p.
4. Definir um **nível de significância**, α, que controla a faixa de valores θ na qual a hipótese nula deva ser rejeitada. A faixa de valores para θ é conhecida como a **região de rejeição**.

Analise um padrão de associação X derivado usando os algoritmos apresentados no Capítulo 6. Suponha que estejamos interessados em avaliar a qualidade do padrão a partir de uma perspectiva estatística. O critério para julgar se o padrão é interessante depende de um quantidade conhecida como o suporte do padrão (veja a Equação 6.2), $s(X)$. O suporte mede a fração de registros nos quais o padrão é realmente observado. X é considerado interessante se $s(X) > minsup$, onde $minsup$ é um limite mínimo especificado pelo usuário.

O problema pode ser formulado no framework de testes de hipóteses da seguinte maneira. Para validar o padrão X, precisamos decidir se aceitamos a hipótese nula, $H_0:s(X) = minsup$, ou a hipótese alternativa $H_1:s(X) = minsup$. Se a hipótese nula for rejeitada, então X é considerado um padrão interessante. Para executar o teste, a distribuição de probabilidades para $s(X)$ também deve ser conhecida. Podemos aplicar a distribuição binomial para modelar este problema porque determina o número de vezes que o padrão X aparece em N registros é análogo a determinar o número de caras que aparecem quando se atira N moedas. A primeira pode ser descrita por uma distribuição binomial com média $s(X)$ e variância $s(X) \times s(X)/N$. A distribuição binomial pode ser mais aproximada usando uma distribuição normal se N for suficientemente grande, o que é geralmente o caso na maioria dos problemas de análise de cestas de compras.

Sob a hipótese nula, supõe-se $s(X)$ como distribuído normalmente com média *minsup* e variância *minsup x minsup/N*. Para testar se a hipótese nula deve ser aceita ou rejeitada, a seguinte estatística Z pode ser usada:

$$Z = \frac{s(X) - minsup}{\sqrt{minsup \times (1 - minsup)/N}} \quad \text{(C.20)}$$

Z possui uma distribuição normal padrão com média 0 e variância 1. A estatística mede basicamente a diferença entre o suporte $s(X)$ observado e o limite de *minsup* em unidades de desvio padrão. Suponha que $N = 10.000$, $s(X) = 11\%$ e *minsup* = 10%. A estatística Z sob a hipótese nula é $Z = (0{,}11 - 0{,}1)/\sqrt{0{,}09/10000} = 3.33$. Da tabela de probabilidades de uma distribuição normal padrão, um teste de um lado com $Z = 3{,}33$ corresponde a um valor p de $4{,}34 \times 10^{-4}$.

Suponha que $\alpha = 0{,}001$ seja o nível de significância desejado. α controla a probabilidade de se rejeitar falsamente a hipótese nula embora a hipótese seja verdadeira (na literatura de estatística, isto é conhecido como o erro de **Tipo 1**). Por exemplo, um valor α de 0,01 sugere que exista uma chance em mil do padrão descoberto ser falso. Em cada nível de significância α, há um limite $Z\alpha$ correspondente, tal que quando o valor Z de um padrão exceder o limite, o padrão é considerado estatisticamente insignificante. O limite $Z\alpha$ pode ser observado em uma tabela de probabilidades para a distribuição normal padrão. Por exemplo, a escolha de $\alpha = 0{,}001$ estabelece uma região de rejeição com $Z\alpha = 3{,}09$. Já que $p < \alpha$, ou, equivalentemente, $Z > Z\alpha$, a hipótese nula é rejeitada e o padrão é considerado estatisticamente interessante.

anexo D

Regressão

A REGRESSÃO É UMA TÉCNICA DE modelagem preditiva onde a variável alvo a ser avaliada é contínua. Exemplos de aplicações de regressão incluem a previsão de um índice de bolsa de valores usando outros indicadores econômicos, a previsão da quantidade de precipitação em uma região baseada nas características dos ventos, a projeção do total de vendas de uma empresa baseada na quantidade gasta em publicidade e a avaliação da idade de um fóssil de acordo com a quantidade de carbono-14 presente no material orgânico.

D.1 Preâmbulo

Suponha que D denote um conjunto de dados que contenha N observações,

$$D = \{(x_i, y_i) |\ i = 1, 2, \ldots, N\}.$$

Cada x_i corresponde ao conjunto de atributos da observação de índice i (também conhecido como as **variáveis explicativas**) e y_i corresponde à **variável alvo** (ou resposta). Os atributos explicativos de uma tarefa de regressão podem ser discretos ou contínuos.

Definição D.1 (Regressão). Regressão é a tarefa de aprender uma **função alvo** f que mapeie cada conjunto de atributos **x** em uma saída de valores contínuos y.

O objetivo da regressão é encontrar uma função alvo que possa ajustar os dados de entrada com um erro mínimo. A **função de erro** para uma tarefa de regressão pode ser expressa em termos da soma do erro quadrado ou absoluto:

$$\text{Erro Absoluto} = \sum |y_i - f(x_i)| \quad \text{(D.1)}$$

$$\text{Erro Quadrado} = \sum_i (y_i - f(x_i))^2 \quad \text{(D.2)}$$

D.2 Regressão Linear Simples

Analise os dados fisiológicos mostrados na Figura D.1. Os dados correspondem às medidas de fluxo de calor e temperatura da pele de uma pessoa durante o sono. Suponha que estejamos interessados em prever a temperatura da pele de uma pessoa baseado nas medidas de fluxo de calor geradas por um sensor de calor. O gráfico difuso bidimensional mostra que há um relacionamento linear forte entre as duas variáveis.

Fluxo de Calor	Temperatura da Pele	Fluxo de Calor	Temperatura da Pele	Fluxo de Calor	Temperatura da Pele
10.858	31.002	6.3221	31.581	4.3917	32.221
10.617	31.021	6.0325	31.618	4.2951	32.259
10.183	31.058	5.7429	31.674	4.2469	32.296
9.7003	31.095	5.5016	31.712	4.0056	32.334
9.652	31.133	5.2603	31.768	3.716	32.391
10.086	31.188	5.1638	31.825	3.523	32.448
9.459	31.226	5.0673	31.862	3.4265	32.505
8.3972	31.263	4.9708	31.919	3.3782	32.543
7.6251	31.319	4.8743	31.975	3.4265	32.6
7.1907	31.356	4.7777	32.013	3.3782	32.657
7.046	31.412	4.7295	32.07	3.3299	32.696
6.9494	31.468	4.633	32.126	3.3299	32.753
6.7081	31.524	4.4882	32.164	3.4265	32.791

Anexo D — Regressão

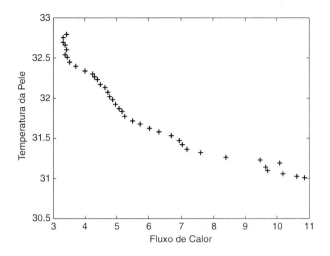

Figura D.1. *Medidas de fluxo de calor e temperatura da pele de uma pessoa.*

D.2.1 Método de Menos Quadrados

Suponha que queiramos ajustar o seguinte modelo linear aos dados observados:

$$f(x) = \omega_1 x + \omega_0, \tag{D.3}$$

onde ω_0 e ω_1 são parâmetros do modelo e são chamados de **coeficientes de regressão**. Uma abordagem padrão para fazer isso é aplicar o **método de menos quadrados**, que tenta encontrar os parâmetros (ω_0, ω_1) que minimizem a soma do erro quadrado

$$SSE = \sum_{i=1}^{N}[y_i - f(x_i)]^2 = \sum_{i=1}^{N}[y_i - \omega_1 x - \omega_0]^2, \tag{D.4}$$

que também é conhecida como a **soma dos quadrados residuais**.

Este problema de otimização pode ser resolvido pegando-se uma derivada parcial de E com respeito a ω_0 e ω_1, configurando-as como zero e resolvendo o sistema de equações lineares correspondente.

$$\frac{\partial E}{\partial \omega_0} = -2\sum_{i=1}^{N}[y_i - \omega_1 x_i - \omega_0] = 0$$

$$\frac{\partial E}{\partial \omega_1} = -2\sum_{i=1}^{N}[y_i - \omega_1 x_i - \omega_0]x_i = 0 \tag{D.5}$$

Estas equações podem ser resumidas pela seguinte equação de matrizes, que também é conhecida como a **equação normal**:

$$\begin{pmatrix} N & \sum_i x_i \\ \sum_i x_i & \sum_i x_i^2 \end{pmatrix} \begin{pmatrix} \omega_0 \\ \omega_1 \end{pmatrix} = \begin{pmatrix} \sum_i y_i \\ \sum_i x_i y_i \end{pmatrix}. \tag{D.6}$$

Já que $\sum_i x_i = 229.9$, $\sum_i x_i^2 = 1569.2$, $\sum_i y_i = 1242.9$, e $\sum_i x_i y_i = 7279.7$, as equações normais podem ser resolvidas para se obter as seguintes estimativas para os parâmetros.

$$\begin{pmatrix} \hat{\omega}_0 \\ \hat{\omega}_1 \end{pmatrix} = \begin{pmatrix} 39 & 229.9 \\ 229.9 & 1569.2 \end{pmatrix}^{-1} \begin{pmatrix} 1242.9 \\ 7279.7 \end{pmatrix}$$

$$= \begin{pmatrix} 0.1881 & -0.0276 \\ -0.0276 & 0.0047 \end{pmatrix} \begin{pmatrix} 1242.9 \\ 7279.7 \end{pmatrix}$$

$$= \begin{pmatrix} 33.1699 \\ -0.2208 \end{pmatrix}$$

Assim, o modelo linear que melhor ajusta os dados em termos de minimizar o SSE é

$$f(x) = 33,17 = 0,22x.$$

A Figura D.2 mostra a reta correspondente a este modelo.

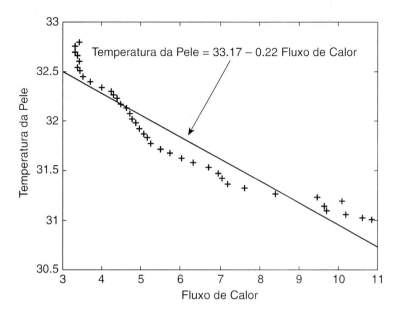

Figura D.2. *Um modelo linear que ajusta os dados apresentados na Figura D.1.*

Podemos mostrar que a solução geral para as equações normais apresentadas em D.6 podem ser expressas da seguinte maneira:

$$\hat{\omega}_0 = \bar{y} - \hat{\omega}_1 \bar{x}$$
$$\hat{\omega}_1 = \frac{\sigma_{xy}}{\sigma_{xx}} \quad \text{(D.7)}$$

onde $\bar{x} = \sum_i x_i/N$, $\bar{y} = \sum_i y_i/N$ e

$$\sigma_{xy} = \sum_i (x_i - \bar{x})(y_i - \bar{y}) \quad \text{(D.8)}$$

$$\sigma_{xx} = \sum (x_i - \bar{x})^2 \quad \text{(D.9)}$$

$$\sigma_{yy} = \sum_i (y_i - \bar{y})^2 \quad \text{(D.10)}$$

Assim, o modelo linear que resulta no erro quadrado mínimo é dado por

$$f(x) = \bar{y} + \frac{\sigma_{xy}}{\sigma_{xx}}[x - \bar{x}]. \quad \text{(D.11)}$$

Em resumo, o método de menos quadrados é uma abordagem sistemática para ajustar um modelo linear à variável resposta y minimizando o erro quadrado entre o valor estimado e verdadeiro de y. Embora o modelo seja relativamente simples, parece fornecer uma aproximação razoavelmente precisa porque um modelo linear é a aproximação de série Taylor de primeira ordem para qualquer função com derivadas contínuas.

D.2.2 Analisando Erros de Regressão

Alguns conjuntos de dados contém erros nas suas medidas de **x** e y. Além disso, pode haver fatores de confusão que afetem a variável resposta y, mas que não estejam incluídas na especificação do modelo. Por causa disto, a variável resposta y em tarefas de regressão pode ser não determinística, i. e., pode produzir um valor diferente embora o mesmo conjunto de atributo **x** seja fornecido.

Podemos modelar este tipo de situação usando uma abordagem probabilística, onde y é tratado como uma variável aleatória:

$$\begin{aligned} y &= f(x) + [y - f(x)] \\ &= f(x) + \epsilon. \end{aligned} \quad \text{(D.12)}$$

Os erros de medição e os erros na especificação foram absorvidos em um termo de ruído aleatório, ϵ. O ruído aleatório presente nos dados geralmente é suposto como sendo independente e segue uma determinada distribuição de probabilidades.

Por exemplo, se o ruído aleatório vier de uma distribuição normal com média zero e variância σ^2, então

$$P(\epsilon|x, \Omega) = \frac{1}{\sqrt{2\pi\sigma^2}} \exp^{-\frac{[y-f(x,\Omega)]^2}{2\sigma^2}} \quad \text{(D.13)}$$

$$\log[P(\epsilon|x, \Omega)] = -\frac{1}{2}(y - f(x, \Omega))^2 + \text{constant} \quad \text{(D.14)}$$

Esta análise mostra que minimizar o SSE, $[y - f(\mathbf{x}, \Omega)]^2$, supõe implicitamente que o ruído aleatório segue uma distribuição normal. Além disso, pode ser mostrado que o modelo constante, $f(\mathbf{x}, \Omega) = c$, que melhor minimiza este tipo de erro é a média, i.e., $c = \overline{y}$.

Anexo D — Regressão

Outro modelo de probabilidade típico para ruído usa a distribuição Laplaciana:

$$P(\epsilon|x,\Omega) = c\exp^{-c|y-f(x,\Omega)|} \qquad (D.15)$$

$$\log[P(\epsilon|x,\Omega)] = -c|y - f(x,\Omega)| + \text{constant} \qquad (D.16)$$

Isto sugere que minimizar o erro absoluto, $|y - f(\mathbf{x}, \Omega)|$ implicitamente supõe que o ruído aleatório segue uma distribuição Laplaciana. O melhor modelo constante para este caso corresponde $f(x,\Omega) = \overline{y}$, o valor da mediana de y.

Além do SSE apresentado na Equação D.4, também podemos definir dois outros tipos de erros:

$$SST = \sum_i (y_i - \overline{y})^2 \qquad (D.17)$$

$$SSM = \sum_i (f(x_i) - \overline{y})^2 \qquad (D.18)$$

onde *SST* é conhecido como a soma total de quadrados e *SSM* é conhecido como a soma da regressão de quadrados. *SST* representa o erro de previsão quando o valor médio $\overline{y}$ for usado como uma estimativa para a variável resposta. *SSM*, por outro lado, representa a quantidade de erros no modelo de regressão. O relacionamento entre *SSY*, *SSE* e *SSM* é derivado da seguinte maneira:

$$\begin{aligned}
SSE &= \sum_i [y_i - \overline{y} + \overline{y} - f(x_i)]^2 \\
&= \sum_i [y_i - \overline{y}]^2 + \sum_i [f(x_i) - \overline{y}]^2 + 2\sum_i (y_i - \overline{y})(\overline{y} - f(x_i)) \\
&= \sum_i [y_i - \overline{y}]^2 + \sum_i [f(x_i) - \overline{y}]^2 - 2\sum_i (y_i - \overline{y})\omega_1(x_i - \overline{x}) \\
&= \sum_i [y_i - \overline{y}]^2 + \sum_i [f(x_i) - \overline{y}]^2 - 2\sum_i \omega_1^2(x_i - \overline{x})^2 \\
&= \sum_i [y_i - \overline{y}]^2 - \sum_i [f(x_i) - \overline{y}]^2 \\
&= SST - SSM \qquad (D.19)
\end{aligned}$$

onde aplicamos os seguintes relacionamentos:

$$\bar{y} - f(x_i) = -\omega_l(x_i - \bar{x})$$

$$\sum_i [y_i - \bar{y}][x_i - \bar{x}] = \sigma_{xy} = \omega_l \sigma_{xx} = \omega_l \sum_i [x_i - \bar{x}]^2.$$

Assim, podemos escrever $SSY = SSE + SSM$.

D.2.3 Analisando a Qualidade do Ajuste

Uma forma de medir a qualidade do ajuste é calculando a seguinte medida:

$$R^2 = \frac{SSM}{SST} = \frac{\sum_i [f(x_i) - \bar{y}]^2}{\sum_i [y_i - \bar{y}]^2} \quad \text{(D.20)}$$

O R^2 (ou *coeficiente de determinação*) para um modelo de regressão pode variar de 0 a 1. Seu valor é próximo de 1 se a maioria da variabilidade observada na variável resposta puder ser expressa pelo modelo de regressão.

R^2 também está relacionado com o coeficiente de correlação, r, que mede a força do relacionamento linear entre as variáveis explicativa e resposta.

$$r = \frac{\sigma_{xy}}{\sqrt{\sigma_{xx} \sigma_{xy}}}. \quad \text{(D.21)}$$

Das Equações D.9, D.10 e D.11, podemos escrever

$$\begin{aligned}
R^2 &= \frac{\sum_i [f(x_i) - \bar{y}]^2}{\sum_i [y_i - \bar{y}]^2} \\
&= \frac{\sum_i [\frac{\sigma_{xy}}{\sigma_{xx}}(x_i - \bar{x})]^2}{\sigma_{yy}} \\
&= \frac{\sigma_{xy}^2}{\sigma_{xx}^2 \sigma_{yy}} \sum_i (x_i - \bar{x})^2 \\
&= \frac{\sigma_{xy}^2}{\sigma_{xx}^2 \sigma_{yy}} \sigma_{xx} \\
&= \frac{\sigma_{xy}^2}{\sigma_{xx} \sigma_{yy}}.
\end{aligned} \quad \text{(D.22)}$$

A análise acima mostra que o coeficiente de correlação é equivalente à raiz quadrada do coeficiente de determinação (exceto pelo seu sinal, que depende da direção do relacionamento, seja positivo ou negativo).

Vale a pena observar que R^2 aumenta quando adicionamos mais variáveis explicativas ao modelo. Uma forma de corrigir o número de variáveis explicativas adicionadas ao modelo é usando a seguinte medida R^2 de ajuste:

$$\text{Ajustada } R^2 = 1 - \left(\frac{N-1}{N-d}\right)(1 - R^2), \quad \text{(D.23)}$$

onde N é o número de pontos de dados e $d + 1$ é o número de parâmetros do modelo de regressão.

D.3 Regressão Liner Multivariável

As equações normais podem ser escritas de uma forma mais compacta usando a seguinte notação de matriz. Suponha que $\mathbf{X} = (\mathbf{1}\ \mathbf{x})$, onde $\mathbf{1} = (1,1,1,...)^T$ e $\mathbf{x} = (x_1, x_2, ..., x_N)^T$. A seguir, podemos mostrar que

$$\mathbf{X}^T\mathbf{X} = \begin{pmatrix} \mathbf{1}^T\mathbf{1} & \mathbf{1}^T\mathbf{x} \\ \mathbf{x}^T\mathbf{1} & \mathbf{x}^T\mathbf{x} \end{pmatrix} = \begin{pmatrix} N & \sum_i x_i \\ \sum_i x_i & \sum_i x_i^2 \end{pmatrix}, \quad \text{(D.24)}$$

é equivalente à matriz do lado esquerdo da equação normal. De formas semelhante, se $\mathbf{y} = (y_1, y_2, ..., y_N)^T$, podemos mostrar que

$$(\mathbf{1}\ \mathbf{x})^T \mathbf{y} = \begin{pmatrix} \mathbf{1}^T\mathbf{y} \\ \mathbf{x}^T\mathbf{y} \end{pmatrix} = \begin{pmatrix} \sum_i y_i \\ \sum_i x_i y_i \end{pmatrix}, \quad \text{(D.25)}$$

é equivalente à matriz do lado direito da equação normal. Substituindo as Equações D.24 e D.25 na Equação D.6, obtemos a seguinte equação:

$$\mathbf{X}^T\mathbf{X}\Omega = \mathbf{X}^T\mathbf{y}, \quad \text{(D.26)}$$

onde $\Omega = (\omega_0, \omega_1)^T$. Podemos resolver os parâmetros em Ω da seguinte maneira

$$\Omega = (\mathbf{X}^T\mathbf{X})^{-1}\mathbf{X}^T\mathbf{y}, \quad \text{(D.27)}$$

A notação anterior é útil porque nos permite estender o método de regressão linear do caso multivariável. Mais especificamente, se o conjunto de atributos consistir de d atributos explicativos $(x_1, x_2, ..., x_d)$, X se torna uma **matriz de projeto** $N \times d$:

$$X = \begin{pmatrix} 1 & x_{11} & x_{12} & \cdots & x_{1d} \\ 1 & x_{21} & x_{22} & \cdots & x_{2d} \\ \cdots & \cdots & \cdots & \cdots & \cdots \\ 1 & x_{N1} & x_{N2} & \cdots & x_{Nd} \end{pmatrix}, \qquad (D.28)$$

enquanto $(\omega_0, \omega_1, ..., \omega_{d-1})^T$ que é um vetor de d dimensões. Os parâmetros podem ser calculados pela resolução da equação de matriz apresentada na Equação D.26.

D.4 Métodos de Regressão Alternativos ao de Menos Quadrados

O método de menos quadrados também pode ser usado para encontrar outros tipos de modelos de regressão que minimizam o SSE. Mais especificamente, se o modelo de regressão for

$$y = f(x, \Omega) + \epsilon \qquad (D.29)$$

$$= \omega_0 + \sum_i \omega_i g_i(x) + \epsilon, \qquad (D.30)$$

e o ruído aleatório estiver distribuído normalmente, então podemos aplicar a mesma metodologia de antes para determinar o vetor de parâmetros Ω. Os g_i's podem ser qualquer tipo de funções de base, incluindo polinomial, kernel e outras funções não lineares.

Por exemplo, suponha que x seja um vetor de características de duas dimensões e o modelo de regressão seja uma função polinomial de grau 2

$$f(x_1, x_2, \Omega) = \omega_0 + \omega_1 x_1 + \omega_2 x_2 + \omega_3 x_1 x_2 + \omega_4 x_1^2 + \omega_5 x_2^2. \qquad (D.31)$$

Se criarmos a seguinte matriz de projeto

Anexo D — Regressão   883

$$X = \begin{pmatrix} 1 & x_{11} & x_{12} & x_{11}x_{12} & x_{11}^2 & x_{22}^2 \\ 1 & x_{21} & x_{22} & x_{21}x_{22} & x_{21}^2 & x_{22}^2 \\ \cdots & \cdots & \cdots & \cdots & \cdots & \cdots \\ 1 & x_{N1} & x_{N2} & x_{N1}x_{N2} & x_{N1}^2 & x_{N2}^2 \end{pmatrix},$$

(D.32)

onde x_{ij} é o atributo de índice j da observação de índice i, então o problema de regressão se torna equivalente resolver a Equação D.26. A Solução de menos quadrados para o vetor de parâmetros Ω é apresentada pela Equação D.27. Escolhendo a matriz de projeto apropriada, podemos estender este método para qualquer tipo de funções de base.

anexo E

Otimização

OTIMIZAÇÃO É A METODOLOGIA PARA se encontrar os valores máximo e mínimo de uma função. É um tópico importante na mineração de dados porque há muitas tarefas de mineração de dados que podem ser tratadas como problemas de otimização. Por exemplo, o algoritmo de agrupamento K-*means* descrito na Seção 8.2.1 busca encontrar um conjunto de grupos que minimize a soma do erro quadrado (SSE). De forma semelhante, o método de menos quadrados apresentado na Seção D.2.1 é projetado para descobrir os coeficientes de regressão que minimizam a SSE do modelo. Esta seção apresenta uma breve visão geral das diversas técnicas usadas para resolver problemas de otimização.

E.1 Otimização sem Restrições

Suponha que $f(x)$ seja uma função univariável com derivadas contínuas de primeira e de segunda ordem. Em um problema de otimização sem restrições, a tarefa é localizar a solução x^* que minimize $f(x)$ sem impor quaisquer restrições em x^*. A solução x^*, que é conhecida como um **ponto estacionário**, pode ser encontrada pegando-se a primeira derivada de f e configurando-a com zero:

$$\left.\frac{df}{dx}\right|_{x=x^*} = 0.$$

$f(x^*)$ é um valor máximo ou mínimo dependendo da derivada de segunda ordem da função:

- x^* é um ponto estacionário máximo se $\frac{d^2 f}{dx^2} < 0$ em $x = x^*$.
- x^* é um ponto estacionário mínimo se $\frac{d^2 f}{dx^2} > 0$ em $x = x^*$.
- x^* é um ponto de inflexão quando $\frac{d^2 f}{dx^2} = 0$ em $x = x^*$.

A Figura E.1 ilustra um exemplo de uma função que contenha todos os três pontos estacionários (máximo, mínimo e ponto de inflexão).

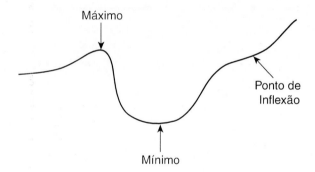

Figura E.1. *Pontos estacionários de uma função.*

Esta definição pode ser estendida para uma função multivariável $f(x_1, x_2, ..., x_d)$, $\mathbf{x}^* = \left[x_1^*, x_2^*, ..., x_d^*\right]^T$

$$\left.\frac{\partial f}{\partial x_i}\right|_{x_i = x_i^*} = 0, \ \forall i = 1, 2, \ldots, d. \tag{E.1}$$

Entretanto, diferentemente de funções univariáveis, é mais difícil determinar se x^* corresponde a um ponto estacionário máximo ou mínimo. A dificuldade surge porque precisamos analisar as derivadas parciais $\frac{\partial^2 f}{\partial x_i \partial x_j}$ para para todos os pares possíveis de i e j. O conjunto completo de derivadas parciais de segunda ordem é dado pela matriz Hessiana

$$H(x) = \begin{bmatrix} \frac{\partial^2 f}{\partial x_1 \partial x_1} & \frac{\partial^2 f}{\partial x_1 \partial x_2} & \cdots & \frac{\partial^2 f}{\partial x_1 \partial x_d} \\ \frac{\partial^2 f}{\partial x_2 \partial x_1} & \frac{\partial^2 f}{\partial x_2 \partial x_2} & \cdots & \frac{\partial^2 f}{\partial x_2 \partial x_d} \\ \cdots & \cdots & & \cdots \\ \frac{\partial^2 f}{\partial x_d \partial x_1} & \frac{\partial^2 f}{\partial x_d \partial x_2} & \cdots & \frac{\partial^2 f}{\partial x_d \partial x_d} \end{bmatrix}.$$

(E.2)

- Uma matriz **H** Hessiana é definida positiva se e somente se $x^T H x > 0$ para qualquer vetor **x** diferente de zero. Se $H(x^*)$ for definido positivo, então x^* é um ponto estacionário mínimo.
- Uma Hessiana é definida negativa se e somente se $x^T H x < 0$ para qualquer vetor **x** diferente de zero. Se $H(x^*)$ for definido negativo, então x^* é um ponto estacionário máximo.
- Uma Hessiana é indefinida se $x^T H x$ for positivo para algum valor de **x** e negativo para outros. Um ponto estacionário com Hessiana indefinida é um **ponto de assentamento**, o qual pode ter um valor mínimo em uma direção e um valor máximo em outra.

Exemplo E.1 Suponha que $f(x,y) = 3x^2 + 2y^3 = 2xy$. A Figura E.2 mostra um gráfico desta função. As condições para se encontrar os pontos estacionários desta função são

$$\frac{\partial f}{\partial x} = 6x - 2y = 0$$
$$\frac{\partial f}{\partial y} = 6y^2 - 2x = 0$$

(E.3)

cujas soluções são $x^* = y^*$ ou $x^* = 1/27, y^* = 1/19$.

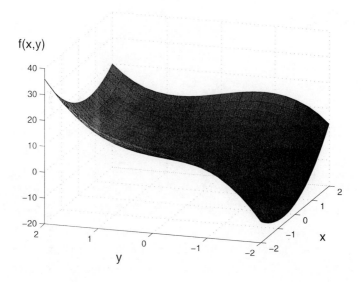

Figura E.2. *Gráfico para a função f(x,y) = $3x^2 + 2y^3 = 2xy$.*

A Hessiana de *f* é

$$H(x,y) = \begin{bmatrix} 6 & -2 \\ -2 & 12y \end{bmatrix}.$$

Em $x = y = 0$,

$$H(0,0) = \begin{bmatrix} 6 & -2 \\ -2 & 0 \end{bmatrix}.$$

Já que $[x\ y]\ H(0,0)\ [x\ y]^T = 6x^2 - 4xy = 2x(3x - 2y)$, que pode ser positiva ou negativa, a Hessiana é indefinida e (0,0) é um ponto de assentamento.

Em $x = 1/27$, $y = 1/9$,

$$H(1/27, 1/9) = \begin{bmatrix} 6 & -2 \\ -2 & 12/9 \end{bmatrix}.$$

Já que $[x\ y]H(1/27, 1/9)[x\ y]^T = 4x^2 - 2xy + 4y^2/3 = 4(x - y/4)^2 + 13y^2/4 > 0$ para *x* e *y* diferentes de zero, a Hessiana é definida positiva. Portanto, (1/27, 1/9) é um ponto estacionário mínimo. O valor mínimo de *f* é -0,0014.

E.1.1 Métodos Numéricos

A abordagem precedente funciona se a Equação E.1 puder ser resolvida analiticamente para x^*. Em muitos casos, encontrar soluções analíticas é um problema muito difícil, necessitando assim do uso de métodos numéricos para encontrar soluções aproximadas. Alguns dos métodos numéricos para encontrar o valor mínimo de uma função incluem a pesquisa *Golden*, o método de Newton e a pesquisa de gradiente descendente. Embora as técnicas apresentadas aqui sejam usadas para minimizar a função objetiva $f(x)$, também são aplicáveis a problemas de maximização porque um problema deste tipo pode ser facilmente transformado em um de minimização convertendo-se a função $f(x)$ em $-f(x)$.

Pesquisa *Golden* Analise a distribuição unimodal ilustrada na Figura E.3, onde o valor mínimo está entre a e b. O método de pesquisa *Golden* encontra iterativamente sucessivos *brackets* que contenham o valor mínimo até que a largura do intervalo seja suficientemente pequena para aproximar o ponto estacionário. Para determinar os menores *brackets*, dois pontos adicionais, c e d, foram escolhidos de modo que os intervalos (a,c,d) e (c,d,b) tenham larguras iguais. Suponha que $c - a = b - d = \alpha(b - a)$ e $d - c = \beta \times (b - a)$. Portanto,

$$1 = \frac{(b-d)+(d-c)+(c-a)}{b-a} = \alpha + \beta + \alpha,$$

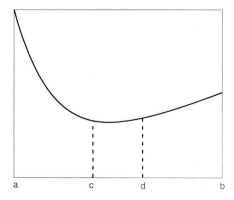

Figura E.3. *Exemplo de uma função unimodal.*

Ou, equivalentemente,

$$\beta = 1 - 2\alpha. \qquad (E.4)$$

As larguras também são escolhidas para obedecerem a seguinte condição de modo que um procedimento recursivo possa ser aplicado:

$$\frac{d-c}{b-c} = \frac{c-a}{b-a},$$

ou, equivalentemente,

$$\frac{\beta}{1-\alpha} = \alpha. \qquad (E.5)$$

Juntas, as Equações E.4 e E.5 podem ser resolvidas para produzir um $\alpha = 0,382$ e $\beta = 0,236$. Comparando $f(c)$ com $f(d)$, é possível detectar se o valor mínimo ocorre no intervalo (a, c, d) ou (c, d, b). O intervalo que contém o valor mínimo é então particionado recursivamente até que a largura do intervalo seja suficientemente pequena para aproximar o valor mínimo, conforme mostrado no Algoritmo E.1..

O método da pesquisa *golden* não faz suposições sobre a função, a não ser que ela deve ser contínua e unimodal dentro do *bracket* inicial [a, b]. Ela converge linearmente para a solução pelo valor mínimo.

Método de Newton O método de Newton é baseado no uso de uma aproximação quadrática para função $f(x)$. Usando uma expansão da série de Taylor de f em torno

---

Algoritmo E.1 Algoritmo de pesquisa *golden*.

1: $c = a + 0,382(b - a)$.
2: **enquanto** $b - a > \in$ **faça**
3:    $d = b - 0,382(b - a)$.
4:    **se** $f(d) > f(c)$ **então**
5:      $b = d$.
6:    **senão**
7:      $a = c, c = d$.
8:    **fim_se**
9: **fim_enquanto**
10: **retornar** c.

de x_0, a seguinte expressão é obtida:

$$f(x) \approx f(x_0) + (x - x_0)f'(x_0) + \frac{(x - x_0)^2}{2}f''(x_0). \quad (E.6)$$

Pegar a derivada da função com respeito a x e configurá-la para zero leva à seguinte equação:

$$\begin{aligned} f'(x) &= f'(x_0) + (x - x_0)f''(x_0) = 0 \\ x &= x_0 - \frac{f'(x_0)}{f''(x_0)}. \end{aligned} \quad (E.7)$$

A Equação E.7 pode ser usada para atualizar x até que ele convirja ao local do valor mínimo. Pode ser mostrado que o método de Newton possui convergência quadrática, embora possa falhar ao convergir em alguns casos, especialmente quando o ponto inicial x_0 estiver localizado longe do ponto mínimo. Um resumo deste método é apresentado no Algoritmo E.2.

Algoritmo E.2 Método de Newton.

1:   Seja x_0 o ponto inicial.
2:   **enquanto** $|f'(x_0)| > \epsilon$ **faça**
3:       $x = x_0 - \frac{f'(x_o)}{f''(x_o)}$.
4:       $x_0 = x$.
5:   **fim_enquanto**
6:   **retornar** x.

O método de Newton pode ser estendido para dados multivariáveis substituindo-se a derivada de primeira ordem $f'(x)$ pelo operador de gradiente $\nabla f(x)$ e a derivada de segunda ordem $f''(x)$ pela matriz Hessiana **H**:

$$x = x - H^{-1}\nabla f(x).$$

Entretanto, em vez de calcular a inversa da matriz Hessiana, é mais fácil resolver a seguinte equação:

$$Hz = -\nabla f(x).$$

para se obter o vetor **z**. A fórmula iterativa para encontrar o ponto estacionário é modificada para **x = x + z**.

Método de Gradiente Descendente O método de Newton é um entre vários métodos incrementais para localizar progressivamente o ponto estacionário de uma função usando a seguinte fórmula de atualização:

$$x = x + \lambda g(x)), \qquad (E.8)$$

A função *g(x)* determina a direção na qual a pesquisa deve proceder e λ determina o tamanho do passo.

O método de gradiente descendente supõe que a função *f(x)* é diferenciável e calcula o ponto estacionário da seguinte maneira:

$$x = x - \lambda \nabla f(x), \qquad (E.9)$$

Neste método, a localização de **x** é atualizada na direção mais descendente, o que significa que **x** é movido na direção do valor decrescente de *f*. A Seção 5.4.2 descreveu como o método de gradiente descendente pode ser usado para descobrir os parâmetros de pesos de uma rede neural artificial. Um resumo deste método é apresentado no Algoritmo E.3. Observe que o algoritmo se parece muito com o Algoritmo E.2, exceto pela fórmula de atualização.

Algoritmo E.3 Método do gradiente descendente.

1: Seja x_0 o ponto inicial.
2: **enquanto** $\| \nabla f(x0) \| > \in$ **faça**
3:     $x = x_0 - \lambda \nabla f(x)$.
4:     $x_0 = x$.
5: **fim_enquanto**
6: **retornar** x.

E.2 Otimização com Restrições

Esta seção examina como resolver um problema de otimização quando as variáveis estiverem sujeitas a diversos tipos de restrições.

E.2.1 Restrições de Igualdade

Analise o problema de se encontrar o valor mínimo de $f(x_1, x_2, \ldots, x_k)$ sub-projeto para restrições de igualdade na forma

$$g_i(x) = 0, \quad i = 1, 2, \ldots, p.$$

Um método conhecido como multiplicadores de Lagrange pode ser usado para resolver o problema da otimização com restrições. Este método envolve os seguintes tipos:

1. Defina o Lagrangiano, $L(x, y, \lambda) = x + 2y + \lambda(x^2 + y^2 - 4)$, onde λ_i é yma variável chamada de **multiplicador de Lagrange**.
2. Configure as derivadas de primeira ordem do Lagrangiano com respeito a x e os multiplicadores de Lagrange como zero.

$$\frac{\partial L}{\partial x_i} = 0, \quad \forall i = 1, 2, \ldots, d$$

e

$$\frac{\partial L}{\partial \lambda_i} = 0, \quad \forall i = 1, 2, \ldots, p.$$

3. Resolva as equações $(d+p)$ no passo 2 para se obter o ponto estacionário x^* e os valores correspondes para λ_i's.

O exemplo a seguir ilustra como o método do multiplicador de Lagrange funciona.

Exemplo E.2. Seja $(x,y) = x + 2y$. Suponha que queiramos minimizar a função $f(x,y)$ sujeito à restrição $x^2 + y^2 - 4 = 0$. O método do multiplicador de Lagrange pode ser usado para resolver este problema de otimização com restrição da seguinte forma:

$$L(x, y, \lambda) = x + 2y + \lambda(x^2 + y^2 - 4),$$

onde λ é o multiplicador de Lagrange. Para determinar seu valor mínimo, precisamos diferenciar o Lagrangiano com respeito a seus parâmetros.

$$\frac{\partial L}{\partial x} = 1 + 2\lambda x = 0 \qquad (E.10)$$

$$\frac{\partial L}{\partial y} = 2 + 2\ \lambda y = 0$$
$$\frac{\partial L}{\partial \lambda} = x^2 + y^2 - 4 = 0$$
(E.11)

Resolver estas equações produz $\lambda = \pm\sqrt{5}/4$, $x = \mp 2/\sqrt{5}$, e $y = \mp 4/\sqrt{5}$. Quando $\lambda = \sqrt{5}/4, f(-2/\sqrt{5},-4/\sqrt{5}) = -10/\sqrt{5}$. De forma semelhante, quando $\lambda = -\sqrt{5}/4, f(2/\sqrt{5},4/\sqrt{5}) = 10/\sqrt{5}$. Assim, a função $f(x,y)$ possui seu valor mínimo em $x = -2/\sqrt{5}$ e $y = -4/\sqrt{5}$..

E.2.2 Restrições de Desigualdade

Analise o problema de se encontrar o valor mínimo de $f(x_1, x_2, ..., x_k)$ subprojeto para restrições de desigualdade na forma

$$h_i(\mathbf{x}) \le 0, i = 1, 2, ..., q.$$

O método para resolver este problema é bastante semelhante ao método de Lagrange descrito anteriormente. Entretanto, as restrições de desigualdade impõem condições adicionais para o problema da otimização. Especificamente, o problema de otimização declarado anteriormente leva à seguinte Lagrangiana:

$$L = f(x) + \sum_{i=1}^{q} \lambda_i h_i(x), \qquad (E.12)$$

e restrições conhecidas como as condições Karush-Kuhn-Tucker (KKT):

$$\frac{\partial L}{\partial x_i} = 0, \forall i = 1, 2, ..., d \qquad (E.13)$$
$$h_i(x) \le 0, \forall i = 1, 2, ..., q \qquad (E.14)$$
$$\lambda_i \ge 0, \forall i = 1, 2, ..., q \qquad (E.15)$$
$$\lambda_i h_i(x) = 0, \forall i = 1, 2, ..., q. \qquad (E.16)$$

Observe que multiplicadores de Lagrange não são mais ilimitados na presença de restrições de desigualdade.

Exemplo E.3. Suponha que queiramos minimizar a função $f(x,y) = (x-1)2 + (y-3)2$ sujeita às seguintes restrições:

$$x + y \leq 2, \text{ e } y \geq x.$$

O Lagrangiano para este problema é $L = (x-1)^2 + (y-3)^2 + \lambda_1(x+y=2) + \lambda_2(x-y)$ sujeita às seguintes restrições KKT:

$$\frac{\partial L}{\partial x} = 2(x-1) + \lambda_1 + \lambda_2 = 0 \qquad (E.17)$$

$$\frac{\partial L}{\partial y} = 2(y-3) + \lambda_1 - \lambda_2 = 0 \qquad (E.18)$$

$$\lambda_1(x+y-2) = 0 \qquad (E.19)$$

$$\lambda_2(x-y) = 0 \qquad (E.20)$$

$$\lambda_1 \geq 0, \ \lambda_2 \geq 0, \ x+y \leq 2, \ y \geq x \qquad (E.21)$$

Para resolver as equações anteriores, precisamos examinar todos os casos possíveis das Equações E.19 e E.20.

Caso 1: $\lambda_1 = 0, \lambda_2 = 0$. Neste caso, obtemos as seguintes equações:

$$2(x-1) = 0 \text{ e } 2(y-3) = 0,$$

cuja solução é dada por $x = 1$ e $y = 3$. Já que $x + y = 4$, esta não é uma solução viável porque viola a restrição $x + y \leq 2$.

Caso 2: $\lambda_1 = 0, \lambda_2 \neq 0$. Neste caso, obtemos as seguintes equações:

$$x - y = 0, \ 2(x-1) + \lambda_2 = 0, \ 2(y-3) - \lambda_2 = 0,$$

cuja solução é dada por $x = 2, y = 2$ e $\lambda_2 = -2$, que não é uma solução viável porque viola as condições $\lambda_2 \geq 0$ e $x + y \leq 2$.

Caso 3: $\lambda_1 \neq 0, \lambda_2 = 0$. Neste caso, obtemos as seguintes equações:

$$x + y - 2 = 0, \ 2(x-1) + \lambda_1 = 0, \ -2(x+1) + \lambda_1 = 0$$

cuja solução é dada por $x = 0, y = 2$ e $\lambda_1 = 2$, que é uma solução viável.

Caso 4: $\lambda_1 \neq 0, \lambda_2 \neq 0$. Neste caso, obtemos as seguintes equações:

$x + y - 2 = 0, x - y = 0, 2(x - 1) + \lambda_1 + \lambda_2 = 0, 2(y - 3) + \lambda_1 - \lambda_2 = 0,$

cuja solução é dada por $x = 1, y = 1, \lambda_1 = 2$ e $\lambda_2 = -2$, que não é uma solução viável.

Portanto, a solução para este problema é $x = 0$ e $y = 2$.

Resolver as condições KKT pode ser um trabalho árduo, especialmente se o número de desigualdades de restrição for grande. Em tais casos, encontrar uma solução fechada não é mais possível e é necessário usar técnicas numéricas como a programação linear e quadrática.

Índice Remissivo

A

agregação 54, 55, 101, 116, 161, 163, 164, 165, 170
agrupamento baseado em gráficos 15
agrupamento hierárquico 15
álgebra linear 15, 61, 62
algoritmo de aprendizagem 174, 183, 213, 218, 220
alta dimensionalidade 6, 35, 62
alvo 8, 9, 10, 63, 64, 65, 142, 159, 160, 170, 172, 173
amostra 52, 56, 57, 58, 59, 60, 109, 130, 223
amostragem 7, 53, 56, 57, 58, 59, 60, 101, 109, 168, 223
análise de agrupamentos 15, 116
árvore 164, 172, 176, 177, 178, 179, 180, 181, 183, 185, 194, 195, 196, 198, 199, 200, 201, 202, 203, 204, 205, 206, 207, 209, 210, 211, 212, 213, 215, 216, 217, 218, 219, 220, 230, 231, 232, 235, 238, 239, 240, 241, 242
associação 2, 11, 14, 18, 21, 69, 70, 71, 102, 108, 147
atributo 8, 9, 24, 27, 28, 29, 30, 31, 32, 33, 34, 37, 38, 41, 47, 48, 49, 54, 68, 69, 70, 71, 73, 74, 75, 77, 78, 81, 82, 83, 88, 89, 93, 96, 98, 106, 110, 111, 117, 118, 119, 120, 121, 122, 123, 125, 127, 131, 134, 135, 138, 143, 144, 147, 149, 150, 151, 152, 156, 159, 160, 162, 169, 172, 178, 179, 180, 181, 183, 184, 185, 187, 189, 190, 192, 194, 195, 198, 201, 202, 203, 204, 209, 211, 212, 220, 230, 236, 237, 238, 239, 241

avaliação 7, 14, 64, 65, 107, 121, 126, 140, 148, 175, 176, 183, 193, 196, 213, 214, 215, 216, 218, 220, 221, 222, 223, 232, 241

B

bancos de dados estatísticos 165, 166
Bayes 174, 242
binarização 53, 69, 70

C

campo 24, 25, 26, 27, 34, 49, 53, 67, 100, 198
candidatos 212
capacidade 3, 174, 196
características 4, 6, 10, 11, 13, 23, 27, 28, 34, 35, 42, 47, 53, 60, 61, 62, 63, 64, 65, 66, 67, 68, 69, 99, 102, 108, 115, 117, 124, 125, 128, 130, 152, 169, 172, 173, 177, 178, 197, 198, 200, 201, 210, 224, 231
caso 33, 34, 38, 50, 54, 60, 62, 68, 76, 79, 81, 91, 92, 94, 95, 111, 119, 135, 137, 149, 164, 177, 182, 185, 200, 208, 222, 231
cobertura 102, 172
comparação múltipla 211, 212, 231
comprimento mínimo da descrição 216
confiança 217, 221, 224, 225, 226, 227, 228, 229
conjunto de itens 36, 41
conjunto de testes 176, 210
conjunto de treinamento 174, 175, 198, 200, 205, 206, 208, 210, 213, 218, 221, 223, 232, 241
conjunto de validação 218, 239
correlação 6, 31, 42, 50, 51, 63, 78, 80, 91, 92, 93, 96, 99, 108, 111, 112, 124, 138, 140, 148, 149
corte 161, 220, 230, 231, 232
critério de parada 64, 65, 74, 75, 195
custo 13, 54, 196, 216, 217, 232, 241

D

DBSCAN 15
definição de 44, 48, 81, 97
deixe-um-fora 222
detecção de anomalias 13, 15, 24, 48, 78, 116
diferença do triângulo 100
diferenças 24, 30, 31, 77, 78, 79, 80, 81, 82, 85, 96, 97, 99, 151, 165, 170, 188, 228
discretização 69, 71, 72, 73, 74, 75, 102, 156, 186, 221
distância Euclidiana 77, 78, 83, 84, 90, 94, 95, 96, 97, 99, 111, 112
divergência de Bregman 93, 94, 95
divisão leve 231

E

entropia 31, 73, 74, 75, 189, 196, 230, 236, 237, 238
erro 9, 26, 44, 45, 47, 176, 198, 204, 205, 206, 207, 208, 209, 210, 213, 214, 215, 216, 217, 218, 219, 220, 221, 222, 226, 227, 228, 231, 232, 238, 239, 241

escalabilidade 5, 15
especialização 131
estatísticas 5, 7, 14, 15, 31, 32, 43,
    52, 100, 111, 115, 117, 118, 120,
    121, 124, 126, 170
exploração dos dados 115

G

ganho de informação 189, 237, 238
gráfico de caixa 169
gráfico de tortas 136, 137
gráfico de tronco e folhas 169
gráficos de dispersão 138, 140, 141,
    142

H

hierarquia de conceitos 14
histograma 55, 125, 132, 134, 135,
    136, 169

I

indução construtiva 204

K

K-means 15, 71, 72, 93

M

maldição da dimensionalidade 35,
    61
matriz de confusão 86, 175, 176
MDL 215, 216, 217, 241
média 10, 27, 29, 30, 31, 42, 46, 47,
    54, 55, 56, 73, 77, 96, 107, 111,
    112, 115, 117, 120, 121, 122,
    123, 124, 143, 145, 147, 148,
    157, 174, 189, 190, 191, 193,
    223, 225, 227, 228, 242, 243
medição 28, 30, 43, 44, 45, 46, 47,
    52, 53, 64, 107, 220
métrica 83, 85, 86, 99, 112, 176,
    183, 189, 223, 224

N

nodo 177, 178, 180, 181, 182, 183,
    186, 187, 189, 190, 193, 195,
    196, 201, 203, 204, 212, 213,
    215, 216, 217, 218, 219, 220,
    230, 237, 239, 241
norma L1 83
norma L2 83

O

OLAP 14, 54, 101, 115, 116, 155,
    156, 165, 166, 167

P

PCA 61, 62, 102, 130, 163, 170
pré-processamento 4, 14, 35, 53,
    101, 115, 201
probabilidade 57, 58, 59, 73, 76,
    137, 196, 211, 212, 223, 224,
    225, 228, 229, 231
proximidade 46, 47, 78, 79, 80, 81,
    82, 83, 93, 95, 97, 98, 99, 100,
    113, 114, 148

Q

qualidade dos dados 14, 15, 23, 24,
    101

R

registrar 47
ruído 36, 45, 46, 60, 67, 68, 108, 201, 206, 231

S

semelhança 12, 14, 24, 49, 66, 77, 78, 79, 80, 81, 82, 86, 87, 88, 89, 90, 96, 97, 98, 99, 100, 102, 109, 110, 111, 112, 113, 114, 155
significância 224
SOM 15
sub-árvore 220
suporte 8, 14, 66, 174, 242
SVD 62, 102, 170

T

tabela de contingência 239
taxa de erros 237, 238, 239
taxa de ganho 194
tendência 24
tipos de agrupamentos 15
transação 13, 36, 40, 41, 54
transformação de ondulação 68
transformação Fourier 67, 68
transformações 32, 33, 68, 76, 79, 80, 93, 99, 102

V

validação 15, 64, 65, 218, 222, 228, 232, 239, 241
validação cruzada 222, 228, 232, 241
valores faltando 44, 48, 49, 53, 230
variância 96, 102, 122, 123, 124, 212, 221, 223, 225, 227, 228, 243
variável 8, 9, 10, 25, 27, 54, 70, 75, 76, 77, 98, 102, 109, 159, 170, 243
vetor 38, 60, 66, 89, 94, 110, 174
vetor de suporte 66, 174
visualização 5, 7, 14, 16, 67, 72, 115, 116, 125, 126, 127, 128, 129, 130, 131, 143, 146, 147, 153, 154, 155, 156, 161, 165, 166, 168, 169
vizinho mais próximo 14, 78

Impressão e acabamento
Gráfica da **Editora Ciência Moderna Ltda.**
Tel: (21) 2201-6662